F. W. von Zanthier, A. J. A. Ignacio de Navia Osorio

Freyer Auszug aus des Herrn Marquis von Santa Cruz Marzenado,

Gedanken von Kriegs- und Staatsgeschäften

nebst einem Versuch über die Kunst den Krieg zu studieren

F. W. von Zanthier, A. J. A. Ignacio de Navia Osorio

Freyer Auszug aus des Herrn Marquis von Santa Cruz Marzenado, Gedanken von Kriegs- und Staatsgeschäften
nebst einem Versuch über die Kunst den Krieg zu studieren

ISBN/EAN: 9783741170676

Hergestellt in Europa, USA, Kanada, Australien, Japan

Cover: Foto ©Thomas Meinert / pixelio.de

Manufactured and distributed by brebook publishing software (www.brebook.com)

F. W. von Zanthier, A. J. A. Ignacio de Navia Osorio

Freyer Auszug aus des Herrn Marquis von Santa Cruz Marzenado,

Gedanken von Kriegs- und Staatsgeschäften

Freyer Auszug

aus

des Herrn

Marquis von Santa-Cruz-Marzenado,

Gedanken

von

Kriegs- und Staatsgeschäften,

nebst

einem Versuch

über die Kunst

den Krieg zu studiren,

von

Friedrich Wilhelm von Zanthier,

Schaumburg-Lippischen Capitain-Lieutenant.

Göttingen und Gotha,

gedruckt und verlegt bey Johann Christian Dieterich,

1775.

Dem

Durchlauchtigſten Herrn

Herrn

Wilhelm

regierendem Grafen zu Schaumburg, Grafen
und Edlen Herrn zur Lippe und Sternberg ꝛc. ꝛc. des
Königlich Preuſſiſchen großen Ordens vom ſchwarzen
Adler Rittern, der Armeen Sr. allergetreuſten
Majeſtät von Portugall und Algarbien Generaliſſimus,
wie auch der Armeen Sr. Königlichen Majeſtät von
Großbritannien, Churfürſtl. Durchl. zu Braun-
ſchweig = Lüneburg beſtalltem General-
Feld = Marſchall ꝛc. ꝛc.

Meinem gnädigſten Herrn.

Durchlauchtigster Herr,
Gnädigster Herr,

Ew. Durchlaucht überreiche ich, mit tiefster Ehrerbietung, einen freyen Auszug aus den Werken des Herrn Marquis de Santa-Cruz, und einen Versuch über die Kunst den Krieg zu studiren. Ich widme beides nicht dem Erretter von Portugall, sondern dem Vater und Freunde seiner Officiere, den wir in den ruhigen Tagen des Friedens, oft als unsern Lehrer in den erhabensten Theilen der Kriegskunst gesehn. Wie glücklich würde ich seyn, wenn

)(3

Ew.

Ew. Durchlaucht beides mit Gnade, und diese Zueignung als einen Beweiß der tiefsten Ehrfurcht und Dankbarkeit aufnäh= men, mit welcher ich Zeitlebens seyn werde,

Durchlauchtigster Herr,

Gnädigster Herr,

Ew. Durchlaucht

unterthänigster und treugehorsamster
Knecht
Friedrich Wilhelm von Zanthier.

Vor=

Vorrede.

Ich beleidige, wie ich hoffe, die Asche des unsterblichen Feldherrn nicht, dessen Schriften ich hier im Auszuge liefre. Die Umstände und das Genie der Zeiten, machen zuweilen einen Theil, selbst der vortreflichsten Schriften, für die Nachwelt unbrauchbar, und alsdenn wird ihr Werth oft aufs ungerechteste verkannt. Die Werke des Herrn Marquis de Santa = Cruz waren, theils aus diesem Grunde, theils wegen ihrer Kostbarkeit, nicht so allgemein, als sie es verdienten. Ich übernahm ihren Auszug, in der Absicht sie gemeinnütziger zu machen, und den ganzen Sinn derselben, ohne

Zu=

Vorrede.

Zufatz und Veränodrung, jedoch mit weniger Worten zu liefern. Wenn ich es aber wage, einen
Versuch von mir selbst, dem Werke eines so
großen Mannes voranzuschicken, so geschah es,
um jenen durch dieses geltend zu machen.

———————————

Ver-

Versuch

über die Kunst

den Krieg zu studiren.

Versuch

über die Kunst

den Krieg zu studiren.

Einleitung.

§. 1.

Das Studium des Kriegs ist ein Wirbel, der mehr als eine Wissenschaft in sich schlingt. Der Chevalier Folard sagte es, ein Mann, der sein ganzes Leben diesem Studio widmete, und je weniger man Lehrling in der Kunst ist, destomehr sieht man ein, wie wahr er geredet. Wozu aber diese Kunst, wenn man nicht mit ihr zugleich die Ehrenstellen erreicht, die man erreichen muß, um sie in ihrem ganzen Umfange zu nützen? Ists dann nicht edel gedacht, ein größer Glück verdienen zu wollen, als man erhielt? Und wäre auch dieß nicht, so ists doch Pflicht die Kenntnisse zu erwerben, die uns nothwendig sind die Befehle unsrer Obern in allen Fällen zu verstehn, in allen Fällen ausführen zu können, und dieß erfodert schon viel.

Alles was man Wissenschaft nennt, hat seine Lehrbücher, seine Lehrer, die Wissenschaft des Kriegs nicht. Wir haben vortrefliche Schriften davon, aber kein Compendium zum Anfang, und keine Lehrer. Desto nothwendiger ists einen Leitfaden zu haben, der durch dieß Labyrinth führt. Gehorchen zu können ist der Anfang: Befehlen zu können das Ende.

§. 2.

§. 2.

Wer den Krieg studiren will, um ihn nicht als ein Handwerk, sondern als eine Wissenschaft zu treiben, der muß sich ein System entwerfen, so das Ganze mit allen seinen Theilen faßt. Er muß festsetzen, was für Theile der Kunst er zuerst lernen muß, und in was für Ordnung jeglichen Theil. Wer diese Vorsicht versäumt, läuft Gefahr, im Ganzen wie im Detail, das letzte zuerst, das erste zuletzt zu erwählen, alles in Verwirrung zu bringen, nichts deutlich zu fassen.

Man setzt also eine Ordnung fest; man entwirft sich so zu sagen den Grundriß, und nun ließt man die Schriftsteller die davon geschrieben, dieser Ordnung gemäß über jeden Artikel nach, die kürzern Schriftsteller zuerst, die weitläuftigern zuletzt. Man ließt sie mehr als einmal, um sie zu studiren, sie mit einander zu vergleichen, und die besten mit unvertilglichen Spuren in das Gedächtniß zu prägen. Wie weit läßt ein solcher Leser diejenigen zurück, die, nach der gewöhnlichen Weise, die ernsthaftesten Bücher nur wie Romane durchlesen.

Doch sind verschiedne Theile der Kriegskunst so dicht in einander verwebt, daß man nicht ganz hell in der einen sieht, wenn man nicht auch zugleich die andre versteht. Die besten Schriftsteller über den Krieg, wurden grau unter Helm und Lorbern ehe sie schrieben. Ists also ein Wunder, wenn der Lehrling Anfangs nicht ganz sie versteht. Der gewann schon viel, der bey jedem Schritte sieht, wie viel ihm noch fehlen. Critiken und Tadel darf die Unwissenheit bey uns nicht hervorbringen; sonst sind wir nicht gebohren zum Kriege, nicht gebohren zu einem Stande, wo Bescheidenheit die erste der Tugenden ist.

Ich wage es hier einen Vorschlag zu thun, nach was für Ordnung man die Kriegskunst überhaupt, und jeden ein-

einzelnen Theil derselben lernen sollte, um sich das Ganze so eigen zu machen, als es seyn soll. Es theilt sich aber dieser Versuch in zwey Theile. Der erste betrift alle Officiers, selbst von den untersten Classen, und enthält, die Lehre vom Exerciz und Manoeuvre, und den Detachements. Der andre betrift die, so Geburt oder Ehrgeiz und Talent zu den höhern Stellen berufen, und enthält:

Die Lehre von den Ordres de Bataille der Armeen;

Von den Märschen;

Vom Operations-Plan;

Von den Lägern;

Vom Uebergang und der Vertheidigung der Flüsse;

Von den Winterquartieren.

Der-

Verſuch
über die Kunſt
den Krieg zu ſtudiren.

Erſter Theil. Erſtes Capitel.

Was für Grundſätze man lernen muß, um Truppen im Exerciz und Manoeuvre zu üben, und Detaſchements im Kriege
zu führen.

§. I.

Das Syſtem unſrer Armeen, zur Bewafnung, zur Rangirung, zur Eintheilung ihrer Truppen, iſt faſt überall
eben daſſelbe.

Unſre Infanterie ſteht faſt überall zu drey Mann hoch,
die Cavallerie gleichfalls zu zweyen oder dreyen. Warum
das? Dieſe Frage iſt nicht zu verwegen, ſelbſt für den jüng-
ſten Officier einer Armee nicht. Denn wie kann er ſonſt
wiſſen, ob die Stellung zu drey Mann hoch allgemein iſt,
oder ob es nicht zuweilen Fälle giebt, wo man ſich anders
rangiren muß; wie kann er wiſſen, was er in dieſer oder
jener Stellung zu thun hat?

Der Marſchall von Sachſen in ſeinen Reveries, der
Chevalier Folard in ſeinem Traktat von der Colonne, der
General Savornin, in der Widerlegung dieſes Traktats,
die man im ſiebenden Theile der Werke des Chevalier Folard
findet, der Marquis Santa-Cruz in ſeiner Lehre von den
Schlachtordnungen, der Marſchall Püyſegür, ſind hier
unſre Lehrer.

Man

Man versteht sie Anfangs nicht ganz: doch gewinnt man Liebe zu seiner Kunst; es verbreitet sich Licht im Verstand: Man lernt was man durch den gewöhnlichen Dienst im Frieden, und selbst durch eignes Nachdenken nicht lernte. Die Stellung zu drey Mann hoch ist nicht völlig allgemein: Es giebt Fälle da sie nützlich ist, aber auch Fälle, da man davon abgehen muß.

Man verzeihe, wenn ich hier den Faden unterbreche, um eine Anmerkung zu machen, die man beym Studio des Kriegs beständig vor Augen haben muß. In keiner unter allen praktischen Wissenschaften ist eine lebhafte Einbildungskraft abwesender Objekte so nothwendig, als in unsrer. Eine Gränze von vielen Meilen, in ihrer ganzen Länge, mit allen Gebirgen, Waldungen, Flüssen und Wegen sich zu denken, die Gegenden, in denen man agiren muß, beständig als im Gemählde vor Augen zu haben, ist eine Eigenschaft; die selbst den Subalterns unentbehrlich ist. Man erwirbt sie aber nicht, ohne vielfache Uebung im Felde wie im Cabinet. Was man also auch bey diesem Studio für Gegenstände sich denkt, alle muß man sich denken, als hätte man sie im Gemählde vor Augen. Ich rede von zwey, drey Bataillons im Marsche, ein Teich, ein Wald trennt ihre Front, Officiers, Fahnen, Gewehre, Leute, Teich, Wald und Land, alles muß ich sehen, als schwebte es vor Augen, sonst nimmt die Einbildungskraft, den Pli, die Wendung nicht an, die dem Officier im Kriege unentbehrlich ist. Man gewöhne sich also früh dazu: Die Zeichnung hilft viel, noch mehr die Anwendung der Ideen auf das Terrain. Ich kehre wieder zurück, zu den Grundsätzen des Exerciz.

§. 2.

Man lernte, warum die Bataillons und Eskadrons zu drey Mann hoch sich rangiren, und ob diese Stellung allgemein ist, auf alle Fälle im Kriege oder nicht. Itzt aber soll die Troupe marschiren, und auch während des

a 4

Mar-

Marsches die Ordnung erhalten, die man auf der Stelle für gut fand. Hier ist also die Lehre vom Marsche de Front. Was soll man aber hier für Schriftsteller lesen, da sie fast alle sich begnügen, über die Schwierigkeiten eines solchen Marsches zu klagen, vielleicht noch keiner von ihnen das wahre Mittel vorschlug, ihn leicht und richtig zu machen. Man lese sie dennoch nach, ihre Klagen, so wie ihre Vorschläge. Vielleicht findet man das wahre, oder es ist vielmehr schon gefunden: Es giebt eine Armee, die nicht nach Routine, sondern nach Grundsätzen marschirt, schnell und ohne Gefahr Front und Linie zu verändern.

Wenn das neue Allignement das man beziehn soll, vorwärts des alten und auch zugleich seitwärts desselbigen liegt, so muß man es durch einen schrägen obliquen Marsch gewinnen. Auch dieser erfodert eigne Grundsätze, wenn der Marsch lebhaft seyn soll, und man nicht Gefahr laufen will, eine falsche Front zu gewinnen.

Man setzt Anfangs voraus, das Land worinn man marschirt sey Ebne. Doch siehe, es hört auf eben zu seyn: Moräste, Seen, Gehölze, trennen die Linie, wie wird man sie öfnen und wieder schliessen, beides ohne Gefahr und mit dem wenigsten Aufenthalt.

§. 3.

Man marschirt nicht immer mit ganzen Linien de Front, auch nicht immer vorwärts oder rückwärts. Es giebt Fälle, wo man nach der Flanke marschiren muß, wo auch vorwärts oder rückwärts die Wege so schmal sind, daß man nur mit wenig Mann de Front marschiren kann.

Hier fällt man in die Lehre vom Rottenmarsche mit rechts- oder linksum; vom Marsche mit geöfneter Colonne, mit Pelotons oder halber Pelotons Front und mit Distanzen zwischen den Abtheilungen; Vom Marsche in geschloßnen

ten Colonnen, mit breiter Front und ohne Distanzen zwischen den Abtheilungen.

Man muß lernen, bey jeder dieser Marschdisposition nen die Truppen schnell, und mit allen ihren Abtheilungen zugleich, in Bewegung zu setzen: Man muß lernen zu defiliren und wieder in breiter Front aufzumarschiren: man muß lernen die Fehler zu vermeiden, die den Marsch verzögern, die Formirung en Bataille langsam, oder schwer machen.

§. 4.

Die Troupe ist im Marsche, es sey nun Rottenweise, oder mit breiterer Front, in geöfneter Colonne mit Distanzen zwischen den Abtheilungen, oder in geschloßner Colonne ohne Distanzen. Sie soll nun Front machen, wieder en Bataille stehn, in Linien sich formiren. Hier lernt man die Kunst, eine Troupe die in Colonnen marschirt wieder en Bataille herzustellen. Es geschieht durchs Deployren, oder durchs Einschwenken mit ganzen Linien auf einmal, oder durch den Aufmarsch hintereinander wenn die Flügel verwechselt worden. Wie sodann die Troupe im neuen Alligne ment auch einrückt, es geschehe auf den Flügeln oder im Centro, was für eine Front sie auch daselbst annimmt, überall muß man im Stande seyn, die erste Ordre de Bataille, Treffen und Flügel unverändert zu erhalten. Die Zeit muß gekauft werden. Man sieht hier die Vorzüge des Deployrens vor allen andern Arten von Formirungen.

§. 5.

Eine Linie die en Bataille stand, bricht sich in verschiedne Colonnen und marschirt ab. Die Hauptsorge beym gewöhnlichen Exercic ist sodann, daß die Colonnen beständig parallel bleiben, beständig in gleicher Höhe marschiren, und wenn man Halt macht, gerade so viel Terrain zwischen sich haben, als sie brauchen, wenn sie nach dem für diesen

Fall

Fall angenommnen Syſtem, en Bataille ſtehen ſollen. Dieß
iſt gut, und muß allerdings oft exercirt werden. Wie aber,
wenn das Terrain dieſe Richtigkeit verbietet, wenn die Wege
dergeſtalt ſich krümmen, daß die Colonnen, ſo wie ſie auf
dem neuen Allignement vorrücken, die eine des Terrains zu
viel, die andre zu wenig hat, man nicht im Stande iſt das
Terrain zwiſchen ihnen zu meſſen; wie hilft man ſich dann,
beym Rotten-Marſche, beym Marſche mit breitrer Front,
mit oder ohne Diſtanzen, die Front des neuen Allignements
ſey gerichtet wie ſie will?

§. 6.

Zwey Bataillons oder zwey Linien ſtehn einander gegenüber, gleich weit von einem gewiſſen Terrain entfernt,
das ihnen beiden vortheilhaft iſt, beide zu beſetzen wünſchen.
Das Terrain zwiſchen dieſem neuen und ihrem alten Allignement erlaubt nicht mit breiter Front zu marſchieren; Man
muß in Colonnen dahin, wie erreicht mans am ſchnellſten?
Das Studium dieſes Falls lehrt die Kunſt eine Troupe die
in Linien aufmarſchirt ſteht, in verſchiedne Colonnen zu brechen, ein Manoeuvre, das wahrlich nicht ohne Schwürig-
keit iſt, wann die Linien lang ſind, und keine Zeit verſchwendet werden ſoll.

Man ſetze nicht immer Ebnen voraus. Man denke
die Colonnen wie ſie Höhen erſteigen, Moräſte paßiren, während des Marſches ſchwenken, von breiter Front zu ſchmaler
abbrechen, wieder in breiter aufmarſchiren. Man vergleiche hier die verſchiednen Arten von Märſchen mit Sorgfalt
gegeneinander, um die Vortheile und Nachtheile eines jeden
in dieſem oder jenem Falle zu erkennen. Man vergeſſe nie
den Grundſatz: Die Marſch-Diſpoſition iſt die beſte, nach welcher man ohne Gefahr und am leichteſten der Stellung annimmt, die man annehmen will. Ein weites Feld zum
Nachdenken!

§. 7.

§. 7.

Die Linie soll schwenken. Wie wirds geschehn in der Ebne, wo nichts das Manoeuvre stört? Wie, im durchschnittnen Lande, wo zwischen dem alten und neuem Allignement, Chikanen sich finden, daß man nur hier und da mit wenig Mann de Front durchkann?

Wie wird man schwenken, wenn man gleich Anfangs während der Schwenkung, der Front des neuen Allignements parallel agiren muß?

Wie wird man schwenken, wenn man während der Schwenkung gezwungen ist, der Front des ersten Allignements parallel zu agiren?

Was für Vorsichten hat man zu nehmen, daß die Linie, so lang sie auch ist, dennoch gewiß das Allignement erhält, das sie erhalten soll?

Wenn der Linien mehr sind, was hat man für Vorsichten, in zweyter und dritter Linie zu nehmen, daß ihre Bewegungen zugleich mit den Bewegungen der ersten geschehn, ihre Position der von der ersten parallel wird, Flügel auf Flügel steht?

Wie wird man endlich in allen diesen Fällen schwenken, wenn der Pivot *) nicht der Flügel der Linie ist, sondern das Centrum, oder irgends ein andrer Theil: Wenn ein Theil vorwärts sich schwenkt, der andere rückwärts: Wenn der Pivot vorwärts des alten Allignements liegt: wenn die neue Linie sich bricht, eingehende oder ausspringende Winkel formirt.

Die Truppen marschiren in verschiednen Colonnen, sie sollen sich en Bataille, in Linien formiren: Das neue Alligne⸗

---

*) Pivot der Schwenkung nennt man den stehenden Flügel, um den geschwenkt wird.

nement aber ist nicht der Front des Marsches parallel: Die
Colonnen müssen schwenken: Sie sind in ungleicher Entfernung vom neuen Allignement: Wie werden sie sich in demselben formiren?

Gesetzt das neue Allignement durchschnitte einige dieser Colonnen, ihre Teten stünden schon über dasselbe hinaus,
wie wird man sich helfen, das Terrain zwischen den Colonnen sey bekannt oder nicht? Man denke diese Manoeuvres,
mit allen möglichen Veränderungen durch; so hat man die
Lehre von den Schwenkungen inne.

§. 7.

Zwey Linien Infanterie marschiren gegen einander,
um das Terrain zwischen sich, sich streitig zu machen.
Durch was für Gefechte werden sie es thun? Die Waffen
der Infanterie zeigen, daß ihre Art zu fechten zwiefach seyn
soll, das Feuer, und der Choc mit dem Bayonett, oder
der Pike.

Wäre es auch überall möglich, zum Choc zu gelangen;
so geht doch der Angrif mit Feuer voran. Wie wird nun
das Feuer der Infanterie am furchtbarsten? Ists möglich
den Angrif durchs Feuer, mit dem Angrif durch den Choc
zu verbinden, und wie geschieht solches am besten? Welch
ein Feld zum Nachdenken, und gleichwohl sinds doch nur
die ersten Elemente der Kunst.

§. 8.

Infanterie trift nicht immer auf Infanterie, Cavallerie nicht immer auf Cavallerie. Man muß also die Vortheile kennen, die jeder Gattung von Waffen eigen sind.
Man muß wissen, was die fruchtbarste Attake der Cavallerie ist, und wie man seine Infanterie auch gegen diese rettet.

Wie

Wie besteht aber die Infanterie gegen Reuterey, in der Ebne, wenn nichts ihre Flügel bedeckt, wenn sie de Front, auf den Flanken, im Rücken zugleich attakirt werden kann. Hier kömmt die Lehre von den Qvarres. Die meisten taktischen Schriftsteller sind gegen daſſelbe empört: Der Gebrauch iſt dafür. Man werde das Echo von keinem von beiden. Denn nicht alle Qvarres sind verwerflich, nur gewiſſe Arten derſelben. Man ſtudire ihre Stärke und Schwäche um sie nach Grundsätzen zu prüfen.

§. 10.

Man setzte also eine Ordonnanz fest, für die Infanterie, wenn die Cavallerie des Feinds sie de Front, im Rücken, und auf den Flanken zugleich bedroht. Iſt diese Ordonnanz nun auch gut gegen Infanterie bey gleicher Gefahr, oder muß man alsdenn einige Veränderungen treffen? Hier folgt also die Lehre von den Manoeuvres, seinem Feinde die Flanke abzugewinnen, und von den Mitteln ſich dagegen zu decken. Man denkt ſich Truppen gegeneinander, en Bataille ſowol als in Colonnen, beide bemüht einander die Flanke abzugewinnen; durch was für Manoeuvres, durch was für Stratagems geschieht es, was hat man für Reſſource, wenn der Feind ohne unſre Schuld uns zuvorkam?

Hiemit beschließt man endlich diesen Theil der Kriegskunſt, den ich das exercice raisonné, der Infanterie und Cavallerie nennen möchte, weil man durch ihn, nicht nur das mechanische der Manoeuvres lernt, sondern den Esprit derſelben, ihren Sinn, ihren Geist; weil man durch ihn nicht blos lernt, wie die Manoeuvres gemacht werden sollen, sondern auch wenn? Man geht sodann über zur Lehre von den Detaschements. Beide bieten ſich die Hand: Es iſt unmöglich die eine ohne die andre zu verstehn.

§. 11.

Detaschements gehn aus im Kriege beides zum Angrif und zur Vertheidigung. Man detaschirt um den Feind zu
recogno-

recognoſciren, und ſich gegen ſeine Recognoſcirungen zu becken; Convois an ſich zu ziehen, Convois wegzunehmen; zu
fouragiren, Fouragirungen anzugreifen. Man detaſchirt,
um die Gemeinſchaft mit ſeinen Landen und Feſtungen zu
bewahren, die Läger und Quartiere der Armeen zu decken:
Man detaſchirt um ſolche Poſten wegzunehmen: gewiſſe Regeln ſind allgemein für alle Arten von Detaſchements: Gewiſſe Regeln ſind jedem beſondern Falle eigen.

§. 12.

Die Sicherheit eines Detaſchements, die Hofnung
deſſelben ſeine Abſicht zu erreichen, beide beruhen auf das
Geheimniß ſeines Marſches, und ſeiner Beſtimmung. Erfährt der Feind den Aufbruch, die Stärke, die Abſichten
deſſelben, ſo iſt er auch faſt immer im Stande, ſie rückgängig zu machen. Wie verbirgt man nun dem Feinde ſeine
Abſicht, ſeinen Aufbruch?

Durch Poſten, die da, wo das Terrain uns begünſtigt, ihm die Wege verbieten, die in den Weg des Detaſchements gehn;

Durch Poſten, die an den Orten frühe Kundſchaft
von ihm und ſeinem Anmarſche uns bringen, wo man nicht
im Stande iſt, ſeine Macht aufzuhalten;

Durch verſchiedne Stratagems.

Dieß alles lernt man mit ſeinem ganzen Detail. Iſts
aber hieran genung? Mit nichten. Der Feind überfällt
vielleicht einen Poſten, den wir gegen ihn ausſtellten, läßt
ihm die Zeit nicht uns Nachricht zu bringen, bringt mit ihm
zugleich in den Marſch des Detaſchements ein. Vielleicht
thut der eine oder andre der Officiers, die wir gegen ihn aus-
ſchickten, ſeine Schuldigkeit nicht; der Feind rückt gegen uns
an. Wie werden wir unſer Detaſchement retten, wodurch
geben wir ihm die Zeit ſich zu formiren?

Hier

Hier fängt die Lehre von der innern Marschdisposition
der Detaschements an, und von den Maasregeln zu ihrer
Sicherheit, die sie so zu sagen in sich treffen müssen, um
nicht verlohren zu seyn, wenn die Vorsichten von aussen fehlschlagen. Man lernt hier die Lehre von den Avant und Ar-
rierrgarden, und von den Truppen die zur Flanke marschiren. Man lernt die innre Marschdisposition der Colonnen
kennen, und nach was für Regeln die Infanterie, Cavallerie und Artillerie in denselben vertheilt werden muß, um
überall schnell sich formiren zu können, überall mit jeder
Gattung von Waffen an dem Orte zu stehn, wo man sie gebraucht. Märsche in der Ebne, Märsche im durchschnittnen Lande, im Gebirge, ein jeder muß hier besonders durchgedacht werden, denn ihre Gesetze sind verschieden. Die
Nacht erfodert wieder ganz andre Dispositionen als der Tag.

Dieß sind sodann die allgemeinen Kenntnisse, die bey
jeder Art von Detaschement nothwendig sind, wenn man
einen Plan zur Führung desselben entwirft. Einen Plan
aber muß man haben, sonst läuft man bey jedem Schritte
Gefahr, unerwartete Begebenheiten zu finden, auf die man
nicht gefaßt war, auf die man nicht mehr sich gefaßt machen
kann. Den Plan selbst aber zu entwerfen, muß man die
ganze Gegend seines Marsches, vom Aufbruch an, bis
zum Orte der Unternehmung, mit einem Blicke sich denken:
die Mittel das Geheimniß zu bewahren: den Entwurf des
Feinds, wofern er unsre Bewegung erfährt: die Mittel diesen Entwurf fruchtlos zu machen.

Hiedurch und hiedurch allein lernt man das Verhalten
der Officiers kennen, die von großen Detaschements detaschirt werden. Denn wie will man die Absicht des Großen
immer glücklich befördern, wenn man ganz fremd mit derselbigen ist? Ich eile zu den Vorschriften die jeder besondern
Gattung von Detaschements eigen sind.

§. 13.

§. 13.

Man detaſchirt, um den Feind zu recognoſciren.
Dieſe Detaſchements ſind zuweilen ſchwach, zuweilen ſtark.

Wie rückt man vor, in einem Lande, wo jeder Schritt
feindlich ſeyn kann, oder wenn ers nicht itzt iſt, vielleicht
indem wir vorrücken, es wird. Was für Sicherheiten
muß man nehmen, um ſeinen Rückzug ſicher zu ſtellen?
Was für Maasregeln gegen eine ſchnelle plötzliche Begeg=
nung des Feinds, die wir hier auf jedem Schritte vermuthen
müſſen? Wie werden wir uns helfen, wenn das Land bald
eben, bald durchſchnitten iſt, alles, wie geſagt, hier feind=
lich ſeyn kann, wir alsdann der Cavallerie zuweilen zu viel
haben, in andern Gegenden weiter vorwärts ſie nicht ent=
behren können?

Es iſt nicht genung das Detaſchement ſicher zu ſtellen:
man muß auch die Abſicht deſſelben erreichen; den Feind fin=
den, ihn recognoſciren. Wie verbindet man dieſe Abſich=
ten mit ſeiner Sicherheit? Man führe dieß Detaſchement
aus einem Lager, deſſen Gegend man feſtſetzt, durch Ebnen,
durch Gebirge und durchſchnittnes Land, und denke ſich vom
Feinde nur ſo viel, als man im Kriege, in ſolchen Fällen
von ihm weiß. Ein ſchönes, ein lehrreiches Studium, ein
vortreflicher Commentar über die Taktik.

§. 14.

Der Feind detaſchirt: Wir erfahren es; ein Detaſche=
ment geht aus, ihm entgegen, ihn anzugreifen, ihn zu ſchla=
gen. Geſetzt nun der Chef dieſes Detaſchements bräche auf,
feſt entſchloſſen den Feind überall aufzuſuchen, mit ihm zu
ſchlagen wo es auch ſey: Er hätte aber keinen Plan über=
dacht, zu welcher Zeit er den Feind antreffen will, und wo,
ſo wird er ihn zwar wohl antreffen, aber in einem Poſten
vielleicht, wo dieſer alle Vortheile des Terrains über ihn
hat.

hat. Was thut er sodann? Er greift an, und läßt sich
schlagen, oder geht mit Schimpfe zurück. Ist dieß nun
wohl das höchste der Kunst? Ich glaube, nein.

Die Wege zu kennen, auf denen der Feind marschirt,
die Gegenden in denselben wo man Vortheile des Terrains
über ihn hat, oder seine Ueberlegenheit in der Zahl nützen
kann, die Mittel zu kennen, die den Feind in diese Fallstricke
locken, das ist die Lehre vom Angrif eines Detaschements im
Marsche, die Lehre vom Hinterhalt. Man muß wissen
was für Orte bequem zum Hinterhalt sind, in der Ebne so
wol, als im durchschnittenen Lande und Gebirge: Man muß
die Vorsichten kennen, die man im Hinterhalt braucht, um
der Desertion vorzubauen, und dem Unglück zu früh entdeckt, oder selbst überfallen zu werden: Man muß die Kunst
lernen zu debouchiren, zum Angrif vorzurücken, im freyen
Lande sowol als im Durchschnittenen. Man muß die Stratagems kennen, wodurch man den Feind zu Fehlern, zu falschen Gegenanstalten verführt, falsche Positionen zu nehmen,
sich zu verstärken wo kein Angrif seyn wird, sich zu schwächen wo der Angrif seyn soll.

Der Name Hinterhalt täuscht. Man glaubt es sey
nur eine Sache für 40. 50. Husaren. Mit nichten. Seinen Feind in einem Orte erwarten, und ihn daselbst zum
Treffen zu zwingen, wo man alle Vortheile des Terrains
über ihn hat, wo man ihn de Front, in der Flanke und
im Rücken angreifen kann, wo man ihn verführt, daß er
Anfangs eine falsche Position annimmt, de Front sich gegen
uns formirt, seine Flanke dadurch wehrlos macht, und alsdenn seine Fehler nicht mehr bessern kann; eine solche Stellung annehmen, heißt seinem Feinde einen Hinterhalt legen,
und dieß kann mit kleinen Trupps, aber auch mit großen,
und selbst mit ganzen Armeen geschehn, und öfters so gut
concertirt werden, daß, wer unterliegt, keinen Vorwurf
verdient.

6   §. 15.

§. 15.

Man detaſchirt um einen Convoi zu ſeiner Armee zu ziehen, die Bagage der Armee zu bedecken u. ſ. f. Hier muß man ſich alles deſſen erinnern, was dieſe Art von Detaſchement mit allen andern gemein hat, beſonders aber der Kunſt dem Feinde ſeinen Marſch eine Zeitlang verborgen zu halten, ihm einige der Wege zu verbieten, die in den Marſch des Detaſchements führen. Der Sorgen ſind hier viel. Man muß ſuchen ſich von einigen zu debaraſſiren, ſie den Commandeurs der Feſtungen, den Chefs der ſtehenden Lager übertragen. Alsdenn kehrt man zurück zu dem, was unſrer eignen Vorſicht übrig bleibt, was dieſer Art von Detaſchements beſonders eigen iſt.

Man denke ſich eine Armee von gewiſſer Stärke, wie groß wird ihre Bagage ſeyn? Man ſetzt einen Belagerungs-Train feſt.

Der Marſch geſchieht in der Ebne: Man kann in ſo und ſo viel Reyhen marſchiren: Die Poſten ſind ausgeſtellt, die Kunſtgriffe ſind angewendet, die uns einen Vorſprung gewähren können. Was müſſen wir nun für Anſtalten treffen, um dieſen Vorſprung zu erhalten, in Anſehung der Wagen ſelbſt, ſowohl als in Anſehung ihrer Eſkorte, beym Marſche, beym Raſte, beym Campiren? Wenn aber kein Vorſprung da iſt, oder wir durch die unvermeidliche Langſamkeit des Marſches ihn verliehren, wenn der Feind uns würklich angreifen kann, wie muß die Marſchdiſpoſition der Eſkorte beſchaffen ſeyn, damit die Wagen überall gegen den feindlichen Angrif gedeckt ſind? Wie werden wir campiren? Die Zeit muß man kaufen. Alsdenn aber iſt ſie ganz gekauft, wenn die Diſpoſition zum Marſche, zum Lager, zum Geſecht eben dieſelbe iſt.

Das Land hört auf Ebne zu ſeyn: Die Wege werden ſchmaler: Man muß defiliren: Wie geſchieht es mit dem
ꞏ kleins

kleinsten Aufenthalt? Wie deckt man sich, an der Tete, der Queue, und den Flanken, die nun so viel größer werden. Man paßirt Flüsse, man rückt in Waldungen, in Länder von hohen Gebirgen, was für neue Anstalten muß man daselbst treffen?

Der Convoi den man ißt vertheidigte, soll angegriffen werden. Wo sind die Gegenden, da es am vortheilhafte- sten ist, ihn anzugreifen, es sey in der Ebne, oder im durch- schnittenen Lande, oder im Gebirge? Wie versichert man sich das Glück ihn zu rechter Zeit in diesen Gegenden anzutref- fen? Ihm so wenig Zeit zur Vertheidigung zu lassen als möglich? Der Feind traf die besten aller Anstalten, es war unmöglich ihn aus der Fassung zu bringen, in schlimmen Posten ihn zu erreichen, wie wird man ihn nun in der besten aller Dispositionen angreifen: Wie wird man die Ueberle- genheit in der Zahl nüßen, die man über ihn hat?

§. 16.

Die Armee soll fouragiren. Ein gewisses Terrain ist dazu ausgezeichnet. Wird dies Terrain auch der Fourage so viel liefern als man braucht? Hier muß man lernen, wie viel grüne Fourage in den verschiednen Zeiten des Jahrs einem Pferde gehört, und wie man im Stande ist, den Er- trag eines Terrains, das man fouragiren soll, zu überschla- gen. Man muß lernen wie die Fourage gepackt und wie sie aufbewahrt wird. Bey der Fouragirung vom Trocknen, wie viel ein Pferd braucht, und wie man den Inhalt der Scheunen ausmißt, um hieraus den Ertrag der Fourage im Großen zu berechnen.

Das Terrain das man fouragiren will, ist so sicher nicht unser, auch der Feind hat Ansprüche darauf. - Wie kömmt man ihm zuvor? Wie behauptet man sich? Hier muß man die Kunst verstehn, dem Feinde seine Absichten verbor- gen zu halten, den Blick desselben nach andern Gegenden

zu lenken. Man muß die Zeit kaufen, ſchnell ſeyn, und
doch nichts hazardiren.

Man denkt ſich verſchiedne Gegenden aus, ofnes freyes
land, durchſchnittenes, Gebirge. Das Lager der Armee
wird feſtgeſetzt, den Feind nimmt man an, er könne von
mehr als einer Seite attakiren. Was iſt nun die ſtärkſte,
ſicherſte Diſpoſition der Chaine, die man rings um den zu
fouragirenden Platz zieht, um die Fouragirung deſſelben zu
bedecken? Dieß ſetzt man feſt. Alsdenn beſtimmt man die
Zeit, und die Ordnung, in welcher die Eſkorte der Fouragirung ihre verſchiedne Poſten beſetzt, die Zeit und die Ordnung in welcher die Fourageurs folgen, die Ordnung in
welcher man die Fourage unter ſie austheilt, und wie man
bey dieſem allen nicht einen Augenblick Zeit verſchwendet.
Wie hält man die Fouragirer in Diſciplin? Wie zieht man
ſich zurück, die Fouragirung ſey vollendet oder nicht?

Eben dieſe Fouragirung ſoll angegriffen werden, in
der Ebne, im durchſchnittenen Lande, im Gebirge. Man
giebt dem Feinde die beſte Diſpoſition. Was für Mittel
ſind nun da, den Ort ſo zeitig als möglich zu erfahren, wo
der Feind fouragiren wird? Was für Anſtalten muß man
treffen, um ein Corps Truppen beſtändig in Bereitſchaft zu
haben, das hinlänglich iſt mit Erfolg die Fouragirung anzugreifen? Was für Stratagems kann man brauchen, um
den Feind aus ſeiner guten Diſpoſition zu locken, zu einer
ſchlechten zu verführen? Wie greift man ihn an, wenn er
unverrückt in derſelben bleibt, keine Fehler begeht, keine
Blöße über ſich giebt, als die er unvermeidlich geben muß?

§. 17.

Man detaſchirt um eine Provinz in Contribution zu
ſetzen, die Magazine des Feinds zu zerſtören, die er daſelbſt
in ofnen Orten angelegt hat, oder wenigſtens in Orten, die
mit ſtürmender Hand eingenommen werden können. Iſt

denn

denn das Land ganz wehrlos? Nein. Es stehn Truppen
in demselben: Das Haupt=Corps hat diesen oder jenen Po=
sten besetzt: Von daraus gehn seine Detaschements als Zweige
aus. Wie macht man nun dieß Haupt=Corps unthätig?
Denn unthätig muß es seyn, sonst können wir uns nicht zer=
streuen, ohne Gefahr den Feind in den verschiednen Posten
die wir angreifen wollen, stärker zu finden als wir meynen.
Wie zerstreut man sich alsdenn mit Sicherheit. Wie be=
schleunigt man seine Unternehmung, so daß der Feind nichts
rettet, nichts rückwärts schaft? Wie versammelt man sich
wieder? Wie zieht man sich zurück, ohne einen Theil seiner
zerstreuten Detaschements aufzuopfern?

Man detaschirt, um ein Land gegen die feindlichen
Streifereyen zu decken. Hier muß man den Plan seines
Feindes zum Angrif studiren, um ihm die beste Vertheidi=
gung entgegenzustellen. Man muß die Kunst verstehn, die
Bewegungen des Feindes wahrscheinlich zu berechnen, die
Kunst früh genug Nachrichten von denselben zu erhalten;
die Kunst zu retten, und zu rechter Zeit dasjenige rückwärts
zu schicken, was man nicht vertheidigen kann.

§. 18.

Man wirft Detaschements in Waldungen, auf Hö=
hen, ins freye Feld, in Dörfer, offne Flecken, Städte mit
Mauern, Posten die in der Eil befestigt werden, um das
Lager der Armee sicher zu stellen, ihre Winterquartiert zu
decken, die Gemeinschaft mit ihren Landen und Festungen
offen zu erhalten, u. s. f. Diese Posten müssen zuweilen
bis auf den letzten Mann vertheidigt werden. In andern
Fällen ist es erlaubt, ja befohlen, zu gewisser Zeit und nach
einem gewissen Widerstande sie zu verlassen. Man ist zu=
weilen blos für seine eigne Sicherheit besorgt, zuweilen dient
man auch andern Posten zur Unterstützung. Wie verhält
man sich in allen diesen Fällen?

Hier

Hier ſteht ein Detaſchement, im dichten Gehölz, einen Theil eines Walds zu behaupten, dem Feinde die Paſſage durch denſelben zu verbieten, damit man ungeſehn hinter dem Holze ſich bewegen, alles entdecken könne was vorwärts deſſelben geſchieht. Der Haupt-Poſten ſoll vertheidigt werden bis auf den letzten Mann, das heißt, ſo lange man Leben und Blut hat. Was ausgeſtellt wird, um die Bewegungen jenſeits zu recognoſciren, das darf weichen, wofern der Feind mit entſcheidender Ueberlegenheit anrückt.

Wie lernt man nun Zeit genung den Wald ſo viel als nöthig iſt kennen, um zu wiſſen, auf welchen Wegen der Feind gegen uns anrücken kann? Was für Poſten ſind nun die vortheilhafteſten in dieſen Wegen, um mit wenig Leuten dem Feinde die Paſſage zu ſperren? Wie befeſtigt man ſich in ſeinen Poſten, um länger noch in demſelben ſich vertheidigen zu können als die Ordre mit ſich bringt? Was für Anſtalten trift man, um des Nachts, ſo wenig als möglich von ſeinen Vortheilen zur Vertheidigung zu verliehren? Die Poſten die ſich retiriren dürfen, wie rettet man die? Was für Anſtalten trift man, daß, müßten ſie auch des Nachts ſich zurückziehen, ſie dennoch nicht brauchen aufgeopfert zu werden, die Haupt-Corps durch ihre Retraite nicht in Unordnung bringen, nicht in ihrer Vertheidigung hindern?

Man beſetzt Höhen: Einige ſind ſteil, andre von ſanftem Abhange. Wie nützt man beide am beſten? Was für Vortheile geben ſie im Feuer? Wie fängt mans an, um dem Feinde die Wiederholung ſeiner Attaken gegen dieſelben unmöglich zu machen, die Unordnung, die unſer Feuer unter ihm anrichtet, durch einen herzhaften Angrif ſo zu vergröſſern, daß es ihm unmöglich wird, zu neuen Attaken ſich zu formiren?

Man hält Poſten in der Ebne. Wie deckt man ſich hier gegen die Ueberlegenheit in der Zahl, es ſey bey Tag
oder

oder bey Nacht? Beseßt die Infanterie irgends ein Werk,
wie vertheidigt man sie? Wie zieht man sich zurück, wenn
der Rückzug erlaubt ist?

Dieß alles betrift noch eigne Sicherheit; gesetzt nun,
auch andre Posten wären uns zugleich mit den unsern vertraut, was für Anstalten werden wir treffen, um so schnell
als möglich zu erfahren, wenn diese Posten unsrer Hülfe
bedürfen? Wie kommen wir ihnen am besten zur Hülfe?
Wie versichern wir uns auf immer die Möglichkeit ihnen
beyzustehn?

Ein Detaschement besetzt einen ganz ofnen Platz. Doch
ist ihm befohlen, sich darinn zu vertheidigen. Was sind
nun fürs erste die Vorsichten beym Einrücken, um nicht
überfallen zu werden, ehe man sich in Vertheidigungs-Stand
gesetzt hat? Was für Anstalten trift man zur Vertheidigung
innerhalb des Postens? Was für Anstalten ausserhalb, um
den Truppen die Ruhe zu gönnen, die sie brauchen, und dennoch gewiß davon zu seyn, daß man im Stande ist das System von Vertheidigung auszuführen, das man festgesetzt hat?

Hier muß man die Kunst lernen Feldwachten und Vorposten auszustellen und sie zu unterstützen: Man muß lernen
was sie zu thun haben: Man muß lernen wie man Häuser
und Kirchen, Kirchhöfe, Hecken und Garten-Mauern befestigt: Wie man sie, so wie sie da sind, nüßt, wenn keine
oder wenig Zeit da ist sie zu befestigen, wie man, was uns
nützlich ist, fester, was uns schädlich ist, wehrlos machen
kann?

Endlich besetzt man auch Städte und Schlösser. Einige
sind völlig sicher vor dem ersten Anlauf, wenn man nur die
gehörigen Vorsichten nimmt: Andre sinds nicht. Man
überfällt Posten und forcirt sie mit Gewalt, oder man überfällt sie durch List, durch Verständniß mit den Einwohnern
oder der Garnison. Forcirt man sie, so geschieht es entweder

b 4   durch

durch die Erſteigung mit Lettern, oder durch die Petarde,
oder durch eine umringende Attake, wo man ſich mit der Ar
tillerie eine Breſche macht, oder die Thore einſchießt.

Sich dagegen zu decken, muß man die Kunſt verſtehn,
einen Platz zu recognoſciren, ſo viel die Zeit erlaubt die Feh
ler einer ſchlechten Fortifikation zu verbeſſern, Chikanen auf
Chikanen entgegenzuſtellen, ſelbſt verlohrnes Terrain nicht
aufzugeben. Man findet in der Geſchichte des erſten böh
miſchen Kriegs, das Beyſpiel eines franzöſiſchen Commen
danten in einer kleinen böhmiſchen Stadt, der, als er an
gegriffen ward, die Thore ſelbſt öfnete, weil man ſie kano
nirte, und doch nicht forcirt ward.

Man muß die Kunſt verſtehn, die Bewegungen des
Feinds aufferhalb zu erfahren, ohne daß man Auſſenpoſten
aufopfert: Man muß die Kunſt verſtehn, die Attaken des
Feinds zu der Zeit beurtheilen zu können, da man keine Auf
ſenpoſten mehr haben kann: Die wahre Kunſt, Werke zu
vertheidigen: Was für Geräthe man braucht, um den
Feind vor dem Sturm, während deſſelben, auf der Bre
ſche, und ſelbſt nachdem er durchdrang, Chikanen auf Chika
nen entgegenzuſtellen: Die Kunſt endlich, die Truppen in
Quartiere zu verlegen, und ſchnell zu verſammeln.

Den Ueberfällen durch Liſt, durch Verſtändniß mit
den Einwohnern und der Garniſon baut man vor, durch
eine gute Diſciplin im Dienſte, durch innre Verſchanzun
gen nach der Stadt-Seite zu, und durch gute Verordnun
gen an die Bürgerſchaft.

§. 19.

Die richtige Kenntniß der Vertheidigung führt zum
Angrif. Man ſieht, worauf man bey dem Feinde, den
man vor ſich hat, Acht geben muß, was für Fehler zu Un
ter

ternehmungen locken; was für Anstalten man treffen muß, um seinen Entwurf ganz auszuführen, und mit so wenig Verlust als möglich.

Die Kenntniß der möglichen Chikanen lehrt uns, was für Werkzeuge und Instrumente man nöthig hat, um sie zu überwinden. Welch ein Feld zu kühnen Unternehmungen öfnet sich hier nicht, für so manchen edeln unerschrocknen Mann, dem, um Thaten auszuführen, nichts als die Kenntniß fehlt. Und käme sodann auch der Entwurf einer solchen Unternehmung nicht von uns, sondern von unsern Chefs, so ist doch der schöne Ruhm noch zu erndten, durch gut getrofne Anstalten, das Blut der seinen zu schonen, und im Gefecht ihr Vater zu seyn.

Vet.

Verſuch

über die Kunſt

den Krieg zu ſtudiren.

Erſter Theil. Zweytes Capitel.

Wie weit das Studium der Geometrie und Fortifikation einem
Officier nothwendig iſt, der nicht zum Corps de Genie
gehört.

§. 20.

Es iſt ſchwer im Studio des Kriegs es zu einer gewiſſen
Höhe zu bringen, ohne Kenntniß der Geometrie und
Fortifikation. Alles was ich im vorigen geſagt, beweißt
dieſen Satz, doch iſt der Grad von Kenntniß den man zu be-
ſitzen braucht, ſo groß nicht, und wäre man auch in der
Jugend verſäumt, ſo iſts doch noch leicht, ſie bey reifern
Jahren zu erlangen.

Belidor, Clairault, le Blond, Humbert und andre
mehr lieferten uns nützliche Werke in dieſem Betrachte.
Man muß aber ſelbſt wählen, um dasjenige Compendium
zu treffen, das für unſer Genie am meiſten ſich ſchickt. Lehr-
meiſter darf man nicht nehmen: Denn bey reifen Jahren iſts
beſſer ſich ſelbſt zu unterrichten, als ſich unterrichten zu laſſen. Aber einen Freund ſollte man haben, der, was uns
ſchwer wird, erläutert. Es iſt nicht genung, die Wahrheit eines mathematiſchen Satzes einzuſehen, ſondern er
muß auch ſo lebhaft ins Gedächtniß ſich drücken, daß man
ihn wieder findet, ſo oft man ihn in der Anwendung braucht.
Die Sätze der Mathematik, ob man ſie gleich begriff, vergeſſen

geſſen ſich dennoch leicht, weil ſie trocken ſind, und die Einbildungskraft nicht beſchäftigen. Man kömmt dieſem zuvor,
wenn man oft Wiederholungen anſtellt, und zuweilen bey
den complicirteſten Sätzen, alles, was man zum Beweiſe
derſelben aus andern Lehrſätzen entlehnte, als ſchon bewieſen
annahm, ſich hier von neuem beweiſet, und ſo weit hinauf
geht, bis man die erſten Begriffe von Punkt und Linie wieder findet. Dieſe Methode, die beym Studio der höhern
Mathematik nicht fortgeſetzt werden könnte, iſt unentbehrlich
beym Anfang.

Ein Soldat, der mehr handeln ſoll als reden, verbindet beſtändig die Praktik mit der Theorie. Man mißt Diſtanzen, man mißt Flächen; einige Lehrſätze der Trigono-
metrie ſetzen uns in den Stand, Charten aufzunehmen.
Doch gelingt die Arbeit nicht beym erſten Verſuche: Es gehört Uebung dazu, viele Vorſichten, und ein eſprit de reſſource. La nouvelle methode de lever les plans de terre et
de mer iſt ein vortrefliches Werk. Man muß es ſtudiren,
um ſich manchen übelgerathnen Verſuch zu erſparen.

Von der praktiſchen Geometrie geht man zur Fortifi-
kation über. Die Fortifikation, wie man ſie lehrt, und ein
Officier ſie braucht, der nicht vom Genie iſt, iſt nichts an-
ders als eine detaillirte Kenntniß, von der Stärke und
Schwäche der verſchiednen Syſteme von Fortifikation, die in
Europa bekannt ſind. Der kleine Traktat von le Blond
über die Fortifikation, und die Anfangsgründe derſelben von
Struenſee, ſcheinen mir hinlänglich zu ſeyn. Das letzte
Werk iſt ein methodiſches Buch, und eine vortrefliche Com-
pilation.

Das Studium der Fortifikation iſt die Einleitung zur
Lehre vom Angrif und der Vertheidigung der Feſtungen.
Die Werke einer Belagerung, oder die Arbeiten einer Vertheidigung zu führen, erfodert freylich mehr Kenntniſſe als
man

man braucht, um in den Laufgraben zu ſtehen, oder einen
Ausfall zu commandiren, ohne daß man durch Unwiſſenheit
etwas verwahrloſet.   Le Blond in ſeinem Traité de l'attaque et defenſe iſt vielleicht hinlänglich, wenn man blos mit
den nothwendigſten Kenntniſſen ſich begnügt.   Will man
aber im Stand ſeyn, bey Belagerungen in und auſſer den Feſtungen als Ingenieur Dienſte zu thun, ſo muß man nachfolgende Schriften leſen:

Traité ſur l'attaque et defenſe des fortereſſes par Mr.
le Marechal Vauban.

Traité ſur l'attaque et defenſe par Mr. de Goulon Lt.
General.

Le Febvre ſur l'attaque et defenſe.

Le Chevalier Folard ſur l'attaque et defenſe, findet ſich
in ſeinem Polybe.

Le traité des mines par Mr. le Mar. Vauban.

Oeuvres poſthumes de Belidor ſur les mines.

Artillerie raiſonnée par le Blond.

Der Marſchall Vauban , ein unſterblicher Mann,
bahnte den Weg. Er gab dem Belagerungs-Kriege eine
ganz neue Geſtalt, und dem Angriffe die Vortheile über die
Vertheidigung, die er noch haben würde, wenn man nicht
das Syſtem der Minen zu einem ſo hohen Grade der Vollkommenheit gebracht hätte. Sein Traktat vom Angrif iſt
ganz von dem über die Vertheidigung getrennt.

Der Herr von Goulon, General-Lieutenant in kaiſer-
lichen Dienſten, zog Angrif und Vertheidigung in eins.
Dieſe Idee ſcheint ſchön. Denn man überſieht mit einem
einzigen Blicke die Arbeiten des Belagerten und des Bela-
gerers zugleich, von der Eröfnung der Laufgraben an, bis
zum Tage der Uebergabe.

Le

Le Febvre, Oberst-Lieutenant in preußischen Diensten, der die letzte Belagerung von Schweidnitz führte, folgte der Idee dieses Generals. Sein Werk ist unentbehrlich für einen Officier von der Infanterie, weil es allen den Detail bey den Arbeiten und der Vertheidigung der Laufgraben enthält, der ihnen nothwendig ist. Die andern Schriften verbreiten Licht über verschiedne Materien, die sonst noch dunkel bleiben würden. Besonders sind die Werke von Belidor merkwürdig.

Man beschließt dieß Studium gewöhnlich mit der Fortifikation im Felde. Dieß sollte zwar nicht geschehn, weil die Fortifikation im Felde dem Officier von der Infanterie am nothwendigsten ist. Es geschieht aber, weil die Schriftsteller, die nicht blos mechanisch davon handeln, die Kenntniß der Grundsätze von der andern Fortifikation voraussetzen. Die Anfangsgründe der Fortifikation im Felde von Struensee, vermeiden diesen Fehler, sind methodisch, und in diesem, wie in allen andern Betracht, aufs äusserste zu empfehlen. Die vorzüglichsten Schriften aber, aus denen Struensee seinen Auszug mit so scharfsichtiger Wahl sammelte, sind:

L'ingenieur de Campagne par le Chevalier Clairac, ein ganz vortrefliches Werk, das erste so über die Fortifikation im Felde erschien, und auch noch das beste.

Des Sächsischen Ingenieur-Hauptmann Tielke Unterricht für die Ingenieurs im Felde, gleichfalls ein vortrefliches Buch, in welchem verschiedne Artikel mit Meisterhand bearbeitet sind, die der Chevalier Clairac seinen Nachfolgern überließ. Es enthält auch allen nöthigen Detail zur Arbeit.

Des preussischen Obristl. von Gaudi Versuch einer Anweisung für die Officiers von der Infanterie, Feldschanzen zu erbauen u. s. f.

Die

Die Abſicht des Herrn von Gaudi war, Officiers von der Infanterie, ganz ohne Kenntniß der Geometrie in den Stand zu ſetzen, ſich überall, wo ſie es nöthig haben, verſchanzen zu können, und die Poſten die ſie vertheidigen ſollen, theils in ihrer natürlichen Stärke zu nützen, theils durch Kunſt ſie zu verſtärken. Der Zweck dieſes Werks iſt ſo vollkommen erfüllt, daß, wie ich glaube, jeder ſeiner Leſer mit gröſtem Eiſer wünſcht, daß dieſer Officier, bey einer neuen Auflage deſſelben, den Theil von der Feld-Fortifikation bearbeiten möchte, der noch ganz unbearbeitet iſt, ich meyne den Angrif und die Vertheidigung. Er ward von Struenſee berührt, der ſcharfſichtig genung war, den Mangel deſſelben zu bemerken. Es ſteht auch verſchiednes Gute in ſeinem Verſuch: Doch bleibt noch immer der Wunſch zurück, dieſen Theil durch einen Officier von Talent und Erfahrung bearbeitet zu ſehen. Vielleicht erlebte man ſodann der tapfern Vertheidigungen mehr, und das Blut der Sieger würde beym Angrif mehr geſchont.

Ver-

Versuch
über die Kunst
den Krieg zu studiren.

Zweite Abtheilung. Erstes Capitel.

Von den Grundsätzen die man lernen muß, um die Ordre de Bataille einer Armee entwerfen zu können.

§. 1.

Wer diese erste Bahn mit Freuden gieng, und bey den Kenntnissen die er sich erwarb es fühlte, wie viel ihm noch fehlen; wem alsdenn, wenn er dieß fühlt, die Wange glüht, höher das Herz schlägt, der ist gebohren zum Kriege, und geht ohne Verwegenheit über zu den erhabnern Theilen der Kriegskunst. Ich mache den Anfang mit der Lehre von den Schlachtordnungen, denn sie verbreitet Licht über alle die folgenden.

Man lernte beym Studio des Exerciz die Ursachen kennen, warum man die Infanterie zu drey Mann hoch stellt, in was für Fällen diese Stellung gut ist, in was für Fällen sie vielleicht verändert werden muß: Man lernte die eigenthümliche Stärke der Infanterie sowol als Cavallerie: Die besten Attaken jeder Gattung von Waffen gegen die andre: Die Ordonnanz der Infanterie, wenn Front, Flanke und Rücken zugleich bedroht ist. Dieß alles dient zum Verständniß der Lehre von den Schlachtordnungen; doch ists nur der erste Schritt dazu.

Soll ich den zweyten mit einem einzigen Worte nennen: Es ist das Studium der römischen Legion. Aber ganz

muß

muß man ſie kennen, mit allen ihrem Detail, ihren Fuß; ihre Abtheilung, ihre Diſciplin, ihre Ordnung im Gefecht. Der Gott des Kriegs gab ſie ein, ſagt Vegetz: Man glaubt es mit ihm, wenn man nachdenkt.

Gleichwol gehn wir doch gänzlich und faſt bey allen Armeen davon ab: Das Syſtem ihrer Einrichtung, ihre Ordnung zum Gefecht, iſt ganz dem unſern entgegengeſetzt. Darum überwanden ſie auch die Welt, und wir irren. Viel ſollte man im Fuße unſrer Armeen ändern, vieles in unſern Schlachtordnungen, das nur Fürſten und Könige ändern können. Viele Schwächen ſind aber auch da, denen die Officiers ſelbſt von den untern Claſſen abhelfen, wenn es ih‐ nen nicht an Einſichten fehlt. Man denke hier nach, doch werde man kein Träumer. Allgemeine Syſteme giebts nicht: Jede Nation, jedes Land erfodert ihr eignes. Man lerne die Kunſt, wie man ohne Geſetzgeber zu ſeyn, hier oder da im Stande iſt, die Schwäche des unſern zu verbeſſern.

§. 2.

Die Schwäche dieſes Syſtems betrift theils den Fuß und die Einrichtung unſrer Truppen, theils ihre Ordre de Bataille im Gefecht.

Die Fehler im erſten Betracht, ſind der Mangel der Pike und des Degens, wodurch aller Choc und die gute Vertheidigung der Schanzen aufhört.

Die ſogenannten Feldſtücke, die nicht im Stande ſind der Infanterie überall hin zu folgen, ob ſie gleich ganz un‐ zertrennlich von derſelben ſeyn ſollten.

Die Trennung der Infanterie und Cavallerie von eins ander, wodurch das wechſelſeitige Zutrauen oft ganz ver‐ ſchwindet.

Die

Die Eintheilung der Bataillons in Pelotons, und die Versammlung der Compagnie Fahnen ins Centrum, wodurch die Eintheilung in Compagnien aufhört, und mit dieser, die eigenthümliche Ehre die der Chef jeder Compagnie, so wie die Compagnie selbst sich erwerben könnte.

Die Schwäche unsrer gewöhnlichen Ordre de Bataille im Gefecht besteht:

Im Mangel der Intervallen, wodurch hitzige und wiederholte Attaken so schwer werden:

In der Gefahr überall längst der ganzen Linie in seiner Flanke wehrlos zu seyn, daß, wo der Feind auch durchdringt, alles zu beiden Seiten gemeiniglich flieht:

In der Trennung der Cavallerie und Infanterie beym Gefecht:

In der wunderbaren Routine, mancher Armeen, die Cavallerie allezeit auf den Flügeln, die Infanterie allezeit im Centro zu haben; das Terrain schicke sich für dieselben oder nicht.

Im Mangel der Kunst die oblique zu formiren, mit einem Theile der Armee dem Feinde sich zu nähern, den andern ihm zu versagen, die Flügel der Armee auch ohne Vortheil des Terrains durch eine gute Taktik zu bedecken: Alles Geheimnisse, die nur manchen Armeen bekannt sind.

Endlich in verschiednen Fehlern gegen die Kenntniß des menschlichen Herzens im Gefecht.

Der flüchtigste Blick in die Geschichte unsrer Zeiten zeigt die Wahrheit dieser Bemerkungen. Man sieht aber auch zugleich ein, wie es in verschiednen Fällen möglich ist, diesen Fehlern abzuhelfen, ob man gleich nicht das Commando der Armeen führt, und die Geschichte beweißt, daß

C   es

es geſchehe. Es iſt alſo nicht zu kühn, es iſt unſre Pflicht hierüber zu denken. Man ſey aber beſcheiden, und glaube nicht, daß man Erfinder geworden, wenn man Dinge ſieht, die ſo viel Generale und Feldherrn vor uns ſahen, aber oft nicht ſehen wollten, weil ſelbſt die Vollkommenheit in der Kunſt dem Intereſſe des Staats zuwider ſeyn könnte, wenn ſie bekannt wird.

§. 3.

Dieß waren die allgemeinen Kenntniſſe von dem, was die Stärke und Schwäche der Schlachtordnungen beſtimmt; man wende ſie nun auf Land und Gegenden an, auf Ebne, durchſchnittnes Land und Gebirge.

Man entwirft die Ordre de Bataille einer Armee in der Ebne, wo ſie keine Höhe, keinen Zoll durchſchnittnes Land dem Feind entgegenſtellen kann, ihr gegenüber die Ordre de Bataille der Armee, die angreifen will, und eben ſo wenig durch das Terrain begünſtigt wird. Durch die erſten Linien der Armee überall die Zeit ſich zu verſchaffen, die man braucht, um da, wo der Feind die meiſten Kräfte anwendet, ſich gleichfalls verſtärken zu können: So oft der Feind das Syſtem ſeines Angrifs verändert, das Syſtem der Vertheidigung zur rechten Zeit gleichfalls zu ändern; die Mittel ſich zu bereiten, da, wo der Feind ſchwach iſt, ſelbſt zum Angrif überzugehn: Den rechten Gebrauch der Artillerie zu kennen, das ſind die Punkte, die man bey der Schlachtordnung der Armee die ſich vertheidigt, überlegen muß.

Das Syſtem zum Angrif iſt, ſelbſt in flachſter Ebne, die wahre Attake dem Feinde zu verbergen, ihn unſchlüſſig zu halten, da, wo man durchdringen will, ſchnell ſich zu verſtärken, Attaken auf Attaken ſo hitzig zu formiren, daß ſelbſt die Zeit die der Widerſtand der erſten Linien dem Feinde ſchaft, nicht zureicht ihn zu ſchützen; wenn die Umſtände es erfodern von einer Attake zur andern überzugehen, die fallen

zu

zu laſſen, die man zuerſt mit Ernſt betrieb, dort wo man
ſchwächer ſchien mit gröſtem Nachdruck anzugreifen: Sich
gegen den Feind zu bedecken, wenn dieſer von der Verthei=
digung zum Angrif übergeht; die Flügel ſo das Terrain
nicht deckt, durch Kunſt zu beſchützen: Sich zu ſchwächen,
wo man ungeſtraft es thun kann, um da, wo die meiſte
Hofnung zum Sieg iſt, mit deſto gröſſerm Nachdruck zu
agiren: Den erfochtnen Vortheil ſchnell auszubreiten, und
entſcheidend zu machen, auf dem gewonnenen Terrain ſich
ſchnell zu formiren, es zu behaupten, es zu erweitern, dieß
alles zu thun, und dennoch dabey das Blut der Menſchen
ſo viel möglich zu ſchonen, das iſt die Kunſt vom Angrif.

Wenn das Land, in welchem die Armeen agiren,
durchſchnitten iſt, ſo lernt man die Kunſt, ein durchſchnitt=
nes Terrain zur Vertheidigung zu nützen, und die Truppen
auf dem Champ de Bataille den Grundſätzen gemäß zu ver=
theilen, die wir von ihrer Stärke und Schwäche gelernt. Man
lernt die Kunſt, die Attaken des Feinds auf gewiſſe Theile des
Champ de Bataille einzuſchränken, dieſe deſto furchtbarer
zu vertheidigen: Man lernt von der Vertheidigung zum
Angrif überzugehn, damit der Feind auſſer Stand ſey, durch
unabläſig erneuerte Attaken unſre Truppen in der Verthei=
digung muthlos zu machen.

Beym Angrif lernt man die Hinderniſſe kennen, die
das Land dem Anmarſch, der Formirung, den Manoeuvres
zur Attake entgegenſtellt: Man lernt die Vortheile kennen,
die das Land darbietet, unſre Bewegungen zu masquiren, für
allen aber die Mittel die uns bleiben, die Vortheile des Feinds
im Feuer über uns zu vermindern. Hier iſt die Abhand=
lung des Chevalier Folard, vom Coup d'oeil eines Officiers,
vortreflich. Sie öfnet den Verſtand auf alle vorkommende
Fälle.

§. 4.

Das letzte von allem iſt, die Vertheidigung und der Angrif der Höhen. Die Vortheile kennen zu lernen, ſo die Höhen in der Vertheidigung vor der Tiefe voraus haben, zu wiſſen, was für Höhen die meiſten Vortheile gewähren, und ſie in ihrem ganzen Umfange zu nützen, iſt das weſentliche der Vertheidigung. Dieſen Vortheilen auszuweichen, und hitzig zu attakiren iſt das weſentliche vom Angrif. Jede Höhe aber erfodert ihr eignes Syſtem. Hier ſind die verſchiednen Gattungen, deren Angrif und Vertheidigung man durchdenken muß, um ſich auch dieſen Theil der Kriegskunſt eigen zu machen.

Anfangs eine Höhe, die nicht umgangen, nicht im Rücken gefaßt, nicht in der Flanke attakirt werden kann. Dieſe Höhe macht eine einzige Front: Der Abhang nach der Ebne iſt nicht ſteil: Es iſt ſogar möglich ſie mit Cavallerie zu erſteigen: Man kann die ganze Front derſelben attakiren, weil der Feind die Zeit nicht hatte, unſre Attake auf gewiſſe Theile der Front allein einzuſchränken: Der Feind vertheidigt die Höhen, nach den gegebnen Geſetzen zur Vertheidigung.

Zweitens eine Höhe, die nicht in gerader Front fortläuft, ſondern ſich bricht, und auf einem oder beiden Flügeln zugleich einen eingehenden Winkel, mit dem Reſt der Front, formirt.

Drittens eine Höhe, wo der Feind, um die eine Flanke derſelben zu bedecken, gezwungen iſt, einen Hacken mit der übrigen Front zu machen. Die Franzoſen nennen dieſe Stellung en potence, jene en echarpe.

Viertens zwey Höhen, die durch eine Tiefe getrennt ſind.

Fünftens eine Höhe, die in zuſammenhängender Front fortläuft. Rückwärts aber derſelben giebts wiederum Höhen,

ßen, die mit der erſten zuſammenſtoßen, und einen ſpitzen,
eingehenden Winkel mit ihr formiren, ſo daß die Truppen,
wenn ſie die erſte erſteigen, von der zweiten in die Flanke gefaßt werden.

§. 5.

Die Lehren der Kriegskunſt bieten ſich wechſelſeitig die
Hand. Was ich hier erwähnt, muß man wiſſen, um hell
in der Lehre von den Märſchen, und den Lägern der Armeen
zu ſehn: Hat man aber ſodann auch dieſe gefaßt, ſo ſtudirt
man die Schlachtordnungen von neuem. Man führt die
Armee die ſich vertheidigt aus ihrem Lager auf den Wahlplatz. Man formirt aus Colonnen die Ordre de Bataille
zum Angrif mit allen Stratagems. Man bildet das Coup
d'oeil im Großen, das mehr als einen Gegenſtand zugleich
faßt, ganze Reyhen von Bewegungen auf einmal überdenkt.
Itzt geht man über zur Lehre von den Märſchen der Armeen.

Der

Verſuch

über die Kunſt

den Krieg zu ſtudiren.

Zweyter Theil. Zweytes Capitel.

Von den Grundſätzen die man lernen muß, um den Marſch einer Armee ordnen zu können.

§. 1.

Der Vater der Lehre von den Märſchen iſt der Marſchall Püyſegür. Sein Unterricht vom Mechaniſmo derſel-ben iſt vortreflich: Es gehört aber dieſe Lehre unter die com-plicirteſten des Kriegs.

Die Kunſt, eine Armee die in Linien aufmarſchirt iſt, in Colonnen zu brechen, und aus dieſen Colonnen, nicht nur wieder Linien, ſondern auch die vorige Ordre de Ba-taille, oder jede andre die man verlangt, zu herſtellen:

Die Kunſt, die Märſche der Armeen zu erleichtern, und zur beſtimmten Stunde die Lager und Poſten zu errei-chen, die uns nothwendig ſind:

Die Kunſt, im Angeſicht des Feinds zu marſchiren, ohne Furcht zu einem nachtheiligen Gefechte gezwungen zu werden, ohne Furcht ſich zuvorgekommen zu ſehn:

Die Kunſt, ſelbſt auf Retraiten ſich dieſe Sicherheit zu verſchaffen, das iſt die Lehre der Märſche. Man muß aber den Umfang eines jeden dieſer Artikel kennen. Hier folgt ihre Auseinanderſetzung.

§. 2.

§. 2.

Wenn eine Armee ihr erstes Lager im Felde bezieht, so macht der commandirende General zuvor die Ordre de Bataille bekannt, nach welcher sie einrücken soll. Durch diese Ordre de Bataille wird bestimmt, in wie viel Linien die Armee campiren wird, und in welcher Linie die Infanterie, Cavallerie und Artillerie zu stehen kommen. Es wird bestimmt, wie die Regimenter sich in Brigaden formiren, auf welchem Theile der Linie eine jegliche Brigade stehn wird, und was für Generale sie commandiren. Es sey nun Gewohnheit oder Grundsätze, die dazu bewegen: Die erste Ordre de Bataille der Armeen ist gemeiniglich diese, daß die Truppen zwo oder drey Linien formiren, die Cavallerie auf den Flügeln, die Infanterie im Centro campirt, und eine Reserve von Cavallerie oder Infanterie hinter dem Centro der Armee. Die ersten Läger des Feldzugs, in welchen die Armeen sich versammeln, sind gemeiniglich fern genug vom Feinde, und man hat nichts von ihm zu befürchten. Es ist also hier auch ganz gleichgültig, ob man bey dieser Gewohnheit verbleibt oder nicht. In den nachfolgenden Lägern aber, wo die Nähe des Feinds erfodert, daß man auf seine Sicherheit denkt, kann weder diese, noch irgends eine andre Ordre de Bataille allgemein seyn. Denn das Terrain giebt hier das Gesetz. Was für eine Art von Schlachtordnung man aber auch wählt, so ist doch dieß überall nöthig: Die Truppen so in Linien stunden, in Colonnen zu brechen, und aus diesen Colonnen wiederum Linien, und die Schlachtordnung zu formiren, die sich für das Terrain schickt, das man besetzen will.

Kein einzig Terrain ist dem andern völlig gleich: Es ist also unmöglich, alle Arten von Schlachtordnungen anzugeben. Aber das kann man vielleicht thun, sie unter gewisse Hauptgattungen zu bringen, so daß, wenn man die Kunst lernt, diese zu formiren, die kleinen Veränderungen alsdenn keine Schwierigkeit machen, von selbsten sich geben.

C 4 Hier

Hier ſind die Ordres de Bataille, von denen ich glaube, ſie ſind zureichend zu dieſem Zweck.

Die Armee campirt in zwey oder mehr Linien, mit der Infanterie im Centro, und der Cavallerie auf den Flügeln:

Oder die Infanterie campirt auf den Flügeln, die Cavallerie im Centro:

Oder die Cavallerie campirt ganz auf einem der beyden Flügel, die Infanterie auf dem andern:

Oder die Infanterie ſteht in erſter und dritter Linie, die Cavallerie in der zweiten:
Einige Bataillons und Eskadrons machen, in einer oder mehr Linien, Front nach den Flanken der Armee:

Oder die Armee campirt gar in einer Art von Quarre, um Front nach allen Seiten zu machen, und die Cavallerie zwiſchen den Linien der Infanterie einzuſchlieſſen.

Dieſe verſchiednen Ordres de Bataille muß man lernen, eine aus der andern zu leiten, und dabey auf alle die Veränderungen achten, wozu die Verſchiedenheit der Front, und der Lage des alten und neuen Lagers, die Beſchaffenheit der Wege und die Sicherheit im Marſche uns zwingt. Dieſer Veränderungen ſind viel. Denn die Armee marſchirt bald vorwärts ab, bald rückwärts, bald nach der rechten oder linken. Die Front des neuen Lagers macht oft eine Schwenkung mit der Front des alten: Als z. E. wenn wir dem Feinde die Flanke abgewonnen, oder er ſelbſt ſucht ſie uns abzugewinnen. Dieſe Schwenkungen ſind wieder verſchieden. Warf man ſich z. E. in die rechte Flanke des Feinds, ſo trägt es ſich vielleicht zu, daß man im neuen Lager Front nach der rechten Flanke des alten macht: nach der linken, wenn man links das Glück gehabt hat, ſo auch, wenn der Feind uns ſelbſt dieſen Streich ſpielt. Es kann

Fälle

Fälle geben, wo man gezwungen ist, diese Schwenkungen rückwärts zu machen, sogar Front nach dem Rücken des alten Lagers zu nehmen, als z. E. bey den Manoeuvres einer Observations=Armee sich zutragen kann, so die Belagerung einer Festung deckt. Ueberdem erfodert die Sicherheit des Marsches bald diese bald jene Eintheilung der Truppen in den Colonnen. Die Cavallerie marschirt zuweilen auf den Flanken der Colonnen, von der Infanterie, zuweilen formirt sie die Colonnen im Centro, zuweilen wird sie unter die Colonnen der Infanterie vertheilt. Ein gleiches geschieht mit der Artillerie. Dieß alles vermehrt die Verschiedenheit der Märsche, und hat man nach dieser Anleitung ihrer viele durchgedacht, so wird dieß, glaube ich, den Verstand auch für die übrigen öfnen, und Ressourcen uns lehren, die auch für sie hinreichend sind. Dieß aber ist die Kunst noch nicht ganz. Denn alles was bis itzt geschah, setzte voraus: Man werde gewiß im Stande seyn, dieß oder jenes Lager, diesen oder jenen Wahlplatz zu beziehen, der gerade die Schlachtordnung erfodert, auf die wir unsre Marsch=Disposition einrichten. Dieß aber ist nicht immer der Fall, in dem man sich findet.

Es giebt Märsche, wo man das Lager, oder Champ de Bataille der Armee, nicht gewiß im voraus weiß, noch auch die Schlachtordnung, in welcher sie fechten wird, oder sich lagern soll: Als z. E. wenn man vorwärts marschirt, um einen Feind anzugreifen, der sich zurückzieht, und man nicht weiß, ob und wo er Posto faßt; oder wenn man selbst sich zurückzieht und hart gedrängt wird. Hier zeigt sich wieder ein neues Feld, eben so unerschöpflich als das erste. Denn die Marsch=Disposition der Armee muß biegsam seyn, um mehr als eine Veränderung zu leiden, mehr als eine Ordre de Bataille daraus schaffen zu können. Und auch dieß zu wissen, ist noch nicht genung. Selbst bey unbiegsamen muß man lernen sich zu helfen.

C 5   Man

Man denke ſich eine Armee von 50. bis 60000 Mann mit der nöthigſten Bagage: Dieſe Armee marſchirte ab in zwo Colonnen, in der Abſicht, vorwärts des alten Lagers ein neues zu beziehen, in welchem die Cavallerie gedeckt durch einige Brigaden Infanterie auf den Flügeln ſtehn wird, und die Infanterie im Centro. Auf dieſen Entwurf gründet ſich die Marſch-Diſpoſition der Armee: Hiernach ſind ihre Truppen vertheilt. Aber unſre Hofnung ſchlägt fehl. Die Armee kann das Lager nicht erreichen, das ſie im Sinne hat; der Feind begegnet ihr in dem Poſten nicht, da ſie ihn zu finden dachte: Vielleicht iſt die Begebenheit ſogar Glück. Der Feind that einen übereilten Schritt, die güldne Stunde des Siegs iſt da; nur müſſen wir im Stande ſeyn ſie zu nützen. Wie formirt nun die Armee eine andre Front als ſie gedachte? in dieſer Front die Schlachtordnung, die ſie annehmen muß?

Man ſetze eine Ordre de Bataille feſt, als z. E. die Infanterie in zwey Linien, die Cavallerie in dritter: Man ſetze feſt, welcher Flügel verſtärkt werden ſoll, und formire alsdann aus dieſer Marſch-Diſpoſition, die gewünſchte Ordre de Bataille auf mehr als einen Fall; das neue Allignement der Armee liege wie es auch ſey: Es laufe in einer einzigen geraden Linie fort, oder in gebrochner: Die Diſtanzen der points de vue, die man im neuen Allignement giebt, mögen bekannt oder unbekannt ſeyn: Des Terrains ſey zu viel oder zu wenig: Man brauche ſeine Stärke auf den Flügeln oder im Centro.

Wo die Kunſt geſetzlos wird, da bleibt nichts weiter übrig, als dem Geiſte die Wendung zu geben, die er haben muß, um ſchnell für jeden Fall, ſo wie er ſich erdugt, das wahre Geſetz zu finden. Genie muß man haben, aber ſelbſt mit Genie findet mans nicht ohne Meditation.

§. 3.

§. 3.

Dieß war der Mechanismus der Märsche, angewandt auf die Lage des Landes, die Stellung des Feindes. Itzt geht man über zur Kunst, die Märsche der Armeen zu erleichtern, zur Kunst, Lager und Posten zur bestimmten Stunde zu erreichen. Der Marsch einer Armee ist beschleunigt, erleichtert, wenn jede Colonne derselben ihr Lager auf dem Wege erreicht, der für sie am bequemsten, am kürzesten ist. Wenn sie nirgends daselbst einen Aufenthalt findet, den sie vermeiden konnte, wenn man ihr also keinen Vortheil zur Geschwindigkeit versagt, den ihre Sicherheit verstattet.

Gesetzt nun, eine Colonne bräche auf, man hätte den Weg, den sie hält, nicht gesehn, ihr selbst wäre es vertraut ihn zu bahnen, die Hindernisse wegzuräumen die sie daselbst antreffen kann; würde alsdenn wohl diese Colonne so schnell marschiren, als wären die Wege vor ihr schon gebahnt? Allerdings nicht. Dieß zeigt also die Nothwendigkeit und den Nutzen einer Avantgarde, oder eines Detaschements, das man voraus schickt, die Wege zu recognosciren und zu bessern.

Der Chef eines solchen Detaschements muß wissen, was für Hindernisse den Marsch einer Colonne aufhalten können, aus was für einer Gattung von Truppen die Colonne auch besteht. Er muß wissen, wie man diese Hindernisse wegräumt, wenn die Natur nicht gegen uns ist.

Was sind nun die Hindernisse im Wege selbst, die den Marsch der Truppen verzögern? Schlimme Passagen, wo die Infanterie gezwungen ist, ihren Schritt zu verkürzen, die Cavallerie ihn langsamer zu nehmen: Passagen, wo man gezwungen ist zu defiliren, Passagen, wo man gezwungen ist zu schwenken. Wo sich nun diese Hindernisse auch zeigen, im morästigen Boden, auf steilen Höhen, bey Passirung von jähen Tiefen, Bächen, Flüssen, über Brücken, durch

durch Furthe, in Waldungen, in Dörfern, wie es auch
ſey: Man muß die Mittel kennen ihnen abzuhelfen, und
nur das ungebeſſert zu laſſen, wo die Natur Verbeſſrung
verbietet. Dieß iſt nun allerdings das Geſchäft des Officiers,
der den Weg einer Colonne recognoſcirt. Aber nicht das
einzige. Geſetzt, er hätte dieß alles gethan, er brächte nun
dem Chef der Armee den Rapport zurück, die Wege wären
ſo viel möglich gebeſſert, die Verkürzung des Schritts, das
defiliren, das Schwenken, wo es nur angieng, vermieden;
iſt darum der Chef der Armee im Stande, zu beſtimmen,
was für eine Gattung von Truppen auf dieſem Wege marſchiren ſoll, wenn ſie ihr Lager erreichen wird, und ob die
Colonnen in Sicherheit ſind? Nein! hiezu gehört noch
mehr.

Die Zahl, die Länge, die Breite, die Beſchaffenheit der Defiles muß man kennen, eben dieß von allen ſchlim-
men Paſſagen, wo man gezwungen iſt, den Schritt zu verkürzen, von allen Gegenden da man ſchwenken muß, und
die Entfernung ſolcher Poſten von einander. Man muß
die Höhen kennen, die Waldungen, Gebirge, Flüſſe, Moräſte, Dörfer, Ebnen, die längſt des ganzen Marſches ſich
finden, mit ihrem ganzen Detail, von unſrer Seite ſowol,
als von der Seite des Feinds. Und von wem wird dieß
alles gefodert? Von dem Officier der die Wege recognoſcirte.
Wie wird nun dieſer beſtehn, wenn er ſich nie zuvor in einem
ſo verwickelten mannichfaltigen Auftrage übte?

Der Auftrag iſt, wie geſagt, vielfach, und es iſt daher nicht rathſam, beym erſten Verſuche zu viel Gegenſtände
auf einmal faſſen zu wollen. Man ſetzt zwey Lager feſt, und
die Wege unſrer Armee von dem einem zum andern. Anfangs
recognoſcirt man nichts anders, als die mannichfaltigen Hinderniſſe für jegliche Gattung von Truppen, die daſelbſt marſchirt, und die Mittel dieſe Hinderniſſe dergeſtalt wegzuräumen, daß man bey ihrer Paſſirung ſo wenig Zeit als mög-

lich

lich verſchwendet. Man zeichnet ſie auf in der Reyhe, wie
ſie einander folgen, und was man thun kann, um ſie zu
vermeiden; ob der Zeitverluſt alsdenn ganz verſchwindet,
oder wie viel deſſen noch bleibt? Hat man Fertigkeit genung
darinn erlangt, ſo ſetzt man nun in Gedanken ein Lager des
Feindes feſt, und verbindet mit dem erſten Detail, den Detail der Environs, längſt des ganzen Marſches und in der Gegend des neuen Lagers, von der Seite des Feinds ſowol als
der unſern. Bey jedem Wege den man auf ſolche Art recognoſcirt, wird man finden, daß, um ſicher davon zu urtheilen, man öfters Gegenden ſeitwärts kennen muß, zu
denen man nicht gelangen kann, wenn man nicht der Zeit
unendlich viel hat. Dieß führt auf den Artikel von den
Wegweiſern, was für Leute am beſten ſich dazu ſchicken, wie
man ſie, und die Einwohner des Lands, ihren Fähigkeiten
und der Wendung ihres Verſtandes gemäß ausfragt, um
von ihnen was man will zu erfahren, ohne daß man Gefahr
läuft ſich ſelbſt zu verrathen, oder durch die irrigen Vorſtellungen hintergangen zu werden, die ſie von verſchiednen
Dingen ſich machen. Es ſchlagen hier zugleich die Artikel
von der Diſciplin der Märſche ein, von den Vorſichten gegen die Deſertion und die Exceſſe, von den Vorſichten in
der Nacht, um ſich nicht zu verirren, wie man Rendes-
Vous hält, die Traineurs ſammelt u. ſ. f.

Dieß ſind die Kenntniſſe vom Lande und den Wegen,
die man beſitzen muß, um beſtimmen zu können, in wie
viel Zeit die Colonne ihren Marſch vollendet. Von den
Truppen ſelbſt aber muß man wiſſen, in wie viel Zeit ſie eine
gewiſſe Zahl von Schritten zurücklegen können. Iſts aber
wohl möglich dieß zu beſtimmen, wenn jeder Soldat die
Erlaubniß hat, einzeln für ſich auszutreten, ohne auf den
Schritt der andern zu achten? Ich glaube Nein.

Eine Colonne marſchirt entweder im Rotten-Marſche
zu drey Mann de Front, und ſo, daß die Truppen im Marſche

ſche nicht mehr Terrain einnehmen, als auf der Stelle en
Bataille: Oder ſie marſchiren mit breiter Front, und mit
Diſtanzen zwiſchen den Abtheilungen: Oder ſie marſchiren
mit breiter Front, en Colonne, ohne Diſtanzen. Beym
geſchloßnen Marſch, mit was für Front es auch ſey, zeigt
ſich, wenn jeder Soldat für ſich austritt, die Unmöglich-
keit den Marſch zu berechnen, gleich beym erſten Blick. Mit
breiter Front hingegen und geöſneter Colonne wäre es vielleicht möglich. Es iſt aber nachtheilig. Der Marſch wird
langſam, und mehr fatiguant, der Traineurs giebt es mehr:
Es endigt ſich mit dem Ruine der Truppen.

Dieß alles muß man reif und tief durchdenken. Denn
wir ſind vielleicht der Zeit nahe, da eine gewiſſe Armee, nach
Grundſätzen durch ihren Feldherrn gebildet, das Beyſpiel
giebt, und das ſo ſchädliche Vorurtheil von der Freyheit des
Schrittes im Feldmarſch ausrottet. Wäre dieß aber auch
nicht, ſo muß man doch ſelbſt da, wo man noch die alte
Freyheit behauptet, das Nachtheilige davon erkennen, um
es ſo viel möglich zu vermindern. Wie wichtig dieſes iſt,
ſieht man aus der Geſchichte des vorigen Kriegs, wo die
Soldaten aller Armeen auf dem Marſche die Freyheit hatten,
auszutreten, wie ſie wollten. Und dennoch hatte die preuſ-
ſiſche Armee ſo große Vortheile im Marſche über die andern
voraus, daß ſie dieſem Vorzuge einen Theil ihrer Ueberlegenheit verdankte. Dieß hatte keinen andern Grund, als
daß man bey dieſer Armee mehr als bey jenen, das Fehler-
hafte des gewöhnlichen Marſches einſah, folglich mehr im
Stande war es zu vermindern.

Es giebt Fälle, wo man gezwungen iſt, mit drey
Mann de Front abzumarſchiren, weil die Wege nicht breiter ſind: Es giebt Fälle, wo man durchaus auf dem ganzen Marſche die Freyheit hat, mit ſchmaler oder mit breiter
Front zu marſchiren: Fälle endlich, wo man nur hier und
da gezwungen iſt, abzubrechen. Hätte man nun die Wahl,
welche

welche Art von Abmarsch ist sodann die schnellste, für den
Weg, den man sich festgesetzt hat?

Um dieß bestimmen zu können, muß man die Grundsätze lernen, nach welchen man bey jedem dieser Märsche defilirt, schwenkt, schlimme Passagen passirt, ohne durch seine
Schuld, den Aufenthalt zu vergrössern. Alsdann ist man
im Stande zu wissen, wie viel Zeit man nach jeglicher Methode braucht, um von einem Lager nach dem andern zu
marschiren: Man vergleicht diese Zeit, und bestimmt hienach den Abmarsch der Truppen, sobald man nichts anders
braucht in Erwägung zu ziehen, als die Geschwindigkeit.
Dieß war die Kunst, die Märsche der Armeen zu erleichtern, sie zu berechnen. Man geht über zur Kunst, im Angesicht des Feinds zu marschiren, ohne Furcht sich zuvorgekommen zu sehn, ohne Furcht zum nachtheiligen Gefecht gezwungen zu werden.

§. 4.

Ein Marsch geschehe aus freyer Wahl oder gezwungen, die Absicht desselben sey Angriff oder Vertheidigung,
in beiden Fällen ist der Zweck der Bewegung, dieser: Gewisse
Läger, gewisse Posten zu gewinnen, die wir für vortheilhaft
halten. Ein Feind aber, wenn er weise ist, will nie was
wir mit Weisheit wollen. Ists uns also vortheilhaft, gewisse Läger, gewisse Posten zu gewinnen, so ists auch gewiß
der Entwurf unsers Feindes, uns dies zu verbieten, unsern
Marsch fruchtlos zu machen, wäre es möglich ihn zu unserm
Untergange zu lenken. Wie kann ers aber thun?

Auf zweierley Art. Einmahl, wenn er uns in unsern
Lägern und Posten zuvorkömmt, sie eher besetzt, als wir sie
erreichen. Anderns, wenn er uns während des Marsches
überfällt, und zu einem nachtheiligen Gefecht uns zwingt.
Gegen beides muß man auf seiner Hut seyn. Die Kunst

aber

aber, die Märſche zu berechnen, iſt der Grundſtein von allem. Ohne ſie ſind alle Märſche gewagt.

Hier liegen die Wege unſrer Armee, als ausgebreitet vor unſern Augen dar. Wir kennen ſie mit ihrem ganzen Detail, und vom Ausgange der alten Läger und Poſten an, bis zum Eingange der neuen. Wir kennen die Schwäche und Stärke unſrer neuen Poſten, von unſrer Seite ſowohl als der feindlichen. Wo ſteht nun der Feind, das Lager ſeiner Haupt-Armee ſowohl, als der detaſchirten Poſten? Auf wie viel Wegen iſt er im Stande, in den Weg unſers Marſches einzudringen? Auf wie viel Wegen kann er unſer neues Lager erreichen, und in wie viel Zeit? Geſezt wir brechen auf mit unſrer Armee, und ihren detaſchirten Corps, wenn erfährt der Feind unſern Marſch, nicht allein aus dem Aufbruch ſelbſt, ſondern auch aus den Anſtalten zu demſelben?

So viel Stunden braucht er, um mit einem Corps von gewiſſer Stärke den Weg unſers Marſches, oder unſre neue Poſition zu erreichen: Einige Stunden braucht er vielleicht mehr, um mit ganzer Armee dazuſtehn. Wie verſichert man ſich nun einen Vorſprung über den Feind, der hinreichend iſt, uns in den Stand zu ſetzen, daß wir unſre neue Poſten eher erreichen als er? eher die Wege die dahin führen verlaſſen, als er im Stande iſt, in dieſelben einzudringen, uns mit Vortheil anzugreifen? Hier lernt man die Kunſt, durch Geheimniß im Aufbruch, einen Vorſprung über den Feind ſich zu verſchaffen, die Kunſt dieſen Vorſprung während des Marſches zu vermehren. Nirgends iſts nothwendiger ſie zu verſtehn, als auf Retraiten. Man handelt alſo davon unter dieſem Artikel.

Verſchwiegenheit, Kunſt, gute Maasregeln beym Aufbruch, und während des Marſches, ſelbſt die Nacht ſchützen uns nicht immer. Es iſt möglich, daß der Feind in unſern Weg eindringt, gegen unſre neue Poſition anrückt:

So

So viel Stunden braucht er, um mit einem Corps von gewisser Stärke daselbst einzutreffen: Noch so viel andere, um sich zu verstärken: Was für Maasregeln bleiben uns übrig, seine Absichten fruchtlos zu machen?

Die erste aller Fragen ist hier: Sind denn die Wege des Feinds, ihm alle so entschieden frey: Ists nicht vielmehr möglich, ihm einige derselben zu verbieten, damit sein Anmarsch auf den andern desto langsamer werde, weil nun der Truppen mehr sind? Können wir nicht auf denen, die wir ihm nicht ganz verbieten können, wenigstens Chikanen ihm entgegenstellen, die seinen Marsch verzögern, kleine Posten, Redouten, Verderbung der Wege? u. s. w. Es war unmöglich, die Posten die wir im Sinne haben, mit ganzer Armee so schnell zu erreichen, daß dem Feinde alle Arten von Unternehmung gegen sie, sowohl als die Armee, verboten wird. Ists uns aber sodann eben so unmöglich, diese Posten mit einem Corps zu erreichen, das stark genug ist, den Unternehmungen des Feinds Schranken zu setzen? unsrer Armee Zeit giebt anzulangen? Hier sieht man den Ursprung der Aussen-Detaschements und der Avantgarden.

Wenn die Armee des Feinds einen Marsch thut, welcher dem unsern parallel ist, und es gehn sodann Wege von ihm zu uns, so kann uns derselbe de Front, auf der Flanke und im Rücken zugleich begegnen. Alsdenn combinirt er vielleicht den Entwurf, die Armee im Marsche anzugreifen, mit dem Entwurfe ihr in den Posten zuvorzukommen, die sie im Sinne hat. Dieß ist die größte Gefahr der Märsche. Die Avantgarde muß alsdenn die Posten vorwärts versichern, vorwärts den Weg der Armee bahnen: Die Aussen-Detaschements zur Flanke und die Arriergarde müssen für allen den Gefechten uns schützen, die uns den Vorsprung entreissen könnten, den wir über den Feind haben: Der Feind muß nirgends im Stande seyn, die Armee zum Halt, zu einem Gefechte, zu zwingen, wodurch sie ihren Posten

b ver-

verliehrt.　Hier muß man die Kunſt lernen, dieſe Corps zu
detaſchiren, ſo daß ſie im Stande ſind ihre Abſichten zu erreichen, und dann auch ſich zu retten.　Der Marſch iſt
nicht ſchön, durch welchen man den Kern der Armee aufopfert, um ſein Lager zu gewinnen.　Wenn aber die Armeen, ſowol als dieſe Detaſchements, zur rechten Zeit aufbrechen: Wenn die Colonnen der Armee alle in der Ordnung
marſchiren, nach welcher ſie am ſchnellſten ſich formiren können, damit die Detaſchements nicht nöthig haben, zuweit
ſich zu entfernen: Wenn die Detaſchements ſelbſt die Ordonnanz kennen, die ſie am beſten in den Stand ſetzt, dem überlegnen Feind eine Zeitlang Trotz zu bieten: Wenn man von
Seiten der großen Armee keine der Anſtalten verſäumt, die
man treffen kann, um den Rückzug der Detaſchements ſicher
zu ſtellen: Wenn man, bey allen dieſen Anſtalten, nie den
großen Entwurf der Bewegung aus den Augen verliehrt,
gewiſſe Läger, gewiſſe Poſten zu erreichen: Wenn man, ſage
ich, ſeine Märſche überall ſo geordnet hat, in allen Landen,
in der Ebne, im durchſchnittnen Lande, im Gebirge; ſo
erndtet man den Ruhm des großen Türenne, von dem man
ſagte: Er gieng nie ſeinem Feinde entgegen, ohne allen ſeinen Entwürfen entgegenzugehn.　Ich eile, dieſe allgemeinen
Grundſätze auf die verſchiednen Gegenden anzuwenden, da
man Krieg führt, auf die Ebne, auf durchſchnittnes Land,
auf Gebirge.　Denn jeder hat ſeine eigne Gefahr, ſein
eigen Geſetz.

§. 5.

Die unterſcheidenden Gefahren eines Marſches gegen
den Feind in der Ebne ſind, daß hier die Ueberlegenheit in
der Zahl mehr entſcheidet, als im durchſchnittnen Lande, oder
im Gebirge: Daß kleine Niederlagen in derſelben zur völligen Flucht werden können: Daß es dem Feinde leicht iſt,
uns zu umgehn, Rücken und beide Flanken unſicher zu machen: Daß es leichter hier iſt, falſche Angriffe zu formiren,

falſche

falsche Anstalten zu treffen, die Front alsdenn schnell zu verändern, und die Flanken zu gewinnen. Man theilt zwar diesen letzten Vortheil mit dem Feinde: Ihm ist er aber größer als uns, weil er hier angreift, und unsern Gegenbewegungen, so zu sagen, das Gesetz giebt.

Die entscheidenden Vortheile eines Marsches in der Ebne sind: Daß man im Stande ist, die Bewegungen des Feinds weit in der Ferne zu entdecken: Daß man die Corps, die man von der Armee detaschirt, so zu sagen nie aus den Augen verliehrt; keine Trennung von ihnen, keine Trennung der Colonnen von der Armee zu befürchten hat. Auf diese Gefahren, auf diese Vortheile gründet sich der Entwurf eines Marsches, in der Ebne gegen den Feind.

Man muß die Kunst verstehn, die leichten Truppen weit vorwärts zu detaschiren, und alles was man detaschirt zu unterstützen, damit der Feind nie ungestraft es wagt, die Gemeinschaft der Corps mit ihren Detaschements zu unterbrechen. Man muß die Ordonnanz kennen, so die meiste Ueberlegenheit vom Feinde fodert, wenn er etwas gegen dieselbe ausrichten will; die Ordonnanz, in welcher man am längsten im Stande ist, gegen überlegne Macht sich zu vertheidigen; die es den Truppen am wenigsten furchtbar macht, sich umgangen zu sehn. Dieß heißt die Ordre de Bataille der Avant- Arriergarden und Seiten-Detaschements in der Ebne festsetzen. Man muß die Kunst verstehn, die Stratageme fruchtlos zu machen, die der Feind anwendet, uns zu einer falschen Front zu verführen, oder die Flanke abzugewinnen: Man muß im Stande seyn, die Front zur rechten Zeit zu formiren, und sodann auch bey der Front die man annimmt, sich Ressourcen bewahren, um sie ohne Gefahr, selbst im Gefecht, verändern zu können. Dieß ist die Anwendung der allgemeinen Grundsätze eines Marsches gegen den Feind, auf einen Marsch in der Ebne.

§. 6.

Die unterſcheidenden Gefahren eines Marſches im durchſchnittnen Lande ſind: Daß man oft defiliren, oder gleich Anfangs mit ſchmaler Front aufbrechen muß. Die Chikanen, die Natur und Feind auf den Wegen ſelbſt uns entgegenſtellen, ſind hier weit häufiger als in der Ebne, unendlich größer, weil die Colonnen tiefer ſind. Ein leichtes Corps feindlicher Truppen erreicht uns hier bald.

Die Ueberlegenheit in der Zahl hilft uns alsdenn nichts. Eine Hand voll Leute reicht zu, die ganze Armee aufzuhalten, ſie in Stunden lange Gefechte zu verwickeln, ihr den Vorſprung zu entreiſſen den ſie hatte, ſie zu trennen. Man bedarf alſo des Schutzes ſeiner Avantgarde und Auſſen-Detaſchements länger. Ein Vorſprung, der in der Ebne hinlänglich war, iſts hier nicht.

Die Cavallerie iſt wehrlos in dieſem Lande, und gleichwohl verlängern ſich ihre Colonnen ſo ſehr, und die Recognoſcirungen ſind ſchwer und langſam.

Endlich iſt man öfters gezwungen aus Defiles in Ebnen vorzurücken, im Angeſicht des Feinds zu debouchiren. Nimmt man ſeine Maasregeln nicht gut, ſo wird man geſchlagen: Nimmt man ſie nicht zeitig, ſo läuft man Gefahr, durch den Verluſt von Zeit, weiter vorwärts den Vorſprung zu verliehren, den man nöthig hat, um die neue Poſition zu erreichen.

Dieß ſind die Gefahren eines Marſches im durchſchnittnen Lande. Wie iſts möglich, ihnen zu entgehn? Man entgeht ihnen, wenn man bey dem Vorſprunge, den man ſich über den Feind verſichert, auch auf die Chikanen und unerwarteten Zufälle denkt, die Feind und Natur uns hier in den Weg legen können. Wenn man die Vortheile, die das Land darbietet, mit einer Hand voll Leute ganze Armeen aufzuhalten, wenn man, ſage ich, dieſe Vortheile ſelbſt gegen

gen den Feind nützt, und Positionen wählt, wo man mit
kleinen Detaschements im Stande ist, ihm die Wege zu verbieten, durch die er in den Marsch der Armee eindringen
kann: Wenn man die Colonnen der Bagage, Artillerie und
Cavallerie dergestalt ordnet, daß sie nie ohne Noth sich verlängern, und so wenig Gefahr laufen als nur möglich:
Wenn man sich den Eingang in die verschiednen Ebnen die
man passiren muß, dergestalt versichert, daß man nicht im
defiliren selbst zum nachtheiligen Gefecht gezwungen werden
kann, und gleichwohl auch nicht einen Augenblick Zeit verschwendet.

Ists möglich, die Posten, die man zur Sicherheit
des Marsches, vorwärts sowol als in der Flanke zu besetzen
hat, im voraus, vor dem Aufbruch der Armee und ihrer verschiedenen Corps, zu besetzen, im voraus ihre Bewegungen,
als mit einer Kette von Posten und Detaschements, zu masquiren, so darf mans nicht versäumen. Wars aber nicht
möglich es im voraus zu thun, so macht mans zum Geschäft
der Avantgarde. Vom General der sie führt, hängt sodann
alles ab; er muß Gewalt gegen Gewalt stellen, Detaschements gegen Detaschements, Vortheile des Terrains gegen
Vortheile.

Die Kunst richtig und schnell die Wege zu recognosciren, die man passirt, ohne Furcht, daß die Truppen, so
dazu bestimmt sind, wenn sie einen überlegnen Feind antreffen, Verwirrung unter denen, die folgen, anrichten: Die
Kunst, Posten ausfindig zu machen, wo man mit einer
Hand voll Leute starker Macht spottet; die Zeit festsetzen zu
können, wie lang ein solcher Posten vertheidigt werden kann:
Wofern diese Zeit nicht ganz zuverläßig hinreicht, durch vorwärts detaschirte Posten den Feind zu chikaniren: Diese Posten gleichwohl zu retten, sie zum Haupt-Corps zurückzuziehen, ohne daß sie dieses in Unordnung bringen: Die Zeit
zu laufen, so daß weder die Recognoscirung der Wege, noch

D 3 die

die Ausstellung der Posten, den Marsch der Avantgarde länger aufhalten als unumgänglich nothwendig ist: Nach
Grundsätzen zu beurtheilen, wie das Detaschement zusam-
mengesetzt werden soll, damit man der Cavallerie und Artillerie nicht zu viel, nicht zu wenig habe, seine Absichten erreichen könne, und dennoch der Marsch weder durch die zu
große Anzahl der Truppen, noch durch ihre üble Vertheilung
aufgehalten wird: Seine Marsch-Disposition dergestalt zu
ordnen, daß man im Stande ist, sie überall abzuändern,
wo die Beschaffenheit des Terrains es erfodert, überall die
Gattung von Waffen vorzuziehn, die man nöthig hat, alles
ohne Aufenthalt, den man vermeiden konnte: Zu wissen,
wie man sich gegen die leichten feindlichen Truppen deckt, nie
zu erlauben, daß sie den Marsch der Armee verzögern, nicht
zu viel Menschen durch dieselben zu verliehren: Posten forciren zu können: selbst wo man das Terrain zur Formirung
erst erfechten muß, nicht ohne Versuch zurückzuweichen:
Die Kunst, den Eingang und Ausgang der Defiles für die
Armee die folgt, sicher zu stellen: Zu wissen, was für Anstalten man treffen muß, ihr die Formirung in der Ebne, da
sie campiren will, zu versichern: Dieß sind die Kenntnisse,
die ein General besitzen muß, der im durchschnittnen Lande
eine Avantgarde führt.

Sich ein lebhaftes Bild davon zu entwerfen, so denke
man, daß die Armee einen Marsch parallel mit der feindlichen thut: Alsdann kann Avant- Arriergarde und Flanke
zugleich attakirt werden. Man denke sich die Avantgarde
der Colonne, die dem Feinde am nächsten marschirt. Man
setzt, der Feind steht ihr entgegen auf einem durchschnittnen
vortheilhaften Terrain, das man durch eine Attake de Front
wegnehmen muß: Ein andres, wo der Feind dergestalt in
der Flanke sich formirt, daß wir das Terrain zur Formirung
sogar erfechten müssen: Der feindlichen Truppen aber in
diesem letzten Posten waren wenig, es wäre Schande sich
zurückzuziehen, oder der Befehl durchzudringen gemessen:

Man

Man denke sich hell die Ebnen, wo die Armee nur passirt, die Ebne, wo sie campiren soll, und was daselbst eigentlich die Avantgarde zwingen kann, ihre Marsch-Disposition zu verändern, die Cavallerie bald vorwärts zu nehmen, bald wieder rückwärts zu schicken: Man denke dieß alles durch, mit äusserster Anstrengung des Geistes, so bringt man ins Geheimniß dieser Lehre ein. Alsdenn aber kehrt man zurück zur großen Armee. Hier muß man lernen, was für Maasregeln sie trift, um die Gefahren der Aussen-Detaschements nicht ohne Noth zu verlängern, sie nicht zu lang einer vielleicht überlegnen Macht des Feindes blos zu stellen. Die Cavallerie, die fast überall des Schutzes der Infanterie bedarf, die Artillerie und Bagage sind hier zuweilen eine Hinderniß, und es ist oft schwer zu bestimmen, wie man ihre Colonnen vertheilen soll. Die sichersten Wege sind zuweilen die schmalsten und schlimmsten. Weiset man sie sodann der Cavallerie oder der Bagage an, so verlängern sich ihre Colonnen und ihr Marsch, und öfters so sehr, daß die Absicht der ganzen Expedition dadurch rückgängig wird. Giebt man ihnen die breitesten und besten Wege, so ist vielleicht die Gefahr daselbst größer. Vertheilt man sie unter die Colonnen der Infanterie und die Armee wird angegriffen, so ists schwer sich zu formiren: Es geräth alles in Verwirrung. Schickt man sie rückwärts, läßt man sie eher aufbrechen als die Armee, so wird man vielleicht sein eigner Verräther.

Diese Gefahr ist nicht klein. Hier ist aber noch eine andre die nicht minder wichtig ist. Die gefährlichsten Posten auf diesen Märschen sind, wenn man am Ausgange der Defiles auf Ebnen stößt, der Feind uns daselbst entgegen steht, Front und Flanke zugleich bedroht; wir aber gezwungen sind, in seinem Angesicht zu debouchiren, und unsre Ordre de Bataille zu formiren, obgleich unsre Colonnen vielleicht, durch die Beschaffenheit des Terrains, von einander getrennt sind. Es giebt Fälle da man nicht im Stande ist,

D 4

diese

dieſe Gefahren zu vermeiden. Die Taktik iſt alsdenn die einzige Zuflucht.

Man muß verſchiedne Fälle ſich denken: Einen Mo⸗ raſt z. E. deſſen Eingang den Ausgang nicht beſchützt. Eine Ebne, in die man theils durch Waldungen, theils über Hö⸗ hen, theils durch Ebne einrückt. Ganz zügellos iſt hier die Kunſt nicht: Es giebt vielleicht eine Methode aus Defiles vorzurücken, die allgemein iſt. Man forſche.

§. 7.

Die gefährlichſten aller Märſche, ſind die Märſche im Lande vom hohen Gebirge. Denn was ſonſt im Kriege eine gewiſſe Art von Sicherheit giebt, die richtigſte, die detaillir⸗ teſte Kenntniß vom Lande, reicht hier nicht zu, weil oft die Natur gegen uns iſt. Verſchwiegenheit im Entſchluß, ge⸗ heim genommne Maaßregeln retten nicht: Denn jeder Land⸗ mann ſieht hier Läger und Märſche voraus, und gleichwohl ſind doch die Wege ſo ſicher nicht, wenn der Feind das Land kennt. Der Gefahren, denen es unmöglich iſt zu entgehn, wo nur die Blindheit des Feindes uns rettet, dieſer Gefah⸗ ren ſind viel; ungleich zahlreicher ſind die, wo man noch durch Kenntniß des Landes, Scharfſicht, Wachſamkeit, gut genommne Maasregeln entrinnt.

Man muß oft defiliren, der Aufenthalt im Marſche iſt groß, die Cavallerie iſt wehrlos: Bagage und Artillerie erfodern ſtarke Eſkorten, ihre Colonnen verlängern ſich. Man muß aus Defiles vorrücken. Dieß alles ſind Gefah⸗ ren, die dem Marſche im Gebirge, mit dem Marſche im durchſchnittnen Lande gemein ſind: Doch ſind ſie im Gebirge weit häufiger und größer, und es kömmt noch die Gefahr von den Waldſtrömen und Gewittern dazu, die auf viele Wochen lang alle Wege verderben, mitten in einer Unter⸗ nehmung überfallen. Und auch hieran iſts noch nicht ge⸗ nung. Man findet Poſten gegen ſich, wo eine Hand voll Leute,

leute, ungestraft ganze Armeen aufhält. Denn Front und Flanke derselben ist unersteiglich. Ihren Rücken zu gewinnen, ist vielleicht möglich, aber durch was für Umwege? Die Zeit der ganzen Unternehmung verschwindet, und gleichwohl ists doch unmöglich vorwärts zu marschiren, wenn man nicht zuvor den Feind, der sie besetzt hat, vertreibt. Dieß ist die furchtbarste aller Gefahren. Die Kenntniß vom Lande ist der Grundstein aller Maasregeln, die man dagegen nimmt: Aber nicht einen oder drey Märsche muß man kennen, sondern die ganze Kette von Gebirgen, von ihrem Eingange an, bis zum Ausgange in die Ebne.

Es giebt der Mittel drey, sich gegen die Gefahren dieser Posten zu decken:

Einmal, daß man, ehe man in den Weg einrückt der durch solche Posten bedroht ist, die Höhen umgeht, und dem Feinde in der Besetzung derselben zuvorkömmt:

Anderns, daß man die Höhen selbst vom Wege aus ersteigt, auf dem man in der Tiefe marschirt.

Drittens, wenn keins von den erwähnten Mitteln möglich ist, daß man, wenn sie noch nicht vom Feinde besetzt sind, es wagt, mit einem Theil seiner Truppen sie zu passiren, und sodann rückwärts über die Rückseiten der Gebirge, par les revers, sie zu gewinnen.

Jede von diesen Situationen hat ihre besondern Vorsichten und Regeln. Die zwey letzten sind die gefährlichsten. Dieß haben sie aber zusammen gemein: Ists möglich in die Wege einzubringen, die der Feind nehmen muß, um diese Posten zu beziehen, so muß man gewisse entscheidende Stellen in denselben aufsuchen, wo man nun auch im Stande ist, die Vortheile des Terrains zu nützen, und mit einer Hand voll Leute größrer Macht zu spotten.

b 5   Wenn

Wenn der Posten, der die Flanke des Marsches bedroht, eher erreicht werden kann, als man ihn in der Tiefe
passirt, so kömmt hier alles drauf an, so gut seine Posten
zu wählen, daß man im Stande ist, sie mit weniger Mannschaft dem Feinde zu verbieten.   Man muß die Kunst verstehn, Signale zu geben, damit die Avantgarde in der Tiefe
keine Zeit verschwende, aus Furcht, daß die gefährlichen
Stellen noch nicht besetzt sind.

Ists nicht möglich, diese gefährlichen Höhen zur Flanke
des Marsches anders zu ersteigen, als selbst vom Wege in
der Tiefe ab, nachdem man schon unter dieselben eingerückt
ist, so muß man vor allem suchen, dem Feinde zuvorzukommen.   Denn die Forcirung solcher Posten ist schwer.   Man
sah es im durchschnittnen Lande: Im Gebirge ists noch
schwerer.   Spionen, kleine Partheyen, müssen hier und in
den nachfolgenden Fällen die besten Dienste leisten.

Ists möglich, die Posten, theils ehe man sie passirt,
theils von der Tiefe im Wege zu erreichen, so scheint zwar
dieß vortheilhaft auf den Fall einer Attake zu seyn, wenn der
Feind sie schon besetzt hat. Gefechte aber auf Märschen muß
man durchaus vermeiden, wenn sie nicht entscheidende Vortheile bringen, und es ist also vortheilhafter, dem Feinde
zuvorzukommen.   Ehe man aber seitwärts dieß Corps detaschirt, muß man immer bedenken, ob man nicht dadurch
sich selbst verräth.

Das gefährlichste ist ein Posten dieser Art, den man
erst in der Tiefe passiren muß, weil man ihn nicht anders erreichen kann, als durch einen Marsch, rückwärts über die
Rückseiten der Gebirge.   Zwey Gefahren sind hier, die
man beyde mit gleicher Sorgfalt vermeiden muß: Die eine
sich selbst nicht zu verrathen, und dem Feinde die Augen
über Vortheile zu öfnen, die er nicht kannte: Die andre,
die Zeit zum Aufbruch der Armee nicht zu versäumen.

Dieß

Dieß sind die Gefahren in der Flanke des Marsches, und nicht die Mittel den Weg überall sich zu bahnen, sondern blos die Vorsichten, um nicht unsern Untergang daselbst zu finden. Nun ists noch übrig Front und Rücken sicher zu stellen. Denn ist der Feind im Stande, die Höhen zur Flanke unsers Marsches zu gewinnen, so sind einige derselben gewiß beträchtlich genung, daß die Avantgarde nicht im Stande ist, sie ganz zu behaupten, und alsdenn steigt der Feind, wenn die Arriergarde vorbey ist, herab, uns, wo er für gut findet, anzugreifen. Dieß trägt sich gar oft beym parallelen Marsche zu, wo die Armeen einander cotoyiren.

Die Avantgarde eines Marsches in diesen Landen muß öfters gar stark seyn, weil der Posten so viel zu besetzen sind, noch stärker, wenn es hier und da auf dem Marsche Ebnen giebt, die man passiren muß, und wo es möglich ist, dem Feinde zu begegnen. Hier muß man die Kunst verstehn, den Marsch zu beschleunigen, und dennoch die Gefahr der vorgerückten Detaschements nicht mehr, als ganz unvermeidlich ist, zu vermehren: Die Kunst, die Avantgarde in verschiedne Corps zu vertheilen, die nicht gezwungen sind, mit ihrer Tete auf die Queue des Ganzen zu warten. Man muß zu beurtheilen wissen, wo man eins oder das andre dieser Corps wagen muß, weil, wagte mans nicht, die ganze Hofnung fehlschlagen könnte, das Lager, das man im Sinne hat, zu erreichen.

Man muß die Kunst verstehn, die Posten überall abzulösen, wo die Ablösung den Marsch beschleunigt, seine Posten weder zu früh noch zu spät verlassen. Dieß war das Geschäft blos von der Avantgarde, oder vielmehr nur ein Theil davon. Was sie dazu beytragen muß, die Formirung der Armee in der Ebne zu versichern, wie die Avantgarden der verschiednen Colonnen einander unterstützen, ist noch verschwiegen. Viel bleibt noch der Armee selbst übrig.

Um

Um in dieſem Labyrinthe von Vorſichten und Maasregeln nicht ohne Leitfaden zu gehn, muß man den Marſch
einer Armee vorwärts im Lande von hohen Gebirgen äuſſerſt
lebhaft ſich denken:　Die Zahl der Wege feſtſetzen, ihre
breite, die Wege, auf denen der Feind in die Flanke des
Marſches eindringen kann, die Poſten, die er alsdenn nehmen wird, alles mit ſeinem ganzen Detail.　Die Avantgarden der Colonnen, ſetzt man, ſind gezwungen, in gewiſſen
Poſten, nicht nur für die Sicherheit der Colonne die folgt,
ſondern auch der benachbarten Colonne zu ſorgen:　Es wäre
z. E. auf der linken Flanke der Colonne ſo zur rechten marſchirt, ein Poſten, wo wenig Mannſchaft furchtbar iſt.
Vom Wege der Colonne zur linken führte ein Weg nach dieſem Poſten hin, vom Wege der Colonne zur rechten nicht.
Hier müſſen die Avantgarden einander die Hand bieten.　Am
Ausgange der Defiles in die Ebne, wo die Armee campiren
ſoll, wieder.　Damit ſie, ſo viel an ihnen iſt, die Formirung der
Armee beſchützen.

Die Colonnen der Armee ſelbſt muß man dergeſtalt
ordnen, daß, wo der Fall es erfodert, die Poſten der Avantgarde abgelöſet werden können:　Daß man im Stande iſt,
die Höhen zur Flanke des Wegs überall, wo es ſeyn muß,
zu cotoyiren:　Daß man überall die Zahl und Gattung von
Truppen, und ſoviel Artillerie an der Tete haben kann, als
nothwendig iſt, damit die Armee in den Ebnen, wo ſie nur
durchpaſſirt, überall en Colonne bleibe, nie ſich gezwungen
ſehe en Bataille aufzumarſchiren, und hiedurch eine Zeit zu
verſchwenden, die in dieſen Landen ſo koſtbar iſt:　Damit ſie
am Eingange der Ebne, wo die Armee campiren ſoll, die
Gattung und Anzahl von Truppen und Artillerie an der Tete
hat, die nöthig iſt, die Avantgarden zu unterſtützen, und
mit ihnen vereinigt, die Formirung in der Ebne möglich
zu machen.　Was wehrlos iſt, und Vertheidigung braucht,
muß gedeckt ſeyn.　Die Colonnen müſſen ſo wenig als möglich

lich sich verlängern. Dieß ist die Lehre von den Märschen
in den Gebirgen. Hiezu kömmt, was vom Angrif und
der Vertheidigung der Höhen, in der Lehre von den Schlachtordnungen gezeigt ward.

§. 8.

Ich komme auf die Lehre von den Retraiten. Eine
Armee die sich zurückzieht, und während des Marsches, Gefecht und Schlachten vermeiden will, muß darauf bedacht
seyn, einen beträchtlichen Vorsprung über den Feind zu gewinnen. Sonst erreicht sie derselbe, weil sie ihre Bagage
und ganze Artillerie mitnimmt, der Feind die seine zurück
läßt.

Wie verschaft man sich nun diesen Vorsprung über den
Feind? Wie behauptet man ihn auch während des Marsches?
Durch Stratagems die den Feind schläfrig und unschlüßig
machen, oder zu falschen Bewegungen verführen: Durch
Chikanen, die man ihm in den Wegen entgegenstellt, da er
uns verfolgen kann.

Die Bagage und Artillerie der Armee, selbst beym um-
ringenden Angrif sicher zu stellen, ihren Marsch dergestalt
zu ordnen, daß weder ihr Aufbruch noch Marsch der Armee
zum Aufenthalt wird: Den Colonnen die Front zu geben,
in welcher sie ihren Marsch am schnellsten vollenden: Die
Zeit beym Aufbruch kaufen: zur Formirung in Colonnen
nicht einen Augenblick mehr verschwenden als nöthig: Die
Avant- Ariergarde und Seiten-Detaschements in den Stand
zu setzen, daß sie allein die Gefechte mit den leichten Truppen
entscheiden, die Armee unaufgehalten fortmarschirt: Diese
in einer Disposition marschiren zu lassen, durch welche sie
fähig ist, jede Front anzunehmen, dazu der Feind sie zwingen kann, und diese Front wieder zu verändern, wenn wir
müssen, oder es vortheilhaft finden; dieß sind die Grundsätze einer Retraite in der Ebne. Man wende sie hier im

Groß-

Groſſen auf ein gegebnes Beyſpiel an, um das ganze der
Operationen beyſammen zu haben, auf einmahl ſich denken
zu können: Ein unentbehrliches Talent für jeden, der nach
dem Glücke ſtrebt Armeen oder Corps zu commandiren, nach
dem Glücke, denen nützlich zu werden, die es thun.

Ich füge noch einen Fall hinzu, deſſen Auflöſung eine
groſſe Kenntniß von der Taktik erfodert. Geſetzt eine Armee
campirte in der Ebne, die Infanterie in erſter und dritter
linie, die Cavallerie in der zweiten zwiſchen ihr, eine Re-
ſerve in Centro entweder innerhalb oder auſſerhalb der linien;
Einige Bataillons Infanterie machten Front gegen die Flanke der Armee; Die Grenadiers und Carabiniers ſtünden da,
wo man vielleicht den erſten Anlauf des Feindes befürchtet:
Der Feind hätte ſich dieſer Armee in die Flanke geworfen,
mit einem Corps das beträchtlich genung iſt, falſche Bewegungen zu ſtrafen. Dieſe Armee ſollte nun Front nach ihrer Flanke machen, das Terrain daſelbſt gewinnen, das ſie
nöthig hat, um ſich auf dieſem Allignement zu formiren, alsdenn en Colonne ſich werfen; und ſich zurückziehn; wie wird
dieß geſchehn mit Sicherheit, mit dem wenigſten Aufenthalt?

§. 9.

Man beſchließt mit der lehre von den Retraiten, im
durchſchnittnen lande, im Gebirg und ſetzt den ſchwerſten
aller Fälle voraus, eine Retraite durch ein land, deſſen Einwohner feindlich ſind.

Die Römer nannten die Bagage, impedimenta, gewiß ein Nahme, ſo aus dem Herzen eines Feldherrn quoll, der
eine Armee, im Gebirge commandirte. Doch iſt die Bagage
nicht allein Hinderniß in dieſem lande, ſondern auch die Zahl
der Armee, beſonders der Cavallerie. Denn die Tiefe der Colonnen macht öfters die Ariergarden zum Schlachtopfer.
Der Bagage muß alſo wenig ſeyn, die Armee, wenn ſie
ſtark iſt, muß ſich in Diviſions retiriren. Man denke alle
die

die Urſachen durch, die dieſen Grundſatz wahr machen: Sie
lehren zugleich, was jede dieſer Diviſionen zu thun hat.

Man ſetzt eine Armee feſt, von beträchlicher Stärke,
die Zahl ihrer Bagage und Artillerie, die Zahl der Wege,
die Schlachtordnung, in der ſie campirt: Dieſe Armee ſoll
ſich retiriren, im Lande deſſen Einwohner feindlich agiren, die
Armee des Feinds folgt auf dem Fuſſe, Front, Flanke,
Rücken alles iſt bedroht: Es giebt Poſten vorwärts ſowohl
als zur Flanke, die, würden ſie beſetzt und gut vertheidigt,
ſo leicht nicht forcirt werden könnten: Lebensmittel, Fourage,
Vorſpann, alles muß man mit der Gewalt der Waffen er-
zwingen: kein Rückzug iſt da, die Armee des Feinds folgt
auf dem Fuſſe. Iſts in dieſem Lande wohl möglich die Armee ein Ganzes zu laſſen? Nein: ſie bricht ſich in Diviſions.

Die Poſten zur Flanke, die Poſten vorwärts, wo
wenig Leute furchtbar ſind, überall zu beſetzen: So ſchnell
und ſo weit als möglich vorzudringen: Die Einwohner in
Ehrfurcht zu halten: Die Armee mit allem zu verſehen, was
ſie von den Einwohnern braucht: Die Poſten die ausgeſtellt
werden, überall in Vertheidigungs-Stand zu ſetzen, wo
möglich, ſich Reſerven zu bewahren, die ſie unterſtützen können, wenn der Feind ſie zu hart ängſtigt: des Umſtands
nicht zu achten, daß man in kurzem, durch die Einwohner
des Landes, durch die Partheyen des Feinds, abgeſchnitten,
auf eine Zeitlang, die Gemeinſchaft mit der Armee verliehrt:
Ueberall darauf gefaßt zu ſeyn, dem Feinde über den Leib
weg, den Weg ſich zu bahnen: Dieß alles zu combiniren iſt
das Geſchäft, die Situation der erſten Avantgarde. Welch
ein Unternehmen! Noch iſts hieran nicht genug. Der Poſten,
die man bis zum Ende der Gefahr hin beſetzen muß, ſind
vielleicht ſo viel, daß ſelbſt die Armee nicht zureichen würde,
ſie auf einmahl zu beſetzen. Hier iſt wieder ein neues Studium nöthig, die Kunſt die verſchiednen Poſten fortzuwälzen,
ſich ablöſen zu laſſen, ohne Aufenthalt, ohne Gefahr, Truppen

pen nach einen Poſten zu ſchicken, die nicht im Stande ſind ihn zu vertheidigen.

Die zweyte Diviſion formirt die Bagage und Artillerie der Armee, unter einer ſtarken Eskorte. Die Poſten, vorwärts ſowohl als zur Flanke des Marſches, wo wenig Leute furchtbar ſind, beſetzte bereits die erſte Diviſion. Was man alſo noch zu befürchten hat, ſind die Stellen, wo man mit breiter Front agiren kann. Hierauf muß man ſeine Aufmerkſamkeit richten, daß man, wie auch das Terrain ſich verändert, nirgends zu ſchwach ſey durchzubringen, um Zeit zu gewinnen.

Die erſte Diviſion von der Armee faßte Poſto, die zweite mit der Bagage folgt und gewann den Vorſprung, den man derſelben einräumen muß. Nun bricht die dritte Diviſion auf, die aus dem Reſte der ganzen Armee beſteht, debaraßirt von der Bagage und Artillerie, befreyt von der Furcht, an der Tete oder auf den Flanken, von einer kleinen, aber durch den Poſten furchtbaren, Macht angegriffen zu werden.

Hier iſt die Beſchaffenheit des Landes, das die Armee durchzieht. Ein Weg in der Ebne, wo wenigſtens 12 Mann de Front marſchiren können. Drauf folgt ein Defile, das nicht mehr als drey Mann de Front erlaubt: Sodann wieder eine Ebne von abwechſelnder Breite; Am Ende von dieſer ein Defile, das ſodann in die Ebne führt, da die Armee campiren ſoll. Weder die Tete, noch die Queue, noch die Flanken des Marſches ſind ſicher. Die Avantgarde wird vielleicht gezwungen, mit Gewalt den Weg ſich zu bahnen: Man wird vielleicht gezwungen, Front nach der Flanke zu machen, um die Höhen daſelbſt zu cotoyiren: Die Arriergarde wird verfolgt.

Das erſte von allem iſt, zu beſtimmen, mit wie breiter Front man aufbrechen will, und wie die Cavallerie, Infanterie und Artillerie unter den Colonnen vertheilt werden ſollen. Dann folgt die Kunſt, ſich en Colonne zu ſetzen, ohne
Ge-

Gefahr, mit dem geringsten Zeitverlust. Die Truppen so
die erste Division und die Eskorte der Bagage ausmachen,
müssen diesem gemäß aus den Linien der Armee ausgezogen
werden, damit der Rest nach der Lage der Wege, so schnell
als möglich sich en Colonne werfe. Man denke sich den
Abmarsch aller Divisionen als ein Ganzes. Die Cavallerie
muß in Ländern dieser Art eskortirt werden, wie Bagage
und Artillerie. Die Armee soll überall, wo sie gezwungen
ist zu defiliren, en Colonne bleiben, niemals en Bataille aus
marschiren: Ueberall wo die Sicherheit es erfodert, die
Höhen zu cotoyiren, muß sie im Stande seyn, es zu thun,
ohne Veränderungen in der Marsch Disposition zu treffen,
die einen Aufenthalt verursachen. Die Avantgarde muß
überall im Stande seyn, den Weg sich zu bahnen, auf ihren Flanken keine Gefahr laufen. Die Arriergarde den
Feind an der Queue zurück halten. Weites Feld zum Nachdenken: Vortreffliche Uebung in der Taktik.

Doch ist noch verschiednes zu bemerken: Die Arriergarde hat öfters Posten zu vertheidigen, wo das Terrain,
wenn sie es dem Feinde abtritt, entscheidend gegen sie wird.
Gleichwohl muß sie es abtreten, weil sonst der Feind Zeit
gewinnen würde sie zu umgehen, und von der Armee abzuschneiden. Wie tritt sie es sodann ab; Wie hält sie den
Feind zurück, die Vortheile desselben wenigstens dann nicht
zu nützen, wenn sie gar zu mörderisch noch sind? Zu einer
andern Zeit muß die Arriergarde lange Stand halten, um
die Armee einen grossen Vorsprung gewinnen zu lassen. Was
sinds nun für Posten, wo sie es kann? wie schützt sie sich? Es
giebt endlich Fälle, da sie im Stande ist, einen Feind der hitzig verfolgt, durch gute Dispositionen, durch einen Hinterhalt einen Verlust beyzubringen, der ihn auf die Zeit der
ganzen Retraite, furchtsam, unschlüßig, zu langsam in seinen
Bewegungen macht. Auch dieß muß man studiren, auf
Land und Gegenden anwenden.

e

Ver-

Versuch
über die Kunst
den Krieg zu studiren.

Zweyter Theil.　Drittes Capitel.
Von den Grundsätzen, nach welchen man den Entwurf des
Kriegs im Großen ordnet.

§. 1.

Wenn man im Cabinet des Fürsten es fest setzen will, ob
man Krieg führen soll und wie; so muß man einen
zwiefachen Entwurf vollkommen durchgedacht haben. Einen allgemeinen, welcher den Krieg in seinem ganzen Umfange, so weit er sich ausbreiten kann faßt: Einen besondern, der sich blos mit den einzelnen Feldzügen beschäftigt,
mit der Führung des Kriegs auf dieser oder jener Gränze,
in dieser oder jener Provinz, überall nehmlich, wo man
den Feind entweder angreifen oder sich vertheidigen will.
Den ersten Entwurf nenne ich das Project des Kriegs im
Großen, den zweiten den Operations-Plan der einzelnen
Feldzüge. Der erste enthält die Kunst, unter allen den
Schritten, die man gegen alle Feinde des Reichs thun
kann, diejenigen zu wählen die am entscheidendsten sind, und
auf dem kürzesten und leichtesten Wege zum sichern und vortheilhaften Frieden uns führen. Der zweite enthält die Kunst,
unter allen den Schritten die man gegen diesen oder jenen einzelnen Feind thun kann, diejenigen zu wählen die gegen ihn
am entscheidendsten sind, unsern Entwurf gegen ihn am
besten befördern.

Der

Der Entwurf des Kriegs im Grossen gründet sich, zum Theil, auf den Operations-Plan der einzelnen Feldzüge. Denn wie ists möglich zu sagen, dieser Schritt ist der entscheidendste zum Frieden, wenn man nicht weiß, ob es möglich ist ihn zu thun. Der Operations-Plan der einzelnen Feldzüge aber wird nicht minder, durch den Entwurf des Kriegs im Grossen bestimmt, weil öfters ein Sieg auf dieser oder jener Gränze, eine Eroberung dieser oder jener Art, den Frieden nur entfernt, und den Krieg allgemein macht. Will man also den Entwurf des Kriegs im Grossen festsetzen, so ist das erste von allem was man thun muß, gegen einen jeglichen Feind des Staats, den einzelnen Operations-Plan sich zu entwerfen.

Es giebt in einem gewissen Verstande, nicht mehr als dreyerley Arten den Krieg zu führen.

Einmal den Feind zu überfallen, das heißt eher im Felde gegen ihn zu erscheinen, als er im Stande ist, sich uns entgegen zustellen:

Zweitens auf den Angrif zu gehn, wenn wir ihn auf der Vertheidigung finden:

Drittens, sich zu vertheidigen. Die letzte Art von Krieg, theilt sich wieder in die bloße Vertheidigung; und in die Vertheidigung, da man Mittel und Wege sich ersah, von ihr zum Angrif überzugehn. Im ganzen genommen, bestimmt die Kenntniß des Landes, unsrer Kräfte und des Feindes, jeglichen dieser Plane. Die Kenntniß des Landes, unsrer Kräfte und des Feinds, bestimmen einen jeden dieser Plane, den Etat der Armee den die Ausführung desselben erfodert, die Gemeinschafts-Linie mit ihren Landen und Magazinen, die Stärke von diesen, die Mittel sie zu transportiren, die Mittel das Geheimniß zu bewahren, die Vorbereitungen zu verbergen. Dieß alles wird bestimmt: Man

bringt

dringt in die Zukunft ein: Man führt den Entwurf, wo
möglich, bis zum Ende des Kriegs.

Dem, der das Projekt des Kriegs im Großen ordnet,
wirds überlassen, zu untersuchen, ob unsre Kräfte auch erlauben, hier den Krieg auf die entscheidendste Art zu führen: ob es im Großen, im Allgemeinen, das ganze politi-
tische System der Fürsten zusammengedacht, ob es alsdenn
eben so rathsam ist, den Krieg auf diese Art zu führen, als
es seyn würde, wenn man es mit diesem einzigen Feinde zu
thun hätte.

§. 2.

Das entscheidendste von allem ist der Ueberfall, folglich das erste, dessen Möglichkeit man untersucht.

Die Zeit, wenn man ausrücken muß, zu bestimmen,
die Anlegung der Magazine festzusetzen, die Armee in Bewegung zu setzen, ohne daß der Feind die Absicht erräth, ist
das erste: Die Ordnung der Unternehmungen, die Schranken, die man seinen Eroberungen setzen muß, ihre Behauptung zu bestimmen, das zweyte.

Es giebt Fälle, wo es genung ist, dem Feinde nur
um einige Monate zuvorzukommen, wo die Zeit von einigen Wochen hinreicht, uns zum Meister der wichtigsten Festungen zu machen, ganze Provinzen uns zu versichern, die
der Feind ⚜ leicht nicht wieder entreißt. Dieß geschieht
oft in der zweiten und den folgenden Campagnen eines fort-
dauernden Kriegs. Es giebt aber auch Fälle, wo man dem
Feinde, nicht um einige Wochen oder Monate, sondern
um einen ganzen Feldzug, zuvorkommen muß, wie der König
von Preußen im Jahr 1756. den Sachsen und Kaiserlichen
that. Wenn muß man also ausrücken, um den Ueberfall
so entscheidend als möglich zu machen? Was von allem das
Entscheidendste ist, das setzt man zuerst fest, dann sinnt man
auf

auf Mittel und Wege es auszuführen.   Sind unüberwind=
liche Hindernisse da, so kehrt man zu dem Minderentschei=
denden zurück, aber nicht eher.

In der Anlegung der Magazine, den Anstalten die
Armee in marschfertigen Stand zu setzen, und sie vorwärts
im Lande des Feinds zu verpflegen, in diesen Anstalten und
dem Geheimniß beruht die Möglichkeit der ganzen Unterneh=
mung.   Der Detail aber dieser Vorsichten ist, ich möchte
sagen unendlich.   Man denke ihm nach, in seinem ganzen
Umfange.   Die Errichtung der Magazine, die Errichtung
der Feldbeckerey, die Anschaffung der Pferde zum Train der
Artillerie und dem ganzen Fuhrwesen der Armee, die An=
schaffung verschiedner Feldrequisiten, alles dieß besorgt zu
haben, ohne daß der Feind unser Absehen zu früh erräth,
das ist hier die Kunst vom Geheimniß.

Alsdenn aber muß man die Kunst lernen, die Armee
im Lande des Feinds zu verpflegen.   Dieß betrift die Sicher=
heit ihrer Magazine und ihren Transport.   Es giebt Lande,
wo man in Ansehung der Sicherheit nicht die geringste Ge=
fahr läuft, wo die Gemeinschafts=Linie der Magazine, sich
so zu sagen von selbsten darbietet.   In andern Landen ists
schwer, sie sicher zu stellen.   Länder von hohen Gebirgen bie=
ten einem unternehmenden Feinde, mehr als eine Gelegenheit
gegen sie dar.   Ein flaches freyes Land, ohne Festungen und
Städte, tritt der Feind ab, aber nur auf eine Zeitlang, um
mit vereinten Kräften über uns herzufallen, wenn wir zer=
streut sind, nichts die Gemeinschaft mit unserm Lande deckt.
Den Plan des Feinds muß man hier durchdenken, mit aller
Anstrengung des Geistes.   Zu viel und zu wenig erobern;
stellt oft gleichen Gefahren bloß, und ist besonders wahr in
Ansehung der Magazine, und der Linie, die uns die Ge=
meinschaft mit unserm Lande versichert.

e 3   Itzt

Itzt folgt der Artickel vom Transport. Hier iſt die ſtrengſte Aufmerkſamkeit nöthig: Ein Genie an Reſſourcen fruchtbar, um öfters, ſo zu ſagen, die Natur zu forciren, neue Wege ſich zu bahnen, Schiffe zu bauen, Flüſſe ſchiff- bar zu machen. Sonſt läuft man Gefahr, die Mittel zu verkennen, die man in der Hand hat, den entſcheidendſten Entwurf zu unterſtützen.

Die Ordnung der Unternehmungen zu beſtimmen, die Schranken derſelben, und wie man ſeine Eroberungen be- hauptet, iſt die letzte Unterſuchung beym Ueberfall. Das Land des Feindes iſt entweder flach und frey: Oder es wird mit Flüſſen durchſchnitten: Oder es hat Feſtungen. Seine Armee iſt verſammelt, oder noch in Quartieren zerſtreut. Ein jeder von dieſen Fällen hat ſeine beſondern Grundſätze.

Zu wiſſen, wie man ſich im freyen flachen Lande feſt- ſetzen kann, was für Poſten und Städte die meiſten Vor- theile hiezu darbieten: Keinen Schritt vorwärts zu thun, der verwegen iſt, keinen Schritt zu verſäumen, der nur kühn war; das ſind die Grundſätze eines Ueberfalls in der Ebne. Den beſten Plan des Feinds muß man kennen, und ſeine Reſſourcen: Alsdenn muß der Angrif eine Ueberſchwem- mung ſeyn: Aber eine Ueberſchwemmung mit Kunſt, die Beſtand hat.

Durchſtrömen Flüſſe das Land, ſo treten ſie entweder aus dem unſern in das Land des Feinds, oder aus dem ſei- nen, in das unſre, oder ſie durchſchneiden das Land in der breite. Wie verfolgt man nun hier überall ſeine Vortheile ſo weit als möglich, beſonders im letzten Fall, um nicht nur die Barriere zu paſſiren, die, wäre der Feind nicht überfal- len, uns ſoviel Hinderniß verurſachen könnte, ſondern auch jenſeits uns zu behaupten, oder wenigſtens einen ſtets freyen Uebergang uns zu verſichern. Beym Ueberfall eines Lan- des voller Feſtungen muß man wiſſen, was für Feſtungen

für

für uns und den Feind am entscheidendsten sind, das meiste
zur Fortsetzung des Kriegs beytragen können.   Dann muß
man wissen, welche am leichtesten zu erobern, am sichersten
zu behaupten sind.   Man muß wissen, was für Festungen
man als Festungen behalten, welche man schleifen muß.

Wenn die Armee des Feinds noch in Quartieren zer=
streut ist, so ists Zeit gegen sie und das Land zugleich zu un=
ternehmen. Es ist Zeit, in verschiednen Colonnen einzudrin=
gen, auf mehr als einer Seite Vortheil zu suchen.   Man
muß aber die Kunst verstehn, dergestalt die Colonnen zu
vertheilen, daß keine von ihnen selbst Gefahr läuft, jede
mit allem versehn ist, was sie braucht, ihre Absichten zu er=
reichen, die Truppen des Feindes zwischen zwey Feuer zu
bringen, überall Schrecken zu verbreiten, und festen Fuß,
soweit vorwärts zu fassen, als die Bestürzung des Feinds
erlaubt.

Nach jedem Ueberfalle kömmt eine Zeit, da der Feind
von der ersten Niederlage erholt, auf eine regelmäßige Ver=
theidigung, vielleicht gar auf den Angrif geht. Hierauf
muß man gefaßt seyn. Man muß dem Entwurfe zum Ueber=
fall, auch den Entwurf beyfügen, wie man seine Erobrun=
gen behaupten will.   Dieß führt natürlich zur Lehre vom
Angrif, da der Feind auf der Vertheidigung sich findet.

§. 3.

Das erste von allem ist auf seine Sicherheit zu denken,
und ohne sich zu schmeicheln, es zu untersuchen, ob auch
der Feind wohl im Stande ist, von der Vertheidigung zum
Angrif überzugehn, uns in unsern Quartieren zu überfallen,
die Magazine aufzuheben, die wir nahe an den feindlichen
Gränzen anlegen mußten, um unsre Armee verpflegen zu
können.

e 4   Ein

Ein ſolcher Coup entſcheidet öfters von allem. Zwey Gefahren ſind hier mit gleicher Sorgfalt zu vermeiden. Die eine iſt, nicht ſorglos zu ſeyn: Sonſt liegt man unter. Die andre, nicht zu viel zu fürchten: Sonſt thut man nicht alles, was man kann: Man hemmt ſich ſelbſt in ſeinen Unternehmungen : Man verſtattet ſeinen Truppen zu wenig, ſchränkt ſich in ſeinen Quartieren ein, tritt dem Feinde zu viel ab. Wer die Kunſt verſteht, den Plan ſeines Feindes zu entwerfen, die Zeit zu beurtheilen, da er im Stande iſt, etwas zu unternehmen, auf welchem Theil der Gränze ers kann, was für Anſtalten er im Innern ſeiner Quartiere hiezu treffen muß, was man ſodann abtreten wird, was man vertheidigen kann: Wer dieſe Kenntniſſe beſitzt, und die Kunſt mit ihnen verbindet, Truppen in Quartiere zu verlegen, und dennoch zu wiſſen, wenn man im Stande iſt, ſie zuſammenzuziehen: Wer ſeine Magazine dergeſtalt zu errichten weiß, daß die nächſten Truppen am Feinde ohne Ruin für ſie, ohne Ruin für das Land verpflegt werden können, und daß gleichwohl im Lande das man dem Feinde abtritt, nirgends Magazine ſich finden, deren Verluſt dereinſt unſre Operationen vorwärts hemmt; wer, ſage ich, alle dieſe Kenntniſſe beſitzt, der entgeht beyden Gefahren. Der Umfang aber dieſer Kenntniſſe iſt nicht klein.

Sicher zu ſeyn, iſt das erſte. Dann aber muß man auf Unternehmungen ſinnen. Man entwirft alſo den Plan zum Angrif, dem Lande, den Kräften, dem Genie des Feinds, und ſeinem eignen gemäß.

§. 4.

Es giebt Gränzen, die ein einziger Poſten bedeckt, wo der Feind durch die Behauptung eines einzigen Lagers, allen unſern Bewegungen zuvorkömmt:

Es giebt Gränzen, die nur zum Theil durch ſolche Poſten gedeckt ſind:

Es

Es giebt Gränzen, da der Feind, wenn man ihn an
greift, um sie zu vertheidigen, sich gezwungen sieht, die
ganze Parallele zu durchlaufen, die er uns gegenüber von
einem Ende der Gränze bis zum andern hinzog, überall Po=
sten uns entgegenzunehmen, überall wo wir marschiren, uns
zu folgen.

Der erste Fall ist der schwerste. Um sich einen hellen
Begrif von dieser Art Posten zu machen, so lese man nach,
was der König von Preußen im Unterricht an seine Generale
von den Lagern zu Neustadt, und zwischen Liebau und Lem=
berg sagt. Man muß sie kennen lernen, diese Posten. Sie
drohn der Armee die sie verkennt, mit dem Ruin. Durch
schnelle Märsche dem Feinde in denselben zuvorkommen, oder
wenn man sich ihnen nahen darf, ob sie gleich besetzt sind,
den Feind drinn zu forciren: Wo sie nicht ganz decisif sind,
die Armee zu theilen: mit einem Theile da, Widerstand zu
thun, wo der Feind gegen unsre Gemeinschafts=Linie etwas
unternehmen will: Mit dem andern die große Armee des
Feinds en Echec zu erhalten: Mit der dritten eine Diver=
sion zu unternehmen, die den Feind schwächt, ihn zwingt,
seine Armee von diesen Gränzen abzurufen, oder gar uns in
den Stand setzt, den Rücken dieser Position zu gewinnen.
Dieß sind die einzigen Mittel, in ein Land einzubringen, wo
solche Posten da sind. Man studire, was der König von
Preußen von den seinen in Schlesien sagt, und vergleiche
damit die Operationen der kaiserlichen Generale, um ohn=
geachtet derselben einzubringen.

§. 5.

Ist die Gränze des Feinds nur zum Theil durch solche
Posten gedeckt, der andre wäre schwächer, so ist der Feind
hier um so mehr wachsam. Das erste beym Angrif ist, zu
bestimmen, zu welcher Zeit es am vortheilhaftesten ist, auf
dieser schwachen Seite durchzudringen, ob zum Anfange des
Feldzugs, der Mitte, oder dem Ende. Den Feind einzu=

e 5

schlä=

ſchläfern, ihn nach einem Poſten zu führen, dahin er uns folgen muß, weil wir ihm daſelbſt gegründete Beſorgniſſe geben, der ihn aber zugleich von jener Gegend entfernt, wo
wir würklich durchdringen wollen, geheim zu ſeyn, und
dann, wenn der Feind uns Blöße giebt, mit ſchnellen wohl-
berechneten Märſchen ihm zuvorkommen, dieß iſt die beſte
Methode in ſolchem Lande zu agiren. Eher im Felde zu erſcheinen als der Feind, iſt der Grundſtein von allem. Man
denke dieſem wieder nach, mit ſeinem ganzen Detail.

§. 6.

Wenn man in einem Lande auf den Angrif geht, wo
der Feind, um es zu vertheidigen, gezwungen iſt, die ganze
Linie zu durchlaufen, die er beſchützen will, überall Poſten
uns entgegenzunehmen, überall uns zuvorzukommen, ſo iſt
die erſte aller Unterſuchungen dieſe: Hat auch der Feind überall, längſt der ganzen Linie, Lebensmittel und ſichre Gemeinſchaft mit ſeinen Magazinen? Iſt hier der Feind ohne Fehler, ſo iſt die zweite: Ob es nicht möglich iſt, gleich beym
erſten Auszuge ihm der Beſorgniſſe ſo viel zu geben, daß er
ſich ſchwächt und vertheilt, wir alsdenn ſchneller uns zuſam-
menziehn, und mit vereinten Kräften durchdringen. Solche
Entwürfe ſind ſchön: Sie ſchonen Menſchen und Blut:
Man denke aber nach, wie viele Kenntniſſe und Maasregeln
ſie vorausſetzen.

§. 7.

Der Feind traf die ſeinigen gut. Er bezog uns gegenüber den Poſten, der für itzt ſeine Gränze bedeckt, ſo giebts
der Wege fünf ſeine Parallele zu durchbrechen. Einſchrän-
kung in der Fourage, Detaſchiren, Bewegungen und Märſche,
Schlachten, Diverſionen. Was man auch wählt; ſtets muß
man auf ſeine Sicherheit denken.

§. 8.

§. 8.

Den Feind durch Mangel an Fourage vertreiben zu können, muß man im Stande seyn, den Ertrag eines Landes an Fourage zu überschlagen, wissen wie man sich die Fourage versichert, dem Feinde sie verbietet, wissen wie man sie schont.

§. 9.

Den Feind durch Detaschiren aus seinem Posten zu vertreiben, muß man zuerst wissen, wie man detaschiren muß, um den Feind gleichfalls dazu zu zwingen. Ist er gezwungen uns nachzuahmen, so sind seine Gefahren diese. Er detaschiert vielleicht zu spät: Er schwächt seine Armee, oder seine Detaschements sind zu schwach: Es ist vielleicht möglich, daß wir ihn durch eine allgemeine Attake in allen seinen Posten allarmiren, überall unthätig erhalten, am bestimmten Orte durchdringen: Es ist vielleicht möglich, daß wir ihn durch einen allgemeinen Angriff in Alarm setzen, um einen Marsch, eine Bewegung ihm zu verbergen, durch die wir in seine Flanke uns einwerfen: Endlich ists möglich, daß wir unsre Ueberlegenheit in der Zahl nutzen, und so viel und so weit seitwärts detaschiren, daß der Feind nicht mehr im Stande ist, Corps gegen Corps zu stellen. Man lerne die Kenntnisse, die man zur Ausführung eines jeden von diesen Planen braucht, die Stratagems die sie begünstigen, die Anstalten zur eignen Sicherheit, bey der Ausführung selbst und nach derselben.

§. 10.

Die Parallele des Feindes durch Märsche und Contramärsche zu durchbrechen, muß man wissen, was für Bewegungen es sind, die den Feind gleichfalls zu Bewegungen zwingen. Nicht alle thun es. Alsdann muß man die Gelegenheit sich bereiten können, dem Feinde entweder in gewissen Posten zuvorzukommen, oder durch Scheinbewegungen

gen ihn zu verführen und mit forcirten Märſchen über den
alten Poſten zurückzufallen, und ihn dem Feinde wegzunehmen.   Oder man muß zur Abſicht haben ihn zu ſchlagen:
Entweder auf dem Marſche, oder durch den Ueberfall in einem ſchlechten Poſten, des Tags oder des Nachts. Eine jede dieſer Abſichten hat ihre eignen Regeln, ihr eignes Detail. Man
muß ſie kennen lernen: Man muß ſogar lernen, ſolche Entwürfe mit einander zu verbinden, um von einem zum andern
überzugehn.

§. 11.

Das vierte Mittel, die Parallele eines Feindes zu durchbrechen, iſt eine Schlacht. Es iſt aber das unſicherſte von allen.

Die erſte Kenntniß die man hier beſitzen muß, iſt: In
was für Fällen darf man es wollen, eine Schlacht zu liefern.
Dann muß man die Kunſt verſtehn, das Blut der ſeinen in
derſelben zu ſchonen; die Schlacht in Anſehung der Folgen
entſcheidend zu machen.

Hier muß man wiſſen, worinn die Stärke und Schwäche eines Poſtens beym Gefechte beſteht, worinn die Stärke
und Schwäche einer Schlachtordnung, und durch was für
Stratagems man im Stande iſt, dem Feinde ſeine wahren Attaken verborgen zu halten.   Man muß die Stunde des Tags
kennen, wo es für itzt am vortheilhafteſten iſt, anzugreifen. Die
Anſtalten innerhalb der Armee und auſſerhalb derſelben, um
den Sieg in Anſehung ſeiner Folgen entſcheidend zu machen:
Man muß wiſſen die Anſtalten zu treffen, die man treffen
muß, um die Armee verpflegen zu können, wenn ſie vorwärts
rückt: Detaſchements in Bereitſchaft zu haben, um die Beſtürzung des Feinds ſo viel als möglich zu nutzen, in Anſehung ſeiner Armee durch eine ſichre und hitzige Verfolgung,
in Anſehung ſeiner Lande durch den Ueberfall ſeiner Feſtungen, Poſten, Magazine und dergleichen.   Wenn der Ausgang
der Schlacht gegen uns war, ſo muß man ſich im Voraus
die Mittel bereiten, die Folgen derſelben in Anſehung der

Ar-

Armee, ſowohl als des Landes, ſo wenig entſcheidend zu
machen als möglich. Man muß die Poſten ſeiner Retraite
kennen, ſowohl als der feindlichen, die Mittel beym Gewinſt
wie beym Verluſt, ſeinen Bleßirten beyzuſtehn, die Mittel
alle dieſe Anſtalten im Geheim zu treffen, ohne daß der Feind
ſie erfährt; die Mittel dem Feinde die Zeit, zu allen dieſen
Anſtalten, zu nehmen.

So viel Vortheile, ſo viel Hofnung zum Sieg auch
der Poſten verſpricht, da man den Feind angreifen will,
doch darf man ſich nicht eher für denſelben entſchlieſſen, als
bis man zuvor mit ſtrengſter Sorgfalt unterſucht hat, ob
es nicht längſt der ganzen Parallele, die man durchlaufen
kann, noch vortheilhaftere Gelegenheiten giebt. Hierinn
beſonders hat die Kenntniß des feindlichen Generals, und
der Art, wie ſeine Truppen fechten, einen großen Einfluß.

§. 12.

Das fünfte Mittel die Parallele des Feinds, der ſich
vertheidigt zu durchbrechen, iſt eine Diverſion, die, wenn
ſie gelingt, dem Feinde einen Verluſt zufügte, der größer
iſt, als ſein Gewinn bey der hartnäckigen Behauptung ſeines
Poſtens iſt, oder der uns wenigſtens einigermaßen ſchadlos
hält. Der Entwurf einer ſolchen Diverſion erfodert große
Kenntniſſe und muß dreyfach ſeyn: Einmal, da der Feind
beides zu behaupten, beides zu retten gedenkt: Anderns auf
den Fall, da er, was wir durch die Diverſion erhalten können aufgiebt, um das zu retten, was er für wichtiger hält:
Drittens auf den Fall, da der Feind uns die Parallele die
wir angreifen, durchdringen läßt, und blos dem vorzubauen
ſucht, womit die Diverſion ihn bedroht. Nimmt man hier
ſeine Maasregeln nicht gut, ſo läuft man Gefahr, auf der
einen Seite zu gewinnen, auf der andern zu verliehren.
Den Plan des Feinds muß man durchgedacht haben, um
ſicher zu gehn. Man denke ſich einen der verwickelteſten
Fälle, die Diverſion beſtünde in einer Belagrung. Hier
wird

wird man am deutlichsten sehn, was für einen Umfang die
Kenntniß der Maasregeln und Vorsichten hat, die man bey
solchen Unternehmungen bedarf, um dem dreyfachen Plane
des Feindes zu entgehn. Es ist, so zu sagen, ein Feldzug
für sich.

§. 13.

Dies wären nun die verschiednen Methoden, die Parallele des Feinds zu durchbrechen. Was bestimmt nun die
Wahl unter ihnen? Wie kann man sie unter sich vergleichen?
Wie combinirt man sie? damit man, wenn das eine miss-
liegt, sofort im Stande sey zum andern überzugehn. Ein
tiefes großes Studium. Die Kenntniß des Feinds, und
unsrer eignen Truppen, die Leichtigkeit die man findet, diesen oder jenen Versuch zu unternehmen, und wenn er miss-
liegt, ihn aufzugeben, ohne Verlust, ohne sogar seine Absichten verrathen zu haben: Die Berechnung der Zeit, der
Kosten, die ein jeglicher derselben erfodert: Die Kenntniß
des Zeitpuncts, wo das große Unternehmen am entscheidendsten wird; Dieß bestimmt allerdings hier die Wahl. Aber
was für ein Genie wird nicht erfodert, was für ein Coup
d'oeil, so viel Entwürfe mit ihrem ganzen Detail auf einmahl zu fassen! Was für ein Scharfsinn, Wahrscheinlich-
keiten zu wägen!

§. 14.

Man geht über zur Kunst, den Plan einer Vertheidigung zu entwerfen. Die Vertheidigung ist zwiefach: Die
eine, wo man Schlachten und Gefechte vermeiden, und
Land und Armee zugleich decken soll; die andre, wo man beschlossen hat jede günstige Gelegenheit zu nutzen, um von
der Vertheidigung zum Angrif überzugehn. Die erste ist
die gefährlichste: Herz und Verstand lehrt es: Aus Wahl
darf man sich nie dazu entschließen: Es giebt aber Fälle genung, wo man gezwungen ist, eine Zeitlang sie zu ergreifen.

fen. Alsdenn muß man die Vorsichten in ihrem ganzen Um=
fange kennen, die diese Art von Kriege fodert.

Gleich der erste Schritt ist gefährlich. Denn der Feind
giebt überall Besorgnisse, droht überall, um, wäre es mög=
lich, gleich durch den ersten Auszug unsre Parallele zu durch=
brechen. Wie entrinnt man seinen Stratagems? Den gan=
zen Plan des Feindes muß man hier entwerfen, um zu wis=
sen, was für Bewegungen er unternehmen kann, und was
für Maasregeln er dazu treffen muß. Man muß die Mit=
tel kennen, sich zeitige Nachricht vom Feinde zu verschaffen:
Wissen, wie viel Zeit sodann, von dieser Nachricht bis zur
Ausführung des feindlichen Entwurfs, verstreicht, die Zeit
damit vergleichen die man braucht, seine Truppen zusam=
menzuziehen, und das Vertheidigungs=System zu ergreifen,
das man festgesetzt hat. Dieß Vertheidigungs=System fest=
zusetzen, ist wieder eine ganz andre Kunst. Man muß Gewalt
und List zugleich verbauen, überall dem Feinde zuvorkommen,
wie er uns auch hin und her wälzt, was für falsche Alarms er
uns auch giebt. So viel der Gegenden sind, wo der Feind
durchdringen kann, so viel Entwürfe muß man festsetzen,
mit allen ihren Detail, und noch die Kunst verstehn, die
Armee überall mit Lebens=Mitteln zu versehn, ohne das Land
oder den Fürsten den man vertheidigt, durch unsre Schuld
zu ruiniren.

§. 15.

So viel gehört dazu, um nur den ersten Schritt sicher
zu stellen, nicht gleich beym ersten Auftritt zu straucheln.
Gesetzt nun man entrann diesen Gefahren, der Posten ward
bezogen, den man beziehen will, so muß dieser Posten sicher
seyn, vor dem Ueberfall, so wie vor der ofnen Schlacht.
Man muß Fourage in demselben haben, auf so lange Zeit
als man sich behaupten will: Man muß die Gemeinschaft
mit seinen Landen und Magazinen sicher stellen. Man muß
endlich rechts und links abmarschiren können, um die ganze
Pa=

Parallele zu durchlaufen, wenn der Feind uns dazu nöthigt, überall Poſten gegen Poſten zu ſtellen, und überall dem Feinde zuvorzukommen. Man denke den Detail aller der Anſtalten durch, die erfodert werden, um in allen dieſem ſicher zu ſeyn, und wie viel Zeit man gebraucht ſie zu treffen, ſo ſieht man die Gefahren eines jeden einzelnen Poſtens längſt der ganzen Parallele. Man liege in einem einzigen derſelben unter, ſo iſt die Vertheidigung der andern vergeblich.

§. 16.

Man muß die Vertheidigung verlaſſen und zum Angriff übergehn, ſo oft eine vortheilhafte Gelegenheit ſich darbietet: Man muß ſuchen, ſich ſolche Gelegenheiten im Voraus zu bereiten: Zwey ewig wahre Geſetze der Kriegskunſt. Wie ſoll man aber auf den Angrif gehn, wenn man ſchwächer iſt als der Feind? Blos der Angrif macht oft ſtark.

Der Feind iſt ſtärker als wir. Aber nur zu gewiſſer Zeit, wenn er ſeine Truppen verſammelt hat, wenn er mit uns zugleich im Felde erſcheint. Iſt ers auch noch, wenn wir eher erſcheinen als er: Wenn wir ihn itzt überfielen, da er ſeine Quartiere zerſtreut und ſeine Magazine in einem Lande angelegt hat, das er nur mit geſamter Macht vertheidigen kann? Dieß iſt die erſte Frage eines Generals, der es beſchloß von der Vertheidigung zum Angrif überzugehn. Die Beſchaffenheit der Wege die uns zum Feinde führen, die Sicherheit der Gemeinſchaft mit unſern Landen, die Möglichkeit des Transports unſrer Lebens-Mittel: Die Lage der feindlichen Quartiere und Magazine: die Poſten wo ſeine Armee ſich ſetzen muß: die Mittel die der Feind in denſelben findet, uns wieder rückwärts zu treiben: die Lage und Vertheilung unſrer Quartiere: die Abſicht der Expedition im Großen: Dieß alles zuſammengenommen, beſtimmt die Möglichkeit, und den Nutzen der Unternehmung, ſowohl als die Ordnung der Expedition. Der Ausmarſch der Truppen

pen aus den Quartieren muß die Colonnen formiren, die
Colonnen durch ihren Ausmarsch die Armee. Man muß
zerstreut agiren, so lange man zerstreut etwas ausrichten
kann, zusammen sich ziehn, sobald die Zerstreuung Gefahr
bringt. Man muß auf den Fall gefaßt seyn, da die Expedition decisif wird; da sie es nicht ist, da sie mislingt: dort
keinen Vortheil zu versäumen, hier wenigstens zum alten
Stand der Sachen zurückzukehren, seine Umstände nicht
selbst zu verschlimmern.

§. 17.

War die Expedition nicht so decisif, daß der Feind
nun gezwungen wird, beständig auf der Defensive zu bleiben, so sind der Mittel drey, wodurch er im Stande ist,
uns wieder rückwärts zu bringen: Ein Einfall in die Ge-
meinschaftslinie mit unserm Lande: Eine Diversion: Eine
Schlacht.

Wie viel Zeit braucht nun der Feind zur Ausführung
eines jeden dieser Entwürfe, wenn wir alle Hülfsmittel des
Landes und der Kunst dagegen aufriefen? Was ist alsdenn
das Entscheidendste, was wir inzwischen unternehmen können, ohne Furcht die Maasregeln zu einem sichern Rückzug
zu zerstören? Ists nicht möglich, die Unternehmungen des
Feindes, wenn er irgendswo in Maasregeln fehlt, zu seinem eignen Unglücke zu lenken: Versuche zu wagen, die,
wenn sie mislingen, unsre Umstände nicht verschlimmern,
wenn sie gelingen, unsre Vortheile vermehren? Können
wir nicht selbst auf dem Rückzuge noch schaden? Furchtbarer Plan, wenn er früh genung entworfen wird. Alsdenn
ists leicht, ihn mit einem undurchdringlichen Schleyer zu
bedecken: Das Geheimniß zu bewahren, ist hier das wesentlichste.

§. 18.

Wenn es Posten giebt, die das Land, das man vertheidigen will, bedecken, und wo der Feind ungestraft, nicht

f

vor-

vorübergeht, ſo muß man die Stärke dieſer Poſten in ih=
rem ganzen Umfange kennen lernen, die Märſche die man
thun, die Läger die man nehmen muß, um den Feind von
ſeinen Magazinen und Landen abzuſchneiden: Die Maas=
regeln die er gegen uns treffen wird, und ſelbſt die Partheyen,
zu denen ihn die Verzweiflung treibt, wenn er in den Fall=
ſtrick eingerückt iſt. Alles dieß muß man mit ſeinem gan=
zen Detail ſtudiren, und ſodann unterſuchen, wie es möglich
iſt, durch ſchlaue und kunſtvolle Bewegungen den Feind in
ſolche Poſten zu locken.

§. 19.

Es war unmöglich, im Anfange der Operationen dem
Feinde ſich gleich zu ſtellen: Entſcheidende Poſten, die das
Land bedecken, ſind nicht. Wie wickelt man ſich nun den=
noch von der Vertheidigung los? Wie geht man über zum
Angrif? Die Art wie der Feind ſeine Truppen verſammelt,
alle die verſchiednen Märſche die er längſt des ganzen Feld=
zugs thun muß, die Poſten und Läger die er in demſelben
bezieht, die Detaſchements in die er ſich vertheilt, dieß al=
les giebt einem nachdenkenden Geiſt, gewiß mehr als eine
Gelegenheit an die Hand, zum Ueberfall im Marſch, zum
Ueberfall in der Nacht, die Fourage des Feinds einzuſchrän=
ken, ſeine Convois anzugreifen, detaſchirte Corps über den
Haufen zu werfen: alles Unternehmungen für den Schwä=
chern. Selbſt auf die Schwäche des Landes kann man ſei=
nen Entwurf gründen. Der Feind durchbricht die Paral=
lele. Was für Manoeuvres folgen drauf? Geben dieſe
keine Blöße? Es iſt ſelten, daß ein Feind, der auf den An=
grif geht, ſich nicht irgendswo vernachläſſigen ſollte. Man
muß aber aufmerkſam ſeyn, und ſich im voraus die Mittel
bereiten, ſeine Fehler zu nützen.

§. 20.

So entwirft man den Operationsplan einzelner Feld=
züge, gegen jeglichen Feind des Reichs. Wer alsdenn den

Ent=

Entwurf des Kriegs im Großen anordnen soll, der vergleicht
mit diesen Planen die Kenntnisse, die er von dem wahren
Interesse der Fürsten, und ihrem angenommenen System be=
sitzt, das oft diesem widerspricht. Einzeln ist keine dieser
Kenntnisse hinreichend, den Entwurf des Kriegs im Gros=
sen zu ordnen: Vereinbart aber setzen sie in den Stand es
zu thun: es zu beurtheilen, was für Bündnisse man schlies=
sen, was für Bündnissen man zuvorkommen muß? Wie
man die Bündnisse des Feindes trennt, seine eignen stärker
knüpft? Wie man sich gegen die Fürsten verhält, die un=
partheyisch seyn wollen? Man lernt wie man ausziehn soll,
und was die entscheidendsten Schritte sind: Wo man an=
greifen: Wo man blos sich vertheidigen muß: Wie man
überall dem Feinde gleiche Besorgnisse giebt, den wahren
Auszug verbirgt: Man lernt die Schranken kennen, die
man seinen Eroberungen zu setzen hat.

Die Mängel im Staate verrathen sich, die der Aus=
führung des entscheidendsten aller Entwürfe entgegenstehn.
Man nimmt die Wagschale in die Hand. Man prüft ob es
rathsamer ist, die nöthigen Veränderungen zu treffen, und
den Krieg auf die beste entscheidendste Art zu führen; oder
ob es rathsamer ist, dem zu tief eingerißnen Uebel zu wei=
chen, den Krieg zu führen nicht wie man sollte, sondern wie
man kann. Nicht den Tag vor dem Ausbruch des Kriegs,
Jahre vorher, muß man an dem Entwurfe desselben arbeiten,
wenn es möglich war ihn so lange vorauszusehn.

Ver=

Verſuch
über die Kunſt
den Krieg zu ſtudiren.

Zweyter Theil. Viertes Capitel.
Von den Grundſätzen die man lernen muß, um eine Armee lagern zu können.

§. 1.

Alle Läger, ſagt der König von Preußen, und ſelbſt die Läger im offenſiven Kriege, haben eine doppelte Abſicht, die Vertheidigung nemlich, und den Angrif, die Defenſive und die Offenſive. Zur Defenſive gehört die Sicherheit des Unterhalts für die Armee: Die Sicherheit des Landes und der Gegenden, die man decken will: Und die Sicherheit des Poſtens ſelbſt, für dem Ueberfall und dem nachtheiligen Gefecht. Zur Offenſive gehören alle Vortheile und Bequemlichkeiten, welche dieſer Poſten anbietet, unſre Abſichten gegen den Feind auszuführen. Man macht mit der Offenſive den Anfang, um alles, was zur Vertheidigung gehört, unzertrennlich beyſammen zu laſſen.

§. 2.

Wenn man im offenſiven Kriege dem Feinde nicht zuvorkommen konnte, ſondern ihn im Felde gegen ſich findet, ſo iſt der Poſten, welchen er gewählt hat, vortheilhaft oder nicht. Iſt ers nicht, hätten wir in demſelben Vortheile beym Angrif über den Feind, ſo muß man ihn angreifen und ſchlagen, beym Anmarſch aber in jeglichem ſeiner Zwiſchen-Läger, ſicher gegen alle Unternehmungen ſeyn. Iſt aber der Poſten, welchen der Feind gewählt hat, durch

Kunſt

Kunst und Natur so befestigt und stark, daß man zu viel
wagen würde, ihn in demselben anzugreifen, so muß
man suchen, ihn durch Kunst daraus zu vertreiben.

Man vertreibt seinen Feind aus unbezwingbaren Lägern, durch Einschränkung der Fourage, durch Detaschiren,
durch Diversionen, durch Bewegungen und Märsche.

Ein offensives Lager das gut gewählt ist, muß Mittel
an die Hand geben, auf die eine oder die andre Art, diese
Absichten mit Sicherheit zu erreichen. Man fragt sich also
bey der Wahl desselben, ob es auch möglich ist, dem Feinde
gegenüber ein vortheilhaft Lager zu finden, wo man im
Stande ist, durch gut gewählte Posten, oder fliegende Läger,
die Fourage des Feindes so sehr zu verkümmern, daß er aus
Mangel zum Aufbruch gezwungen wird: Oder ein Lager, wo
man mit Sicherheit Detaschements ausschicken kann, und
Diversionen unternimmt, die den Feind gleichfalls zwingen
zu detaschiren, so daß der Posten, welcher vorher stark und
furchtbar war, nun aus Mangel von Truppen schwer vertheidigt, leicht überwältigt werden kann.

Gesetzt, wir brächen auf nach der rechten, nach der
linken, bietet uns die Situation unsers Lagers sodann keinen Vortheil an, dem Feinde in irgends einen der Posten
zuvorzukommen, die er besetzen muß, um sein Land zu bedecken? So prüft man die Güte seines Postens zur Offensive: Was helfen uns aber diese Vortheile, wenn wir selbst
nicht gedeckt sind?

§. 3.

Fourage, Wasser, Holz, Lebensmittel, alles muß
sicher seyn, unser Land und Magazine gedeckt. Man hüte
sich vor Posten, die nur einen einzigen Ausgang haben, oder
wo die Armee beym Ausmarsch, in gefährliche Stellungen
sich verwickelt.

Die Armee muß sicher seyn, für den Ueberfall; das
heißt, der Feind muß nie im Stande seyn, so plötzlich sie

anzugreifen, daß ſie das Vertheidigungs-Syſtem nicht annehmen kann, das man im Fall des Angrifs für ſie feſtſetzte.
Man deckt die Armee gegen den Ueberfall, durch gut ausge-
ſtellte Wachten und Poſten: Durch Partheyen, die man gegen den Feind ausſchickt: durch die Diſciplin und eine weiſe
Vertheilung der Truppen im Lager.   Was man bey der
Lehre von den Detaſchements, über die Ausſtellung der Vorpoſten im kleinen lernte, das wendet man hier im Großen
an.   Oefters decken ſchwache Vorpoſten nicht ganz: Man
muß Corps vorwärts pouſſiren, die ſodann wieder für ihre
eigne Sicherheit ſorgen, ſie der Armee ſchaffen.   Man
vergleicht die Zeit, zwiſchen der erſten Nachricht, ſo die
Vorpoſten und Vorderlager vom Feinde uns geben, und
dem Angrif des Feinds ſelbſt; mit der Zeit, die man braucht,
aus dem Lager auszurücken, und das Vertheidigungs-Syſtem zu ergreifen, das man feſtgeſetzt hat.   Dieſe muß weit
geringer ſeyn als jene.

So deckt man die Armee gegen den Ueberfall.   Doch
kann man hieben nicht ſtehen bleiben.   Denn nähme man
der Vorſichten ſonſt keine, ſo vertraute man ohne Noth das
Wohl der Armee an die Subalterns, die daſelbſt die Vorpoſten haben.   Ueberdem ſchützen uns die Vorſichten nicht,
gegen einen Angrif in der Nacht, der uns ſo viel Vortheile
entreißt, die wir beym Angrif des Tags nutzen konnten, die
allein den Feind von demſelben abhalten.   Es giebt überdem Poſten, die nur zum Theil ſtark ſind: Man campirt
öfters in der Ebne.   Verſchanzungen ſind alſo unentbehrlich, beym Angrif, wie bey der Vertheidigung.

§. 4.

Verſchanzungen im Ganzen genommen, ſind entweder zuſammenhängend, oder haben Intervallen, und ſind
detaſchirt.   Man muß das Starke und Schwache beyder
Syſteme kennen, um zu wiſſen, in welchen Fällen man ſich
bald für das eine, bald für das andre entſchließen ſoll.

Ver-

Verschanzungen auf Höhen haben andre Grundsätze,
als die Verschanzungen auf der Ebne. Man muß sie beide
kennen lernen, und alle die Vortheile, die man sich durch
dieselben verschaffen kann: Alles, was ihnen nachtheilig ist:
wie sie das Terrain nützen und bessern: Was sie den Truppen leihen müssen, um sie stärker zu machen, was die Truppen ihnen.

Sich in den Stand zu setzen, die Attaken des Feindes richtig zu beurtheilen, die wahren von den falschen zu
unterscheiden; die Truppen dem Terrain gemäß zu vertheilen: Nicht nur auf das Gefecht in der Ferne, sondern aufs
Gefecht am Parapet, und innerhalb der Verschanzungen
sogar, gefaßt zu seyn: Die Truppen darauf bereitet, sie unterrichtet, sie mit allem versehen zu haben, was sie brauchen, das ist die Kunst, Verschanzungen zu vertheidigen;
ich möchte wohl sagen, die Kunst, Verschanzungen zu behaupten. Man beschließt diese Lehre mit den Grundsätzen
des Absteckens.

Ver-

Versuch
über die Kunst
den Krieg zu studiren.

Zweiter Theil. Fünftes Capitel.

Von den Grundsätzen, beym Uebergang und der Vertheidigung der Flüsse.

§. 1.

Das entscheidendste von allem muß man zuerst kennen, um zu wissen, ob es möglich ist, es auszuführen. Ists nicht, sind unüberwindliche Hindernisse da, so kehrt man zum Minder-Entscheidenden zurück, aber nicht eher. Zwey Fragen entscheiden also von allem, beym Uebergang der Flüsse. Die erste ist: Wo ists gut überzugehn? Das heißt, wo ists uns nach dem Uebergange am leichtsten, den großen Entwurf des Feldzugs zu verfolgen? Die andre: Wo ists leicht überzugehn? Das heißt, wo haben wir die meiste Hofnung, den Uebergang durch List, oder durch Gewalt über den Feind zu gewinnen? Bey der ersten denkt man sich die Armee schon jenseits des Flusses, bey der zweyten denkt man sie noch disseits, dem Feinde gegenüber. Die erste schlägt in die Lehre vom Operationsplan ein: Die zweyte macht die Lehre vom Uebergang über die Flüsse.

§. 2.

Was für Gegenden sind am bequemsten zum Uebergang; der Uebergang geschehe durch List, oder ofne Gewalt? Durch was für Stratagems gewinnt man ihn, selbst gegen einen wachsamen Feind? Wie gehn die ersten Truppen

pen über, nach den verschiednen Maaßregeln des Feinds zur Vertheidigung, es sey nun, daß sie auf Schiffen oder Flössen, über Brücken oder Furthe übersetzen, es sey nun, daß sie die Passage durch List gewannen, oder durch Gewalt?

Was für Verschanzungen müssen die Truppen, die zuerst übergehn, aufwerfen, um den Feind hinter denselben zu erwarten?

§. 3.

Wie passirt man einen Fluß auf der Retraite? Was für Verschanzungen muß man dieß- und jenseits aufwerfen? In was für einer Ordnung retirirt sich die Armee? Wie rettet man die letzten Truppen derselben?

§. 4.

Was für Vorsichten nimmt man in Ansehung des Stroms, wenn man passirt? Wie geht die Cavallerie mit Schwimmen über? Hier folgt der Artikel von den Flössen, ihr Vortheil und Nachtheil, die Art ihrer Erbauung, die Kunst Brücken zu schlagen.

Den Beschluß dieser Lehre macht die Vertheidigung der Flüsse. Man muß die Vorsichten kennen lernen, gegen offne Gewalt, gegen List, gegen beides zugleich, und zwar an allen den Orten, die vortheilhaft zum Uebergang sind: bey jedem derselben das eigne System der Vertheidigung kennen. Die Vertheidigungsmittel sind, Verschanzungen, Chikanen bey der Passirung, im Fluß selbst sowol, als an den Ufern, gute Vertheilung der Posten und Läger, zur Kundschaft sowol, als zur würklichen Vertheidigung: Gut berechnete Bewegungen: Entschlossenheit und Kunst im Angriff der ersten Truppen die übergiengen.

f 5

Ver-

Verſuch

über die Kunſt

den Krieg zu ſtudiren.

Zweyter Theil. Sechſtes Capitel.
Von den Grundſätzen, nach welchen man die Winterquartiere
der Armeen ordnet.

§. 1.

Der letzte Schritt eines Feldzugs iſt, die Winterquartiere
der Armee zu beziehen. Sie dergeſtalt zu ordnen,
daß der Feind in ihrer Anordnung keine Gelegenheit findet,
unſern Entwürfen zu ſchaden: Daß die Armee in denſelben
alle die Ruhe genießt, die es in unſrer Gewalt ſteht, ihr zu
geben, daß ſie Lebens-Mittel und Fourage empfängt, ohne
ihren Ruin, ohne Ruin des Landes: Daß die Ordnung
derſelben unſre Offenſiven Abſichten dereinſt begünſtigt: Dieß
iſt die Kunſt, die Winterquartiere der Armee zu ordnen. Am
ſchwerſten iſts, ſie in dem Falle zu beobachten, da man die
Winterquartiere in Landen nimmt, wo man gegen einen ver-
ſammelten Feind nicht beſtehn kann: im Lande das man ſodann dem Feinde abtreten muß, um weiter rückwärts ſich zu
ſetzen, und durch gut berechnete Manoeuvres, den Feind
aus demſelben zu vertreiben, ehe er noch feſten Fuß darinn
gefaßt hat. Hier iſt ein genaues Studium des Landes nöthig, und eine genaue Berechnung der feindlichen Manoeuvres und der unſern.

§. 2.

§. 2.

Der Feind rückt an. Es war unmöglich bloß zu verbieten. Was bleibt uns nun übrig zu thun? Die Truppen
ohne Verlust zurück zu ziehen, alle Magazine zu retten, deren Verlust uns nachtheilig seyn konnte; den Feind zu verhindern daß er nicht festen Fuß faßt: Ihn zu seinen alten
Gränzen zurückzutreiben.

Den Entwurf des Feinds zum Angrif muß man festsetzen, und auch den seinen zur Vertheidigung. Man muß
die Zeit wissen, da man die Bewegung des Feindes mit Ge-
wißheit erfährt, und wie bald alsdann die Ausführung seines Entwurfs darauf folgt. Hiermit muß man die Zeit vergleichen, die man braucht, um seinen Entwurf zur Vertheidigung auszuführen. Der Posten, wo die Armee Stand
hält, muß festgesetzt seyn: Er muß sicher seyn für allen Arten
von nachtheiligem Angrif: Der Feind muß keine Möglichkeit finden, die Armee aus demselben zu vertreiben. Wir
müssen in ihm Vortheile finden, den Feind zur rechten Zeit, das heißt, ehe er sich festgesetzt, wieder rückwärts
zu bringen.

§. 3.

Ist der Posten nach Grundsätzen bestimmt, so muß
man nun auch darauf sinnen, den Truppen die Zeit zu verschaffen, die sie brauchen sich nach demselben zu repliiren, ehe
der Feind im Stande ist, durch überlegne Macht sie zu unterdrücken. Alles zu retten ist zuweilen unmöglich: Man muß
Posten aufopfern. Ihr Verlust aber muß weit durch den
Vortheil überwogen seyn, den uns die Behauptung der Quartiere verschaft. Sonst wäre es ein Fehler sie also zu beziehen. Zuweilen hängt die Behauptung der Quartiere von
der Vertheidigung fester Plätze ab: Man muß sie zur rechten Zeit mit Garnison, Lebens-Mitteln und allem versehen,
was

was sie zu ihrer Vertheidigung brauchen, ehe der Feind im
Stande ist dieß alles unmöglich zu machen.

§. 4.

Die Armee war gerettet. Wie aber, wenn wir nun
Magazine verlöhren, die uns unentbehrlich sind, den Entwurf unsers künftigen Feldzugs zu verfolgen, ins Land der
Feinde einzudringen. Auch diese muß man wissen zu retten.
Die Kenntniß der Zeit die man nöthig hat, sie vom Lande
das sicher ist vorwärts, vom Lande das man abtreten muß rückwärts zu schicken, die Kenntniß der Mittel diesen Transport zu
bewerkstelligen; die Truppen in den nächsten Quartieren am
Feinde, durch die Magazine zu verpflegen, die rückwärts angelegt worden: Zwischen-Magazine anzulegen, die aus den
Großen, so gedeckt sind, immer ergänzt werden: Dieß alles zu
thun, ohne das Land und die Truppen zu ruiniren, ohne sie außer
Stand zu setzen, bey Eröfnung des Feldzugs die Dienste zu
thun, die man von ihnen erwartet, dieß ist die Kunst, die Armeen
in Winterquartiren dieser Art zu verpflegen.

§. 5.

Die Armee muß hier, so wie im Lager, alle die Ruhe
genießen, die wir im Stande sind ihr zu geben. Wenn
irgends ein Posten, den man zu seinen Winterquartiren zählt,
mit äusserster Hartnäckigkeit, mit grossen Detaschements,
durch Anstalten die Menschen kosten, vertheidigt werden muß,
so ists Pflicht zu untersuchen: Ist uns auch der Posten so wichtig, daß seine Behauptung den Verlust der Menschen überwiegt? Die Armee bezieht die Winterquartiere in Linien,
so wie ein Lager. Die erste Linie ist den meisten Fatiguen
ausgesetzt. Je tiefer man den Plan des Feinds zum Angrif der Quartiere überdenkt, je mehr Kenntnisse man von
den Anstalten besitzt, die er treffen muß, um etwas gegen sie
zu unternehmen, desto leichter ists möglich den Truppen Ruhe
zu

zu gönnen, und dennoch ſie ſicher zu ſtellen. Der Commandeur jedes einzelnen Quartiers, ſorgt alsdenn, auf eben die
Art, für die Ruhe und Sicherheit ſeiner Truppen zugleich.
Beydes ſetzt eine genaue Kenntniß der Poſten voraus, die dem
Feinde am nächſten ſtehn.   Einzeln ſeine Quartiere zu verliehren macht muthlos, und mißtrauiſch gegen die Einſicht
des Feldherrn, wenn es auch aufs Ganze keinen entſcheidenden Einfluß nicht hätte.

§. 6.

Die Ordnung der Quartiere muß dereinſt unſre offenſiven Abſichten begünſtigen. Sobald der entſcheidende Schritt
geſchah, der uns unſre Quartiere verſichert, ſo muß man
auch ſchon im Geheim dran arbeiten, ſich daſelbſt alle Vortheile zur Verfolgung des großen Entwurfs zu verſchaffen.
Die Aufmerkſamkeit des Feindes iſt bey den Operationen im
Felde mehr zerſtreut, als in der Ruhe des Winterquartiers,
wo keine Anſtalt, die wir treffen, ihm unbekannt bleibt, jeder Effort ihn argwöhniſch macht.   Ueberdem ſind wir im
Felde vielleicht vorwärts unſrer künftigen Winterquartiere
gerückt: Die Maasregeln, die wir ſodann treffen, ſind entfern-
ter vom Feinde und daher verborgner.   Es iſt möglich allen
Argwohn von ihnen zu entfernen, ihnen den Anſchein zu
geben, daß ſie nichts zur Abſicht haben, als die Unterſtützung der Armee bey ihren itzigen Unternehmungen.   Kein
Entwurf im Kriege iſt furchtbarer als ein ſolcher, an dem
man ſo lange im voraus, und ſo verdeckt arbeiten kann.
Der Feind muß wahre Gröſſe beſitzen, um ihm zu entrinnen.   Es war die Weiſe des großen Turenne.   Der erſte
Schritt, wie der lezte, iſt alsdann dem Feinde gefahrvoll.
Er rückt in ſeine Winterquartiere, dem Anſchein nach gewiß, daß auch wir dieſelben bezogen.   Seine Armee zerſtreut ſich.   Schnell rückt die unſre zuſammen.   Der Ausmarſch der Truppen aus den Quartieren formirt die Colonnen an der Gränze, vielleicht ſchon im feindlichen ſelbſt: die

Co-

Colonnen formiren durch ihren Marſch die Armee. Jeden einzelnen Marſch bezeichnet eine Niederlage, ein aufgehobs nes Quartier. Lebensmittel, Fourage iſt da : Nichts fehlt der ſiegreichen Armee, ihre Vortheile ſo weit zu verfolgen, als Land und Beſtürzung des Feinds es erlaubt. Wie weit führt dieß nicht oft. Man leſe den Feldzug des großen Tu renne vom Jahr 1672. Hier findet man den Entwurf längſt feſtgeſetzter Quartiere. Vom Ufer des Rheins, aus dem letzten Ende vom Elſaß, biß zur Weſer hin, verfolgte der Marſchall ſeinen Sieg, und auch hier hatte er noch keine Gränzen. Der Einfluß verbreitete ſich bis zum Jahr 1675. dem letzten Feldzuge ſeines glorreichen Lebens.

Versuch
über die Kunst
den Krieg zu studiren.

Zweyter Theil. Siebendes Capitel.
Vom Studio militairischer Geschichte.

§. 1.

Das Studium der Grundsätze und das Studium der Geschichte sind unzertrennlich mit einander verbunden. Sey kühn und bescheiden! ist die Losung des Soldaten, der die militairische Geschichte seiner Feldherrn studirt. Vergebens ist die Mühe, wenn man nicht zuvor die Kenntnisse sich erwarb, die nöthig sind, um von dem Entwurf eines Kriegs zu urtheilen, zu wissen wie viel dieser erfodert. Tief muß man diese Lehre studiren, ehe man es wagen darf, als Soldat Geschichte zu lesen.

Die Zahl lehrreicher militairischer Geschichten ist klein. Die Gelehrten, die es unternahmen, das Leben von großen Feldherrn, oder die Geschichte von Kriegen zu schreiben, verstanden den Krieg nicht. Wie konnten sie gut und lehrreich davon reden. Den Detail verachteten sie, er schien ihrer Aufmerksamkeit unwerth: Daher sind auch ihre Urtheile so seicht. Es schmerzt, die Ehre der Feldherrn in ihren Händen zu sehn.

§. 2.

§. 2.

Die lehrreichſten militairiſchen Geſchichten ſind folgende: Unter den Alten

La retraite des dix mille par Xenophon.

La guerre du Peloponneſe par Thucydide.

Les commentaires de Ceſar.

Unter den Neuern

L'hiſtoire militaire de Flandres, ou Campagnes du Marechal de Luxembourg.

Memoires du Vicomte de Turenne ecrits par lui meme.

Les combats de Fribourg par le Chevalier de la Mouſſaye.

Les dernieres Campagnes du M. de Turenne.

Les Campagnes du Roi de Pruſſe.

Man macht den Anfang mit der militairiſchen Geſchichte von Flandern. Denn ſie enthält allen Detail und vortrefliche Plans. Märſche, Läger, Fouragirungen, Schlachten mit ihren verſchiednen Manoeuvres, alles iſt da, in genauen Zeichnungen. Der Marſchall Puyſegür lieferte ſie, ein unſchätzbares Geſchenk, für jeden Officier, der ſich dem Großen des Kriegs widmet. Hier iſt mein Vorſchlag, ſie und andre militairiſche Geſchichten zu ſtudiren.

Das erſte von allem, was man, bey jeglichem Kriege den man ſtudiren will, vorausſetzen muß, iſt die Kenntniß von dem damaligen Zuſtande der Mächte von Europa, ihrem Intereſſe, den Gränzen ihrer Lande, ihren Bündniſſen. Dieſen Krieg betreffend, findet man alles, was man in dieſer

Be:

Betrachtung zu wiſſen braucht, in den Critiken des Marquis Feuquieres, über die Entwürfe zu den verſchiednen Kriegen die Ludwig der 14te führte, in den Friedens Inſtrumen-
ten und in zwey franzöſiſchen Büchern, unter den Titeln:
Hiſtoire des guerres entre les maiſons d'Autriche et de Bour-
bon, und Abregé de l'hiſtoire de Louis XIV.

Hat man ſich dieſe Kenntniß erworben, ſo unterrichtet man ſich nun von dem Erfolge der Feldzuge des Königs,
auf allen ſeinen Gränzen, vom Jahr 1688. an, da dieſer
Krieg ausbrach, bis zum Jahr 1690. wo der König, nach dem
Verluſt der Affaire von Walcourt, dem Marſchall Luxemburg
ſeine Armee in Flandern vertraute. Ich verweiſe nochmals auf den Marquis Feuquieres, und die zwey andern
Schriften.

Nun entwirft man, für ſich ſelbſt, das Project des
Kriegs im Großen, und ſetzt, ſoweit man es beurtheilen
kann, feſt, wo Frankreich auf den Angrif gehen, wo es blos
ſich vertheidigen ſollte. Man unterſucht, ob die Franzöſi-
ſche Generale und Miniſter unſern Ideen gemäß agirten:
Man vergleicht die ihren mit den ſeinen. Der Marquis
Feuquieres iſt Richter.

Wenn man den Entwurf des Kriegs im Großen feſt
geſetzt hat, ſo wendet man ſich nun beſonders zu den beſondern Unternehmungen in Flandern. Flandern iſt ein Land
von Feſtungen. Man erinnre ſich der Grundſätze zum Angrif von Ländern dieſer Art. Man denke, ehe man ließt.
Man entwerfe einen Plan, man denke die Mittel durch, ihn
auszuführen. Die erſten Verſuche mißlingen gemeiniglich
ſehr. Man werde beſcheiden, aber nicht muthlos. Es iſt

g   keine

keine Schande, sich von Turennes, Condes und Luxemburgen übertroffen zu sehen.

Man setzt also fest, was, unsern Kenntnissen gemäß, die erste entscheidendste Unternehmung seyn sollte. Was für Maasregeln muß man nun treffen, sie auszuführen? Hier studirt man die Kunst die Armeen zu versammeln, sie mit Lebens Mitteln zu versehn, ihre Absichten und Bewegungen dem Feinde zu verbergen. Man setzt seine Läger fest. Ueberall, ich wiederhole es, denkt man ehe man ließt. Man verliehrt nie den großen Entwurf des Kriegs aus den Augen. Hier sieht man, wie die Armeen in Flandern, Deutschland und Italien, sich wechselsweise unterstützen, wie, um glücklich den Krieg zu endigen, ihre Operationen beständig mit einander übereinstimmen müssen. Man lernt die enge Verbindung des Entwurfs im Großen, und der Operations Plane der einzelnen Feldzüge kennen. Man denkt hierüber nach, und naht sich dem erhabensten Theile der Kunst, dem Coup d'oeil, das so viel große Gegenstände auf einmahl faßt, mit einem Blicke übersieht, vergleicht und wägt; Ein Talent, das man sich selbst erwerben muß: Gelehrt kanns nicht werden.

Hat man nun diese erste Unternehmung des Feldzugs, mit aller Sorgfalt und Anstrengung des Geists, studirt, so verläßt man dieß Studium auf einen Augenblick, um eine blos mechanische Arbeit zu unternehmen. Nur gewisse Läger im Feldzuge sind entscheidend: und die Zwischen Läger verdienen unsre Aufmerksamkeit nur in so weit, als sie, auf dem sichersten und kürzesten Weg, zu dem entscheidenden führen. Aber wir lernen in ihnen die Kunst zu marschiren, sich zu lagern, zu fouragiren, Convois zu bedecken.

Man

Man versieht sich mit einer General Carte von Frank=
reich, von Deutschland, der Lombardie, den Niederlanden.
Diese Carten belegen einen besondern Tisch in unserm Ca=
binet. Je größer ihr Maasstab ist, desto besser sind sie zu
ihrem itzigen Gebrauch. Man hat ihrer nöthig, um sich
den Entwurf des Kriegs im Großen, auf allen Seiten des
Reichs, lebhaft vorstellen zu können. Topographische Car=
ten, die nur einen kleinen Strich Landes liefern, würden hier
nur verwirren. Zum Detail der Unternehmungen aber,
zum Verständniß der einzelnen Operationen, sind die letzten
unentbehrlich.

Man kauft sodann noch eine andre Carte, die unter dem
Nahmen: Theatre de la guerre des Pays-bas, bekannt ist, oder
den Niederländischen Atlas von Frix. Die erste Carte hat
6 Blatt, und diese werden als ein Cabinet Stück zusam=
mengefügt, um den zweiten Tisch in unserm Cabinet zu be=
setzen. Diese Carte ist, hier und da, sehr gut und militairisch
richtig, weil sie zum Theil aus den Plans der Histoire militaire de Flandres gezogen worden. Auf dieser Carte bezeich=
net man, mit einem Faden, die Parallele oder Gränze die der
Marschall von Luxemburg zu vertheidigen hatte, und macht
diesen Faden mit kaltem Wachse fest. Eben dieß thut man
auf den General Carten von Deutschland, Frankreich, und
Italien. Itzt wird das Bild des Kriegs lebhaft.

Hat man diese Arbeit gethan, so durchläuft man den
ganzen ersten Feldzug des Marschalls von Luxemburg, we=
nigstens bis zur Bataille von Fleurüs, um auf der Special
Carte von den Niederlanden, alle Läger desselben zu zeichnen,
vom Lager der Versammlung an, bis zum Lager nach der
Bataille von Fleurüs. Alle Läger des Marschalls sind in

der

der Geſchichte, durch die Points d'apui der Flügel und die Dörfer bezeichnet, die vorwärts ihrer Front lagen. Man leſe nichts mehr vom Terte, als was unentbehrlich nothwendig iſt, um die Poſition der Läger zu verſtehen. Sonſt raubt man ſich ſelbſt die Gelegenheit zur Meditation. Man bezeichnet die Lager wieder mit kaltem Wachſe und ſeidnen Faden.

Märſche, Läger, Fouragirungen, Convois, alles was vor kömmt, man ſtudirt es: man arbeitet es mit ſeinem ganzen Detail aus, ehe man es ließt. Man kömmt endlich zur Schlacht. Das erſte von allem iſt, die Urſachen zu unterſuchen, die beyde Parthenen zum Treffen bewogen Es iſt ein ſeltner Fall, daß beide Recht haben: Der eine hat faſt immer unrecht, oft alle beide. Wie konnte nun der, der Schlacht entgehn, der Urſache hatte ſie zu vermeiden. Man ſtudirt alsdann, mit Sorgfalt, das Champ de bataille der angegrifnen Armee, um die Stärke und Schwäche deſſelben zu kennen: Man entwirft eine Schlachtordnung: Man vergleicht mit ihr die würkliche, in denen die Armeen fochten, die angriff ſowohl als die angegriffen ward. Man richtet ſodann ſeinen Blick auf Sieger und Beſiegte zugleich, um zu ſehn ob jener ſeinen Vortheil, ſo weit als möglich verfolgte, dieſer alle Schritte gethan, um dem Sieger die Früchte ſeines Siegs zu entreiſſen.

§. 2.

Ich rieth an, das Stubium der Geſchichte mit der Hiſtoire militaire von Flandern anzufangen, weil ſie alle Arten von Detail, für alle Operationen im Felde enthält. In andern Geſchichten findet man dieſen Detail nicht.

Ue

Ueberdem verſchweigt der Schriftſteller nicht, was ſonſt ſo
oft verſchwiegen wird, die fehlgeſchlagnen Entwürfe des Königs und des Marſchalls. Dieß alles iſt ungemein lehrreich.
Man muß aber langſam gehn; anfangs nur die erſte Campagne ſtudiren, und mehr als einmal.

Von den Feldzügen des Marſchall Luxemburg, geht
man zum Leben des großen Türenne über. Ramſay ſchrieb
es: Die Gelehrten Köpfe ſchätzen es hoch: Aber er ſchrieb
es nur für ſie, für uns Soldaten nicht. Man ſtudire ſtatt
deſſen die Memoires, die uns dieſer große Feldherr ſelbſt hin-
terlaſſen, und verbinde mit ihnen die Memoires des Herzog
von York, Chevalier la Mouſſaye, Grammont, Büßi Ra-
butin, Marquis de la Fare und andrer Officier, die in dieſem Zeit-Alter lebten. Selbſt in den Quellen müſſen wir
ſchöpfen, nicht den Gelehrten es überlaſſen. Sonſt ſehn
wir den Krieg im falſchen Lichte. Der Marſchall Puyſe-
gur hinterließ uns eine Critik über die Feldzüge, wo Conde
und Turenne zuſammen commandirten. Dieſe Critik und
der Entwurf eines eingebildeten Kriegs an der Seyne und
Loire, von eben dieſem Marſchall, können nicht zu oft, nicht zu
aufmerkſam, ſtudirt werden.

Die letzten Feldzüge des Marſchall beſchlieſſen die Lec-
tür. Sie krönen das Werk.

Wer dieſe Schriften auf die erwähnte Art las, das
Studium der Grundſätze damit verbindet, der ſetzt ſich dadurch in Stand, jede Geſchichte vom Krieg zu nutzen, ſo
ſchlecht geſchrieben ſie auch iſt. Die ſind immer die beſten,
die keine Urtheile enthalten, nicht einſeitig ſind, und den
g 3 noth-

nothwendigen Detail liefern. Von der Geschichte des Kriegs, den wir erlebt haben, ist leider nichts bessers da, als das Bü̈ nanische Werk, und die Danziger Beyträge, so die Rela tion von allen Partheyen enthalten. Man muß sie aber in Ordnung bringen, um sie nützen zu können.

Ver-

Verzeichniß

der

unentbehrlichsten Bücher

zum Studio

der Kriegskunst.

Essai de Tactique, Geneve 1760 in 4.

L'art de la guerre par principes et par regles, par M. le Marechal de Puyfegur.

Essai sur l'art de guerre, de M. le Comte de Turpin Crisse.

Essai sur la Cavallerie, Paris 1756.

Art de la guerre pratique, par M. Ray de St. Genies.

Reflexions militaires et politiques, de M. le Marquis Santa Cruz de Marzenado.

La petite guerre, par M. de Grandinaison.

Le Hussard.

Dictionnaire militaire, de la Chenaye.

Stratagemes de Polyen et Frontin.

Diese Bücher sind unentbehrlich zum Studio des ersten Theils.

Zum

Zum Studio des zweyten.

Hiſtoire de Polybe, par Mr. le Chevalier Folard.

Reveries du Marechal de Saxe.

Memoires de Montecuculli.

Inſtructions du Roi de Pruſſe a ſes Generaux.

Memoires du Marquis de Feuquieres.

Weitläuftigere Nachrichten von militairiſchen Büchern lieferte der Herr von Nicolai, Oberſt-Lieutenant in Würtembergiſchen Dienſten. —

Freyer

Freyer Auszug

aus

des Herrn Marquis von Santa-Cruz-
Marzenado

Gedanken

von

Kriegs- und Staats-Geschäften.

Von den Eigenschaften des commandirenden Generals.

Ein mittleres Alter, um reif zum Rath, feurig genug zum Handeln zu seyn, ein edles einnehmendes Ansehen: viel Menschen, Länder und Sitten gesehen zu haben: durch unauflösliche Bande, mit dem Lande verbunden zu seyn da man dient: nicht zu viel und nicht zu wenig Reichthum, um zuweilen selbst belohnen zu können, und gleichwohl dem Fürsten oder Staat, dem man dient, nicht furchtbar zu werden: eine hohe Geburt, Gesundheit und Glück sind freylich Eigenschaften, die jedem Feldherrn vortheilhaft wären: Ihre Kenntniß aber betrift nicht sowohl ihn selbst, als vielmehr den Fürsten der glücklich genug ist, unter verschiednen wählen zu können. Hier ist also die Rede von denen, die man selbst sich erwirbt, oder als Gaben von Gott und der Natur, im Stande ist zu vermehren. Der Grundstein von allen, ist,

A 2   tapfer

tapfer zu seyn : ohne diese Tugend dienen die andern Eigenschaften zu nichts.

§. 2.

Die Tugenden des guten Bürgers , und selbst des
Christen, sind dem Feldherrn um so mehr nothwendig, je
höher ihn sein Posten erhebt, je wichtiger seine Handlungen sind, und je größer der Einfluß , den die Tugend auf
diese Handlungen, sein Beyspiel auf die Handlungen der
Untergebnen hat.   Sey Herr über dich selbst, wenn du
andre beherrschen willst.

Trunk, Zorn, und verbotne, ja selbst erlaubte, aber itzt
unzeitige Liebe, muß ein Feldherr vermeiden.   Alexander
der Große, so edel sein Herz war, tödtete im Trunk seinen
Freund und Erretter Clitus , und zündete aus Liebe zur
Thais Persepolis an.   Den schwersten Sieg erhält man
über den Zorn; und nur selten wird er ganz überwältigt.
Auch die Besten werden durch ihn übereilt, aber sie handeln nicht, so lange sie zürnen.   Wäre ich nicht so zornig,
wie wollte ich dich züchtigen , sagte ein weiser Grieche zu
seinem Sclaven, der ihm Unrecht gethan.

§. 3.

Wenn der Feldherr wacht, so schläft das Heer sicher,
und seine Arbeit giebt ihm die Ruhe : Mehr folglich als
alle muß er an Wachen, Arbeit, und selbst hartes Leben sich
gewöhnen. Hannibal, sagt Livius, ward selten müde am
Cörper, noch seltner matt am Geiste. Frost und Hitze
war ihm gleich : Er aß und trank um sich zu nähren, und
schlief nicht zu gesetzten Stunden , sondern wenn er Zeit
hatte zu schlafen, bey Tage oder bey Nacht. Sein Lager
war nicht immer ein Bett, und in der Stille, sondern
öfters die Erde , bey der Wache , und seine Decke ein
Mantel. In der Kleidung suchte er niemand zu über-
treffen,

treffen , seine Waffen aber und Pferde waren die besten
im Heer.

§. 4.

Die Beredsamkeit gewinnt das Herz der Menschen,
erhebt es zu großen Thaten, und richtet im Unglück wiederum auf. Ein commandirender General muß suchen
dieß Talent zu erwerben, und kann es auch jederzeit thun.
Denn der Redner wird durch Fleiß.

Die Sprache der Völker, die man führt, muß man kennen; aber auch die Sprache des Feinds, damit man die geheimen Unterhandlungen selbst pflegen , Deserteurs und
Gefangne ausfragen , aufgefangne Briefe selbst verstehn
könne, und nirgends einen Dollmetscher gebrauche. Die
lebendigen Sprachen sind hier nützlicher als die todten.

Das Studium guter Bücher wird nothwendig: denn
die Erkenntniß vom Vergangenen lehrt auch vom Künftigen
urtheilen , und wie groß die Erfahrung eines einzelnen
Mannes auch seyn mag, doch muß die Geschichte so vieler
Jahrhunderte noch lehrreicher seyn. Auch ist der Rath,
den Bücher geben, sicherer als der Menschen Rath; denn sie
sind keiner Leidenschaft fähig, keines Eigennußes, Ver-
raths, oder Betrugs. Doch lese man nicht, wenn man
handeln soll : Man lese nicht vieles, sondern viel: Man
fliehe die Seuche unsers Jahrhunderts, alles wissen zu wollen: Denn das Leben der Menschen ist kurz, und wer alles wissen will, ergründet nichts.

Musik, Dichtkunst, Mahlerey bilden den Geschmack,
und machen das Herz sanft und gefühlvoll : hiezu muß
man sie gebrauchen , nicht verlangen selbst Künstler zu
werden. Schämst du dich nicht so schön zu spielen, sagte
Philipp zu Alexander , und Alexander widmete hierauf
der Musik weniger Zeit.

§. 5.

Liebe und nicht Furcht, muß der Grund des Gehor-
ſams der Untergebnen ſeyn: Nur der Miſſethäter und der
Feige ſollte ſeinen General fürchten.   Nie ſtrafe der Feldherr ſelbſt, als in den wenigen Fällen, da das Verbrechen
das Mitleiden nimt ;   und auch alsdann muß man ſehen,
daß es den Feldherrn ſchmerzt, ſtrafen zu müſſen.

Ein Feldherr muß freygebig ſeyn ,   und ſelbſt ſeine
Wohlthaten austheilen,   damit man ihn auch für den Urheber derſelben erkenne.   Bittet ihn jemand um Gnaden
die er gewähren kann, ſo muß ers gleich gewähren, damit
der Bittende ſehe, er thue es gern, und um des Bittenden
willen allein, nicht um der Fürſprecher, die bey verſchobnen
Gnaden ſich einfinden.   Schlägt er die Bitte ab, ſo muß
es nie ſogleich geſchehen ,   damit die Hiße des Bittenden
durch den Verzug etwas nachlaſſe, und die abſchlägige Antwort weder Haß noch Uebereilung ähnlich ſehe.

Vielen ſind die Wohlthaten,   wie Blumen,   nur den
erſten Tag angenehm :   Oft bindet die Hofnung mehr als
der Genuß.   Man muß dieſe Leute kennen,   um ſie von
den wahrhaft Dankbaren zu unterſcheiden.   Ward man
mit Undank belohnt, ſo verrathe mans nie, daß mans fühlt.

§. 6.

Ein Feldherr muß gaſtfrey ſeyn, und ſeine Tafel an-
ſtändig, ohne Verſchwendung, aber auch ohne Spüren von
Geiß; der Umgang frey, aber nicht zu ſehr, damit er ſich
Freunde erwerbe, und nichts von ſeiner Achtung verliehre.
Er muß Gebürt, Rang, und Verdienſt unterſcheiden, und
Vorzüge geben ,   ohne andre zu beleibigen :   Er muß die
Officiers mit Namen nennen, · damit ſie wiſſen, daß er ſie
kennt :   Antheil an ihrem Glücke und Unglücke nehmen,
jede Nation, jedes Naturell unterſchieden,   nie mit eben
denſelben Worten loben oder tabeln ,   freundlich im Umgange ſeyn, ernſt im Commando, und ſcharf darauf halten,
daß

daß alles was zu seiner Suite gehört, jedem, wie es seyn soll, begegne. Ward der vorige General von den Truppen geliebt, so muß der Nachfolger in seine Fußstapfen treten: Ward er gehaßt, so muß er den Grund des Haßses untersuchen, und, wenn er gerecht ist, mit der Wurzel ihn ausrotten. Trift der Haß einen Liebling, so muß man aufhören sich seiner zu bedienen, wenn nicht andre Umstände es nothwendig machen, daß man ihn behaupte.

Der Feldherr ist der Vater seiner Armee, und hat keine wichtigre Pflicht, als für ihren Unterhalt, und Belohnung zu sorgen, und deshalb bey Hofe die dringendsten Vorstellungen zu thun. Die Armee muß wissen, wie viel Antheil er daran nimt; die Ehre der Wohlthat aber bleibt dem Fürsten.

Die Geschäfte des Feldherrn sind bestimt, die Geschäfte der Untergebnen auch. Treibt er diese, und würden auch die seinen nicht versäumt, so ists doch ein Vorwurf für die Untergebnen, und sie verliehren die Gelegenheit zur Ehre die ihnen blieb, mit ihr die Liebe für den General, und den Dienst.

§. 7.

Der nöthigste Freund des Feldherrn ist der Liebling des Fürsten, wenn er redlich ist. Ist ers nicht, so hüte man sich nur vor seiner Feindschaft, ohne sein Vertrauter zu werden. Die Freunde aber die ein Feldherr selbst zu seinem vertrautern Umgange wählt, müssen redlich seyn, Männer von Talent und Herz, und vor allen Dingen verschwiegen. Man muß diese Freunde nützen, um das Urtheil der Armee über sich zu erfahren, ohne die Richter kennen zu wollen, die den Ausspruch gethan.

Wer wenig redet, nicht zu neugierig ist, nicht eitel genug um mit dem Ansehn eines Vertrauten zu prahlen, nicht dem Trunk noch der Liebe sich ergab, Theil an der

Sache

Sache nimt, ohne Haß noch Eifersucht handelt, und nicht auf fremden Schutz sich verläßt, der sey der Rath des Feldherrn und sein Freund.

Man muß aber selbst schweigen können, und nicht der Mund allein sondern das Ganze muß schweigen. Denn oft verräth die Miene, oft unzeitigs Stillschweigen, oft unzeitige Fragen. Man rede wenig von Dingen, über die man seine Gedanken verbergen will; Wo der Fluß rauscht, sagten die Alten, da ist der Furth.

§. 8.

Der Weise hört guten Rath, erforscht aber den Mann der den Rath giebt. Der Grübler, der Unglückliche, und der Feige, sieht nichts als Hinderniß: Der Verwegne und der Dummkopf sieht keins. Der Alte wankt und ist unschlüßig, der Jüngling entscheidet zu schnell. Freunde blendet die Liebe, Feinde schmeicheln. Es giebt Männer selbst von großem Talent, die den gebahnten Weg stets verachten, stets neue sich wählen. Vorurtheile der Erziehung, Liebe und Haß, das kleinste Interesse verfälscht oft den Rath auch des fähigsten Manns. Je mehr man den Rathgeber kennt, desto besser versteht man den Rath.

Wenn Streit oder Furcht vor Autorität im Rathe Ueberhand nehmen, so ists besser jeden einzeln zu fragen, und seine eigne Meynung nicht zu verrathen, ob man gleich die Gründe für und dagegen deutlich entdeckt. Mit Freunden die man wählt, pflegt man mündlich Rath, mit Räthen die verordnet sind schriftlich. Denn Worte fliehn, die Schrift aber bleibt.

§. 9.

Giebt ein Officier guten Rath, den ihr nicht selbst erfandet, so verschweigt es nicht, wenn auch die Ehre der Ausführung ihm nicht gebührte. Ist die Ausführung sein, aber nicht der Rath, so muß ihm sein Antheil doch werden.

werben. Der grausamste Raub ist Ehre zu rauben: denn hier gilt kein Ersatz.

Mißlingt der Rath den man euch gab, so gebt dem Rathgeber die Schuld nicht: Wer wollte sonst rathen? Wessen Rath ihr nicht folgt, den richtet durch Lob auf, sonst wird er euer Feind.

Beschließt langsam und handelt schnell. Ich verschob nichts auf den andern Tag, antwortete Alexander dem, der ihn fragte, wie er in so wenig Zeit, so viel Länder erobert. Vertraut den Schluß des Raths niemand, als dem dessen Hülfe ihr bedürft um ihn auszuführen. Aendert ihn nicht ohne Noth. Jede Unternehmung sey wo möglich ein Ueberfall, treffe den Feind ehe er Maaßregeln nahm.

Seyd bescheiden im Glück, erhebt euch über das Unglück: Haß folgt dem Stolze, Verachtung der Kleinmuth.

Von der

Zurüstung zum Kriege.

Erstes Capitel.

Von der Kenntniß seiner eignen Kräfte und der Kräfte des Feinds.

§. 1.

Dies waren einige der nothwendigsten Eigenschaften eines commandirenden Generals: was sind nun die ersten Schritte beym Antritt des Commando, wenn der Staat noch von keinem Kriege bedroht wird? Wie rüstet man sich zum Kriege?

§. 2.

Wenn der General, in deſſen Stelle man trit, ein redlicher Mann iſt und keine Feindſchaft gegen ſeinen Nachfolger hat, ſo fragt man ihn um Rath, um die Officiers der Armee nach ihren Talenten und Geſinnungen kennen zu lernen; zu wiſſen was man von den Einwohnern zu erwarten hat, ob ſie ihrem Fürſten oder dem Feinde zugethan ſind, wie groß ihr Credit in ihrem und dem feindlichen Lande iſt: ob man ſich ihrer bedienen kann, um Verſtändniſſe beym Feinde zu unterhalten: wie man Kundſchafter ſich erwerben kann: was man wohl ſelbſt davon zu befürchten hat? Der Rath des Vorgängers iſt ſtatt des erſten Fadens im Labyrinth; man muß aber bald mit eignen Augen ſehn; denn Liebe und Feindſchaft konnten ihn blenden. Die Talente der Officiers erfährt man leicht durch den Umgang und die Unterredung über die verſchiednen Theile der Kriegskunſt.

§. 3.

Der erſte Schritt ſobann iſt, mit den beſten Ingenieurs, und Officiers von der Artillerie, dem Intendanten, und den vornehmſten Entrepreneurs der Magazine, die Truppen, Feſtungen, Magazine und Spitäler zu unterſuchen, und ſich den Gränzen des Reichs ſoviel möglich zu nähern, damit man das Land mit eignen Augen ſehe, und in der Folge der Zeit der glückliche Ausgang des Feldzugs, nicht durch den Mangel der Kenntniß vom Lande gehemmt werde.

Bey der Muſterung der Armee muß man die beſten Mittel erwählen, um gewiß von ihrer Stärke unterrichtet zu werden. Man muß ſcharf darauf halten, daß die Chefs der Regimenter und die Officiers die Zahl der Combattanten weder aus Gewinnſucht, noch aus andern Urſachen, ſchwächen.

Die

Die Magazine muß man selbst sehen, um sowohl vom Daseyn des Vorraths als von seiner Güte sich zu überzeugen, und auch nachher müssen sie oft durch treue und unbestechliche Männer untersucht werden. Denn die Entrepreneurs haben keinen andern Trieb als Gewinnsucht, geben oft für gut aus was verdorben ist, und liefern falsche Etats ein, wenn sie Hofnung haben in der Folge der Zeit noch wohlfeiler zu kaufen. Mehr als eine Armee fand ihren Untergang bey solcher Betrügerey.

Nach diesen Untersuchungen übergiebt der General dem Hofe einen vollständigen Etat von allem, was zum Unterhalte der Truppen, und zur Führung des Kriegs, den man besorgt, oder im Sinne hat, noch abgängig ist. Der Anschlag muß um ein beträchtliches höher seyn als das Bedürfniß: Denn der Verlust den man oft leidet ist groß. Einen Theil nimt der Feind, ein Theil verdirbt: Die Witterung, Hartnäckigkeit vom Feinde, unerwartete Zufälle machen den Feldzug langwierig, die Operationen schwerer und blutiger als man gedacht: War nun der Anschlag nicht höher als das Bedürfniß aufs genaueste berechnet, so wird der ganze Entwurf des Feldzugs vernichtet, oder man zahlt nunmehr mit äussersten Kosten, was man vorher viel wohlfeiler erhielt. Etats dieser Art empfehlen zwar selten den General bey dem Minister: Doch muß er hier ohne Furcht als Vater der Armee, und als ein redlicher Mann handeln, seiner Pflicht eingedenk seyn, und sein Gesuch durch bringende Vorstellungen und den deutlichen Beweis unterstützen, daß Sparsamkeit zur Unzeit Verschwendung in der Folge wird. Die Abschriften dieser Memoires und die Antworten der Minister muß man mit Sorgfalt bewahren.

Der Chef der Artillerie übergiebt den Etat, wie viel Stücke, Mörser, Affetten und Waffen im Vorrath sind, wie viel Schanzzeuge, wie viel große und kleine Säcke, wie viel Flinten, Grenaden, Lunten, Steine und Kugeln, wie viel Pontons u. s. f.

Der

Der Intendant der Armee übergiebt den Etat des Trains von der Beckerey und den Spitälern. Der General bestimmt aus den Kenntnissen die er von jedem dieser Artikel besitzen muß, wie viel er zur Ausführung seines Entwurfs braucht. Alles was man im Lande des Feinds oder in neutralen Landen mit größerm Vortheil als in seinem eignen kauft, muß man zur rechten Zeit aus demselben an sich zihn, ehe das Gerücht des Kriegs sich verbreitet, damit man es wohlfeil kaufe, und den Feind desselben beraube. Der Aufkauf muß durch Leute geschehn denen man sich vertrauen darf, und die verschlagen genug sind, den Handel als einen Privathandel, unter verschiednem Vorwand zu treiben, der dem Feinde das wahre Geheimniß verbirgt.

Es müssen bey jedem Regimente Schlösser, Schmiede und Sattler seyn, die im Stande sind, die Gewehre oder Sattel die zerbrochen werden, wieder zu bessern, ohne daß man nöthig hat sie zum Park der Artillerie zu schicken, der oft viel zu weit entfernt steht. Die Flinten müssen, wie auch itzt bey den meisten Armeen üblich, sämmtlich von einerley Caliber seyn, damit die Patronen in alle Gewehre passen.

§. 4.

Wenn man das Land das man mit Krieg überziehen will, nicht mit seinem ganzen Detail kennt, so muß man verständige Officiers, verkleidet, und unter mancherley Vorwande dahin schicken, um was man nöthig hat, durch sie zu erfahren. Hier sind die entscheidendsten Punkte von denen man unterrichtet seyn muß: Die Lage der Festungen, der Häfen und Küsten, wo man landen kann: Die Flüsse, ihr Boden, ihre Ufer, ihre Brücken, ihre Furthe, die Zeit da sie anschwellen oder Mangel an Wasser haben: Die Beschaffenheit der Gebirge und Defilés: Die Beschaffenheit der Ebnen, der Mangel oder Ueberfluß

fluß an Lebensmitteln oder Fourage: Die Fabriken von
der Artillerie, Pulver, Kugeln und Waffen; der Mangel oder Ueberfluß an Eisen, Bley, Kupfer, Holz, Sal-
peter, Schwefel und andern Sachen, die man zum Kriege
gebraucht: Die Beschaffenheit der Menschen, der Pferde,
der Waffen, und ihre Uebung in denselben: Die Zahl
der Kriegsschiffe: Die Zahl der Truppen, wie stark man
sie vermehren kann, und wie viel Zeit man dazu gebraucht.
Die Anzahl der Reuterey und des Fußvolks, und welches
von beyden das Beste ist: ob die Truppen die der Feind
über die gewöhnliche Anzahl werben kann, einen Posten
passiren müssen, den wir besetzt halten können, und ob es
möglich ist ihre Vereinigung mit dem Feinde in der Provinz zu verhindern, die man angreifen will: die Ordnung
welche die Truppen dieses Landes im Marsche und Campiren beobachten; ob man sie des Nachts bessern Kaufs,
und weniger wachsam findet als am Tage: ob sie im Angrif oder der Vertheidigung am furchtbarsten sind: ob sie
zur Schlacht im freyen Felde taugen, oder lieber mit Hartnäckigkeit Posten und verschanzte Läger vertheidigen: ob
sie besser in großen Corps fechten, oder in kleinen Detaschements: was ihre Hauptneigungen sind, Zorn, oder Interesse, oder Ehrgeiz, oder Trunk: was für Arten von
Fatiguen sie im Stande sind zu ertragen; Märsche, Wachen, Hunger, Durst, Hitze oder Kälte: was für Herren
des Landes am beliebtesten und mächtigsten sind, ihr Naturell, und ob sie ihren Fürsten lieben: was der Herr des
Landes und seine Minister für Sitten, Talente, Größe
und Schwäche haben: wie hoch die Einkünfte des Landes
sich belaufen, um wie viel sie erhöht werden können, und
wie lange das Volk im Stande ist diese Erhöhung zu
ertragen.

Dieß sind die Kenntnisse die man vom Lande des Feindes besitzen muß, um seine Stärke und Schwäche kennen
zu lernen, und es in seiner Schwäche zu fassen. Die Officiers die in der Absicht ausgehen diese Kundschaften zu
bringen,

bringen, werden mit den beſten Carten des Landes verſe=
hen, die man finden konnte, um ſie zu berichtigen, und
durch gute raiſonnirte Memoires nuͤtzbar zu machen, und al=
len den Detail zu beſſern, den auch die beſten Carten nicht
enthalten koͤnnen. Dieſe Vorſicht iſt unentbehrlich, denn
Carten ohne ſolche Nachrichten verfuͤhren oft zu gefaͤhrli=
chem Irrthum, und es iſt unmoͤglich den Entwurf des Feld=
zugs auf dieſelben zu gruͤnden. Die Geſandten die man
waͤhrend des Friedens am Hofe des kuͤnftigen Feindes
haͤlt, vertreten zum Theil die Stelle der Officiers, oder
weiſen auch wohl dieſelbigen an.

Von der

Zurüſtung zum Kriege.

Zweytes Capitel.

**Vom Verhaͤltniß der Cavallerie gegen die In=
fanterie in den Armeen. Von den Werbungen.
Vom Verhalten gegen die Auslaͤnder.**

§. 1.

Die Infanterie iſt leichter zu werben, und leichter zu un=
terhalten, als jede andre Gattung von Truppen,
und taugt zu allen Arten von Gefecht, im freyen Feld
wie im durchſchnittnen Lande, im Feldkriege wie in der
Belagerung. Doch kann ſie der Cavallerie nie gaͤnzlich
entbehren, weder in der Schlacht, noch im Lager, noch im
Marſche, ja kaum in den Belagerungen. Die Cavallerie
unternimt weite Diverſionen im Lande des Feinds, uͤber=
faͤllt ploͤtzlich Poſten, bringt ſchnellen Succurs an Oerter
die fuͤr die Infanterie zu weit entfernt ſind, deckt und uͤberfaͤllt
Fouragirungen und Convois: faͤllt in Schlachten der feind=
lichen

lichen Armee in den Rücken und in die Flanke, verbreitet und
nützt den Sieg der Infanterie, ereilt die Flüchtlinge und
macht Gefangne. Dieß sind die Vorfälle im Kriege, zu
denen die Cavallerie besser taugt als die Infanterie, und sie
wird durch dieselben unentbehrlich; aber nur eine gewisse
Zahl, sonst bringt sie der Armee mehr Schaden als Nutzen, öfters ihren Ruin. Die Cavallerie kostet, wie gesagt, weit mehr als die Infanterie: Man rechnet den
Aufwand von tausend Pferden dem Aufwande von zwey
tausend fünf hundert Mann Infanterie gleich. Ist die Cavallerie zahlreich, so ist man an die Ebne und wasserreiche Gegenden gebunden: Es wird schwerer seine Posten lang zu
behaupten: Der Feind kömmt in der Eröfnung des Feldzugs zuvor, (weil die Menge der Cavallerie zwingt den
Anwachs der grünen Fourage zu erwarten): die Gefechte
der Cavallerie sind mehrerm Ungefähr ausgesetzt als die
Gefechte der Infanterie: hier entscheidet bloß der Mann,
dort Mann und Pferd zugleich: Ist man gezwungen sich zu
verschanzen, so fehlt es an Vertheidigern. Dieß sind die
Nachtheile der zu zahlreichen Cavallerie. Was bestimmt
nun ihre Zahl, ihr Verhältniß gegen das Fußvolk? Die
Lage und Fruchtbarkeit des Landes in welchem man Krieg
führt. Man rechnet in der Ebne auf vier bis fünf Mann
Infanterie einen Reuter, im Gebirg, in durchschnittnem, un-
fruchtbarem Lande einen auf sechs. Doch ist dieß Verhältniß kein allgemeines Gesetz. Die Feinde fürchten sich
zuweilen mehr für die Cavallerie als für die Infanterie.
Vielleicht taugt eure Nation selbst mehr zu Pferde als zu
Fuß: alsdann geht man von diesen Verhältnissen ab: hätte
man aber die Wahl so ists immer besser, stark an Fußvolk
zu seyn, es wohl in den Waffen zu üben, und ihm alle die Vortheile zu zeigen, die es über die Cavallerie voraus hat.

§. 2.

Man wirbt, wenn es seyn kann, für jede Gattung
von Truppen besonders, und nach dem Genie der Einwohner

ner von jeder Provinz, damit, die zur Reuterey taugen, Reuter werden, und wer zum Fußvolk taugt, Infanterist. Der Reiche ist gemeiniglich besser zum Reuter, der Arme und der Einwohner vom Gebirge besser zum Fußvolk.

Die beste Vermehrung der Truppen geschieht nicht durch neue Regimenter, sondern wenn man den Fuß der alten Regimenter verstärkt. Auf diese kann man sich mehr verlassen als auf die neuen, die so große Summen kosten, und dennoch öfters auseinander gehn, ehe sie Disciplin und Krieg gelernt. Verkauf der Stellen, üble Wahl von Officiers, Betrug mit dem Stande der Mannschaft, der zwar zur rechten Zeit als ganz bezahlt wird, selten aber vollständig ist, Desertion, Excesse, und unaufhörlicher Streit zwischen dem Chef und den Officiers, sind bey solchen Einrichtungen nur zu gewöhnlich. Wird aber Friede, so ist die Armee und der Fürst, mit einem Haufen elender Subjekte überschwemmt, die dem Staate Geld kosten, verdienten Officiers das Avancement nehmen.

Man kömmt diesem Uebel zuvor, wenn man den Fuß der alten Regimenter verstärkt, und wofern es nöthig, auch ihre Officiers und Unterofficiers dem Verhältniß gemäß vermehrt. Muß man aber neue Regimenter errichten, weil die Verstärkung zu groß in der Armee ist, so muß man den Fuß der Officiers der neuen Regimenter aus den alten ziehen, gute versuchte Soldaten zu Corporals machen, die Corporals zu Feldwebeln, die Feldwebel und Cadets zu Secondlieutenants und Fähnrichs, die Secondlieutenants zu Premierlieutenants, die Majors zu Oberstlieutenants, und so ferner, daß jeder Officier, der vom alten Regimente ins neue einrückt, einen Grad höher daselbst dient. Der Fürst vergütet den alten Regimentern jeden Gemeinen und Unterofficier; und gibt an die neuen ein gewisses für jeden Rekruten. Kein Officier und Unterofficier genießt eher sein Avancement, und tritt eher ein, als bis er die Zahl von Mannschaft geworben, die ihm zugetheilt wird. So

kosten

kosten die neuen Regimenter dem Fürsten weniger, und lernen Dienst und Disciplin, ein jeder dient mit Freuden, weil er sich befördert sieht, und der Dienst wird nicht mit unwürdigen Subjekten überhäuft.

§. 3.

Die Inspekteurs der Armee müssen darauf halten, daß die Lieferung der Rekruten, Montur, Waffen und Pferde, redlich, dem getroffenen Akkord gemäß, und ohne Betrug, weder von Seiten der Lieferanten, noch selbst der Officiers geschehe; die leider unterweilen jene begünstigen, oder eignen Vortheil suchen, die Pferde umtauschen, ungesunde annehmen, und mit den Rekruten einen Handel treiben. Je näher der Krieg bevorsteht, desto sorgfältiger muß man in der Wahl der Rekruten seyn, damit man auch noch Zeit habe sie zu Soldaten zu bilden: Zu alt und zu jung, sind beide alsdann untauglich: Man pflegt das Alter zum Soldaten auf achtzehn bis vierzig Jahre zu setzen: Wirbt man während des Friedens, so kann man sie auch wohl jünger wählen: Denn je früher man Soldat wird, desto mehr gewinnt man den Stand lieb. Verheyrathete im eignen Lande zu werben ist nicht rathsam, und würde der Bevölkerung schaden.

§. 4.

Die freywillige Werbung ist besser als eine gezwungne: Denn wäre es auch nicht der beste Theil der Nation, der von selbst zum Soldaten sich darbietet, so ist's doch zu vermuthen daß er tapfrer ist, als die, so man auf gut Glück und zumtheil wider ihren Willen aushebt. Böse Sitten aber bessert die Disciplin der Truppen mehr, als die Ordnung jedes andern Standes, denn beides Aufsicht und Strafe sind strenger. Ueberdem sind die gezwungnen Werbungen fast unzertrennlich von Ungerechtigkeit, Bestechung, und Menschenhandel, den theils die Obrigkeiten, theils die Officiers treiben, um diesen oder jenen von der Werbung zu befreyen, oder hier oder da Freywilliggeworbne unterzuschieben,

B

schieben, und den Gemeinden mit dem sträflichsten Wucher zu verkaufen. Das Loos das in verschiednen Ländern
im Gebrauch ist, vermindert zwar diesen Nachtheil eini-
germassen: Der wichtigste aber von allen bleibt, daß bey
jeder gewaltsamen Werbung das Land einen beträchtlichen
Theil der Einwohner, und zwar zwiefach verliehrt. Denn
die Unnützen treten aus, weil sie nichts bindet, und man
ist alsdann gezwungen, ihren Verlust durch die zu ersetzen,
die dem Staat unentbehrlich sind und deßhalb zurück-
blieben.

§. 5.

Wenn die freywilligen Werbungen den Fortgang nicht
haben, den man wünscht, so schickt man an die Obrigkei-
ten des Lands die gehörigen Befehle zur Aushebung der Rekruten, und die Commendanten der Provinzen tragen Sorge, daß die Befehle überall zu gleicher Zeit einlaufen, damit nicht die junge Mannschaft sich verliehrt. Der Stand
der Einwohner bestimmt die Zahl der Rekruten die jeglicher liefern muß: Doch braucht man die Vorsicht, einige
mehr in den Befehlen zu fodern, als man wirklich gebraucht, weil allezeit verschiedne unbrauchbar sind. Gleich
nach Empfange des Befehls wird die bestimmte Mannschaft in Verwahrung genommen, und die Truppen versammeln sich in ihren Quartieren, so zahlreich als nöthig,
um den vielleicht zu besorgenden Unruhen zuvorzukommen,
jedoch unter einem andern Vorwande, der nach der Zeit und
den Umständen am wahrscheinlichsten ist. Man würde den
Schaden dieser Werbungen und das Austreten der jungen
Mannschaft um ein großes vermindern, wenn man jedem
Rekruten der auf solche Art ausgehoben wird, nach sechs
Jahren den Abschied ertheilte. Es würde darum an alten
Soldaten dennoch nicht mangeln: Man würde weniger Deserteurs sehn, und könnte sodann mit äusserster Strenge
jeden bestrafen, der das Austreten der jungen Mannschaft
begünstigte.

§. 6.

§. 6.

Wenn das Land selbst im Stande ist , die Zahl von Truppen zu liefern, die man braucht, ohne daß Ackerbau und Handel dadurch leiden, so muß man fremde Völker weder zu Hülfstruppen noch in Sold nehmen: denn sie sind weit theurer als die eignen, und werden, wenn sie zahlreich sind, aus Gästen zu Herren, und Aufruhr und Excesse sind häufiger, und werden schwer unterdrückt.

Der Fürst , der seine Truppen für Geld an andere überläßt, hat selten einen andern Bewegungsgrund als den Eigennutz, wie ists möglich sich auf ihn zu verlassen? Oft ziehn sich diese Fremden zurück, wenn man sie am nothwendigsten braucht, sie werden zuweilen sogar zu Feinden; Im Glücke reitzt sie der Neid; Im Unglücke die Furcht, sich verlassen zu sehn. Der Kriegsrath ist nie eines Sinnes, und jeder will für sich operiren, wie es seinem Fürsten und dem Interesse seines Landes am zuträglichsten scheint. Die Generale führen oft den Krieg, nicht, um den Frieden zu erfechten , sondern um sich so lange als möglich bey einem Commando zu erhalten, das im fremden Lande allezeit einträglicher ist als im eignen. Nehmen die Officiers die Rekruten, Montur, und Waffen auf ihre Kosten, so schonen sie alles zum Nachtheile des Ganzen. Man hat mehr als ein Beyspiel gesehn, daß Festungen bloß in der Absicht ergeben wurden , um sich von der Gefangenschaft zu befreyen. Die Rekrutirungen sind langsam und ungewiß, das Geld wird aus dem Lande gezogen , und das Land gleichwohl durch Fuhren und Quartiere und Douceurs gedrückt. Die Fremden, weil sie aus Wahl dienen, verlangen einen Vorzug, und erhalten ihn auch oft. Die Einheimischen sehen es mit Neid, und werden muthlos oder ungetreu. Der Unterschied der Sprachen und Sitten vermehret ihren Widerwillen gegen einander, und giebt zu tausend Streitigkeiten Anlaß, die am Ende die beste Disciplin zerstören.

B 2　　　　　　　Man

Man vermeidet dieſe Gefahren ganz oder zumtheil, wenn man die Hülfe ſeiner Bundsgenoſſen nicht in Truppen, ſondern in Gelde, Munition oder dergleichen begehrt; oder wofern es Truppen ſeyn müſſen, die ſie liefern, wenn man dieſelben, nicht zur Vertheidigung ſeines Landes, ſondern zum Angriffe des feindlichen braucht, weil man hier von ihrer Gewinnſucht und allem andern Nachtheiligen weniger leidet als in ſeinem eigenen. Man muß alles daran wenden, zum Chef dieſer Truppen einen General zu erhalten, der gut geſinnt für uns iſt, und ſodann, es koſte was es wolle, alle ſeine Wünſche befriedigen. Man muß die fremden Truppen Detaſchementsweiſe vertheilen, damit die Einheimiſchen überall ſtärker ſind, jene nirgends Geſetze vorſchreiben können: Man muß im Verluſt und Fatigiren beſtändig das Gleichgewicht zwiſchen beiden erhalten: die Poſten der Fremden müſſen nie die Entſcheidenden ſeyn, nie von der Beſchaffenheit, daß ſie dieſelben bey entſtandner Irrung gegen uns ſelbſt gebrauchen können.

Wenn man, um die Einwohner des Landes zu ſchonen, auf eigne Koſten Fremde anwirbt, ſo muß man, wo möglich, ſie unter Nationen ſuchen, deren Clima und Genie, mit dem Lande, da man Krieg führen will, und dem Charakter unſrer eignen Nation am beſten übereinſtimmt, damit ſie die Fatiguen des Feldzugs deſto beſſer ertragen, und unter die National-Regimenter untergeſteckt werden können, ohne daß man nöthig hat neue Corps oder Regimenter zu errichten. Errichtet man aber neue Regimenter, ſo müſſen die Chefs und wenigſtens die Hälfte der Officiers von unſrer eignen Nation ſeyn, und man muß eine gute Wahl treffen, damit man nicht nur von der Treue der Fremden ſich verſichre, ſondern daß auch die Fremden nicht gedrückt werden. Müſſen die Chefs, wie bey den Schweizern, nothwendig von der fremden Nation ſeyn, ſo muß man ihre Autorität ſo ſehr einſchränken als nur irgend möglich. Alle Signale, Schläge auf der Trummel, der Marſch, und
selbſt

selbst wo möglich das Exerciz und Commando, muß bey den Fremden seyn wie bey der Nation.

Deserteurs sind allezeit die schlechtesten Rekruten, und man muß sie nur im äussersten Nothfalle anwerben, tief ins Land zurückschicken, und wenigstens nie in den Gränzfestungen und andern wichtigen Posten gebrauchen.

Von der
Zurüstung zum Kriege.
Drittes Capitel.
Wie man die Truppen im Frieden in den Waffen üben soll, um sie zum Kriege geschickt zu machen.

§. 1.

Man muß die Soldaten gewöhnen, alle Arten von Schanzarbeit zu thun, Faschinen, und Schanzkörbe zu machen, Brustwehre und Banquet zu bauen, und die Erde bald aus dem Graben vor den Verschanzungen zu nehmen, bald rückwärts derselben sich einzuschneiden, wie in den Laufgräben, und in verschiednen andern Fällen geschieht. Der Soldat, sagt ein Römer, öfnet Laufgräben und verschanzt sich mitten im Frieden: denn ists nöthig, beym Kriege im Angesichte seines Feindes es zu thun, so baut man schlecht und zu langsam, wenn man vorher keine Uebung darinn hatte.

§. 2.

Die Soldaten müssen gewöhnt seyn, auch im Frieden Zelter, Feldkessel, die gehörige Munition und Brod auf vier bis fünf Tage zu tragen. Denn es ist ein Unterschied, mit, oder ohne Bagage zu marschiren.

B 3 §. 3.

§. 3.

Sie müssen lernen ihr Gewehr zu verstehn , und es rein und in Ordnung zu erhalten, ohne es zu verderben. Es wäre vielleicht gut wenn man das Gewehr blau anlaufen ließe: denn alsdann giebt es keinen Glanz der den Soldaten beym Zielen hindert, und die Läufe erhalten sich besser, weil man sie nur mit einem Lappen und ein wenig Oel abzutrocknen braucht , um sie vor dem Roste zu bewahren. Das Poliren mit Asche, Kohlen, Ziegelstein oder Feilstaub macht die Läufe schwach.

§. 4.

Es ist nicht genug daß der Soldat schnell feuret, sondern er muß auch zielen können und treffen. Man sollte daher oft nach der Scheibe schiessen , und kleine Preise aussetzen.

§. 5.

Man muß lernen , ein Lager in Ordnung aufzuschlagen, es schnell und ohne Lermen abzubrechen, und still und in Ordnung zu marschiren. Der Soldat muß Reihen und Glieder halten , und schnell sich zu formiren wissen: Man muß daher oft die Compagnien und Bataillons aus einander gehn lassen, und sie gewöhnen, sich beym Allarm schnell wieder zu formiren und Glied und Rotten zu finden.

§. 6.

Man muß nicht blos in Regimentern und Bataillons exerciren, sondern oft mit ganzen Brigaden und Corps gegen einander manoeuvriren. Die Regimenter exerciren oft, wenn man sie einzeln nimt, dem Ansehn nach gut; stossen sie aber in Corps zusammen, so ist nichts als Verwirrung.

§. 7.

§. 7.

Man muß den Soldaten, Grenaden, Schaufeln, Grabscheide, Tragkörbe und andere Dinge dieser Art übergeben, und nach einiger Zeit Rechnung fodern, damit sie sich gewöhnen, sie auch im Kriege in gutem Stande zu erhalten, wo sie große Summen kosten, und durch ihren Mangel oft ganze Unternehmungen fehlschlagen.

Noch nöthiger ists, die Soldaten anzuhalten, daß sie mit ihrem Brode wirthschaften, und solches nie vor der Zeit verkaufen. Sonst giebts der übeln Wirthe viel, die es gleich den ersten Tag verschleudern, um es nicht zu tragen, alsdann müssen sie stehlen oder hungern. Die Folgen dieser Unordnung sind äusserst schädlich, wenn man forcirte Märsche thut, wo keine andre Lebensmittel da sind, als die der General unter die Truppen austheilte.

§. 8.

Die Infanterie muß lernen, schnell en Croupe hinter der Cavallerie aufzusitzen, weil dieß bey forcirten Märschen, Passirung der Flüsse, und andern Vorfällen im Kriege vorkommen kann. Die Reuter verdoppeln hiezu die Glieder, oder öfnen sich in Rotten, damit zwischen jede zwey Pferde ein Infanterist sich stellen kann, ohne die Pferde in Unordnung zu bringen. Die Reuter lassen hierauf dem Musketier den linken Steigbügel leer, und lehnen sich etwas rechts, damit der Infanterist sie nicht herunterreisse, wenn er aus Ungeschicklichkeit den Reuter statt des Sattels ergreift. Das Gewehr hält der Reuter, bis der Musketier aufstieg.

§. 9.

Alle Bewegungen und Manoeuvres müssen so gut im geschwinden Schritte gemacht werden können als im langsamen, die Schwenkungen aber müssen allezeit im geschwinden Schritte geschehn.

§. 10.

Die Grenadiers müſſen lernen, die Grenaden beides mit Hand und Schleuder zu werfen.

Der Infanteriſt muß ſein Gewehr rechts und links ge⸗ brauchen können, denn bey der Vertheidigung der Ver⸗ ſchanzung iſts zuweilen nothwendig, daß er auch rechts nach einem ſehr ſtumpfen Winkel ſchießt, und alsdann wäre es freylich gut, wenn er auch mit der linken Hand ſchieſſen könnte.

Dem Reuter iſts gleichfals nüßlich. Noch weit noth⸗ wendiger aber iſts, daß er verſteht den Säbel oder Pallaſch auch mit der linken Hand zu gebrauchen, damit er ſich weh⸗ ren kann, wenn der Feind ihm die linke Seite abgewinnt.

§. 11.

Die Dragoner ſind nichts anders als Infanteriſten zu Pferde, und müſſen alſo beyde Arten von Exerciz können.

Man muß die Pferde lehren, ſich geſchwind von einer Seite zur andern zu wenden, damit ſie in den Scharmü⸗ zeln dienen, wie der Reuter will: Man muß verhüten daß ſie nicht ausſchlagen, noch das Gebiß zwiſchen die Zäh⸗ ne nehmen und durchgehn. Sie dürfen nicht ſcheu ſeyn, und müſſen Rauch und Pulver, Trommeln, Pauken und Trom⸗ peten kennen. Man muß ſie üben, einen Reuter en Croupe zu leiben.

Den Kopf müſſen ſie etwas hoch tragen, damit ſie den Reuter bedecken, und die Steigbügel müſſen kurz ſeyn, da⸗ mit der Reuter wenn er ſich darinn aufrichtet mehr Kraft habe, und Leib und Arme zum Hauen beſſer ausſtrecken könne: Reitet er lange, ſo iſt dieß unmöglich. Die Deut⸗ ſchen, die Piemonteſer, und vorzüglich die Ungarn bedienen ſich dieſes Vortheils, und man ſieht kaum den Reuter wenn er zum Treffen kömmt.

Es ist gut, vielmehr nothwendig, des Sommers die Reuterey im Schwimmen zu üben, damit sie auf Parteyen oder auch bey Diversionen im feindlichen Lande nicht nöthig haben Brücken zu suchen, die nicht immer in ihrer Gewalt sind. Die Ungarn setzen durch jeden Strom wenn er nicht zu reissend ist, und bringen daher oft in Länder ein, wo man sie am wenigsten vermuthet, wie unter andern im Spanischen Successionskriege geschah, da sie mit einer Hand voll Leute ins Mayländische eindrungen, und eine große Armee und soviel beträchtliche Flüsse hinter sich zurück liessen. Das Schwimmen zu Pferde braucht keine Kunst, als daß man den Pferden den Zügel etwas schiessen läßt, damit der Strom sie nicht umwerfe; aber auch nicht zu sehr, damit sie sich nicht mit den Beinen in die Zügel verwickeln. Die Reuter müssen zuweilen nach dem Lande sehen, um nicht schwindlicht zu werden. Die übrigen Vorsichten folgen in der Lehre von Passirung der Flüsse. Auch in der Infanterie müssen Leute seyn die schwimmen können. Denn der Fälle im Kriege sind viel, wo es von entscheidendem Nutzen seyn kann, wenn man im Stande ist mit einiger Mannschaft den Strom ohne Brücken zu passiren.

§. 12.

Die Alten lenkten die Bewegungen und Manoeuvres durch den Schall der Trompete. Auch in unsern Zeiten wäre es vielleicht möglich Instrumente zu ersinnen, deren Klang durchdringend genug wäre, diese Absicht ohngeachtet des Feuers der Artillerie zu erreichen. Aber desto schwerer wird es seyn die verschiednen Bewegungen dergestalt von einander zu unterscheiden, daß man im Getöse der Schlacht nicht einen Ton mit dem andern verwechselt. Ueberdem entdeckt der Feind, was man unternehmen will, zu früh, und wenn die Bewegung nicht allgemein ist, sondern nur von einem Theile der Armee unternommen werden soll, so muß man doch auf andre Mittel bedacht seyn.

B 5 Vielleicht

Vielleicht wäre es gut, wenn die Adjutanten und Majors, be=
sonders die von den Brigaden, sich eines Sprachrohrs bedien=
ten, wie die Officiers auf den Kriegsschiffen haben, um
vom Vordertheil zum Hintertheil zu rufen. Dieß Instru=
ment ist etwas länger als zwey Fuß, und trägt die Stim=
me stark nach den Orten wo sie hin soll: Rückwärts hinge=
gen wird sie weniger gehört, so daß man vermittelst dessel=
ben Befehle austheilen könnte, ohne daß der Feind sie ver=
nimt.

§. 13.

Dieß sind die nothwendigsten Exercices und Uebungen
der Truppen, und man irrt sehr, wenn man sie versäumt, um
statt ihrer Wachten oder andere unnütze Fatiguen einzufüh=
ren. Denn diese schwächen die Gesundheit des Mannes, jenes
aber erhält sie , und bildet ihn zum wahren Soldaten.
Am leichtesten würde alles gelingen, wenn auch schon die
Jugend zu den Uebungen und Fatiguen des Kriegs geübt
würde, und man muß allen Gebräuchen des Landes, die da=
hin zielen, die größte Aufmunterung geben.

Es fehlt einigen Fürsten an Pferden und Reutern,
weil man zu wenig auf Stuttereyen, und mehr auf Ochsen
oder Maulesel hält. Die Regierung des Landes muß
hierauf ihr Augenmerk richten, und wenn nicht andre Ur=
sachen es verhindern, selbst Stuttereyen anlegen, und die
so dem Beyspiele folgen, durch Freyheiten und Belohnun=
gen unterstützen.

Von

Von der

Zurüſtung zum Kriege.

Viertes Capitel.

Man muß beſtändig marſchfertig ſeyn.

§. 1.

Das ſicherſte Mittel den Krieg mit Vortheil zu führen, iſt ſeinen Feind zu überfallen : das ſicherſte Mittel ihn zu überfallen, iſt eher als er in Bereitſchaft zu ſeyn, und eine zahlreiche Armee, mit Lebensmitteln, Artillerie, und Geſpann verſehen, ſelbſt während des Friedens in beſtändig marſchfertigem Stande zu erhalten. Der Aufwand, wird man ſagen, beſtändig bewafnet zu ſeyn iſt groß, die Koſten übereilter Zurüſtungen aber ſinds noch weit mehr, weil die Kriege itzt ſchnell auf einander folgen, und wer dem Feinde zuvorkömmt, den Krieg auf Koſten des Feinds führt, wer ſich zuvorkommen läßt, dem Feinde ſeine eigne Reſſourcen in die Hand liefert.

Die Magazine müſſen zur rechten Zeit angekauft und wohl verwahrt werden, und man muß einen beſtändigen Handel damit treiben. Die Gränzfeſtungen müſſen beſtändig im Vertheidigungsſtande ſeyn : Man hat ein ſtets wachſames Auge auf die Provinzen ſo dem Feinde am nächſten liegen, und auf alle die Päſſe die den Feind nach uns, und uns nach dem Feinde führen : Man vermindert die Menge der Bagage und beſonders der Wagen, um ſchnelle, forcirte Märſche zu thun, ſo oft der Fall es erfodert.

Die Achtſamkeit des Feinds zu zerſtreuen, ihn weniger behutſam zu machen, bricht man zum Schein mit dieſem oder jenem Fürſten ; Man bedroht dieſen oder jenen Staat, deſ-

ſen

ſen Zorn uns nicht zu furchtbar werden kann: Man macht
Anſtalten, die den Zurüſtungen zum Kriege zu'widerſpre-
chen ſcheinen: Man verabſchiedet einige Soldaten, die man
bald wieder habhaft werden kann: Man verkauft den Theil
ſeiner Magazine, den man leicht wieder erſetzt.

Von den

erſten Schritten eines Generals

im Anfange des Kriegs.

Erſtes Capitel.

Wie man die Unterthanen beym Kriege zum willigen Beytrage bewegt. Wie man den Bund der
Feinde trennt. Wie man ſich und der Armee das
Anſehen der Ueberlegenheit zu geben ſucht. Warum
man die Armee, wenn ſie der feindlichen überlegen
iſt, in Detaſchements theilen ſoll. Wie man das
Genie des feindlichen Generals kennen lernt,
ſein eignes verbirgt.

§. 1.

Wenn man beſchloß einen Krieg anzufangen, ſo muß man
vor allen Dingen ſorgen, daß die Unterthanen des
Landes, weil ſie ihn für gerecht halten, mit Freuden die Koſten deſſelben tragen, und daß die benachbarten Fürſten aus
eben dem Grunde keine Eiferſucht faſſen. Die Gerechtigkeit des Kriegs beweiſet man durch gut geſchriebne Mani-
feſte, in welchen man den Verdacht, der angreifende Theil
zu ſeyn, von ſich ablehnt, ob man gleich für itzt ſich gezwungen ſähe die erſten Schritte im Kriege zu thun, damit
man den bekannten Abſichten des Feinds zuvorkommen,

unb

und ben Krieg mit Vortheile führen könne.   Die Unter=
thanen zum willigen Beytrage zu bringen,   zeigt man alle
das Unrecht das ihnen der Feind von jeher gethan, man
ruft das Gedächtniß der ältesten Beleidigungen zurück, in=
teressirt wo möglich die Religion, für allem die Geistlichen
des Landes ; zeigt wahrscheinliche Hofnung zum Siege,
wenn sie das Ihrige thun ,   mahlt mit allen Künsten der
Redner die Vortheile aus, die ihnen im Kriege sowohl
als im Frieden daraus erwachsen, alle Gefahr, Verwüstung,
und Elend die ihrer wartet wenn sie saumselig sind. Man
gewann viel ,   wenn man das Herz seiner Unterthanen ge=
wann, und die Nachbarn des Kriegs für sich interessirte.

§. 2.

Den Bund der Feinde zu trennen, pflegt man Unter=
handlungen mit einem der feindlichen Alliirten,   oder mit
mehrern zugleich.   Man zieht die Unterhandlung in die
Länge, damit die Alliirten das Zutrauen gegen einander ver=
liehren, und jeder suche dem andern zuvorzukommen, aus
Furcht verlassen zu werden, und darnach allein dem Ueber=
gewichte zu erliegen.   Ist nichts von dieser Seite zu hof=
fen, und die Allianz des Feinds zu furchtbar, so negociirt
man im Ernste, und bietet einigen derselben Vortheile an,
Vortheile aber die im Grunde nur blendend sind ,   und
durch das was man gewinnt weit überwogen werden. Im
Kriege selbst zeigt sich oft mehr als eine Gelegenheit, die
feindlichen Alliirten mißtrauisch gegen einander zu machen.
Man schont die Lande dieses oder jenes Fürsten ; Man
läßt seine Gefangnen los ,   oder hält sie weit besser als
andre : Man übergiebt diesen oder jenen Platz den man
verliehrt, unter keiner andern Bedingung, als daß diese
oder jene Truppen ihn besetzen sollen: Man unterstützt dieß
alles durch öffentliche Schriften, durch Gerüchte die man
an unparteyischen Höfen ausbreitet, und so ferner.

§. 3.

§. 3.

Die erſten Schritte eines commandirenden Generals müſſen zwar allerdings äuſſerſt bedachtſam ſeyn, beſonders wenn er erſt itzt zuerſt dieß groſſe Theater betrit : Aber er muß auch nichts unverſucht laſſen, alle Kräfte die er hat anſtrengen, um gleich bey den erſten Schritten, wäre es auch nur einen kleinen Vortheil, über den Feind zu gewinnen. Nichts belebt mehr die Armee als ein erſter glücklicher Schritt. Das Gegentheil aber macht zuweilen eben ſo muthlos.

Den überlegnen Ruf, den der Feldherr ſich ſelbſt zu erwerben ſucht, muß er auch wo möglich ſeiner Armee geben. Unter hunderten iſt vielleicht nur einer, der vom Kriege und ſeinen Operationen ein vernünftiges Urtheil fällt: Blendwerke dienen daher ſo gut, öfters noch beſſer als die Wahrheit. Man bietet dem Feinde Schlachten an, an Orten wo er nicht attakiren kann; Man bringt ſeine betaſchirten Corps öfters zum Rückzuge ; Man überfällt Vorpoſten, Convois, Fouragirungen, dringt mit kleinen Detaſchements in ſein Land vor, um hier und da Contributionen beyzutreiben, oder kleine Magazine aufzuheben. Dieß alles blendet den gröſten Theil der Armee ſo wie der Nation, wenn es auch noch ſo wenig weſentlich iſt, und ein gutes Gerücht gilt mehr im Kriege als Macht.

§. 4.

Das Land in welchem man den Schauplatz des Kriegs zuerſt öfnet, ſeinen Kräften und den Kräften des Feinds gemäß, vernünftig zu wählen, iſt, wofern man wählen kann, das Entſcheidendſte von allem, um einen ſchnellen glücklichen erſten Erfolg ſich zu verſichern. Man greift an, wo man durch ſeine Eroberungen, die Gemeinſchaft der feindlichen Bundsgenoſſen trennt, ihre Anzahl vermindert, die Unſchlüſſigen noch unſchlüſſiger, die Schwachen muthlos macht, ſeine eignen Bundsgenoſſen vermehrt: Wo das

Land

Land der Natur unsrer Kräfte am meisten angemessen ist, und seine Lage uns erlaubt unsre wahre Stärke zu nutzen: In der Ebne also, wenn die Stärke unsrer Armee in der Cavallerie besteht, beym Gegentheil im durchschnittnen Lande. Man greift an, wo die Einwohner des Lands am wenigsten kriegrisch sind, wo weder zu starke Festungen noch Gebürge oder Flüsse den Lauf der Operationen zu sehr hemmen, wo man aber gleichwol im Stande ist seine Magazine sicher zu stellen, und den festen Fuß den man einmahl gewann, zu behaupten.

Man greift an, wo der Feind die wenigsten Vortheile der Luft, der Nahrung, des Terrains über uns hat, die wenigste Sicherheit und Bequemlichkeit findet, Magazine anzulegen, und die Armee bey allen Unternehmungen des Feldzugs mit Lebensmitteln und Munition zu versehen: Wo die Eroberung die wir machen, in der ganzen Folge des Kriegs den Feind von den Provinzen entfernt, deren Behauptung uns am wichtigsten ist ; Wo diese Erobrungen im Kriege sowohl als im Frieden am leichtesten behauptet werden : Wo sie die Führung des Kriegs uns am meisten erleichtern, der Feind am meisten erschöpft und ausgesogen wird : Wo die Vorurtheile der Nationen zu unserm Vortheile gereichen, wo mit einem Worte, wir unsre ganze Stärke in allem ihrem Umfange, in allen ihren Theilen nützen, und den Feind in seiner äussersten Schwäche fassen. Wäre das Land, das die entscheidendsten Vortheile zum Angriff darbietet, nicht fruchtbar genug um die Armee, wenn sie in dasselbe einrückt, zu erhalten, so muß man in seinem eignen Lande Anstalten treffen, die diesen Endzweck befördern. Es geschieht durch Anlegung der Magazine, oder durch eine ungewöhnlich starke Aussaat der Früchte die man am meisten bedarf. Beides hingegen verräth den Entwurf des Kriegs, wenn man nicht wieder neue besondre Anstalten trift, um das Geheimniß zu bewahren, und mit mancherley falschem Vorwande zu bedecken.

§. 5.

§. 5.

Wenn man dem Feinde in der Zahl überlegen ist, so muß man sich in Detaschements theilen, um mehr als einen Entwurf zugleich ausführen zu können. Die Stärke der feindlichen Armee und ihre Güte, die Beschaffenheit des Landes in welchem man Krieg führt, und die Absichten die man erreichen kann, dies zusammen genommen, bestimmt alsdann sowohl die Stärke der Hauptarmee, als die Zahl und Stärke der Detaschements. Dieß war die Maxime des großen Turenne, der stets mit schwachen Armeen focht; der Ursachen finden sich viel. Denn wozu eine so große unbiegsame Armee, da man fast nirgend Terrain findet, sie ganz in der Schlacht zu gebrauchen, und wenn mans fände, und mit ganzer Armee ficht, alsdann dem Ungefähr alles überläßt. Die Zahl entscheidet nicht, die schwächre Armee siegt mehr als zu oft über die stärkre, warum überläßt man also alles einem einzigen Ausgange? Lebensmittel, Fourage, selbst das Wasser mangelt, man ist gezwungen Lager und Posten eher zu verlassen, als uns gut ist: Die Krankheiten nehmen Ueberhand, alle Fatiguen werden stärker: der Feind kömmt überall zuvor: Der geringste Paß hält ganze Tage auf, die Märsche in der Ebne sind langsam und schwer: Die Zahl der Unternehmungen ist kleiner, mehr als eine Gelegenheit verschwindet: Der Feind gewinnt Zeit, wird kriegrisch, und der Krieg lang. Je weniger der Feind des Kriegs geübt ist, desto mehr muß man sich theilen, um durch die ersten Schritte zu gewinnen, was bey verlängerten Kriegen unmöglich seyn würde.

§. 6.

Das letzte und eins der sichersten Mittel, sich einen glücklichen Erfolg gleich im Anfange zu versichern, ist die Kenntniß des feindlichen Generals, damit man im Stande sey, seine Schwäche zu nutzen, seiner Ueberlegenheit zu entgehn. Die meisten Fehler im Kriege haben nichts zum Grunde,

als

als daß man müde würde den Grundsätzen zu folgen, und sich von seinem Temperamente hinreissen liesse: hiezu muß man suchen seinen Feind zu verführen, selbst aber auf der Hut seyn.

Man erforscht das Naturell seines Gegners, durch die Nachrichten fähiger Officiers, die vorhin unter seinem Commando gestanden, am meisten aber durch kunstvolle Bewegungen, die man mit der Armee unternimt, um ihn zu Gegenbewegungen zu zwingen, die seine Art zu handeln verrathen. Man sieht sodann, ob er furchtsam, verwegen, oder wirklich entschlossen, und mit Klugheit tapfer ist: ob er ein Terrain richtig und schnell beurtheilt, und auch seine Truppen darnach postirt: ob er schnell oder langsam im Entschluß oder der Ausführung ist: ob er lieber List gebraucht oder Gewalt: ob Glück, Unglück oder Verachtung ihn dahin bringt daß er sich vergißt. Alsdann behandelt man den Mann nach seinem Kopfe: Man erbittert den Zornigen, man verachtet den Stolzen, schläfert den Trägen ein, und giebt sich doch nie das Ansehen, daß man ihn entdeckt hat.

Je schwächer der feindliche General ist, desto mehr Ehre läßt man ihm widerfahren: Man läßt ihn hie und da einen kleinen Vortheil gewinnen, und schreibt ihm den Ruhm davon ganz zu; Man beklagt sich öffentlich, daß man ihn gar nicht ausforschen kann, daß es eben so unmöglich ist durch Kundschafter etwas von ihm zu entdecken, kurz man vermehrt seinen Ruhm so viel als möglich; damit sein Fürst wenigstens so lange beym Commando der Armee ihn läßt, bis man Gelegenheit fand, seine Schwäche zu nutzen. Wie schwach er aber auch ist, doch muß man nie den Entwurf des Kriegs so sehr auf seine Schwäche gründen, daß es unmöglich ist zurück zu ziehen, wenn man es anders befand, weil diese Schwäche vielleicht verstellt ist, oder ein bessrer mit gutem Rath an seine Stelle

C   trit,

trit, ober gar die Ablösung erfolgt. Zeigen auf der andern Seite die erwähnten Versuche die Stärke des Feinds,
so muß man die erste beste Gelegenheit nützen, um, wenn
er krank oder abwesend ist, Vortheile zu suchen, die man
bey seinem Daseyn so leicht nicht erhalten könnte.

Sich selbst dem Feinde zu verbergen, muß man nicht
in allen Handlungen sich gleich bleiben, sondern zuweilen
von dem gewohnten System, und wohl gar zuweilen von
den Grundsätzen des Kriegs abweichen. Epaminondas
beobachtete es als ein Gesetz, nie des Nachts zu marschiren
noch zu schlagen: Als aber die Feinde sich darauf verliessen,
änderte er plötzlich das System, und überfiel sie des
Nachts. Man sagt ein gleiches von Vendome und Eugen,
daß sie oft mit Bedacht den Gesetzen des Kriegs entgegen
handelten, und ganz ungewohnte Wege betraten.

Man hintergeht ferner den Feind durch doppelte
Spions, die man entdeckte oder selbst unterhält : Durch
Gefangne, die man mit Fleiß entkommen läßt : Durch
falsche Deserteurs: Durch vorgebliche Ordres vom Hofe:
Durch Soldaten die man mit Fleiß ihm zu Gefangnen
in die Hände spielt, und durch hundert solche Strategems mehr.

Von den
erſten Schritten
eines commandirenden Generals
im Anfange des Kriegs.

Zweytes Capitel.

Wie man die Infanterie lehrt, ihre wahre
Stärke zu kennen. Wie man die Wachſamkeit und
ſogar den Muth der Soldaten prüft. Was man zu
thun hat, wenn Officiers oder ganze Corps feige
wären. Von den Belohnungen.

§. 1.

Wenn die Infanterie der Armee nicht hinlänglich von ihrer eignen Stärke überzeugt iſt, und die geringſte
Furcht vor der Cavallerie verräth, ſo muß man auf Mittel bedacht ſeyn, nicht nur die Officiers, ſondern auch jeden
Gemeinen, von der Ueberlegenheit des Fußvolks über die
Reuterey zu überführen. Das ſicherſte ſodann iſt, gleich
die erſte Gelegenheit zu ergreiffen, und eine Partey guter
Infanterie gegen eine Partey Cavallerie zu führen, die ihr
in der Zahl gleich iſt. Die Officiers von der Infanterie,
die das Commando haben, müſſen die wahre Stärke der
Infanterie kennen, und das erſtemahl ein Terrain ſuchen
das ſie begünſtigt. Man ertheilt ihnen Befehl, den Feind
nicht zu hitzig zu verfolgen, damit ſie nicht den erfochtnen
Vortheil verliehren. Der Sieger erhält Belohnungen
die ſich für Zeit und Umſtände am beſten ſchicken. Alsdann machen die andern Officiers dieſe Begebenheit zu ihrem gewöhnlichen Geſpräch, und führen ihre Soldaten
ſtets darauf zurück, daß die Cavallerie in nichts einen

Vorzug

Vorzug vor ihnen hat , als in der Flucht ; aber nicht nur um selbst leichter entkommen zu können, sondern auch, um den, der fliehen will, zu erreichen. Dieß alles leuchtet uns so mehr ein, weil es in der That wahr ist. Damit der Infanterist aber auch, zerstreuet und einzeln, vor dem Reuter sich nicht fürchte, muß man vor ihren Augen einen großen starken Mann auf ein muthiges Pferd setzen, und ihm befehlen daß er gerade auf einen Infanteristen losgehen soll ; der ihn mit nichts erwartet, als mit einem bloßen Stocke. Der Infanterist, wenn er nur irgends gewandt ist , thut nichts als daß er den Stock in der Hand um= schwingt, oder dann und wann dem Pferde eins aufs Gebiß versetzt, so rückt das Pferd nicht an, was der Reuter auch thut, es müßte denn ganz besonders dazu abgerichtet wer= den. Uebungen dieser Art helfen mehr als Reden, und machen die Leute entschlossen, besonders wenn sie unter gu= ten Officieren stehn. Die Officiers von der Infanterie müssen daher, so gut wie die von der Cavallerie, so viel möglich aus dem Adel gewählt seyn, die Ehre und Grund= sätze in den Dienst mitbringen; sodann aber auch nie durch einen geringern Gehalt, oder Mangel von andern Vorzü= gen, unter die andern Corps sich erniedrigt sehen.

§. 2.

Der commandirende General muß wissen, wie sorgfäl= tig die Armee seine Befehle hält, und wie sehr er auf ihre Wachsamkeit sich verlassen darf. Sobald also die Trup= pen sich versammeln, muß man ihnen einen Allarmplatz bestimmen, und die deutlichsten Verhaltungsbefehle geben, was sie zu thun haben. Alsdann giebt man einen falschen Allarm, und beobachtet mit Sorgfalt, wie entschlossen, still, und schnell ein jeder seinen Posten bezieht. Die ihre Schuldigkeit thun, werden gelobt, die andern mit Ernst er= innert sich zu bessern. Diese falschen Allarms dienen zwar allerdings, die Truppen wachsam zu halten ; Gäbe man sie

hingegen

hingegen zu oft, so verfehlte man ihren Zweck: Man muß also den Truppen in der Folge sagen, daß man nun keinen mehr geben würde, damit sie hernach nicht wahre Allarmis für falsche ansehen, und saumselig ihre Posten beziehen. Officiers und Schildwachten, die auf ihren Posten nachlässig sind oder schlafen, muß man mit Ernste strafen.

§. 3.

Es giebt allerdings Fälle, wo es besser ist, wenig und lauter herzhafte Soldaten zu haben, als viele und furchtsame drunter. Um nun diese voraus kennen zu lernen, stellt man sich zu einer Zeit, da man nichts im Sinne hat, als wenn man zu einer äusserst gefährlichen Unternehmung sich rüstete. Bald darauf giebt man den Befehl, daß alles was krank und schwach ist, schlecht Gewehr, oder ein schlecht Pferd hat, sich melden soll, damit sie im Lager verbleiben, oder in eine benachbarte Festung sich begeben. Wenn sich sodann verschiedne unter diesem Vorwande finden, muß man ihr Vorgeben durch zuverlässige Officiers und Chirurgen untersuchen lassen, und sodann eine Liste von denen fodern, deren Vorgeben falsch war. Man muß die Feigherzigkeit dieser Leute nicht ausbreiten lassen : Denn es ist genug zur Absicht daß man sie kennt : Erlaubt es aber der Dienst sie auf irgend eine Art zu entfernen, so muß man auch nicht einen Augenblick versäumen es zu thun, und dem Anscheine nach ihnen gänzlichen Glauben zustellen.

§. 4.

Wenn ein Officier oder Regiment seine Schuldigkeit im Gefechte nicht that, und es das erstemahl ist, so muß man den Officier oder das ganze Corps vor sich fodern, und ihnen sagen: daß sie sich zwar schlecht hervorgethan, man wolle indeß ihren guten Namen noch schonen, und ihnen bald Gelegenheit geben ihren Fehler zu verbessern, damit

C 3

man

man ben vorigen ſchlechten Erfolg bem Unglück, unb nicht bem Mangel ihrer Tapferkeit zuſchreiben möge. Dieſe Gelegenheit muß man ihnen auch ſobald als möglich verſchaffen, bennoch aber nichts babey wagen als ſie ſelbſt, nicht bie Sache. Dieß war bie Weiſe bes großen Türenne, unb er rettete hieburch bie Ehre verſchiebner Officiers, bie nach bieſem mit vielem Ruhme bienten.

Aenbert ſich aber ein ſolcher Officier nicht, ſo muß man ihn beym zweytenmahle caſſiren. Sinbs ganze Corps, ſo muß man ſie noch zum letzten Verſuche mit gewiſſen Zeichen von Schanbe beſtraffen, bie ſo lange bauren bis ſie ihre Ehre wieder gewannen. Hilft aber auch bieß nicht, ſo muß man bas ganze Corps mit Schimpf caſſiren, unb bie Gemeinen unterſtecken.

Cäſar ließ ſeine Cavallerie etliche Tage hinter ber Armee marſchiren, weil ſie einſt ihre Schulbigkeit nicht gethan, unb ſie gewann ihren Rang nicht eher wieder, als nachbem ſie in einem anbern Gefechte auch ihre Ehre wieder gefunben. Ein großer Prinz in unſrer Zeit nahm ſeinen Dragonern, aus gleicher Urſache, bie Stulpe von einem Stiefel, unb gab ſie ihnen gleichfalls nicht eher wieder. Wollten bey ben Alten bieſe Strafen nicht helfen, ſo verlohr ber zehnte Mann bas Leben.

§. 5.

Wenn eine Compagnie ober ganzes Regiment ſich vor anbern hervor thut, ſo muß man ihm ein beſtänbiges unb unterſcheibenbes Ehrenzeichen zugeſtehn, bamit bas Anbenken ſchöner Thaten baure, unb mit ihm bie Nacheiſerung auf bie Nachkommen ſich fortpflanze. So führen z. E. bie Dragoner Regimenter Pauken, wenn ſie ſolche bem Feinbe abgenommen. Als Cäſar vor Dyrrhachium lag, unb Pompejus ſeine Verſchanzungen angriff, unterſchieb ſich vor allen anbern ein Centurio mit Namen Scäva, unb
ſeine

seine Cohorte. Cäsar gab darauf nicht nur ihm und der Cohorte eine beträchtliche Summe Geldes, sondern machte sie aus der achten Cohorte zur ersten, und ließ jedem Soldaten derselben doppelte Löhnung und Brod auf ihr ganz Leben.

Dieß Beyspiel bringt mich auf die Gedanken, daß es allerdings vortheilhaft wäre, einige Regimenter unter den Armeen zu haben, die höhere Zahlung bekommen als die andern, damit man doch eine Belohnung für die Soldaten, Corporals und Sergeanten wüßte, die durch ihre Tapferkeit Belohnung verdienen, und gleichwohl nicht fähig sind Officiere zu werden, da ihnen die Erziehung dazu gänzlich mangelt, und einige wohl kaum im Stande sind ihren Namen zu schreiben. Auch könnten die, so noch Talente dazu haben, unter diesen Regimentern ausruhen, um sich die Kenntnisse die ihnen etwan noch fehlen zu verschaffen; Die Officiers-Stellen dieser Regimenter müßten ganz diesen braven Soldaten verbleiben, einige wenige ausgenommen, die man aus keiner andern Absicht mit Edelleuten besetzte, als damit eine Stelle unter diesen Regimentern nicht gleichsam ein Beweis von schlechtem Herkommen seyn möchte. Aus gleichen Gründen müßte man unter den andern Regimentern allezeit einige Officiers-Stellen aus jenen besetzen, und durchaus die Vorzüge der Geburt zwischen denselben aufheben.

Der Adel der keine Mittel von Hause hat, seinen Stand fortzusetzen, muß mit Geld unterstützt werden, wenn es auch gleich die Hauptabsicht nicht wäre, darum sie dienten: Doch sind sie leider zuweilen begieriger nach Geld als sie sollten. Belohnungen dieser Art sind Comthureyen, Kanonikate, geistliche Pfründen, Bedienungen des Lands deren sie fähig sind, Versorgungen ihrer Kinder in Stiftern, in Cabetten-Häusern, Militair- und andren Akademien, am Hofe als Pagen, Hofdamen und dergleichen.

C 4

Die

Die Könige von Spanien, und Sardinien, sorgten sogar für die Heurathen der Officiers, um durch dieselben ihren Familien, wenn sie arm wurden, wieder aufzuhelfen.

Die schönsten Belohnungen sind für die, so keinen andern Bewegungsgrund ihrer Dienste kennen als Ehre. Bey den Alten war eine Krone, eine Denkschrift auf Marmor, der höchste erwünschte Lohn eines ganzen Lebens voll Gefahren, Arbeit und Thaten. Der Athenienser war am Ziele seiner Wünsche, wenn sein Name in den Büchern der Republik, unter die Namen derer gesetzt ward, die fürs Vaterland starben. Die Belohnungen unsrer Monarchien stehn zwar noch weit hinter diesen zurück, doch erreichen sie oft ihren Zweck, wenn sie zur rechten Zeit ausgetheilt und nie verschwendet werden. Der Orden des heiligen Geistes, den Heinrich der dritte König in Frankreich errichtete, befestigte seine Krone, und war das Band das mehr als einen Großen des Reichs an ihn knüpfte; auf der andern Seite könnte man vielleicht in eben diesem Reiche das Beyspiel eines Ordens finden , der viel von seinem ersten Glanze verlohr , nachdem man ihn zuweilen verschwendete.

Die Gnade des Königs von Spanien meines Herrn gegen die Invaliden ist so gerecht und groß, daß ich ihrer hier als eines Musters erwähne. Die Vornehmsten geniessen Pensionen und Comthureyen, und die Gemeinen ein jeder ohne Ausnahme ein anständiges Gehalt, mit der Erlaubniß , es in der Provinz zu verzehren die er selbst sich erwählt; und nicht die Blessirten allein geniessen diese Gnade, sondern jeder Soldat, der nach zehnjährigem Dienste durch Krankheit oder Zufälle unvermögend wird.

Die völligen Invaliden müssen frey von allem Dienste seyn , und ihren Gehalt zu Hause mit Ruhe verzehren: man muß aber dem Unterschleife zuvorkommen, und von Vierteljahr zu Vierteljahr, durch die Geistlichen und Magistrats-

giſtratsperſonen, glaubhafte Atteſtate von ihrem Leben ſich einreichen laſſen. Es giebt, wie man ſagt, in Spanien Invaliden, die von Philipp dem dritten bis zu Philipp dem fünften gezählt wurden.

Die andern Invaliden ſollten in Feſtungen vertheilt werden, um ihren Kräften gemäß zu dienen, die Aufſichten über Arbeiten, Magazine, Zeughäuſer und dergleichen zu übernehmen, für die Policey zu ſorgen, und ſo ferner. Man muß wenigſtens alle Jahre, durch auswärtige Commiſſairs und Feldſcherer, dieſe Invaliden revidiren, um alles zu den Regimentern zu ſchicken, was wieder zu dienen im Stande iſt.

Von den

erſten Schritten eines Generals
im Anfange des Kriegs.

Drittes Capitel.

Von der Diſciplin, beſonders in Anſehung der Deſertion.

§. 1.

Wer Armee und Land erretten will, muß ſeine Truppen in ſchärfſter Diſciplin halten. Die Diſciplin aber und ihre Strafen müſſen beide nach dem Genie der Völker ſich richten. Die ſchädlichſte Diſciplin iſt die, ſo die gröſte Vollkommenheit fodert: Denn ſie wird durch dieſe Fodrung unnütz. Die unwirkſamſten Strafen ſind die grauſamen: Denn niemand giebt alsdann die Verbrecher an. Man gebe ſo leicht kein neues Geſetz, es wäre denn ein milderes: aber die man giebt, muß man beſto

unver-

unverbrüchlicher halten, und den der sie verletzte strafen, wer es auch sey.

§. 2.

Die allergemeinste Seuche aller unsrer Armeen ist die Desertion: Es ist so zu sagen ein beständiger Tausch: Ich glaube aber man wird sie vermindern, wenn man folgende Maaßregeln trift.

Der Soldat muß fürs erste alles richtig empfangen, was ihm an Löhnung, Brod und Montirung gebührt, gute Quartiere, gut Bett und gute Spitäler haben.

Ihre Familien und sie sollten, theils während ihrer Dienste, theils wenn sie nach zwanzigjährigem redlichem Dienste den Abschied bekommen, gewisse Freyheiten genießsen, als z. E. die Freyheit von Einquartirung, eine kleine Verringrung der Steuer, Vorzug in Besetzung der Land-bedienungen auf ihren Dörfern u. s. f. Alsdann würden viele Soldaten freywillig im Dienste bleiben, und die Deserteurs unter ihren Verwandten keinen Schutz finden. So lange die Spanier diese Politik brauchten, war die Anzahl der tapfern Leute in ihren Armeen groß. Als sie aber verschwand, verschwand auch mit ihr die Neigung zum Kriege. Philipp der fünfte gab im Jahre 1710 ein Edikt aus, das die Familien, die einen Sohn im Kriege hätten, von einem gewissen Tribute frey sprach. Auf einmahl war der Zulauf der Armee groß, und der Sieg von Villaviciosa die Folge: Als aber das Edikt wieder verfiel, hörte auch der Zulauf der Freywilligen auf.

Es wäre noch ein vortrefliches Mittel, wenn man einen Theil der Löhnung, oder vielmehr das Handgeld, zurückhalten könnte, um es erst nach vollendetem Dienste auszuantworten. Don Lukas Spinola bediente sich dieses Mittels in Sicilien, wo die Lebensmittel und Bedürfnisse der Soldaten wohlfeil genug waren, um den Versuch zu erlauben.

Man

Man muß die Soldaten nie ohne Grund strafen oder ihnen übel begegnen: begienge ein Soldat einen Fehler, so muß man ihm auf der Stelle verzeihen, oder auf der Stelle ihn in Arrest nehmen, damit er nicht in beiden Fällen aus Furcht desertire. Unterofficiers die man begradirt, muß man sofort nach Festungen oder Posten hinschicken, wo sie nicht entlaufen können, sonst machen sie Complots. Man muß einen braven Soldaten nie um sein Avancement bringen.

Wenn es möglich ist, muß man Cartels mit den benachbarten Fürsten schliessen, und die Deserteurs getreulich gegeneinander auswechseln. Um so weniger darf mans gestatten, daß die Regimenter unter den Armeen sich Leute debauchiren, oder die Deserteurs annehmen. Es giebt zwar Officiers die dieß vertheidigen: Der Schaden aber den es anrichtet ist unermeßlich, besonders unter der Infanterie, die sodann mehr als halb zu der Cavallerie übergeht.

Die Strafen der Desertion müssen nicht zu grausam, und den Umständen gemäß seyn, damit die Officiers sie auf keine Art schonen.

Die Bauern so Deserteurs auffangen, müssen eine Belohnung an Gelde erhalten; die den Deserteurs durchhelfen, auf das schärffste gestraft werden.

Man muß den Müssiggang und Excesse verhüten, öfters die Truppen verlesen, keine Marodeurs dulden, die Anstalten die man gegen die Desertion trift öffentlich treffen, damit die Deserteurs wissen, daß man stets auf sie lauert.

Die Compagnie des Grandprofoß, alle Wachten, Pikets und Parteyen der Armee haben Befehl, alles anzuhalten

halten was die Gränzen des Lagers überſchritt. Die Uebertreter werden in Arreſt genommen, ſogleich nach Brieffſchaften viſitirt, und zurück ins Hauptquartier der Armee geſchickt.

Wenn die Deſertion dennoch Ueberhand nimt, muß man die Gränzen ſo die Truppen nicht überſchreiten ſollen, nochmals aufs genaueſte beſtimmen, und alsdann unverzüglich überall kleine Poſten in Hinterhalt ſtellen. Jedes Detaſchement das man ausſchickt hält alsdann die Deſerteurs zurück, weil ſie die Abſicht deſſelben nicht kennen.

In Städten und Quartieren hält man die nehmliche Vorſicht, und fehlen beym Abmarſche viele Soldaten, ſo bleiben einige Officiers und Unterofficiers verkleidet zurück, um ſie in Empfang zu nehmen, wenn ſie nachher ſich ſehen laſſen.

Sezt man Deſerteurs nach, ſo müſſen wo möglich Officiers vom Regimente dabey ſeyn, ſonſt giebt man ſich wenig Mühe.

Die Soldaten mißtrauiſch gegen einander zu machen, veranſtaltet man ſelbſt verſtellte Complots, und ſtraft die Schuldigen, doch nicht ſo ſcharf als wahre Deſerteurs. Hat man Verdacht auf Bauern oder Bürger, daß ſie Deſertionen begünſtigen, ſo bedient man ſich deſſelben Stratagems.

Von

Von den

erſten Schritten eines Generals
im Anfange des Kriegs.

Viertes Capitel.

Von der Kenntniß der Officiers, um jedem das
Commando zu geben das für ihn am beſten ſich ſchickt.
Von der Ordnung, in welcher der commandirende
General die Befehle die er ertheilt
aufbewahren muß.

§. 1.

Eine der weſentlichſten Vorſichten des commandirenden
Generals im Kriege, iſt die Officiers zu kennen, denen er ein Commando vertraut, nach ihrem Talent und
Genie ſie zu wählen, und jeden durch die Bewegungsgrün-
de zu ſeiner Pflicht zu ermuntern, die für ihn die entſchei-
denbſten ſind.

Es giebt Männer, die an der Spitze einer Armee große
Thaten thun, und das Land erretten, das ſie verderben
würden wenn ſie Miniſter darinn wären: Andre regieren
ganze Länder, und könnten kein Regiment commandiren.
Einige ſind vortreflich zum Rath, in der Ausführung aber
ſchwach, weil es an Muthe fehlt. Andre handeln beſſer
als ſie rathen. Einige reißt die Verwegenheit hin, eine
übelverſtandne Tapferkeit, die ſie vom Officier zum bloſſen
Soldaten macht. Dieſe letzten ſind jedoch vortreflich in
verſchiednen Unternehmungen des Kriegs, wo man nicht
Weisheit verlangt, ſondern Herz allein und Ungeſtüm.

Man

Man findet Officiers die vortreflich zum Gehorsam sind, aber nicht zum Commando: Andre lehnen sich gegen die Suborbination auf, und werden Verräther in dem Unternehmen, das sie glücklich ausgeführt hätten, wenn das Commando ihr wäre.

Mangel der Kenntniß vom Lande, Unverträglichkeit mit dem Genie der Nation die man commandiren soll, Haß, Liebe, gegen das Volk oder den Ort da man was unternimt, Eigennuß, persönlicher Haß, machen selbst die fähigsten Männer in diesem oder jenem Falle des Commandos unfähig.

Hierauf muß der commandirende General achten, um, wäre es möglich, zu jedem einzelnen Detaschement allezeit den Officier zu erwählen der am fähigsten dazu war. Trift ihn sobann die Tour des Commando nicht, so muß man die andern voraus betaschiren, um die Hände besto freyer zu haben, und keine unnöthige Feindschaft sich zu erwecken.

Dem Ehrgeißigen schmeichelt man mit dem Ruhme, den er sich daburch so allgemein erwirbt; dem Gewinnsüchtigen durch den Gewinnst; dem Neidischen durch den Vorzug, den er über seine Nebenbuhler erhält; dem reblichen Manne, der sein Vaterland und seinen Fürsten liebt, durch das Schöne der That. Wo blinde Tapferkeit, Neid, ungemeßner Ehrgeiß, und andre Leidenschaften verführen können, da giebt man Geseße, und bestimmt das ganze Verhalten mit Sorgfalt.

§. 2.

Ein General lebt nie ohne Feinde, und die Begebenheiten des Kriegs sind nicht immer glücklich. Um die Schuld nur von dem zu tragen, wo man selbst fehlte, muß man die genauste Ordnung, in Betracht aller der Befehle beobachten, die man empfängt, oder austheilt.

Alle

Alle Ordres zu irgend einer wichtigen Unternehmung müssen schriftlich seyn, und zwey Copien gefertigt werden, davon der Officier die eine vom commandirenden General unterschrieben zu seiner eignen Bedeckung erhält, die andre vom Officier unterschrieben in der Hand des Generals bleibt. Um in dem allem eine Ordnung zu erhalten, braucht der commandirende General fünf Bücher oder Protokolls. Das erste für die Generalordres der Armee, die der General oder Generallieutenant vom Tage empfängt. Das andre für die Ordres an den General von der Artillerie, im Betreffe der Artillerie, der Munition, des Fuhrwerks und der Brücken. Das dritte für die Ordres an den Intendant der Armee, wegen des Gelds, der Lebensmittel, Spitäler, und andrer Dinge die zu seinem Departement gehören. Das vierte für die Ordres an den General der Ingenieurs, in Ansehung der Festungen, der Recognoscirungen, der Wege die reparirt werden sollen, u. s. f. Das fünfte, um die Ordres darinn zu verzeichnen, die diesem oder jenem Officier besonders gegeben werden, und sie sodann von ihm unterschreiben zu lassen. Alle Befehle des Hofs und des Ministers, alle Vorstellungen an denselben, alle Gegenantworten, alle Gegenvorstellungen der Officiers, besonders aber des Intendanten und Chefs von der Artillerie, werden mit Sorgfalt aufbewahrt: Bey wichtigen Briefen wird nicht allein der Tag, sondern die Stunde und Minute des Abgangs, im Briefe sowohl als in der Copie die man zurückhält, bemerkt, damit man bey jeder Antwort das Datum eben so genau zurückschreiben könne, und folglich jeder verlohrne Brief sogleich vermißt werden kann, ob man ihrer gleich zuweilen fünf bis sechs an einem einzigen Tag und an eben dieselbe Person abschicken muß.

Vom

Vom

Angriffs-Kriege.

Erstes Capitel.

Ob es besser ist, auf den Angriff zu gehn, oder sich zu vertheidigen. Der Angriff muß wo möglich ein Ueberfall seyn. Vom Angriff des Feinds in zerstreuten Quartieren, im flachen Lande, im Lande das Festungen hat. Was für Festungen man als Festungen behaupten, oder schleifen soll.

§. 1.

Wer aus Wahl den Krieg in seinem eignen Lande führt, den er im Stande war ins Land der Feinde zu spielen, der übergiebt ohne Ursache seine Unterthanen dem Feinde, mit ihnen die Ressourcen des Kriegs: Griff er an, so genoß er diese Vortheile selbst. Es ist besser, sagt der Prinz von Oranien, sein Pferd am fremden Zaun zu binden als am eignen. Der Angriff, wird man zwar sagen, erfodert eine größre Macht als die Vertheidigung? Vielleicht, vielleicht aber auch nicht: Die Beschaffenheit des Landes entscheidet, und es trägt sich oft zu, daß ein Land das man vertheidigen will, mehr Truppen zur Vertheidigung fodert als ein anders zum Angriff. Doch, müßte man der Truppen auch mehr haben, so trägt sich dennoch vielleicht daselbst zu, was der General Wallenstein dem Kaiser Leopold rieth, der kein Mittel wußte eine Armee von funfzig tausend Mann zu bezahlen. Man muß hundert tausend halten, sagte der General: Denn die funfzig tausend leben auf

Kosten

Kosten des Kaisers, hundert tausend aber würden auf Kosten des Feinds leben.

§. 2.

Wenn man den Krieg nur auf einer einzigen Gränze, und gegen einen einzigen Feind führt , so sind die Fälle allerdings äusserst selten, wo der Krieg dem Frieden vorzuziehen war, und gleichwohl die Vertheidigung besser ist als der Angriff. Verbreitet sich aber der Krieg gegen mehr als einen Feind, auf mehr als einer Gränze des Reichs, so giebts allerdings Fälle, wo man gezwungen ist, hier oder da die Vertheidigung dem Angriffe vorzuziehen. Unsicherheit im eignen Lande, gegen Aufruhr und Abfall an benachbarte Fürsten: Das Genie der Nation, die auswärtige Kriege verabscheut, und weniger Muth und Entschlossenheit dabey zeigt als bey der Vertheidigung : Eingewurzelter Haß und Verbitterung oder Religionsfeindschaft, die jeden Schritt im Lande des Feindes äusserst blutig zu machen droht: alles dieß räth zuweilen die Vertheidigung an, und dieses nicht allein, sondern auch zuweilen die Beschaffenheit des Lands, wenn Ströme, Festungen, Ketten von Gebirgen, Mangel von Lebensmitteln und Fourage, ein Clima das sich für unsre Nationen nicht schickt, die Eroberungen theils zu schwer, zu blutig und langsam machen, theils auch den Werth ihnen benehmen. Alsdann muß man suchen, diese Art von Krieg zu vermeiden ; war es aber unmöglich, so bleibt man hier auf der Vertheidigung, um mit desto entscheidendrer Macht die Lande anzugreiffen, wo man Eroberungen machen kann , so die Kosten jener Vertheidigung übertragen. Die Truppen die alsdann zu derselben zurückbleiben , haben keinen andern Zweck, als das Land und sich selbst zu bedecken, und müssen daher mit Sorgfalt und Ernst alle die Gefechte vermeiden , wo sie dieß oder jenes auf das Spiel setzen. Wurden sie aber genöthigt zu schlagen , überschwemmt sodann der Feind

D
nach

nach glücklichen Gefechten das Land, so muß man Vortheil und Nachtheil gegen einander wägen, damit man die rechte Partey ergreiffe, und weder zur Unzeit im Fortgange seines Angriffs sich hemme, noch mit Hartnäckigkeit auf Erobrungen bestehe, die den Verlust den man leidet nicht überwiegen. Je weniger der Feind im Stande ist sich zu behaupten, desto unbeträchtlicher sind seine Vortheile: Je festern Fuß er faßt, desto gefährlicher sind sie. Man ist glücklich wenn man alsdann im Stande ist, mit einem Theile seiner Armee den Angriff mit Erfolg fortzusetzen, mit dem andern das angegriffne Land zu erretten. Die Frage zu entscheiden erfodert viel Kenntniß, und einen durchdringenden Geist, der mehr als einen Gegenstand mit einem einzigen Blicke zugleich faßt.

§. 3.

Jeder Angriff muß wo möglich ein Ueberfall seyn: und könnte man nicht das ganze Unternehmen verbergen, so muß der Feind doch mindstens die Gränze und den Ort nicht errathen, da man zuerst angreiffen will. Das beste aller Mittel den Feind zu hintergehen, sind falsch angelegte Magazine, und wenn man einen Theil seiner Generale selbst hintergeht, damit sie die Scheinanstalten alle mit einem Ernste betreiben, der die Kundschafter des Feinds blendet. Die Kosten dieser Blendwerke aber muß man soviel möglich vermindern, und die Magazine dergestalt anlegen, daß sie in der Folge entweder ohne Nachtheil verkauft, oder mit geringen Kosten, oder durch die feindlichen Unterthanen selbst, an den Ort der Unternehmung transportirt werden können. Ist der Feind schwächer als wir, so bedroht man alles zugleich, damit er sich vereinzele und theile, aus dem Ganzen ein Nichts mache, überall zu schwach erscheine, und seine Ressourcen erschöpfe.

§. 4.

§. 4.

Wenn das Land, in welchem man den Feind überfällt, flach und frey iſt, ohne Gebirge und Chikanen, und der Feind noch in ſeinen Quartieren zerſtreut war, ſo muß man ſuchen dieſe Quartiere an mehr als einem Orte zu durchbrechen, und ſeine Bewegungen dergeſtalt ordnen, daß wo möglich eine unſrer Colonnen in den Rücken des Feinds einbricht und eher daſelbſt durchbringt, als die Colonnen die de front gegen ihn anrücken, wodurch alſo ein Theil ſeiner Armee auf ihrer Retraite zwiſchen zwey Feuer gefaßt wird. Alsdann aber muß man ſeinen Vortheil ſoweit als möglich verfolgen, das Schrecken und die Beſtürzung allgemein machen, mit ſeinen leichten Truppen weit vorwärts bringen, die feindlichen Magazine aufheben, vor den Thoren der großen Städte und wo möglich ſelbſt der Capitale ſich zeigen, verhüten daß der Feind das platte Land nicht verwüſtet, und vor allen Dingen ſuchen den Feind rückwärts der Feſtungen zu treiben, die uns in der Folge dienen unſre Eroberungen zu behaupten, und den feſten Fuß in ſeinem Lande zu erhalten. Man treibt den Feind rückwärts von ſeinen Feſtungen, entweder gleich durch den erſten Auszug ', indem man ſeine zerſtreuten Truppen davon abſchneidet, oder durch gut berechnete Bewegungen, oder durch eine Schlacht, wofern er uns Vortheile über ſich giebt.

§. 5.

Wenn das Land des Feinds durch Feſtungen gedeckt iſt, ſo muß man nicht eher die Belagerung derſelben unternehmen, als bis man vorwärts nicht mehr im Stande iſt etwas entſcheidenders zu thun, bis die Sicherheit der Eroberungen, oder der eignen Provinzen es nun erfodert, daß man eine derſelben wegnimt: Sodann aber muß man eine vorſichtige Wahl treffen, damit man diejenige wähle,

deren

deren Erobrung am aller entscheidendsten ist. Denn
nicht alle Festungen sind von gleichem Werthe , und die
Güte der Werke macht es nicht aus, sondern die Lage.

Die wichtigsten aller Festungen, deren Erobrung zuweis
len nicht vortheilhaft, sondern entscheidend und nothwendig
ist, sind Festungen, die dem Feinde den Eingang in unser
Land öffnen, oder in das Land unsrer Bundesgenossen, oder
auch ins Land unsrer Erobrungen, und die man weder durch
gegenseitige Festungen, noch durch Corps maskiren kann,
die man ihnen entgegen stellt:

Festungen, die an Strömen liegen, und den Trans=
port der Magazine in der Folge des Kriegs beschützen
und erleichtern:

Festungen, aus welchen der Feind im Stande ist, unsre
Küsten, Schiffarth und Handlung auf eine entscheidende Art
zu beunruhigen:

Festungen die im Rücken unsrer Armee liegen, und dem
Feinde Gelegenheit geben, wenn sie vorwärts marschirt, ihr
Lebensmittel und Fourage zu nehmen:

Festungen die das Land des Feinds und seiner Bunds=
genossen weit und breit öffnen, und ihre Gemeinschaft mit
demselben bedecken:

Festungen endlich, wo der Feind seine Magazine und
Zeughäuser hat ; Festungen so die größten Zweige seiner
Handlung bedecken, und so ferner.

Dieß sind die Plätze deren Erobrung am entscheidend=
sten ist, und fänden sich bey irgend einem derselben alle
Vortheile vereinigt , so wäre die Wahl der Belagrung
leicht. Sind sie aber wie gewöhnlich zerstreut, so muß
man sie mit Sorgfalt vergleichen und wägen , um das
entscheidendste von allem zu treffen.

§. 6.

§. 6.

Es giebt Fälle da man die Feſtungen, die man erobert, als Feſtungen behaupten, Fälle da man ſie ſchleifen muß. Will man alles behaupten, ſo ſchwächt man die Armee im Felde; ſchleift man alles, ſo verliehrt man den feſten Fuß, oder wenigſtens wichtige Vortheile. Man muß alſo bewahren, was als Feſtungen weſentliche Vortheile gewährt, das andre ſchleifen.

Man erhält Feſtungen, die unſre Magazine, Spitäler und Zufuhren ſicher ſtellen, die Gemeinſchaft mit unſerm Lande verſichern, den Feind davon entfernen, und uns einen beſtändig freyen Zugang in das ſeine eröffnen:

Feſtungen die uns zum Meiſter von Strömen und wichtigen Päſſen machen, und das flache Land im Zaume halten. Alle andre muß man ſchleifen, doch alsdann nicht, wenn man beym nahen Frieden voraus ſieht, daß ſie mit ihren Werken zurück gefodert werden können.

Es giebt Fälle, beſonders im flachen Lande, wo man genöthigt iſt, ſelbſt im Lande des Feinds Feſtungen anzulegen, oder Städte gegen den erſten Anlauf ſicher zu ſtellen, und Forts zu erbauen. Die Umſtände welche die Anlegung dieſer Plätze nöthig machen, beſtimmen auch den Ort da ſie angelegt werden müſſen. Hätte man aber die Wahl frey, ſo zieht man Zeit und Unkoſten zu Rathe.

D 3

Vom

Angriffs=Kriege.

Zweytes Capitel.

Wie man beym Angriffe sich gegen seine eignen
Bundsgenossen, gegen den Feind und die unpartey=
ischen Fürsten verhalten soll, um den Haß des An=
griffs zu vermindern.   Wider die Plünderungen.
Vom Kriege gegen barbarische
Völker.

§. 1.

Wenn das Glück des Kriegs sich für den, der angriff,
erklärt, und er sodann keine Schranken seiner Erob=
rungen kennt als dieß Glück, so lehnen sich die bisher un=
parteyischen Fürsten gegen ihn auf, und selbst seine Bunds=
genossen werden mißtrauisch und verlassen ihn.   Die Poli=
tik setzt daher oft den Eroberungen Schranken ,   die der
Sieg nicht kennt, und man muß keins der Mittel verab=
säumen, die man hat, um die aufgebrachten Gemüther zu
besänftigen, die Bundsgenossen treu, und die unpartey=
ischen Fürsten unparteyisch zu erhalten.   Wenn hingegen
dieser Vorsichten ungeachtet Argwohn und Mißtrauen ein=
reißt, und der eine oder andre benachbarte Fürst Anstalten
macht, unsern Eroberungen Schranken zu setzen, so muß
man den Anschein sich geben, als wenn man ernstlich geson=
nen wäre Frieden zu machen; Indessen spielt man die Un=
terhandlungen in die Länge,   und setzt den Krieg auf das
nachdrücklichste fort.   Besänftigt diese List nicht, so sucht
man die Minister des Fürsten, oder statt ihrer den Fürsten
selbst zu gewinnen, und bietet ihm ein Theil der Eroberun=
gen

gen an, jedoch wo möglich einen Theil, der ihm nur blen=
dende nicht wahre Vortheile gewährt.

Es giebt Fürsten, die beym Kriege ihrer mächtigern
Nachbarn nichts weiter verlangen, als die Neutralität.
Ihr Verlangen scheint gerecht, und gleichwohl kann der,
so Krieg führt, es nicht immer gewähren. Gesetzt z. E.
ein solcher Fürst wäre schwächer als unser Feind, sein Land
gäbe diesem den Vortheil, daß er aus demselben ungehin=
dert den Krieg in das unsre spielen, und uns daselbst zu
einer Vertheidigung zwingen könnte, die uns der grösten
Gefahr bloß stellt, oder ein Rückzug nach verlohrner
Schlacht, wäre ohne sein Land uns unmöglich; sieht man
sich alsdann nicht wider Willen gezwungen ins Land dieses
Fürsten zu rücken, und sich zum Meister seiner Festungen
zu machen. Doch muß man alsdann gerecht seyn, und
nichts weiter fodern, als was zur Sicherheit unsrer Armee
nothwendig ist, und den Entwurf unsrer Vertheidigung
oder des Angriffs begünstigt. Die Einkünfte des Landes
muß man dem Fürsten lassen, und seinen und seiner Unter=
thanen Schaden wo möglich vergüten.

Wenn ein benachbarter Fürst neutral bleibt, oder nur
vorgiebt daß ers ist, ob er gleich diesem Vorgeben zuwider
unsern Feind unterstützt; so muß man ihn dennoch weder
zu einer Erklärung zwingen, noch sein Vergehen gegen die
Neutralität ahnden, wenn dieser Fürst Bundsgenossen
hat, die mächtiger sind als er, oder wenn der Schaden
den er uns zufügt, durch den Nutzen überwogen wird,
den wir durch Handlung, oder auf andre Art, so zu sagen
wider seinen Willen von ihm ziehen. Man muß ihn hin=
gegen zur Erklärung zwingen, wenn seine Neutralität uns
grösserer oder eben so großer Gefahr aussetzt, als seine Feind=
schaft; oder wenn er dem Feinde unter der Hand so vielen
Vorschub leistet, als er selbst als Bundsgenosse im Stande

D 4 ist

ift zu thun. Ueberhaupt aber ifts eine allgemeine Regel, weder zu ftolz noch zu furchtfam gegen die unparteyifchen Fürften zu feyn. Zuweilen ifts genug fie zur Erklärung zu bringen, daß man fie durch Unterhandlungen, oder auf andre Art dem Feinde fo verdächtig macht, daß er felbft fie angreift und Feindfeligkeiten in ihrem Lande begeht.

§. 2.

Treu und Glauben zu halten, wenn die Feinde fie brechen nicht ihr Nachahmer zu feyn, keine Repreffalien zu brauchen, als um die bundbrüchigen Feinde zur Reblich= keit zu zwingen, nie ftrenge zu handeln, wenn Gelindig= keit hilft, Raubfucht und Plünderungen zu wehren, dem überwundnen Feinde mit Menfchlichkeit zu begegnen, find Wohlthaten, die man nicht nur dem Feinde fondern fich felbft erweifet, und die Land und Armeen zugleich retten, und ficherer als alles ftets neue Reffourcen zur Führung des Kriegs uns gewähren, da das Gegentheil den Sie= ger wie den Befiegten verzehrt, und alle Reffourcen mit einmahl erfchöpft.

Man muß den Gefangnen des Feinds nicht nur als Menfchen begegnen, fondern auch die Tapferkeit und Treue an ihnen verehren die fie ihrem Fürften bewiefen. Man muß die Stadt die man erobert vor der Plünderung retten: Man muß bey den Contributionen die man aus= fchreibt, aller Gewinnfucht, allen Erpreffungen der Officiers vorbauen. Wer den Gefangnen graufam begegnet, die Tapferkeit ihres Widerftands mit Härte vergilt und als Beleidigungen anfieht, der unterdrückt die Tapferkeit in feiner eignen Armee: Wer plündert und erpreßt, erfchöpft mit einmahl das Land, deffen Reffourcen ihm auf längre Zeit notwendig waren, hemmt feine Eroberungen oft felbft, hebt zu aller Zeit Difciplin und Ordnung

in

in der Armee auf, und macht aus den besten Trup=
pen schlechte.

Das grausamste, alleruverantwortlichste im Kriege ist
eine Plündrung : Es ist eine That die die Menschheit
empört. Mord, Schändung der Weiber, Entweihung
der Kirchen, Brand, Krankheiten, Verwüstung deren Folgen
auf Jahrhunderte dauern, Haß und Erbittrung die zur
Wuth wird, sind die natürlichsten Folgen, und ganz un=
zertrennlich. Man verliehrt Menschen durch den Wider=
stand der Bürger, durch den Streit zwischen den Plünde=
rern selbst, die Disciplin wird zerstört, den schlechtsten und
grausamsten wird die beste Beute zum Theil, der tapfre
und menschliche erhält nichts, Trunk, Krankheiten und
Desertion folgen.

Der Herzog von Berwyck hatte in der Belagrung von
Barcellona sieben Breschen mit zwanzigtausend Mann in=
ne, es drangen schon einige Regimenter durch ein Thor in
die Stadt ein, doch ward der Plündrung gewehrt, und die
Spanier verschanzten sich auf den Breschen, um den Cata=
loniern Zeit zur Uebergabe zu lassen. So war es damals
und oft auch itzt noch möglich, den Plünderungen vorzu=
bauen. Die Truppen aber zu belohnen, fodert man Brand=
schatzungen von der Stadt, und theilt sie unter die Trup=
pen, ohne selbst einen Theil zu verlangen.

§. 3.

Wenn man keine Hoffnung haben kann, das Land das
man erobert hat, im Frieden zu behaupten, so erschöpft
man es durch Contributionen, um die Last des Kriegs von
den Schultern seiner Unterthanen zu wälzen, und die Füh=
rung desselben dem Feinde desto schwerer zu machen. Die
Auflagen müssen klein seyn, und besto öfter wiederholt wer=
den, damit nicht eine zu große Fodrung die Einwohner er=
bittre, das Land zu verlassen, oder gar zum Gewehre zu

D 5   greifen:

greifen. Ist man gezwungen das Land zu räumen, ehe
man im Stande war die Contributionen die man ausschrieb
einzutreiben, so nimt man Geisseln aus demselben mit, und
wählt von jedem Stande die vermögendsten und junge
Leute.

Es trägt sich zuweilen zu, daß man in die traurige
Nothwendigkeit versetzt wird, ein ganzes Land zu verwüsten, und ganz von Lebensmitteln, Fourage und Vieh zu
entblössen, um eine Barriere zwischen sich und dem Feinde
zu setzen., oder eine Provinz oder Festung mit Lebensmitteln zu versehen, die man nirgends anders auftreiben
konnte. Die bequemste Zeit zu dieser harten Expedition
ist die Zeit der Erndte und kurz nach derselben. Die
Armee zertheilt sich sodann entweder in Detaschements,
oder sie bleibt en Corps, durchzieht das ganze Land, und
verwüstet es durch kleine Parteyen, die man in schärffster
Disciplin hält, damit sie nicht weiter sich verbreiten als
man im Stande ist sie zu unterstützen. Man muß Wagen
und Gespann zum Transport ausschreiben, die kleinen Detaschements mit allem versehen, was sie zur Forcirung von
Schlössern, Städten und Posten brauchen, und alles schonen, was man schonen kann, ohne den Feind gegen uns
selbst zu bewaffnen. Die Gesetze des Kriegs, sagt Polyb,
gebieten, die Häfen, Schiffe, Früchte und Festungen des
Feindes, und alles zu verwüsten was ihn zum Kriege rüstet: andre Dinge aber zu zerstören, die keine Gemeinschaft damit haben, ist nicht Krieg, sondern Wuth.

§. 4.

Wenn man Krieg mit barbarischen Völkern führt, so
muß man theils auf die Waffen und die Art zu fechten, die
ihnen eigen sind, theils auf die Eigenschaften ihres Landes, seiner Wittrung und seiner Früchte, theils aber auch
auf die Verletzung verschiedner Gebräuche gefaßt seyn, die
unter

unter den Chriſtlichen Völkern, als Geſetze des Kriegs allgemein beobachtet werden.

Man muß ſeine Cavallerie an den Anblick der ihren, ihre Attaken, den Anblick der feindlichen Cameele, ihrer Elephanten und dergleichen gewöhnen , ſelbſt auf Mittel bedacht ſeyn, die feindliche Cavallerie, durch ungewöhnlichen Schall oder andre Erfindungen, zu ſchrecken und in Unordnung zu bringen.

Die Läger müſſen von allen Seiten verſchanzt werden, damit die leichte Reuterey des Feinds, ohngeachtet der erſtaunenden Menge , dennoch nichts unternehmen könne. Der Bagage muß wenig ſeyn, damit die Hoffnung der Beute ſie nicht dreiſt mache.

Iſt ein großer Theil der Barbarn mit Bogen, Pfeilen, Wurfſpieſſen oder Schleudern bewaffnet, ſo muß man den Truppen Bruſtſtücke geben , oder die Weſten mit Wolle und Baumwolle ausnähen laſſen , und auch die Schenkel bedecken , oder man giebt den erſten zwey Gliedern Schilder. Thut ſodann der Feind ſeinen Angriff, ſo fallen die hinterſten Glieder nieder , und die vorderſten decken ſie und ſich ſelbſt.

Man darf kein Waſſer ſchöpfen , noch Lebensmittel brauchen, die nicht zuvor durch Gefangne, oder Einwohner des Lands verſucht würden. Erfährt man daß die Lebensmittel und das Waſſer vergiftet ſind, ſo muß man die erſten verbrennen , die Brunnen aber und Waſſerpfützen mit Erde verſchütten, und neue graben, Schildwachten dabey ausſtellen, und den Gefangnen, den Ueberläufern und Einwohnern des Landes ihre beſondern Brunnen anweiſen, dem Feind aber nie in dieſer Grauſamkeit folgen.

Man muß ſuchen ſich eine genaue Kenntniß vom Clima und den Früchten des Lands zu erwerben: So giebts z. E. in Indien Früchte die den Europäiſchen gleich ſehen , und
gleichwohl

gleichwohl tödtlich sind: In vielen Gegenden von Italien
und fast in allen Ländern der Levante, wird man krank
sobald man in den Hundstagen auf dem freyen Felde schläft;
Man muß also hier aufmerksam seyn, weil der Mangel
dieser Kenntnisse ganze Armeen hinraffen kann.

Vom

Angriffs-Kriege.

Drittes Capitel.

Vom Verhalten gegen eroberte Provinzen, die man im Frieden zu behaupten gedenkt.

§. 1.

Es giebt Erobrungen, die, wenn man sie behauptet, der
Ruin des Erobrers werden, weil sie entweder durch
Colonien seinen Staat entvölkern, oder in endlose Kriege
ihn verwickeln. Dennoch ist es vielleicht entscheidend
vortheilhaft, sie dem Besiegten zu entreissen, weil er mit
ihnen die Kräfte verliehrt, uns zu schaden. Man muß
alsdann suchen diese Provinzen entweder in viele kleine
Herrschaften zu theilen, die keinen Schutz gegen ihren ehe-
maligen Besitzer kennen, als den man ihnen verleiht, oder
man giebt den Völkern die Freyheit und errichtet eine Republik, oder man übergiebt den Staat einem Fürsten der
einige gegründete Ansprüche darauf hat, und nicht mächtig
genug ist, um seinem Geber bereinst furchtbar zu werden.
Man verbindet in jeglichem Falle den neuen Staat durch
die engsten Bande an die seinen, und sucht sich alle die Vortheile zu verschaffen, die er uns gewähren kann, ohne in
die Gefahren und den Nachtheil uns zu verwickeln, die zu
vermeiden,

vermeiden, man der Herrschaft darüber entsagte. Behauptet man hingegen das eroberte Land, so muß man vor allem darauf bedacht seyn, das Herz der Unterthanen zu gewinnen, damit man nicht selbst im Frieden, gleichsam Feldzüge gegen sie halten, und Vorsichten nehmen muß, die theils sie, theils die andern Provinzen erschöpfen.

§. 2.

Wenn die Armee in Provinzen einrückt, die sie bereinst auch im Frieden zu behaupten gedenkt, so müssen überall Manifeste vorausgehn, die allen Einwohnern für sich und ihre Güter Sicherheit geben, wenn sie in ihren Wohnungen verbleiben. Man giebt Sauvegarden ohne Entgeld. Die Lebensmittel werden bezahlt, die Fruchtfelder und Hölzungen, im Lager wie auf den Märschen, geschont, der Troß der Armee mit größter Sorgfalt bewacht, die Märsche durchs Land beschleunigt, nirgends Cantonnirungen genommen wo nicht die Nothwendigkeit es erfobert. Verlassen die Einwohner ohngeachtet dessen das Land, so muß man die Zahl der Sauvegarden verdoppeln, damit die Entwichnen noch nichts von ihren Gütern verliehren, und sodann Parteyen ausschicken, um einige derselben aufzufangen, und ohne die geringste Beleidigung an Ort und Stelle zu liefern. Hier übergiebt man ihnen ihre Wohnungen und Güter von neuem, und wiederholt alles was die Manifeste sagen, damit sie auch die andern Einwohner nach sich ziehn, und durch ihr Beyspiel die Vorstellungen der Abgeordneten stärken, die man unter den angesehensten des Landes wählte, um die Flüchtlinge zurückzubringen.

Es wird nach Verlauf gewisser Zeit eine Amnestie bekannt gemacht, die alle vorige Vergehungen verzeiht. Man entfernt Gefangne, und alles was die Einwohner in widrigen Gesinnungen erhalten möchte.

Wenn

Wenn die Einwohner des Landes ruhig in ihren Wohnungen verbleiben oder wieder zu denselben zurück kehren, so muß man nun drauf bedacht seyn, ihren Zustand, wäre es möglich, ruhiger und mehr glücklich zu machen, als der vorige war. Man bewilligt dem Adel was man ihm bewilligen kann, man schützt die Armen gegen die Reichen: Man muntert Ackerbau, Handlung und Handthierungen auf: Man überzeugt die Einwohner von der Gnade, der Großmuth und der Macht ihres neuen Fürsten : Man sucht sie zu Schritten zu verleiten, die sie zu Feinden des alten machen : Keine Monumente und Tropäen spotten der Ueberwundnen : Die Religion des Lands genießt ihre vorige Freyheit ungekränkt : Gesetze und Gebräuche die nicht die Sicherheit stören, bleiben unverändert. Ist man gezwungen neue Gesetze zu geben, so sucht man einen Vorwand der die Veränderung der Nation am erträglichsten macht : Man giebt es vor ein veraltetes Gesetz aus, man läßt die Aenderung selbst durch die Eingebohrnen des Landes vortragen, und so ferner. Die schädlichen Vorrechte vertilgt man nur nach und nach und mit gehöriger Vorsicht.

Die Abgaben werden vermindert, zumtheil als freywillige Geschenke gesucht, und durch die gelindesten Mittel beygetrieben. Die Einnehmer haben den schärfsten Befehl niemand zu drücken, wenn es seyn kann, auch Früchte statt des Geldes zu nehmen, u. s. f. Sie und alle Beamte der Provinz müssen sich der Geschenke enthalten, unter was für einem Vorwande sie auch gebracht würden.

§. 3.

Die neueroberten Provinzen erfodern eine Vermehrung der Truppen : Trifft diese nun die alten Erblande allein, so werden diese erschöpft, wie Spanien aus trauriger

ger Erfahrung es weiß: Man muß also auch in den neuen
Eroberungen werben, und sodann die Regimenter gegen
einander vertauschen, damit man von der Treue des
Lands, so wie der Truppen sich versichre. Man besetzt
die Officierstellen, theils mit jungen Edelleuten, theils
mit begüterten Bürgern von guter Familie: Die Feldwebel, Wachmeister, Adjutanten und Majors werden von
den alten Regimentern genommen; Dienten schon vorhin
Officiers aus dem Lande unter der Armee, so befördert
man diese mit Vortheil unter den neuen Regimentern.
Die Officiers werden theils unter den Familien gewählt
auf deren Treue man sich verläßt, theils aber auch unter
denen die am verdächtigsten sind, damit man sie so zu sagen als Geisseln braucht, wenn die Regimenter vertauscht
und in entlegne Provinzen geschickt werden. Diese Veränbrung der Quartiere ist von trefflichem Nutzen für die Armee, so wie für das Volk, macht jene kriegrisch, der Märsche und Fatiguen gewohnter, diese aber werden dadurch
einiger, mit ihren Sitten und Gewohnheiten vertrauter, und
verbinden sich durch Heyrath, Handlung und Freundschaft.
Doch muß man die Hand darauf halten, daß nicht bey den
ersten Veränbrungen Haß und Verbittrung einreißt, die
sobann so leicht nicht wieder ausgerottet werden können.
Auch muß die Veränbrung zu Jahrszeiten geschehn, die für
das verschiebne Clima der Lande am besten sich schicken.

Vom

Angriffs-Kriege.

Viertes Capitel.

Von den entscheidenden Vortheilen einer über-legnen Seemacht. Von der Seemacht Spaniens.

§. 1.

Wenn man zur See die Uebermacht hat, so ists leicht die Gemeinschaft des festen Lands vom Feinde und seiner Inseln zu unterbrechen, und man nimt sodann diese Inseln ohne Widerstand weg: Die eignen Seeplätze hingegen sind unüberwindlich, denn ihre Gemeinschaft ist frey. Man richtet die Handlung des Feinds zu Grunde, und schützt und erhebt die seine : Die Eskorte der Kriegsschiffe wird theuer von den Kaufleuten bezahlt und vermehrt die Ein-künfte des Staats : Alle Nationen eilen Traktaten zur Handlung zu schliessen, wie man sie verlangt : Das ent-fernteste Volk ist nicht zu entlegen, weder zum Bündniß noch zur Feindschaft. Man braucht wenig Truppen um seine Küsten zu bewahren: Die Feinde hingegen brauchen viel, und verwenden unsägliche Kosten; Doch landet man hier oder da, und überfällt Plätze, und plündert Gegenden aus. Denn wie ists möglich Küsten zu besetzen die oft mehr als hundert Stunden lang sind, oder durch Märsche der Geschwindigkeit einer Flotte zuvorzukommen ? Man lese die Geschichte des Kriegs der über die Succession von Spanien entstand. Wie wenig hatten die Engländer Truppen im Lande, ob sie gleich nicht geringe Unruhen darin befürchten mußten, wenn es dem Prätendenten gelang

lang im Reiche zu landen. Aber sie baueten auf ihre Flotte. Yviza, Majorka, Minorka, und Sardinien ergab sich ohne Widerstand: Gibraltar und Viges wurden überfallen, und gleichwohl bewachte Spanien mit soviel Truppen seine Küsten. Barcellona und Gibraltar ward gegen unsre Belagerungen unterstützt, Gibraltar behauptet. Die Handlung der Spanier und Franzosen gieng unter, die ersten verlohren ihre Indischen Schiffe, die andern alles was nach Spanien, Italien und der Levante gieng; die Engländer aber fuhren hin wo sie wollten, zwey Kriegsschiffe deckten wohl achtzig und hundert Kauffarteyschiffe, endlich sah man nichts auf allen Meeren als ihre Flagge.

Dieß sind die entscheidenden Vortheile großer Flotten: Sie müssen aber dem Feinde im Kriege überlegen seyn, sonst kosten sie viel und helfen wenig. Zuletzt wagen sie sich nicht mehr in See, und man takelt sie ab, wie die Franzosen nach den verlohrnen Schlachten zu Gibraltar und Viges thun mußten. Ich bin daher der Meinung, Flotten müssen den feindlichen das Gewicht halten, oder man muß gar keine haben, und sich bloß mit Galeren begnügen, weil diese beständig im Stande sind zu dienen. Man beschützt alsdann nicht nur seine Küsten, sondern erhält auch die Gemeinschaft unter seinen Inseln und Ländern: Denn sie fahren bey windstillen Nächten mitten durch die Flotten des Feinds durch, und versorgen die Seeplätze und Küsten, wie man für gut findet. Den Beweis davon sah man in dem letzten Sicilischen Kriege, wo die Engländer mit zwanzig Schiffen vom Range an der Küste lagen, und weder im Sommer noch Winter die Spanischen Galeren, unter den Herrn Grimau und Montemayor, aufhalten konnten, daß sie nicht die Armee des Marquis von Lede mit allem versahen. Hat man aber Kriegsschiffe und Galeren zugleich, so bringen sie bey windstillem Wetter die beschädigten Schiffe aus dem Gefechte, und helfen den übri-

E

gen,

gen, daß sie die Stellung bekommen die man für gut findet.
Zieht sich die feindliche Flotte zurück, so rücken sie bey
windstillem Wetter an die Arrieregarde an, und geben Feuer:
Die Kriegsschiffe müssen sich sodann wenden, und verlieh=
ren Zeit, die verfolgende Flotte aber rückt näher. Bey
Landungen, oder aus belagerten Festungen und Häfen, nähert
sich die Galere der Küste mehr als die Kriegsschiffe kön=
nen, und beschützt die Landung durch ein flankirendes
Feuer; oder enfilirt die Arbeiten der Belagrer. Will
man Festungen mit Munition oder Truppen versehen, so
dient die Galere bey der Windstille wie beym günstigen
Winde, die Kriegsschiffe nicht.

§. 2.

Unter allen Mächten Europens ist keine, die entschei=
dendre Ursachen hätte auf eine überlegne Seemacht zu den=
ken, als Spanien. Indien, die Gefahr die Silberflotten
zu verliehren, der Umfang seiner Küsten, der Besitz so
vieler Inseln in allen Theilen der Welt, die Nachbarschaft
der Seeräuber von Afrika beweisen es. Hoft man über=
dem Italien, und besonders Neapel und Sicilien wieder
zu gewinnen, wie schifft man sodann die Truppen über,
wenn die Feinde zur See überlegen sind? Ist wohl eine
Nation, die mit größerm Nachdrucke die Handlung aus
dem Weltmeer in das Mittelländische behaupten kann, als
die Spanier, da die Meere keine andre Gemeinschaft ha=
ben als die Straße von Gibraltar, und diese nicht breiter
ist als drey Meilen, und soviel reissende Ströme hat,
daß die Schiffe gezwungen sind sich an die Afrikanische Kü=
ste gegen Ceuta zu halten? Zwey Häfen, der eine zu Ceuta,
der andre zu Algezir oder an dem sogenannten punto malo,
setzten mit einmahl in Stand, durch wenige Schiffe und
Galeren die ganze Durchfahrt zu sperren, wenn die an=
dern Nationen nicht beständig zahlreiche Eskorten mitge=
ben; ein Aufwand der ihre Handlung zuletzt ruinirt, und

wenn

wenn sie es auch thäten, doch nicht ohne Nachtheil seyn würde, weil die spanischen Schiffe ohne große Gefahr aus den Häfen von Ceuta und Algezir auslauffen können, um die Arrieregarden des Feinds über dem Winde anzugreifen, und sobann ihre Häfen wiederzusuchen.

Wie ists nun möglich diese Seemacht in Spanien zu gründen? Ohne die Sache zu erschöpfen, folgen hier einige Vorschläge; den Grund derselben liefert die Erzählung des P. Daniel von der Gründung der Französischen Seemacht, unter Ludwig dem dreyzehnten. Ich folge ihr Stück vor Stück, und zeige ihre Anwendung auf Spanien.

"Der Cardinal Richelieu hatte den König von der „Nothwendigkeit einer Seemacht überzeugt, und erhielt „drauf volle Gewalt sie zu errichten. Es wurd ihm erlaubt „Schiffe in Frankreich zu bauen.„

Dieß würde in Spanien nichts so unerhörtes seyn, als der P. Daniel sagt, daß es damals in Frankreich war, denn es fehlt weder an Bauleuten, noch an den Materialien. Biscaja und unsre andre Provinzen haben nicht weniger Eisen als Frankreich, und die Pyrenäischen Gebirge liefern die Mastbäume und das andre Bauholz von allerley Gattung in gleicher Menge. Der Segro, der Ebro, und der Cinea, führen das Holz mit geringen Kosten nach dem Hafen Alfags. Den Gebirgen von Asturien, Gallicien und Biscaja fehlen nichts als die Masten.

Unser Boden ist so vortrefflich gut, den besten Hanf zu Ankertauen und Wänden zu zeugen, daß es noch itzt alte Leute giebt die sich erinnern, daß vormals kein Englisch, Holländisch, Französisch oder Italiänisch Schiff für gut ausgerüstet gehalten ward, wenn nicht das Tau für den sogenannten Pflichtanker, den wichtigsten Anker im Sturme, aus sevilischen Hanfe gesponnen war. Daß man itzt den Hanf nicht mehr in der Menge findet, die man braucht,

E 2   hat

hat keinen andern Grund , als weil man in langer Zeit
keine Schiffe in Spanien mehr erbaute. Sähe der Land-
mann Käufer, und würde der Bau von Abgaben befreyt,
so würde er auch wieder bauen , und das Geld für das
Tauwerk ginge nicht aus dem Reiche. Wenn Biscaja
nicht alle das Eisen aufbringt , was man im Königreiche
und Indien verarbeitet , so rührt es nicht von der Er-
schöpfung der Bergwerke her, sondern es liegt die Schuld
vorzüglich an den Beamten , die nicht die Hand darauf
halten, daß an jedwedem Orte die gesetzte Zahl von Bäumen gepflanzt wird, woraus zuletzt Mangel von Holz
vorzüglich an den Orten entsteht, wo man das Eisen schmel-
zen sollte. Das Theer liefern die Fichten von Castilien,
Andalusien, Estremadura, Catalonien und Aragon in ge-
nugsamer Menge, und man dürfte doch keine andere dazu
nehmen als die von schlechtem Wuchse.

Gesetzt aber es fände sich auch deß allen ungeachtet,
daß Spanien Mangel an irgend einem der Bedürfnisse zur
Ausrüstung einer Flotte leidet; fehlt es dann Holland und
Engelland nicht gleichfalls dran, und bauen sie nicht dennoch mächtige Flotten? Wer verbietet uns dann nach
Rußland und Norwegen zu gehn, und das alles selbst ein-
zukaufen , was itzt die Engelländer und Holländer nicht
allein für sich, sondern auch für uns abholen, und sodann
in unsern eignen Häfen an uns verkaufen? Könnten wir
dieß Geld, das die Ausländer an uns gewinnen, nicht selbst
verdienen, und alles aus erster Hand abholen, und gegen
Produkte unsers eignen Landes vertauschen? So ginge
das Geld aus doppelter Ursache weniger aus dem Lande,
und unsre Waaren würden in desto größrer Menge ausgeführt. Der Holländer z. E. holet zu Reus, zu Alikante,
zu Cadiz, Malaga, oder Pontovedra, Wein und Brantewein, und führet ihn nach Rußland, Schweden, Norwegen und Dänemark, und gewinnet an beidem. Eben so
macht

macht ers mit dem Zimmerholze, mit dem Eisen, Theere, Talg, und so weiter, das er in Schweden, zu Danzig, Petersburg, Kopenhagen oder Christianstabt einkauft. Holten wir demnach diese Sachen in Rußland, Schweden, Norwegen und Dänemark selbst ab, und brächten unsre eigne Waaren, daran es jenen mangelt, dahin, so würden wir nicht allein im Einkaufe, sondern auch im Verkaufe ansehnlich gewinnen, und statt die Seemächte zu bereichern mit denen wir zum öftern Krieg führen, uns selbst und den Russen diesen Gewinn geben, die jenen nicht sonderlich gewogen sind, und vielleicht einmahl zu unserm Vortheile, manches Hinderniß ihnen in den Weg legen könnten.

Man wird vielleicht sagen, daß die Spanier die Handlung nicht lieben. Ich gestehe es: aber um so mehr müßte man sie dazu aufmuntern, unterdessen aber, bis die Gesinnung sich ändert, den Handel mit Königlichen Schiffen betreiben. Der König hat sobann den Nußen unmittelbar, und die Seeofficiers und Matrosen gewinnen Erfahrung und Kenntnisse, die sie sonst nicht erhielten. Sollte wohl größre Gefahr, oder weniger Nußen bey diesen Reisen seyn, als wenn unsre kleinen Fahrzeuge von Biscaja nach Terranova segeln, um Wallfische zu fangen?

Es ist mir unmöglich hier in alle das Detail einzudringen das diese Materie erfodert, und den Preis der Waaren in jeglichem Lande zum Kauf, Verkauf und Tausche auseinanderzusetzen. Es gehört diese Untersuchung für einen Negotianten von großen Kenntnissen: was ich aber hier noch etwas weitläuftiger wiederholen will, ist die Nothwendigkeit eines Commerztraktats mit Rußland, den Spanien mit dem größesten Eifer betreiben sollte. Maste, Seegelstangen, Holz zum Schiffs wie zum andern Bau, Theer, Pech, Eisen, Hanf und Talg, sind die Waaren die wir in Rußland suchen müssen: Die wir dagegen vertauschen, sind Wein, Brantewein, Salz, Seife, Tobaks-

E 3

blätter,

blätter, Indigo, Cochenille, Zucker, Pommeranzen, Ci=
tronen, Mandeln, Feigen, Rosinen, Oliven und Anis.
Man kennt den Ueberfluß dieser Waaren in Spanien, durch
sich selbst, und durch seinen Handel mit Indien. Masten
und Zimmerholz würden uns auch aus Indien nicht fehlen,
wenn wir die Cedern, die hin und wieder in Neuspanien wach=
sen, aus der Havana, oder auch das Tigaholz aus den Philip=
pinischen Inseln nähmen, das beynahe dem Eisen gleicht
und gegen alle Stückschüße aushält. Die Cedern hingegen
sind von so langer Dauer, daß ich selbst ein Schiff gesehen,
das älter war als sieben und zwanzig Jahre, und das Holz
dennoch so frisch als wäre es erst gezimmert t die Stück=
kugeln aber fahren durch, oder bleiben stecken ohne die ge=
ringsten Splitter. Ich weiß zwar wohl, daß die Politik
einiger Leute vorgiebt, es wäre gefährlich, Zimmerleute,
Eisen und was sonst zum Schiffbau in Indien fehlt, dahin
abzuschicken, um das dortige vortreffliche Holz zu verzim=
mern : Was hindert uns aber, dieß Holz wenigstens ab=
zuspähnen, und statt des Ballasts nach Spanien zu führen.

„3) Der Cardinal legte zu Brouage, Havre de grace,
„und Marseille Stückgiessereyen an, um die Schiffe mit
„eignen Stücken zu versehen.„

Unsre Gießhäuser zu Colinbres, Barcellona und Se=
vilien liefern Stücke von eben der Güte, wie die Giesse=
reyen von Frankreich. Kupfergruben hat vielleicht kein
Reich in der Welt mehr, als wir in Havana und den
übrigen Landen ; Die Stückgiesserey von Sevilien hat so
viel Stücke für Spanien und Indien, und selbst für Italien,
England und Holland gegossen, daß ihre Zahl kaum glaub=
lich scheint.

„4) Damit die Franzosen die See gewohnt würden,
„errichtete man Handlungscompagnien nach den Amerika=
„nischen Inseln und nach Candia.„

Vergleicht

Vergleicht man diese Gegenden mit unserm Indien, und ihren Reichthum mit dem seinen, so sieht auch der Unwissendste wohin das Uebergewicht neigt. Daß wir hingegen nicht soviel durch diesen Handel gewinnen, als wir könnten, ist allerdings nicht zu leugnen. Die Ursache aber ist keine andre, als daß wir die Waaren, die wir in Amerika absetzen, nicht selbst in Spanien verfertigen, sondern von den Ausländern nehmen, die sodann einen Gewinn dabey haben müssen, so daß wir hernach gezwungen sind, die Waaren zu hoch im Preise zu halten. Der Ausländer kömmt sodann selbst, schleicht in einer unbewohnten Rhede ein, und verkauft alles wohlfeiler, folglich kommen die Käufer zu Haufen, und die Bedienten des Königs werden bestochen, und sehen mit offnen Augen nicht. Das sicherste Gegenmittel wäre, dergleichen Befehlshaber ernstlich zu strafen, Küstenbewahrer in den dortigen Gewässern zu haben, und dem Schiffvolke so wie den Gouverneurs, den dritten Theil der Contrebande zu ihrer Belohnung zu geben. Wie man die Waaren im Lande selbst verfertigen sollte, wird weiter unten gezeigt.

Die Philippinischen Inseln haben die vortheilhafteste und erwünschteste Lage, zur Handlung sowohl mit China und Japan, als den andern Reichen des Morgenlandes. Die Waaren die man daselbst findet, Goldstaub und Stangen, Perlen, Ambra, Bezoar, Zibeth, allerley Balsame und Gegengifte, Ingber, Cassia, Sassaparilla, Cacao, Zimmet der allen anderwärtigen übertrifft, Zucker, Taback, Indigo, Drachenblut, Wachs, Baumwolle, Tigaholz zum Schiffbau, Eben= und Japanisches Holz, vortreffliche Pferde, sind die Waaren die sie liefern. Errichtete man einen Handlungsort zu Manilla, so würden die benachbarten Völker, mit Diamanten, Gewürznelken, Muskatennüssen und Persianischen Teppichen erscheinen: aus Spanien hingegen Eisen, Brantewein, Wein, Oel, Gewehr,

mehr, Tücher und andre kurze Waaren, und die Coche=
nille aus Amerika nehmen.   Wie einträglich dieser Han=
del nach den Morgenländern ist, beweist das Beyspiel des
Kaisers ,   der ohne das geringste Etablissement dennoch
Schiffe und Geld für die Ostendische Compagnie ausfün=
dig machte ; um wie viel leichter würde es dem Könige von
Spanien seyn?

„5) Man reinigte die Häfen ,   man befestigte einige
„davon, und legte Magazine daselbst an?„

Sind die Häfen, Passages in Biscaja, Ferrol, Pun=
tales und Carthagena, nicht rein, und mit weniger Mühe
unbezwingbar zu machen ?   Der kleinern Häfen giebts in
beiden Meeren viel.   Magazine hingegen kann man anle=
gen wo man will, wenn man nur auf die Sicherheit denkt.
Don Patigno, Generalintendant der Spanischen Marine
unter Philipp dem fünften, errichtete unterschiedne auf der
Insel Cadiz.   Ich setze übrigens zum voraus, daß nicht
nur jedes Schiff im Hafen , sondern auch die einlaufende
Schiffe im Fall der Noth versehen werden können.

„6) Man verbot allen Steuermännern, Constablern,
„Zimmerleuten , Matrosen und Fischern, und wer sonst
„zum Schiffbau, Calfatern und Tauspinnen gehört, aus=
„wärtige Dienste zu suchen.„

Dieß Verbot ist in Spanien höchstens nur die Matro=
sen betreffend nöthig : sonst trit kein Spanier in fremde
Dienste, wenn ihn nicht ein Verbrechen aus seinem Vater=
lande treibt.   Hingegen fehlt es in Spanien an Menschen
die diese Arbeiten treiben :   Sie würden sich aber mehren,
so wie die Arbeit sich mehrt, und was sodann noch man=
gelt, könnte man mehr als reichlich ersetzen, wenn man
Ausländer die im Lande sich niederlassen wollen, als Ma=
trosen in Eid und Pflicht nimt, und ihnen alle Vorrechte
der Eingebohrnen, nebst der Freyheit zugesteht, unter des
Königs

Königs Flagge und Pässen nach Indien zu fahren. Die Matrosen würden sodann von allen Seiten herkommen, und hätten sie Weiber und Kinder, so sollten sie und ihre Söhne alle Rechte der Landeskinder geniessen, und auf eine Zeitlang frey von Abgaben seyn: wären sie aber ledig, so müßte man kein Schiff mit mehr als einem Drittheile besetzen.

Die gebohrnen Spanier würden weit williger zur See dienen, wenn man ihnen, den Nothfall ausgenommen, erlaubte, den Winter zu Hause zu bleiben. Dieß zu bewerkstelligen müßte man die Spanische Flotte in fünf Divisionen vertheilen, die erste von Biscaja, und hiezu kommen die Matrosen von Biscaja und den beiden Asturien, die zweyte von Gallizien, die dritte von Andalusien, die vierte von Valenzia, wozu die Matrosen von Valenzia und Murzia kommen, und endlich die fünfte von Catalonien. Fände man Bedenken die Völker dieser Provinzen ganz ohne Mischung zu lassen, so könnte man sie nur bey der Heimfahrt umtauschen, damit ein jeder auf den Schiffen seiner Provinz wieder zurückkäme; und wollte man auch die Divisions im Winter nicht vertheilen, so bediente man sich einiger Schiffe, zum Transport sowohl nach Hause als wieder zurück. Ist hingegen keine Gefahr vom Feinde, daß er die getheilten Divisionen in ihre Häfen versperrt und an ihrer Vereinigung hindert, so entspringt aus dieser Theilung mehr als ein beträchtlicher Vortheil. Denn überwintert eine ganze Flotte an einem einzigen Orte, so werden die Lebensmittel so theuer, daß der Sold der Officiers und Matrosen nicht zureicht, und die ganze Equipage sich ruinirt: Vertheilt man sie aber in Divisions, so bringt jedes Land seine Produkten vortheilhaft an, und bey der Versammlung, so wie bey der Theilung, transportirt jede Division, was man von der einen Provinz nach der andern mit Vortheil übersetzt. Die Zurüstungen sind ge-

E 5   heimer,

heimer, und weniger merklich, weil sie vertheilt sind:
Truppen, Munition und Lebensmittel, sind näher beysammen, und folglich schneller versammelt, und die Division zum Auslaufen fertig.   Es ist endlich das beste aller Mittel, die Küsten gegen die Seeräuber zu decken, die,
wenn sie die Kriegsschiffe in einem einzigen Hafen versammelt sehen, nie ermangeln, die übrigen Küsten zu überfallen: Vertheilte man sich hingegen in Divisions, so bliebe
von jeder ein Kriegsschiff unabgetakelt in dem Hafen, und
die Küsten wären sodann sämmtlich gedeckt.

„7) Man legte Schulen an, die Marine zu lernen.„

Philipp der fünfte stiftete bereits eine gute zu Cabiz.
Würde hingegen die Flotte im Winter vertheilt, so müßte
man in jedem ihrer Häfen eine Schule besonders anlegen.
Der Geschmack an dem Seedienste würde dadurch allge-
meiner, und jedes Corps würde suchen dem andern zuvorzukommen.

Dieß waren die Einrichtungen Ludwigs des dreyzehnten
auf Spanien angewandt, hier folgen die von Ludwig dem
vierzehnten.

„8) Man kaufte alles von den Holländern, bis man
„es in Frankreich selbst fertigen konnte.   Man zeichnete
„alle Matrosen in ganz Frankreich auf, und theilte sie
„alle in drey Divisions, die von Bretagne jedoch in fünf.
„Jede Division diente nicht länger als ein Jahr, und sie
„löseten sich ab; die Städte mußten dafür haften, daß
„jeder in seiner Tour sich einstellte, und der König gab ih-
„nen Sold.„

Man müßte diese Einrichtung in Spanien zwar nach-
ahmen, jedoch die Matrosen nur in zwey Divisionen theilen, weil ihrer allerdings weniger sind als in Frankreich.
Dennoch wäre der Dienst nicht so hart als man vielleicht
denkt,

denkt, wenn man auf die Wintermonate, und die Ausländer rechnet, die man statt der Inländer anwerben muß.

Die Statthalter und Intendanten jeder Provinz müssen
von brey zu brey Jahren alle Matrosen mit Sorgfalt auf-
zeichnen, die sich in ihren Provinzen finden, niemand ausgenommen als die Greise und Krüppel und Kinder von eilf
Jahren. Das Verzeichniß wird von jedem besonders
zwiefach an den See-Etat übergeben, und man muß allem
Unterschleife der Magistrate und Unterbedienten zuvorkommen. Wer von den Matrosen, um rechtmässiger
Ursache willen, von seiner Reise freygesprochen wird, muß
sie nachholen. Ihre Invaliden müssen besorgt werden,
und Hofnung von Beute und Avancement statt finden.

„10) Der König machte dem Französischen Abel Lust
„zur See zu dienen.„

Philipp der fünfte errichtete eine starke Compagnie
Gardes Marines aus lauter Edelleuten. Der Zweck
aber derselben kann verfehlt werden, wenn die fremden
Officiers die man in den See-Etat nimt, sie ganz unterdrücken. Es ist zwar im See-Etat Anfangs nicht möglich
die Fremden zu entbehren: Mit der Zeit aber muß
man suchen, ihre Stellen durch die Landskinder zu ersetzen, weil diese sonst den Muth verliehren und
abbanken.

„11) Man setzte in allen Häfen des Königreichs eine
„Baukammer fest, die aus den vornehmsten Officiers von
„dem See-Etat bestand, und jeglichen Theil vom Bau ei-
„nes Schiffes untersuchte. Die Capitains von den Schif-
„fen, die Lieutenants und die Gardesmarines, waren
„sämmtlich verbunden, sich gleichfalls auf dieß Studium
„zu legen.„

§. 3.

§. 3.

Wenn eine Macht darauf umgeht zur See sich zu erheben, so sind die andern die schon im Besitz sind, nicht weniger darauf bedacht, sie, wie ein Sohn des Admiral Byng von der Spanischen Seemacht im Successionskriege sagte, weil sie noch jung ist zu ersticken. Der Mittel diesem zuvorzukommen sind drey. Das erste ist Unterhandlungen, die man so lange als möglich in die Länge verzieht, um indeß seine Rüstungen nur stärker zu betreiben.

Das zweyte ist, daß man die erst geworbne Seemacht nicht zu früh dem Ausgange eines Haupttreffens blosstellt: daß man sie in keinen Hafen legt, wo ihr die feindlichen Brandes beykommen können : Daß man die Landeskinder gut belohnt, die die feindlichen Küsten bestreichen , und sichre und schnelle Nachricht vom Auslaufen ihrer Eskadern bringen : Daß man seine ganze Macht in Geheim vereinigt, und damit eine schwächre feindliche Eskadre überfällt, die sich von den andern getrennt hat: daß man, wofern der Feind dieß Jahr mit einer größern Flotte in die See geht , keine andre Kosten auf seine Marine wende, als was unumgänglich nothwendig ist : daß die großen Schiffe in irgend einem sichern Hafen in brauchbarem Stande bleiben: Daß man sodann einige Fregatten ausrüstet, um die Officiers und Matrosen in Uebung zu halten , und die feindliche Handlung zu stören. Die Streifereyen mit Erfolg zu unternehmen, muß man Verständnisse mit den Schiffern der Feluken und andrer leichten Fahrzeuge von irgend einer unparteyischen Nation, die in die Häfen des Feinds einkehrt, errichten, um durch sie zu erfahren, zu welcher Zeit die feindlichen Kauffartey-Schiffe auslaufen, ob sie Bedeckung haben, wenn die Küstenbewahrer in See sind, wenn sie vor Anker liegen, und so ferner. Man muß sicher von der Treue der Schiffer seyn, damit man ihnen vertrauen darf, zu welcher Zeit

sie

sie die unsren auf dieser oder jener Höhe antreffen werden. Man muß Signals verabreden, damit die Schiffe
an den Vorb der unsrigen kommen, und sie nicht für Seeräuber halten.

Das dritte und beste aller Mittel ist endlich ein
Bündniß mit einer Seemacht , um so zu sagen an ihrer
Hand laufen zu lernen, und die Vortheile im Segeln und
im Fechten zu gewinnen. Man strengt die äussersten
Kräfte an , und vermehret währendes Bündnisses seine
Macht so sehr als man kann, um nach demselben allein zu
agiren. So schloß Ludwig der vierzehnte Anfangs ein
Bündniß mit Carl dem zweyten von Engelland gegen die
Holländer, und ließ breyßig Schiffe vom Range unter dem
Grafen von Estreed zu den Engländern stoßen. Im
Jahr 1672 lieferten die Franzosen den Holländern schon
eine Schlacht, im Jahr 1673 brey, 1675 wagten sie es
mit den Holländern und Spaniern in den Sicilischen Ge-
wässern zugleich: Im Jahr 1677 verbrannte der Graf
Estrees vierzehn Holländische Schiffe in dem Hafen Ta-
bago: 1689 schlug der General-Lieutenant Chateau-Re-
nau mit vier und zwanzig Kriegsschiffen eben so viel Englische , unter dem Admiral Herbert. 1690 schlug der
Marschall Tourville Engländer und Holländer zugleich im
Treffen bey Bevezieres, und 1704 der Graf von Toulouse
bey Malaga.

Vom

Angriffs-Kriege.

Fünftes Capitel.

Von den Landungen.

§. 1.

Wer Landungen vornehmen will, muß stärker an Kriegsschiffen seyn, als der Feind, und die gehörige Zahl
von Transportschiffen haben. Ist man so glücklich, sie in
hinreichender Zahl bey sich selbst und seinen Bundsgenossen
zu finden, so muß man keine ausländische nehmen, denn
sie schleppen vieles Geld aus dem Lande , und man kann
sich nicht immer auf ihre Treue verlassen. Ist man aber
gezwungen Ausländer zu nehmen , so muß man zu einer
und eben der Zeit an alle die Consuls schreiben, die man in
den Häfen der unpartehischen Fürsten unterhält, wo sie solche Transportschiffe zu schaffen im Stande sind. Man giebt
ihnen Befehl, so viel Fahrzeuge als sie können, auf eine gewisse Zeit, unter diesem oder jenem Handlungsvorwande zu
miethen, und zu einer bestimmten Zeit nach diesem oder jenem Hafen zu schicken. Eben diese Anstalten trifft man
auch in seinen eignen Häfen, und sodann vertheilt sich auf
einmahl ein Theil der Kriegsschiffe auf die Küsten , um
die Fahrzeuge die ihnen begegnen anzuhalten, und nach den
Häfen zu bringen , wo man sich mit den Schiffern wegen
der Bezahlung vergleicht.

Man nimt Fahrzeuge in Beschlag, die noch in gutem
Stande sind, und im Segeln nicht zurück bleiben : Der
Accord wird Monatsweise geschlossen, nach der Größe der
Schiffe eingerichtet, und die gehörige Zahl der Bootsleute
, und

und Lebensmittel in denselben benennt. Man verlangt
Bürgschaft. Bey den Schiffen so von den Kriegsschiffen
beygeholt werden, kömmt man aller Beleidigung und
Klagen zuvor: haben die Schiffe Ladung, so sorgt man
daß sie gute Niederlagen bekommen, und für einen billigen
Preis sie absetzen.

Je schneller diese Anstalten auf einander folgen, desto
mehr Kosten werden gespart: Man muß aber bedacht ha=
ben, ob es rathsamer ist, die Kosten einiger Monate nicht
zu schonen, und die Schiffe vor dem Gebrauche zu bezahlen,
oder ob man sich der Gefahr aussetzen will, die ganze Expe=
dition durch die verschiednen Hindernisse verschoben zu se=
hen, dadurch so manches Fahrzeug verspätet werden kann.

§. 2.

Die beste Zeit zu diesen Unternehmungen ist zwischen
den Monaten May und October: vor und nach derselben
sind die Stürme zu häufig, und zerstreuen die Schiffe
großer Flotten oft soweit auseinander, daß sie in vielen Ta=
gen nicht wieder zusammen kommen, und öfters den klein=
sten Eskadern des Feinds einzeln in die Hände fallen.
Ueber dieses leiden die Pferde zu sehr, und es ist gefähr=
lich, sich alsdann ganz offnen Ufern zu nahen, und gleich=
wohl sind diese, wie aus dem folgenden erhellt, die besten
zur Landung.

Der General=Intendant von der Marine, und in sei=
ner Abwesenheit der commandirende Officier von der
Flotte, besorgen das Embarquement, und werden alle Ge=
schäfte desselben unter Männer vertheilen die Kenntniß und
Erfahrung besitzen. Unter dem Intendanten steht sodann
ein Kammer= oder Kriegsrath, der zur See war, schon
öfters dieß Geschäft betrieb, der mühsamsten Arbeit ge=
wohnt ist, und keinen Eigennutz kennt. Denn es man=
gelt hier an Gelegenheit nicht, der Arbeit überdrüssig zu
werden

werden, oder den Versuchungen der Habsucht ein Genüg: zu thun.

Der Intendant muß selbst im Hafen gegenwärtig seyn, wann das Embarquement geschieht, damit er seine Ordres auf der Stelle gebe. Der Commandeur von der Flotte versieht ihn mit Schaluppen, um die Ordres an den Bord der Schiffe zu schicken. Sie müssen Officiers vom See-Etat, der Artillerie, und den Regimentern aussuchen, um ihnen statt der Abjutanten zu dienen. Jeder von diesen Officieren hat sein eignes Geschäft, aber nur ein einziges, damit keiner mit mehr als einerley Handwerksleuten zu thun hat: dem ersten z. E. giebt man nichts als das Zimmerholz, dem andern das Eisen, die Fässer, das Brod, das Pferdezeug, die Seile, mit einem Worte, jedwede Sache einem eignen Manne. Jeder hält sich das genaueste Verzeichniß von allem was er verfertigen läßt, und für wen? Was er ab: liefert, und an wen? von allem was fertig ist, und wo mans findet? Wie viel von jeder Sache noch fehlt? Jeder hat wieder seine Subalterns, alles unverdroßne Leute, und die lesen und schreiben können.

Alle diese Officiers erscheinen jeden Abend bey dem Intendanten, um den Rapport zu geben, und die schriftlichen Befehle desselben zu empfangen: Ist der Befehl, dieß oder jenes zu verabfolgen, so läßt sich der Officier die Quittung hinter dem Befehl schreiben, um alles auf einmahl zu belegen.

§. 3.

Wenn man eine Landung beschloß, so ist die erste aller Sorgen, alles was man in Bereitschaft dazu halten kann, noch ehe die Transportschiffe beygebracht worden, mit dem größten Geheimniß zu besorgen, damit alsdann, wann sie anlangen, der Aufenthalt desto geringer sey. Ist aber der Entwurf schon lautbar geworden, so muß man nun mit allen

allen Kräften arbeiten, um die Zeit sovicl möglich zu kau=
fen : Denn man braucht ihrer allezeit vicl. Hier ist cin
Theil der nöthigsten Materialien und Bedürfnisse.

Holz und Nägel zu den Feuerstätten, Abtritten, und
Krippen : zu den Pritschen worauf die Soldaten liegen,
zu den Stellen woran sie die Gewehre hängen.

Bauchgurte für die Pferde zum Einschiffen, wie auch
andre.

Ringe und Stricke, um die Pferde an den Gurten fest
zu halten.

Bohlen und Nägel, um den Boden auf dem die Pferde
stehn zu beschiessen.

Schaffelle, damit sie sich an der Brust und den Schwänzen
nicht wund stossen.

Netze das Stroh einzufassen. Wassertonnen in gros=
sem Vorrath, und Tränkeimer: Hähne für die Wasser= und
Weinfässer: Maaß und Gewicht: Brücken die Reuterey
einzuschiffen : Spanische Reuter zur Bedeckung der ersten
Infanterie die zur Landung ausgesetzt wird : Schaluppen.

Eine Reserve von Brettern, Nägeln, eisernen Ringen,
Gurten, Stricken, u. s. f.

Jede Camerabschaft empfängt ein Faß zum Wasser, ei=
nes zum Wein, zwey kleine zu Oel und Essig. Die Tau=
ben am Boden des Fasses gehn um drey Finger breit über
den Boden vor, und der Boden hat ein großes Spundloch
mit seinem Spunde, damit wenn man füllt nichts vorbey=
fließt. Zum Zapfen braucht man den Hahn.

Ferner empfängt jede Camerabschaft: Zwey hölzerne
Kannen zum Trinken : Zwey hölzerne Näpfe zum Essen,
denn die irdenen gehn sogleich entzwey : Hölzerne Löffel.
Ein verzinntes kupfernes Castrol mit einem Deckel der ge=
nau paßt, damit beym Schwanken des Schiffs nichts her=
ausspritzt.

F

ausspritzt. Ein Netz mit einem Strick, um das Salz-
fleisch und die getrockneten Fische in die See zu hängen und
zu wässern. Man giebt zu diesem Ende das Fleisch oder
die Fische einen Tag zuvor aus.

Matten darauf zu schlafen. Will man speisen, so
werden sie aufgerollt. Einen Besen und einen Binsenkorb,
um die Knochen, und was nicht gegessen wird, wegzuwer-
fen. Lavendel, Rosmarin und Wacholderbeeren, um
fleißig zu räuchern, wodurch man vielen Krankheiten vor-
bauet. Einige Talg- und Wachslichter zur Vorsorge in
der Nacht. Einen oder zwey Säcke, Röcke und Strümpfe
zu verwahren, die sonst voll Flecken würden. Weste und
Hosen trägt man umgekehrt.

Verpflegung an Brod, Wein, Wasser, Salz und
Holz für jeden Tag.

Achtzehn Unzen Zwieback, oder vier und zwanzig Unzen Brod.

Drey Achtelmaß Wein, oder drey bis vier Unzen Brant-
wein, zwey Maß Wasser.

Anderthalb Pfund Holz, weil ihrer viele zusammen kochen.

Ein halb Picotin Salz auf fünfhundert Portionen.

Verpflegung für einen Fleischtag.

Fünf Unzen gesalznen Speck, oder acht Unzen gesalzen
Fleisch, oder zwölf Unzen frisches Fleisch, zwey Unzen Reis, oder drey Unzen Erbsen, Bohnen oder Wolfs-
bohnen.

Verpflegung für einen Fasttag.

Fünf Unzen Stock- oder Dunn- oder andern Fisch,
oder sechs Unzen Käse.

Zugemüse

Zugemüse zur Suppe wie am Fleischtage.

Eine Unze Oel, und ein halb Nössel Essig.

Verpflegung für jeden Kranken.

Zehn Unzen weissen Zwieback, oder vierzehn bis sechszehn Unzen Brodt. Wer das Fieber hat, empfängt weniger;
zwey Unzen Grütze, Spanische Nudeln oder andre Mehl-
speise: Ist nichts anders vorräthig, so giebt man zwo Unzen Zwieback mehr zu einer geriebnen Brodsuppe oder
Panade.

Acht Unzen Schöpsenfleisch, oder das Viertel von einem alten Huhn. Ein Ey. Anderthalb Unzen Mandeln,
zwo Unzen Rosinen. Eine halbe Unze Zucker. Ein halb
Pfund Kohlen, oder Holz in gleichem Verhältniß.

Einem Spanischen Pferde gehören alle vier und zwanzig Stunden anderthalb Metzen Gerste, und zwölf Pfund
Stroh, oder fünf und zwanzig Pfund Heu; hat aber die
Reuterey weniger zu thun, so kann es auch wohl mit einer
einzigen Metze bestehn. Ein Deutsches Pferd verlangt
Haber und Heu: Den Spaniern aber ist der Haber zu
hitzig, und das Heu macht sie haarschlächtig. Die Sardi-
nischen und Sicilischen Pferde werden gefüttert wie die
Spanier, die andern Italiäner aber gewöhnen sich an alles.

§. 4.

Die ersten Transportschiffe die einlaufen, werden für
die Reuterey eingerichtet, weil diese die meiste Zeit und
Veränderung fodert. Man verfertigt vor allen Dingen
die Abtritte, die Speisekammern, die Krippen. Man hielt
die Fußboden und macht die Ringe fest. Große Schiffe
sind nicht so gut zum Transport der Cavallerie, als die kleinern, oder Barken und Tartanen, wenn diese nur hoch genug sind, daß die Pferde nicht mit dem Kopfe ans Verdeck stoßen, und so breit daß sie in zwey Reyhen stehn, und

F 2   ein

ein Gang mitten durch bleibe; denn kleine Schiffe können näher an das Ufer als die großen, und man kann folglich die Pferde leichter einschiffen, beym Ausschiffen aber brauchen sie nicht soweit zu schwimmen. Ueberdieß ist man in kleinen Fahrzeugen der Lücke im Verdeck überall nahe, und die Pferde schöpfen daher besser Luft als in den großen.

Wenn die Fahrzeuge kein Verdeck haben, und so klein sind daß man weiter keinen Raum drinn hat, als für die Pferde, Menschen, Wasser und Lebensmittel; so hängt man das Heu oder Stroh, in Netzen, zu beiden Seiten der Schiffe heraus, doch so, daß sie das Manoeuvre mit Tau und Segel nicht hindern.

Zu den Hospitälern wählt man die großen Schiffe, und die Luft muß durch verschiedne Oeffnungen durchstreichen. Das Verdeck ist zum Theil offen und vergittert : Gegen den Regen deckt man sich mit gewächster Leinwand.

Die Schiffe der Infanterie werden mit Abtritten, Pritschen und Speisekammern versehen.

Man muß der Schiffe nicht zu viel haben, um keine unnöthige Kosten zu machen; aber auch nicht zu wenig, wodurch viele Krankheiten entstehn.

§. 5.

Die Zahl der Mannschaft beym Einschiffen zu wissen, muß man eine Musterung halten, ehe die Schiffe ausgetheilt werden, und sodann scharf darauf halten, daß auch diese Zahl von Mannschaft sich einschiffe. Je weniger Weiber und Gepäck, desto besser, doch muß der Staat für die zurückgelaßnen sorgen.

Die Zahl der Bedienten wird durch eine Verordnung bestimmt. Man rechnet einen Bedienten für zwey Subalterns, für den Hauptmann einen, für den Major und Oberstlieutenant zwey, für den Obersten vier, fünf für den
Brigadier,

Brigadier, sechs für den Generalmajor, sieben für den Generallieutenant, zwey Marketender für jedes Bataillon Infanterie und jedes Regiment Cavallerie.

Bey dem Bataillon werden nicht mehr als drey Pferde gut gethan, nemlich für jeden Stabsofficier eins : Doch ists den übrigen Officiers erlaubt, sich selbst für ihre Pferde Schiffe zu miethen. Bey der Cavallerie erlaubt man jedem Officier und Capitain wenigstens eins, den Stabsofficiers zwey, den Obersten und Brigadiers drey.

Jedes Regiment erhält seine eignen Schiffe. Hat der Oberste sie sodann unter die Compagnien vertheilt, so schickt er dem commandirenden Officier vom Embarquement, durch den Major, die Namen der Capitains, des Schiffers und des Schiffs ; und empfängt dagegen von diesem den Etat der Lebensmittel und der Wassertonnen die ihm gereicht werden sollen.

Man muß bey der Vertheilung der Schiffe dafür sorgen, daß die Brigaden ganz zu einerley Abtheilung der Flotte kommen, und die Regimenter wieder mit allen ihren Transportschiffen durch ein und eben dasselbe Kriegsschiff gedeckt werden. Die Flotte wird gemeiniglich in drey Eskadern vertheilt, die Avantgarde, das Corps de Bataille, und die Arrieregarde. Jede Eskadre theilt sich wieder in Divisions von drey bis vier Schiffen, und jedem dieser Schiffe ist eine gewisse Zahl Transportschiffe angewiesen, nachdem die Anzahl von beyderley Gattung groß oder klein ist. Jedes Kriegsschiff kennt seinen Platz in der Flotte, nach den verschiednen Stellungen die man wegen Feind und Wind vielleicht annehmen muß.

Die Fregatten , die an der Avant- und Arrieregarde und auf den Flanken segeln, um die fremden Schiffe, die man erblickt, zu recognosciren, werden mit keinem Transporte beschwert.

Zu

Zu dem Pulver wählt man sich eigne kleine Schiffe, um nicht zu viel auf einmahl zu wagen. Kommen die Pulvertonnen unten auf den Raum, so muß man Bretter unterlegen, damit es nicht feucht werde. Es darf durchaus kein Eisen an die Pulvertonnen treffen : Wären sie daher mit eisernen Reifen beschlagen, so setzt man zwischen jede zwey eine andre ohne Reif. Die Bomben, wenn sie gefüllt sind, werden durch Bretter abgesondert, so daß jede in einem eignen Fache liegt. Man ladet die Pulverschiffe besonders für sich, und in gehöriger Entfernung von den andern : Man darf weder darauf kochen, noch Feuer anzünden, noch Taback rauchen, die Mannschaft wird mit Proviant von kaltem Essen versehen. Es werden gewisse Flaggen aufgesteckt, woran die andern Schiffe sie erkennen. Ein Officier führt das Commando.

§. 6.

Jeder Officier von den Landtruppen, der auf dem Transportschiffe commandirt, muß die Lebensmittel und das Wasser untersuchen, so wie man es an Bord bringt. Das Wasser wird am spätsten eingeschifft, damit es sich desto länger erhält, und man muß drauf sehn daß die Tonnen rein sind. Fehlt es irgendwo an der Güte oder der Zahl, so meldet man es dem Officier vom See-Etat, an welchen man angewiesen ward, oder dem commandirenden Officier vom Embarquement selbst. Der Nutzen des Diensts erfodert Eintracht zwischen den Officiers vom Lande und der See, und man muß mit Schärfe darauf halten. Die Beschleunigung des Embarquements auf den Transportschiffen wird den Officiers vom See-Etat aufgetragen, weil sie am besten die Schiffer in Ordnung halten können : Sie müssen den Transportschiffern hülfliche Hand leisten, die Schiffe zu calfatern, eines oder das andre mit Schaluppen beyzuholen, und so ferner.

Das

Das schwere Geschütz wird eingeschifft ehe die Truppen
an Bord gehn , und dient den besten Fahrzeugen oder
Kriegsschiffen statt des Ballasts. Zu jedem Stücke kommen seine Affetten, alles Geräth zur Ladung, seine künftige Bettung, Schanzzeug, einige Kugeln vom Caliber
des Stücks, kurz alles was zur Batterie gehört, damit
man nichts von andern Schiffen zu entlehnen brauche.
Man ladet die Artillerie auf die Kriegsschiffe, weil sie am
besten ausgerüstet sind um Wind und Meer zu widerstehn,
und folglich am wenigsten von der Strasse verschlagen
werden. Jedes Schiff empfängt eine Reserve von Lebensmitteln, Munition, und den andern Bedürfnissen, auf
den Fall da es durch Sturm von der Flotte getrennt wird.
Ich komme wieder auf die Truppen.

§. 7.

Die Regimenter empfangen Befehl von einem gewissen Tage an, beständig marschfertig zu seyn, und unterdessen alles Geräth, das sie nicht unumgänglich brauchen, zu
Schiffe zu bringen. Indeß verändern die Schiffe ihre
Posten, und stellen sich in die Ordnung in welcher sie auslaufen sollen. Hiedurch verhütet man viele Verwirrung,
und daß sie beym Auslaufen nicht an einander stossen und
sich mit den Tauen verwickeln. Die Nacht vor dem
Embarquement empfängt jedes Regiment Befehl, des Morgens früh an einen gewissen Posten des Hafens oder der
Rheede zu rücken: Und hier erwarten ihrer alle Schaluppen und Boote von den Transportschiffen an deren Bord
sie treten, von den Kriegsschiffen die sie cökortiren, und
alle die kleinen Fahrzeuge die ausserdem im Hafen sich fanden , und unter die Transportschiffe vertheilt wurden.
Jedes Regiment wird in so viele Divisionen vertheilt, als
es Transportschiffe hat, und man muß scharf darauf halten, daß keine Division der andern ihre Schaluppen wegnimt. Die Officiers vom See-Etat, so über die Trans-

F 4 portschiffe

portschiffe gesetzt sind, müssen in jede Schaluppe oder Boot einen Unterofficier vom See-Etat commandiren, daß sie so oft ans Land zurückkehren als das Embarquement es erfodert.

Geschieht das Einschiffen in einem kleinen Hafen, so behält man den Hafen zu den Brücken für die Cavallerie: Die Infanterie embarquirt sich zu beiden Seiten auf der Rheede.

Ist der Grund seicht, so daß die Schiffe für die Cavallerie nicht nahe genug an die Brücken anlegen können, so holt man die Pferde auf andern kleinen Fahrzeugen von den Brücken ab , und legt sich sodann mit ihnen an die großen unterhalb Windes.

Jedem Regimente Cavallerie wird die Brücke angewiesen auf welcher es sich einschiffen soll. Der Brücken müssen viel seyn, denn sie kosten wenig, und es ist ein sehr unangenehmer Vorfall , wenn der Wind während des Einschiffens sich erhebt ehe noch die Cavallerie ganz eingeschifft war , weil sie erstaunend viel leidet, wenn die Schiffe vor Anker liegen , und die Consumtion von Wasser groß ist.

Man embarquirt sich, wenn es seyn kann, des Tags; des Nachts aber, wenn die Winde die am Tage stürmen, es unumgänglich nothwendig machen.

Die Disciplin beym Einschiffen muß scharf seyn, damit weder Truppen noch Schiffer Aufenthalt verursachen.

§. 8.

Die künftigen Landungen zu erleichtern , und auf einmahl viele Truppen zugleich auszusetzen, muß man ausser der gewöhnlichen Anzahl Schaluppen, sich noch mit vielen andern versehen, die aber niedrig genug sind, um hart ans Ufer zu kommen, doch nicht so niedrig, daß sie beym ge-

ringsten

ringsten Winde unnütz werden. Am Vordertheil ist eine
Blendung mit Schießscharten für die Steinmörser, die
Blendung kann aber auch zur Brücke dienen , wenn man
sie niederläßt. Ist die Reise lang , oder in stürmischer
Jahrszeit, so müssen die Kriegsschiffe die Schaluppen an
Bord nehmen. Man könnte sie wohl theilen, wenn der
Platz fehlt, doch glaube ich , wäre es besser sie ganz zu
erhalten , und dafür die großen Boote ins Wasser zu
werffen.

Der Chef der Landtruppen besteigt das Schiff des
Admirals.

§. 9.

Sobald das Embarquement völlig geschehn, nehmen
alle Schiffe ihren Rang, die ihn etwan noch nicht hatten,
und die Kriegsschiffe breiten sich soweit aus als nöthig.
Bey schärffster Strafe darf nun weder Officier noch Soldat wieder ans Land gehn. Wer dagegen handelt, wird
auf der Stelle arretirt, und nach der Flotte geschickt.

Der Admiral übergiebt den Generallieutenants, Chefs
von den Eskadern, und Capitains, und commandirenden
Officiers von den Schiffen , die Verhaltungsbefehle und
Signale, in einer versiegelten Ordre , die sie nicht eher
öffnen dürfen , als nachdem die Flotte schon unter Segel
ist, und in Gegenwart der Officiers von ihrem Schiffe.

Die Transportschiffe empfangen gleiche Ordres; jedoch
empfängt sie hier der Officier von den Landtruppen , um
sie dem Schiffer zu übergeben, wenn die Flotte schon unter
Segel gegangen. Alsdann ists nicht mehr erlaubt Boote
nach dem festen Lande zu schicken, damit niemand den Inhalt der Ordres verrathen könne.

Alle Commandeurs der Kriegsschiffe , und die commandirenden Officiers von den Truppen auf den Transportschiffen, empfangen eine zweyte versiegelte Ordre, mit

F 5

dem

dem Befehle sie in Gegenwart von Zeugen zu öffnen, wenn das Schiff durch Sturm oder andre Zufälle von der Flotte getrennt wird.

Die Ordre bestimmt den Hafen, das Vorgebirge oder die Küste, wo das Schiff Nachricht vom Laufe der Flotte einholen soll, um wieder zu derselben zu stoßen.

Einige Zeit vor dem Embarquement, und vier bis fünf Tage nachher, sperrt man nicht nur den Hafen wo es geschieht, sondern alle Häfen der Küste, damit die Spions des Feinds das Auslaufen der Flotte nicht im voraus verrathen. Die Kriegsschiffe tragen zur rechten Zeit Sorge, alle Schiffe die außer dem Kanonenschuß vom Hafen Anker geworfen, unter die Stücke desselben zu führen.

§. 10.

Es werden Signale festgesetzt, die zur See statt der Befehle dienen: Man giebt sie des Nachts durch Schwärmer, durch Pulver das man in kleine Röhren füllt damit es desto länger brenne, durch Stückschüsse, durch Leuchten, die nachdem ihre Zahl, ihre Stellung, und die Art wie man sie aufhängt, sich ändert, bald dieses bald jenes bedeuten. Die Bedeutung des Stückschusses, des Rauchs, und der Raketen verändert sich nach der Zahl, der Zeit die man dazwischen inne hält, oder den Signals die man zwischen den Kanonenschüssen giebt. Man hat Signale sich en Ordre de Bataille zu formiren, das Treffen anzufangen oder zu enden, diese oder jene Eskadre zu unterstützen, daß die Capitains der Schiffe an des Admirals Bord kommen, und so ferner. Die Signale durch den Kanonenschuß sind am besten bey neblichtem Wetter: Bey hellem bedient man sich auch noch der Flaggen, die nach ihrer Farbe, und dem Orte da sie wehen, ihre Bedeutung verändern. Vor jedem Signal geschieht ein Stückschuß zum Avertissement, damit alles drauf achte, den Fall ausgenommen wenn man

den

den Feind überfallen will und nahe am Lande steht.   Die
Signale bestimmen,   ob das Manduvre das sie vorschreiben, die ganze Flotte oder nur eine gewisse Eskabre, oder
nur dieß oder jenes Schiff betrift, wenn es zum Exempel
alle Segel brauchen soll,   ein Fahrzeug daß man entdeckt
auszukundschaften, es zu verfolgen, und so ferner.   Man
verändert die Signale, so offt Gefahr da ist, daß der Feind
sie erfährt.

§. 11.

Die Flotte theilt sich in Eskadern, die Eskadre in Divisions :   An jede dieser Abtheilungen wird eine gewisse
Zahl Transportschiffe gewiesen.   Segelt man eine freundliche Küste vorbey, so halten sich die Transportschiffe zwischen der Küste und den Kriegsschiffen,   einige Fregatten
und Galeren ausgenommen,   die in der Reihe der Transportschiffe bleiben ,   oder auch noch wohl näher gegen das
Land zu sich halten, damit nicht ein leichter feindlicher Ca-
per bey der Nacht unter die Transportschiffe sich ein-
schleicht, und irgend eins davon wegnimt, ehe das Kriegsschiff im Stande war ihm zu Hülfe zu kommen.

Schifft man an der feindlichen Küste, so segelt der größeste
Theil der Kriegsschiffe, und fast alle Galeren und Fregatten zwischen der Küste und den Transportschiffen.

Ist die größeste Gefahr bey der Avantgarde, so besteht
sie aus dem größesten Theile der Kriegsschiffe; die Arrieregarde im entgegengesetzten Falle.

Ist die Gefahr auf allen Seiten gleich groß, so segeln
die Kriegsschiffe in zwey Reihen, und nehmen die Transportschiffe zwischen sich, damit, wo der Feind sodann auch
herkömmt, dennoch beide Reihen zwischen ihm und dem Winde seyn können.

Die Kriegsschiffe müssen nie soweit von einander sich
entfernen, daß, wenn sie des Morgens nahe an einer feindlichen

lichen Eskadre sich fänden, es ihnen zu schwer fiele, sich wieder zu vereinigen. Die Transportschiffe formiren sich in so vielen Reihen als nöthig, damit keine länger wird als die Reihe der Kriegsschiffe, die sie bedeckt.

An der Avant- und Arrieregarde, und auf den Flanken, segeln leichte Fregatten, um durch Signale von ihren Recognoscirungen Nachricht zu geben, und die Transportschiffe wieder zur Flotte zu bringen, die des Nachts die Strasse verlohren, oder durch den Sturm unter Wind gekommen.

Wird man bey anbrechendem Tage gewahr, daß einige Fahrzeuge zuweit vor sind, so giebt man ihnen ein Signal daß sie warten: Sind einige zurück, so giebt man das Signal alle Segel beyzusetzen, die Flotte aber fährt indeß blos mit dem Marssegel, damit jene desto zeitiger wieder zu ihr stossen. Befinden sich diese Fahrzeuge überhalb des Winds von der Flotte, so winkt man ihnen beyzulegen; wären sie unterhalb desselben, so legt die Flotte bey.

Die größeste Schwierigkeit ist beym Sturme, und widrigen Winde; denn unter einer zahlreichen Flotte giebt es allemahl viele Schiffe die nicht vor dem Winde halten können, und überhaupt sind nicht alle im Segeln gleich, so daß, wenn man laviren muß, die ganze Flotte in Verwirrung geräth. Damit man also weder rückwärts kömmt noch zuweit von der Strasse abweicht, ist kein besser Mittel, als die Schläge lang genug zu machen, damit ihrer wenig bleiben; muß man aber unumgänglich vor dem Winde halten, so setzt man nicht mehr als die nothwendigen Segel bey.

Es ist gut, wenn man sich an eine freundliche Küste hält, wofern es ohne große Umwege geschieht, und die Küste mit guten Häfen versehen ist. Denn alsdann kann sich die Flotte in denselben bergen, wenn Stürme und widrige Winde kommen, man läßt die beschädigten Fahrzeuge zurück,

zurück, und erfrischt sich mit Lebensmitteln und Wasser,
wenn die Farth durch Windstille zu langsam geworden.
Ist keine solche Hoffnung da, so muß man zuweilen eigne
Schiffe mit Wasser laden, damit es der Cavallerie
nicht fehle.

Man vermeidet die Küsten, wenn die Bestimmung der
Flotte geheim ist, und nimt selbst beym Auslaufen eine
falsche Richtung, bis alles dem Lande aus dem Gesicht ist.

Es darf nicht an Steuermännern fehlen, so die Küsten
kennen: denn die Seekarte, und selbst die Karte des Hafens enthält nicht alles, was man beym Segeln wie bey der
Landung zu wissen gebraucht. Man naht sich nie den Küsten zu sehr, um in gehöriger Entfernung von den Vorge-
birgen zu bleiben, und diese doubliren zu können.

§. 12.

Einige Stunden vor dem Debarquement setzen die
Soldaten ihr Gewehr in Stand, schrauben Steine auf,
zünden im Lauf etwas Pulver an, und laden: Denn das
Schwanken des Schiffs verdirbt viel an den Gewehren
und alles rostet. Kurz vor der Landung kleidet man sich
an, und hängt das Seitengewehr und die Patrontaschen um.

Man vertheilt die Mannschaft jedes Schiffs in soviel
Trupps, als sie Schaluppen und Farthen haben wird.
Der Trupp der zu erst landen soll, wird auf den Ueberlauf
gestellt, die folgenden unter das Verdeck, damit man alle
Unordnung vermeide. Die Infanterie muß Piken haben,
oder Spanische Reuter: Wählt man das letzte, so
müssen sie im Stande seyn, ehe die Infanterie in die Schaluppen trit.

Die Cavallerie macht den Pferden Wind, um sie abzukühlen: Es geschieht durch einen Sack, der an beiden
Enden offen ist, oder durch ein Segel das halb rund ge-

bogen

bogen wird, und mit dem einen Ende an die Pferde, und
mit dem andern an die Lüke vom Verdeck reicht.   Man
netzt die Pferde mit Wasser , damit sie nicht steif werden,
wenn man sie plötzlich aus der so großen Hitze ins Wasser
wirft.

Die Schaluppen setzt man in Stand, bessert was auf
der Reise verdarb, und wirft sie über Bord, um sodann
vom Vorder= bis zum Hindertheil, Bretter an die Bänke
zu befestigen , die beym Landen wie ein Ueberlauf dienen,
und großen Nutzen schaffen.   Die Schaluppen werden in
Eskadres vertheilt , und jede steht unter ihrem eignen
Commandeur , der wissen muß, aus was für Schiffen
und von welcher Division er die Truppen zuerst ans Land
bringen soll , und wie die Schiffe in der Ordnung auf ein=
ander folgen.   Jede Schaluppe wird mit einem Officier
vom See= und Landetat besetzt, auf die man sich allerdings
mehr verlassen kann, als auf den Herrn des Schiffs.

Der Admiral hat verschiedne Schaluppen zur Ordon=
nanz, und ernennt, um die Geschäfte nicht zu sehr zu ver=
mehren, einen Commandeur für die Schaluppen, der sich
auf den besten Segler unter allen Galioten setzt, und wie=
der zwey oder drey Ordonnanzfeluken bey sich hat, um sei=
ne Befehle an die Commandeurs der Divisionen von den
Schaluppen zu schicken.

Wenn es nun bald Zeit wird an das Ausschiffen zu
denken, so commandirt man in jedem Schiffe den aufmerk=
samsten Officier der am besten die Signale versteht, um
dem Commandeur des Schiffs richtigen Rapport von je=
dem zu geben, worauf hier alles ankommt, wenn man
Zeitverlust und Verwirrung vermeiden will.   Der Chef
jeder Eskadre wiederholt das Signal so das Admiralschiff
gab, damit alle Schiffe es sehen können, und der Admiral
wisse daß es verstanden worden.

Weil

Weil dieß alles noch im Segeln geschieht, so giebt nun der Admiral, wenn es geschehn, das Signal daß alle Schiffe, Schaluppen, Boote und Nachen, an die Posten sich begeben, die sie zur Landung haben sollen. Die Kriegsschiffe, Galeren und Gallioten nehmen den Posten ein, der in der Folge gezeigt wird. Die Transportschiffe rücken hinter den Kriegsschiffen in die See, und halten sich so nahe beysammen, als nur möglich, ohne an sich selbst oder die Kriegschiffe zu stoßen. Hier legen sie sodann vor Anker, und ist der Grund für ihre kurzen Taue zu tief, so halten sie sich mit dem Schonfahrsegel.

Damit die Schaluppen wissen zu welchem Schiffe sie gehören, so läßt jedes Schiff gewisse festgesetzte Flaggen und Wimpel vom großen Maste, vom Hinter- und Vorderkastele wehen. Einer von diesen Wimpeln bezeichnet die Division, der andre das Schiff, und sie unterscheiden sich sämmtlich durch ihre Farben. Der Chef jeder Eskadre und jeder Division von den Schiffen, wie von den Schaluppen, empfängt eine Liste von den Farben dieser Flaggen für die ganze Flotte.

§. 13.

Wenn der Admiral sieht, daß dieß alles geschehn, so giebt er den Schaluppen das Signal, sich den Schiffen an Bord zu legen, zu denen sie gehören, und die Truppen einzunehmen. Befinden sich einige von diesen Schiffen unter dem Winde, so daß es ihnen unmöglich ist ihre Stelle einzunehmen, so muß der Commandeur von der Eskadre der Schaluppen, andre von der nächsten Division an ihre Stelle schicken.

Ist der Wind stark oder die See geht hohl, so legen die Schaluppen unterhalb des Windes an Bord, ausser dem aber von beiden Seiten zugleich. Die Officiers von den Landtruppen werden darauf halten, daß von ihrer
Seite

Seite alles in der größesten Stille geschieht, damit man die
Signale höre und verstehe, und alles ohne Unordnung sey.
Niemand darf bey schärfster Strafe sich unterstehen, Schaluppen die zu fremden Schiffen gehören, an seinen Bord
zu nöthigen.

Die Grenadiers debarquiren aus allen Schiffen zuerst,
und halten unter sich den Rang von ihren Regimentern, so
auch die Musketiers. Die Compagnien des Bataillons
folgen nach der Anciennetät ihrer Hauptleute. Aggre-
girte Officiers folgen mit der ersten Division, die wirklichen Officiers mit ihren Compagnien. Theilt sich die
Compagnie, so bleibt bey jeder Abtheilung ein Officier.
Theilt sich ein Regiment, so geht der Oberste und Major
mit der ersten Landung, der Oberstlieutenant und Adjutant mit der zweyten. Ist die zweyte Division schwächer
als drey Compagnien, so gehn alle Stabsofficiers mit
der ersten.

Wenn die Truppen sich in die Schaluppen werfen,
müssen die Officiers scharf darauf halten, daß kein Streit
noch Gedränge wird, und Munition und Gewehr trocken
verbleibt. Die Truppen werden rangirt wie sie fechten
sollen, und treten in nemlicher Ordnung in die Schaluppen: Jeder Soldat muß wissen zu was für einem Gliede
er gehört, und nach welcher Seite man deployiren wird:
In die ersten Glieder kömmt die vertrauteste Mannschaft.

Die Generals von der Landmacht folgen ein jeder ihrer Division. Der commandirende General, der General-
quartiermeister, und ihre Suiten folgen mit der ersten
Landung. Die Generals müssen wissen, wo sie sich schliessen, und wo sie sich ausbreiten sollen, damit keine Lücken
entstehn. Vielleicht wäre es gut, wenn die erste Landung den Posten des rechten Flügels besetzt, so daß
die andern, die folgen, sämmtlich an die Linke sich
schliessen.

Wenn

Wenn die Schaluppen die ganze erste Landung an
Bord nahmen, so gibt man das Signal, daß sie zwischen
die Kriegsschiffe oder hinter dieselben sich legen, und alsdann geben die Kriegsschiffe Feuer gegen das Land, doch
nur Schuß vor Schuß: Denn zwischen den Generalsalven
verstriche zuviel Zeit. Man bestreicht die ganze Küste
mit gleich starkem Feuer: Würde man aber gewahr daß
hier oder dort Terrain unbestrichen verbliebe, so richten
die gegenüberliegenden Schiffe ihre Stücke, die zur rechten
Hand links, die zur linken Hand rechts, damit man dieß
Terrain fasse.

Die ganze Flotte formirt sich im halben Monde, und
die kleinsten Schiffe legen sich am nächsten ans Land, weil
sie keinen zu tiefen Grund brauchen, und damit ihre Stücke
das Ufer auch erreichen: Doch müssen sie, sowohl als die
großen, stets die Sonde in der Hand haben, und den Grund
überall messen, wo nur der geringste Zweifel seyn kann.
Die Galeren und Gallioten decken zuweilen die Flanken
der Fregatten: Ihr rasirendes Feuer ist vortrefflich,
und es gelingt zuweilen durch sie, daß man die feindliche
Verschanzung der Länge nach beschiesset. Rückt der Feind
an, so giebt man ihm Salven mit Kartetschen, überall
wo man nicht Gefahr läuft seine eignen Truppen zu
verwunden.

Wenn das Feuer der Flotte die Verschanzungen des
Feinds niedergeschossen, seine Stücke demontirt, oder seine
Truppen vom Ufer entfernt hat, so folgt nun das Zeichen zur
Landung. Sobann rücken die Schaluppen in so breiter
Front als möglich vor den Kriegsschiffen vor, gegen den
Strand, rudern mit allen Kräften, und spannen bey gün-
stigem Winde die Segel. Doch hißt man die Segel
wieder zur rechten Zeit, und nimt die Ruder aus dem Was-
ser, damit die Schiffe nicht anprallen, und die Zeit sich
verliehrt die man braucht sie wieder flott zu machen.   Es

G   kömmt

kömmt hier nicht darauf an, daß die Soldaten bis an das
Knie naß werden.　Die Commandeurs der Schaluppen
dörfen nicht einer dem andern vorrücken wollen, damit kein
Fahrzeug ans andre stoße,　die Landung mit ganzer Front
und auf einmahl geschehe, und keine Troupe einzeln attakirt werden könne.　Die Entfernung der Schaluppen von
einander bestimmt die Zahl ihrer Truppen , damit diese
bey der Landung des Terrains weder zuviel noch zu wenig haben.

Sobald die Schaluppen vor den Kriegsschiffen vorbey
sind, hört alles auf zu feuern, was mit seinem Feuer sie
treffen kann.　Dieß ist nun allerdings der Zeitpunkt, wo
der Feind, der bis dahin ausser dem Stückschuß sich hielt,
nun in vollem Jagen anrücken wird, um die Truppen der
Landung zu überfallen, ehe sie noch en Ordre de Bataille sich
formirten.　Alsdann machen die Schaluppen auf den Flintenschuß vom Ufer halt, und brauchen ihre kleinen Stücke
und Mörser, durch das ganze Feuer aller Fregatten, Galeren, Brigantinen und Gallioten unterstützt, die auf den Flanken der Flotte halten.　Ist der Feind vertrieben, so nähern
sich die Schaluppen dem Lande.

Sind ihrer zuviel , um sich in einer einzigen Linie zu
formiren, so formirt man ihrer zwey.　Sind die Truppen
der ersten Linie am Lande, so rückt die zweyte so dicht an
die erste, daß ihre Vordertheile an jener Hindertheile stossen, und alsdann läßt man den Ueberlauf nieder, damit
die Truppen der zweyten Linie die ersten Schaluppen statt
der Brücken gebrauchen.

Die Soldaten halten Gewehr und Patrontaschen in die
Höhe, damit keins naß wird.

§. 14.

Der commandirende General stellt die Truppen der ersten Landung in Schlachtordnung.　So wie die Truppen

Terrain

Terrain gewinnen, und ihre Front vergröffern, rücken die
Fregatten, Brigantinen und Galeren gleichfalls zu beiden
Seiten fort, um rechts und links den Feind der diese erste
Landung angreifft mit kreuzendem Feuer zu faffen, ohne Gefahr für die eignen Truppen. Wenn Klippen oder Gebirge es diesen Schiffen unmöglich machen sich weiter auszubreiten, so muß man die Front der Landung verkürzen, und
die Glieder derselben doubliren, damit man den Schutz
der Schiffe nie entbehrt, der hier so zu sagen nicht entbehrt werden kann. Doch bedeckt man seine Flanken
durch Piken und Spänische Reuter.

Sobald die erste Landung ausstieg, rücken die Transportschiffe, die bisher auffer dem Kanonenschuß blieben,
nunmehr näher ans Land. Die Schaluppen kehren zurück, ohne einen Augenblick zu verliehren, um die zweyte
Landung überzubringen, und sich an die Schiffe zu legen
deren Wimpel noch fliegen; Sobald das Transportschiff
aber keine Mannschaft mehr führt, nimt es seine Wimpel ab. Die zweyte Landung verlängert entweder die
Front der ersten, oder formirt ein zweytes Treffen hinter
derselben: Alsdann muß die erste zur rechten Zeit Terrain
vorwärts gewinnen, damit das Champ de Bataille nicht
zu wenig Tiefe habe.

Wenn die Cavallerie landen soll, so giebt man den
Schaluppen ein Signal, Reuter, Gewehr, Sattel und
Zeug zu holen, und alsdann wird die Reuterey halb auf
dem rechten und halb auf dem linken Flügel der Infanterie ans Land setzen, oder hinter derselben ein drittes
Treffen formiren. Die Fahrzeuge so die Pferde führen, müssen so nahe als möglich dem Orte sich nahen,
wo Reuter und Zeug ausgesetzt wurden. Hier wirft
man die Pferde über Bord. Sie müssen nichts an sich
haben, als eine Halster, die etwan drey Schuh lang ist,

und

und gerade herabhängt, damit die Soldaten die sie erwarten darnach greifen können: um den Hals aber darf
man die Halfter nicht schlingen, damit nicht das Pferd,
wenn es mit den Füssen drein kömmt, am Schwimmen
gehindert sey. Bey den Schiffen so die Pferde ausschiffen, sind Leute in Schaluppen, um den Riegel
oder das Stück Holz, das den Landungsriemen straff
anzieht, herauszunehmen: So lange dieß währt, hält ein
Matrose dem Pferde den Kopf. Ist zu befürchten, der
Feind möchte mit grosser Macht anrücken ehe die Landung völlig geschehn, so wirft man die Pferde gesattelt
und gezäumt über Bord; doch muß der Zügel nicht
zu lang hängen, der Brustriemen und Sattelgurt nicht
zu fest seyn. Dennoch schwimmen die Pferde weit schwerer und Sattel und Zeug verdirbt.

§. 15.

Wenn die Reuterey ausgeschifft ist, giebt der Ab-
miral das Zeichen zum Ausschiffen der Lebensmittel und
Munition. Die Fahrzeuge die sie führen, lassen hierauf von neuem die Wimpel wehen, damit die Schaluppen eine jede an ihren Bord komme. Alles muß in
der Ordnung im Schiffe sich finden wie man es beym
Landen gebrauchen wird, worauf also gleich bey der Ladung zu sehn. Kein Officier darf seine Bagage ausschiffen ehe das Signal gegeben ward. Dieß erfolgt
aber nicht eher als wenn Lebensmittel und Munition,
soviel man itzt gebraucht, am Lande ist: Alsdann wird
auch die Bagage debarquirt, nach dem Range der Generals und Regimenter.

Wenn die Landtruppen sogleich aufbrechen, um einen Seehafen zu berennen oder dergleichen, so bleibt
Lebensmittel und Munition auf der Flotte, bis die
Armee am Orte der Expedition steht. Das Hospital
wird

wird nicht eher ausgeschifft, als bis man alle Anstalten
zur Verpflegung der Kranken getroffen hat.

§. 16.

Wenn man nicht mit Sicherheit weiß, welche Gegend des Ufers die stärkste Macht des Feinds vertheidigt, man wüßte aber überhaupt, seine Truppen wären so
schwach, daß man auch getrennt sich gegen sie darstellen
kann, so versucht man die Landung an zwey oder drey
Orten zugleich. Die Eskadre der es am ersten gelingt,
giebt den übrigen Nachricht, damit sie ihr folgen, wenn
sie auf ihrer Seite zuviel Schwierigkeit fanden. Die
Nachricht giebt man wo möglich durch Signale, und ist
die Entfernung von einer Eskadre zur andern zu groß, so
stellt man von Distanz zu Distanz Schiffe zwischen beide,
die sämmtlich diese Signale wiederholen.

Zuweilen macht man verstellte Attaken, um die
feindliche Macht zu vertheilen. Alsdann bleibt die Flotte
ausser dem Gesichte des feindlichen Ufers: Einige Kriegsschiffe hingegen und der größeste Theil der Transportschiffe
nähern sich dem Posten, den man mit der verstellten
Landung bedroht, setzen ihre Schaluppen aus, geben
auf alles was sich vom Feinde blicken läßt Feuer, und
treten sogar, wenn der Feind schwach ist ans Land, um
in die Dörfer am Ufer zu fallen, Vieh und Lebensmittel
zu nehmen, und viele Feuer in Linien und Front anzu-
zünden, als hätte wirklich ein beträchtliches Corps daselbst gelandet, damit der Feind seine Truppen hieher
ziehe, und den Ort wo man wirklich landen will, ent-
blöße. Die Hauptflotte hält sich indeß an der Rhede
wo sie wirklich landen will, über den Wind, und fern genug vom Ufer um des Tags nicht erblickt zu werden, des
Nachts aber anzurücken und zu landen.

Die

Die wahre und die falsche Landung müssen um mehr als einen Marsch von einander entfernt seyn: Die Mannschaft so bey der falschen Attake gelandet, darf nicht zuweit vorwärts sich wagen, damit man sie nicht abschneide: Des Nachts bleibt nichts am Lande als kleine Parteyen, um die Feuer zu unterhalten, und die zu nahen Recognoscirungen zu hindern. Die Schaluppen müssen beständig in der Nähe bleiben, damit die Truppen, wenn es seyn muß, sich retten können. Man muß die vertrauteste Mannschaft zu dieser Landung wählen, damit keiner desertirt; Die Transportschiffe so dieselbe unternehmen, führen nichts, weder an Lebensmitteln noch Munition, noch andrer Bedürfniß, was man bey der wahren Landung bedarf.

§. 17.

Die vortheilhafteste Gegend zur Landung ist ein Ufer, wo auf einen Stückschuß weit von der See weder Verschanzungen noch Höhen, noch Dünen oder Sandhügel sich finden, hinter welchen der Feind sich gegen das Feuer der Artillerie deckt. Alsdann ist die Landung leicht, weil der Feind gezwungen ist ausser dem Stückschuß zu bleiben, bis die erste Landung geschieht; und rückt er an, so findet er diese en Bataille, und die zweyte ist schon auf dem Wege ehe er das Ufer erreicht. Hätte man die Wahl unter mehr als einer vortheilhaften Gegend, so wählt man eine Ebne zwischen zwey Buchten. Denn ob man gleich hier nur wenig Truppen auf einmahl aussetzen kann, so ists doch dem Feinde fast unmöglich sie zu forciren, da alles was man an Fregatten, Galliotten und Galeren hat, in diese Buchten sich einlegt, und die Truppen des Feinds bis auf funfzig Schritt weit beschießt. Nächst diesem ists ein entschei-

entscheidender Vortheil, wenn man gegen eine flache
Ebne mit vielen Schaluppen de Front anrücken kann.
Findet man nichts als Cavallerie gegen sich, so landet man in Gegenden wo sie nicht im Stande ist zu
agiren.

Sobald die Landung geschah, macht man sich zum
Meister aller der Pässe so die Truppen sicher stellen,
oder unsre Entwürffe zum Angriff begünstigen. War
es nicht möglich solche Pässe zu gewinnen, so verschanzt man sich unweit der See in einem Lager, das,
wäre es möglich, Flotte und Armee zugleich sicher
stellt. Geschah die Landung nach einem Sturme, der
einen Theil der Flotte verstreute, muß man neue
Transporte erwarten, ehe man vordringen kann, so
wirds um so nothwendiger diese Vorsichten zu nehmen. Ueberall sucht man sogleich seine Magazine
zu verstärken, und sich mit Vieh und Lebensmitteln
aus dem Lande des Feinds so sehr als nur möglich
zu versehen, damit man auch vom Sturme nichts
leide, wenn die Schiffe gezwungen sind die Ufer
zu verlassen, und das hohe Meer zu gewinnen.

Vom

Vom

Vertheidigungs = Kriege.

Erstes Capitel.

Von der Vertheidigung zur See, gegen einen Feind der zu Wasser ankommen muß.

§. 1.

Wenn der Feind der auf den Angriff geht, seine Trup= pen über die See schicken muß, so ist die erste Frage von dem der sich vertheidigt, diese, ob er zur See dem Feinde entgegen gehn, oder auf dem festen Lande ihn er= warten soll. Man erwählt die eine oder die andre Par= tey, nachdem man dem Feinde, in dem einen oder dem an= dern überlegen ist, nachdem der Sieg zu Wasser oder zu Lande für uns, so wie für den Feind am entscheidendsten ist, nachdem man hier oder da die meisten Ressourcen fin= det, um nach verlohrner Schlacht die Sache wieder zu herstellen. Die schwächste Partey die man wählen kann, ist, dergestalt sich zu theilen, daß man in beiden zu schwach ist, zur See nicht erscheinen darf, und zu Lande geschlagen wird. Liegt der Grund dieser Schwäche in vorigen Ein= richtungen des Staats, so muß man, wenn es unmöglich ist, in beiden Waffen dem Feinde gleich zu stehn, die eine durch die andre verstärken. Die Schwierigkeit es zu thun ist nicht groß, denn Munition, Lebensmittel und Geld dienen zu Wasser wie zu Lande, und der Matrose wird bald ein guter Soldat, der Soldat lernt eben so leicht mit Segel und Tauwerk umzugehn, soweit er es auf seinem Posten im Schiffe gebraucht. Die Griechen und Rö= mer dienten zu Wasser und zu Lande, warum sollte es bey

uns

uns unmöglicher seyn, warum sollte ein Soldat durchaus kein Matrose werden können, oder die Matrosen den Dienst der Truppen zu Lande nicht lernen? Die Vortheile dieser Vermischung wären groß, besonders bey Landungen in entfernten Landen.

§. 2.

Wenn man beschloß dem Feinde zur See entgegen zu gehn, so muß man besonders aufmerksam auf die Vortheile seyn, so die Zerstreuung der feindlichen Flotte während ihrer Ausrüstung darbietet.

Das Capitel vom Einschiffen und Landen zeigte, wie viel Zeit selbst bey guter Einrichtung, vom Anfange der Versammlung der Transportschiffe bis zum Auslaufen der Flotte verstreicht. Hat der Feind nun in dieser Zwischenzeit seine Eskadern noch nicht versammelt, so muß man untersuchen, ob es nicht möglich ist daß man selbst eine Eskadre ausrüste, die der Zahl der feindlichen Kriegsschiffe überlegen ist, die in diesem oder jenem schlecht verwahrten Hafen die Transportschiffe bedecken. Alsdann sucht man sie mit dieser kleinen Flotte entweder wirklich zu nehmen, oder man schießt sie mit Kanonen und Bomben zu Grunde, wenn das Wasser zu seicht ist um sich ihnen zu nahen, oder man verbrennt sie mit Brandern, wenn man auch nicht bis auf den Stückschuß ihnen nahe kommen kann. Die Hafen die man zum Einschiffen wählt, bieten oft selbst die größesten Vortheile zu dieser Unternehmung dar, weil der Damm vom Hafen (le Mole) nur selten alle die Segel faßt, die man zu einer Landung gebraucht, der Rest also gezwungen ist auf offnen Rheden Anker zu legen, wo sie zwar durch die Vorgebirge und den Grund, sicher für den Winden liegen aber nicht für dem Feind. Deckte man sie auch daselbst durch Batterien, so bleibt doch noch die Nacht, wo diese Batterien nicht spie-

G 5

len

ten können, ohne vielleicht ihre eignen Schiffe zu
Grunde zu schiessen.

Bey der letzten Landung der Spanier in Sicilien, lag
der größeste Theil ihrer Transportschiffe, ausser dem Stückschuß von Barcellona vor Anker, die Flotte von Cadiz die
sie bedecken sollte war noch nicht da. Alles war in Furcht
daß die Engländer, statt die große Flotte auszurüsten die
sie hernach in See schickten, blos die Schiffe die sie bereits
im Mittelländischen Meere hatten mit einigen wenigen
verstärken, und alle die Transportschiffe wegnehmen möchten. Sollte Spanien nicht drauf bedacht seyn, einen guten und sichern Hafen in dem Mittelländischen Meere zu
haben, wie z. E. Carthagena seyn könnte, wenn man das
Werk unternähme. Alsdann wäre die Gefahr vorüber,
seine Transportschiffe vor dem Gebrauche zu verliehren.
Ein gleiches ist von den Schiffswerften zu sagen, wo
der Feind die neuen Schiffe, so wie es ihm beliebt, in
Brand steckt, wie nur unlängst die Erfahrung in
Biscaya lehrte.

§. 3.

Wenn man dem Feinde zur See überlegen ist, so
rückt man mit überlegner Macht selbst vor den Hafen
wo er seine Flotte versammelt, wäre die Versammlung
derselben auch schon geschehn. Denn, erwartet man ihn an
der Küste oder auf offner See, so ist es gar leicht möglich,
daß er durchschleicht, Truppen aussetzt und wieder zurück-
kehrt. Je länger die Küste ist die bedroht wird, an je
mehr Orten der Feind landen kann, desto größer ist diese
Gefahr.

Wenn der Feind die Zurüstung der Landung in mehr
als einem Hafen gemacht, und alsdann bey der Versammlung der Eskadern sich gezwungen sieht, mit einigen
derselben eine Meerenge zu passiren, so lauret man ihm
daselbst

daselbst auf, um sie einzeln zu schlagen. Die Unternehmung wird um so leichter, wenn in der Nähe der Meerenge an der Küste der Alliirten oder unparteyischer Mächte, Häfen sich finden, wo die Schiffe gegen die Sturm-
winde sich decken, wenn diese sie von ihrem Posten vertreiben. So legte sich Andreas Doria an die Strasse
von Gibraltar, als die Afrikaner Cadiz zu belagern im
Sinne hatten. Die Flotte der Algierer erschien zuerst;
und warb geschlagen; und der ganze Entwurf dadurch rückgängig. Gibraltar schätzen die Engländer um keiner Ursache willen höher, als weil sie hoffen die Vereinigung der
Spanischen und Französischen Flotten, beides im Ocean
und im Mittelländischen Meere, beständig dadurch zu
verhindern.

Ist die Meerenge nicht völlig so wie die bey Gibraltar beschaffen, wo man nicht ausweichen kann, so muß
man Gallioten, Feluken, und leichte Fregatten ausschicken, um zu entdecken ob auch die Flotte des Feinds
den Lauf ausserhalb der Insel genommen, so die Meerenge
formirt, damit man, wenn es geschieht, selbst aus der
Meerenge ausrücken und den Feind abschneiden könne.

Flotten die den Feind beobachten, müssen sich mit
Lebensmitteln so viel als möglich versehen, und jeden Abgang aus ihren Transportschiffen ersetzen, damit nie der
Mangel sie zwinge, zu früh den Posten zu verlassen, den
sie behaupten sollten, bis man entweder zu Lande die gehörigen Vertheidigungsanstalten traf, oder die Jahrszeit
dem Feinde das Meer verbietet. Werden aber die Schiffe
durch Sturm gezwungen ihren Posten zu verlassen, so
müssen sie ihn ohne Verlust von Zeit wieder beziehen, sobald die Winde es erlauben, damit der Feind indeß nicht
entrinne. Entrann er aber doch, so muß man sein mög-
lichstes thun um ihn zu erreichen. Denn schlägt man ihn
während der Landung, so ist alles verlohren: Erreicht

man

man ihn wenn noch alle Truppen am Bord sind, so können weder Schiffe noch Leute, wie sie wollen, agiren, und der Sieg ist so zu sagen gewiß.

§. 4.

Wenn der Feind Meister zur See ist, und an der Küste die er bedroht nur einige Häfen sich finden, die jedoch der Feind unumgänglich zu seinen Landungen gebraucht, so muß man die Vorgebirge oder die Küste befestigen so diese Häfen bestreichen, oder man muß die Häfen selbst verderben, und Bäche in dieselbe führen die sie mit Erde verschlemmen. Fehlt Zeit, oder Geld, oder Volk zu diesen Mitteln, so versenkt man im Eingange, Schiffe mit großen Steinen gefüllt.

Wo dem Feinde die Möglichkeit der Landung verbleibt, muß man für allem die Vortheile des Terrains nützen, um die Truppen hinter Höhen, Dämmen, in Thälern oder dergleichen zu decken, und wenn diese Vortheile fehlen, statt ihrer Verschanzungen aufwerfen.

Denn wie wollte man im Freyen gegen das Feuer einer ganzen Flotte bestehn? Finden sich also diese Vortheile nicht, konnte man keine Verschanzungen aufwerfen, so bleibt man so lange ausser dem Stückschuß, bis die ersten Schaluppen des Feinds ihre Mannschaft aussetzen. Alsdann rückt man mit starken Schritten vor, um die Sache schnell durch Choc und Bajonet zu entscheiden, ehe die zweyte Landung anlangt. Je schneller der Anmarsch geschieht, desto weniger furchtbar ist das Feuer der Flotte, die ohnedem nur auf den Flanken trift, und de Front nicht feuern darf, aus Furcht ihre eignen Schaluppen und Leute mit Schüssen zu treffen, die zu Wasser so sicher nicht sind als zu Lande.

Sobald die ersten Truppen des Feinds geschlagen sind, zieht man sich schnell, jedoch in Ordnung, nach dem alten

Posten

Poſten zurück: Landet der Feind wieder, ſo greift man an,
wie vorhin, und vertheilt ſich ſo wie er in Detaſchements,
um beſtändig ausgeruhte Truppen ihm entgegenzuſtellen,
und doch bey jedem Angriff ihm überlegen zu ſeyn. Die
Cavallerie attakirt freylich ſchneller als Infanterie, und
würde daher hier glücklicher ſeyn, wenn die Infanterie des
Feinds in gewöhnlicher Ordnung ſicht. Stünde ſie aber
tiefer in Gliedern, deckte ſie ihre Flanken durch Piken oder
Spaniſche Reuter, ſo gelingt der Angriff ohne Infanterie
nicht.

Verſchanzungen die gut angelegt worden, ſind, wie ich
glaube, das ſicherſte Mittel gegen alle Landung. Man naht
ſich dem Ufer ſo ſehr als möglich, um dem Feinde kein Ter=
rain zur Formirung zu laſſen: Man deckt die Flanken
durch ein Epaulement, damit er nirgends den Rücken oder
die Flanke der Verſchanzungen ſicht: Man ſchneidet ſich
hinter der Verſchanzung ein, um dem Parapet die gehörige
Höhe zu geben, und dennoch horizontal feuern zu können:
Man giebt der Verſchanzung das gehörige Profil, tiefe
Gräben, und alle Arten von Verſtärkung ſo Zeit und Um=
ſtände erlauben: Man beſetzt ſie mit Truppen und Geſchütz,
und erwartet getroſt ſeinen Feind der ſo leicht hier keine
Landung wagt, ſondern nach andern Gegenden ſich
hinwenden wird, wo er weniger Hinderniß findet. Frey=
lich iſts alsdann ſchwer oder vielmehr unmöglich ſtets ihm
zu folgen: War indeß die Farth deſſelben lang, ſo fehlt es
ihm nicht an Mannſchaft, Pferden und Gewehr, die ganz
auſſer Stand ſind zu fechten, und auch in den erſten Tagen
ſich nicht wieder erholen. Dieß iſt ſodann der Zeitpunkt
zum Angriffe.

Vom

Vertheidigungs-Kriege.

Zweytes Capitel.

Von der Anlegung der Magazine zur Vertheidigung. Vom Gebrauche der Festungen. In was
für Fällen man die Armee durch die Besatzungen
verstärkt; in was für Fällen die Besatzungen durch die Armee.

§. 1.

Wenn die Armee blos auf die Vertheidigung geht, müssen die Magazine derselben in einer Festung angelegt
werden, die der Feind weder wegnehmen, noch die Armee
davon abschneiden kann, ohne sich selbst den größesten Gefahren bloß zu stellen. Sonst sieht man sich in kurzem gezwungen ohne Vortheile zu schlagen, oder sich weiter rückwärts zu setzen, und ohne Schwerdschlag Länder und Provinzen dem Feinde zu räumen. Hat man keine Festung
die einzeln diese Vortheile gewährt, so vertheilt man seine
Magazine in mehr als einem Platze, damit, wenn der
Feind die Gemeinschaft mit der einen abschneidet, der Weg
zu den andern noch offen sey; und, wagt er sich an den
Platz selbst, so findet er ihn mit Munition und Lebensmitteln versehen.

Die Wege von den Magazinen zur Armee muß man
suchen soviel möglich zu bessern: kann man zu Wasser die
Gemeinschaft unterhalten, so wird alles leichter, besonders
wenn der Strom für uns ist: kann aber der Feind die
Schiffahrt bestreiten, so muß man suchen in Schiffen ihm
überlegen zu seyn.

§. 2.

§. 2.

Finden sich Plätze im Lande, die den Feind in seinen Eroberungen hemmen, ihm die Zeit nehmen, uns aber gewinnen, so muß man diese Plätze versorgen, ehe die Gefahr der Berennung zu nahe ist. Festungen hingegen, die uns keine Vortheile darbieten, nichts zur Sicherheit unsrer Magazine, und unsrer Handlung und Gemeinschaft mit unserm und unserer Bundsgenossen Landen beytragen, Festungen die wir keine Möglichkeit sehn zu entsetzen; alle diese Festungen muß man schleifen, denn sie sind Waffen in der Hand des Feindes, und setzen ihn fest in einem Lande, das er ohne dieselben nicht zu behaupten vermochte.

§. 3.

Wer bey seiner Vertheidigung so schwach ist, daß er für itzt nicht einmahl hoffen darf eine günstige Gelegenheit zum Schlagen zu finden, doch aber vieles von der Zeit sich versprechen kann; wer mit ganzer Armee und allen den Besatzungen die er aus den Festungen zog, dennoch nicht wagen darf dem Feinde unter die Augen zu treten ; wer auf die Stärke seiner Festungen mehr bauen kann, als auf den zweifelhaften Ausgang einer Schlacht, und diese Festungen mit allem versah, was die hartnäckigste Vertheidigung erfodert ; der folgt den Gesetzen des Kriegs , wenn er seine Armee vertheilt , und jede bedrohte Festung verstärkt. Der Rest aber der Infanterie und die Cavallerie behauptet das Feld, um die Convois und Fouragirungen aufzuheben, ins Land der Feinde zu streifen, die Belagrungen schwer zu machen und sie in die Länge zu ziehen. Ist hingegen der Entwurf der Vertheidigung dieser, so schnell als möglich zum Angriff überzugehn, jede Gelegenheit zu nutzen die sich darbietet mit Vortheile zu schlagen, so muß man die Armee mit den Besatzungen aller der Festungen verstärken, wo eine gegründete Hofnung da ist, daß man sie selbst nach

verlohrner

verlohrner Schlacht wieder einwerfen kann, und wo
während der Zeit keine Ursache sich findet, Ueberfall oder
Aufruhr zu fürchten.

§. 4.

Wenn der Feind das Land auf mehr als einer Seite
bedroht, und auf mehr als einer Gränze eindringen kann,
so muß man mit Sorgfalt untersuchen, wo das Land und
die andern Verbindungen ihn oder uns am meisten begünstigen, damit der Widerstand, den man in jedem einzelnen
Posten ihm entgegenstellt, diesem Posten angemessen sey,
und hinreiche. Denn versäumte man die starken, wo die
Natur für uns streitet, ganz, so würde er alle seine Entwürfe gegen diese Posten hinlenken: besetzte man sie aber
stärker als nöthig, so würden die Posten wo man mit gleichen Vortheilen des Terrains ficht, Gefahr laufen, weil
unsre Besatzung nun zu schwach wird, da man die Truppen
in den stärkern Posten verschwendete.

Muß der Feind, wenn er in unser Land eindringen
will, nothwendig den Weg durch enge Pässe sich öffnen, so
verschanzt man diese Pässe, und besetzt sie, ehe der Feind
durch Ueberfall Meister davon wird. Hier richten
zehntausend Mann durch das Land und die Gegend begünstigt, oft mehr aus als vierzigtausend Mann im freyen
Felde nicht vermögen. Sperrt ein solcher Posten den
nächsten Weg aus dem Lande der Feinde nach dem unsern,
so daß diese, wenn er besetzt ist, gezwungen sind große Umwege zu nehmen, so ists entscheidend wichtig zur rechten
Zeit ihn zu besetzen, und dann aufs hartnäckigste zu behaupten. Doch müssen hier, wie überall, Flanken und Rücken gedeckt seyn, damit der Feind den Posten nicht
umgeht, oder wenn er anderwärts eindrang, Lebensmittel und Rückzug den Truppen abschneidet, die ihn
vertheidigen.

§. 5.

§. 5.

Wenn die Barriere zwischen uns und dem Feinde ein Fluß ist, so ist die erste aller Vorsichten diese, sich Meister von den Fahrzeugen und der Schiffarth zu machen. Kann der Feind den Fluß durch Furthen passiren, so gelingt die Vertheidigung desselben so leicht nicht, wenn diese Furthen nahe, und Grund und Ufer gut sind. Ist hingegen der Strom schnell, der Grund böse, die Furthen schmal und weit von einander entfernt, so detaschirt man Truppen nach jeglichem Furth, mit dem Befehl sich zu verschanzen, gute Batterien zu errichten, und nicht von ihrem Posten zu weichen, wenn auch der Feind zur rechten oder linken, selbst die nächsten Posten attakirt. Man behält Truppen in Reserve, um diese Posten zu unterstützen, wenn sie Verstärkung gebrauchen. Der gröste Theil dieser Reserven besteht aus Dragonern und Cavallerie, um desto schneller den angegriffnen Posten zu erreichen. Spions und Parteyen müssen in größester Zahl im Felde seyn, damit nicht der Feind durch List erhalte, was durch Gewalt ihm unmöglich wird.

Ist der Fluß schiffbar, so muß man ihn unablässig befahren, und wo es möglich ist zuweilen landen, um Gefangne zu machen und sichre Kundschaft zu erhalten.

Versucht der Feind Brücken in unserm Angesicht zu schlagen, so muß man suchen durch das Feuer der Batterien, und der Infanterie, ihn vom Ufer zu entfernen. Die gezognen Biscayischen Röhre sind hier von vortrefflichem Nußen. Geht aber der Feind dennoch über, so muß man sich in Detaschements theilen, um den Feind, so oft er übergeht, stets überlegen und stets mit neuen Kräften anzugreiffen. Das Gros des Corps hingegen hält sich ein wenig zurück, um sich durch die Entfernung gegen das Feuer der feindlichen Batterien vom jenseitigen Ufer zu decken,

H   wenn

wenn das Terrain keine Vortheile in der Nähe dazu giebt.
Doch bleibt man nahe genug, um die Detaschements zum
Angriff unterſtützen zu können.

Gelingt es dem Feinde bey allen dieſen Attaken, ſo
hitzig und wiederholt ſie auch waren, dennoch am diſſeitigen
Ufer ſich zu verſchanzen, ſo beſchießt man nun dieſen Aufwurf mit dem Feuer aller Batterien. Man ſtürmt von
neuem und mit vereinigten Kräften, wo möglich des
Nachts, um weniger vom Feuer der jenſeitigen Batterien
zu leiden. Je länger man den Angriff verſchiebt, deſto
ſtärker wird der Feind und ſeine Verſchanzungen; man
muß alſo die Zeit kaufen. War man alsdann glücklich genug die Avantgarde des Feinds wieder jenſeits zu werfen,
ſo verſchanzt man ſich entweder ſelbſt auf dem erfochtnen
Terrain, oder wenn dieß nicht vortheilhaft ſcheint, etwas
weiter rückwärts, und zerſtört die Arbeiten des Feinds.
Man errichtet neue Batterien, theils gegen die Pontons,
theils gegen die jenſeitigen Verſchanzungen, um ſie, wäre
es möglich, in die Flanke zu faſſen. Man ſinnt auf Mittel, die
Brücken des Feinds, wenn er neue ſchlägt, zu durchbrechen. Dieß alles geſchieht ſowohl vor dem Angriff, um
den Sieg zu erleichtern, als auch darnach, wenn man
glücklich war, und das erfochtne Terrain Vortheile darbietet, die vor demſelben uns fehlten.

Wenn es hingegen dem Feinde auch dieſer letzten Attaken ungeachtet gelang, ſeine Verſchanzungen dieſſeits zu erweitern, und nun die ganze Armee übergieng und ſie beſetzte, ſo muß die unſre, wenn ſie nun alle ihre Kräfte geſammelt, hart an dem Feinde Poſto faſſen, und nicht weiter
ſich von ihm entfernen als auf den Stückſchuß, um ſchnell
die Vortheile zu nutzen, die er vielleicht beym Defiliren aus
den Verſchanzungen über ſich giebt, und wenn er hier auch
keine gab, doch alsdann ihn angreiffen zu können, wofern,
wie oft geſchieht, zwiſchen der Verſchanzung des Feinds und

dem

dem Flusse das Terrain fehlt; Ein wesentlich entscheidender Vortheil, wenn man die Kunst versteht ihn durch hitzige Attaken zu nutzen, und der Feind nach der gewöhnlichen Schlachtordnung sicht. Doch muß man alsdann hier um so wachsamer seyn, damit nicht der Feind in der Nacht aus seinen Verschanzungen ausrückt, das Terrain vorwärts gewinnt, und die Vertheidigung in Angriff verwandelt, wie Eugen bey Belgrad gethan. Hat man der Parteyen, Spions und Posten genug, und alles nach Zeit und Umständen vertheilt, so scheint mirs doch schwer, daß der Feind eher aus den Verschanzungen vorrückt und das Terrain zwischen uns und denselben gewinnt, als wir im Stande sind ihn anzugreifen, und während des Defilirens zu überfallen. Alsdann aber sind die Vortheile des Angreiffenden groß, weil alles was noch in der Verschanzung steht gleichsam unthätig ist, und nicht einen einzigen Schuß thut, ohne Gefahr Freunde wie Feinde zu treffen.

Wenn die Feinde den Uebergang an mehr als einem Orte versuchen, so muß man ihre Trennung nutzen, und eins ihrer Corps überfallen. Trennt ein Paß die Gemeinschaft der Furthe am diesseitigen Ufer, so muß man hier sich verschanzen, um die Gemeinschaft so lange als möglich zu hindern. Entblößt der Feind durch seine Manoeuvres Bagage oder Artillerie, es sey nun dies oder jenseits, so muß man aufmerksam seyn, und schnell die Gelegenheit nutzen ehe sie wieder entrinnt.

Vom

Vertheidigungs-Kriege.

Drittes Capitel.

Wie man den Feind durch Mangel von Lebensmitteln zurück hält oder wieder vertreibt. Wie
man das Land gegen die Streifereyen der
Feinde schützt.

§. 1.

Es giebt Lande die weder durch Päſſe noch Flüſſe ge-
gebeckt ſind : Es giebt Fälle wo die Anſtalten, die
man zur Vertheidigung braucht, ſo viel Zeit erfobern, daß,
wenn man ſie nimt, der Feind uns zuvorkömmt. Hätte
der Feind ſobann verſchiebne Märſche für ſich, und es
wäre nur ein einziger Zugang, der ihn nach unſerm Lanbe führt, dieſer aber nur etliche Meilen breit, ſo nimt
man ſeine Zuflucht zu dem traurigen Mittel, das ich
bey Empörungen weiter vorſchlage. Man verwüſtet die
ganze Gegend; doch ſetze ich wie oben voraus, daß der
Fürſt gerecht und großmüthig gegen dieſe Unglücklichen handelt, deren Schickſal doch immer traurig und
hart iſt.

Der Angriff iſt öfters rathſamer als die Vertheidigung, beſonders wenn er zum Ueberfalle wird : man
braucht weniger Zeit, ein Corps erleſner Truppen zum
Ueberfall zu rüſten, als die Anſtalten alle zu treffen, die
die Vertheidigung zu der Zeit erfobert, wenn der Feind
mit Macht erſcheint. Bringt alsbann die Verwüſtung

des

des feindlichen Landes den nehmlichen Vortheil wie die
Verwüstung des unsern, so ist allerdings diese Ressource des Kriegs noch besser als jene. Es giebt sogar vielleicht Fälle, wo man bey einem wahrhaft ge-
rechten Kriege, selbst im Lande unparteyischer Fürsten
sie vornehmen kann, wofern man anders im Stande ist,
den Schaden den man anrichtet, ganz und ohne die geringste Ausnahme zu ersetzen, und ein so entschloßner
Schritt nicht neue, zu gefährliche Feindschaften
erweckt.

Rückt aber der Feind dennoch in unser Land ein,
so muß man nun darauf bedacht seyn, Chikanen auf
Chikanen ihm entgegen zustellen, um in dem verheer-
ten Lande so lange als möglich ihn zu erhalten und jeden Zutritt ins beßre zu versagen. Vor allem muß
man sein Augenmerk auf die Convois desselben richten,
und selbst gewagte Coups gegen sie unternehmen, weil
der erste der gelingt, alles in allem entscheidet.

§. 2.

Es giebt Provinzen, ja oft ganze Staaten, wo
zahlreiche Armeen nicht einrücken können, weil der
Mangel an Lebensmitteln und Wasser oder das Clima sie
aufzehren würde: Es giebt andre, die die Zahl
und Stärke ihrer Festungen gegen alle wichtige Unternehmungen sicher stellt, aber nicht gegen Streifereyen
einzelner Parteyen, die um so verderblicher sind,
wenn man mit barbarischen Völkern zu thun hat.

Das beste Mittel sich gegen diese Streifereyen zu
decken, ist, das Land, soweit es bedroht ist, mit einer
Kette von Thürmen zu umgeben, die sich sehen können, und auf Höhen oder andern von Natur festen Posten angelegt werden.

H 3   Man

Man versieht die Thürme mit kleinen Stücken,
oder Steinmörsern; man schneidet Schießscharten für
die Stücke und die Infanterie ein: die Mauern haben die Stärke, so die Kosten und Umstände erlauben, der Weg zum Thurm hinauf ist eine Leiter,
die man von oben wieder an sich zieht: So können
drey bis vier Mann, wenn ihnen nichts an Lebensmitteln und Munition fehlt, gegen jede feindliche
Partey bestehn, die kein schwer Geschütz bey sich
hat, bis sie den Thurm minirt. Gegen den Mineur versieht man sich mit Steinen, oder noch besser mit einigen Bomben, die man an Seilen herabläßt, um den Mineur und seine Blendung zu
zerschmettern.

Wenn nun die Wache eines solchen Thurms entweder selbst sieht, oder durch die Einwohner des
Landes erfährt, daß eine feindliche Partey in der Gegend herumstreift, so giebt sie die verabredete Losung, die sogleich von allen übrigen Wachen wiederholt
wird. Die Losungen müssen bestimmt seyn, und
zeigen, wie vielmahl funfzig oder hundert Mann der
Feind stark ist, und nach welcher Seite er sich wendet. Liegen einige Thürme zu tief, daß man die
Signale mit Fackeln und Rauch nicht sähe, so wirft
man Raketen. Die Zahl derselben, und die Zeit,
die zwischen jedem Wurfe verstreicht, machen die nöthigen Abändrungen aus: Man muß aber oft mit diesen Losungen wechseln, weil der Feind, wenn er
ihre Bedeutung merkt, falsche Allarms und Losungen gibt. Damit er aber nicht die Nacht nütze,
und unbemerkt durchschleiche, hält unter dem Schutze
jedes Thurms eine kleine Partey Husaren, Dragoner
oder berittner Bauern, die des Nachts kreuzweise
beständig gegeneinander patrouliren, und am Tage
so

so wie bes Nachts, wenn die Feinde kommen, Nach=
richt an die Gouverneurs der Festungen bringen, und
die Signale bekräftigen. Die Gränze von Portugal,
und ein großer Theil der Spanischen und Italiänischen
Küsten am Mittelländischen Meere, sind auf diese
Art gedeckt.

Die Recognoscirungen zu erleichtern, muß man die
Straßen auf beiden Seiten bis auf einen Flintenschuß
weit, frey und unversteckt erhalten, das Holz um=
hauen, die Gebüsche verbrennen, und die unbewohn=
ten Gebäude niederreissen. Sind die Festungen die das
platte Land decken, zuweit von einander entfernt, so ver=
legt man Truppen in haltbare Orte zwischen denselben,
vornehmlich aber Dragoner. Ists möglich den Feind
anzugreiffen, ehe er Schaden gethan, so muß man
ihn angreiffen, wäre man auch etwas schwächer: Ist
aber der Coup schon vollführt, so legt man einen
Hinterhalt auf die Wege wo der Feind zurück muß.

Vom

Vom

Vertheidigungs-Kriege.

Viertes Capitel.

Von den Fällen da man eine Schlacht vermeiden muß, und wie man sie vermeidet.

§. 1.

Eine Schlacht vermeiden , heißt sich in einen Stand setzen, wo es dem Feinde unmöglich ist uns anzugreiffen, oder wo ers nur mit der strafbarsten Verwegenheit thut. Die Fälle, da man gezwungen ist, Schlachten zu vermeiden, sind folgende:

1) Wenn unsre Truppen noch nicht an den Krieg gewöhnt sind , oder an und für sich nicht zu Feldschlachten taugen, oder wenn sie durch Niederlagen, oder andre Zufälle muthlos geworden.

2) Wenn man schwächer ist als der Feind , und in einem Lande steht, wo die Ueberlegenheit in der Zahl von Gewicht ist.

3) Wenn die Gefechte in die man sich jetzt einlassen müßte, für die Truppen die man führt, sich nicht schicken, und unsre Stärke bey denselben unbrauchbar würde.

4) Wenn man Hülfe von der Zeit erwarten kann.

5) Wenn man auf eine beträchtliche Verstärkung hofft, die fähig ist den Stand des Kriegs zu verändern, weil der Feind ihr nichts entgegen stellen kann.

6) Wenn

6) Wenn der Feind durch Krankheiten und Desertion, oder Mangel von Geld, Lebensmitteln, oder Fourage,
sich verzehren wird.

7) Wenn man weiß, daß er in kurzem gezwungen
ist , durch Detaschements sich zu schwächen , oder daß
er einen Bundsgenossen verliehrt der seine Truppen
zurückruft.

8) Wenn man seine Absichten ohne Schlacht erreichen kann , es sey nun durch Märsche , Diversionen,
Wegnahme der Magazine, Einschränkung der Fourage,
und so ferner.

9) Wenn die Gelegenheit zur Schlacht noch nicht
reif ist , das heißt , wenn man den Feind erst durch
Bewegungen und Märsche nach dem Posten hinführen
muß , wo man ihn schlagen will , oder wenn man
im Innern der Armee , in seinen Festungen im Innern
des Lands noch Anstalten treffen muß , um den Sieg,
wenn man ihn erficht, zu nutzen.

10) Wenn der Gewinn der Schlacht den Feind zu
einem großen Entwurfe führt , uns aber nicht , daß
wir folglich mehr dabey verlieren als gewinnen können.
Solche Fälle sind:

a) Wenn die Festungen des Feinds in gutem Verthei-
digungsstande stehn, die unsern aber nicht.

b) Wenn der Feind jeden Schritt den er vorwärts
thut , in kleinen Gefechten theuer mit Blute bezahlt , nach dem Gewinn einer Schlacht alles offen findet.

c) Wenn unser Rückzug äusserst gefährlich ist, der
feindliche leicht , so daß die Schlacht nur gegen uns entscheidend seyn kann.

H 5   d) Wenn

d) Wenn wir durch den Verluft der Schlacht alle die Reffourcen verliehren, die wir hatten uns aufrecht zu erhalten, der Feind aber die feinigen nicht.

e) Wenn der Verluft der Schlacht uns um das Winterquartier in reichen Provinzen bringt, das ohne dieselbe uns ficher war, der Gewinn nichts weiter erwirbt, als eine Provinz die uns wenig Nutzen schaft.

f) Wenn unfre Niederlage die Zahl der feindlichen Bundsgenoffen vermehrt, die Zahl der unfern vermindert, diefe uns treu blieben, fo lange wir nicht geschlagen wurden, jene nicht wagen würden fich wider uns zu erklären.

§. 2.

Dieß find nun die Fälle, in welchen man Schlachten vermeidet: hiezu kommen noch die Befehle des Hofs, die öfters blos aus Gründen der Politik Schlachten verbieten, ob gleich die Hoffnung zum Siege da ift. Wie ifts nun aber möglich, gegen einen unternehmenden Feind fich zu retten, der eben darum die Schlacht defto eifriger fucht, weil wir fie fo eifrig vermeiden. Hier find die Vorfichten, die zuweilen zwar fchützen, aber nicht immer: denn die Vertheidigung ift allezeit fchwerer als der Angriff, weil man in derselben gegen alles, felbft gegen das Ungefehr gedeckt feyn muß; da der Angreiffende hingegen Zeit und Gelegenheit fich zu Nutzen macht, und wartet bis fie entscheidend wird.

Man wählt, um die Schlacht zu vermeiden, Poften und Läger die durch die Natur ftark find, und fo leicht nicht forcirt werden können. Ift die Natur uns nicht überall günftig, fo deckt man fich durch Verschanzungen die nicht zusammenhängen: Man muß aber fuchen die Zeit über den Feind zu gewinnen die man braucht, um fie in

Stand

Stand der Vertheidigung zu setzen. Alsdann ist man auf seiner Hut, und schont Lebensmittel und Fourage. Damit man weder überfallen, noch zu früh zum Aufbruche gezwungen werden kann.

Man sucht im Lager, wie auf dem Marsche, den Feind von sich zu entfernen : Es geschieht entweder durch starke unbezwingbare Posten, die man vorwärts des Lagers besetzt, oder auch durch Ausfouragirung und Verwüstung der umliegenden Gegend.

Man bezieht nie einen Posten, wo die Vortheile des Terrains für uns und den Feind gleich sind, wenn man nicht gewiß weiß, daß man im Stande seyn wird ihn ohne Gefahr zu verlassen, ehe der Feind uns in demselben angreift.

Man ist im Marsche auf seiner Hut, und überlegt alle die Parteyen, die der Feind ergreifen kann, um gegen jede den entscheidenden Posten zu besetzen. Man stellt den Marsch der Armee sicher, bereitet sich Wege in geheim, und marschirt, wo möglich allezeit verborgen.

Wo das Terrain gegen uns ist, und die Gefahr geschlagen zu werden nicht in uns liegt, sondern in der Natur der Dinge, da muß man mit strengster Sorgfalt untersuchen, ob es nicht möglich ist, durch eine kühne Unternehmung auf einer andern Seite, den Feind von dieser schwachen zu entfernen ; ob es nicht möglich ist ihm Fallstricke zu legen, und ehe er sein Unternehmen ausführt, ihn selbst in Posten und Lägern anzugreifen, wo wir mit Vortheile über ihn fechten, oder mindstens mit wenigerm Nachtheil als dort.

Die Fälle, wo eine schwache Armee es wagen darf eine stärkre anzugreifen, sind:

1) Wenn man alles gegen alles wagen muß.

2) Wenn

2) Wenn man den Feind in einem Lande antrifft, wo die Ueberlegenheit in der Zahl von keinem Gewicht ist.

3) Wenn es möglich ist, durch die Formirung der obliquen Schlachtordnung, ohngeachtet der Ueberlegenheit des Feinds, dennoch da, wo man angreifft, mehr Truppen ins Gefecht zu bringen als er.

4) Wenn man den Feind des Nachts überfallen kann, und er den Posten, da er sicht, nicht hinlänglich kennt, und seine Truppen schlecht vertheilt hat.

5) Wenn es möglich ist ihn in zerstreuten Quartieren anzugreiffen, oder auch auf dem Marsche, und der Theil den man angreifft von den andern nicht unterstützt werden kann.

Von den

Anstalten gegen Empörungen.

Erstes Capitel.

Von den Mitteln, den Empörungen zuvorzukommen.

§. I.

Es empört sich selten ein Staat ohne Fehler seiner Regenten: Ehe man also Mittel lernt, Empörungen zu dämpfen, muß man die Mittel lernen ihnen zuvorzukommen. Man findet einen Theil derselben in dem was ich eben von der Regierungskunst eroberter Lande gesagt, das übrige folgt hier.

Wenn Vorschläge dem Fürsten geschehen, die neu sind, und ihm dem Anscheine nach große Vortheile versprechen,

so

so muß er um desto aufmerksamer seyn, damit nicht diese Vortheile aus dem Ruine seiner Unterthanen entspringen. Denn es giebt öfters Minister die hierauf nicht achten.

Man muß den ganzen Staat, und jeden einzelnen Bürger desselben, ungekränkt beym Genusse seiner Güter, Gesetze, Freyheit und Religion erhalten.

Gebräuche, Sitten und Kleidung bleiben unverändert. Ists nöthig neue Gesetze zu entwerfen, oder irgends eine Veränbrung zu treffen, so muß es auf eine Art geschehn, die sie dem Volke beliebt, wenigstens erträglich macht, und man muß den günstigen Zeitpunkt dazu wählen.

Falsche Anklagen vermehren die Zahl der Ungetreuen: Oefters wird ein Mann zum Aufrührer, blos weil man ihn in Verdacht hielt, und er sich nun für verlohren hält. Nie muß man also Verdacht blicken lassen, wenn nicht das Verbrechen gewiß ist, und der Schuldige in unsrer Gewalt steht.

Man muß keine Warnung verachten, doch nie den geringsten Schritt gegen Leben, Ehre oder Vermögen des Beschuldigten thun, so lange noch Zweifel da sind. Straft man Schuldige ohne Spruch und Gericht aus eigner Autoritåt, so wird auch Gerechtigkeit für Tyranney gelten, und die Völker aufbringen.

Merken die Feinde daß man leichtgläubig ist, so werden sie es nützen, um selbst die redlichsten Männer verdächtig zu machen.

Anklagen ohne Unterschrift sind selten wahr: Falsche Ankläger müssen ohne Gnade mit der Strafe belegt werden, in die sie den Unschuldigen zu bringen gedachten.

Man muß den Truppen nicht zu viele Gewalt lassen, und wenn sie Gewalt übten, und die Einwohner auf sie erbittert sind, mit öffentlichen Zeichen der Ungnade sie zurückrufen. Auch die Gouverneurs muß man ablösen, wenn

sie

sie ihr Ansehen mißbrauchten , dem Volke aber durchaus
zeigen , daß es aus Gerechtigkeit geschieht und nicht aus
Furcht, sonst wird das Volk der Tyrann seines Herrn.

Damit nicht das Interesse reicher Vasallen getheilt
werde, muß man nie denselben erlauben, beträchtliche Güter in fremden Landen zu kaufen, die, wenn beide Fürsten in
Krieg gerathen, ihre Treue wankend machen können.

Man muß die Armen gegen die Reichen schützen, ohne
jedoch die gegründeten Rechte der Reichen zu kränken, und
diese auf andre Art wieder zu gewinnen suchen.

Allen Zwist und Streit muß man beylegen und mit der
Wurzel ausrotten. Nur unter Rebellen muß man Unei-
nigkeit stiften, bey Unterthanen sie unterdrücken.

In der Religion des Landes muß man keine Veränd-
rungen treffen, keine neue Freyheit verstatten, ohne mit
größester Sorgfalt den Nutzen und Schaden derselben erwo-
gen zu haben , besonders wenn die Geistlichen mächtig
sind und über den Sinn des Volks herrschen.

Man muß keine Müssiggänger noch Vagabunden dulden: Sie sind die ersten Anhänger der Aufrührer. Die
Gefängnisse, wenn sie voll sind, müssen in sichern und festen
Plätzen sich finden, damit das Volk beym Aufruhre sie nicht
öffnet.

Sind Mißvergnügte unter dem hohen Adel, so muß
man allem Zuwachs ihrer Macht vorbauen, besonders aber
verhüten, daß sie nicht durch Heyrath Ansprüche gewinnen,
die man nicht befriedigen kann.

Keine Provinz muß sich zu sehr durch ihre Vorrechte
über die andren erhöhen: Keine Provinz so sehr unter dem
Drucke leben, so gänzlich aller Vorrechte beraubt seyn, daß
jede Veränderung ihr wünschenswerth scheint. Hat man
Provinzen die so stolze Vorrechte haben, sich unterwürfig
gemacht, so muß man, wenn es mit gutem Gewissen geschehn

geschehn kann, sie aufheben, jedoch zu einer günstigen Zeit.

Oeffentliche Lustbarkeiten, beschäftigen das Volk, und unterdrücken den Geist des Aufruhrs. Der reiche Adel wird dadurch ärmer, Kunst und Manufacturen leben auf: Es giebt also Fälle, wo der Fürst durch sein Beyspiel sie ermuntern muß, besonders wenn er Ursache hat den Adel zu fürchten. Doch muß man aufmerken, daß diese Lustbarkeiten nicht Versammlungen des Aufruhrs werden, oder ein mächtiger und reicher Verräther das Herz der Unterthanen gewinnt.

Theurung und Mangel sind die furchtbarsten Quellen des Aufruhrs, besonders wenn das Volk glaubt, daß Auflagen, Wucher, oder Nachläßigkeit der Regierung sie verursachen.

Das Korn ist zuweilen theuer, selbst beym Ueberflusse, wenn die Besitzer großer Güter, und die Pächter sich vereinbaren, es nur für einen gewissen Preis zu verkaufen, oder wenn die Kornhändler, die es ihnen abnehmen, ein gleiches Verständniß treffen. Diesem zuvorzukommen, muß man dem Getraide einen billigen Preis setzen, die Eigenthümer nöthigen ihre Kornböden zu öffnen, und für den gesetzten Preis zu verkaufen, im ganzen Lande aber auch nicht einen einzigen Mann davon ausnehmen. Dem Schaden des Kornwuchers zu steuern, muß man von Zeit zu Zeit die Böden der Bauern besichtigen, und mit Strenge darauf halten, daß keiner verkauft was er zur Saat und Brödung gebraucht. Die Armen in den Städten zu unterstützen, darf keiner der Kornhändler eher auf dem Markte einkaufen, als zu einer gesetzten Stunde, damit die Armen den Vorkauf haben.

Der Preis worauf man das Getraide setzt, muß dem Betrage der Erndte, dem Preise der übrigen Lebensmittel, dem

dem Werthe des Geldes und den Landwaaren gemäß seyn. Setzt man ihn zu niedrig, so verläßt der Bauer den Pflug.

Maaß und Gewicht muß im ganzen Lande heilig seyn: Die Verfälschung der Waaren auf das schärffte bestraft werden: Keine Auflage auf Frucht und die nöthigsten Lebensmittel gelegt seyn.

Zu Palermo, und in vielen andern Städten, wo die Polizey auf gutem Fusse steht, sind eigne Einkünfte dazu bestimmt, daß man Getraide wenigstens für ein Jahr in Vorrath kauft. Diese Einrichtung ist vortrefflich, denn das Korn bleibt sodann immer im gesetzten Preise, und der Fonds sinkt doch nicht, weil man das eine mahl gewinnt was man das andre mahl verlohr. Pest, Krieg und Theurung werden leichter, und der Arme wird überall unterstützt.

Wenn der Mangel durch auswärtigen Handel entsteht, so muß man zwar diesen nie unterdrücken, weil er den Ackerbau und folglich das ganze Land belebt, doch muß man ihm Schranken setzen, damit stets Bröbung und Saat wenigstens auf ein ganz Jahr, wäre es möglich, auf zwey, im Lande verbleibe. Den Ueberrest führt man aus, für den höchsten Preis den man erhalten kann: Doch muß man wachsam seyn, und von Zeit zu Zeit die Kornböden untersuchen; denn der Unterschleif ist groß, und es würde ohne diese Vorsicht allezeit ungleich mehr ausgeführt werden, als erlaubt wird.

Der Aufkauf des Getraides in fremden Landen ist ungewiß, und schwächt das Land das aufkauft sehr, und unterwirft es so zu sagen jenem Lande. Geschehn die Transporte zu Lande, so sind sie aufs äusserste kostbar: Geschehn sie zu Wasser, so sind sie mehr als einem Zufalle ausgesetzt, und das Korn verdirbt oft. Man muß also nur in einzelnen Fällen seine Zuflucht zu demselbigen nehmen, und auch

alsdann

alsbann noch den Handel mit eignen Provinzen vorziehen, wenn dieser auch gleich einigen Schwierigkeiten mehr unterworfen seyn sollte.

Je öfter Mißwachs entsteht, desto wachsamer muß man seyn, die Ursachen desselben zu ergründen, und ihnen vorzubauen: Fehlt es dem Lande an Einwohnern, so muß man theils die innre Bevölkerung befördern, die allezeit die besten Unterthanen liefert, theils auch Fremde ins Land ziehen, und ihnen und ihren Kindern große Freyheiten verstatten, die jedoch den alten Einwohnern nicht schädlich seyn dürfen.

Fehlt es nicht an Menschen sondern an Arbeitern, so muß man sie zur Arbeit nöthigen, Müssiggänger und Landläufer mit Schärfe bestrafen, und die Arbeitsamen durch Ehre und Belohnungen aufmuntern.

Entsteht eine Theurung aus der zu großen Menge von Menschen, so bevölkert man mit denselben die Provinzen denen es an Menschen fehlt.

Waisen, Fündlinge und verarmte Kinder, sollte der Fürst, oder das Land, wo möglich auf eigne Kosten erziehen, denn solche Stiftungen liefern gute Bürger und Mütter, und den treusten Solbaten.

———————

Von.

Von

Empörungen.

Zweytes Capitel.

Von den Kennzeichen naher Empörungen. Wie man die ersten Spuren verfolgen muß, um sichre Nachrichten zu erhalten.

§. 1.

Wenn Städte oder Provinzen auf die Befreyung von Einquartierungen bringen, obgleich die Truppen die gehörige Disciplin halten, und die Einquartierung ihnen folglich Gewinn schafft: Wenn die Einwohner häufig und an abgelegnen Orten sich versammeln: Wenn häufige Pasquille und heftige Schriften gegen den Fürsten und seine Regierung verbreitet werden: Wenn häufige Prophezeyungen von künftigem Unglück für Fürsten und Staat erscheinen: Wenn Wunderwerke von Geistlichen geschehn deren Treue verdächtig ist: Wenn die Großen im Lande ungewöhnlich sich bemühen die Gunst des Volks zu erwerben: Wenn die Gesandten der Fürsten die beym Aufruhr des Landes Gewinn hoffen, große Verbindungen suchen; so ist dieß alles ein Zeichen, daß Feuer unter der Asche glimmet, besonders wenn verschiedne Umstände dieser Art sich vereinigen.

Die Empörung ist näher, wenn die Bürger der Obrigkeit nicht mehr achten, und ihre Befehle besonders wegen der Ruhe des Landes, nicht mehr so genau als vorhin halten: Wenn die verdächtigen Personen nicht mehr an den Orten erscheinen, wo sie in der Gewalt des Fürsten sind, und selbst, wenn sie aus gegründeten Ursachen gefodert werden,

werden, mit leeren Ausflüchten sich entschuldigen : Wenn
die Landleute auf einmahl von den Festungen und Quartieren der Truppen ausbleiben, und weder kaufen noch verkaufen : Wenn sie sogar ihre Wohnungen verlassen:
Wenn man an ungewöhnlichen Oertern Magazine von Munition, Lebensmitteln und Gewehr findet.

Dieß alles sind Merkmahle einer nahen Empörung,
doch entdecken sie die Aufrührer noch nicht, und liefern keinen Beweis; diese muß man also suchen, ohne durch unge-
gründeten Verdacht, wie wir oben sagten, sich Feinde zu
machen.   Man braucht einen Vertrauten, um gegen die
Person die man in Verdacht hat, gleiche Gesinnungen von
Mißvergnügen zu äuffern,   nach und nach sein Vertrauen
zu gewinnen, ihm Entwürfe von Rache zu entdecken, u. s. f.
Ist die verdächtige Person in vertrautem Umgange mit einer Dame, so sucht man einen jungen verschlagnen und äusserlich angenehmen Mann aus, der das Herz und das Geheimniß der Dame gewinne.   Man fragt die Verdächtigen um Rath zu einer Unternehmung,   an die man im
Ernste nicht gedenkt, die aber, wenn sie zur Wirklichkeit
käme, die Ruhe des Lands stört oder befestigt. Vielleicht
giebt der Verräther einen falschen Rath, der verdeckt auf
euren Untergang abzielt; Vielleicht ändern die, so man im
Verdacht hat, ihre Anstalten in diesem oder jenem Stücke :
Beides giebt Licht, und überdem macht es die Feinde gegen
euer wahres Unternehmen sicher, da sie wider das erdichtete
sich decken.   Man bewacht vor allem, Tritt für Tritt, die
Minister der Fürsten,   die vermuthlich die Hand im
Spiele haben, weil ihnen die Empörung Vortheil schaft;
die eignen Minister die man an diesen Höfen hält, müssen wachsam seyn, und auf jede Kundschaft sich legen: Je
weiter man von der Gefahr entfernt ist, desto weniger ist
man behutsam, und oft entdecken sich Geheimnisse auf
hundert Meileweges, die man am Orte selbst nicht erfuhr.

I 2   Man

Man nimt einen entschloßnen Officier mit einigen Vertrau=
ten, und läßt die Postillions attakiren wo man verdächtige
Briefe vermuthet. Man hebt hier oder da einen Bedienten
oder Freund der Verdächtigen auf, und plündert in beiden
Fällen, damit man glaube daß es Räuber sind: Es ver=
steht sich ohnehin, daß man in der Folge auf den Erfatz
denkt, jedoch ohne das Geheimniß zu verrathen. Der Of=
ficier muß fähig seyn die Briefe zu öffnen, damit er den
Ueberbringer behalte, wenn sich etwas wichtiges drin
findet: Gegen den Ueberbringer braucht man List, Ge=
schenke, Drohung und Gewalt: Doch ist man bey seinen
Aussagen auf der Hut, damit er nicht aus Verzweiflung
und Rache uns von neuem hintergeht, und wie wohl
eher geschehen, unsre aufrichtigsten Freunde als Verräther
angiebt.

§. 2.

Sobald man die Urheber des Aufruhrs erfuhr, muß
man nun darauf bedacht seyn, sie zu gewinnen, oder sie
außer Stand setzen zu schaden. Die Kenntniß der Cha=
raktere und der Zusammenhang des Ganzen bestimmen die
Wahl. Wohlthaten sind das sicherste Mittel, wenn
die Misvergnügten edel gesinnt und aus Ursachen mis=
vergnügt sind, die sie als redliche Leute für gültig an=
sehen können. Ist man außer Stand einen Verbre=
cher zu strafen, so sind die Wohlthaten das sicherste
Mittel Zeit zu gewinnen, und ihn einzuschläfern. Man
muß aber behutsam genug in der Wahl derselbigen seyn,
damit sie die Macht des Verräthers nicht mehren.
Das Beste ist ihm einen glänzenden Posten zu geben,
der ihn bey allem äußern Glanz ohne Autorität läßt,
und von dem Orte wo er schaden kann entfernt. Man
braucht seine Vertrauten, um jeden dieser Aufrührer,
durch den Bewegungsgrund der für ihn am treffendsten
ist, von seinem Aufruhr abzubringen: Man verbirgt,
daß

daß man ihre Gesinnung entdeckte. Ist hingegen keine
Hoffnung zu solchen Aussöhnungen da, hat man die Macht
in den Händen, so versäume man auch nicht einen Augenblick, Herr von allen Rädelsführern zugleich und auf einmahl zu werden, ohne daß auch nur einer entrinnt. Denn
was kann ein blinder Haufe alsdann thun, wenn ihm die
Anführer fehlen : Die Kunst aber ist, sie alle glücklich zu
fangen. Im Jahr 1641, als der König von Portugall
Johann der vierte aus dem Hause Braganza die Untreue
der Bürger von Lissabon erfuhr, stellte er jedem seiner Vertrauten ein versiegeltes Billet zu, ohne daß einer von dem
andern wußte, und mit dem Befehl es nicht eher als des
Morgens zu öffnen. Im Billet war der Befehl für einen
jeden, gewisse von den Aufrührern ohne Verzug zu arretiren, und an ganz verschiednen Orten in Verwahrung zu
bringen. Es ward alles glücklich vollzogen, und der Aufruhr gedämpft.

Von den

Empörungen.

Drittes Capitel.

Von den Vorsichten gegen die Einwohner der Städte, da man Mißtrauen hat.

§. 1.

Ist die Treue eines Landes verdächtig, so muß man alle
die kleinen Festungen schleifen, die den Aufrührern
nützlicher seyn können als uns; die Festungen aber die für
den Fürsten entscheidend sind, um desto stärker befestigen, und
mit allem was sie brauchen versehen. Wollte man alle

Schlösser

Schlöſſer und Poſten beſetzen, ſo ſchwächt man die Armee; beſetzt man ſie nicht, ſo faßt der Feind feſten Fuß, und man iſt oft gezwungen ihn mit großem Verluſt darin zu belagern, da der Feind beym Gegentheil es nicht braucht. Nichts hält die Völker beſſer im Zaum, als wenn man Meiſter von den Städten, Poſten und Flüſſen geworden iſt, die das Gewerbe und die Handlung des Landes beſtimmen, und hier einen feſten Fuß faßt, den man durch ſie ſo leicht nicht wieder verliehrt.

Wenn die Städte die dieſe Vortheile gewähren, volkreich ſind, ſo muß man ſich der Ruhe der Bürger durch eine ſtarke Citadelle verſichern, die man ihnen aber, wo möglich durch Liſt, und ohne Blutvergieſſen hinſetzt. Man wendet vor, daß man Spitäler, Caſernen oder dergleichen erbauen will, ein Herr von großem Vermögen übernimt unter ſeinem Namen den Bau, man legt den Magiſtraten falſche Plane vor, als diente der Bau zur Sicherheit der Stadt; man arbeitet indeß mit Ernſt, ſich in den Stand zu ſetzen, wenn das Blendwerk aufhört, auch wider Willen derſelben den Entwurf vollenden zu können. Iſt die Zahl der Bürger zu groß, um irgend ſo etwas mit Hoffnung eines glücklichen Erfolgs zu unternehmen, ſo nimt man ſeine Zuflucht zu neuer Liſt. Man kauft die Lebensmittel auf, verderbt ſie, und giebt durch Hunger Geſetze. Der Gouverneur ſtellt auſſerhalb der Stadt eine große öffentliche Luſtbarkeit an, ſind die Einwohner heraus, ſo verſchließt man die Thore, und ſo ferner.

§. 2.

Wenn eine Stadt verdächtig iſt, und keine Beſatzung noch hat, ſo muß man die Abſicht ſie zu beſetzen äuſſerſt geheim halten. Man bittet ſodann um freyen Durchzug für einige Truppen, um die Erlaubniß, ein Hoſpital, die Kriegscaſſe, Magazine, Kriegsgefangne daſelbſt unterzubringen.

bringen. Man bedient sich aller der Listen die wir beym
Ueberfalle der Plätze erzählen. Sobald man nun Meister von der Stadt ist, muß man darauf denken, sich des
Gewehrs, der Artillerie, und der Munition der Bürgerschaft zu bemächtigen. Hat man die Oberhand, so ists
leicht, die Garnison versammelt sich unter diesem oder
jenem Vorwande, vertheilt sich an den vortheilhaftesten Orten, schickt durch alle Straßen Patrouillen, die das Versammeln der Bürgerschaft hindern, und detaschirt Truppen nach dem Zeughause. Ist die Bürgerschaft stärker als
die Besatzung, so muß man seine Anstalten treffen; Denn
der Tumult ist sodann gewiß. Gleichwohl ist die Ent-
waffnung entscheidend wichtig; und es gelang mehr als
ein Aufruhr blos darum, weil sie versäumt ward, und
die Empörer in den Zeughäusern fanden was sie noch
brauchten. Die Artillerie führt man auf den Bollwer-
ken auf, um sie durch Abschnitte gegen die Unternehmungen der Bürger sicher zu stellen, und wenn es seyn muß,
selbst gegen die Stadt zu gebrauchen. Man versieht sich mit
Lebensmitteln und Munition. Die Hauptwachen, Casernen, Magazine und andre wichtige Posten verschanzt
man gegen die Stadt, mit Palissaden, oder Gräben und
Brustwehren. Die Officiers und selbst der Gouverneur
nehmen sichre Quartiere in der Nähe der Casernen. Ist
zu besorgen, daß die Bürgerschaft beym ersten Schritte den
man gegen ihre Artillerie thut zum Gewehre greifen wird,
und sie wäre der Besatzung weit überlegen; so ist das beste,
die Stücke, die man nicht entführen kann, zu vernageln,
und vorzugeben, es hätten es selbst Bürger gethan, das man
auf das schärfste untersucht wissen wollte.

Die Bürger oder Landleute von ihrem Hausgewehre zu
entwaffnen, verfährt man entweder wie oben, wenn man
stärker ist als sie, oder man fängt sie durch List. Eine Musterung, ein Aufbot gegen den Feind, Versammlungen die
sie von selbst anstellen, bieten, wenn man aufmerksam ist,

Gele-

Gelegenheiten genug dar, sie alle auf einmahl zu entwaff=
nen, oder sie zu trennen, und sodann ihre Schwäche zu
nutzen. Sobald nun die Einwohner wehrlos genug sind,
daß man keine Ursache hat sie zu fürchten, so ergeht nun der
Befehl, daß jeder Bürger bey schärfster Strafe an Leib
und Leben, sein Gewehr, in Zeit von einigen Stunden,
nach gewissen Orten hinbringen soll, wo Officiers von
der Artillerie es in Empfang nehmen, und an jedes Ge=
wehr den Namen des Besitzers auf einem Kartenblat anbin=
ben. Ist die gesetzte Stunde verstrichen, so werden die
Häuser, mit allen Böden und Kellern, Rauchfängen
und Hausgeräthe durchsucht, und der Bürger wo man Ge=
wehr fand schärfstens bestraft. Die Haussuchung muß
durch Officiers geschehn, um sowohl Excesse als Beste=
chung zu vermeiden: Nach Verlauf einiger Tage aber ge=
schieht eine zweyte, wobey man besonders auf die Mauern
achtet die neu aufgeführt sind, oder hohl klingen, und wenn
irgendswo das Erdreich aufgewühlt ist. Hat man nun
die Gewehre in seiner Gewalt, so giebt man den Bürgern
zu vernehmen, daß man gar wohl wüßte, der allergrößeste
Theil derselben wären getreue Unterthanen ihres Fürsten,
man hätte sich aber genöthigt gesehn, ihnen allen das Ge=
wehr wegzunehmen, um keine verhaßte Ausnahme zu ma=
chen; doch geschähe es nur auf eine kurze Zeit, und die Ge=
fahr die zu diesem Schritte genöthigt, würde bald ver=
schwinden, daher man das Gewehr mit dem Namen sei=
nes Eigenthümers bezeichnet habe. Den Edelleuten und vor=
nehmsten Bürgern läßt man den Degen und eine Flinte zur
Jagd, und in der Folge der Zeit giebt man auch unter den
Bürgern einigen das Gewehr los, um die andern mit
Hoffnung zu trösten.

Von den

Empörungen.

Viertes Capitel.

Von den Maasregeln nach dem Ausbruche der
Empörung, um sie zu stillen.

§. 1.

Sobald die Empörung in einer Stadt oder Provinz ausbrach, muß man sein erstes Augenmerk auf die benachbarten Gegenden richten, damit der Aufruhr sich nicht
verbreite, ob er gleich aller Vermuthung nach unter mehr
als einer Stadt verabredet war. Man macht sich zum
Meister der wichtigsten Städte und Pässe, und unterbricht
alle Gemeinschaft zwischen den Verdächtigen, jedoch, wäre
es möglich, ohne Argwohn zu zeigen. Man schleift alle
die Plätze, die nachtheilig seyn können, und die man bis jetzt
zu schleifen versäumte. Man sucht Meister, wenigstens
von einigen Urhebern des Aufruhrs zu werden, und straft
diese mit Schärfe: den übrigen wird Gnade und Verge-
bung versprochen, wenn sie innerhalb einer gewissen Zeit
von wenigen Tagen ruhig nach ihrer Heymath zurückkehren.
Leiden die Umstände keine Verstellung, so nimt man zu einerley Tag und Stunde, in allen verdächtigen Orten wo
man Herr ist, alles zu Geisseln, wovon man Unruhe vermuthet, und schickt sie nach sichern Festungen zurück, wo
man sie gut verwahrt, jedoch nach ihrem Stande unterhält. Man legt ihnen Tod und Leben, Strafe und Belohnung vor, nachdem sie das ihrige dazu beytragen, Frieden, oder Unruhe zu stiften.

J 5

Im

Im Lande des Aufruhrs müssen wenigstens einige der treugesinntesten Vasallen von großem Stand und Vermögen verbleiben, die aber ihre Gesinnungen verbergen, damit sie Liebe und Ansehen bey den Aufrührern gewinnen, und, wäre es möglich, sogar ihre Anführer werden. Diese können sodann den Aufrührern alle die Vorstellungen thun, die von Seiten des Hofs, so wahr und gegründet sie auch sind, dennoch nicht den geringsten Eindruck auf sie machen würden. Sie zeigen ihnen lebhaft ihre Gefahr, die wenigen Vortheile selbst beym Gewinne, den Eigennuß und die Untreue ihrer Anführer, und der fremden Mächte die den Aufruhr unterstützen. Sie trennen den Adel vom Volk, das Volk von dem Adel: Sie stiften Mistrauen und Streit zwischen den Aufrührern selbst: Vertrauen die Aufrührer ihnen das Commando im Kriege, so liefern sie den ganzen Haufen in eine Falle, wo nichts als Unterwerfung ihn rettet: Sie machen im Glück und Unglücke die Aussöhnung leichter.

§. 2.

Wenn man zu den Waffen greift, um einen Aufruhr zu stillen, so muß man hitzig seinen Vortheil verfolgen, und schnell die Sache zu entscheiden suchen: Jeder Tag den man verschwendet verbreitet den Aufruhr weiter, und giebt dem Feinde neue Vortheile. Ist man aber zu schwach um mit Nachdruck agiren zu können, so muß man Zeit mit Unterhandlungen gewinnen, damit man, wo möglich, die Aufrührer unthätig erhalte, und indeß Gerüchte auf Gerüchte ausstreuen, und alle mögliche Blendwerke nutzen könne, um seine Schwäche, und die Stärke der Aufrührer zu verbergen. Hat man aber Kräfte gesammelt, und keine Hoffnung zur Aussöhnung mehr, so muß man Schlachten und große Gefechte suchen, kleinere vermeiden. Bald fehlt es den Aufrührern an erfahrnen Officiers, bald sind ihre Officiers unter sich uneins. Disciplin, Waffen, Exerciz fehlt, selbst
der

der Muth und das Zutrauen, wofern noch Hoffnung zur Aussöhnung da ist, und die Verzweifflung noch nicht zu Waffen ward. Man hat sie also leichten Kaufs, wofern man nur gegen sie anrückt, weiset man ihnen aber den Rücken, so sind sie furchtbarer als Armeen, weil sie jeden Weg und Steg und jeden Hinterhalt kennen.

Man muß Truppen einzeln und zerstreut gegen sie detaschiren, diese Truppen mit geschloßnen Corps unterstützen, Rücken und Flanke wäre es auch nur mit einer Hand voll Leute, bedrohen, die Cavallerie hiezu gebrauchen, und überall zum Choc und Bajonet eilen, nirgends aber in langweiliges Feuer sich einlassen; dieß ist die wahre und einzige Methode, sie wie Schafe vor sich her zu jagen.

Ich habe in dem Spanischen Successionskriege gesehen, daß siebenzehn Miquelets, vierzig Franzosen vom Regimente Blois tobtschossen und vierzig verwundeten, weil das Regiment mit ihnen ins Feuer sich einließ: griff man sie aber mit dem Bajonet an, wie viele von unsern Officiers thaten, so jagte man mit hundert Mann wohl sechshundert davon, der Posten mochte stark oder schwach seyn. Der größeste Vortheil indeß den sie haben, ist die Kenntniß des Landes: hiergegen ist nur ein einziges Mittel, daß man unter allen Regimentern und der ganzen Werbung die man in diesem Lande anstellte, alle die Officiers und Gemeinen aushebt, auf deren Treue man gewiß im Stande ist zu bauen. Diese vertheilt man sodann unter den Regimentern, die gegen die Aufrührer dienen, und schickt nicht eine einzige Partey aus, ohne solche Wegweiser ihnen zu geben: Die Mannschaft hingegen der man nicht traut, schickt man nach entlegnen Festungen und Provinzen zurück, und unterbricht alle gefährliche Gemeinschaft mit ihrem Lande.

Siegt man im Gefechte, so muß man das Blut der Ueberwundnen schonen, die jetzt zwar Aufrührer sind, in kurzem aber vielleicht die getreusten Unterthanen werden.

Nur

Nur die ersten die ein Beyspiel der Hartnäckigkeit geben,
muß man mit Ernste strafen; doch alsdann nicht, wenn die
Erbitterung schon so groß ist, daß blutige Beyspiele nicht
schrecken, sondern nur Rache hervorbringen. Je mehr Große
des Reichs im Aufruhre verwickelt sind, desto weniger helfen strenge und grausame Strafen: Ists aber blos Pöbel
der sich empört, so hilft Gewalt oft mehr als die Güte.

§. 3.

Der gefährlichste Krieg mit Aufrührern ist, wenn sie
in viele Corps sich zerstreuen, und das Land sie begünstigt:
Bleibt man alsdann in einem einzigen Corps, so richtet
man nichts gegen sie aus, und Lebensmittel und Unterhalt
wird schwer: Vertheilt man sich, so ziehn die Rebellen sich
zusammen und überfallen dieß oder jenes Corps, ehe es durch
die andern unterstützt wird. Wie gut man auch seine
Maasregeln trift, so liegt man doch überall unter, wenn
man nicht Officiers und Soldaten aus dem Lande selbst
zog, oder Einwohner gewinnt. Doch auch alsdann zieht
sich die Sache wenigstens in die Länge, und es bleibt selten
ein ander Mittel übrig als Hunger, oder den Rädelsführer
zu fangen. Wüßte man daher den Ort, wo dieser sich
hinwarf, so muß man mit ganzer Macht sich dahin wenden, und gleich bey der ersten Berennung bis zum Ende
alle möglichen Vorsichten nehmen, damit er nicht entkomme.
Kein Vorschlag wird gehört der ihn rettet: Man muß die
Erlaubniß haben ihn überall aufzusuchen: Wer ihn entdeckt, muß eine große Belohnung empfangen: Wer ihn
verbirgt, des Galgens gewärtig seyn: Man muß Posten
und Schildwachen verdoppeln, Ueberläufer und alles was
aus der Stadt kömmt mit der größesten Sorgfalt und
Mißtrauen ausfragen, alle Häuser und Schlupfwinkel
durch Officiers untersuchen, und keine einzige Schildwache
abführen, so lange die Untersuchungen mit Hoffnung geschehn. Ist aber kein Anschein mehr da, auf diese Art ihn

zu

zu finden , so führt man alle Posten und Schildwachen
öffentlich ab; als wäre alle Hoffnung verlohren; stellt nun
aber, statt ihrer, verborgne Posten auf alle Straßen und
Fußsteige, und in den Häusern an den Thoren und Pforten
der Stadt, die ihn genugsam kennen, um ihn auch in der
Verkleidung zu finden.

§. 4.

Wenn diese Mittel alle nicht gelangen, den Aufruhr zu
stillen, so ist der Hunger die sicherste Zuflucht. Man giebt
Verordnungen, die die Aufrührer hülflos machen, von
Land und Städten abschneiden, und sich und ihren Kräften
allein überlassen.   Die Truppen werden diesen Absichten
gemäß vertheilt , und die Officiers halten mit Schärfe
über die Verordnungen.

1) Niemand darf ohne Paß ausser dem Bezirke des
Orts gehn in welchem er wohnt.   Die Pässe giebt die
Obrigkeit des Orts, und sie enthalten den Namen, und
die Gestalt, des Mannes der ihn vorzeigt, den Ort wohin
er reisen will, seinen Weg, und die Zeit wie lange der
Paß gilt.   Die Obrigkeit jedes Orts, durch welchen der
Reisende paßirt, muß diesen Paß von neuem unterschrei-
ben, damit man sehe was wahr oder falsch ist.

2) Wer keinen Paß hat, wird im nächsten Orte den er
betrit, arretirt.   Kein Gastwirth darf Fremde beherbergen oder speisen, die keinen Paß haben, sondern muß sie
ohne Verzug an die Obrigkeit melden.

3) Niemand darf Gewehr , Munition und Flintensteine verkaufen, wenn der Käufer nicht eine schriftliche Erlaubniß von dem Officier , der dazu ernennt worden,
aufweiset.   In der Erlaubniß wird die Zahl und das Gewicht bestimmt.

4) Niemand, unter was für einem Vorwande es sey,
darf die Aufrührer mit Geld, Lebensmitteln, Pferden,
Kleidern

Kleibern und Geschirr versehen: Niemand darf ihnen Nachricht geben, niemand Gemeinschaft mit ihnen haben, und
wäre es auch Bruder oder Sohn.

5) Wenn die Rebellen das Gebiet eines Orts betreten, sollen die Einwohner ohne Verzug den nächsten Truppen Nachricht geben, die Sturmglocken läuten, Feuer auf
bestimmten Höhen anzünden, und alles in der Nachbarschaft warnen.

6) Wenn Officiers von der Armee oder der Landmi-
liz in den Orten liegen, vor welchen die Aufrührer sich zeigen, so sollen die Einwohner diesen Officiers gehorchen,
wenn dieselben sie zu einer Unternehmung gegen die Aufrührer commandiren. Man soll auch den benachbarten
Orten zu Hülfe kommen. Ist man nicht stark genug sich
im Orte selbst zu vertheidigen, so verläßt man ihn, um
die Höhen und Pässe zu besetzen wo die Aufrührer auf der
Retraite vorbey müssen. Ohne dergleichen Officier ists
den Einwohnern ernstlichst verboten nicht auf Krieg auszu-
gehn; im Orte selbst aber dürfen sie die Gewaltthätigkeit
des Feinds mit Gewalt vertreiben.

7) Die Einwohner liefern alles Gewehr an die Hauptwache. Zur Hauptwache wählt man den festesten Plaz
im ganzen Orte, das Schloß, ein wehrbares Haus, eine
Kirche, einen Hof mit einer guten Mauer, und so ferner.
Die Einwohner geben täglich eine Wache, um diesen Posten
zu besetzen. Rings um den Ort, und des Tags auf dem
Thurme, werden Schildwachen ausgestellt. Ist der Ort
groß, so werden die Officiers Sorge tragen, daß der
stärkste Theil desselben verschanzt wird.

8) Alle heimliche Zusammenkünfte werden verboten;
der Einwohner der darum weiß, und sie verschweigt, so gut
als die Schuldigen gestraft.

9) Die

5) Die Einwohner jedes Orts müssen für den Diebstahl und Mord haften der in ihrem Gebiete geschieht. Ich setze nehmlich voraus, daß sie Freunde der Aufrührer sind: sind sie treu, so muß man befehlen, daß die benachbarten Orte für den Diebstahl und Mord haften sollen, der im Gebiete der getreuen Unterthanen geschieht.

10) Jeder Ort haftet für das Leben, Freyheit und Güter, der Officiers und Civilbedienten, die dahin commandirt worden, wenn sie aus Nachläßigkeit oder Bosheit der Einwohner in die Hände der Aufrührer fallen.

Wenn dieß alles die Aufrührer noch nicht hindert, im Felde zu erscheinen, weil sie in den offnen Flecken und Dörfern zur Fortsetzung des Kriegs Ressourcen genug finden; so muß man den Einwohnern dieser Oerter befehlen sie mit Haabe und Gute zu räumen, und weiter rückwärts in sichere Städte zu flüchten, wo man für ihren Unterhalt sorgt. Vor allem muß man alle Arten von Handwerksleuten wegnehmen, die freywillig oder gezwungen den Aufrührern dienen, als z. E. Büchsenschäfter, Sattler, Schmiede oder dergleichen. Man muß die Mühlen verderben, die Backöfen niederreißen, u. s. f. Leidet die Sache Verschub, so muß man die Zeit kurz nach der Ernte zu dieser Unternehmung wählen, damit die Einwohner ihre Früchte mit sich nehmen. Es werden Truppen commandirt, die Einwohner zu decken und auf die Execution dieses Befehls zu halten. Die eignen Städte vor dem Mangel zu schützen, muß man die Landstrassen sicher halten, Posten daselbst ausstellen, die Wälder auf beiden Seiten bis auf einen Flintenschuß weit aushauen, alle in der Nähe befindlichen Häuser, Mauern, Gebäude oder dergleichen, bewachen, sich der Treue der Einwohner versichern, oder
sie

sie niederreiſſen. Vermag endlich auch dieß nicht die
Rebellen zur Streckung des Gewehrs zu bringen, weil
ihre Anverwandten und Freunde ſie unterſtützen, ſo
nimt man von dieſen die vornehmſten und reichſten alle
auf einmahl in Arreſt, und kündigt ihnen an, daß ſie
nicht eher loskommen werden, als bis dieſe oder jene
Aufrührer, über die ſie Gewalt haben, ſich ergeben:
würde dieß in der Zeit, die man feſtgeſetzt, geſchehn, ſo
wäre alles vergeſſen: Iſt die Zeit fruchtlos verſtrichen,
ſo müſſen dieſe Geiſſeln für allen den Schaden haften, den
ihre Verwandten von der Zeit an ſtiften.

§. 4.

Sobald man Vortheile über die Rebellen gewann,
und vermuthet daß ſie des Kriegs überdrüſſig geworden,
muß man ihnen die Gnade des Fürſten von neuem verſichern, und einen Generalpardon öffentlich bekannt machen. Dieſer Generalpardon muß nicht zu harte Bedingungen auflegen, doch auch nicht zu nachgiebig ſeyn,
und Freyheiten bewilligen die zu neuen Empörungen Gelegenheit geben. Die Amneſtie betrift nur die Männer
die Waffen tragen, nicht die Weiber und Kinder, die ſonſt
allein kommen würden, um die Güter ihrer Männer und
Väter zu genieſſen, da dieſe indeß den Krieg fortſetzen.

Den vornehmſten der Aufrührer muß man wo möglich
von der Begnadigung ausſchlieſſen, damit ſein Beyſpiel
ſchrecke; wenigſtens muß man ſuchen ihn von dieſem Lande
zu entfernen, wo ſonſt die Ruhe niemals ſtandhaft ſeyn
wird.

Man vermeidet durchaus alle Traktaten, die dem Aufrührer das Anſehen der Gleichheit mit ſeinem Fürſten geben. Man beraubt das Land der Privilegien die den
Geiſt des Aufruhrs unterhalten: Nimt man ihnen noch
mehr, ſo geſchieht es in der Abſicht, ſie durch eine baldige
Wiedergabe

Wiebergabe zu erfreuen. Man unterbrückt ben kriegri=
schen Geist burch Anlage von Manufakturen und Hand=
lung, burch die Wissenschaften, neue Schulen und Universi=
täten, vor allem burch Wegnahme der Waffen, burch ein
Verbot aller kriegrischen Uebungen auf bem Lanbe, in ben
Stäbten, u. s. s.

Sieht man sich gezwungen zu strafen, so muß es burch
ben Ausspruch öffentlicher Gerichte geschehn, und bas
Verbrechen klar seyn. Zieht man Güter ein, so müssen
sie die Belohnung der Unterthanen werden, die treu ver=
blieben ; Nimt man Freyheiten und Vorrechte, die bem
Staate an sich nicht schädlich sind, so verleiht man sie an=
bern. Man untersucht nicht, was man für unbemerkt
ausgeben kann : Man vergiebt von ganzem Herzen ohne
Groll und Rache: Man lebt ben Muth ber Völker wie=
ber auf, und sucht ihr Herz und ihre Liebe.

Von den

Empörungen.

Fünftes Capitel.

Vom Aufruhr der Truppen.

§. 1.

Der Aufruhr der Solbaten entsteht entweder aus Man=
gel von Gelb und Brob, oder aus Haß gegen ihre
Officiers, oder aus Zänkereyen entweder mit ben Bürgern
ober unter sich selbst, wenn die verschiebnen Regimen=
ter ober Nationen aus dieser oder jener Ursache sich
anfeinden.

Der

Der Soldat muß allerdings empfangen was ihm gebührt, geschieht es aber nicht, so muß man die Schuld auf den Zufall schieben, und den Haß von sich und dem Fürsten ablenken. Man muß suchen den Mangel so viel als möglich zu stillen, sein und seiner Freunde Geld dazu anwenden, mit Hoffnung von Besserung trösten, und diese für gewiß und nahe ausgeben. Dieß vermag über das Herz der Soldaten viel.

Ist der Grund des Aufruhrs Haß, oder Mistrauen gegen Generals oder Officiers die diesen Haß wirklich verdienen, so muß man nicht zu hartnäckig auf die Behauptung derselben bestehn, aber auf eine Art nachgeben, die den Tumult und den Aufruhr nicht gut heißt. Sind aber ihre Anklagen ungerecht, so muß man zwar, wenn die Aufrührer mächtig sind, dem Anscheine nach in den ersten Augenblicken nachgeben, alsdann aber wenn man mächtiger ward mit Ernste die Sache durchsetzen.

Der Streit zwischen Soldat und Bürger entsteht gemeiniglich aus den Foderungen der Soldaten, die, wenn der Bürger sie nicht befriedigt, diesen nicht verklagen wollen, sondern sich selbst Recht schaffen. Der Bürger ruft sodann den Nachbar um Hülfe, und der Streit wird allgemein. Man muß daher die Fodrungen der Soldaten aufs genaueste bestimmen, dem Soldaten verbieten, sein eigner Richter zu seyn, dem Bürger seine Mitbürger zur Hülfe zu rufen.

Den Streit zwischen Soldat und Soldat verursacht der Trunk, oder Spiel, oder Huren; oder ein alter eingewurzelter Haß, der besonders zwischen verschiednen Nationen und Glaubensverwandten gar zu leicht einreißt. Den ersten Ursachen baut gute Disciplin vor: die letzte zu vermeiden muß man bey schärfster Strafe verbieten, daß kein Officier noch Soldat mit dem andern über die Vorzüge seines Volks und Glaubens streite, die Sitten und

Gebräuche

Gebräuche der andern Nation lächerlich mache, und so ferner. Man muß die Truppen in den Quartieren von einander absondern, im Dienste aber sie untereinander unt= schen, damit die Officiers bey beiden Ansehen gewinnen.

§. 2.

Wenn dieser Vorsichten ohngeachtet ein Aufruhr ent= steht, so ists vielleicht möglich gleich durch die ersten Schritte ihn zu stillen, wenn nur die Officiers ihre Schuldigkeit thun und nicht selbst Antheil daran haben.

Der Officier vom Piquet oder der Reserve muß mit der ganzen Reserve beym ersten Allarm anrücken, die An= fänger des Tumults, wenn ihrer noch wenig sind, in Arrest nehmen, sind ihrer viel, sie mit Güte auseinander brin= gen. Das nehmliche thut der Gouverneur selbst mit sei= ner Eskorte, die andern Stabsofficiers besetzen mit den ersten Truppen die sie aufraffen, die Schlösser, Thürme, Kirchhöfe, und andre Posten die dem Quartiere Gesetze vorschreiben.

Die Officiers so die Wache und den Dienst in den Ca= sernen haben und zur Bereitschaft zum Dienst commandirt sind, formiren die Battaillons, und erwarten fernere Be= fehle, damit sie bey der Hand sind, den Aufruhr zu stillen, oder ihm und zugleich dem Feinde zu widerstehen, wenn dieser ihn veranstaltet hat.

Alle Wachen, in den Thoren, auf dem Walle, vor den Magazinen und den Casernen, schliessen die Barrieren, und decken sich gegen die Stadt.

Ists ein Streit blos zwischen den Truppen, oder den Truppen und Bürgern, so verbreitet man ein Gerücht der Feind sey da; Man commandirt eins von den Regimen= tern zur Arbeit, zum Marsche, und so ferner.

§. 3.

§. 3.

Wenn diese Hülfsmittel nicht zureichen, der Aufruhr stärker wird, und man die Häupter desselben nicht ohne Blutvergiessen wegnehmen kann, so muß man nun erwägen, ob die Truppen durch Liebe oder Furcht am besten gelenkt werden, ob es alte Truppen sind, oder neues Volk. Die ersten gewinnt man öfter durch Liebe, und man schickt Officiers zu ihnen ab, die sie lieben, zu den andern Officiers, die sie fürchten. Diese Officiers gehn von Soldat zu Soldat, und stellen jedem vor, was bey ihm den meisten Eindruck machen kann, diesem die Gefahr, jenem die Schande, den Verlust der Belohnung so vieljähriger Dienste, allen die kräftigste Versicherung, daß, wenn sie jetzt noch zurückkehren, alles vergessen seyn soll. Der letzte Bewegungsgrund ist der stärkste, und damit sie ihm trauen, muß man namentlich diesen oder jenen Rädelsführer ausnehmen, und alle Schuld auf ihn wälzen. Wäre es möglich, so muß man sie bereden, mit eignen Händen den Rädelsführer zu strafen. Gelingt es den Aufruhr zu stillen, so muß man redlich das Wort halten das man von sich gab, und ganz ohne Strafe vergeben; nicht abdanken, nicht unterstecken, damit nicht, wenn ja der Fall wieder entsteht, Treue und Glauben verschwindet. Doch muß man die Truppen von dem Orte entfernen wo der Aufruhr geschah, und das Andenken desselben nicht aufhören würde sie zu quälen. Mußte man aber Gewalt brauchen, so müssen die Strafen ernst und strenge seyn, und was mit dem Leben entgeht, mit Schimpf abgedankt oder untergesteckt werden.

Von

den Ueberfällen

Erstes Capitel.

Kenntniſſe, die man beſitzen muß, um einen Poſten mit Erfolg zu überfallen: unter was für Umſtänden man es unternehmen kan.

§. 1.

Wenn man beſchließt, einen feſten Platz, oder Ort, zu überfallen, der mit Mauren umgeben iſt, ſo muß man die genaueſte Kenntniß von ſeiner Lage, ſeinen Werken, und der Höhe und Stärke ſeiner Mauren beſitzen. Man muß wiſſen, wie ſtark die Garniſon iſt, wie ihre Wachen vertheilt ſind, aus wie viel Mannſchaft eine jede beſteht, wo die Caſernen und ihre Allarmplätze liegen: man muß wiſſen, was für Hülfe der Feind erwarten kan, und ob man Zeit genug zum Rückzuge hat, der Entwurf gelinge oder gelinge nicht.

Es iſt leicht, einen Poſten zu überfallen: 1) Wenn der Commandeur und die Officiers der Garniſon die Zeit noch nicht hatten, die Stärke und Schwäche deſſelben kennen zu lernen.

2) Wenn der Ort weitläuftig, und die Garniſon ſchwach und übel vertheilt iſt.

3) Wenn die Garniſon wider ihren Willen dient, aus Gefangnen, gezwungnen Leuten beſteht.

4) Wenn die Truppen übel diſciplinirt ſind, oder ihr Commandeur unwiſſend und nachläſſig iſt.

K 3   5) Wenn

5) Wenn wenig Runden gehn, die Thore schlecht bewacht werden, die Schildwachen schläfrig sind, keine Posten über den Thoren stehn, oder diese nicht wohl herab sehen können.

6) Wenn der Commandeur versäumte, die Thore von aussen zu decken, damit niemand zur Nachtzeit sich anschleichen könne.

7) Wenn die Wachen an den Thoren gegen die Stadt zu nicht gedeckt sind.

8) Wenn keine Patrouillen noch Aussendetaschements des Nachts ausgehn, oder wenn diese ihre Schuldigkeit nicht thun.

9) Wenn man die Wege kennt, die sie halten, und Mittel findet, mitten durchzuschlüpfen.

10) Wo die Mauern verfallen sind und Lücken haben. Dieß ist bey Landstädten sehr gewöhnlich, da die Bürger gerne sehen, daß die Mauern einfallen, damit sie drüber hinweg gerade zu auf ihre Felder können.

11) Wo die Mauern am niedrigsten sind, wie öfters bey den Flanken sich findet: wo man gar durch niedrige Schießlöcher eindringen kann: wo man nicht nöthig hat, die Leitern zu weit von der Mauer zu entfernen.

12) Wo keine, oder wenigstens die kleinsten Flanken sind.

13) Wo kein Graben da ist.

14) Wo man nicht nöthig hat, die Leitern mehr als einmal anzusetzen, da also, wo die wenigsten Aussenwerke sind, wo man die Contrescarpe heruntergleiten kann, wo man, wenn die Mauern oder Wälle erstiegen worden, nicht nöthig hat, die Leitern von neuem anzulegen, um wieder herunter zu können.

15) Wo

15) Wo in trocknen Gräben keine Paliſſadirung und keine Cunette ſich findet.

16) Wo bey naſſen Gräben der Commendant verſäumt, aufeiſen zu laſſen, oder der Froſt ſo ſtark iſt, daß das Eis in wenig Stunden hält.

17) Wo man durch Flüſſe oder Canäle in die Stadt einſchleichen kann, weil der Gouverneur verſäumte, ſie durch eine Eſtakade zu ſperren, und Wachſchiffe zu halten.

18) Wo die Werke von Erde keine Sturmpfähle haben, und ihre Böſchung groß iſt.

19) Wenn die Werke durch einen ungefähren Zufall ruinirt worden, als z. E. durch einen Platzregen oder dergleichen. Dieß begegnet gar oft den neuen Werken, beſonders im Sandlande.

20) Wenn die Verſchanzungen der Thore von auſſen nicht ſtark genug wider den erſten Anlauf gedeckt ſind.

21) Wenn der Commandeur verſäumte, die Flanken mit Geſchütz zu beſetzen, Depots von Munition zu haben, ſich mit Sturmſenſen, Kurzgewehren, Sturmbalken gegen die Erſteigung mit Leitern zu verſehen. Wenn er nicht im Stande iſt, den Graben zu erleuchten, und die falſchen Attaken von den wahren zu unterſcheiden.

22) Wenn die ſchwächſten Orte des Platzes weit von den Caſernen und dem Allarmplatze der Garniſon entfernt ſind, oder die ſtärkſten Poſten zu ſehr vernachläſſigt werden.

23) Wenn man auf eigner Seite mit allem verſehen iſt, was zum Ueberfall gehört, als z. E. mit Leitern, Petarden u. ſ. f.

24) Wenn man im Stande iſt, die Zubereitungen ſo geheim zu halten, daß der Feind keinen Argwohn ſchöpft.

25) Wenn man im Gebirge und durchſchnittnem Lande ſich im Stande ſieht, den Platz oder Poſten beym Angriff

ganz

ganz von aller Gemeinschaft mit den andern abzuschneiden, und alle Zugänge zu sperren, auf welchen der Feind zum Entsatz anrücken könnte.

26) Wenn der Feind nicht im Stande ist, ein überlegnes Corps Truppen zusammen zu ziehn, ehe der Streich vollführt worden.

27) Wenn man durch Verschwiegenheit, Kunst, und forcirte und wohlgeordnete Märsche, den Gegenanstalten des Feindes zuvorkommen kann.

28) Wenn die benachbarten Corps im Stande sind, durch eine große Bewegung den Ueberfall zu unterstützen.

§. 2.

Die bequemste Jahrszeit zum Ueberfalle ist der Winter, weil man Zeit hat, forcirte Märsche zu thun, und Sturm und Finsterniß den Angriff begünstigen, der Dienst auch in den langen Nächten und der Kälte am allernachläßigsten geschieht; Nächte aber, da es regnet, sind, wenn der Marsch nicht kurz ist, dem Angreifenden schädlich.

Eine Stunde vor Tags ist die gewöhnlichste Zeit zum Angriffe, wenn der Feind durch die Entfernung oder andre Umstände sorglos gemacht, keinen Angriff argwohnt. Hält er aber den Posten selbst für gefährlich, so rückt er gegen diese Zeit aus, und steht unter dem Gewehre. Alsdann muß man um Mitternacht, oder kurz nachher angreiffen, so auch, wenn der Rückzug nach vollendetem Coup gefährlich seyn möchte, und man einen Theil der Nacht nothwendig gebraucht, um Feld zu gewinnen. Zuweilen sind die Feinde nur in der Nacht munter, und versäumen dagegen alle Vorsicht am Tage. Alsdann ist der Tag besser als die Nacht, besonders, wenn das Land zwischen uns und dem Feinde durchschnitten ist, und Vortheile darbietet, sich zu verbergen.

§. 3.

§. 3.

Wenn man Feinde gegen ſich hat, die des Kriegs noch nicht gewohnt ſind, ſo allarmirt man den Poſten, den man überfallen will, durch verſchiedene falſche Attaken, damit die Garniſon den Lärm nicht mehr achte. Kleine Parteyen Huſaren und guter leichter Truppen, ſind hiezu vortrefflich und unternehmen ſo was gern. Iſt der Gouverneur eines Plaßes ſchwach und von wenig Anſehen, ſo iſt das Strategem um ſo viel beſſer, weil die Officiers des falſchen Allarms müde werden, und Vorſtellungen gegen alles zu Beſchwerliche machen. Ueberdem lernt man dadurch die Anſtalten des Feinds zur Vertheidigung kennen. Zu andrer Zeit muß man ſich ſtellen, als, wenn man ſelbſt die gröſte Urſache hätte, ſich zu fürchten, und an nichts weniger gedenken könnte, als etwas zu unternehmen. Ueberall aber muß man auf die Wege im Rücken des Poſtens, den man angreifen will, achten. Denn dieſe werden am meiſten vernachläſſigt. Je weiter man vom Feinde entfernt iſt, je mehr man ſich zerſtreut hat, deſto ſorgloſer iſt der Feind. Die ſicherſten Unternehmungen ſind daher gemeiniglich die, wo man einige Märſche thun muß, und mit verſchiedenen Detaſchements aus mehr als einem Plaße ausrückt. Der Detail aber iſt alsdann groß, und muß mit Sorgfalt überdacht werden, damit man verborgen bleibt, mit allen Detaſchements zugleich eintrifft, und ſicher ſich zurückziehen kann.

Von

Von

den Ueberfällen

Zweytes Capitel.

Von den Zubereitungen zum Ueberfall.

§. 1.

Man muß nie einen Ueberfall unternehmen, ohne sich mit allem versehen zu haben, was man zur Ausführung braucht: sonst läuft man Gefahr, daß er mißlingt, oder wenigstens zu theuer mit Blute gezahlt wird. Die gewöhnlichsten Hindernisse, die man gegen sich findet, sind der Graben, die Mauer, Barrikaden, Schlagbäume und Thore.

Einfache Mauern, Schlagbäume, Fallgatter und dergleichen zu sprengen, braucht man Petarden und Mabrillbreter, Nägel, um sie zu befestigen, und Hämmer, um sie einzuschlagen. Zuweilen bedient man sich auch wohl des Sturmbocks, das ist, eines Balkens, ohngefähr funfzehn Fuß lang und zehn Zoll stark, mit vier oder fünf Querhölzern auf beiden Seiten, um schwache Mauern einzustoffen.

Man braucht Schaufeln und Keilhacken, um die niedergeworfene Mauer der Erde gleich zu machen, und Passagen für die Cavallerie zu eröffnen.

Eiserne Schlägel und Keile, um die Schlösser, Riegel, und Ringschrauben an den Thoren und Schlagbäumen aufzusprengen.

Große Zangen, um die Nägel auszuziehen.

Aerte, und Handsägen mit Griffen wie lange Messer, um die Pallisaden umzuhauen.

Man

Mantelets, oder Blendungen von verſchiedener Art. Sturmleitern.

Iſt in dem Plaße, den man überfallen will, kein groſ= bes Geſchüß, und man hat beſſen gleichwohl nöthig, um den Feind innerhalb des Poſtens in den Gebäuden zu forci= ren, ſo läſſt man, auf Karren oder Maulthieren, zwey bis drey von den neu erfundenen kurzen Kammerſtücken mit gehöriger Munition transportiren.

Man ſorgt für die Verwundeten, ihre Medikamente, Verband und Transport. Das Detaſchement verſieht ſich mit Brob, Fleiſch und Fourage. Fehlt es an Pferden zum Zuge, und die Unternehmung iſt nüßlich und leicht, ſo nimt man die Dienſtpferde der Reuter.

Erwecken die Zubereitungen Argwohn, der das Unter= nehmen verräth, ſo läſſt man mit gröſſter Vorſicht, entwe= der durch die gewöhnlichen Arbeiter im Zeughauſe, oder in Häuſern vertrauter Leute, daran arbeiten. Noch beſſer iſts, alles aus andern Pläßen zu ziehen, und während des Marſches zum Detaſchement ſtoſſen zu laſſen. Man muß aber die beſten Anſtalten treffen, daß es auch zur rechten Zeit anlange.

§. 2.

Die Leitern ſind oft entweder zu kurz, oder zu lang: Sind ſie zu kurz, ſo erreicht man das Werk nicht: ſind ſie zu lang, ſo ſtößt ſie der Feind zu leicht um, und wollte man ſie zu weit von der Mauer abſeßen, ſo biegen ſie und brechen. Macht man ſie ſo ſtark, daß ſie nicht zerbrechen, wenn man ſie auch noch ſo weit von der Mauer abſeßte, ſo ſind ſie zu ſchwer zu tragen und zuſammenzulegen. Man muß alſo, um dieſem zuvorzukommen, die Mauern an mehr als einem Orte meſſen: denn ihre Höhen ſind verſchieden. Verfertigt man aber alsbann die Leitern nach dieſem Maaße, ſo muß man auch auf die Entfer= nung rechnen, um die ſie von den Mauern abſtehen.

Damit

Damit man die Leitern bequem tragen könne, müssen sie sich schliessen: hiezu schneidet man inwendig in die Bäume Falzen, damit die Sprossen passen, und befestigt sodann diese nicht mit Nägeln, sondern durch kleine hölzerne Pflöcke, oder eiserne Bolzen, die den Sprossen freye Bewegung lassen, so daß sie sich ohne Schwierigkeit schieben, und die Leitern, wenn man sie tragen will, völlig sich schliessen.

Eine jede einzelne Leiter ist gemeiniglich funfzehn bis achtzehn Fuß lang, und oben enger als unten, damit man eine an die andere befestigen kann. Die zwey vorletzten Sprossen gehen auf jeder Seite drey Viertelfuß über die Bäume heraus, damit sie in die zweyte Leiter passen, und man weiter keine Stricke nöthig hat, sie zu befestigen. Man versieht sie auf beiden Seiten mit eisernen Rinken, damit die Enden der andern Leitern darein passen. Die Bäume sind von leichtem Holze, die Sprossen aber von festerem. Man streicht sie grau an, und versieht sie an den untern Enden mit Stacheln, damit sie nicht ausgleiten können.

Zuweilen trägt der Mann, der am ersten auf der hölzernen Leiter hinansteigt, Strickleitern bey sich, um sie mit Haaken oder Stricken irgendwo zu befestigen, als zum Exempel an Bäume, um die Merlons, an die Delphine der Canonen, an das Parapet des Rundenganges, und so ferner. Damit diese Strickleitern den gehörigen Abstand von der Mauer bekommen, macht man unten an denselben Schlingen, und versieht sich mit kleinen Pflöcken und hölzernen Schlägeln, um die Pflöcke durch die Schlingen zu treiben.

§. 3.

Man hat zwey Arten von Blendungen, die bey Ueberfällen nützlich seyn können. Die eine Art, wovon unten bey den Belagrungen ein mehreres gesagt wird, um sich einiger-

einigermaßen gegen das Flankenfeuer zu decken, die andre um den Petardirer sicher zu stellen.

Das Mantelet für den Petardirer ist dreyfach, und wie eine Gallerie, um ihn von oben und von beiden Flanken zu schützen. Das Dach ist von starken Bretern, und wird mit frischen Ochsenhäuten belegt, damit es nicht Feuer fange. Es liegt auf vier Füssen, die ohngefähr funfzig Zoll hoch sind, und achtzehn Zoll von unten herauf Handheben haben, damit zwey und zwey an jedem Fuße, acht Mann also in allem, die Maschine tragen. Vor den Musketiers, die das Dach tragen, gehn noch vier andre vorher, und schieben Blendungen vor sich, um jene zu bedecken. Gegen die Flankenfeuer deckt man den Petardirer durch andre Mantelets auf Rädern, die vor- und seitwärts gehen, damit man sie gegen alle Seiten wenden kann. Ist der Boden sehr ungleich, so ists unmöglich, die Blendungen auf Rädern fortzubringen, und man macht sie alsdann, wenn mans haben kann, von Kork. In Ermangelung von diesen bedient man sich stählerner Schilder.

Manesson Mallet schlägt in seinen Schriften eine Art von kleinem Wagen vor, damit ein Mann, ohne erst in den Graben zu steigen, mit einmal darüber hinaussetzen, und die Petarde anbringen könne. Die Ueberfahrt geschieht vermittelst einiger Brückenbalken, deren Enden wohl in einander passen, stark mit eisernen Bändern befestigt sind, und durch den Wagen mit einem heftigen Stosse gegen das Thor oder die Mauer angeschoben werden. Am äussersten Ende des vordern Balkens ist eine starke eiserne Spitze, die durch den Stoß, den man dem kleinen Wagen giebt, in die Mauer oder das Thor hineinfahren soll. Hinter die Spitze kömmt eine Blendung, um den Mann, der die Petarde anhängt, zu bedecken, und ist das Feuer angelegt, so läuft er auf den Balken, die ihn an die Mauer brachten, zurück.

Diese

Diese Erfindung kann gelingen, wenn das Thor nicht
mit eisernen Blechen beschlagen ist, oder bey Wällen von
Erde, wo die Stacheln eingreiffen können. Doch muß der
Graben nicht zu breit seyn. Man muß die Maschine mit
einem Ruck ganz bis zum Thore hinstossen, und sodann die
Räder des Wagens sofort einhängen, daß er nicht etwan
wieder zurückweicht.

De Ville schlägt einen Wagen vor, ohngefähr wie eine
leichte Chaise, daran man die Schwankbäume mit Stricken
in die Höhe zieht, und sie sodann an dem Hintertheile mit
einer Winde befestigt, um sie auf die Mauer fallen zu las=
sen. Die vordern Schwankbäume sind mit einer Brücke
von äusserst dünnen Bretern oder Wachstuch belegt, und
sollen sogar Blendungen haben.

Die Thore sind zuweilen mit starken eisernen Ble=
chen beschlagen, alsdann muß der Petarbirer die Nägel,
an welche er die Petarde hängen will, zwischen zwey sol=
cher Bleche eintreiben. Hat aber das Thor eiserne Spi=
tzen statt der Bleche, so muß man mit einem großen
Hammer so viel entzwey schlagen, als nöthig, oder man
befestigt die Petarde selbst an diese Spitzen, und hält sie
mit Stützen fest, die man mit dem einen Ende in die
Erde eintreibt, mit dem andern an die Petarde legt.
Das untre Ende dieser Hölzer wird mit Eisen beschlagen,
damit sie nicht beym Eintreiben spalten.

Von

den Ueberfällen

Drittes Capitel.

Vom Anmarsch und einigen Vorsichten, die Ordnung beym Angriff zu erhalten.

§. 1.

Das Detaschement muß stark genug seyn, um nicht nur den Posten forciren zu können, sondern auch den Truppen zu widerstehen, die der Feind versammeln kann, um entweder den angegriffenen Posten zu entsetzen, oder das Detaschement auf dem Rückzuge anzugreiffen. Besteht das Corps aus ganzen Bataillons, so muß man alles zurücklassen, was verdächtig ist, oder die Fatiguen eines schweren Marsches nicht ausstehen kann.

§. 2.

Man muß viele Wegweiser haben, nicht nur solche, die die Truppen an den Ort des Ueberfalls führen, sondern auch andre, die den Ort selbst kennen, damit sie wissen, wo man die Petarden oder Leitern anlegen soll, wo man den blinden Lärm machen muß, und wie die verschiedenen kleinen Detaschements, in der Stadt selbst, an den Ort ihrer Bestimmung geführt werden können. Die Wegweiser zum Marsche werden unter das ganze Detaschement vertheilt, damit jeder beträchtliche Trupp einen derselben an der Seite habe. Viele Ueberfälle sind mislungen, weil der Wegweiser zu wenig waren, und diese im Feuer umkamen oder entliefen.

§. 3.

§. 3.

Wenn das Detaschement aus einem verschlossenen Posten aufbricht, so werden gleich mit den ersten Anstalten
zum Aufbruch die Thore geschlossen, und Schildwachen
auf die Mauern gestellt, damit niemand Signale gebe,
noch Bürger oder Spion entkommen kann, dem Feinde
Nachricht von unsrer Bewegung zu bringen. Ausserhalb
der Stadt versichert man sich durch Detaschements der
Einwohner in den Häusern an den Wegen, da man passiren muß.

Bricht man aus unverschanzten Lägern auf, so schickt
man kleine Parteyen von der zuverläßigsten Mannschaft,
nach allen Straßen und Wegen, um daselbst im Hinterhalte zu liegen, und alles, was vorbey geht, anzuhalten.
Die Parteyen gehn unter dem Vorwande aus, der zu der
Zeit die meiste Wahrscheinlichkeit hat, Kundschaft einzu-
ziehen, Bagage zu escortiren und so ferner. Eine Stunde
drauf ergeht der Befehl, daß, bey schwerster Strafe, niemand, wer es auch sey, sich unterstehe, aus dem Lager zu
gehen. Der Grandprofoß macht die Patrouillen, sieht
sorgfältig nach, ob die Uebertreter Briefschaften haben, und
giebt schleunig von allen Entdeckungen Nachricht. Die
Hinterhalte auf den Straßen, die nach den feindlichen
Plätzen führen, werden verdoppelt.

Dem Detaschement selbst verbirgt man die Absicht des
Aufbruchs, so lange es seyn kann; können die Wagen mit
dem Geräthe erst während des Marsches zum Detaschement stoßen, so ists um so leichter, das Geheimniß zu
bewahren: konnte es nicht, so wendet man vor, einen
andern Ort überfallen zu wollen.

Ists möglich, so schickt man, ehe noch die geringste
Bewegung geschieht, einen vertrauten Spion nach dem
Orte, den man überfallen will, mit dem Befehl, auf einem
bestimm-

beſtimmten Wege dem Detaſchement entgegen zu kommen, im Falle der Feind Nachricht von dem Vorhaben hätte. Ein anderer Spion bleibt in der Stadt, um dieſem auſſerhalb durch verabredete Zeichen Nachricht vom Stande der Sache zu geben: wie dieß geſchehen kann, zeigt der Artikel vom Ueberfall durch Verſtändniß, und den Belagerungen.

Die Officiers und Unterofficiers müſſen beſtändig bey ihren Leuten verbleiben, und gegen die Deſertion alle mögsliche Behutſamkeit brauchen. Deſerteurs werden ſogleich gemeldet, damit der Chef ſeine Partie ergreiffen könne.

§. 4.

Wenn man ſicher davon iſt, daß der Feind nirgend mit überlegener Macht auf dem Marſche uns begegnen kann, ſo läßt man die Avantgarde und ihre Vortruppen dicht am Detaſchement bleiben, damit, wenn ihr was feindliches aufſtößt, der Allarm nicht zu zeitig ſich verbreitet. Trift man ſodann auf eine feindliche Patrouille, ſo müſſen die Vortruppen ſich furchtſam ſtellen, und zurück prallen, damit der Feind ſie entweder verachtet oder in Hinterhalt fällt. Alsdann muß man die ganze Patrouille umringen, damit auch nicht einer entkomme.

Wenn man auf ein feindliches Piquet ſtößt, und die Schildwachten deſſelben, Wer da! rufen: ſo antwortet man in der Sprache des Feindes, und rückt ihm ſchnell auf den Hals, um es wo möglich zu umringen, oder wenigſtens ihm auf dem Fuße zu folgen, und mit ihm zugleich anzulangen. Dieß alles gelingt um ſo leichter, wenn man das Feldgeſchrey oder die Loſung des Feinds erfuhr: ſicherer aber als alles dieß iſt, dergleichen Begegnungen wo möglich zu vermeiden, die Wege der Patrouillen, und die Poſten der Pikets genau auszukundſchaften, und wenn es ſeyn kann, mitten hindurch zu ſchlüpfen.

Die

Die Entfernung des Orts ist zuweilen mehr Vortheil als Hinderniß, denn je weiter der Feind entfernt ist desto nachlässiger wird man ihn finden. Muß man beym Anmarsch den Tag über rasten, so muß es in einem Walde oder andern verborgnen Gegend geschehn; die Lehre vom Hinterhalt zeigt, unter was für Vorsichten. Doch entgeht man der Gefahr, entdeckt zu werden so leicht nicht, und ists möglich so muß man solche Raste vermeiden, und lieber die Märsche forciren. Die Infanteristen sitzen en croupe auf, oder man giebt ihnen Pferde vom Lande oder von abgesessnen Reutern. Sind alsdann die Wege nicht zu schlecht, oder zu schmahl, die Pferde gut, die Leute willig, so kann man in einer einzigen Nacht, einen Weg von acht bis zehn Stunden forciren.

Vom

Ueberfalle.

Viertes Capitel.

Vom Angriff.

§. 1.

Das Detaschement wird vor dem Abmarsch oder während des Marsches, in so viel kleine Trupps vertheilt, als die Ausführung des Unternehmens erfordert. Eine halbe oder drey Viertelstunden vom Posten macht das ganze Corps Halt, und die Truppen ordnen sich in der Stille. Man übergiebt den Commandeurs jeder Attake, und jedes Detaschements, alles Geräthe was sie brauchen. Es wird ein Zeichen verabredet, woran man sich erkennt. Die Officiers erhalten deutliche und gemessene Befehle, damit die

die Attaken, wenn sie auch nicht alle Gemeinschaft haben
können, dennoch zugleich geschehn, und jeder genau sein Ge=
schäft kennt. Alles marschiret ab, in gröster Ordnung und
Stille, und die Reuterey folgt in einiger Entfernung.

§. 2.

Wenn die Schildwachten anrufen und Allarm schreyen,
so muß man ihnen in der Sprache des Feinds antworten,
und vorgeben man sey von ihrer Parthey und werde vom
Feinde verfolgt. Jeder Augenblick den man hier gewinnt
ist kostbar: denn sind nach dem ersten Allarm die vordersten
Truppen nicht schnell auf der Mauer formirt, um die, so
folgen sollen, beschützen zu können, so wird die Expedition
blutig.

Ists nöthig, die Mannschaft welche die Mauer ersteigen
soll, durch Feuer zu beschützen, so müssen Truppen dazu
commandiret werden. Man muß wissen wo man aufmar=
schiren kann, wenn man einbringt, damit die Truppen sich
nicht drängen, und in einander gerathen. Man muß sich
zum Meister eines Bastions machen, die Kehle und Appa=
reillen barrikadiren, alle Straßen und Zugänge besetzen,
von welchen der Feind das fernere Einsteigen verhindern
kann, und suchen, Meister von den Casarmen, Kirchen,
Kirchhöfen und Allarm=Plätzen zu werden.

Sobald Truppen genug eindrangen, marschiren auf
einmahl Detaschements ab, die vorher abgetheilt wurden,
sich der Haupt=Wache, des Allarm=Platzes vom Feinde,
des nächstgelegnen Thors, des Commendanten, aller Ca=
sarmen, und der Magazine zu versichern.

Das Detaschement, welches gegen die Haupt=Wache,
oder den Allarm=Platz marschirt, muß beträchtlich seyn,
nicht von seinem Posten weichen, und alles in Empfang neh=
men, was einzeln von der Garnison kömmt, um sich zu ver=

sam=

sammeln. Wählt der Feind einen andern Sammelplatz, so muß man ihm auch da folgen.

Das Detaschement gegen das Thor wird mit allem versehen, was nöthig ist, die innern Verschanzungen der Wache umzureißen, oder nieder zu hauen, die Thore aufzusprengen, die Zugbrücken niederzulassen, die Barrieren zu öffnen. Es muß einen erfahrnen unerschrocknen Officier an der Spitze haben, der seine Truppen wohl anzuführen weiß, damit die Sache hier bald sich entscheidet. Leichte Hand-Mortiers sind vortreflich, wenn der Feind auch nach der Stadtseite zu gedeckt ist.

Die Truppen, welche den Gouverneur aufsuchen sollen, müssen doppelt so stark seyn, als seine Wache, und Granaten, Aexte, und eiserne Schlägel haben, um in seinem Hause ihn zu forciren.

Nach allen Casarmen müssen Truppen marschiren, die sich den Eingängen gerade gegenüber stellen, niemand hinein, und niemand heraus lassen.

Man bemächtigt sich des Arsenals.

In der Mitte der Stadt marschiret eine starke Reserve auf, um Verstärkung überall hin zu schicken, wo man sie braucht. Die Reuterey, so wie sie nur eindrang, prellt durch die Gassen und haut alles nieder, was sich versammelt oder Gewehr trägt.

Außerhalb des Postens bleiben folgende Trupps:

Zwey bis drey Trupps Dragoner oder Reuter, und zwanzig bis dreißig Infanteristen, mit vier oder sechs Tambours, um an verschiedenen Orten falsche Allarme zu geben; jedoch nicht zu früh, und weit entfernt von dem Orte wo man in aller Stille die Leitern anlegt, oder einbringen will.

Zehn Husaren und ein Officier bey den Wagen welche die Leitern und das Geräthe führten, und eben so viel bey

den

den Wagen für die Verwundeten.   Beyde Officiers müsſ
ſen dafür haften, daß kein Wagen entkömmt, oder zu
einem andern Gebrauch angewendet wird.

Ein Trupp von acht oder zehn Dragonern und einem
Officier, bey den Tambours und Trompetern, die das Si
gnal zum Abzuge geben.   Der Officier aber giebts nicht
anders als auf ſchriftlichen Befehl vom Commandeur ſelbſt.

Die nöthigen Partheyen, die Hülfe des Feinds vom
attakirten Plaße zurück zu halten, oder mindſtens frühe
Nachricht vom Anmarſch zu geben.

Bey ſchwerſter Strafe darf niemand plündern noch un
ter irgend einem Vorwande von ſeinem Trupp ſich ent
fernen.   Das Signal zum Rückzuge muß hell und beſtimmt
ſeyn, und oft wiederholt werden, und jeder bey ſchärffſter
Strafe darauf achten, niemand einzeln für ſich zurückkeh
ren.   Der Trupp der zuleßt auszieht, wird gleich im voraus
beſtimmt, damit er wiſſe was er zu thun hat, und Pa
trouille auf Patrouille ausſchicke, um die Maraudeurs
mit Strafe und Gewalt zuſammen zu treiben.

§. 3.

Wenn in dem Plaße, den man überfällt, ein Schloß
oder altes Gebäude ſich findet, das dem Feinde zwar vor
theilhaft aber noch nicht beſeßt iſt, oder zu ſchwach, ſo muß
man vor allen Dingen eilen um ſich zum Meiſter deſſelben
zu machen.   Iſt aber der Feind Meiſter davon, ſo muß man
Trupps betaſchiren die ſtark genug ſind, ihn in demſelben
in Ehrfurcht zu erhalten, und was in der Stadt blieb, da
von abzuſchneiden.   Damit aber der Feind nicht die Stra
ßen alle nach der Länge beſchießt, die nach ſeiner Citadelle
führen, ſo deckt man ſich durch Barricaden von Fäſſern
oder zuſammengeſchränktem Holz. Marſchirt man die Stra
ßen hinauf, ſo geſchichts nicht mit breiter Front, ſondern
in Rotten hart an den Häuſern. Wehrt ſich der Feind

L 3   aus

aus den Fenstern, so marschirt man in gleicher Ordnung, und gibt Feuer auf beiden Seiten: finden sich daselbst Pfeiler, Gallerien, oder vortheilhafte Mauren, so bricht man Schießlöcher durch. Doch sind die Vortheile allezeit auf Seiten des Feinds, und man muß die Straße vermeiden, so bald es einen andern Weg giebt. Ist er aber überall gleiches Sinnes, so ist kein ander Mittel als Feuer. Man legt es an, wie es den eignen Truppen am wenigsten schadet. Hält sich der Feind in irgend einem starken Gebäude, so muß man es bombardiren, beschießen, untergraben, mit Sturmböcken einstoßen, mit Feuer zwingen, Petarden brauchen, nichts unversucht lassen. Kostet es zu viel Menschen, den Theil des Orts den der Feind noch vertheidigt, zu überwinden: so läßt man Pardon für alles ausrufen was sich ergiebt. Alsdann gehn vielleicht einige über; und die andern werden muthlos. Gelingt auch dies nicht, so öfnet man ein Thor, und niemand von euren Truppen läßt sich daselbst blicken, damit die Verzweiflung nicht einreiße, und wer sich nicht ergeben will, fliehen kann.

§. 4.

Wenn der Feind, aller Sorgfalt, aller Vorsichten ungeachtet, Nachricht von der Unternehmung empfieng, und zum Entsatz heraneilt, so muß man seine Parthey nehmen, so wie die erste Nachricht durch unsre Spionen und Partheyen eintrift. Man hatte entweder noch nichts unternommen, als die Nachricht kam; oder der Angrif geschah, und man ist Meister von dem einen Theile, der Feind aber noch vom andern: Oder man ist Meister von allem. Jede dieser Stellungen verdient eine besondere Betrachtung.

Hat man noch nichts gegen die Stadt unternommen, so ists Zeit sich zurück zu ziehen. Doch muß man den Muth nicht verlieren, sondern sein Absehen auf diesen ungelegnen Succurs richten, und ihn wo möglich im Marsche über-

fal=

fallen. Ich setze voraus, daß er allein uns nicht überwiegt, und daß man im Stand ist, weit genug von dem Posten der uns fehl schlug, ihn anzugreifen, damit man im Rücken sicher sey.

Ist ein Theil des überfallnen Postens bezwungen, und man ist stark genug den Angrif fortzusetzen, und auch dem Succurs sich entgegen zu stellen, so muß man von neuem angreifen, und mit äußersten Kräften. Doch muß man auch alsdann überdenken, wohin man sich zurückziehen wird, wenn der Angrif mißlingt? Man wirft sich in den Posten selbst, wenn man Succurs von der Armee erwarten kann, und inzwischen Lebensmittel genug hat. Sogleich werden alsdann die Breschen besetzt durch die man in den Posten einbrang, die Leitern angezogen, alle Straßen gegen den innern Feind barricadirt; Schießlöcher eingebrochen, und so ferner.

Man verläßt den Posten, wenn der Feind mehr Truppen in dieser Gegend versammelt, als von unsrer Seite zur Hülfe anrücken können, oder, wenn man nach einem Verlust von außen, auch von innen nicht mehr sich behaupten kann, alsdann muß alles Hand anlegen, den Posten ganz aus der Vertheidigung zu setzen. Man zerhaut Thor und Gatter, Schlagbäume und Sturmpfähle, die Ketten von den Zugbrücken werden gesprengt, die Gegengewichte weggenommen; der ganze Ort wird offen, damit man, wenn der Succurs geschlagen wird, wieder zurückkehren, und ohne Schwerdtschlag wieder gewinnen könne, was man vorhin hatte. Alles Geschütz, das man nicht selbst gegen den Feind braucht, wird vernagelt, die Gewehre der Gefangnen werden zerbrochen, und die Gefangnen mit einer Eskorte weggeschickt.

Ob man im Stande ist, dem Feinde entgegen zu gehn, bestimmt die Kenntniß der feindlichen Quartiere, ihrer Stärke, und die Nachricht unsrer Spionen und Partheyen.

L 4   Mit

Mit diesem vergleicht man sodann seine Kräfte: doch darf man schwerlich auf alles rechnen, was in den Posten ein: drang: vielleicht ist kaum die Hälfte im Stande zu fechten. Findet man sich in dieser Rechnung zu schwach, so zieht man sich schnell zurück, und verwüstet und entführt was man kann, oder wenn die Gefahr von außen groß ist, so beschließt man mit einem letzten männlichen Versuche gegen die Stadt.

Von

Ueberfällen.

Fünftes Capitel.

Vom Ueberfalle eines Postens durch List.

§. 1.

Es giebt Plätze, wo man weder mit Leitern noch mit Pe: tarden etwas ausrichtet, und alsdann muß man zu der List seine Zuflucht nehmen. Das einfachste und natür: lichste ist, durch List eines Thors sich zu bemeistern: ohne Nachläßigkeit des Gouverneurs aber und der Wachen ists unmöglich, daß es gelingt.

Hier sind die Fehler, die man bey Eröfnung oder Be: wachung der Thore begehen kann:

Wenn man zu früh öfnet, oder bey großen Nebeln:

Wenn man die Schlagbäume hinter den Patrouillen nicht sperrt, noch die Zugbrücken aufzieht:

Wenn die Thorwachen eher aus dem Gewehr treten, als die Patrouillen zurückkommen:

Wenn

Wenn die Wachen an den Markttagen, die Verkäu-
fer, so wie sie sich an den Thoren versammelt, haufen-
weise eindringen laffen.

Wenn die Wachen nicht unter dem Gewehr bleiben,
so lange der Markt gehalten wird.

Dieß find ohngefähr die Fälle die einen Ueberfall durch
Lift begünstigen, und wo man mit verkleideten Soldaten
bey Eröfnung des Thors sich zum Meister deffelbigen
macht, und es so lange offen zu erhalten sucht, bis man
Zeit gewonnen das Corps nachrücken zu laffen, das man
nahe an der Stadt in Hinterhalt legte.

Hernan Tello Portocarrero, ein General Königs
Philipps des zweyten, überfiel Amiens durch eine solche Lift.
Er legte in der Nacht nicht weit von dem Plaße Truppen
in Hinterhalt, und schickte mit Anbruch des Tages drey
Soldaten als Bauern gekleidet nach dem Thore. Die Soldaten sprachen die dortige Mundart und trugen Säcke mit
Obst und Nüffen, wie zum Verkaufe. Auf diese drey Soldaten aber folgten zehn andre, davon einige mit einem Karren, der dem Ansehen nach zwar Korn geladen, aber starke
Bretter hatte, und sodann unter dem Thor halten blieb,
damit man das Thor weder zumachen, noch das Fallgatter
niederlaffen könnte. Die ersten Soldaten liessen Obst aus
den Säcken fallen, und indeß die Wache herbey kam, um
es aufzulesen, kam der Karren unters Thor, gerade da,
wo er stehen sollte, und die Fuhrleute spannten die Pferde
aus, damit sie nicht scheu würden und den Karren weiter zö-
gen. Nunmehr geschah ein Pistolenschuß, die verabredete
Losung, und hierauf fielen die verkleideten Soldaten, die
alle mit Pistolen und Dolch bewafnet waren, über die Wache
her, machten sich zu Meistern vom Gewehre, und behaup-
teten das Thor, bis das Detaschement vom Hinterhalte
anlangte, das in zwey Trupps theils eine Viertelstunde
von der Stadt in einer Abtey, theils noch näher am Orte
sich verborgen hatte.

L 5   Sol-

Solche Strategems lassen sich nach Befinden der Umstände auf mancherley Art verändern, doch muß man folgendes beobachten. Die verkleideten Soldaten müssen alle vertraute Männer seyn, und man muß sichre Unterpfänder ihrer Treue haben: sie müssen die Mundart der dortigen Gegend reden, unerschrocken seyn, fertig auf alle Fragen antworten können, und sich nicht für Bauern aus den zu nahen Dörfern ausgeben, weil es den Thorschreibern und Accisbedienten verdächtig vorkommen möchte, wenn sie sie alle nicht kennten. Die Soldaten dürfen nicht alle zusammen eindringen, sondern müssen nur einzeln einander folgen. Sind sie aber der Schildwache aus den Augen, so bleiben sie in den nächsten Straßen stehen; legen sich auf die Erde, und ruhen dem Scheine nach aus. Man kann auch einige junge Soldaten, die klare Stimmen und keine Bärte haben, als Bauermägdchen kleiden, so ist die Anzahl dem Scheine nach kleiner, und die Tracht der Weiber ist bequem Pistolen und Dolche zu verbergen. Wenn die Accisbediente Gewalt haben, die Kleider zu visitiren, so darf man den Leuten keine Gewehre mitgeben, sondern sie tragen nichts als dicke Prügel, und lange aber nicht ungewöhnliche Messer. Die bey dem Karren gehn, haben einige Aexte.

Das Signal muß deutlich und bestimmt seyn, damit man es nicht zu spät gewahr wird. So bald es aber erfolgt, ist das erste von allem, des Gewehrs von der Wache sich zu versichern. Diesen Angrif muß der Chef des Trupps selbst führen. Die Soldaten beym Karren ziehen sodann schnell ein Rad ab, und schneiden die Stränge der Pferde durch, worauf man sich im voraus bereitet.

Ist man Meister vom Gewehre und der Wache, so macht man die Wirbel an der Zugbrücke fest, sprengt die Ketten entzwey, nagelt die Brücke an, haut Thore und Schlagbäume in Stücke, oder hebt sie aus den Angeln. Ist eine Barriere da, deren man sich gegen den ersten An-

lauf

lauf der Besatzung mit Nutzen bedient, so läßt man diese
ganz.

Alle verkleidete Soldaten, die in der Stadt, und zwischen dem Thore halten, laufen herbey, um den Angrif zu
unterstützen. Man findet oft ganz nahe an der Stadt
einen Garten, ein Lusthaus, ein Kloster, Einsiedeley, u.
s. f. wo die Patrouillen nicht hinkommen. Hier verbirgt
man den ersten Hinterhalt, der bestimmt ist die verkleideten
Soldaten zuerst zu verstärken. Oft ists gut, auch einige
Reuter bey demselben zu haben.

Das Gros vom Hinterhalt kann alsdann ziemlich weit
von der Stadt abstehn, wofern nur die ersten Truppen stark
genug sind, das Thor gegen die Reserve, die Pikets, und
alles das zu behaupten, was die Officiers von der Garnison im ersten Allarm zusammen raffen werden. Noch vor
Tage sitzt die Infanterie den Reutern en croupe auf, um
sogleich in vollem Jagen nach der Stadt hinzurennen, so
bald man ein wiederholtes Schiessen daselbst hört, nicht
aber auf einen oder zwey Schüsse die auch wohl von ungefähr fallen.

Die Wochenmärkte sind günstiger zu solchen Ueberfällen,
als die grössern, weil man in den letztern mehr Vorsichten
nimmt. Man überfällt auch wohl einen Platz, wenn die
Garnison Zufuhr von Lebensmitteln erwartet, oder Heu,
Stroh, Holz, und dergleichen, auch wohl Schanzarbeiter,
Processionen, und so ferner. Im Kriege von An. 1713.
hatten die Deutschen Nachricht, daß die Franzosen einen
Haufen Schanzgräber in Brisach erwarteten. Sie kleide-
ten daher einen Trupp Soldaten als Schanzgräber an;
und ein Theil war schon in dem Thore, als ein Adjutant
von den Franzosen ihrem Chef einige Stockstreiche gab, weil
die Schanzgräber später gekommen als die Ordre. Der
deutsche Officier vergaß sich, und schoß mit der Pistole nach
dem Adjutant. Es waren aber noch zu wenig Deutsche
durch, und das Unternehmen mislang.

§. 2.

§. 2.

In den kalten Ländern werden die Plätze, so Wasser-
graben haben, oft durch die Unvorsichtigkeit der Gouverneurs überfallen, wenn sie bey Nachtzeit nicht aufeisen.
Der Frost ist am stärksten, wo die Wasser still sind und
der Nordwind trift: die Leitern müssen sodann Stacheln
haben, und die Soldaten Schuhe von Bindfaden machen, oder andere Vorsichten brauchen, damit sie nicht
zu oft auf dem Eise fallen, oder auf den Leitern selbst gleiten.

Sind die Graben nicht zugefroren, so muß man sich
mit Booten versehen, die mit der eingeladnen Mannschaft
nicht mehr Wasser erfodern, als der Graben tief ist. Die
Boote haben an dem Vordertheil Falzen oder Einschnitte,
worein man die Leitern stellt. Sie dürfen nicht zu leicht
seyn, sonst stürzt sie das Gewicht um. Man transportirt
sie auf Wagen, oder macht selbst unter sie die gehörigen
Räder und Achsen.

Außer diesen Booten verfertigt man eine Art platter
Fähren, von leichtem dünnem Holze und Wachsleinwand,
die sodann immer ab- und zu gehen. Ein solches Fahrzeug
ist ungemein leicht, und trägt gleichwohl sechs bis acht
Mann. Sie müssen aber in gleicher Zahl auf beyden Seiten stehn, und so auch heraus springen, sonst kippt das
Fahrzeug um. Umgiebt man sie mit einem Kranze von
Stroh oder trocknem Rohr, wie die Felucken, so vermindert man die Gefahr. Zwey Ruder, oder auch nur zwo
Stangen, bringen sie zwar über den Graben, doch wäre es
wohl besser, wenn man von beyden Seiten Seile daran fest
machte, damit sie der eine beladen nach dem Boote, der
andre wieder ledig nach der Contrescarpe zurückzöge. Man
transportirt sie auf einer Art Trage, mittelst darunter ge-
zogner Gurte, sechs bis acht auf zwey Maulthiere gerechnet,
wenn man eins ins andre schichtet. Vier Soldaten tragen
sodann auch das größte ganz leicht an den Graben.

Die

Die Boote gehen, nachdem der Graben tief ist, entweder mit Rudern oder mit Stangen über. Die Stangen haben am Ende eine eiserne Spitze oder Haaken, die man auf den Grund stemmt, um sodann das Oberthheil der Stange nach dem Platze hinzubiegen, und das Boot fortzustoßen, bis man der Mauer nahe genug ist, um die Leiter anlegen zu können. Alsdann wirft man entweder einen kleinen Anker, oder hält das Boot mit den Stangen. Die Ruderer müssen sich scharf nach dem Hintertheile des Schiffs halten, damit sie denen auf der Leiter zum Gegengewichte dienen. Es ist gut, die Boote mit eben solchen Kränzen zu umgeben wie die kleinen Flösse. Indeß sind die Schwierigkeiten dieser Unternehmung nicht klein, und sie wird so leicht nicht gelingen, wenn die Garnison nicht äusserst schwach und nachlässig ist. Beging aber der Gouverneur den Fehler, daß er Schiffe an der Escarpe oder Contrescarpe ließ, so muß man sie mit einmal überfallen, und sich zum Meister davon machen.

Plätze an Seen oder Flüssen sind, weil die Schiffe die einlaufen groß sind, zuweilen auch um so leichter zu überfallen, wenn man Verständnisse mit den Schiffern, und noch leichter, wenn man sie mit den Zollbedienten hat. Ist man so glücklich sich eines Seehafens zu bemeistern, so läßt man in den ersten Wochen kein Schiff auslaufen, damit die feindlichen ohne Mistrauen eines nach dem andern ankommen, wo man sie sodann mit ihren eignen Flaggen und Signalen hintergeht. So kann man auch vielleicht, durch den ersten Ueberfall, auch noch andre sich erleichtern, wenn man sofort aufbricht, und die feindlichen Schiffe und Gefangnen der Zeit und den Umständen gemäß nützt.

Die leichtesten aller Ueberfälle sind, wenn man es mit Städten oder Posten zu thun hat, die blos von Bürgern vertheidigt werden: alsdann braucht man der List nicht zu viel. Die bequemste Zeit, sie zu überfallen, sind die
Mor=

Morgen nach Feyertagen, oder öffentlichen Lustbarkeiten, wenn viele des Handels oder des Ackerbaus wegen aus den Thoren sind, und so ferner. Je weiter man von ihnen steht, desto leichter ists mit ihnen gethan.

Von den

Ueberfällen.

Sechstes Capitel.

Vom Ueberfall durch Verständniße.

§. 1.

Ueberfälle durch Verständniße sind vortreflich, weil sie die wenigsten Menschen kosten, doch ist die äusserste Vorsicht dabey nothwendig, und man kann nicht Pfänder genug von der Treue seiner Unterhändler haben. Man muß die Unternehmung schnell ausführen, sonst kömmt den Verräthern die Reue an, oder sie werden entdeckt. Ihre Losung, ihre Verhaltungsbefehle, müssen keiner Zweydeutigkeit fähig seyn.

Die Einwohner eines Orts sind selten einer so herzhaften Entschließung fähig, die Wache eines Thors nieder zu stoßen und die Thore zu öffnen. Alles was man von ihnen erwarten kann, ist, daß sie die Soldaten verbergen, die in dieser Absicht in die Stadt sich einschleichen: die Kunst aber ist, sich mit Lebensmitteln, Munition und Gewehr zu versehen, ohne daß der Feind es gewahr wird.

Der Bürger, mit dem man sich versteht, muß schon im voraus die Lebensmittel kaufen, und damit es keinen Verdacht erwecke, an mehr als einem Orte. Alles Gesinde,

dem

dem er nicht traut, muß er entfernen; und seine Kinder, wenn sie klein sind, zur rechten Zeit einsperren, ehe sie noch etwas merken, und ausplaudern.

Die Gewehre, eine kleine Petarde, Aexte, eiserne Keile und Schlägel, und die Munition, welche die Mannschaft braucht, bringt man auf Stroh= oder Heuwagen ein. In großen Weinfäßern ists noch fast besser, wenn man die Sachen in Kasten legt, und die Kasten durch spitze Hölzer schwebend im Faße erhält, so daß die Visirer überall Wein finden, wo sie auch bohren. Kann man sich mit Zollbedienten, oder mit Gewehrhändlern verstehn, so hebt sich die Schwierigkeit ganz; dürfen die Bürger Gewehre tragen, gleichfalls.

§. 2.

Verständniße in der Vorstadt, um Soldaten zu verbergen, sind sichrer als Verständniße in der Stadt zu gleicher Absicht: besonders sind sie gut, um ein Thor in der Nacht bey der Eröfnung oder auch am Tage zu überfallen.

Hat man Verständniße beydes in der Stadt und der Vorstadt zugleich, und es geht eine Gosse von der Größe daß ein Mensch durchkriechen kann, aus dem Hause des Vertrauten in der Stadt, nach dem Felde zu, so läßt man Soldaten verkleidet und einzeln in das Haus in der Vorstadt einschleichen, damit sie in einer bequemen Nacht durch die Gosse in die Stadt kriechen können. Der Bürger in der Stadt muß im Stand seyn diese Leute zu verbergen, bis die Truppen zum Ueberfall anrücken. Die hölzernen und eisernen Gitter, welche vor diesen Gossen sind, machen den Anschlag nicht unmöglich. Denn die hölzernen kann man bald durchschneiden, die eisernen aber feilt man nach und nach aus, oder durchbeizt sie mit chymischen Wassern.

Der Herzog von Guise ließ, wie er in seinen Memoires sagt, vier Tage lang eine Mauer mit Brandwein und Weinessig

essig waschen, und diese wurde so mürbe, daß man die Steine ganz ohne Geräusch und mit der bloßen Hand heraus-
nehmen konnte.   Ist also das Haus in der Vorstadt nahe
an der Mauer: so könnte man auch wohl des Verständ-
nißes in der Stadt entbehren, wofern man nur im Stande
ist, durch eine Gallerie unter der Erde zum Fuß der Stadtmauer zu gelangen, und zwar an einen Ort, der den übrigen Absichten nicht widerspricht.

§. 3.

Verständnisse mit Officiers von der Garnison erleichtern die Ueberfälle am meisten: doch muß man auch hier
am meisten sich vorsehen, um nicht hintergangen zu werden.

Wenn der Dienst in der Garnison nach gewissem Herkommen geht, die Officiers nach der Anciennetät, und
einer festgesetzten Ordnung ihre Posten beziehen, und die
Leute von ihren Compagnien mitnehmen dürfen, so weiß
der Officier viele Tage voraus, wann er auf die Wache
kömmt, und wo er seinen Posten haben wird.   Alsdann
ist auch die Gelegenheit gut, und dieser Officier muß unverzüglich Nachricht geben, wann er auf die Wache zieht.
Man verabredet Signale, im Falle unerwartete Zwischen-
begebenheiten kommen, die das Unternehmen unmöglich
machen, als z. E. Krankheit, Verrath, Verwechselung
der Posten u. s. f.   Um sie zu erhalten, schickt man, ehe
man anrückt, einen vertrauten Mann in Kleidern von
dunklen Farben, und mit möglichster Vorsicht, bis zum
Fuße der Mauer.   Der Officier hat den Auftrag, auf
dem Walle oder der Mauer spazieren zu gehen, unter dem
Vorwande die Posten zu visitiren, und singt verabredete,
und unbekannte Lieder.   Sobald ihm sodann der Vertraute
im Graben das bewußte Zeichen giebt, wirft er ein Stück
brennende Lunte, mit einem Büchschen in den Graben, und
in dem Büchschen steckt ein Brief, worin er die verlangte

Nach-

Nachricht giebt. Es braucht nicht einmahl ein Brief zu
seyn, sondern nur ein Stück Holz, glatt, wenn es gut
steht, und gekerbt wenn man verrathen ist. Der Vertraute nimt dieß Büchsgen auf, löscht für allen die Lunte
aus und bringt es. Die bequemste Zeit zu Ueberfällen dieser Art, ist die Zeit, wenn die Runde den Posten passirt
hat, mit dem man das Verständniß unterhält, weil alsdann die Leute sich gemeiniglich schlafen legen. Ist die
Mannschaft mit welcher sich der Officier versteht zahlreich,
so bemächtigt er sich selbst des Thors: wo nicht, so erleichtert er das Eindringen der Mannschaft die es thun soll.
Zu einer andern Zeit ists vielleicht möglich, daß dieser Officier unter diesem oder jenem Vorwande aus dem Platze
herausgeht, oder wohl gar commandirt wird, und sich sodann an die Tete eines Trupps eurer Leute stellt, um, wenn
er eingelassen wird, sich zum Meister vom Thore zu machen. Nimt der Feind Deserteurs in der Garnison auf,
so läßt man Officiers und vertraute Soldaten daselbst
Dienste nehmen. Blos der Officier muß die Leute kennen,
sie aber haben Befehl dem zu gehorchen, der ihnen den
Nahmen eines gewissen Heiligen nennt. Alsdann ists
leicht möglich, sie auf eine oder die andre Art zum Nachtheil
des Platzes zu brauchen, wenn man anders versichert genug
von der Treue dieser Mannschaft seyn kann.

Von den
Ueberfällen.
Siebentes Capitel.
Vom Ueberfalle einer Armee im Lager.

§. 1.

Wenn man eine Armee im Lager überfallen will, so muß man dieß Lager mit seinem ganzen Detail kennen, und nicht das Lager allein, sondern auch den Stand ihrer Vorposten, und die Wege ihrer Patrouillen und Partheyen. Man muß wissen wie die Truppen des Feinds in ihrem Lager vertheilt sind, wo ihre Magazine, der Parc ihrer Artillerie, ihre Batterien, ihr Hauptquartier sich findet, ob ein Theil ihrer Linien, durch Ravins, Bäche, Canäle und dergleichen von dem andern getrennt wird, und so ferner. Man muß nie einen Ueberfall unternehmen, wenn der Feind kurz zuvor eine Verstärkung erhielt, weil sonst alles im Lager anders vertheilt ist, als man dachte.

§. 2.

Man überfällt den Feind zu einer vortheilhaften Zeit, wenn seine Armee einen langen mühsamen Marsch, in Regen oder in großer Hitze gethan, die unsre hingegen ausgeruht: wenn man alle seine Truppen beysammen hielt, der Feind gezwungen war, einen Theil der seinen, nach Wasser, Holz oder Fourage weit zu zerstreuen: wenn die Lage des Landes, und die Länge der Nächte den Marsch und die Bewegungen begünstigen, durch die man die schwächste Seite des Feindes gewinnt: wenn der Feind große Trains von Bagage, Artillerie oder Gefangnen führt.

Die

Die Wachsamkeit der feindlichen Spione und Partheyen zu hintergehn, trift man im Lager alle Anstalten zum lanzzen Aufenthalt, und vermeidet alles was Schlachten und Märschen ähnlich sieht. Um Mitternacht rücken vor der Front, wie auf den Flanken und im Rücken, kleine Partheyen von Officiers, Unterofficiers und den zuverlässigsten Gefreyten vor, und umgeben von Distanz zu Distanz das Lager mit einer Kette von Posten, um niemand aus dem Lager zu laffen. Der Vorwand dieses Commando's wird gewählt wie die Umstände es mit sich bringen. Die Armee bricht auf, in möglichster Stille, läßt Zelter und Bagage zurück, und die zurückbleibende Mannschaft unterhält die Wachtfeuer.

§. 3.

Der sicherste Angrif geschieht gegen den Rücken des Lagers, weil die Vorposten des Feinds am meisten sich daselbst vernachlässigen, und man nur selten rückwärts ein champ de bataille wählt. Die wahre Schwierigkeit aber ist, den Feind durch einen so großen Marsch zu umgehen, und dennoch überfallen zu können.

Der Angrif in der Flanke zwingt den Feind zur Veränderung seiner Front, man muß sich aber hüten, daß man nicht selbst in die Flanke gefaßt werde. Das Land und die Umstände bestimmen die Wahl, doch muß, wenn es seyn kann, kein Theil der feindlichen Schlachtordnung ruhig verbleiben. Kleine Partheyen geben den Allarm, und verbreiten sich längst der ganzen Front, im Rücken wie auf den Flanken, damit alles für sich selbst zittre, niemand den andern unterstütze.

Eine Armee schläft nie so sorglos, daß beym Allarm nicht wenigstens tausende entgegen stehen, und was nicht angegriffen wird, eilt sofort zu den Waffen. Es trägt sich auch wohl zu, daß der feindliche General die Bewegung erfuhr und Gegenanstalten trift. Man muß also seine Maasregeln nehmen, nicht als träfe man den Feind im Zelte und Schlafe, sondern als müßte man ihn forciren.

Ueberfällt man den Feind jedoch würklich, ehe er zu den Waffen griff, so rechne ich auf jede fünfhundert Mann vom Feinde zweyhundert und funfzig Mann Infanterie und funfzig Reuter. Hier ist ihre Disposition. Funfzig Mann Infanterie und funfzig Pferde attakiren die Pikets und Wachten, die Reuterey verfolgt, zehn Pferde ausgenommen, die mit diesem ersten Trupp Infanterie zu dem zweyten stoßen, der wieder funfzig Mann stark, sich zum Meister von den Gewehren macht, sie gegen das Lager losfeuert und zerbricht; Ein kleiner Trupp sucht die Fahnen oder Standarten. Hundert und dreißig Mann greifen die Zelter an. Zwanzig Mann stecken das Lager in Brand.

Man richtet besonders sein Augenmerk auf den Parc der Artillerie, und auf das Hauptquartier der commandirenden Generals.

So wie die vorgerückten Detaschements den Feind in Unordnung bringen, rückt das Gros der Armee in Schlachtordnung nach, so weit als es irgend nur rathsam. Man muß hier hitzig verfolgen, und wenn der Feind einmal in Unordnung war, nicht zu genau die Vortheile des Terrains abwägen. Denn der Sieg ist hier leichter als der Rückzug, wenn der Feind Zeit gewann und sich erholt.

§. 4.

Der Ueberfall einer ganzen Armee ist öfters viel leichter, als der Ueberfall von den kleinen fliegenden Corps, die man im Kriege detaschirt, um Märsche, Convois, Fouragirungen und so ferner zu decken, oder dem Feinde beschwerlich zu machen. Diese Corps haben so zu sagen keinen andern Zweck als eine schnelle Retraite: Lager und Posten sind hienach gewählt, Wachen und leichte Truppen darnach ausgestellt, Bagage und schwer Geschütz ist zurück geschickt.

Das

Das einzige Mittel, diese Corps zu überfallen, ist ein Hinterhalt der des Nachts mit großen Umwegen ihre Vorposten umgeht, und in der Gegend des Wegs sich lagert, den das fliegende Corps, wenn es angegriffen wird, dem Vermuthen nach zu seinem Rückzuge sich wählt. Ein anderes Detaschement bricht sodann auf, de front den Feind zu überfallen, oder wenn er zur rechten Zeit sich zurückzieht, ihn zwischen zwey Feuer zu fassen. Ist man nicht stark genug in zwey Corps sich zu vertheilen, die beyde im Stand sind dem Feinde die Wage zu halten, so giebt man nur dem Hinterhalte die gehörige Stärke. Die Stelle des zweyten vertrit ein Trupp Trompeter und Tambours zu Pferde mit einer Escorte, die stärker ist, als der Trupp den der Feind ausschicken wird, um den Allarm zu recognosciren. Die Retraite des Feinds sieht man zuweilen ganz sicher voraus: die Renterey zieht sich vermuthlich durch Ebne zurück, die Infanterie durch verstecktes Land; fehlt es dem Detaschement an Fourage oder Brod, so zieht es sich nach den nächsten Magazinen. Verkündigt nichts das Manoeuvre des Feinds, so giebt man einen falschen Allarm, und ist wachsam auf die Partey die er ergreift.

Wird ein solches Detaschement verstärkt, oder sieht man diese oder jene Unternehmung die es im Sinne hat voraus, so bieten sich zuweilen Gelegenheiten zum Ueberfalle dar, die man in der Ruhe stehender Läger vergebens gesucht hätte. Das sicherste von allem ist, dem Feind im Marsche einen Hinterhalt zu legen, und plötzlich in einer Gegend ihn zu überfallen die ihm nicht vortheilhaft ist. Ist er alsdann auch um ein beträchtliches stärker, so hilft ihm doch die Ueberlegenheit nichts: denn man greift ihn in Gegenden an, wo ein Theil seiner Macht unbrauchbar wird, als z. E. wenn er Defilés passirt, über Flüsse setzt, u. s. f.: Man läßt so viel über als man nur will: der Angriff ist überdacht, hitzig, und schnell.

M 3 Von

Von den Ueberfällen.

Achtes Capitel.

Vom Rückzuge, nachdem man den Feind in Posten oder Lagern überfiel.

§. 1.

Der Chef des Detaschements bestimmt ein Signal zum
Rückzuge, das aus zwey oder drey Losungen besteht, und
nicht verkannt werden kann. Alsdann versammelt sich
alles auf dem Rendezvous, und es wird ein Detaschement
commandirt, die Maraudeurs aufzusuchen, und mit Stock-
schlägen zusammenzutreiben. Die Trupps werden alle verlesen, und nach Befinden der Umstände die Patrouillen
verstärkt. Niemand darf eher aufbrechen als das Detaschement: Es halten Trupps auf den Straßen des Rückzugs: Alles wird arretirt, was dem Befehl entgegenhan-
delt, die Beute abgenommen und der Mann gestraft. Sind
der Verwundeten zu viel, so müssen die Officiers und Reuter ihre Pferde geben.

Ists möglich den kürzesten Weg zum Rückzuge zu nehmen, ohne daß man Gefahr läuft Feinde zu finden, so
wählt man diesen Weg. Hat man aber Ursache zu fürchten, daß man daselbst auf den Feind trift: Erhält man
die geringste Nachricht vom Hinterhalt; so marschirt man
nur eine Zeitlang drauf fort, weicht aber in der Nacht oder
in einer versteckten Gegend davon ab, und wählt einen andern Weg, der von dem Feinde entfernt, und für die Gattung von Truppen sich schickt, aus welchen das Detaschement besteht. Man sucht den Feind so lange im Irrthum

zu erhalten als möglich, damit die Truppen die verfolgen,
so wie die vom Hinterhalt, die Veränderung des Wegs zu
spät entdecken, und mit der Infanterie sodann nicht mehr
einholen.

Wenn man Brücken, Defilés, Waldungen, oder andre schwere Passagen hinter sich hat, so muß man sie im
voraus besetzt haben.   Liegen Brücken oder andre Defilés
seitwärts des Marsches, und muß der Feind, wenn er
verfolgt, sie passiren, so schickt man Commandos dahin ab,
mit dem Befehl ihn daselbst zu chikaniren, und so lange
aufzuhalten als nur möglich.

Wenn die leichten Truppen des Feinds das Detaschement erreichen, so läßt man in holen Wegen, zwey bis
drey Wagen, bey der Arriergarde zurück, die zwischen der
Infanterie von derselben und den feindlichen Husaren marschiren.   Man hält die Husaren zurück, und marschirt fort
mit lebhaften Schritten, damit nicht die feindliche Infanterie Zeit gewinne anzurücken.   Rückt sie aber an, so
spannt man die Pferde aus, und steckt die Wagen in Brand,
an einem Orte wo der Weg sehr enge ist, und man weder
zur Rechten noch zur Linken ausweichen kann.

Die Wagen mit der Beute, und die Gefangnen marschiren so, daß das ganze Detaschement zwischen ihnen und
der Seite sich findet, von welcher der Feind anmarschirt.
Man sucht sie so lange als möglich zu behaupten, verzö-
gerten sie aber den Marsch zu sehr, brächten sie das Detaschement in Gefahr, vom Feinde übereilt, und zum Gefechte
genöthigt zu werden, so muß man die Wagen ohne Bedenken verbrennen.   Die Gefangnen aber müssen beym Gefecht
stark bewacht werden, alles Gewehrs beraubt seyn, nieder-
sitzen, und bey Todesstrafe nicht von der Stelle sich rühren.   Die Wache hat ihr Gewehr fertig, Feuer auf alles
zu geben was entspringen will.   Es muß aber leichte Reuterey bey derselben seyn, weil sonst die Gefangnen dennoch

M 4   größ-

größtentheils entkommen könnten, wenn sie alle zugleich nach verschiednen Seiten entliefen.

Von den Ueberfällen.

Neuntes Capitel.

Vom Ueberfalle durch Hinterhalt. Aus was für Truppen ein Hinterhalt besteht: Was für Gegenden dazu am bequemsten sind. Von den Vorsichten um nicht entdeckt zu werden.

§. 1.

Man legt Hinterhalte, um die Convois des Feindes, seine Remonten, seine Fouragirungen, Truppen die in Unordnung und ohne Vorsicht marschiren, anzugreifen, Officiers von hohem Range oder Couriers mit wichtigen Nachrichten aufzufangen, Gefangne zu machen, u. s. f. Die Truppen des Hinterhalts bestehn aus leichter Reuterey, wenn man den Erfolg der Unternehmung und die Sicherheit des Rückzugs nicht von der Stärke des Detaschements, sondern bei Flüchtigkeit desselben erwartet. Er besteht aus Infanterie und Cavallerie zugleich, wenn die Ausführung Infanterie erfodert und der Weg des Rückzugs kurz ist. Zuweilen läßt man einen Theil der Infanterie in einem vortheilhaften Posten zurück, um die Retraite zu decken.

§. 2.

Ein Hinterhalt in der Ebne muß zwar von dem Wege auf welchem der Feind marschirt, gemeiniglich weiter entfernt seyn, als im durchschnittnen Lande oder Gebirge: das
ge-

gegen giebt die Ebne den Vortheil, daß man die Ueberlei genheit in der Zahl und der Taktik am besten daselbst nützen kann, daß jeder Ecker hier zur Flucht wird, und daß Anführer ohne Erfahrung am sorglosesten daselbst marschiren. Ebnen, sagt Polybius, sind oft geschickter zum Hinterhalt, als durchschnittnes Land: Denn man kann den Feind von ferne kommen sehn und in breiter Front gegen ihn anrücken. Es giebt kleine Höhen, welche die Truppen hinlänglich bedecken: Ein Bach, dessen Ufer nur ein wenig erhöht ist, Schilf und Stauden die in Morästen wachsen, Dornbüsche und Brombeersträuche, sind oft hinreichend ein ganzes Corps Infanterie zu verbergen, und wohl gar Cavallerie; die Kunst ist nicht groß, und man darf nur das Gewehr strecken oder verdeckt tragen, und alles was Glanz von sich giebt, verbergen.

§. 3.

Man hat Beyspiele von Hinterhalten, die man in Dörfer und Flecken legte; und der Chevalier Melzo, und der Graf von Bergh, überfielen auf solche Art ein holländisches Detaschement. Das erste von allem ist, den ganzen Ort mit einer Keite von Schildwachen zu umziehn, die alle Zugänge besetzen, ehe noch das Detaschement von den Einwohnern entdeckt werden kann. Ists möglich, so rückt man des Nachts an, wäre es aber Tag, so muß man verkleidete Soldaten voran schicken, die alle Zugänge besetzen. Rückt hierauf das Detaschement selbst ein, so wird bey Lebensstrafe verboten, die Posten nicht zu passiren, und ein oder zwey Officiers mit guten Ferngläsern steigen auf den Thurm. Läßt sich der Feind blicken, so geben sie Nachricht, und man recognoscirt, wie stark, und von welcher Gegend er kömmt. Nach diesem macht man seine Disposition zum Angrif und Ueberfall.

Wenn der Chef des feindlichen Detaschements sein Handwerk versteht, so wird er eine Parthey auf Kundschaft aus-

schi-

schicken, ehe er durch den Ort marschirt. Man läßt ihm
also die Gasse frey, durch welche die Patrouille in den Ort
einrückt: doch postirt man einige verkleidete Soldaten da
hin, damit keiner von den Einwohnern dem Feinde andre
Antworten giebt als man vorgeschrieben.

Kleine Hinterhalte legt man mit vieler Bequemlichkeit
in die Hölen der Berge, in Kämpe, und in gemauerte Be
hältnisse, wo man in verschiedenen Ländern die Bienen und
das Vieh einschließt: Eben so bequem bedient man sich ab
gelegner Vorwerke, doch muß man sich der Einwohner vor
her versichern. Der Herr von Cerceda ein Spanischer Of
ficier fieng mit achtzig Reutern ein ganzes Regiment Eng
lische Infanterie, die nach einem Marsche bey großer Hitze
in Unordnung an einem Bache sich zerstreuten, wo er im
Hinterhalte lag.

§. 4.

Wenn ein Detaschement sich in Hinterhalt legen will,
so muß es wo möglich in der Nacht marschiren, und in aller
Stille, große Straßen, Flecken und Dörfer so viel möglich
vermeiden, und alle Vorsichten gegen die Desertion ver
doppeln. Es versieht sich mit Lebensmitteln, nimt aber
kein überflüssiges Gepäck mit, und so wenig Knechte als
möglich. Es dürfen keine Volontairs mitgehen, wenn sie
nicht von bewährter Einsicht und Folgsamkeit sind, kein wie
hernd Pferd und keine Hunde. Die Pferde, sagt man,
wiehern nicht, wenn man ihnen eine Kugel in die Ohren
legt. Bey schärffter Strafe darf niemand Wildpret schies
sen, und die Pferde muß man fest anbinden, damit keins
bey einem unvermutheten Allarm entlaufe.

Man darf nicht von dem gebahnten Wege ab, gera
de zu in den Hinterhalt einmarschiren, weil die Fuß
stapfen ihn sonst verrathen würden, sondern man muß auf
einem abgelegnen Wege dahin gehen, oder wenigstens auf
einem

einem festen, der keine solche Spuren zurückläßt aus denen man
die Stärke des Detaschements beurtheilen kann, und dann
rückt man wohl noch einzeln hinein, in verschiednen Trupps,
Acht oder zehn Husaren binden im Sandlande Aeste an die
Schweife von ihren Pferden, und marschiren in gleicher
Front mit dem Detaschement, um überall die Fußstapfen
unkenntlich zu machen. In kothigem Lande kann man sich
einer Art von Walze bedienen.

Ist man gezwungen auf einer Heerstraße zu bleiben, so
muß der Chef des Detaschement, sobald er dem bestimmten Orte sich nähert, einen Trupp voraus betaschiren, mit
dem Befehl, in eben so breiter Front als das Detaschement
auf der Heerstraße fortzumarschiren. Dieser Trupp marschirt eine große Strecke Wegs noch weiter vorwärts, und
muß auf einem ganz andern Wege, wenn es auch noch so weit
um wäre, wieder zum Detaschement stoßen, einzeln, auf
einem Wege der festen Boden hat, und wenig Spuren
annimt.

§. 5.

Man darf in keinen Hinterhalt einrücken, ohne solchen vorher durch zwey oder drey Patrouillen genau visitiren zu lassen. Die Truppen müssen in der Ordnung sich
daselbst lagern, in welcher sie fechten, oder vielmehr in
welcher sie aus dem Hinterhalt vorrücken sollen. Die
Mannschaft wird verlesen, und bey Lebensstrafe verboten,
nicht über die Kette der Schildwachen hinauszugehn. So
lange die Schildwachen ausgestellt werden, bleibt alles
unter dem Gewehre. Zu den Schildwachen nimt man
die vertrauteste Mannschaft. Hat das Detaschement bereits Deserteurs, so muß der Chef seine Parthey zu ergreifen wissen.

§. 6.

Man muß eine Kette von Schildwachen gegen die Desertion formiren, dicht um den Ort wo das Detaschement
sich

sich lagert, und solche von den Schildwachen absondern, welche von der Annäherung des Feinds Nachricht geben sollen. Diese letztern müssen lauter verständige Officiers und Unterofficiers seyn, damit sie keine falsche Rapports geben, noch etwas vernachläßigen. Man stellt sie auf hohen laubichten Bäumen, hinter Büschen, kurz überall hin, wo sie ungesehen am weitsten um sich sehen können: Sie müssen sich hüten, weder dem Feinde noch den Lands Leuten oder Reisenden sich zu zeigen. Man giebt ihnen Kleider von dunkler Farbe: sie müssen alles sorgfältig verbergen, was in der Ferne Stralen wirft, auf den Höhen platt und ohne Hut auf die Erde sich legen, und äusserst aufmerksam seyn. Ist ein Posten für diese Schildwachen zwar sehr bequem, so daß sie bedeckt sind, und dennoch weit um sich sehen können, aber auch so entfernt von dem Orte des Hinterhalts, daß die Schildwachen weder Nachricht dahin geben, noch ein Soldat von ihr ab, ungesehn bis zum Hinterhalte hinkommen kann, so muß man vom Hinterhalte an, bis zu dieser äussersten Schildwache hin, eine Kette von Schildwachen postiren, die aber insgesammt in Gräben, zusammengetragnem Gebüsch, oder sonst sich verbergen. Es werden Signale verabredet, durch welche die Rapports von Schildwache zu Schildwache, wie ein Lauffeuer zum Detaschement laufen.

Die Schildwachen haben Befehl alles vorbey gehn zu lassen, was weder sie noch den Hinterhalt beobachtet hat; alles andre aber, wovon sie vermuthen können, daß sie ihn gewahr worden, halten sie an: Können sie selbst die Leute nicht aufhalten, so melden sie es zurück zum Detaschement, wo in der Mitte und auf beyden Flügeln, Partheyen von der Reuterey in Bereitschaft stehen, den Reisenden oder Deserteurs nachzusetzen. Diese Partheyen müssen nicht stärker ausrücken, als nöthig ist, um die Deserteurs oder Reisende einzuholen. Sie sind wo möglich als Bauern

der

der dortigen Gegenden gekleidet, und dürfen ihren Rückweg nicht gerade zu nach dem Hinterhalte nehmen.

Wenn alle Posten ausgestellt sind, so sißt am Tage die Hälfte der Reuter ab, und ruht, die andere Hälfte bleibt zu Pferde. Die Hälfte oder wenigstens ein Drittheil der Infanterie steht unter dem Gewehr, die andern ruhen dicht dabey. Die Reuter die abgesessen lösen nach drey Stunden die andern ab, so wie auch die Infanterie, die Schildwachen, und die Vedetten. In der Nacht sißt die ganze Cavallerie zu Pferde, und die Infanterie ist unter dem Gewehr. Man macht keine Feuer, wo solches auf irgend eine Art entdeckt werden kann. Liegt der Hinterhalt nahe am Wege, so dürfen die Leute keinen Tabak rauchen, die Schildwachen niemals. Bey feuchten Nächten muß man besonders darauf halten, daß die Leute ihr Gewehr und Munition sorgfältig bedecken, und sie müssen sich rühren, damit sie nicht erstarren. Niemand darf schlafen.

Die Feinde in den Hinterhalt einzulocken, fällt man über seine Vorposten, seine Heerden, verübt Excesse unter seinen Augen, oder giebt ihm selbst einen kleinen Vortheil. Nur der Chef dieser Partheyen, und einer von seinen Officiers, kennen den Posten des Hinterhalts, und er nimt seine Retraite dieser Kenntniß gemäß, um den Feind sicher in den Hinterhalt zu verwickeln. Die Schildwachen des Hinterhalts ziehen sich zur rechten Zeit zurück, ehe sie entdeckt werden könnten: der Angriff geschieht, wenn das Corps des Feindes tief genug eingerückt ist, daß man es de front und in der Flanke zugleich attakiren kann. Das Signal zum Angriff muß deutlich und bestimmt seyn, und von allen Truppen des Hinterhalts gesehen werden können, damit kein Irrthum entstehe. Ists möglich, Front, Flanke und Rücken zugleich anzugreifen, so theilt man das Detaschement in zwey Corps. Hat der Feind eine Reserve die dem Gros in einiger Entfernung folgt, so muß man sich gleichfalls eine Reserve bewahren.

Die

Die Garniſon einer Feſtung in einen Hinterholt zu locken, bedient man ſich der vorigen Strategems: doch muß
man nicht zu nahe an der Feſtung ſich legen, ſonſt verfehlt
man ſeinen Zweck.

Von Paſſirung der Flüſſe.

Erſtes Capitel.

Von den Vorſichten in Anſehung des Stroms. Von der Ordnung und Diſciplin bey der Paſſirung.

§. 1.

Wenn der Strom tief iſt, und man keine Brücken ſchlagen kann, ſucht man ihn zu zapfen, damit ſowohl Fußvolk
als Reuterey durchkönne. Iſt es dennoch zu ſchwer mit
der Infanterie zu paſſiren, ſo ſitzt ſie den Reutern en Croupe
auf, wenn man nehmlich den Feind nicht zu nahe hat.
Man ſtellt auch Schwadronen, dicht und feſt geſchloſſen,
oberhalb des Stroms, welche ſo lang ſtille halten, als die
Infanterie paſſirt, um die Gewalt des Stroms zu brechen.
Man zieht dieſe Schwadronen zuweilen aus dem Waſſer,
und hält mit der Paſſirung des Fluſſes an, damit das
Waſſer Zeit hat abzulaufen: Sonſt ſchwillt es zu ſehr, und
die Reuter ſind nicht mehr im Stande das Gewicht deſſelben zu ertragen.

Unterhalb des Stroms halten wieder einige Reuter,
aber geöfnet, um die Infanteriſten aufzufangen die das
Waſſer fortreißt. Sie ſtehn geöfnet, damit ſie nicht die
Gewalt des Waſſers aufhalten, nnd im Furt e dämmen.
Noch beſſer iſts, queer über den Fluß Seile zu ziehen, die
auf

auf wohl ausgepichten Fäſſern ruhen, und auf beiden Ufern
angezogen werden, damit ſie nicht nachgeben, wenn ſich
jemand dran hält.   Man bindet Stricke in großer Menge
an dieſe Seile, und läßt ſie mit einem Stücke Holz oder
Kork im Waſſer ſpielen, damit der Soldat ſie deſto leichter ſehn und faſſen kann.

§. 2.

Man muß den Strom mit ſo breiter Front paſſiren
als möglich, und die Leute in den Gliedern müſſen geſchloſſen ſeyn; die Glieder aber nicht zu dicht aufrücken, damit
der Lauf des Waſſers nicht zu ſehr gehemmt wird.   Es iſt
gut, ſchief über den Fluß zu ſetzen, von unten nehmlich aufwärts, beſonders wenn der Furth ſehr breit iſt.   Auf
ſolche Art hat der Strom weniger Gewalt, weil er nur
ſchief anſtößt, und die Waſſer laufen beſſer ab.   Die Soldaten müſſen oft nach dem Lande ſehn, und die Reuter die
Steigbügel kurz ſchnallen, und den Zaum von Zeit zu Zeit
ſtark anziehen, damit die Pferde gleichfalls nach dem Lande
ſehn.

§. 3.

Soll die Reuterey durch einen Fluß ſchwimmen, ſo
muß man einen Ort ausſuchen, wo der Strom nicht gar
zu reiſſend iſt, und die Ufer nicht zu ſteil, damit man hinein,
und heraus reiten könne.   Den Zügel muß man weder zu
ſtark anziehen, damit ſich das Pferd nicht überſchlage, noch
auch zu tief hängen laſſen, daß ſie ſich mit den Füſſen brinn
nicht verwirren. Man ſchnallt den Bauchgurt um einige Stich
loſer, und den Steigbügel ſehr kurz.   Weil der Strom
die Pferde abwärts treibt, ſobald ſie Grund verliehren, ſo
ſetzt man oberhalb der Gegend, da man landen will, ins
Waſſer.   Man ſetzt auch zuweilen die Reuter auf Kähnen
oder Flöſſen über, und läßt die Pferde nebenher ſchwimmen.   Die Reuter halten ſie an langen Halftern, und die
Pfer-

Pferde können es gar lange dauern, wenn man nur die Vorſicht gebraucht, die Halfter in der einen Hand zu halten, und mit der andern Hand ihnen den Kopf in die Höhe zu ziehen, indem man auf den Rand des Schiffes ſich überbiegt. Der Bau ſolcher Flöſſe iſt leicht, und man kann wohl hundert in einem einzigen Tage verfertigen. Man bindet die Stämme von Holz, mit Baſte oder Wieden an einander, und befeſtigt ſie durch Querhölzer unterhalb von neuem. Sie zu lenken, braucht man entweder ein Ruder, oder man macht Seile von beiden Seiten dran feſt, und läßt gute Schwimmer mit dem einen Ende übergehn, damit man es ſodann regiere wie man will.

§. 4.

Der Feind den man gegen ſich hat, ſey auch noch ſo ſchwach und verächtlich, man ſey dem Anſchein nach, auch noch ſo ſehr von deſſen Entfernung verſichert, ſo muß man doch nie einen Uebergang wagen, wenn man nicht zuvor das jenſeitige Ufer recognoſcirt hat. Recognoſciren dieſe Partheyen des Nachts, ſo giebt man ihnen Hunde mit.

Wenn der Strom, durch Regen und Sturm, oder Schnee von den Gebirgen ſchwillt, ſo muß man den Uebergang nicht anders unternehmen, als wenn man gewiß weiß, daß man Zeit genug dazu hat, um die ganze Armee mit Bagage und Artillerie glücklich überzuſetzen, ohne daß der Feind ſie en Detail ſchlägt.

Man muß, wo die Umſtände es erlauben, den Uebergang dergeſtalt ordnen, daß man jenſeits ſteht ehe es Nacht wird. Die ſchärfſte Diſciplin iſt nothwendig, damit niemand vor ſeiner Ordnung übergehe, die Truppen ſchnell paſſiren, und jenſeits, ſo ſchnell als möglich vorrücken, die Paſſage frey geben und ſich formiren. Es müſſen die Generale und Brigadiers die den Tag haben, an beyden Seiten der Brücke halten, und Adjutanten und Stabs-

Of-

Officiers genug bey sich haben, daß sie die Truppen, so wie sie passirt sind, ordnen, und ihnen anweisen wo sie hinmarschiren sollen. Alle Manoeuvres und Schwenkungen müssen mit größter Geschwindigkeit geschehn.

Wenn die Colonnen der Bagage keine besondern Brücken haben, so muß bey Lebensstrafe niemand davon, während der Paßirung der Truppen, am Ufer sich zeigen: sonst sucht jeder Officier seine Bagage überzubringen, besonders des Nachts. Je mehr Furthe man gangbar macht, je mehr Brücken man schlägt, desto vortheilhafter ists, wofern nur alles nahe genug ist, um sich, wenn es die Umstände erfodern, zu unterstützen. Je breiter die Brücken sind, desto schneller ist der Uebergang.

§. 5.

Wenn man gezwungen ist, schweres Geschütz ohne Brücke über einen Fluß zu transportiren, dessen Grund zu schlammicht oder seicht ist, daß man mit den Affetten nicht durchkann, so muß man nach dem Rathe des Don Bernhard de Mendoza in seiner Theorie vom Kriege, das Stück abprotzen, und ein dickes Thau über den Fluß spannen, und auf beyden Seiten mit Winden straff anziehen. An dieß Thau befestigt man das Stück mit drey Schlingen, die Schlingen aber müssen weit genug seyn, daß das Stück an dem Thau weg bis zu jenem Ufer fortgleiten kann. Durch die Delphinen schlingt man gute starke Seile, und zieht sie jenseits des Flusses scharf mit einer Winde an. Mendoza behauptet dieß alles gesehen zu haben, und das Stück verliehrt unter dem Wasser einen Theil seiner Schwere. Mir scheint es hingegen gar leicht möglich zu seyn, daß das Thau, wenn das Stück bis an seine Mitte kömmt, eher entzwey reißt, als man es so steif auspannen konnte als der Transport des Stücks erfodert. Man thut also besser, wenn man das Thau, von der Seite wo das Stück

N   bran

bran befeftigt wird, um einen ftarken und langen Balken
windet. Alsdann gleitet das Stück leichter fort, befon=
ders wenn man jenseits das Thau mit einer Laft beschwert,
die dem Gewichte des Stücks die Wage hält, und verhin=
dert, daß das Thau in der Mitte nicht zu sehr nachgiebt.
Die Schleifen am Ringe müssen doppelt seyn, das heißt,
man muß das Seil woraus die Schleife bestehet, erstlich
um das Thau schlingen, und nachgehends vermittelst einer
zweyten Schlinge an drey Orten um das Stück legen, nehm=
lich bey der Münbung, in der Mitte, und bey der Kammer.
Beydes Seile und Thau muß man stark mit Talch bestrei=
chen, damit die Schleifen desto leichter am Thau fortrücken.

Man nimt fünf bis sechs Bohlen, und befeftigt sie mit
drey oder vier Querbalken und starken Klammern. Hier=
auf legt man das Stück und macht es fest. Reicht diese
Art von Floß nicht zu; die Laft über dem Waffer zu halten,
so befeftigt man an die Bohlen gut ausgepichte Fäffer oder
Schläuche. Dieß alles zieht man aus Ufer, durch Spille
und Seil, oder mit Kreuzhaspeln, die vermittelst starker
Stämme oder senkrecht eingerammter Pfähle gehörig be=
feftigt sind. Etwas oberhalb aber des Orts wo man das
Stück ins Waffer läßt, stellt man noch einen andern Kreuz=
haspel an, und bindet das Seil von demselben an das Floß,
um es nach und nach abwinden zu können so wie das Stück
fortrückt, damit der Strom es ja nicht zu weit abwärts
führe, wo es weit schwerer seyn würde es gegen den Strom
zu winden als quer durch.

Wären hier und dort Sandbänke im Fluße, über wel=
che das Floß nicht wegschwimmen kann, so versieht mans
noch mit vier Rädern an zwey sehr starken Achsen. Die Rä=
der müssen einen weit gröffern Umkreis haben als die Fäffer
unter dem Floß, damit sie in den Untiefen dienen, wo
jene nichts nützen.

Von

Von der Paßirung der Flüſſe.

Zweytes Capitel.

Von den Strategems, durch die man den Uebergang über einen Fluß gewinnt, deſſen Ufer der Feind beſetzt hält.

§. 1.

Wenn man einen Fluß paſſiren will, den der Feind uns entgegen beſetzt, ſo geſchieht der Uebergang entweder durch Liſt, oder durch Gewalt, oder durch beydes zugleich. Die Gegenden die uns die meiſten Vortheile hiezu darbieten ſind:

Erſtens: Wo man die verſchiednen Läger ſeiner Truppen, ihre Stärke, ihre Bewegungen und Märſche, dem Feinde am ſicherſten und längſten verbirgt. Waldungen, Moräſte, durchſchnittne Gegenden und Inſeln bieten dieſe Vortheile am ſicherſten dar. Denn man iſt hier am meiſten im Stande, ſich zum Meiſter der Ufer zu machen, und dem Feinde die Recognoſcirungen diſſeits zu verbieten.

Zweytens: Wo nichts von allem dem fehlt, was man nothwendig gebraucht, um die erſten Truppen ſowohl als die ganze Armee überzuſetzen, es ſey nun, daß man auf Flößen, oder Schiffen, oder durch Furthe übergeht, und wo man zugleich im Stande iſt, alle dieſe Anſtalten dem Feinde am ſicherſten und längſten zu verbergen. Flüſſe die ſich in den Fluß ergießen da man paſſiren will, Waldungen, rauhe Gegenden und Inſeln bieten dieſe Vortheile am häufigſten dar.

Drittens: wo die Natur des Lands, oder die Beſchaffenheit der Wege uns begünſtigt, daß wir vom Hauptlager

der

der Armee aus, den Ort des Uebergangs eher erreichen können als der Feind; wäre dieſer Vortheil auch nicht gröſſer, als daß man dadurch die Zeit gewinnt ſeine Batterien eher als er zu emplaciren. Dieß trägt ſich zu, wenn dieſſeits Ebne iſt, jenſeits Defile's, wenn man in den Defile's dieſſeits die Wege bereitet hat, der Feind jenſeits nicht; wenn Gebirge, Walbungen, Moräſte, oder eine Krümmung die der Fluß auswärts gegen den Feind macht, ihn nöthigen einen Umweg zu nehmen.

Viertens: Wo man im Stande iſt, durch ſchnelle gut berechnete Bewegungen, dem Feinde die Zeit zu entreißen, die er braucht um Verſchanzungen anzulegen, die be Front zu ſchwer zu beſtürmen ſind, und nicht umgangen werden können, wir aber alsdann im Stande ſind, die zu ſchwachen Verſchanzungen zu forciren.

Fünftens: Wo man durch ein überlegnes Feuer der Artillerie den Feind zwingen kann ſich vom Ufer zu entfernen. Dieſen Vortheil findet man gemeiniglich da, wo der Fluß eine Art von Ellnbogen oder Bucht, einwärts gegen uns ſelbſt formirt: wo das Ufer dieſſeits, das jenſeitige dominirt, oder wo man durch die Lage des Lands, und die Beſchaffenheit der Wege begünſtigt, ſein Geſchütz eher, und in gröſſerer Anzahl aufführen kann, als der Feind.

Sechſtens: Wo man jenſeits des Fluſſes keine neue Hinderniſſe findet, die zu ſchwer, zu langſam oder gar nicht zu überwinden ſind, als unwegſame Moräſte, Gegenden wo man nicht debouchiren kann, und ſo ferner.

Siebentens: Wo man im Stande iſt, jenſeits des Fluſſes Verhacke oder Verſchanzungen anzulegen, oder wo man durch die natürliche Stärke und die Vortheile des Terrains ſich in den Stand g ſetzt ſieht, auch ohne Verſchanzungen ſich gegen den Feind zu behaupten, ob er gleich mit

über=

überlegner Macht über die Truppen die zuerſt übergehen, herfällt.

Achtens: Wo es möglich iſt die Macht des Feinds durch den Uebergang zu trennen, oder Truppen die der Feind zur Vertheidigung der Paſſage anrücken läßt, ſo lange in ihrem Marſche aufzuhalten, bis die Armee paſſirt hat. Dieß geſchieht wenn man durch Ueberlegenheit in der Zahl, oder durch die Vortheile des Ueberfalls begünſtigt, das Corps vom Feinde über den Haufen warf, das gleich anfangs der Paſ=ſage gegenüber ſtand, und wenn man nach dieſem Siege auch im Stande iſt, die Defile's dem Feinde zu ſperren, durch welche er anrücken kann um das geſchlagene Corps zu verſtärken.

Dieß ſind die Gegenden, wo es am leichteſten iſt einen Fluß zu paſſiren: hier ſind die Strategeme, durch die man ſie nutzt.

§. 2.

Wenn man zum Uebergang einen Ort ſich erſah, wo man über den Feind der das Ufer vertheidigt, Vortheile findet, ſo bezieht man ſein Lager am Ufer des Fluſſes und einige Meilen vom Orte des Uebergangs. In der Nacht die man zum Uebergang wählte, bricht die Bagage der Armee auf, nach der entgegengeſetzten Seite, unter einer ſtarken Bedeckung, und cotoyirt den Fluß mit Geräuſch. Es folgen Fahrzeuge auf dem Waſſer und rudern laut.

Bald darauf bricht die Armee auf in größter Stille, und nimt einen ganz andern Weg in der gehörigen Ent=fernung vom Fluſſe, damit der Feind ihren Marſch nicht entdeckt. Der Uebergang geſchieht ſo ſchnell als möglich. Das Strategem zu begünſtigen, bewahrt man das Geheim=niß mit Sorgfalt; man ergreift Anfangs einen falſchen Weg: die Ufer werden mit Sorgfalt bewacht: man ver=breitet Gerüchte, man trift Anſtalten, die den wahren Ab=

ſich=

ſchten völlig entgegen ſtehn, man verſäumt nichts um den Feind ſo lange als möglich im Irrthum zu erhalten. So gieng Labienus über die Seine, und ſchlug die Gallier unter dem Camolugenus, ihrem erfahrenſten Feldherrn.

Muß der Uebergang über Brücken geſchehn, ſo iſt das erſte von allem, Flöße oder Kähne ſich zu verſchaffen, um die erſten Truppen damit überzuſetzen. Man ladet auf Wägen, was man nicht auf der Stelle baut: man verſieht ſich mit Faſchinen, Pflöcken, Schlägeln, Pfählen, Latten und Klammern zu den Paliſſaden, Grabſcheiden, Hauen, Schaufeln, Hacken, Tragkörben, Faſchinen, Meſſern, und ſo ferner. Die Wägen brechen bey der Nacht auf, und marſchiren mit ihrer Eſcorte in größter Stille, und gehörig fern von dem Ufer, nach dem Ort ihrer Beſtimmung. Man deckt ihre Flanke, damit die feindlichen Patrouillen nicht durchſchlüpfen und das Geheimniß entdecken. Am Orte der Beſtimmung wird alles abgeladen, und die Arbeit vollendet, die man im Lager unmöglich vollenden konnte. Ein Detaſchement auserleſner Truppen geht mit den beſten Ingenieurs über, und verſchanzt ſich, um nicht nur ſich ſelbſt, ſondern auch die Brücke die man ſchlagen wird, zu bedecken. Das Detaſchement das hiezu beſtimmt iſt, rückt entweder aus dem Lager der Armee aus, oder aus den nahliegenden Garniſons, und der Marſch deſſelben wird wohl concertirt, damit es zur rechten Zeit eintreffe. Cäſar ſetzte auf dieſe Art ein kleines Corps über den Segro. Der Boden ſeiner Kähne war von leichtem Holz, die Seiten von Kork und mit Leder überzogen. Man führte ſie auf Wägen bis zu einer gewiſſen Stelle am Ufer. Das Detaſchement gieng über und beſetzte eine Höhe: die Brücke ward geſchlagen, und Cäſar folgte mit ganzer Armee, obgleich Afranius nahe dabey campirte.

So lange die Hauptwache des Feinds in ihrem Lager verbleibt, und das Unternehmen noch nicht reif iſt, verbleibt

auch

auch die unsre in ihrem. Doch muß alles zum Aufbruch bereit seyn, damit man nicht nur im Stande ist, dem Feinde zu folgen, sondern auch einen Vorsprung über ihn zu gewinnen, um diesseits Batterien errichten zu können, und jenseits die Truppen zu verstärken, oder wenn mans für gut findet, abzulösen.

§. 3.

Man verwechselt so zu sagen dieß Strategem, und bricht des Tags mit ganzer Armee auf, hinter ihr aber bleibt ein Detaschement, das, wenn der Feind der großen Armee folgt, den Uebergang unternimmt. Das Detaschement im Hinterhalt entfernt sich vom Ufer, damit die Partheyen des Feindes, die übergehn, es nicht entdecken. Beym Marsche der Armee werden Anstalten getroffen, um dem Feinde, wenn er recognoscirt, den Abgang der Mannschaft vom Hinterhalt zu verbergen. Cäsar suchte einen Fluß zu passiren, und Vercingetorix vertheidigte das jenseitige Ufer. Märsche und Contramärsche geschahen, aber Vercingetorix folgte überall. Endlich erreichte Cäsar eine waldichte Gegend, und schlug sein Lager daselbst auf. Am folgenden Morgen brach die Armee auf, und Vercingetorix folgte diesen Tag so getreu wie die andern, weil er die nehmliche Zahl von Legionen mit allen ihren Adlern zählte. Doch war es nicht die ganze Römische Armee, sondern Cäsar hatte von jeder Legion drey Cohorten im Walde versteckt, mit dem Befehl, so wie Vercingetorix sich entfernt hätte, plötzlich überzugehn, eine Brücke zu schlagen, und sich zu verschanzen. Es geschah, und Cäsar kehrte zur rechten Zeit zurück, und gieng mit ganzer Armee über.

Gustav Adolph von Schweden passirte den Lech durch ein ähnlich Strategem. Ihm gegen über stand Tilly in einem Walde, und der König beschoß ihn mit siebenzig Canonen, und machte die ernstlichsten Anstalten zum Angriff und der Passage: indeß aber gewonnen einige Regimenter den

N 4 Ueber=

Uebergang an einem andern Orte, und verſchanzten ſich, und die Brücken, über die Guſtav mit ganzer Armee folgte.

Was für ein Strategem man nun auch wählet, ſo iſt doch noch eins zu bemerken, ob nemlich der Feind auch wohl im Stande iſt, ſelbſt überzugehn, und dieſſeits des Fluſſes gegen unſre Armee etwas zu unternehmen. Hienach muß man die Stärke ſeiner Detaſchements jenſeits richten, und für allem dem Feinde die Wege ſperren auf denen er gegen uns anrücken kann; damit er, wäre es möglich, keinen Schritt vorwärts thut, ohne Chikanen und Hinderniſſe zu finden.

§. 4.

Das ſchwerſte und blutigſte Unternehmen iſt, den Uebergang über den Fluß, und die Schlagung der Brücken mit Gewalt zu forciren. Die Vortheile der Gegend müſſen entſcheidend ſeyn, oder man muß dem Feinde in allen ſeinen Anſtalten zuvorkommen können, ſonſt gelingt das Unternehmen nicht. Krümmungen des Fluſſes die einwärts gehn, und folglich das Ufer jenſeits kreuzweiſe beſchieſſen, ein dominirendes Ufer, und Ueberlegenheit in der Artillerie entſcheiden. Findet man keine Höhen, ſo muß man ſich verſchanzen, Cavaliers errichten und ſo ferner. Zu allem dieſem aber gehört beträchtlich viel Zeit, und dieſe muß man über den Feind gewinnen; denn ſind die Vortheile des Terrains gleich, was hätte man alsdann für Hofnung, den Feind eher vom Ufer vertreiben zu können, als er uns. Man gewinnt aber die Zeit durch eine gute Wahl ſeines Hauptlagers, ſo wie der Gegend zum Uebergang, durch falſche Attaken, und alle die Strategems deren ich vorhin erwähnte. Sobald das jenſeitige Ufer frey iſt, geſchieht der Uebergang, und die Brücken werden geſchlagen. Man verſchanzt ſich jenſeits, aber ſo ſchnell als möglich. Schanzkörbe, Säcke mit Sand oder Wolle, Palliſaden zu vier

fünf

fünf Stück an einander gefügt, Spanische Reuter, alles
was man nur im voraus verfertigen konnte, muß da seyn.

Das Terrain bestimmt die Linien der Verschanzung.
Der Chevalier la Valliere schlägt vor, Ravelins zu erbauen,
und sodann zwey Hornwerke, die man mit einer Linie verbindet. Dieser Vorschlag scheint gut, doch ist die Gefahr,
während der Arbeit angegriffen zu werden, groß; und vielleicht ists besser, von fünfhundert zu fünfhundert Schritt
oder etwas mehr, einen Abschnitt von der Linie nach dem
Flusse zu ziehen, oder eine Redoute anzulegen, um das
Terrain zwischen der Linie und dem Flusse zu bedecken.

Das Terrain zwischen dem Flusse und der Verschanzung muß hinlänglich groß seyn, damit die Truppen hinter
derselben sich bewegen, die Artillerie gegen die feindlichen
Batterien mit Nachdruck agiren, und die Armee debouchiren könne.

Der Brücken müssen wenigstens zwey seyn, sonst läuft
Detaschement und Armee die größte Gefahr. Jede Brücke hat
ihre eigne Schanze, sogar dießseits, wenn man Anfangs
schwach ist, und der Feind übergehn kann. Man hängt
sodann diese Schanzen zusammen. Die erste die gebaut
wird, muß den Bau der andern beschützen.

———————

Von

Von Spionen.

Erstes Capitel.

Was die besten Spionen sind.

§. 1.

Wer Kundschafter halten will, muß für allen Dingen sorgen, daß niemand sie kenne, als der Vertraute der sie befragt. Man darf hier seinen eignen Bedienten nicht trauen: noch mehr muß man aber verhüten, daß die Kundschafter nicht unter einander selbst sich kennen, sonst entsteht sicher Verrath, oder sie bereden sich auch, euch zu hintergehn. Man muß sie nie öffentlich sprechen, sondern allezeit verkleidet und in Geheim vor sich kommen lassen. Man muß sie nie mit Dingen beschenken, die ihren Geber verrathen. Man muß nie sich berühmen, daß man die Absichten des Feinds im voraus weiß: sonst forscht der Feind desto sorgfältiger nach, und eure Vertrauten werden entdeckt.

Kein Spion kann dreister ins Land der Feinde sich wagen, als die an der Gränze wohnen, und in unserm sowohl als dem feindlichen Lande Güter oder Freunde und Verwandte haben. Denn würden sie auch angehalten, so fehlt es ihnen nie an einem scheinbaren Vorwande der sie rettet. Einwohner eines unpartheyischen Landes genießen fast eben den Vortheil. Der nützlichste aller Spions ist in der feindlichen Canzelley: Man muß lange im Voraus suchen, vertraute Personen in dieselbe zu spielen, oder die der Feind drinn hat, zu bestechen.

Ein Spion muß dreist und verschlagen seyn, und das Geheimniß bewahren können, es sey Glück oder Unglück.

Man

Man muß sie lehren, worinnen die Stärke einer Festung, eines Postens, einer Verschanzung bestehl: wie viel Terrain die Infanterie und Cavallerie im Lager, wie auch im Marsche besetzt, damit der Spion nicht durch Zählen oder zu sorgfältige Untersuchungen sich verräth. Bringt er wichtige Nachricht, so muß man ihn, auſſer der gewöhnlichen Zahlung, auch noch mit einem auſſerordentlichen Geschenk erfreuen, damit ihn immer die Hofnung eines neuen Gewinns reize, sein äuſſerstes zu thun. Giebt man ihnen einmahl so viel als das andre, was für ein Unterschied zwischen der Gefahr und Mühe auch war, so werden sie, wie natürlich, nachläſſig, und wagen sich nicht. Man muß Acht auf sie geben, wozu sie die Geschenke gebrauchen: Die sind die besten, die alles wieder durchbringen: Sammeln sie aber, so haben sie einen Plan der Sache ein Ende zu machen, und alsdann muß man sich hüten, daß sie nicht mit einem Verrath endigen. Man muß sie, wenn es seyn kann, kurz halten, daß der Plan sobald noch nicht zur Endschaft kömmt.

§. 2.

Es giebt Fälle, wo es besser ist mündlich dem Spion das Geschäft zu vertrauen, als schriftlich; weil er öfters ohne Briefe eher durchkömmt, als mit ihnen, wenn er sie auch noch so verborgen bey sich führte. Ist aber der Spion entweder zu einfältig, oder das Geheimniß zu wichtig, wird er auch ohne Brief für einen Spion gehalten, sobald man ihn ertappt, als z. E., wenn man ihn nach dem Gouverneur einer belagerten Festung schickt, so giebt man ihm seinen Auftrag schriftlich, damit der Feind auch durch die Folter nichts von ihm entdecke.

Man verbirgt den Brief in einem holen Stocke, oder schneidet ihn in schmale Streifgen, die in der Ordnung, wie sie folgen, numerirt sind, und alsdann überall in die Kleidung eingenäht werden: Man legt sie in ein holes
Büchs-

Büchschen das aus zwey Hälften besteht und geschraubt
werden kann, worauf der Spion es verschluckt: kurz, Zeit
und Umstände geben mehr als ein Mittel an die Hand. Das
sicherste und leichteste von allen, wenn der Spion ein Ge=
wehr führen darf, ist, sie in eine Flinte oder Pistole über
dem Pulver zu laden, und sodann eine Kugel drauf zu thun,
die so stark eingepreßt wird, daß man sie auch mit dem Ku=
gelzieher nicht herauskriegen kann. Diese Methode ist die
beste, wenn man den Brief durch einen Soldaten dem
Feinde in die Hände spielen will. Denn trift dieser sodann
auf eine Parthey, so feuert er das Gewehr in die Luft ab,
und giebt sich vor einen Ueberläufer aus. Ist der Spion
ein Kaufmann, Bürger, oder dergleichen, so muß das Ge=
wehr oder die Pistole nicht zu schön seyn, damit es nicht
etwan diesem oder jenem Soldaten, der ihm begegnet, ein=
falle, einen Tausch zu treffen.

§. 3.

Der Ziffern und geheimen Schriften giebts zwar viel,
man ist aber auch ziemlich weit in der Kunst sie zu entziffern.
Ich will hier nur eine einzige erwähnen, die zwar bekannt
ist, aber doch nur selten entziffert werden kann.

Man nimt zwey Blätter Papier von gleicher Gröffe,
legt sie auf einander, und zieht Linien für den Rand und
die Zeilen, als wenn man einen Brief schreiben will. Her=
nach schneidet man hin und wieder Oefnungen in die Zei=
lenlinien, so breit als für die Buchstaben nöthig, und so
lang, daß ein oder zwey Wörter, und zuweilen auch mehr
Platz darinnen haben. Zwischen den Oefnungen bleibt so=
dann immer Papier, das man nicht aufschneidet, und
worauf man gleichfalls ein oder zwey Wörter schreiben könn=
te. Von diesen zwey Blättern giebt man dem Vertrauten
eins, das andre behält man zurück. Will man nun schrei=
ben, so legt man das ausgeschnittene Blatt auf ein andres

von

von gleicher Größe, und schreibt durch die Oefnungen des
ersten, alles was man nöthig hat auf das letzte.   Den lee=
ren Raum aber füllt man mit Worten aus, die, wenn man
sie mit dem vorigen zusammen lieset, dem Briefe einen
ganz andern Verstand geben, als wenn er z. Ex. blos von
Hausangelegenheiten handelte, u. s. f.   Vergleicht man sich
dann über gewisse Worte, die man besonders statt der Nah=
men braucht, so kömmt es nur auf gute Erfindungen an,
um dem Briefe ein natürlich Ansehen zu geben.   Der Ver=
traute paßt ihn sodann auf seinen Rahm, und sieht was
gilt, und was nicht gilt; die Antwort erfolgt auf die nehm=
liche Art.

Eine Schrift mit Zwiebel oder Citronensaft oder Urin,
wird nur über dem Feuer leserlich: Wolfsmilch durch Asche,
oder wenn man das Papier durch Wasser zieht: Frisch ge=
molkene Milch durch Kohlenstaub.

Jeder Vertraute muß seine besondern Ziffern oder An=
weisung haben, damit nicht mit einem einzigen Verrath
alles verrathen sey.   Man muß das Glück nicht misbrau=
chen, und nur bey wichtigen Gelegenheiten sich schreiben,
als z. Ex. wenn große Fouragirungen ausgehen, Convois
eintreffen, der Feind selbst Entwürfe ausführen will, u. s. f.
Alsdann muß der Vertraute, es koste was es koste, Nach=
richten schicken, und wäre es möglich auf mehr als einem
Wege.   Die Briefe aber sind durchaus so eingerichtet, daß
der Feind sie passiren läßt, oder wenigstens nichts daraus
entdecken kann.

Wenn die Einwohner des Lands feindlich sind, oder der
Mann mit dem man das Verständniß unterhält, in der Ge=
gend wo er ist niemand auftreiben kann, dem er sich vertrauen
darf: so muß man ihm zu Hülfe kommen, und vertraute
Soldaten, als Deserteurs, oder auf andre Art abschicken,
damit sie entweder Dienste beym Feinde nehmen, wenn der
Vertraute ein Officier ist, oder im andern Falle, auf die
beste

beste Art nach den dermaligen Umständen, in der Gegend sich aufhalten wo der Vertraute wohnt, oder wenigstens öfters hin kann, ohne Argwohn zu erwecken. Jeder dieser Soldaten empfängt sein eignes Losungswort, und den Befehl, so lange im Dienste des Feinds, oder am Orte seines Aufenthalts zu bleiben, bis ihm jemand diese Losung giebt, und einen Brief überreicht. Wer es sey, brauchen die Soldaten nicht zu wissen: der Vertraute aber muß die Soldaten mit allem Detail kennen, um sich nicht zu verirren, und er übergiebt den Brief verkleidet, oder zuweilen gar durch andre. Lebt der Mann, mit dem man das Verständniß unterhält, an einem gewissen Orte beständig, so kann man auch eine gewisse Gegend festsetzen, wo er seine Briefe hinlegt, und man läßt sie sobald durch andre Vertraute abholen. Diese Gegend muß gut gewählt seyn, damit beyde sie ohne Verdacht besuchen können; und wird man bemerkt, so muß man wieder weggehen und die Nacht abwarten. Der Brief wird ohne Nahmen und mit verstellter Hand geschrieben, doch mit gewissen Zeichen daran man den Verfasser erkennt.

Von Spionen.
Zweytes Capitel.

Von doppelten Spionen: von verschiedenen Mitteln, auch ohne Spionen Nachricht vom Feinde zu erhalten: von den Nachrichten der Gefangnen.

§. 1.

Wenn man im Lager des Feinds selbst keine Vertraute hat, an welche die Spions sich wenden, so sind die Nachrichten die sie bringen theils zu unsicher, theils von wenigem

gem Werthe: denn sie können mit niemand reden als mit gemeinen Soldaten, und auch diese dürfen sie nicht ausfragen, um sich nicht selbst zu verrathen. In solchem Falle nun sind doppelte Spione gut, die sich auch dem Feinde anbieten, und bey dieser Gelegenheit sich überall einschleichen können, und sicher ungestraft von einem Lager zum andern gehn. Damit der feindliche General desto grösser Zutrauen auf ihn werfe, muß er die Erlaubniß haben, dem Feinde zuweilen Nutzen zu stiften, ihn vor kleinen Gefahren zu warnen, und so ferner. Uebrigens muß er sich furchtsam stellen, man kann ihn auch wohl sogar in Arrest nehmen und wieder laufen lassen, alles wie die Umstände es mit sich bringen. Ist der Kerl aus dem Lande des Feinds, oder hat er von unsern Truppen einen verstellten oder wirklichen Schaden gelitten, so traut ihm der Feind um so eher.

Man muß indeß ein wachsames Auge auf diese Kundschafter haben, und nicht zu viel ihnen trauen. Beym ersten Verdachte stellt man ihn sofort auf die Probe, und beredet ihm was falsches. Ist er treulos, so hintergeht er sodann wider Willen den Feind. Schlägt er eine Unternehmung vor, die wichtig ist, aber auch gefährlich seyn kann: so muß man ihm mit dem Tode drohen, wenn er hintergeht, Belohnungen versprechen, wenn er noch itzt die Wahrheit gesteht. Verschweigt er Dinge die er wissen kann, oder sind seine Vorschläge zu schlau, und über seinen Verstand und Kenntniß, in beyden Fällen ist er ein Verräther.

Trompeter, Officiers die man an den feindlichen General abschickt, besonders aber die Deserteurs, können zuweilen die wichtigsten Nachrichten einziehen, wenn der Feind sie in seinem Lande leidet und ihnen Laufpässe giebt.

§. 2.

Wenn man Gefangne macht, so muß man gleich Anfangs verhüten, daß sie sich nicht unter einander bereden;

und

und niemand darf sie ausfragen, als wer den Auftrag erhält. Das sicherste Mittel, den wahren Stand der Sachen von ihnen zu erfahren, ist, wenn man in das Gefäng-
niß das man ihnen bestimmt, einige Zeit vorher einen vertrauten Menschen abschickt, der die Sprache des feindlichen Landes redet, sich für einen Ge angnen eines andern
Regiments ausgiebt, und in allem das Ansehn davon annimt.   So viel Gefängnisse, so viel solche Mann, alsdann verrathen sich gewiß wenigstens einige, und man vergleicht sodann ihre Nachrichten. Den Ueberläufern begegnet man wie verdächtigen Spions, wofern ihre Nachrichten wichtig sind. Man verhört sie wo möglich allein.

Wenn man eine Stadt oder Land verlassen muß, das
unserer Partie zugethan ist, und der Feind sodann an unsrer Stelle einrückt, so muß man mit den Magistraten die
Abrede nehmen, daß sie wo möglich nicht nur den vornehmsten Officiers Quartier in den Häusern wohlgesinnter Einwohner geben, sondern auch zur Bedienung derselben listige
schlaue Kerls aussuchen, die ein muntres Auge haben.
Diese Aufwärter müssen auf alles Acht geben was bey Tische
geredet wird, wo man zuweilen am freyesten redet; auf
die Gespräche der Bediente, ob die Officiers etwan zum
Aufbruch Anstalt machen, ob sie sich nicht zuweilen mit
Leuten einsperrten, die bald aus der Stadt weggehen, bald
wiederkommen, ohne daß man eigentlich weiß wo sie gewesen sind.

§. 3.

Wenn ein feindlicher Spion oder Soldat mit Briefen
aufgefangen wird, so muß man den Brief mit unverletztem
Siegel öfnen, und ihn wo möglich durch einen sichern Mann
an Ort und Stelle bringen lassen, damit man auch die Antwort erhalte. Liefert ihn ein doppelter Spion, so gelingt
dieß gar leicht. Kann man die Person habhaft werden, die
mit dem Feinde im Verständniß steht, so zwingt man sie

fal-

falsche Nachrichten zu schreiben, wie man sie nach den Umständen für die bequemsten hält den Feind zu verführen.
Der Kundschafter wird bewacht, jedoch das Geheimniß von
seiner Entdeckung bewahrt, damit es der Feind nicht erfahre. Man vergißt nicht ihn anzuhalten, daß er
seinen Brief mit eben den Zeichen schreibt, woran der Feind
erkennen soll, ob er auf den Brief sich verlassen kann. Ist
man dem Feinde überlegen, und der Spion ein Mensch von
geringen Gaben, so läßt man ihn das ganze Lager und die
Armee sehen, und jagt ihn sodann fort. Geht ein Officier
zum Feinde über, der guten Rath geben kann, so muß
man von Stund an seine Position ändern, wofern sie dem
Feinde die geringsten Vortheile giebt.

Von den

Lägern der Armeen.

Erstes Capitel.

Von der Sicherheit der Läger, gegen den Angrif
sowohl als in Ansehung der Lebens-Mittel, Fourage
und Wasser. Von den Feldwachen und
Pikets.

§. 1.

Läger im Kriege, wenn sie gut gewählt sind, müssen jederzeit eine doppelte Absicht haben, die Vertheidigung nehmlich und den Angrif, die Defensive und die Offensive. Zur
Defensive gehört die Sicherheit der Gränzen und Länder
die man bedecken will, die Sicherheit des Unterhalts für
die Armee, die Sicherheit für dem nachtheiligen Gefecht.

O   Zur

Zur Offensive gehören alle die Vortheile und Mittel, die ein gut gewählter Posten uns darbieten kann, den großen Entwurf zum Angrif gegen den Feind auszuführen. Diese Offensive wird in den folgenden Theilen des Werks behandelt. Hier ist blos von der Defensive die Rede.

§. 2.

Läger, es sey zum Angrif oder zur Vertheidigung, müssen allezeit so gewählt werden, daß der Feind weder mit ganzer Armee, noch durch Detaschements sich im Stande sieht, ernsthafte Unternehmungen gegen unsre Magazine und Festungen, oder gegen die Provinzen zu versuchen, die wir bedecken wollen. Was für Bewegungen er auch hiezu unternimt, so muß man doch immer im Stande seyn, ihm zuvorzukommen; und wenn er detaschirt, so muß man auch detaschiren und seine Absichten vereiteln können. Man sieht hieraus, wie öfters selbst beym offensiven Kriege es nothwendig ist, starke Posten zu suchen, und was der Natur an Stärke fehlt, durch Kunst zu ersetzen.

Sich über diesen Punkt zu beruhigen, muß man die Partheyen des Feinds alle überdenken, alle Unternehmungen, alle Entwürfe prüfen, die ihm nur möglich sind, und dann untersuchen, ob man auch im Stande ist, ihm überall zu begegnen, ohne Gefahr irgendwo einen nachtheiligen Posten beziehn zu müssen, oder auf diesem oder jenem Marsche mit Nachtheil angegriffen zu werden.

Man muß hier aufmerksam seyn und das Land kennen. Denn es giebt Läger, deren Lage stark und vortheilhaft ist, die sogar unsre Magazine und Provinzen decken, die Holz, Wasser und Fourage genug haben; und dennoch sind sie gefährlich, weil der Feind im Stande ist, durch gewisse Bewegungen uns zur Verlassung derselben zu zwingen, wir aber alsdann beym Ausmarsche in gefährliche Stellungen uns verwickeln, dem Feinde die Flanke bieten, das neue

La-

Lager, das wir erreichen wollen, zu spät erreichen, oder sonst entscheidende Vortheile über uns geben. Noch gefährlicher in diesem Falle sind Lager, die nur einen einzigen Ausgang haben. Wäre die Front derselben auch unüberwindlich, doch darf mans nicht wagen sie zu beziehen, wenn man nicht ganz entscheidende Ursachen hat; und alsdann muß man mit eines Argus Augen über diesen einzigen Ausgang wachen, alles überlegen was der Feind unternehmen kann, aufs Ungefähr, auf die unerwarteten Begebenheiten denken.

§. 3.

Die Sicherheit der Fourage, des Wassers, des Holzes, des Unterhalts, macht den zweyten Theil der Defensive eines Lagers.

Man muß im Voraus berechnen, ob die umliegenden Gegenden der Fourage so viel liefern, als die Armee während ihres ganzen Aufenthalts in diesem Lager braucht, und ob man auch im Stande ist, sich diese Fourage durch gut gewählte Posten zu versichern, die nicht forcirt, überall zur rechten Zeit unterstützt werden können.

Die Armee muß Wasser und Holz haben, und der Feind nicht im Stande seyn, es ihr zu verbieten. Je länger man im Sinne hat sich zu behaupten, desto mehr Maasregeln muß man nehmen: bey Passage-Lagern aber weder sorglos seyn, noch die Truppen durch unnütze Fatiguen ruiniren.

Man muß wo möglich gesunde Gegenden zu seinem Lager wählen, in der Höhe, fern von Morästen oder stillstehenden Wassern. Die schärfste Disciplin ist nothwendig in Ansehung der Reinigkeit im Lager, der Verhütung des Feuers, und der Vorsichten, daß das Wasser zum Trinken nicht durch das Schwemmen und Tränken der Pferde,

D 2 durch

durch Auswaschen der Gefässe und Wäsche, noch durch Flachs- oder Hanf-Rösten, oder dergleichen verderbt werde.

§. 4.

Die Armee muß in ihrem Lager sicher für nachtheiligem Gefechte seyn, das heißt, das Champ de Bataille das sie von ihrem Lager ab beziehen will, muß sich für ihre Truppen, und die Art zu fechten die sie gewohnt sind, schicken. Sie muß aber auch sicher seyn für den Ueberfall: das heißt, weder am Tage noch in der Nacht muß der Feind im Stande sich sehen, so schnell und hitzig sie anzugreifen, daß es ihr unmöglich wird das Vertheidigungs-System auszuführen, das man für sie festgesetzt hat. Die Sicherheit gegen das nachtheilige Gefecht gewährt der Posten selbst, wenn er gut gewählt ist: die Sicherheit gegen den Ueberfall erhält man durch gut ausgestellte Posten und Wachen, durch Partheyen die man gegen den Feind ausschickt, durch gute Disciplin, eine weise Vertheilung der Truppen im Lager, und wenn dieß alles, wie öfters geschieht, nicht zureicht, durch Verschanzungen.

§. 5.

Damit das Champ de Bataille des Lagers für die Truppen, und die Art zu fechten die sie gewohnt sind, sich schicke, muß man die Ebne suchen, wenn die Stärke der Armee in Cavallerie besteht, durchschnittenes Land, wenn man Gefechte der Infanterie wünscht. Ist man dem Feinde in der Zahl überlegen, so muß man Gegenden suchen, wo diese Ueberlegenheit gebraucht werden kann; ist man schwächer als der Feind, Gegenden wo die Ueberlegenheit in der Zahl nicht entscheidet, enge determinirte Terrains, wo man nur mit schmaler Front agiren kann, wo ein Theil der Front, durch Canäle, Moräste, Gebirge oder Wasser gedeckt ist, und die Flanken eben denselben Schutz finden. Findet man diese Vortheile nicht, so bedeckt man die Flanken,

ken, durch Verhacke, Spanische Reuter, Batterien, Schanzen, eine Wagenburg u. s. f.: Will man die Cavallerie für dem Angriffe des Feinds schützen, so deckt man ihr Lager, durch das Lager der Infanterie, um es von allen Seiten, da Gefahr ist, zu umgeben.

Ein Lager ist fest durch seine Lage und die Natur, wenn der größte Theil seiner Front durch einen Fluß, Morast, Waldungen oder dergleichen gedeckt ist, so daß man den Theil der dem Angriff ausgesetzt bleibt, mit desto grösser Macht vertheidigen kann.   Es ist fest, wenn es in Betracht der Truppen die es behaupten, weder zu breite Front, noch zu wenige Tiefe hat, damit nicht die Truppen auf der einen Seite zu sehr geschwächt werden, auf der andern kein Terrain haben zu agiren.   Es ist fest, wenn man den Feind nur auf wenige Attaken einschränken kann, und er hier gezwungen ist zu defiliren.   Es ist fest, wenn man den Feind überall wo er attakiren kann, unter kreuzende Batterien bringt, be Front und in der Flanke zugleich beschießt; wie z. Ex. geschieht, wenn man Dörfer, Höhen, Schlösser, oder dergleichen besetzt, die vorwärts vor der Front der Armee liegen, und bequem von derselben unterstützt werden können.   Es ist fest, wenn man den Feind von allen Treffen zugleich mit einer Art von amphitheatralischem Feuer empfangen kann, wie z. Ex. auf Höhen, wo man den Fuß, die Mitte, und den Gipfel zugleich besetzt, und die Treffen über einander wegfeuern, ohne sich zu schaden.

Das festeste Lager endlich ist unter den Canonen einer Festung an einem großen Strom, wo die Festung dieß- und das Lager jenseits liegt, und die Gemeinschaft beyder Ufer sicher ist, so daß der Feind, wenn er sich trennt, hier oder da mit Uebermacht attakirt werden kann.

§. 6.

Man stellt Pikets und Feldwachen aus, um alle Zugänge zum Lager zu besetzen, und wenn der Feind gegen daß-

sel-

selbe anrückt, in Zeiten die Armee davon zu benachrichten. Dieß, und die Art zu fechten die der Cavallerie und Infanterie eigen ist, bestimmt die Regeln ihrer Ausstellung.

Eine Feldwache steht gemeiniglich unter einem Officier oder Rittmeister, und ist funfzig bis hundert Pferde stark. Vorwärts und vielleicht auch auf den Flanken, werden kleinere Wachtrupps detaschirt, um für den Ueberfall sicher zu seyn, und das Feld weit vorwärts zu entdecken.

Die vortheilhaftesten Posten im Ganzen genommen sind die, wo man weit um sich sehen kann, ohne selbst gesehen zu werden. Flanke und Rücken muß sicher seyn, der Rücken ohne Defile's, ohne Chikanen, die zu langen Aufenthalt verursachen könnten, wenn die Feldwache sich retiriren muß: die Chikanen vor der Front, die den Feind zwingen zu defiliren, sind nützlich. Es ist also gut, eine Feldwache in einem Grunde oder andern verdeckten Orte zu postiren, wo man ihre Stärke oder Schwäche nicht sehen kann, wenn nur die Vedetten auf Höhen stehen, wo sie das Land weit entdecken. Es ist gut, Brücken, hole Wege, Dämme oder Gründe vor sich zu haben, wo der Feind gezwungen ist zu defiliren, und seine Ordnung zu brechen. Defile's dicht im Rücken muß man vermeiden; weder die Feldwachen selbst, noch ihre Vedetten dürfen an Orten stehen, wo sie beschlichen werden können. So umgeben die Feldwachen die Front, die Flanken, und den Rücken des Lagers: sie müssen aber sich unter einander sehen, einen Unterstützungs-Posten von Infanterie hinter sich haben, oder von der Armee selbst gesehen werden können. Die Beschaffenheit des Landes bestimmt ihre Zahl, und wo die Cavallerie nicht agiren kann, nimt man statt ihrer, Infanterie. Ihre Posten sind Häuser, Thürme, Kirchen, Kirchhöfe, Schlösser, Waldungen, Defile's, selbst auch zuweilen Ebnen. Man giebt der Infanterie einige Husaren, zum Recognosciren, und die Rapporte zu überbringen.

Der

Der General-Major vom Tage bestimmt den Sammelplatz sämmtlicher Wachen, und die Officiers visitiren daselbst, Mann, Pferd, Gewehr, und Munition, und geben drauf Acht, daß die Gewehre beym Regen trocken bleiben. Während des Marsches recognoscirt man die ganze umliegende Gegend, de Front sowohl als auf den Flanken. Gelangt sie auf ihren Posten zuerst, ohne einen Vorgänger zu finden, so wird der Posten nach allen Seiten mit größter Sorgfalt recognoscirt, damit kein Hinterhalt in der Nähe sich finde: die ganze Wache bleibt unterm Gewehre bis die Patrouillen zurück sind. Die Officiers und Unterofficiers müssen am Tage darauf bedacht seyn, genau das Terrain kennen zu lernen, damit sie des Nachts sich orientiren können, wenn sie Patrouillen ausschicken, vorwärts oder rückwärts marschiren müssen. Des Tags, wenn die Gegend frey ist, dürfen die Wachen zuweilen ganz, oder doch zwey Drittheil absitzen, und die Leute und Officiers wechselsweise schlafen, und die Pferde auf gleiche Art gefüttert werden. Des Nachts darf weder Officier noch Gemeiner schlafen, die Hälfte sitzt auf, die andere Hälfte wacht bey den Pferden.

Die Ronden und Patrouillen des Nachts müssen ohne Aufhören gehen; man giebt zwey Losungen aus, die Losung der Armee die die Officiers allein behalten, und die sogenannte Stumme, woran die Patrouillen und Vedetten sich erkennen. Die letzte besteht blos aus Zeichen, als z. Ex. durch einen Schlag auf den Kopf des Pferdes, des Stiefels und so ferner, damit der Feind, wenn er sich heranschliche, sie nicht höre. Sobald ein Soldat desertirt, wird diese Losung geändert.

Eine Schildwache bleibt beym Gewehre; die übrigen stehen auf allen Wegen und Zugängen, wo sie am weitsten um sich, und sich unter einander sehen, und selbst nicht gesehen werden können. Die Schildwache am Gewehr muß sie wo

D 4　　　　　　　mög-

möglich alle sehen. Erlaubt es die Stärke der Wache, so stellt man auf jeden Posten zwey, oder gar drey Mann, wenn der Posten gefährlich ist, damit der eine auf dem Posten still halte, die andern rechts und links reiten, bis sie sich mit den nebenstehenden begegnen. Diese Vorsicht ist in allem Betracht gut, besonders auch gegen Desertion. In der Nacht müssen die Posten so dicht zusammen stehen, daß es unmöglich ist, ungesehn und ungehört mitten durchzuschleichen. Erlaubt es die Schwäche der Wache nicht, die Posten zu verdoppeln, so muß man Patrouillen ausschicken, die der Ronde entgegen patrouilliren, damit kein Weg unrecognoscirt bleibe. Ist die Straße gefährlich, so gehen vorwärts der Vedetten, Patrouillen die sich kreuzen, und mehr oder weniger vorwärts gehn, nachdem die Gefahr abgeschnitten zu werden groß oder klein ist. Jeder Patrouilleur und jeder Reuter der auf dem Posten steht, hat seinen Carabiner mit gespanntem Hahn in der Hand. Wollte ihn jemand überfallen, so giebt er Feuer. Sie halten alles an, was vom Feinde kömmt und nach dem Feinde geht: sie geben scharf auf jedes Geräusch Acht was sie in der Nacht hören, ob sich Licht oder Feuer in der Ferne sehen läßt, und so ferner. Bey Tage merkt man auf den Staub und ob dieser sich näher zieht, ob die Hirten und Leute auf den Straßen fliehen, ob die Vögel häufiger als gewöhnlich steigen. Des Nachts, und in durchschnittenen Gegenden auch am Tage, reiten die Patrouillen einzeln wie Gänse hinter einander, und nehmen auch wohl Hunde mit.

Merken die Patrouillen oder Vedetten etwas das dem Feinde ähnlich sieht, so geben sie der Feldwache unverzüglich Nachricht, und diese schickt eine stärkre Patrouille aus, und sitzt indeß sämmtlich auf. Käme indeß der Feind schnell heran, so ruft die Vedette die stehn blieb, Halt, und hält er nicht, so giebt sie Feuer. Der Officier schickt sodann einen
Reu-

Reuter mit verhängten Zügeln, um die Nachricht zu brin=
gen, er selbst aber ergreift die Parthey, die die Umstände
gut heißen.   Ward der Feind von ferne entdeckt, so reco=
gnoscirt ihn die Patrouille in der Flanke, und der Unteroff=
ficier schickt seinen Rapport an die Feldwache, oder wenn
das Lager näher ist, an das Lager und die Feldwache zu=
gleich.

Keine Feldwache oder Piket darf eher zurück weichen,
als bis sie von der Ueberlegenheit des Feinds völlig gewiß
sind.   Alsdann aber, oder wenn der Allarmschuß geschehn,
ziehn sie sich zurück, auf Wegen wo sie nicht abgeschnitten
werden können, und versäumen keine Gelegenheit den Feind
auf seinem Marsche zu chikaniren.   Der Officier giebt Nach=
richt ins Lager, damit man ihm einige Pikets entgegen
schicken könne.

Es müssen Signale verabredet werden, durch welche
die Vorposten, und Feldwachen, und Pikets, die Armee
nicht nur von der Ankunft des Feinds, sondern auch von
dessen Stärke benachrichten können, ob er schwächer ist
als die Pikets und die Reserve, oder ob es die feindliche
Haupt=Armee zu seyn scheint.   Ein andres Signal ist auf
den Fall, da man nur weiß, daß der Feinde viel sind, ihre
wahre Stärke aber noch nicht kennt.

Wenn es die feindliche Haupt=Macht ist, so läßt man
die Armee das Champ de Bataille beziehn; in den andern
Fällen ists genug, daß man die Truppen im Lager aufweckt
und die Reserve dem Feinde so weit entgegen schickt, als
man mit Sicherheit thun kann.

Die Signale werden von allen den Posten wiederholt,
die zwischen dem ersten Posten, der sie gab, und dem Haupt=
lager stehn.   Dennoch werden gleich drauf Husaren, oder
auch wohl Officiers, oder Unterofficiers, in vollem Jagen
abgeschickt, um die Bedeutung der Signale zu bekräftigen.

O 5   Ist

Iſt die Nachricht wichtig, ſo folgen zwey oder drey hinter
einander, und auf verſchiednen Wegen. Sie empfangen
die Parole, und den ſtrengſten Befehl, niemand den Stand
der Sache zu ſagen, als da, wo ſie hingeſchickt werden.

§. 7.

Wenn man die Feldwachen, Vorpoſten und Pikets
auf dieſe Art ausgeſtellt hat, und nun berechnen will, ob
ſie das Lager der Armee für den Ueberfall ſicher ſtellen, ſo
muß man nur unterſuchen, wie viel Zeit zwiſchen der erſten
Nachricht, ſo dieſe Vorpoſten uns vom Feinde bringen,
und dem Angrif ſelbſt verläuft. Dieſe Zeit muß man mit
der Zeit vergleichen, ſo die Armee braucht, um aus ihrem
Lager auszurücken, und das Vertheidigungs-Syſtem zu
ergreifen das man feſtgeſetzt hat. Man muß weit weniger
Zeit dazu gebrauchen, als der Feind zum Angrif.

Die Armee campirt in einer Ordnung, die der Ordre
de Bataille, in welcher ſie fechten ſoll, gemäß iſt.

Die Infanterie, die des Tags, ſo wie des Nachts, des
längſten Widerſtands fähig iſt, ſteht im erſten Treffen gegen den Feind, und bedeckt überall die Cavallerie.

Nichts darf die Gemeinſchaft des Lagers mit dem Champ
de Bataille unterbrechen, nichts die Gemeinſchaft der Bataillons und Brigaden auf dem Champ de Bataille ſelbſt.

Jede Colonne, jedes Regiment, muß den Weg der
nach dem Champ de Bataille führt, ſorgfältig recognoſcirt
haben. Die Artillerie muß ohne Unordnung, ſelbſt in der
finſterſten Nacht, dahin marſchiren können, und wo ſie agiren ſoll, auffahren. Keine Brigade, keine Gattung von
Waffen darf die andre in ihrem Marſche hindern, oder
durchſchneiden.

Man

Man muß nicht an Orten campiren, die der Feind, oder die Natur selbst, leicht unter Wasser setzt: Man muß die gehörigen Vorsichten nehmen, daß das Lager weder durch den Feind, noch durch eigne Nachläßigkeit in den Brand gesteckt wird.

Von den

Lägern der Armeen.

Zweytes Capitel.

Von verschanzten Lägern.

§. 1.

Läger, in denen die Armee lange zu verbleiben gedenkt, müssen verschanzt werden, ob man gleich stärker ist als der Feind, und auch für itzt keinen Angrif zu befürchten hat. Denn das Glück des Kriegs ändert sich leicht: Man ist oft gezwungen zu detaschiren, bald um den Unternehmungen des Feinds zuvorzukommen, bald um selbst Unternehmungen zu machen: Der Feind sucht Schlachten. In allen diesen Fällen ists gut verschanzt zu seyn, weil man dem Feinde sodann das Gesetz giebt. Vielleicht stellt man Kosten und Arbeit entgegen: aber mäßige Arbeit ist dem Soldaten gut, und die Kosten sind so beträchtlich nicht, wenn man das Schanzzeug schont, und die Holzungen nicht aus Muthwillen verwüstet. Ist aber die Arbeit zu schwer, so commandirt man Bauern und den Troß der Armee.

§. 2.

Wenn der Feind in der Nähe steht, und man in der Nähe desselben sich verschanzen will, so muß man Partheyen auf

auf Partheyen ausschicken, um frühe Nachricht von seinem
Anmarsche zu erhalten; besonders aber des Nachts äusserst
auf seiner Hut seyn, damit er nicht durch falschen Allarm
die Arbeiter verjagt, oder mit wahren Attaken sie angreift.
Gegen die erste Gefahr deckt man sich durch die Anstalten
und Posten, die im Artickel von den Belagerungen gezeigt
werden: Dem wahren Ueberfall aber vorzubauen, muß die
Armee des Nachts ins Gewehr treten, die Cavallerie gesattelt haben, und alle Officiers bey ihren Corps verbleiben.
Die Arbeiter müssen Patrontasche und Gewehr zur Arbeit
mitnehmen, und unter Gewehrmänteln oder Zelten vor
Staub und Regen bewahren. Jedes Regiment, jede Brigade, jede Nation, wird auf ein gewisses Terrain angewiesen; man besucht die Arbeiter oft, und belohnt die fleis-
sigsten mit Erfrischungen und Lob.

§. 3.

Jede Brigade und jedes Regiment kennt denjenigen
Theil der Verschanzung den es vertheidigen soll, und recognoscirt den kürzesten Weg, um auch in der dunkelsten Nacht
ihren Posten zu finden. Man hört den Rath der Ingenieurs bey dieser Vertheilung, um bey derselben auf die
Stärke und Schwäche der Verschanzungen zu achten.

Die Infanterie vertheidigt die Verschanzungen, mit
Feuer in der Ferne, in der Nähe mit der Pike. Man besetzt die Flanken und Facen stärker als die Courtinen, weil
der Feind, um nicht unter kreuzenden Feuern zu stehn, die
Facen, und nicht die Courtinen attakirt. Ueberdem ist das
Feuer der Flanken am sichersten von allem, weil die Soldaten hinter demselben die Face und die Courtine, die sie
beschützen sollen, sehen, ohne einen Feind gerade vor sich
zu haben: Die aber auf der Courtine sind, müssen bey jedem
Schusse, dem Feinde, der ihnen gegenüber steht, sich blos
geben, übereilen sich also und zielen schlecht. Kömmt aber

der

der Feind näher heran, so sehn sie ihn auch nicht mehr; da die Truppen auf den Flanken hingegen ihn immer noch sehen, und vom Anfange bis zum Ende treffen, ohne daß sie nöthig haben ihre Schießscharten durch die Schanzkörbe oder Sandsäcke zu ändern.

§. 4.

Ich rechne drey Fuß auf den Mann, und stelle die Bataillons in vier Gliedern, die sich entweder im Feuer ablösen, oder wo nur das erste Glied feuert, und die andern laden, und ihm die Gewehre geladen in die Hand liefern. Man braucht weniger Truppen, wenn die Vortheile des Terrains schützen, und Flüsse, Moräste, oder enge Pässe die Front bedecken: doch muß man nie einen solchen Posten ganz vernachlässigen, sonst wird das stärkste oft zum schwächsten.

Hinter den Truppen die das Parapet der Verschanzungen vertheidigen, formirt man verschiedne kleine Corps de Reserve, entweder um jene Truppen zu verstärken, oder den Feind, wenn er eindrang, in die Flanke zu fassen. Diese Truppen müssen sich daher nicht zu weit von den Verschanzungen entfernen, und bestehn größtentheils aus Cavallerie, theils damit sie schneller bey der Hand sind, theils auch um das Feuer der Verschanzungen nicht zu schwächen. Hinter ihnen aber formirt sich die letzte Linie der Armee zur letzten und allgemeinen Reserve, damit die forcirten Truppen dahinter flüchten, und sich wiederum setzen. Achtet der Feind diese Reserve nicht, so fällt sie über ihn her, so wie er eindrang, und nützt die Unordnung, in welcher er nothwendig sich findet: hält sie ihn aber zurück, so gewinnt man Zeit, um das Gefecht zu herstellen, und was man verlohr, wieder zu gewinnen.

Die Front des Lagers wird in vier Theile getheilt, und jeder Theil steht unter gewissen Generals, die auf jeglichen Fall

Fall gemeßne Befehle empfangen, und wissen wohin sie sich retiriren sollen, nachdem dieser oder jener Theil forcirt ward. Die Ordre de Bataille, und die Anstalten zur Vertheidigung bleiben geheim, und werden niemand als den Generals und Brigadiers vertraut. Man giebt einen falschen Allarm, und verabredet mit den Generalen eine falsche Disposition, um die Spione des Feinds zu hintergehn.

§. 5.

Man giebt der Brustwehr und dem Banket gemeiniglich sechs Fuß innre Höhe; die äußre wird durch die Stärke der Brustwehr bestimmt. Denn je stärker diese ist, desto größer muß die Abdachung seyn, damit der Soldat, der sie vertheidigt, in den Graben herunter sehen kann. Ist die Anlage der Brustwehr neun Fuß, so pflegt die äußre Höhe vier Fuß und einen halben zu haben. Das Banket hat gewöhnlich drey Fuß in der Breite und anderthalb in der Höhe.

Die Berme darf nicht breiter seyn als einen oder zwey Fuß, damit der Feind, wenn er stürmt, sich nicht drauf rangire. Ist die Erde also so leicht, daß eine Berme von dieser Breite sie nicht hält, so muß man das Werk mit Faschinen verkleiden, und ihm lieber mehr Talüd (Böschung) geben als eine zu breite Berme.

Je tiefer und breiter der Graben, desto schwerer geht der Feind über, weil er ihn so leicht nicht füllt, und die Brücken die er über ihn werfen möchte, nicht mehr tragen kann. Wollte man aber mit der Erde des Grabens die Brustwehr erhöhen, so würde ihr Feuer zu hoch und folglich weniger mördrisch, das Feuer des Feinds aber gegen das Werk desto furchtbarer, weil er es besser sieht: Man bleibt also bey der festgesetzten Höhe des Parapets, und verbreitet die übrige Erde als ein Glacis, um die Tiefe des Grabens zu vermehren und die Brustwehre besser zu be-

decken. Ist der Graben sehr breit, so macht man ihn unten schmaler als oben, damit die Feinde sich nicht in demselben formiren können.

Die Verschanzungen zu flankiren, würde ich mich nicht
blos der Redans bedienen, deren Vertheidigung einen zu
stumpfen Winkel mit der Courtine formirt, und wo die Truppen keinen Raum haben: sondern ich würde Bastions bauen,
ofner oder enger, nachdem die Linie der Front es erfordert.
Vor die Courtinen legt man Ravelins mit einem guten Graben. Sie müssen aber niedriger seyn als die Linie. Der
Schaden den sie alsdann dem Feinde thun, bezahlt die Arbeit die sie kosten in reichem Maaße. Statt ihrer, oder vielmehr mit ihnen zugleich, muß man noch detaschirte Redouten haben, um die Recognoscirungen des Feinds von der
Linie zu entfernen, und wenn er attakirt, seine Ordnung
zu brechen, ihn in der Flanke zu fassen, und bey seiner ersten Wuth ihm Schranken zu setzen. Es müssen aber
diese Redouten unter dem Flintenschuß der Verschanzungen
liegen, mit einem Winkel oder der schmalsten Front gegen
die Verschanzungen sehn, und überall von denselben gesehen und dominirt werden, damit der Feind, wenn er Meister davon wird, nirgends einen Schutz findet. Auf die
Minen allein darf man sich nicht verlassen, denn ihr Erfolg ist in diesem Falle weniger gewiß als in andern.

Vor den ausspringenden Winkeln werden eine oder zwey
Reihen Fougassen (Flabderminen) gelegt, um sie zu
sprengen wann der Feind auf dem Glacis steht, weil unter allen Gefahren des Kriegs keine muthloser macht als
diese. Die Artillerie agirt in den großen Verschanzungen,
und die Batterien werden mit Sturmpfählen gedeckt. Von
ihrer Bedienung, und dem Feuer, dem Gewehre, und
der Munition der Infanterie, wird im Artikel von den
Schlachten und Belagerungen gehandelt.

Alle

Alle Bewegungen und Manoeuvres der Truppen müſſen ſtill und ohne Tumult geſchehn. Niemand darf laut
nach Munition rufen. Der Soldat muß im voraus wiſſen was er zu thun hat, und auf alle Bewegungen, die Furcht
oder Unordnung ähnlich ſehn, bereitet werden. Sobald die
Vorpoſten Allarm geben, und die Nachricht von der Ankunft des Feinds ſicher iſt, wirft man alle Arten von Kunſtfeuer gegen den Feind, um die ganze Gegend ſo viel möglich zu erleuchten. Die beſten Erfindungen ſind, wenn man
den Feind ſieht, ohne ſelbſt von ihm geſehen zu werden,
ſo daß man bey ihm unterſcheiden kann, was wahr oder
falſch iſt, er aber die Vertheilung unſrer Truppen nicht
ſieht.

§. 6.

Weil die Armee, wenn ſie aus den Verſchanzungen
ausrückt, gezwungen iſt, zu defiliren, ſo muß man im
voraus darauf bedacht ſeyn dieſen Uebergang zu erleichtern,
damit man die Unordnung des Feinds, wenn er geſchlagen
ward, nütze, und was ſonſt nur eine leichte Wunde war,
zur ofnen völligen Niederlage mache. Das beſte Mittel
wäre vielleicht, ſich mit kleinen Brücken zu verſehen, die
man, wo der Graben tief aber nicht breit iſt, mit unver-
ſehrtem Werke über Bruſtwehr und Contreſcarpe wirft:
man nützt zu gleicher Zeit die Breſchen, öfnet die Barrieren, und legt Leitern an: wo dieß alles nicht zureicht, ſticht
man bis Contreſcarpe ab, und hierauf rückt man mit allen
Gattungen von Truppen zugleich aus, die Cavallerie und
das Geſchütz über die Breſchen, die Infanterie über die
Brücken. Iſt aber dem allen ungeachtet die Gefahr, während
des Defilirens überfallen zu werden, noch groß; hat der Feind
Corps in Ordnung die im Stand ſind ihre Vortheile zu
nützen: ſo iſt das ſicherſte, innerhalb der Verſchanzungen
zu bleiben, und nichts mehr als einen Theil der leichteſten
Reuterey gegen ihn zu detaſchiren, die durch die Barrieren
aus

aus den Verschanzungen ausrückt, und ihre Retraite durch die äussersten Redouten und Werke und das Feuer der Verschanzungen gedeckt sieht.   Es muß nie dem Lager an solchen Oefnungen fehlen, damit man nicht nur beym Gewinnste sie nütze, sondern auch oft zur letzten Zuflucht, wenn der Feind beydes die Truppen an den Verschanzungen und die kleinen Reserven hinter denselben vertrieb, und nun die letzte unsrer Reserven gegen ihn anrückt.   Alsdann ist ein plötzlicher Ausfall gegen die Flanken der feindlichen Attake dem Feinde oft um so mehr furchtbar, weil er auf nichts weniger als dieses gefaßt war.   Die Römer hielten diesen Entschluß allezeit für die letzte, aber auch für die sicherste aller Ressourcen.

Von den

Lägern der Armeen.

Drittes Capitel.

Vom Ausstecken des Lagers, und einige Anmerkungen wegen der Disciplin.

§. 1.

Wenn die Armee ins Feld rückt, und campiren will, so wird, sobald es ohne Gefahr vom Feinde geschieht, der General=Major vom Tage, oder der General=Quartier=Meister der Armee, mit einer starken Escorte, und allen den Officiers und Fouriers vorangehen, die für die Infanterie, Cavallerie, Dragoner, die Artillerie, den Proviant, das Hospital, und die Generalität, das Lager und die Quartiere anweisen sollen.   Der Sammelplatz sämtlicher Lager = Aus=

P   ste=

ſtecker und ihrer Eſcorte wird von dem General-Quartier-Meiſter der Armee beſtimmt, und wenn die Gegend des neuen Lagers geheim bleiben ſoll, an einem Orte woraus man den Marſch nicht beurtheilen kann. Der General-Quartier-Meiſter muß mit einem ſchnellen Blicke beides den Umfang und die Vortheile eines jeglichen Terrains beurtheilen können, damit er wiſſe, wie viel ein jedes Truppen faßt, und was für Truppen es zu ſeiner Vertheidigung fodert. Man ſagt von dem Marſchall Staremberg, daß er auſſer ſeinen andern großen Eigenſchaften auch vorzüglich die Gabe beſaß, die Vortheile eines Terrains mit dem erſten Blicke zu faſſen; und auf den Märſchen pflegte er oft mit ſeinen Officiers, auch von den untern Claſſen, ſich darüber zu beſprechen.

§. 2.

Damit die feindlichen Spions das Lager der Armee und die Vertheilung der Truppen in demſelben mindſtens ſo leicht nicht recognoſciren können, erhalten alle Wachen und Poſten den Befehl, jeden Fremden, der das Lager mit großer Sorgfalt zu betrachten ſcheint, oder vorwitzige Fragen nach der Stärke der Truppen und Wachen, ihren Märſchen und Fouragirungen thut, ſofort zu arretiren.

Gegen den Brand werden von jedem Bataillon beſondre Patrouillen commandirt, um zu ſehen, ob Feuer und Licht zur geſetzten Stunde überall ausgelöſcht iſt.

Truppen von fremden Nationen campiren allezeit beſonders, ſo oft man keine Urſache hat, Mißtrauen in dieſelben zu ſetzen; damit man den gewöhnlichen Streitigkeiten zuvorkomme, und Nacheiferung in der Diſciplin, und Ordnung im Marſche wie im Lager, unter ihnen erwecken könne.

Man muß die Marketender unter Schutz nehmen, damit die Truppen keine Exceſſe gegen dieſelben begehen, und der

der Grand=Profoß, oder die Stabs=Officiers, unter denen sie stehn, nichts von ihnen erpressen, noch ihre Gesetze zu hart machen; eben so wenig aber müssen die Truppen von ihrer Gewinnsucht unbillig leiden.

Dem Land=Mann muß alles baar gezahlt werden, und kein Erceß gegen denselben, so klein er auch ist, ungestraft bleiben. Nachsichten in diesem Punkt endigen sich mit dem Ruine des Lands, der Disciplin, und der ganzen Armee. Denn die Soldaten verlaufen sich aus dem Lager, entwohnen der Zucht, desertiren, und werden gefangen: der Land=Mann aber hört auf, die Truppen mit Lebensmitteln zu versehen, die so feindselig gegen ihn handeln, schlägt die Soldaten, wenn er sie einzeln findet, todt, verräth sie an den Feind, und ergreift die Waffen selbst, sobald eine unglückliche Begebenheit dazu einladet.

Man giebt den Dörfern in der Nähe des Lagers Sauvegarden, und bey Lebens=Strafe darf kein Unterofficier noch Gemeiner über diese Sauvegarden hinausgehen.

Man beobachtet Disciplin und Ordnung, wenn Holz, Waffer, Stroh oder Faschinen geholt werden.

Man verlieset die Truppen öfters, und zuweilen zu ungewöhnlichen Stunden: Nicht nur die Maraudeurs, sondern auch die Commandeurs der Regimenter und Compagnien werden bestraft, wenn man sie überführen kann, daß sie durch ihre Nachläßigkeit Schuld an den Excessen sind. Man legt Commandos auf die Wege, wo die Maraudeurs vorbey müssen, um sie zu fangen, ehe sie ins Lager kamen.

Bey schärfster Strafe darf niemand Fleisch von todtgefundnen Thieren nehmen: sonst schlagen einige Soldaten das Vieh todt, und die Cameraden holen es ab.

Man muß den Land=Mann so viel als möglich schonen, nie auf besäeten Landen campiren, wenn man anders cam-

piren konnte: fruchtbare Bäume schonen, selbst unter den
andern nur die schlechtsten zur Feurung und zu den Faschinen
aussuchen; haushältig mit der Fourage seyn, keinen Wei-
zen fouragiren, wenn Haber oder Gerste da ist, keinen Haber oder Gerste, wenn man Gras findet, keine Wiese, wenn
die ungebauten Länder zureichen.   Das Land sey Freund
oder Feind, in beyden muß man menschlich und gerecht seyn,
und nicht die Waffen gegen den Land-Mann wenden, die
man gegen bewehrte Feinde erhielt.

Von den

Lägern der Armeen.

Viertes Capitel.

Von den Fouragirungen, und wie man sich zur
rechten Zeit mit Lebens-Mitteln versehen soll. Von
den fliegenden Lägern.

§. 1.

Wenn ein Theil oder Flügel der Armee, oder die Armee
selbst fouragiren will, so muß man den Tag, die Gegend,
und die Stärke der Eskorte geheim halten, damit der Feind
nie bestimmte Gegen-Anstalten treffen könne, oder vielmehr nichts unternehme, weil er nicht weiß, nach welcher
Gegend, und mit wie viel oder wenig Truppen er anrücken
muß.

Ist die Gegend durchschnitten, oder voll Waldung, so
besteht der größte Theil der Eskorte aus Infanterie: Ist
das Land eben und frey und der Marsch weit, so ist man
zuweilen gezwungen, die Eskorte blos aus Cavallerie zu
for-

formiren, weil die Infanterie den Marsch und die Expedition zu sehr aufhalten würde. Trift man unterweges ein
Defilé an, so besteht die Eskorte theils aus Cavallerie,
theils aus Infanterie, und die letztre besetzt vorzüglich das
Defilé. Es ist fast allezeit rathsam, einen andern Weg
zum Rückzug zu wählen als zum Anmarsch: Alsdann kann
zuweilen die Infanterie sich sofort nach diesem Posten ver-
fügen, ohne zuvor den Ort der Fouragirung zu sehen. Zuweilen kann der Feind die Fouragirung nicht finden, wenn
er nicht gewisse Defilé's passirt hat. Alsdann besetzt man
diese mit Infanterie, und einem kleinen Detaschement leichter Reuterey, um durch diese die Gegenden schnell zu recognosciren, und die Rapports zurück an die Fouragirung,
und wo nöthig auch ins Lager zu bringen, damit daselbst
die Pikets, und vielleicht auch ein Theil der Vorposten in
Bereitschaft sind, die Eskorte, wenn sie attakirt wird, zu
verstärken.

§. 2.

Der Commandeur der Fouragirung muß wo mög-
lich das Land, da fouragirt werden soll, selbst kennen, und
zuverlässige Wegweiser haben, die ihm, wenn er's nicht
kennte, Anweisung geben, wo die Defilé's, Gehölze und
Dörfer sich finden, da man den Hinterhalt der Feinde zu
befürchten hat.

Die Fourageurs müssen in so breiter Front marschiren
als möglich, damit die Reihen nicht zu lang werden: denn
je länger die Colonnen sind, desto schwerer wirds, sie zu
vertheidigen. Wenn man so glücklich ist, daß der Feind
nur de Front uns begegnen kann, so macht die Eskorte die
Avantgarde im Anmarsch, die Arriergarde im Rückwege:
An der Queue und der Tete bleiben einige Trupps zur Er-
haltung der Disciplin. Kann aber der Feind de Front und
auf den Flanken zugleich attakiren, so theilt man die Eskorte in drey Theile, um die Tete, die Queue, und das

Cen-

Centrum, jedes durch ein Corps zu beschützen. Ist die Gefahr, attakirt zu werden, groß, so nehmen die Foura-geurs Sattel und Gewehr mit. Hoft man dem Feinde ge-wachsen zu seyn, so ists an Zaum und Gewehre genug. Bey Lebensstrafe aber darf kein Fourageur, weder im Marsch, noch beym Fouragiren selbst, über die Trupps der Eskorte hinausgehn: und wenn ein Signal auf der Trompete ge-geben wird, so müssen sie bey gleicher Strafe, auf dem Rendesvous sich sammeln, den man ihnen giebt. Wenn die Fourageurs zu wenig auf diese Befehle achten, wie gar öfters geschieht, so ists zuweilen nothwendig, auf der Stelle zu strafen, und alsdann folgt der Grandprofoß und ein Feldprediger mit der Eskorte.

§. 3.

Wenn der Commandeur der Fouragirung mit der Es-korte auf dem Terrain, wo fouragirt werden soll, anlangt, so muß er alle Straßen, wo der Feind herkommen kann, mit Posten besetzen. Defile's werden mit Fußvolk besetzt, die Ebne mit Cavallerie: alle hohle Wege, Gehölze und umliegende Dörfer müssen wohl recognoscirt werden, um zu sehn, ob kein Hinterhalt drinn liegt. Man stellt Schilb-wachen und Vedetten zwischen den Posten, die sich unter einander sehen, und das Feld weit entdecken. Ehe diese Anstalten getroffen worden, darf kein Fourageur mit der Arbeit den Anfang machen. Die Wachen werden drauf halten, daß kein Fourageur über ihre Posten hinausgeht; und wenn jemand durchschleichen will, ihn sofort arretiren.

Der Rest der Eskorte formirt sich en Bataille, in einem Posten, wo er den gefährlichsten Gegenden am schnellsten zu Hülfe kommen kann. Wenn Feinde sich sehen lassen, so wird der Commandeur, wo irgends möglich, sie selbst re-cognosciren, und nicht eher das Zeichen zur Retraite geben, als bis es ganz unumgänglich nothwendig ist: Denn es ist allezeit schädlich, eine Fouragirung unvollendet aufzuheben.

Je

Je größer die Gefahr ist, desto größre Vorsichten muß
man nehmen.　Die sicherste Fouragirung war, wenn man
sie in einer Gegend unternimt, die auf der einen Seite
durch einen Theil der Armee, auf der andern durch zwey
Posten gedeckt ist, die man befestigt, und stark mit Infanterie und einiger Cavallerie besetzt.　Da diese verschanzten
Posten mit dem Lager eine Art von Dreyeck formiren, so
wird es der Feind ohne entscheidende Ueberlegenheit nicht
wagen, zwischen ihnen und der Armee sich zu verwickeln.
Es giebt Länder, wo man Schlösser und Posten dieser Art
überall findet: Fände man sie nicht, und die Fourage wäre
gleichwohl selten und nothwendig, so ists rathsam, sie in
dieser Absicht zu befestigen.

Fouragirt man im Angesicht einer feindlichen Festung,
so umgiebt man sie mit einer Kette von Posten, und die
Eskorte muß stärker seyn, als die ganze Besatzung: Ist
der Umfang der Stadt groß, so vertheilt man ihr Terrain
in Quartiere, um eins nach dem andern zu fouragiren.

§. 4.

So oft es nöthig scheinet, das Lager und den Posten,
den man wählte, auf eine lange Zeit zu behaupten, muß
man die schwere Bagage der Armee zurückschicken, und die
leichtre, die man behält, auf einen gewissen Fuß setzen, damit man nicht aus Mangel von Fourage gezwungen wird,
einen Posten, den man noch gern behauptet hätte, zu verlassen.　Vom General bis zum Subaltern muß die Zahl
der Pferde festgesetzt seyn.　Man muß kein überflüssig Gespann, weder bey der Artillerie, noch dem Proviant-Wesen,
noch dem General-Stabe und den Marketendern, dulden.
Der commandirende General giebt selbst das Beyspiel, und
wer sodann seinen Befehlen entgegen handelt, dessen Pferde werden zum Dienst des Fürsten confiscirt.　Man wiederholt die Untersuchung von Zeit zu Zeit, und sucht dem

P 4　　　　　　　　Un-

Unterschleif vorzubauen, wenn die Officiers ihre Pferde nach den nächstgelegenen Städten oder Dörfern schicken. Dagegen muß auch ein sichrer Platz festgesetzt werden, wo die übrige Bagage zurückgeschickt wird, und ihre Verpfle- gung empfängt. Man deckt den Transport durch eine hin- längliche Eskorte, und die Zeit des Aufbruchs bleibt ge- heim, damit der Feind nicht Anschläge darauf entwerfe. Die Officiers müssen indeß soviel Pferde behalten als der Dienst erfodert, und man macht daher einen Unterschied zwischen den Officiers der Infanterie und der Cavallerie, und zwischen den Officiers die auf Partheyen ausgehen.

Die Deutschen hatten vordem eine Gewohnheit, wenn sie Krieg in der Ebne führten, die mir nützlich scheint: die Officiers führten für sich kleine Magazine auf Karren die von Ochsen gezogen wurden. War der Vorrath ver- zehrt, so wurden die Ochsen geschlachtet, und Eisen und Wagen verbraucht. Auf solche Art ist man, wenn man will, die unnöthigen Fuhren sogleich los; überdem kostet ein Ochs weit weniger zum Unterhalt als ein Pferd, und ist auch leichter geschaft.

Im grösten Theil von Sardinien gebraucht man, wie ich selbst gesehen habe, die Ochsen zum Lasttragen. Jeder Ochs trägt ein Gewicht von zweyhundert Pfund, und kann dennoch damit, auch auf sehr schlechtem Wege, sechs franzö- sische Meilen im Tage zurücklegen. In steinichten Gegenden wird er beschlagen: Man legt ihm einen Saumsattel auf, der seinen Bauchgurt, Brust- und Schwanzriemen hat. Ich habe viele Ochsen daselbst gesehen, die einen Paß gehen, und der Reuter lenkt ihn mit zwey an die Ohren gebunde- nen Schnüren, und treibt ihn mit einem kurzen Stocke der einen Stachel hat. In schlimmen Wegen und im Schnee thun sie weit bessere Dienste als ein Pferd, denn sie arbei- ten sich aus Löchern, wo das Pferd gewiß stecken bleibt.

§. 5.

§. 5.

Wenn man sich lange in einem Lager behaupten will, so muß man, ehe der Feind die Gegend betrit, sich mit Haber, Heu, Hülsenfrüchten, Oel, Eßig, Butter, Salz, Käse, Pöckel= und geräuchertem Fleische, eingesalzenem Fische, Zwieback, Mehl, Getreide, Holz, Schmiede= kohlen, Wein, Brandwein, Arzneyen, Betten, und allem was zum Hospitale gehört, versehen. Hat man keine Feldöfen, so baut man sich Backöfen nach der gewöhnlichen Art. Sind keine Gebäude zum Hospitale da, so muß man sie erbauen. Kann der Feind die Mühlenbäche abgraben, so ersetzt man den Mangel durch Winds oder Roß= oder Handmühlen. Kurz, man versieht das Lager wie eine Festung.

Lebend Vieh ist besser als ein Vorrath von gesalzenem Fleische, das leicht verdirbt, Transport=Kosten fodert, und Scorbut und Krankheiten verursacht. Garten=Ge= wächse kann man, wenn die Läger lang stehn, zum Theil selbst erzeugen.

Den Transport dieser Lebensmittel zu beschleunigen, bedient man sich aller möglichen Vorspanne vom Lande, wie von der Armee, ohne die Officiers= und selbst die Dienst= pferde zu schonen. Zum Abhauen des Grases und Ge= treides werden Bauern commandirt, denen die Arbeit am besten von der Hand geht. Alles was man vom Landman= ne empfängt wird quittirt, und mit einem Verzeichniß be= gleitet, nach dem Lager an die Commissairs oder Officiers geschickt, die die Magazine formiren. Die Bauern die im Lager arbeiten, empfangen Löhnung und Brod. Bey scharfer Strafe darf kein Marketender, ja nicht einmahl die Officiers, Lebensmittel einkaufen, ehe die Magazine ge= füllt worden. Den Anfang dieser Ausfouragirungen macht man in den Gegenden wo der Feind sie am leichtesten ver= bieten kann: Die nähern aber werden durch Truppen be=

P 5 wacht,

wacht, damit die Einwohner nichts verbergen oder weg-
bringen. Die Fourage unter dem Canonenschusse des Lagers wird gleichfalls zuerst abgehauen, weil sie sonst dennoch verdirbt. Was man in den fernen Gegenden dem
Feinde überlassen muß, wird verwüstet.

Die Magazine müssen ausser dem feindlichen Stück-
schusse liegen, sicher vor dem Brande seyn, nicht zu nahe
an einander stehn, und die Truppen bey der Vertheidigung der Verschanzungen nicht hindern. Das Stroh und
Heu wird auf eine oder zwo Lagen Faschinen gesetzt,
und dann in Haufen geschlichtet, denen man oben
einen Abschuß wie ein Dach giebt, und Schilf oder langes
Stroh darüber deckt, damit das Regenwasser abläuft.
Rings um sticht man einen Graben aus, und führt einen
Canal, um das Wasser nach den tiefsten Gegenden zu führen.

So lange die Reuterey auf dem Felde Fourage findet,
werden die Magazine geschont, was die Officiers auch dagegen
einwenden mögen. Damit die Pferde auf der Weide sich nicht
schlagen, werden sie mit langen Halftern an Pflöcke gebunden, und so weit von einander, daß sie sich nicht erreichen
können. Ehe man die Pferde an die Pflöcke spannt, wird
die Gegend wohl recognoscirt. Die Escorte umgiebt die
ganze Gegend mit Schildwachen und Posten, und man
darf sich hier durchaus nicht vernachlässigen, weil auch
eine kleine Parthey des Feinds große Unordnung anrichten
könnte.

Die Aufsicht über das Hornvieh erhalten Bauern, unter dem Commando einiger Soldaten.

Jedes Regiment empfängt seinen besondern Antheil an
der Heerde, und man braucht die nehmlichen Vorsichten
gegen den Feind wie auf der Weide.

Der Platz, worauf die Pferde giengen, dient hernach
dem Schaafvieh: Disteln und Gebüsche und die schlecht-
ste

ste Weide sind für die Ziegen und Maulesel gut. Man
muß durchaus nichts verabsäumen, wodurch man Weide und
Fourage schont, und folglich sich länger behauptet.

§. 6.

Wenn man sich auf diese Art in seinem Lager versah,
und dem Feinde alles, was man ihm nehmen konnte, nahm;
und es nähert sich dieser Feind dennoch unserm Lager sehr,
so bietet sich gar leicht eine erwünschte Gelegenheit dar, ihn
zu schlagen, wenn die Regimenter, die er zu Fouragirungen ausschickte, sich weit von seinem Lager entfernen. Sind
aber seine Detaschements zu den Fouragirungen zu schwach,
so fällt es unsern Partheyen um so leichter sie zu schlagen.

Wenn der Feind unsrer Armee sich genaht, ehe sie im
Stande war, sich, wie sie wollte, zu versehen, so muß nun
untersucht werden, ob es möglich ist die Reuterey bey der
Vertheidigung des Lagers zu entbehren. Alsdann detaschirt man einen Theil derselben, und auch einen Theil der
Dragoner, um der Reuterey statt der Infanterie zur Unterstützung zu dienen. Alsdann wird die Fourage im Lager
nicht nur geschont, sondern man ist auch im Stande, dem
Feinde die seine schwerer zu machen.

Dieß Detaschement wird unter dem Schutze guter Posten, an Flüssen, Bergen oder Festungen, so nahe als
möglich an den Feind campiren, unaufhörlich die Wege
nach seinen Magazinen und Landen beunruhigen, den großen
Convois wie den kleinen und jeder einzelnen Zufuhr aufpas-
sen, große und kleine Fouragirungen attakiren, die kleinen
Posten des Feinds zur Sicherheit seiner Gemeinschaft und
Zufuhr plötzlich und oft überfallen, die schlecht verwahrten
Magazine aufheben und zerstreuen, und wenn die Noth
des Feinds groß wird, alles gegen alles wagen, um etwas entscheidendes zu thun.

Alle

Alle diese Unternehmungen werden um so leichter, wenn die Truppen dieses fliegenden Lagers, unter dem Schuße einer Festung oder Schanze an einem Flusse campiren, der nirgends durchwatet werden kann; oder wenn in der Gegend ihrer Expeditionen, mehr als eine Festung oder starker Posten sich fände, so daß der Feind nirgends im Stande ist, sie von allen zugleich abzuschneiden. Man muß sie mit allem versehen, was sie brauchen um die Posten des Feinds zu forciren; Man giebt ihnen Mineurs, Artillerie und Ingenieurs mit: Für allem aber müssen sie gut mit Spions bedient werden, und die Dragoner beides zu Fuße und zu Pferde dienen können. Denn die Infanterie taugt zu solchen Unternehmungen nichts, weil sie eine Geschwindigkeit fodern, die man von ihr nicht fodern kann.

Wendet man gegen alle diese Vorschläge ein, daß eine Armee, die sich in ihrem Lager behaupten, und dennoch so große Detaschements ausschicken kann, weit besser thäte, wenn sie dem Feinde eine Schlacht bietet: so muß man bedenken, daß es nicht nur Fälle giebt, wo man eine Schlacht vermeiden muß, ob man gleich Hofnung zum Siege hat; sondern daß es auch gar leicht sich zutragen kann, daß eine Armee von zwanzig tausend Mann einen Posten findet, der stark genug ist, daß sie die Hälfte ihrer Macht detaschirt, und dennoch gegen einen Feind besteht, der zwanzig und fünf und zwanzig tausend Mann stark ist.

Von den

Lägern der Armeen.

Fünftes Capitel.

Von den Vorsichten der Truppen in Cantonni=
rungs= oder Winterquartieren.

§. 1.

Die wesentlichste Absicht der Cantonnirungen und Win=
terquartiere ist, zu den Zeiten, da die Armee nicht im
Felde und Lägern erscheinen kann, so viel Land gegen die
feindlichen Streifereyen zu decken, als man nur kann; und
wenn das Land, darinn man die Quartiere bezieht, feind=
lich ist, die Armee auf Kosten des Feinds zu erhalten.
Beyde Absichten müssen mit der Sicherheit der Truppen
verbunden werden. Jedes einzelne Quartier muß stark
genug seyn, um sich vertheidigen zu können, bis es von
den andern unterstützt wird: Man muß diese Unterstützung
so viel als möglich sicher stellen, und die Einwohner des
Landes entweder nützen, um diese Anstalten zu erleichtern,
oder wenn sie feindlich sind, sich gegen dieselben bedecken.

§. 2.

Jedes einzelne Quartier besteht zum Theil aus Infan=
terie, zum Theil aus Cavallerie: die Infanterie dient zur
Vertheidigung, die Cavallerie zum Recognosciren und die
Contributionen beyzutreiben: Ist es nöthig aus dem Quar=
tiere auszurücken, so unterstützt jede Waffe die andre. Das
Verhältniß der Anzahl dieser Truppen gegen einander wird
durch die Beschaffenheit des Lands und der Feinde, die man
ge=

gegen sich hat, bestimmt. Sind die Einwohner kriegrisch, und gut gesinnt, so muß man im Gebirge und sehr versteck-ten Lande, jedem Quartiere einen Trupp dieser Leute zuord-nen, weil sie das Land am besten kennen. Die Miquelets in Spanien haben oft vortrefliche Dienste gethan: Man muß ihnen aber Officiers zu Commandeurs geben, die ihre Art Krieg zu führen verstehn, und sie in Disciplin halten können, damit sie das Land nicht ausplündern. Man sollte vielleicht meynen, das beste von allem wäre, die Quar-tiere jederzeit unverändert zu lassen, weil jede Troupe als-dann ihren Posten kennt. Der Nutzen aber und die Gefah-ren würden auf diese Art nur selten zu gleichen Theilen vertheilt; und oft ist ein altes Regiment so schwach durch seinen Verlust, daß es vorwärts nicht mehr bestehen kann: einem neugeworbnen hingegen ists vielleicht gut, sich in den Quartieren an den Anblick des Feinds zu gewöhnen. Man kann also hier kein allgemeines Gesetz geben.

Wenn die Umstände es erlauben, so vermehrt man, in den Winterquartieren im Lande des Feindes, den Sold der Truppen um ein Drittheil, und wenn dieß oder jenes Regiment sich besonders hervorthat, auch wohl noch um ein mehrers. Die Vertheilung dieser Abgaben unter die Einwohner des Lands wird, mit Zuziehung ihrer Obrigkei-ten, nach den Gesetzen der Billigkeit entworfen: Alsdann aber hält man mit Strenge auf gute Disciplin von Seiten der Truppen, aber auch auf richtige Bezahlung von Seiten des Lands, und hält sich in diesem Betracht bald an die Obrigkeit, bald an die Einwohner selbst, so wie die Um-stände es erfordern. Ist die Absicht, das Land des Feinds ganz durch diese Winterquartiere zu erschöpfen, so muß man die gemeßnen und detaillirten Befehle dazu erwarten, und nie mit seinen Maaßregeln denselben zuvorkommen.

§. 3.

§. 3.

Der Commandeur jedes Quartiers muß für seine eigne Sicherheit sorgen, und ob er gleich von andern unterstützt werden soll, bennoch darauf bedacht seyn, wo möglich auch ohne Hülfe des andern, für sich allein zu bestehen. Man befestigt den Ort, entweder ganz, oder zum Theil, durch Redouten und Schanzen, die ihn und die Truppen zugleich schützen. Man nützt Hecken, Gräben, Häuser, Kirch⸗ höfe, Höhen, alles was die Gegend nur starkes darbietet und die Arbeit verkürzt. Ist aber das Quartier von zu großem Umfange, daß es auf diese Art nicht vertheidigt werden kann, so verschanzt man nur denjenigen Theil, der am vortheilhaftesten liegt. Es muß aber dieser Theil auf der einen Seite ans freye Feld stoßen, damit man Ver⸗ stärkung erhalten könne: Er muß über das ganze Quartier dominiren und frey von allen Seiten seyn, damit der Feind die Truppen weder durch Brand, noch durch ein überlegnes Feuer von Häusern, oder höher liegenden Posten, daraus vertreiben könne. In dieser Art von Citadelle verwahrt man seine Lebensmittel und Munition, und die Truppen schlafen entweder innerhalb derselben, oder wenigstens in den nächstgelegnen Häusern, besonders wenn die Einwoh⸗ ner feindlich sind. So lange die Arbeit an den Verschan⸗ zungen währt, muß man äußerst auf seiner Hut seyn, wenn der Feind auch noch so weit davon entfernt stünde: Sind der Quartiere, die sich auf diese Art verschanzen müssen, viel, so muß man die Arbeit durch ein Corps bedecken, das in der Nähe derselben campirt.

Ist im Bezirk des Orts ein wehrhaft Gebäude oder Schloß, so giebt man es für itzt zum Allarm⸗Platz: Alle Thore die unnöthig sind, werden vermauret oder verdämmt: die andern stark bewacht, und die Wachen von innen und auffen gedeckt. Die Hauptwache besetzt den festesten Platz, und wo man die andern am besten unterstützen kann. Ist
das

das Land den Truppen gehäßig, so darf man die Besatzung
durchaus nicht einzeln in die Häuser vertheilen, sondern
man sucht eigne Gebäude aus, wo die Truppen als in Casernen liegen, und von den Bürgern mit Betten und dergleichen versehen werden. Muß man dennoch einige derselben in Häuser verlegen, so muß man die vertrautesten
und gesetzte Leute dazu nehmen. Die Casernen werden
mit Pikets bewacht; und von allen Quartieren Listen verfertigt, damit man die Truppen auch ohne Signal oder
Alarm-Schuß versammeln könne. Man muß von innen
patrouilliren, um die Disciplin und Ordnung beym Soldaten, wie beym Bürger, zu erhalten. Die Patrouillen
von aussen stellen gegen den Ueberfall sicher, und erhalten
die Gemeinschaft unter den Quartieren. Sie müssen aber
beides ihre Stärke und ihre Wege öfters verändern, damit
der Feind nicht Gelegenheit findet, ihnen glückliche Hinterhalte zu legen. Die Commandeurs der Quartiere müssen
sich wegen derselben mit einander verstehen, und ihre Losungen unter sich verabreden.

Im flachen Lande bestehn die Patrouillen aus Reuterey, im durchschnittnen Lande aus Infanterie und den Einwohnern des Lands von denen ich oben geredet. Des Tags
stellt man Schildwachen auf Thürme und erhabne Oerter,
liegt aber das Quartier im Thal, so muß man bey Tage
Feldwachten und verlohrne Posten ausstellen. So fern der
Feind auch ist, so darf man doch nie diese Vorsichten versäumen. Die Truppen aber in den Quartieren sollten allerdings, wo möglich, so zahlreich seyn, daß die Leute wenigstens zwey Nächte vom Dienste frey haben. Man muß
gute Spions unterhalten, und sie wohl unterrichten.

§. 4.

Jedes Quartier wird mit zwey oder drey Canonen aus
dem Park der Artillerie versehen, theils zur Vertheidigung

gung, theils zum Signale. Die Signale aber müssen der=
gestalt verabredet werden, daß man wissen könne, welches
von den verschiednen Quartieren attakirt wird. Die Pa=
trouillen, Aussenposten, Wachen, und die Einwohner des
Lands, die man auf seiner Seite hat, müssen auf diese
Signale achten, die man theils, wie gesagt, durch den
Allarm=Schuß, theils durch Raketen, Fackeln und Bom=
ben geben kann, wie in den Artikeln von den Belagrungen
und der Vertheidigung gegen die feindlichen Streifereyen
gezeigt wird. Der Commandeur des Quartiers darf nicht
eher das Signal geben, als bis er im Stand ist, wahre
Attaken von falschen zu unterscheiden, damit nicht ein fal=
scher Allarm alles in Bewegung setze, und das Quartier,
das wirklich angegriffen wird, hülflos bleibe. Es müssen
ferner die Commandeurs der Quartiere, die wechselseitig
einander unterstützen sollen, die Posten festsetzen, wo die
Truppen, die sie zu dieser Absicht detaschiren, zusammenstoßen,
damit sie nicht einzeln anrücken und einzeln geschlagen wer=
den. Doch muß man diesen Sammelplatz verändern, so
oft er dem Feinde bekannt ward, damit nicht bey der nächst=
folgenden Attake der Feind hier einen Hinterhalt lege.
      Wenn in der Nähe des Quartiers feindliche Partheyen
sich zeigen, so muß man gegen den Hinterhalt auf seiner
Hut seyn, und durchaus nicht mehr Truppen gegen sie de=
taschiren als nöthig ist, um sie zu schlagen, und sodann das
Feld vorwärts zu recognosciren. Denn hat der Feind, wie
der Chevalier Melzo sagt, keinen Hinterhalt gelegt, so ist
man ihm überlegen genug, wenn man auch nur um ein
Drittheil stärker ist: wäre aber ein Hinterhalt da, warum
wollte man ganz ohne Nutzen in denselben hineinrennen?
Erfuhr man aber durch seine Spions oder durch Recogno=
scirungen den Hinterhalt des Feinds und seine Stärke, so
muß man drauf bedacht seyn, mit Hülfe der andern Quar=
tiere, etwas gegen denselben zu unternehmen. Der Artikel
vom Ueberfall zeigte, wie es geschehen soll.

                              Q   Die

Die Quartiere, die durch einen Fluß, Ueberschwemmung oder andre Zufälle von den andern getrennt werden können, muß man mit Lebensmitteln und Munition, so viel sie derselben bedürfen, versehen. Brücken und Fähren die man zur Gemeinschaft der Quartiere gebraucht, müssen mit starken und sichern Schanzen versehen, stark besetzt und äusserst hartnäckig vertheibigt werden.

Sobald der Feind mit Ausgang des Winters seine Truppen anfängt zusammen zu ziehen, muß man die Quartiere, die der größten Gefahr ausgesetzt sind, verstärken oder verlassen, damit nicht der Feind sie von einander trennt und einzelne schlägt, besonders wenn ihn die Gegend begünstigt, daß er unter dem Schuße eines Flusses oder enger Pässe, unsrer Hauptmacht mit wenig Truppen zu der Zeit Tete bietet, da der Rest seiner Armee unsre getrennten Quartiere angreift und aufhebt. Gegen Ende des Feldzugs, wenn die Armee aus einander geht, um diese Quartiere zu beziehen, ist gleiche Vorsicht nothwendig, damit nicht der Feind, wenn er länger zusammenbleibt, in unsrer frühern Vertheilung seine Vortheile findet.

Diesem zuvorzukommen, muß man sich hinlänglich mit Lebensmitteln versehen, die Truppen gegen die rauhe Witterung so gut als möglich beschüßen, und verschanzte Läger wählen, wo man sicher Truppen rückwärts detaschiren, und die Bewegungen des Feinds beobachten kann.

Von den Märschen.

Erstes Capitel.

Von den Wegweisern, ihrer Anwerbung und ihren Eigenschaften.

§. 1.

Es ist schwer, gute Wegweiser unter den Leuten zu finden, die auf dem Lande wohnen, und ihre Nahrung blos vom Ackerbau haben. Die meisten von ihnen glauben, man könne überall mit Armeen marschiren, wo sie zu Fuße gehn können, und überdem sind sie der gebahnten Wege so gewohnt, daß sie sich wenig um neue oder verborgne bekümmern mögen.

Die besten Subjekte zu Wegweisern sind Leute, deren Stand und Nahrung es mit sich bringt, neue und verborgene Wege zu suchen, als z.E. die Partheygänger voriger Kriege, Jäger, Hirten, Schleichhändler, und in manchen Ländern die Banditen, auch die welche den Dieben nachsetzen müssen. Diese Leute wissen um alles, besonders um alle die Oerter, wo man des Tags oder des Nachts verborgen bleiben kann.

Allein selbst die Talente der Wegweiser sind gefährlich, und gefährlicher als ihre Unwissenheit, wenn man nicht von ihrer Treue versichert ist. Sobald man daher feindliche Länder betrit, welcher die ersten Wegweiser nicht kundig sind, so muß man Sorge tragen, sie durch Leute zu rekrutiren, die selbst einen Gewinn dabey haben, daß man siegt; Leute z.E. die durch Verbrechen, Feinde ihrer Herren geworden, Leute die von unsrer Religion sind, oder Güter lu

Q 2   den

den Provinzen besitzen, die man schon erobert hat, deren Weiber, Kinder, oder nahe Verwandten in unsrer Gewalt sind, und an einem sichern und entfernten Orte unterhalten werden, um statt des Unterpfands ihrer Treue zu dienen.

§. 2.

Gute Wegweiser müssen beherzt, und vorsichtig seyn, nicht zu eigennützig, und für allem nicht dem Trunk ergeben. Ihre Officiers müssen sich ein Geschäft daraus machen, ihr Naturell und ihre Gesinnungen zu erforschen. Denn hienach muß man gemeiniglich ihre Berichte beurtheilen. Ein furchtsamer Wegweiser z. E. wird, besonders wenn man gegen den Feind marschirt, alle Hindernisse des Marsches schwer und unüberwindlich mahlen: da hingegen ein beherzter, den Rache gegen den Feind oder Hofnung von Beute belebt, vieles leichter vorstellt als es wirklich ist. Erwählt man Leute von den oberwähnten Professionen, so hat man den Vortheil, daß sie zu den Fatiguen bereits gewöhnt sind, und zu einigen derselben gehören Männer von Herz. Zu Officiers von den Wegweisern erwählt man die besten Partheygänger von der leichten Reuterey, oder auch Ingenieurs, welche das Land aufgenommen oder wenigstens gesehen haben. Man darf kein Bedenken tragen, sie wo nöthig zu avanciren, oder ihnen statt dessen andre Vortheile zu bewilligen.

So oft es dran gelegen ist, auch von den kleinern Umständen eines Wegs benachrichtigt zu seyn, muß man nicht bloß einen einzigen Wegweiser darum befragen, sondern alle so viel man deren hat, und überdem noch andre Leute zu Rathe ziehen, die gewohnt sind auf diesen Wegen zu reisen. Damit aber die Wegweiser selbst das Vorhaben nicht errathen, das man im Sinne hat, so muß man sie zu einerley Zeit um viele und ganz verschiedne Märsche befragen, einige Zeit aber vor dem Marsche werden sie versammelt und der Aufsicht eines

eines vertrauten Officiers übergeben, der verhindern muß, daß sie weder mit jemand reden, noch das Geheimniß des Marsches verrathen können. Auf dem Marsche selbst gebraucht man gleiche Vorsicht, und übergiebt sie einem Officier und guten Soldaten, die dafür stehn, daß sie mit niemand reden, sich nicht betrinken, zur Nachtzeit nicht einschlafen, noch, wie ihre Gewohnheit ist, von der Tete bis zur Queue spazieren reiten, so daß man sie oft am allerlängsten sucht, wenn man sie am nothwendigsten braucht.

Es ist eine gute und durchgängig eingeführte Gewohnheit, daß man allezeit einige Wegweiser mit gesattelten Pferden bey der Wache des commandirenden Generals in Bereitschaft hält, um sie den Detaschements mitzugeben, die man in aller Eil fortschicken muß.

Bey wichtigern Expeditionen muß man viele Wegweiser haben, weil einige desertiren oder im Feuer umkommen könnten. Man hat hiebey auch den Vortheil, daß, wenn ein Verräther das Corps durch Umwege führen oder gar in die Hände der Feinde liefern wollte, die andern es entdecken.

Von den Märschen.

Zweytes Capitel.

Von den Partheyen die vor dem Marsche der Armee ausgehen, um den Feind zu recognosciren. Von der Verbesserung der Wege.

§. 1.

Einen Tag zuvor ehe die Armee sich in Bewegung setzt, müssen Spionen und Partheyen ausgehen, um die Posten, Läger und Bewegungen des Feinds zu recognosciren, da-

mit er nicht der Armee unvermuthet in der Flanke oder im
Rücken erscheint, wenn sie ihn de Front und vielleicht gar
nicht erwartete.

-. Die Officiers dieser Partheyen müssen das Land mit
ganzem Detail kennen, und auch Gemeine unter ihren Trupps
haben, die überall Bescheid wissen, einen verständigen Rapport geben und zuverlässig sind, damit sie den Weg finden,
von welchem Posten der Officier sie auch abschickt, und
sicher den Rapport überbringen. Man überläßt, wenn es
seyn kann, dem Officier die Wahl seines Trupps. Der
Officier selbst muß wissen, zu welcher Stunde die Armee
aufbricht, und was für einen Weg sie nimt. Es muß ein
verständiger Mann seyn, der die Wichtigkeit seines Commandos kennt, nicht überhin sieht, nicht zu verwegen ist,
aber auch nicht den Feind scheut. Er nimt eine Uhr mit
sich, die nach der Uhr des Commandeurs gestellt wird, an
den er Rapport abstattet, Feder und Dinte, um schriftlichen
Rapport schicken zu können. Das Detaschement versieht
sich vor allem mit Aerten, Grabscheiben und Faschinenmes-
sern, um sich Oefnungen zu machen. Je versteckter das Land
ist, desto nothwendiger ists, daß Infanterie dabey sey: des
Nachts dienen Hunde mit Vortheil. Der Staub, wenn
man ihn zu unterscheiden weiß, eine sonst volkreiche, auf einmahl öde Flur, die Fußstapfen der Menschen und Pferde,
übereilte Retraiten zu denen nichts den Feind zwingt, dieß
alles verräth Hinterhalt und einen nahen Feind, wenigstens muß man auf seiner Hut seyn. Wenn der Commandeur der Parthey einen Husaren abschickt um den Rapport
zu überbringen, so entfernt er sich mit ihm vom Trupp,
und fertigt ihn in Geheim ab, damit man im Detaschement nicht wisse, wo die Armee steht. Mit wichtigen Nachrichten schickt er zwey bis drey Husaren hinter einander,
und einen jeden auf verschiednem Wege.

§. 2.

§. 2.

Wenn die Nähe der feindlichen Armee es erlaubt, so geht den Tag vor dem Aufbruch ein Detaschement Pionniers aus, unter einigen Officiers von der Artillerie und dem Genie, nebst einer starken Eskorte, um die Wege der Armee zu bessern und zu erweitern. Erlaubt die Nähe des Feinds das vorläufige Detaschement nicht, so wirds das Geschäft der Avantgarde, und man muß nie die Besserung der Wege versäumen, die allezeit die Märsche verkürzt.

Das Detaschement führt alle Arten von Werkzeug bey sich, um in steinichtem Boden oder Waldungen, die Defile's zu erweitern, und die Wege zu bessern, besonders also Faschinen-Messer, Pillen, und Spitzhacken, um die Felsen zu brechen, und die Stöcke und Wurzeln abzuhauen.

Schlage, Kothlachen, und ausgefahrne Wagengleise füllt man mit Faschinen, und bedeckt sie darauf mit Erde, oder besser mit kleinem Kies oder Sand.

Laufbrücken von zehn bis funfzehn Fuß Breite für die Infanterie, baut man schnell mit einigen Balken quer über den Fluß und belegt sie mit drey Reihen gut gebundener Faschinen, und oben drauf Rasen oder gestampfte Erde. Ist der Bach breit, jedoch nicht zu tief, so läßt man alles auf Pfählen und Stützen ruhen, und wären die Balken auch nicht zu groß, so können doch sogar mittlere Canonen über. Im Nothfalle wirft man auch wohl eine Brücke über einen oder zween Wagen.

Von

Von den

Märschen der Armeen.

Drittes Capitel.

Vom Aufbruch: vom Rendezvous: vom Marsch durch Länder da kein Wasser ist. Von den Vorsichten gegen die Desertion, den Marodeurs und Maroden.

§. 1.

Wenn die Armee beym Aufbruch keine Zeit verschwenden soll, so müssen ihre Generale zur rechten Zeit zu Pferde seyn, und an die Tete sich stellen. Das Regiment so die Tete hat, pflegt das Signal zur Bewegung zu geben, und schlägt in der ganzen Linie zuerst den Generalmarsch, drauf die Vergatterung und den Rast oder zum Aufbruch: Der Chef des Regiments muß davor haften, daß kein Streich zu früh noch zu spät erfolgt, und muß wo möglich seine Uhr nach der Uhr des Generals richten, wovon er abhängt.

Es ist gut, Rendezvous auf dem Marsche zu halten, damit die Truppen sich erholen, und ihr Brodt und Wasser in Ruhe genießen. Man muß Halt an einem Orte machen, wo Wasser in der Nähe ist, und die Leute in Ordnung dahin führen. Marschirt man in der Nähe des Feinds, so muß man die Gegend am Ufer des Flusses wohl recognoscirt haben, damit man in keinen Hinterhalt falle.

Müßte man zwey oder drey Tage lang durch ein Land marschiren, wo Mangel an Wasser ist, so muß man bey Zeiten Ordre geben, daß ein jeder Soldat und Officier von
der

der Infanterie sich mit einer ledernen Flasche versieht, die Wasser genug auf zwey oder drey Tage faßt. Die Flaschen der Cavallerie sind grösser, damit das übrige Wasser diene die Pferde zu tränken. Alle Knechte, Marketender, und was sonst der Armee folgt, hat Befehl sich gleichfalls mit Schläuchen zu versehn. Man muß scharf darauf halten, daß diese Ordre von jedermann auf das genaueste befolgt werde, und ausserdem noch eine Menge Schläuche auf Karren, oder Maulthieren nachführen, und im Nothfall auch die Bagage zurücklassen, um desto mehr Wasser führen zu können.

Man schont das Wasser, wenn man des Nachts marschirt, und am Tage im Schatten ruht.

§. 2.

Viele Soldaten halten den Marsch für die schönste Gelegenheit zum desertiren, und sie irren nicht, wenn man nicht alle Vorsicht dagegen gebraucht. Diese Vorsichten sind, daß man bey Marschtägen die Wachen in den Dörfern nicht eher einzieht, als bis die Armee schon unter dem Gewehre steht: daß man die Officiers und Unterofficiers bey ihren Compagnien eintheilt; daß man die Officiers anhält, bey ihren Zügen zu verbleiben; daß keinem Soldat erlaubt wird, von seinem Zuge oder Gliede in den andern zu laufen; daß, wenn ein Soldat austreten muß, man einen tüchtigen Unterofficier oder Gefreyten bey demselben zurückläßt. Daß, wo Defile's zu passiren sind, Officiers beydes am Aus- und Eingange stehen bleiben, um die Pelotons sogleich wieder zu formiren, und zu verhüten, daß kein Kerl um auszuruhen vor seinem Zuge durchgehe. Daß man bey allen Märschen, besonders aber durch Waldungen und hohes Korn, nahe und weit von der Armee beständig Husaren-Patrouillen herumstreichen lasse. Daß man bey übel disciplinirten Armeen unverhoft die Leute verlesen läßt,

Q 5

und

und die Officiers bestraft, bey deren Zügen Leute fehlen, die nicht als Marode gemeldet worden.

§. 3.

Wenn ein Soldat aus Müdigkeit nicht mehr marschiren kann, so muß man es sogleich bis zur Tete vermelden lassen, und ihn hierauf durch einen guten Unterofficier oder Gefreyten von Zug zu Zug der Arriergarde übergeben lassen: alsdann aber, wenn er übergeben worden, wird solches von neuem bis zur Tete an den Adjutanten vorgemeldet, der beyde Meldungen aufschreiben muß, weil sonst die Unterofficiers, nur wieder vorzukommen, die Maroden liegen lassen, ohne sie zu übergeben. Es muß aber besonders bey starken Märschen, ein jedes Regiment eine Arriergarde haben, die nach Befinden verstärkt wird, damit man Unterofficiers und Gefreyten genug bey derselben hat, um die gesammten Maroden in Ordnung zu halten, und die andern aufzusuchen, die seitwärts sich legen, oder in die Dörfer und Häuser schleichen.

§. 4

Je mehr man dem Soldaten auf dem Marsche in seinem Anzuge nachsieht, je leichtre und gebahntere Wege man ihm aussucht, je besser die Disciplin in der Armee ist, desto weniger hat man Marode. Einige Soldaten bleiben zurück, weil sie betrunken sind. Diese kann man gar bald curiren, wenn man ihnen ganz unvermuthet kalt Wasser vor die Stirne, und vom Nacken ab, die Schultern herunter gießt. Wenn indeß bey einem forcirten Marsche die Zahl der Maroden beträchtlich ist, so muß man auf einmahl alle Trummeln rühren, und in alle Trompeten stoßen lassen, oder auch einen Stückschuß thun, und Feuer auf erhabnen Orten anzünden, damit die Maroden, wenn sie sehn, daß die Armee schon im Lager ist, neuen Muth fas-

faſſen, und die leßten Kräfte anſtrengen, um den Feinden, oder übelgeſinnten Einwohnern zu entgehn. Will man den Ort wo man ſich gelagert hat nicht verrathen, ſo muß man ein Detaſchement mit Wagen von der Artillerie und Bagage dahin zurück ſchicken, wo man vermuthet, daß die erſten Maroden liegen geblieben ſind. Die Officiers von dieſem Detaſchement müſſen ſich äuſſerſt angelegen ſeyn laſſen, ſo viel Marode zu ſammeln als möglich, alles genau durchzuſuchen, von Zeit zu Zeit laut zu rufen, damit die eingeſchlafenen und verirrten Soldaten ſie hören können, und wenn ſie weiter rückwärts gehn, die ſchon geſammelten auf Hügeln oder andern Oertern, wo man ſie in der Ferne ſehen kann, niederſeßen laſſen. Die Wagen dienen zum Transport derer die nicht marſchiren können.

§. 5.

Es iſt eine Pflicht der Menſchenliebe, daß man die Dörfer und Städte, die der Marſch berührt, oder die ſeitwärts deſſelben in einiger Entfernung liegen, für die Exceſſe, und Plünderungen der Maraudeurs bewahrt, und es müſſen hiezu Sauvegarden von den vertrauteſten Leuten commandirt werden. Man ſollte ferner alle Fruchtfelder auf dem Marſche ſchonen, und nicht ohne dringende Urſache Wege drüber machen: muß man es aber thun, ſo ſollte man nicht breiter marſchiren als nöthig, und niemanden erlauben, ſich einen eignen Weg darüber zu machen, wie beſonders der Troß von der Armee, und die Kerls mit den Packpferden zu thun pflegen.

Von

Von den

Märschen der Armeen.

Viertes Capitel.

Von den Märschen in der Nacht. Von geheimen Märschen.

§. 1.

Es ist nicht gut des Nachts zu marschiren, und man muß solche Märsche nur im Nothfalle thun. Denn man ist nie für den Hinterhalt sicher, besonders in Gebirgen und durchschnittnem Lande, wo die Partheyen, die den Marsch sicher stellen sollten, nicht gehörig recognosciren können. Ueberdem verliehrt die Armee den Muth, wenn sie sich in der Nacht und im Marsche zugleich angegriffen sieht; und verlöhre sie ihn auch nicht, schlüge sie sogar den Feind, so kann sie ihren Sieg nicht verfolgen.

Es geschieht ferner gar leicht, besonders bey der Cavallerie, daß Truppen sich verirren und ganz andre Wege einschlagen, weil man in der Nacht die gewöhnlichen Wege marschirt, und fast beständig defilirt; weil, sobald nur einige Reuter einschlafen, oder sonst Traineurs sich finden, oft Halt gemacht, und dann, um wieder in die Züge zu kommen, gejagt werden muß: Weil bey Kreuz- und Nebenwegen die hintersten Truppen gar leicht auf Irrwege gerathen können, besonders wenn man in holzichten Gegenden marschirt, wo die Bäume das wenige Licht benehmen, das Geräusch aber von den vordern um so leichter verführt.

Man

Man entgeht einem Theile dieser Gefahren, wenn man viele Wegweiser hat, die wegen der Route erst sich mit einander bereden, und dann im Detaschement vertheilt werden. Der Officier der die Tete führt, muß, wofern die Absichten der Expedition es erlauben, langsam marschiren, und anbefehlen, daß, sobald die erste Eskadron Nebenwege antrift, ein Unterofficier oder Officier mit einiger Mannschaft daselbst stehen bleibe, um die nachfolgenden vom rechten Wege zu unterrichten. Dieß geschieht von Eskadron zu Eskadron, bis zur letzten. Weil aber dieser Officier mit seiner Mannschaft vom Feinde aufgehoben werden könnte, so muß wenigstens der Commandeur einer jeden Brigade den Ort wissen wohin man marschirt, und einen guten Wegweiser haben.

Es ist ferner nicht möglich, daß die Eskadrons stets an einander bleiben können, wenn sie die Pferde nicht todt jagen wollen; und da man nun öfters, um seinen Marsch nicht zu verrathen, nicht in die Trompete stoßen darf, so muß ein jedes Eskadron dicht an der Queue von derjenigen, die vor ihr marschirt, einen tüchtigen Unterofficier mit fünf bis sechs Mann folgen lassen, und diese müssen von Distanz zu Distanz stehen bleiben, um die Nachfolgenden vom rechten Wege zu unterrichten. Will man aber beym Ausgange eines Defile's sich wieder formiren, oder den nachfolgenden Trupps Zeit geben, sich anzuschliessen; so muß die Tete wenigstens so viel Terrain frey lassen, als die folgenden nöthig haben, um aus dem Defile zu rücken; und von dem Platze an, wo der erste Trupp Halt gemacht, bis zum Ausgange des Defile's, wird man eine Kette von Reutern postiren, welche die nachfolgenden unterrichten müssen, wohin und wie weit sie zu marschiren haben, entweder um anzuschliessen, oder um sich zu formiren.

Der Commandeur vom Detaschement muß, ehe angetreten wird, die Officiers der verschiednen Trupps erinnern,

nern, alles obige genau zu beobachten. Auch muß der Commandeur selbst viele Ordonnanzen und verschiedne Wegweiser an der Tete haben.

Man muß die Soldaten nicht sicher werden lassen, sondern sie warnen, oder gar bereden, daß der Feind einen Angrif im Sinne hat, damit ihnen der Angrif, wenn er geschieht, nicht unvermuthet kömmt, und zum Ueberfalle wird. Die Wegweiser erhalten den schärfsten Befehl, allezeit Nachricht zu geben, sobald man einem Passe, Walde, oder holem Wege sich naht, damit man nicht eher in denselben einrücke, als bis er so gut recognoscirt worden, als die Dunkelheit der Nacht irgends nur zuließ. Zuweilen ists nicht undienlich, den vorausgeschickten Partheyen Hunde mitzugeben. Alle Vorsichten gegen die Desertion werden verdoppelt.

§. 2.

Wenn man aufbrechen will, um eine geheime Expedition zu verrichten, und die Truppen zu derselben in mehr als einem Quartiere zerstreut sind: so empfängt jeder Commendant zwey Ordres, die eine um sie öffentlich zu weisen, die andre um sie geheim für sich zu behalten. Die erste enthält den Vorwand, der nach Zeit und Umständen der wahrscheinlichste seyn wird, doch muß der Gouverneur gemeßnen Befehl zugleich mit erhalten, daß er mit nichts, am wenigsten mit seiner Bagage Anstalten trift, die dem ausgebreiteten Gerüchte widersprechen. Sind die Truppen der Unternehmung bereits im Lager versammelt, so giebt man zur Stunde des Befehls eine Ordre, die der Bewegung die man im Sinne hat, völlig entgegengesetzt scheint. Bald drauf rücken Detaschements und Partheyen aus, alle Zugänge des Lagers zu besetzen, und alles aufzufangen, was die Kette passirt; sodann erfolgt der wahre Befehl. Den Marsch selbst dem Feinde zu stehlen, wählt man sich das

ver=

versteckteste Land, wo man die wenigsten Dörfer passirt, oder marschirt des Nachts. Niemand darf singen, noch laut reden, noch Toback rauchen, noch Feuer anzünden. Man verändert zuweilen den Weg, das Geheimniß wird mit Sorgfalt bewahrt. Man muß Partheyen ausschicken, die weit genug sich ausbreiten, um alles auf dem Felde und in den Häusern habhaft zu werden, was dem Feinde den Marsch verrathen könnte: Zuweilen sind diese Partheyen wohl so gar verkleidet. Kein Commando wird laut commandirt, weder Halt noch Marsch, noch zur Rechten noch zur Linken gerufen, woraus nur Verwirrung entsteht, sondern die Adjutanten selbst müssen die Befehle in der Stille bringen.

Von den
Märschen der Armeen.

Fünftes Capitel.

Von den Märschen gegen den Feind, in der Ebne wie im durchschnittnen Lande.

§. 1.

Eine überlegne Cavallerie sucht die Ebne, schwache Armeen durchschnittnes Land und Gebirge, eine Hand voll Leute Defile's. Jedes Land wird schädlich, wenn man die gehörigen Vorsichten versäumte. Die Sicherheit des Marsches, selbst in der Ebne, hängt von der Recognoscirung der umliegenden Gegenden ab, damit die Armee nie überfallen, nie zum nachtheiligen Gefechte gezwungen werden könne. Selbst die Ebne, sagt Polybius, ist geschickt zum Hinterhalt,

halt, und öfters noch beffer als Waldung. Denn man sieht den Feind von ferne kommen, und rückt sodann schnell und in Schlachtordnung gegen ihn an. Der Gelegenheiten aber, sich in derselben zu verbergen, sind viele. Ein Bach, dessen Ufer ein wenig erhöht sind, Schilf, das in Morästen wächst, Brombeersträuche und Buschwerk, dieß alles reicht zu, ein Corps Infanterie zu verbergen, zuweilen gar Cavallerie. Die Kunst ist nicht groß: denn man braucht nur platt auf die Erde sich zu werfen, und alles was Glanz von sich giebt zu verbergen. In was für einem Lande die Armee also auch marschirt, Front, Flanken und Rücken muß sicher seyn, und der Feind nie ungesehen sich daselbst postiren. Die Partheyen die von der Armee ausgehen, um alle die Wege und Gegenden zu recognosciren, da ein Feind möglich ist, sind, nach Beschaffenheit des Landes, bald stärker bald schwächer, poussiren wieder kleine Partheyen vorwärts, hängen überall mit der Armee zusammen, und unterstützen sich eine jede die andre, von der ersten am Feind, bis zur letzten dicht an der Armee, damit keine der ersten in Hinterhalt falle, oder dem Feinde zum Raube werde.

§. 2.

Wenn die Armee auf Defile's trifft, es sey nun ein Fluß, oder Gebirg, oder Wald der es verursacht, nie darf selbst die Tete der Armee es wagen, eher einzurücken, bis das Terrain jenseits recognoscirt ist, und man des Ausgangs versichert seyn kann, daß der Feind uns nicht im Defiliren selbst überfällt, und einzeln en Detail schlägt. Passirt die Armee verschiedene Defile's in vielen Colonnen neben einander, so muß man die Zeit wohl berechnen, damit sie zu gleicher Zeit ausrücken, und jede die andre unterstützen kann, wenn der Feind einen Angriff versucht. Die Cavallerie marschirt da, wo sie am meisten gedeckt ist, an der Tete wenn der Feind verfolgt, an der Queue wenn man avancirt. Die Avantgarde und Arriergarde werden beyde

durch

durch eine Brigade leichter Artillerie unterstützt. Die besten von denen so bis jetzt erfunden worden, sind die Stücke die man von hinten zu laden, die unter dem Titel pieces de nouvelle invention bekannt sind. Die strengste Disciplin ist bey der Passage nothwendig, damit alles schnell und in Ordnung passire, ohne Aufenthalt und ohne Verwirrung. Passagen des Nachts durch solche Pässe muß man wo möglich vermeiden: man muß auf die Spions achten, so die Armee beym Defiliren am besten übersehen können: braucht man den Weg wieder zum Rückzuge, so muß man auch im voraus alle die Anstalten treffen, die nach Zeit und Umständen ihn am meisten begünstigen.

§. 3.

Wenn bald Ebnen bald Defile's mit einander abwechseln, und man theils durch die geschehne Recognoscirung, theils selbst durch die Beschaffenheit des Landes versichert seyn kann, daß man nichts vom Feinde zu befürchten hat: so bleibt die Marschdisposition der Armee überall unverändert, wo die Veränderung den Marsch nicht beschleunigt. Ist's aber möglich, daß der Feind attakirt, so marschirt die Armee, nachdem der Angrif nahe oder fern ist, entweder ganz en Bataille auf, oder in verschiedenen Colonnen, die de Front auf einander gerichtet und beständig in gleicher Höhe marschiren, um schneller die Ordre de Bataille der Armee formiren zu können, als der Feind sich zum Angrif formirt. Cotopirt der Feind den Marsch der Armee, wie geschieht, wenn die eine Armee rechts abmarschirt, die andre links: so geschieht der Marsch entweder Rottenweise, und mit rechts=oder links= um nach der Flanke, oder auch in geöfneter Colonne mit Distanzen zwischen den Abtheilungen; um in dem ersten Falle durch eine einzige Herstellung nach der Rechten oder Linken, im andern Falle durch eine Viertelsschwenkung rechts oder links, auf einmahl und durch eine einzige Bewegung sich en Bataille zu herstellen.

R   Die

Die allgemeinste aller Regeln ist, dergestalt den Marsch der Colonnen zu ordnen, daß die Armee, nach Beschaffenheit des Landes, die Ordre de Bataille die man sich festsetzte am schnellsten formiren kann.

§. 4.

Eine Armee die nach der Flanke marschirt, und wäre der Weg auch nur zu drey Mann de Front breit, muß allezeit im Stande seyn durch eine einzige Wendung sich en Bataille zu herstellen. Marschirt sie mit verschiednen Colonnen de Front, um vorwärts sich zu formiren oder Front nach dem Rücken zu machen, so bestimmt die Tiefe dieser Colonnen die Zeit die man zur Formirung gebraucht; doch reißen allerdings fast immer Unordnungen ein, so daß im einen wie in dem andern Marsche, die Truppen von einander getrennt sind, und mehr Terrain einnehmen als ihnen gehört: sobald daher der Feind dem Marsche erscheint, muß die Avantgarde der Armee Halt machen, und einen vortheilhaften Posten sich wählen, damit die Colonnen hinter ihm anschließen können, und sodann entweder sofort die Ordre de Bataille formiren, oder wenigstens geschlossener ihren Marsch fortsetzen.

Wenn jenseits eines Holzes, eines holen Weges oder Passes, welcher der Armee auf dem Marsche zur Seiten liegt, feindliche Truppen sich finden, die von daraus die Colonnen der Armee oder die Bagage überfallen könnten: so erlaubt zuweilen das Terrain, daß man ein Detaschement von auserlesner Mannschaft daselbst zurückläßt, diese Truppen im Zaume zu halten. Ein solches Detaschement wird stark mit Artillerie versehen, die doppelt Gespann hat; und es muß alle Vortheile des Terrains nützen, und alle Stratagems zu Hülfe nehmen, um den Feind so lange aufzuhalten, bis die ganze Armee, Artillerie und Bagage passirt ist.

Ist

Ist man gezwungen unter den Canonen einer feindlichen Festung oder eines Forts zu passiren, so muß solches
des Nachts geschehn, und wo möglich zu einer Zeit da der
Mond nicht scheint.   Man muß in aller Stille marschiren,
ohne Licht oder Feuer, und wenn die feindlichen Batterien
zur Seite des Marsches liegen, mit wenig Mann de Front,
um die Verwüstung wenigstens zu vermindern, welche die
feindlichen Canonen unter den Colonnen anrichten würden.

§. 5.

In der Nähe des Feinds wird allezeit ein Theil der
Artillerie selbst unter die Truppen vertheilt, und, wenn
irgends Gefahr da ist, auf die Affetten gebracht.   Der
Ort wo die Artillerie eingetheilt wird, ist allezeit der, wo sie
am schnellsten bey der Hand ist, und ohne Verwirrung
vorrückt, um die Formirung der Armee zu beschützen, und
gemeinschaftlich mit ihr zu agiren.

Marschirt die Armee de Front en Bataille, so marschirt die Artillerie in den Intervallen der Linie die dem
Feinde am nächsten ist, so auch wenn man mit rechts- oder
links- um nach den Flanken marschirt.   Marschirt die Armee nicht mit verschiednen Colonnen de Front, vorwärts
oder rückwärts, so marschirt die Artillerie an der Tete jeder Brigade die dem Feinde am nächsten ist.   Jede Brigade Artillerie wird an gewisse Brigaden von der Infanterie angewiesen, und wenn der Weg den dieselbe nimt es nicht
zuläßt, daß die Artillerie ihr folgt, so stößt diese Brigade
von der Artillerie zu der so am nächsten marschirt, um sich
so wenig als möglich von ihrem Posten zu entfernen.

Die Stücke die bereits auf den Affetten liegen, sind
scharf geladen, das Zündloch aber wird mit einem Pfropf
von Werk bedeckt, und eine bleyerne Platte darüber gelegt, um zu verhüten, daß die Ladung nicht naß wird.

R 2   Man

Man bindet alles an das Stück was zum Laden gehört, und in einem kleinen Kasten in den Affetten findet man die Keile, den Schirm, und den Regal zur Richtung. Jeder Brigade folgen die Karren mit Munition, um jedes Stück wenigstens mit funfzig Schuß zu versehen, zwanzig mit einzelnen Kugeln, funfzehn Schuß mit einpfundigen Kugeln, und funfzehn andre mit Kartetschen in der Größe von Musketenkugeln. Man nimt Vorladungen von grüner Fourage mit, damit das Stück sich weniger erhitze.

Zu jeder Brigade gehören ferner, Wagenlünzen, das ganze Rüstzeug zu den Stücken, Hebebäume, Lunten, vorräthige Räder, mit Nägeln von verschiedner Größe und Art.

Der vierte Theil von allen den Affetten, Vorrädern, Zugseilen oder Strängen, Kummern und anderm Geschirr, die jetzt im Gange sind; eine Hebe und andere Winden, die Stücke in die Höhe zu winden.

Schanzzeug zu Ausbesserung der Wege, und den Platz wo die Batterien angelegt werden zu ebnen.

Eiserne Hämmer und eingekerbte stählerne Nägel zur Vernaglung der Stücke.

Kessel, um Wasser zu holen, die Stücke damit abzukühlen, Leuchten und Kerzen.

Ein dickes Seil, um das Stück mit Menschen zu ziehen.

Sechs Constabler und ein Commissair von der Artillerie für jedes Stück. Der Commissair muß einen Quabranten haben, und die Constabels ihre Raumnadeln, ihre Pulverflaschen, Zündkraut, Messer die Ladungen zu öfnen, Zündruthe mit Lunten.

Ein Wagner und ein Faßbinder mit ihrem Handwerkszeuge und etwas vorräthigem Holze.

Pul-

Pulver=Wagen mit Flintenpatronen, vier und zwanzig, für jeden Mann Infanterie gerechnet, um den Abgang der Munition zu ersetzen.

Von den

Märschen der Armeen.

Sechstes Capitel.

Vom Marsche der Colonne der schweren Artillerie und der Bagage.

§. 1.

So oft man durch ein Land marschirt wo Gefahr zu besorgen ist, wird die Colonne der schweren Artillerie, des Proviants, und der Bagage dergestalt geordnet, daß zwischen ihr und dem Feinde die meisten Truppen sich finden, der Feind nichts gegen dieselbe unternehmen kann, und die Formirung der Armee keinen Aufenthalt dadurch leidet. Deckt ein Fluß, ein Morast, oder das Meer, die eine Flanke des Marsches, so weist man die Colonne der Bagage und Artillerie daselbst an. Auf Retraiten marschirt sie an der Tete, beym Marsche vorwärts an der Queue. Die Officiers, so die Colonne führen, müssen auf die Colonnen der Armee achten, um nirgends von ihnen sich zu trennen, nirgends ihren Schuß zu verlieren. Je zahlreicher die Colonnen der Wagen sind, mit je mehr Wagen man be Front marschiren kann, desto schneller geht der Marsch, desto weniger wird die Armee aufgehalten. Ist der Weg der Colonne so schmal, daß sie weit mehr Terrain einnimt als die Colonnen der Armee, so daß sie

R 3

an der Tete oder Queue unbedeckt ist, so muß man die Reihen verdoppeln, sobald der Weg es nur irgends erlaubt.

§. 2.

An der Tete der Bagage marschirt die Bagage des commandirenden Generals, und des Hauptquartiers; drauf das Spital, sodann die Bagage der Regimenter in der Ordnung in welcher sie campiren, und an der Tete jeder Brigade die Bagage der Generals die sie commandiren. Zur Bagage der Regimenter gehören die Marketender. Die Vivres folgen der Bagage.

Der Commandeur der Eskorte muß wenigstens ein Oberster seyn, damit er die gehörige Disciplin unter dem Troß erhalte. Man detaschirt Partheyen an der Tete, der Queue und auf den Flanken. Der Rest von der Eskorte theilt sich in fünf Theile, an die Tete, die Queue, das Centrum, und zu beyden Flanken. Es werden Officiers commandirt, um, wo die Bagage anfängt zu defiliren, so lange zu halten, bis alles in der befohlnen Ordnung defilirt ist. Andere Officiers erhalten die Disciplin während des Marsches.

Ist kein Feind zu befürchten, so formirt das Spital eine Colonne für sich, und bricht zu der Zeit auf, die für die Gesundheit der Kranken am zuträglichsten ist.

Die Artillerie erhält den sichersten Platz, und wenn es seyn kann die gebahntesten Wege. Zu der Artillerie gehöret das Corps vom Genie, und die Bagage der Officiers beyder Corps; die Pontons, alles Werkzeug der Pioniers, Minirer und Handwerksleute, aller Vorrath von Munition, Metall und Gewehr.

Jede Brigade hat ihren Wagner und Faßbinder, mit Nägeln, Reifen und Holz, um Bänder an die Fässer zu legen, die Wagen und Affetten auszubessern, alles Werkzeug,

zeug, Laſten in die Höhe zu heben, Wagen- und Hebewin-
den, um, wenn Affetten brechen, die Mörſer und Stücke
auf andere zu laden.

Ein bedeckter Wagen für die Geräthe der Pionniers,
um die Wege zu beſſern.

Die Officiers von der Artillerie müſſen überall ſorgen,
daß nirgends Feuer in der Nähe ſey, keiner Tabak rauche,
oder mit brennenden Lunten ſich nahe, die Eskorte am Pulverwagen die Pfanne aufſtoßen, und den Hahn niederlaſſen:
daß die Pulverwagen nicht in der Reihe einander folgen,
ſondern zwiſchen jeglichen zweyen, drey bis vier andere Wagen fahren: daß man jedes Faß Pulver, das bricht, ſofort
wieder beßre und umtauſche, und das zerſtreute Pulver wohl
wegkehre, und mit dem Wege zugleich naß mache; daß
man weder Flintenſteine noch Eiſen, noch irgends etwas
feuerfangendes auf die Pulverwagen lade; daß man alles
gehörig bedecke, was durch die Näſſe verdirbt; daß man
nicht zu langſam fahre, und auch nicht ſo geſchwind, daß
der Train ruinirt wird: daß nichts anders auf den Wagen
fahre, als was dem Könige gehört, und die Officiers und
Eskorte keine Bagage drauf laden.

Von den

Retraiten der Armeen.
Erſtes Capitel.
Wie man ſich durch den Aufbruch der Armee
einen Vorſprung über die feindliche verſchafft.

§. I.

Ein Feldherr der vermeiden will mit dem Feinde zu ſchlagen, muß zwar vor allen Dingen wo möglich vermeiden in
der Nähe deſſelben zu ſtehn: Doch giebts allerdings Fälle

im

Im Kriege, wo man wichtiger und entscheidender Ursachen halber, diesen oder jenen Posten eine Zeitlang behauptet, ob man gleich in der Folge bey veränderten Umständen ihn wieder verläßt. Man muß also die Kunst lernen, dem Feinde einen Vorsprung abzugewinnen, der hinlänglich ist, die ganze Retraite sicher zu stellen. Je flächer das Land ist, desto größer muß auch der Vorsprung seyn. Man setzt aber einen Feind voraus, der schon eine Zeitlang uns gegenüber gestanden, den nahen Aufbruch unsrer Armee vermuthet, auf seiner Hut ist, und in beständiger Bereitschaft steht sie zu verfolgen.

Das erste von allem ist alsdann, durch Verschwiegenheit, Kunstgriffe und Schein-Anstalten den Feind zu bereden, daß der Aufbruch der Armee so nahe noch nicht sey. Man arbeitet mit Eifer an den Verschanzungen des Lagers; man schreibt Lieferungen in den umliegenden Gegenden aus; man spielt Briefe in die Hände des Feindes; man schläfert den Feind ein. Indessen erhalten unsre Spions den Befehl, äußerst aufmerksam auf alles zu seyn, was im Lager des Feinds vorgeht, und besonders auf seine Fouragirungen. Erhält man Nachricht, daß es anfängt der feindlichen Cavallerie an Fourage zu mangeln, so commandirt man gegen Abend die seine zu einer grossen Fouragirung auf den folgenden Tag; und damit der Feind Nachricht davon bekomme, läßt man einige Gefangne mit guter Art entlaufen. Am Morgen rückt die Reuterey aus, als wenn sie wirklich fouragiren sollte: Doch sind die Pferde gesattelt, und die Reuter nehmen das Gewehr mit. Dieß sollte ohnehin schon eine ganz eingeführte Gewohnheit bey der Armee seyn: Ist sie es aber nicht, so geschiehts unter dem Vorwande, als wenn man einen Angriff der Fouragirung fürchtete. Die Reuterey macht Halt an einem Orte, wo sie nicht vom Feinde gesehen werden kann, und ihr Chef hat Befehl auf das erste Signal aufzubrechen, und entweder
ins

ins Lager zurückzukehren, oder zu den Colonnen der Armee im Marsche zu stossen. Das Signal wird mit Bomben oder Raketen, an einem Orte gegeben, der den Reutern ins Gesicht fällt.

Sobald die Reuterey ausgerückt ist, werden alle Ausgänge des Lagers gesperrt, die Schlagbäume vorgezogen, und die ganze Front mit einer Kette von Schildwachen und Posten umgeben, damit kein Ueberläufer oder Spion entkomme, dem Feinde Nachricht von den Anstalten zu bringen, die man zu seinem Rückzuge macht. Alle Bagage-Wagen die noch bey der Armee sind, und die Wagen der Artillerie packen auf, wofern anders die Situation des Lagers so beschaffen ist, daß es ungesehn vom Feinde geschieht. Kein Soldat oder Officier darf sich von seiner Fahne entfernen. Alles ist marschfertig, doch erhalten die Soldaten Befehl, sich nicht anzukleiden, sondern in der Weste und in Holz-Mützen zu gehn. Man vermeidet alles, woraus der Feind, der die Armee mit Ferngläsern beobachtet, den nahen Aufbruch derselben argwöhnen könnte; und wartet, bis endlich die Kundschafter die Nachricht bringen, daß der Feind zu einer grossen Fouragirung ausrückte. Alsdann werden sogleich die Signale gegeben; die Reuterey setzt sich unverzüglich wieder in Bewegung, die ganze Armee bricht auf ohne Zeitverlust, und man gewinnt alle die Zeit, die der Feind braucht, um seine Reuterey wieder ins Lager zu rufen, und in marschfertigen Stand zu setzen. So sicherte Cäsar seinen Rückzug gegen den Pompejus.

Es giebt Fälle, wo eine Bewegung, die man mit einem starken Corps Truppen gegen einen feindlichen Posten, oder eine Festung unternimt, den Feind nöthigt, ein so beträchtliches Corps zu betaschiren, daß es ihm hernach unmöglich wird, an das Verfolgen zu denken. Alsdann bedient man sich dieses Stratagems, und mit desto entscheidenderm Vortheile, wenn man im Stande ist, die Trup-

R 5

pen

pen vom Detaschement sicher und schnell zur Armee zurück-
zuziehn.

§. 2.

So sucht man sich einen Vorsprung über seinen Feind
zu versichern, wenn es möglich war, ihn zu bereden, daß
man sich noch länger in seinem Lager behaupten wolle. Macht
aber der Mangel an Fourage, oder andre Umstände dieser
Art, den Rückzug zu einer gewissen Zeit unvermeidlich, so
ist die Hofnung den Feind einzuschläfern vergebens. Alsdann ertheilt man der Armee Befehl, sich auf den folgenden Tag bereit zum Marsche zu halten, und man sucht die
Nachricht davon in die Hände der Feinde zu spielen. Alsdann aber bricht die Armee nicht den folgenden Tag auf, sondern noch in der Nacht. Vor dem zweyten Befehl sperrt
man alle Zugänge des Lagers, stellt Posten und Hinterhalte aus, und maskirt alle die Wege, die nach dem Lager des Feinds hingehn. Man benimt dem Rückzuge
das Ansehen der Flucht, wenn man mit klingendem Spiel
und fliegenden Fahnen aufbricht. Zuweilen thut mans
nicht, weil man die Gefahr ohne Noth dadurch vergrössert.
In andern Fällen aber gewinnt die Armee damit Muth,
und der Feind hält den Feldherrn derselben für ruhiger als
er vielleicht ist.

§. 3.

Die größte Schwierigkeit der Retraiten macht die
schwere Artillerie und die Bagage. Denn der Feind läßt
die seine zurück, und die unsre verzögert den Marsch, bis
der Feind endlich das Ganze einholt, und zum Gefechte
zwingt. Der Bagage und Artillerie, die man zurückhält,
muß wenig seyn, und sie muß gleich beym ersten Einrücken
ins Lager versteckt hinter Höhen und Gebüsche sich postiren,
um ungesehn vom Feinde sich retiriren zu können. Ist sodann die Bagage durch die Stellung der Armee gedeckt, so
bricht

bricht sie vor der Armee auf, in der Nacht und in der Stille. Die Eskorte die ihr folgt, ist stark genug, um sie gegen die Partheyen des Feindes zu decken, die sich im Rücken der Armee, oder auf ihrer Flanke einschleichen konnten. Niemand darf wissen, wohin der Zug geht, als der General der Eskorte, und einer oder zwey von den vornehmsten Officiers. Man verbreitet das Gerücht, die Armee folge auf dem Fusse nach, damit der Feind, wenn er durch Ueberläufer Nachricht vom Aufbruche der Bagage erhielt, es dennoch nicht wage, seine leichten Truppen ihr nachzuschicken. Die bequemste Zeit zum Aufbruch ist eine Nacht ohne Mondschein, und wo ein starker Wind geht, der nicht von uns nach dem Feinde weht. Wenn aber der Tag anbricht, und die Bagage noch im Angesichte des Feindes befilirt, so läßt man zwischen ihr und dem Feinde Feuer anzünden, oder einige Reuterey hin und her jagen, um durch den Rauch oder Staub ihren Marsch zu verbergen.

Von den Retraiten.

Zweytes Capitel.

Von Retraiten in der Nacht, und den geheimen Retraiten am Tage.

§. 1.

Wenn die Armee des Nachts und in der Stille aufbrechen muß, um den Vorsprung über den Feind zu gewinnen, der zur Sicherheit des Rückzugs nothwendig ist, so wird das ganze Lager mit einer Kette von Schildwachen und Posten umgeben, die überall an den Orten stehn, wo sonst die Lager- und Feldwachen standen, und sie empfangen das Feldgeschrey wie gewöhnlich. Die ganze Mannschaft besteht

steht aus den vertrautesten Leuten in der Armee, und es
werden Officiers commandirt, die Ronden zu machen, diese
Schildwachen munter zu erhalten, und sich von ihnen anrufen zu lassen. Die Wachfeuer werden mit Sorgfalt unterhalten; die Compagniefeuer aber, an welchen die Soldaten ihr Abend-Essen kochen, und sich wärmen, gehn zur
gewöhnlichen Zeit aus. Man muß weder zu oft: Wer
da? rufen, noch zu große Feuer anzünden, weil alles ungewöhnliche verräth. Werden des Nachts Streiche bey
der Armee geschlagen, oder fände man sonst für gut Tag-
wache schlagen zu lassen, so bleiben Tambours und Trompeter zurück, und werden im Lager der ersten Linie vertheilt.
Hieburch gewinnt man vielleicht noch eine halbe Stunde,
bey neblichtem Wetter noch mehr.

Mit Anbruch des Tages werden die Schildwachen ab-
geführt, alle Posten eingezogen, die Tambours und Trompeter mit ihren Wachen versammlet, und alles marschirt
sobann ab, unter dem Commando des Befehlshabers der
Runden. Man läßt nicht gerne Zelter im Lager zurück,
weil sie dem Feinde zu Siegeszeichen dienen. Wäre aber
das Lager so gelegen, daß der Feind nur wenig Zelter in
demselben sieht, und hätte man einen großen Vorsprung
vor ihm nöthig, so muß man kein Bedenken tragen, sie zu
lassen. Man steckt Stroh-Männer statt der Schildwachten auf, und gemahlte Tücher statt der Fahnen.

§. 2.

Es giebt Fälle, da man seinen Feind bereden kann, daß
man ein geheimes Verständniß mit einem Theile seiner Armee unterhält, oder daß man selbst eine beträchtliche Verstärkung an sich zog. Beyder Stratageme bedient man sich
sobann mit Vortheil, weil der Feind nicht eher wagt, uns
zu verfolgen, als bis er den Grund oder Ungrund dieser
Nachricht erfuhr.

Wenn

Wenn hiednrch, oder durch einen vorgeblichen Befehl
des Hofs, oder selbst durch die Stärke der Armee es wahrscheinlich wird, daß man eine Schlacht wagen, oder auf
einen Ueberfall denken kann: so schickt man verschiedne wohl
berittne Partheyen aus, mit Tambours und Trompetern,
die zu eben der Stunde der Nacht, da die Armee zum Aufbruch bereit steht, das feindliche Lager von allen Seiten in
Allarm setzen. Das Lager der Armee wird mit einer Kette
von Schildwachen und Posten umzogen, und die Mannschaft der Partheyen die man ausschickt, und selbst die Armee muß glauben, daß es wirklich einen Angrif gelte.
Greift der Feind diese Partheyen an, so ziehn sie sich zurück, aber auf einem ganz andern Wege, als den die Armee
hält. Es hilft dem Feinde alsdann nichts, Gefangne von
ihnen zu machen. Denn die Gefangnen wissen nichts, als
daß man vorhat, ihn anzugreifen. Es hilft ihm nichts,
kleine Partheyen gegen unser Lager auszuschicken: Denn
diese fallen in die Hände der Posten die es umgeben: Große
Partheyen wird er in der Nacht nicht wagen: Es ist also
zu vermuthen, daß er so lange unthätig bleibt, bis er
weiß woran er ist. Alsdann aber hat man schon einen beträchtlichen Vorsprung über ihn gewonnen. Denn man
bricht auf, sobald man die Partheyen feuern hört.

§. 3.

Es giebt Lager, wo man im Stande ist, die Infanterie, Artillerie und Bagage der Armee, selbst bey hellem
Tage, hinter einem benachbarten Gebirge oder Gehölze befiliren zu lassen, ohne daß der Feind sie entdeckt, weil er
nur wenig Zelter von unserm Lager sieht. Man stellt sodann verlohrne Schildwachen aus, verstärkt seine Batterien mit einigen Feldstücken, macht verstellte Anstalten
zum Angrif, und sucht den Feind zu bereden, daß die ganze Armee noch im Lager steht. Sobald aber das Geschütz,
die Bagage und die Infanterie den Vorsprung gewonnen,

den

den sie braucht, so bricht entweder in der folgenden Nacht, oder auch noch an eben demselben Tage, alles was man im Lager zurückließ auf. Die Artillerie hat doppelt Gespann. Die Zelter werden mitgenommen, und es bleibt von den Regimentern, denen sie gehören, Mannschaft im Lager zurück um sie abzubrechen. So retteten sich der Marquis de las Minas, und der Mylord Galloway, auf ihrer Retraite aus dem Lager von Xabraque. Sie schickten am Abend die schwere Artillerie, die Bagage und den größten Theil der Infanterie, durch Wege und Defile's aus dem Lager zurück, die man Spanisch-Französischer Seits nicht entdecken konnte. Sie verstärkten drauf ihre Batterien durch Feldstücke, beschossen heftig das Lager, und machten alle Anstalten zum Angriff. Allein kaum war es Nacht, so machte sich alles aus dem Staube, und die Spanischen Generals merkten es nicht, weil die Beschaffenheit der Gegend es verhinderte. Erst viele Stunden nachher brachten einige Ueberläufer von den Engländern die Nachricht.

Von den Retraiten.
Drittes Capitel.
Wie man den Vorsprung, den man beym Abmarsch gewann, auch während des Marsches erhält und vermehrt.

§. 1.

Wenn es durch eins der vorgeschlagnen Mittel gelang, den Aufbruch der Armee eine Zeitlang vor dem Feinde verborgen zu halten, so muß man äusserst darauf bedacht seyn, diesen Vortheil nicht nur zu behaupten, sondern auch wo möglich zu vergrößern.

Es

Es giebt Fälle, besonders bey Märschen in der Nacht, wo es vortheilhaft ist, Anfangs den Marsch nach einer gewissen Gegend zu richten, alsdann aber plötzlich zu verändern, und nach einer andern Seite zu lenken. Der Feind ist nicht im Stande, durch die ersten Spione und Ueberläufer diese Veränderung zu erfahren, und fährt also fort auf dem ersten Wege zu verfolgen. Entdeckt er den Irrthum, so ists schon zu spät, etwas entscheidendes zu unternehmen. Der Verlust von Zeit wird für ihn desto größer, wenn die Aeste, in welche der Weg sich theilt, weit aus einander laufen, und Gebirge, Moräste oder andre Chikanen es ihm unmöglich machen, von der Rückseite her (par les revers) den Weg zu gewinnen, auf welchem man marschirt. So verließ im Jahr 1706 die Oesterreichische Armee ihr Lager vom Guadalaxara, und nahm den Weg nach Alcala: die Spanier erfuhren diesen Marsch zeitig genug; aber die Oesterreichische Armee veränderte den Weg, und entkam.

Die Officiers, so die Colonnen führen, und einige der Generals müssen genau den Ort kennen, wo man von dem ersten Weg abgehen soll. Es müssen gute Wegweiser bey den Colonnen seyn, und da, wo man abweicht, bleibt ein Officier mit einiger Manschaft zurück, der die nachfolgenden Trupps, wie sie folgen, zurecht weiset. Dieser Officier hat zugleich Befehl, alles anzuhalten, was die Veränderung des Wegs bemerkt.

Kurz zuvor ehe man den Weg verändert, läßt man einige Gefangene entspringen, und verräth zuvor mit guter Art die Stadt oder das Lager, wohin man vorgiebt sich retten zu wollen. Zu eben der Zeit gehn einige vertraute Soldaten zum Feinde über, damit sie die Nachrichten der entkomnen Gefangnen bestärken. Es laufen diese Soldaten keine Gefahr, weil ihre Nachricht mit jener übereinkömmt, und sie in der That eher entliefen, als man den

Weg

Weg der Armee veränderte; sie dürfen auch das Geheimniß nicht wissen, damit sie nicht aus Furcht es verrathen.

Auf dem Wege den man verläßt, rückt einige Reuterey fort, sechs oder acht Packpferde, und einige Wagen. Die Wagen werden nicht geschmiert, damit sie heftig knarren, und die Pferde müssen Schellen haben. Von hundert Schritt zu hundert Schritt, wirft man leere Kisten auf den Weg, oder stößt ein Pferd nieder, damit die Partheyen des Feinds immer mehr in den Gedanken sich stärken, daß die ganze Armee eilfertig auf diesem Wege fortzieht. Eine halbe Stunde nachher macht die Parthey Halt; die Wagen aber fahren beständig hin und her, und von Zeit zu Zeit läßt man durch einen Tambour Marsch schlagen: hinter der Parthey aber bereuten einige Husaren die Straße, um auf die Ankunft des Feinds zu lauern. Auf den ersten Flintenschuß spannt man die Pferde aus, und alles jagt fort. Weder die Partheyen noch die zurückgelaßnen Husaren dürfen scharmuziren, damit keiner dem Feinde in die Hände fällt und das Geheimniß verräth.

Die List wird verdoppelt, wenn noch eine andere Parthey auf eben demselben Wege marschirt, und Feuer auf Höhen oder Gegenden anzündet, die der Feind von seinem Lager ab sieht. Man zündet aber diese Feuer an, zu einer Zeit, da es möglich ist, daß die Avantgarde diese Gegend erreicht haben kann.

§. 2.

Ists möglich, zwischen sich und dem Feinde einen Fluß zu setzen, dessen Brücken und Furthe in unserer Gewalt sind, so läßt man sie hinter sich abbrechen, und verdirbt sie: hat aber der Feind selbst eine Brücke über den Fluß inne, und sie ist von Holz, oder eine Schiffbrücke, so ists zuweilen möglich sie zu Grunde zu richten, besonders wenn man Meister vom Strome oberhalb ist.

Der

Defile's, Wege über steile Höhen, Wege durch Waldungen, bieten die schönsten Gelegenheiten dar, die Armee aufzuhalten, die uns verfolgt. Die Defile's werden verhauen, oder auf andere Art unwegsam gemacht, brennende Holzhaufen eingeworfen, und so ferner.

Auf Wegen, die über steile Felsen weggehn, haut man den Felsen sechs Schuh hoch weg, so kann der Weg auf viele Stunden nicht gangbar gemacht werden, oder er wird doch ungemein schwer zu passiren, und nimt viel Zeit weg. Es giebt Berge die nur leicht mit Erde bedeckt sind, und unter der Erde ist der lautre Fels. In diesem Falle kann einige wenige Erde, die man in die Tiefe herabwirft, eine unsägliche Arbeit verursachen. Wäre der Berg lauter Fels, so müßte man im voraus einige Minen in demselben angelegt haben, und sie sodann springen lassen. Ist endlich der Berg blos von Erde, so kann zwar der Feind mit leichter Mühe dem Uebel abhelfen. Doch wird er Stunden anwenden müssen, um das zu verbessern, was man in wenig Minuten verdarb. Als der Herzog von Orleans im Jahr 1708 Tortosa belagern wollte, machte der Feind den sogenannten Pas d'Asse ungangbar. Es stand nichts vom Feinde da, um den Durchgang zu verwehren; doch wurde die Spanisch-Französische Armee einen ganzen Tag aufgehalten, ehe der Weg wieder gangbar wurde. Am Ende war er doch höchst beschwerlich, und es giengen viele Pferde und Maulthiere zu Grunde.

Wenn man ein morastig Holz passirt, durch welches nur wenig Wege gehen, so läßt man der Arriergarbe Zimmerleute folgen, die diese Wege durch übereinander gefällte Bäume sperren. Giebt es viel dürres Gesträuch in einem Walde, so kann man ihn durch Partheyen in Brand stecken, aber nicht eher als wenn die Arriergarbe der Armee weit genug entfernt ist. Die ganze Armee muß aus dem Walde seyn; denn die Flamme breitet sich schnell aus, be-

S   son-

fonders wenn der Wind treibt. Ein graufames Mittel
feinen Rückzug ficher zu ftellen, ift, das Land welches man
verläßt in Waffer zu fetzen, oder feine Früchte zu verheeren.

§. 3.

Wenn man im voraus fieht, daß es bey Fortfetzung
des Marfches unmöglich wird, dem Feinde zu entgehn, fo
macht man Halt, in einer vortheilhaften Gegend die in wenig Stunden befeftigt werden kann: doch muß man Waffer
und Fourage in der Nähe haben. Ift man aber mit bey-
dem verfehen, fo macht man Halt in einer Gegend, die an einem
von beyden Mangel leidet. In der Nacht, oder wenn wegen der großen Entfernung, oder eines benachbarten Gebir-
ges, der Feind nicht im Stande ift zu beobachten, wohin
man feinen Marfch richtet, läßt man nahe am Feinde
ein ftarkes Detafchement zurück, und noch näher vorwärts
ftellt man gut berittne Partheyen. Diefe Partheyen haben
Befehl unverzüglich Nachricht zu bringen, ob der Feind
noch auf dem Fuße nachfolgt, oder nicht, damit man feinen
Entfchluß hiernach faffe, den Marfch entweder fortzufetzen,
oder in der vortheilhaften Gegend wo man Halt gemacht,
fich in Schlachtordnung zu ftellen. Das große Detafchement muß dem Feinde nicht fo nahe ftehn, daß es Gefahr
läuft, ohngeachtet der Partheyen die es vorwärts ftellte,
abgefchnitten, oder beym Durchmarfch durch ein Defilé mit
Nachtheil angegriffen zu werden. Die kleinen Partheyen
hingegen wagt man mehr, und naht fich mit denfelben dem
Feinde fo fehr als möglich, um gewiß Nachrichten von ihm
zu erhalten.

Das Detafchement hat bey Nachtzeit Sattel und Zaum
auf, und muß den Haber nicht allen Pferden zugleich, fondern auf zwey bis dreymahl vorfchütten, damit allezeit der
größte Theil des Detafchements auf alle Fälle bereit fey.
Bey der Haupt-Armee hat alles gefattelt, und alles fchläft
in

in Kleidern. Die Zelter werden wo möglich nicht aufge=
schlagen, und die Bagage bleibt aufgepackt, damit alles
im Stande sey auf den ersten Wink zu marschiren. Um den
Feind besto sichrer zu bereden, daß an dem Ort wo das De=
taschement Cavallerie steht, die ganze Armee sey, läßt man
Feuer anzünden, soviel die Armee nöthig hat, in dem Lager
der Armee aber keins. Zündet man hingegen Feuer im
Lager der Armee an, so giebt man dem Detaschement keine.
Die feindlichen Partheyen laufen ihm alsdann in die Hand,
und der Feind merkt nicht, daß man seine Macht vertheilt
hat.

§. 4.

Gesetzt, die Armee die verfolgt stünde noch in einer be=
trächtlichen Entfernung; ihre Avantgarde aber hätte uns
fast erreicht, und wäre kaum noch eine halbe Stunde ent=
fernt: so kann man mit der Cavallerie aufmarschiren, eine
lange Linie formiren und absitzen und Zelter aufschlagen.
Es bleibt einige Artillerie bey den Reutern zurück, und
man thut etliche Schüsse gegen die Partheyen des Feinds,
die sich zu nahe heranwagen, um ihnen zu zeigen, daß man
Geschütz bey sich hat. Die Flanken hält man rein, und
schickt Partheyen daselbst aus, die dem Feind überlegen seyn
müssen, damit er nicht entdecke, was hinter der Linie vor=
geht. Indeß retirirt sich die ganze Infanterie, Artillerie,
und Bagage. Der Feind macht sodann dem Vermuthen
nach Halt, weil er glaubt, unsre Armee hätte sich gelagert,
und wartet mit seiner Avantgarde die Ankunft seiner Ar=
mee ab. Indeß gewinnt unsre Infanterie ihren Vorsprung,
und sodann bricht die Cavallerie ihre Zelter ab, bespannt
die Feldstücke doppelt, und eilt der Infanterie nach. So
rettete der Marquis de las Minas seine Armee. Denn
die Avantgarde Philipps des fünften hätte ihn andem Tage
erreicht, da er zu Guadalaxara anlangte, wenn er nicht
durch die erwähnte Kriegslist glücklich entgangen wäre.

Doch

Doch ist sie in der That gefährlich, wenn man nicht wenigstens einen Graben, holen Weg, oder Bach zwischen sich und dem Feinde hat, über welchen derselbe so leicht nicht wagen darf im Angesichte der Truppen zu defiliren, die ihm gegenüber en Bataille stehn. Eine buschichte Gegend ist vortheilhaft, weil sie den Rückzug der andern Truppen dem Feinde verbirgt, und ihn in Furcht eines Hinterhalts setzt.

Auf gleiche Art kann man suchen seinen Feind zu bereden, daß man mit ihm schlagen will. Alsdann läßt man einige Infanterie zurück, giebt derselben wenig Höhe, stellt Reuterey dazwischen, und macht die ganze Einrichtung so, als wenn man dem Feinde zwey Treffen darstellen wollte. Je weniger man Infanterie zurückläßt, desto weniger wagt man, weil alsdann die Infanterie hinten aufsitzen kann. Doch muß man bey keinem dieser Strategems sich völlig für sicher halten: denn ein entschloßner Feind rückt mit seiner gesammten Reuterey und einiger Infanterie an, und wirft das ganze Blendwerk über den Haufen. Dieß Schicksal würde selbst der Marquis de las Minas erlebt haben, wenn man dem Entschluß Philipps des fünften und des Herzogs von Berwyck gefolgt wäre.

Wenn endlich keins von allen den erwähnten Mitteln rettet, und man durchaus eine Schlacht vermeiden muß, so giebt man einen Theil seiner Bagage Preis, und läßt, von einer Weite zur andern, beladene Wagen und Pferde zurück. Dieß kann vielleicht retten, besonders bey übel disciplinirten Armeen, oder gegen leichte Truppen. In der alten Geschichte fehlt es nicht an Beyspielen von Feldherren, die ihre Armee auf diese Art retteten.

Von den Retraiten.

Viertes Capitel.

Von der Ordre de Bataille zum Rückzug, in der Ebne wie im durchschnittnen Lande.

§. 1.

Je flacher die Ebne ist, desto beträchtlicher muß der Vorsprung der Armee seyn die sich zurück zieht, wenn sie ohne Schlacht und Gefecht entkommen will. Denn nichts hält in der Ebne den Marsch der Feinde auf. Ihre Vortruppen verbreiten sich weit, umgehn die Flanken, und attakiren, sicher vor dem Hinterhalt, und mit unabläßigem Gefecht, bis endlich die ganze Armee nachrückt und die Schlacht allgemein macht.

Die Flanken der Retraite deckt man durch die Wagen der Artillerie, der Bagage und des Proviants, oder durch Spanische Reuter, wo jede Feder mit Handhaben versehen, einzeln durch zwey Soldaten getragen werden kann, oder besser als alles dieß, durch Piken, Kurzgewehre und Espontons.

Die Ordre de Retraite ist die nehmliche wie die Ordre de Bataille in meinem dritten Plane von Schlachtordnungen, jedoch mit verkehrter Front: noch besser aber vielleicht, wenn man, so wie ich in eben dieser Abhandlung vorschlage, aus der Infanterie verstärkte Brigaden formirte, sie weit genug von einander entfernte, daß das Feuer der innern Facen sich nicht schadet, und sodann die Cavallerie in die Intervallen nimt. Der Marsch der Armee wird dadurch schneller, die Cavallerie ist gedeckt, und ein Feind

S 3

der

der nach der gewöhnlichen Ordnung zu drey oder vier Mann
hoch sich rangirt, wird es so leicht nicht wagen, eine Infanterie in dieser Ordnung zu attakiren. Muß man von
breiter Front zu schmaler abbrechen, so rückt die Cavallerie zuerst durch, die Infanterie folgt.

Wenn man für gut fand, die Cavallerie noch sicherer
gegen den Feind und das Feuer desselben zu decken, so formirt man aus der Infanterie fünf bis sechs Colonnen mit
Distanzen zwischen den Abtheilungen, und mit Intervallen die groß genug, daß die Feuer der innern Facen in der
Mitte zusammen treffen. Die Cavallerie marschirt in den
Intervallen mit so breiter Front als möglich, und richtet sich
nach der Tete der Colonnen der Infanterie, um beständig
in gleicher Höhe zu bleiben, damit so zu sagen die ganze
Tiefe der Colonnen sie bedeckt, und vom Feuer der feindlichen Avantgarde entfernt.

§. 2.

Wenn die Armee ein Defile' hinter sich hat, und der
Feind so dicht an den Fersen sich hängt, daß der Vorsprung
nicht zureicht mit ganzer Armee das Defile' zu passiren, so
muß man hart an demselben sich lagern, und es in die Verschanzungen einschließen, mit denen man das Lager der Armee deckt. Innerhalb der äussern Verschanzung errichtet
man noch eine kleinere, oder wohl zwey und noch mehr, damit die letzten Truppen, so wie die Zahl derselben abnimt,
stets Verschanzungen finden, die für ihre Stärke sich schicken: sonst würde der Feind von allen Seiten eindringen,
und endlich zum Meister der Passage sich machen. Dicht
vor dem Defile' selbst liegt eine Schanze von starkem Profil, mit einem breiten und tiefen Graben, um auch die letzten Truppen zu decken, und dem Feinde noch eine Zeitlang
das Defile' zu verbieten. Man füllt den Graben der letzten
Verschanzung mit dürrem Holz, und übergießt es mit Pech,

um

um es schnell anzünden zu können, wenn die letzten Truppen der Arriergarde die Schanze verlaffen. Die Zugbrücken, über welche die Truppen paffirten, werden zertrümmert, die andern Paffagen und Barrieren gleichfalls mit brennendem Holz verfetzt.

§. 3.

Wenn man, auf der Retraite im durchschnittenen Lande, mehr als ein Defile' hinter sich hat, so muß man die Arriergarde der Armee durch ein zweytes Corps erlesner Truppen unterstützen, die, sobald sie aus dem ersten Defile' vorrücken, sofort wieder sich wenden, und en Bataille aufmarschiren, um die Avantgarde des Feinds in Ehrfurcht zu halten, wenn sie aus dem Defile' vorrücken will, und die Arriergarde unserer Armee verfolgt. Die Arriergarde paffirt indeß das zweyte Defile', und unterstützt sodann wieder ihre Reserve, so daß beyde Corps beständig mit einander wechseln, und die Armee, wo möglich, nie sich gezwungen sieht Halt zu machen und zu fechten. In Waldungen und Gebirgen besteht dieß Detaschement aus Infanterie, im durchschnittenen Lande aber wo Dragoner agiren können, aus Dragonern, weil sie überall, wo es nöthig, so gut als Infanterie agiren, und wenn sie übermannt werden schneller sich retten. Man giebt einige Feldstücke mit, sogar vielleicht ein schweres, aber alles mit doppeltem Gespann: dadurch wird der Feind behutsamer, und vermuthet oft eine weit größre Macht.

So lange die Arriergarde und ihre Reserve dicht an der Armee bleibt, wird der Feind allerdings es nicht wagen sie von derselben abzuschneiden, weil er sonst selbst Gefahr läuft, sich zwischen zwey Feuern zu sehen. Sind aber die Defile's weit von einander entfernt, und die Corps der Arriergarde folglich eben so weit von einander getrennt, so muß der Chef von dem letzten am Feinde die Augen in

S 4   der

der Hand haben, und scharf nach der Flanke und dem Rücken hin patrouilliren, damit er zur rechten Zeit sich zurückzieht, ehe der Feind ihn abschneiden kann. Man nimt
alsdann seine Zuflucht zu allen den Chikanen, die man dem
Feinde in Defile's entgegen stellt, noch mehr aber zum Hinterhalt, bald zum verstellten bald zu dem wahren.

Je versteckter und durchschnittener das Land ist, und
je hitziger der Feind in demselben verfolgt, desto leichter
ists einen Hinterhalt ihm zu legen; und gelingt es ein ein-
zigmahl, so wird er auf die ganze Folge des Rückzugs, un-
entschlossen und zurückhaltend seyn. Die verstellten Hinterhalte thun alsdann die Dienste der wahren. Die vortheilhafteste aller Gelegenheiten, ist am Ausgange eines Defile, wenn die Gegenden zur Flanke durchschnitten sind,
oder wenn die Avantgarde des Feinds zu weit von seiner
Armee sich entfernt. Ists möglich, eine Brücke die der
Feind passirt, oder im Gebirge einen einzigen Weg durch
eine Mine unbrauchbar zu machen, so sieht man leicht wie
entscheidend dieser Vortheil seyn könnte, wenn sie zur rechten Zeit springt, und der Feind die Anlegung nicht entdeckt.
Man beobachtet im Hinterhalt alle die Vorsichten, die ich unter
diesem Artikel erwähnt, und der Angrif geschieht de Front
und auf den Flanken zugleich, und durch die hitzigste aller Attaken, um die Sache so schnell als möglich zu entscheiden. Man
muß den Sieg nicht zu hitzig verfolgen, um nicht in neue
Gefahren sich zu verwickeln; wird man aber entdeckt, bey
Zeiten sich zurückziehen.

Ist das Land sehr durchschnitten, so legt man kleine
Partheyen in Hinterhalt, bald von Infanterie bald von Cavallerie, bläset des Nachts Allarm, zeigt sich bey Tage
als aus Versehen, blendet den Feind durch falschen Aufmarsch, eine lange Linie, und so ferner. Formirt die Cavallerie nur ein einziges Glied, so läßt sie die Mäntel han-
gen,

gen, damit das Licht nicht unter den Füßen durchscheine, und postirt sich zu äusserst auf den Flanken in drey Gliedern.

§. 4.

Wenn die Retraite lang ist, und an der Arriergarde viele Gefechte vorfallen, so muß man die Arriergarde zuweilen ablösen. Die bequemste Gegend um es ohne Aufenthalt zu thun, ist am Ausgange eines Defilé, jedoch in gehöriger Entfernung, um die Truppen die debouchiren nicht zu verhindern. Dieß vermehrt den Muth der Armee und erweckt Nacheifrung. Man nimt entweder ganze Regimenter, oder auch wohl nach Befinden der Umstände Freywillige. Weicht die Arriergarde, so muß sie eine Retraite nehmen, so die folgenden Corps nicht in Unordnung bringt: prellt sie auf diese herein, so müssen diese sich schließen, und wenn Warnung nicht hilft, Feuer unter sie geben. Man sieht wie nothwendig Intervallen in Schlachtordnungen sind, um das Uebel der ersten Niederlagen zu mindern.

Von den

Gelegenheiten zu schlagen.

Erstes Capitel.

Von den Fällen, da man Schlachten und Gefechte suchen darf.

§. 1.

Man ist gezwungen, Schlachten und Gefechte zu suchen:

Wenn man seine Armee in kurzem geschwächt sieht; entweder durch den Abmarsch fremder Truppen, oder durch

S 5

eine

eine Diversion vom Feinde, der man Truppen entgegen stellen muß.

Wenn der Feind in kurzem eine Verstärkung erhält, die beträchtlich genug ist, den ganzen Stand des Kriegs zu verändern.

Wenn man voraus weiß, daß Mangel an Geld oder Lebensmitteln in kurzem bey unsrer Armee einreissen wird, und man blos im Gewinn einer Schlacht Mittel dagegen findet.

Wenn man voraus weiß, daß man durch Mangel von Fourage in kurzem gezwungen wird, Bewegungen und Retraiten zu unternehmen, die noch größern Gefahren blos stellen, als eine Schlacht die man itzt wagt.

Wenn man endlich voraus sieht, daß, wenn man die Schlacht, die man itzt noch aus freyem Willen liefert, länger in die Zukunft verschiebt, man in der Folge gezwungen seyn wird, wider Willen, und zu einer Zeit zu schlagen, wo unsre Truppen durch unsre Bewegungen rückwärts und durch den Verlust unsrer Provinzen und Festungen muthlos, der Feind aber nicht nur kühner geworden, sondern auch in den Vortheilen die er erhielt, stets neue Ressourcen fand, den Krieg fortzusetzen.

Zuweilen nöthigt das Clima des Lands zur Schlacht, um durch dieselbe die Krankheiten zu vermeiden, die zu gewissen Jahrs = Zeiten unter den Armeen, wenn sie im Felde stehen, einreissen.

Dieß sind die verschiednen Fälle, da man gleichsam gezwungen ist, Schlachten zu suchen, weil der Verschub eben so großen Gefahren ausstellt, als der Verlust. Doch muß man allerdings darauf bedacht seyn, nicht nur die Schlacht zu finden, sondern auch Vortheile in der Schlacht. Diese bieten sich nun dar, bald des Tags, bald des Nachts, bald im ofnen freyen Lager, bald im verschanzten, bald in dem

Mar-

Marsche. Man muß sie kennen, um sie in gewissen Fällen, durch List und wohl berechnete Bewegungen sich selbst zu verschaffen, in andern Fällen, sie wenigstens im ersten Augenblicke zu nützen, da das Glück sie uns darbietet. Hier ist ihr Detail.

§. 2.

Die vortheilhaftesten Gelegenheiten zum Schlagen sind:

Erstlich, wenn der Feind schwächer ist als wir, und man in einem Lande Krieg führt, wo die Ueberlegenheit in der Zahl von Gewicht ist. Der Feind ist entweder an und für sich schwächer, oder er detaschirte aus Wahl oder gezwungen: Er unternahm große Fouragirungen, ohne die gehörige Vorsicht. Krankheit, oder zu große Fatiguen, setzten einen Theil seiner Truppen ausser Stand, wie z. E. bey Landungen nach einem großen Transport über Wasser, oder auch wohl nach langen Märschen zu Lande, wo die Cavallerie in beiden Fällen Zeit braucht sich zu erholen. Man sieht, daß man zuweilen im Stande ist, sich solche Gelegenheit zu verschaffen. Es ist ferner vortheilhaft zu schlagen,

Zweytens, wenn man im Stande ist, seine Armee unvermuthet durch Detaschements, oder abgesonderte Corps zu verstärken, die man eher zurückrufen kann, als der Feind die seinigen.

Drittens, wenn der Feind so zu sagen noch neu in dem Lande ist, worinn er steht, noch nicht im Stande war, sich seine Märsche, Bewegungen und Communicationen mit seinem und seiner Bundsgenossen Lande, so viel nöthig, zu erleichtern.

Viertens, wenn seine Truppen noch übel disciplinirt, des Kriegs nicht gewohnt, oder muthlos sind.

Fünf-

Fünftens, wenn sie unter schlechten Generalen stehn, oder die Generale uneins sind, oder man Verständnisse unter benselben hat.

Sechstens, wenn der Feind besonders in der Nacht ein Lager oder einen Posten bezieht, die er nicht hinlänglich kennt: wenn er Anhöhen unbesetzt läßt, die über benselben dominiren, beträchtliche Holzungen, oder andre wichtige Posten versäumt.

Siebentens, wenn man durch das Land oder die Bewegungen des Feinds begünstigt, im Stande ist, einen Theil seiner Armee von dem andern zu trennen, und biesen zu Grunde zu richten, ohne daß er vom andern unterstützt werden kann. Solche Fälle z. E. sind, wenn die Communication der Flügel getrennt werden kann, wenn die Armee des Feinds durch einen Fluß getrennt ist, die Brücken entweder durch Ueberschwemmung, oder durch unsre Kunst mit Brandern oder andern Maschinen, zerstört werden.

Achtens, wenn der Feind, um sich zu behaupten, Verschanzungen nöthig hat, und man ihn überfällt, ehe diese Verschanzungen im Stande sind. Solche Fälle zeigen sich bey Passirung der Flüsse, bey Belagerungen, bey Beziehung von Posten, die nur zum Theil durch die Natur stark sind.

Neuntens, wenn der Feind sich in Verschanzungen einschließt, die von zu großem Umfange sind, oder keine Tiefe haben, umgangen werden können, oder sonst schlecht angelegt worden.

Zehntens, wenn der Feind in einem schlechten Posten steht. Sein Posten ist schlecht: Wenn er sich für die Gattung von Truppen nicht schickt, in welcher die Stärke seiner Armee besteht, noch für die Art zu fechten, an welche sie gewöhnt sind: wenn man ihm in der Flanke, und im Rücken beykommen kann: Wenn die Front desselben zu

groß

groß ist, wenn er zu wenig Tiefe hat, wenn das Terrain vorwärts desselben unsre Bewegungen verbirgt: Wenn der Feind unbewegt auf demselben stehn bleiben muß, und es nicht wagen darf, von der Vertheidigung zum Angrif über zugehn.

Eilftens, wenn man alle Vortheile des Clima, der Sonne, des Winds und des Staubs über den Feind hat: wenn der Posten, in welchem er steht, für unsre Truppen und ihre Art zu fechten sich schickt, unsre Stärke auf seine Schwäche trift, das Feuer unsrer Artillerie dem seinen überlegen ist, unsre Truppen einen gewissen Ruf der Ueberlegenheit haben, und der Feind sie aus Erfahrung oder Vorurtheil fürchtet.

Zwölftens, wenn Tumult und Verwirrung im Lager des Feinds entsteht, oder man im Stande ist, kurz vor dem Angrif sie selbst darinn zu stiften, wie z. E. beym Aufruhr, oder beym Brand, oder Ueberschwemmung.

§. 3.

Vortheilhafte Gelegenheiten, den Feind des Nachts anzugreifen, sind: Wenn der Feind die Vorsichten zur Sicherheit seines Lagers vernachläßigt, wenig Vorposten hat, sie schlecht ausstellt, oder diese ihre Schuldigkeit nicht thun.

Zweytens, wenn es möglich ist, sich einzuschleichen, weil man Verständnisse mit einem Officier von den Vorposten unterhält.

Drittens, wenn man den Feind durch einen entdeckten Spion verführte, oder sorglos machen konnte.

Viertens, wenn Defile's den Feind und uns trennen, wir Meister von ihrem Ausgange sind, das Land zwischen uns und ihm geheime Märsche begünstigt, sobald man die gehörigen Vorsichten nahm.

Fünf

Fünftens, wenn der Feind versäumt, Anhöhen, die sein Lager dominiren, oder andre entscheidende Posten zu besetzen.

Sechstens, wenn Ravins, Bäche, oder andre Hindernisse die Gemeinschaft der Truppen im Lager aufheben, oder wenigstens beschwerlich machen. Dieser Vortheil wird entscheidend, wenn man im Stande ist, sich derselben zu bemächtigen, und folglich einen Theil der feindlichen Armee von dem andern zu trennen.

Siebentens, wenn der Feind in einem unverschanzten Lager seine Truppen schlecht vertheilt hat, und besonders versäumt die Cavallerie durch Infanterie zu beschützen.

Achtens, wenn die Stärke des Feinds in nichts besteht als im Feuer, seine Truppen zum Gefechte Mann für Mann nicht taugen, oder größtentheils aus gezwungner Mannschaft bestehn, die wider Willen dienen.

Neuntens, wenn es möglich ist, dem Feinde in die Flanke zu fallen, so daß er im Dunkeln der Nacht gezwungen wird, seine Position zu veründern.

Zehntens, wenn man seinem Lager im Rücken beykommen kann, wo man öfters sorglos ist, und zuweilen kein Champ de Bataille findet.

Eilftens, wenn man im Stand ist, kurz vor dem Angrif, einen Theil des feindlichen Lagers in Brand zu stecken, oder unter Wasser zu setzen.

Zwölftens, wenn der Feind in seinem Lager so zu sagen noch fremd ist, und die meisten Officiers das Terrain das sie besetzen nicht kennen.

In allen diesen Fällen ist der Angrif des Nachts gut, wofern unsre Truppen zu diesem Gefechte taugen. Denn man sieht, ohne gesehen zu werden, und der Schrecken des Ueberfalls und Angrifs begünstigt.

§. 4.

§. 4.

Vortheilhafte Gelegenheiten, den Feind im Marsch anzugreifen, sind: Wenn der Feind sorglos auf seinen Märschen ist, nicht weit, noch sorgfältig genug recognoscirt, noch die Posten besetzt, die er zur Sicherheit seines Marsches besetzen sollte.

Zweytens, wenn seine Armee üble Disciplin hält, viel Bagage, Gefangne oder dergleichen mit sich schleppt.

Drittens, wenn sie be Front und in der Flanke zugleich attakirt werden kann.

Viertens, wenn ihre Colonnen so schlecht vertheilt sind, daß beym Angrif alles in Unordnung geräth, oder in einer Schlachtordnung stehn wird, die sich weder für die Beschaffenheit des Lands, noch seiner Truppen schickt.

Fünftens, wenn ein Theil der feindlichen Armee durch Defile's, Flüsse, Gebirge oder dergleichen, von dem andern getrennt wird, und man im Stande ist, ihn entweder abzuschneiden, oder doch anzugreifen und zu schlagen, ehe er vom andern unterstützt werden kann.

Sechstens, wenn die umliegende Gegend des Marsches Vortheile an die Hand giebt, in der Nähe desselben ein Corps Truppen zu verbergen, um durch einen plötzlichen Angrif, die Schwäche die der Feind darbietet, eher zu nützen als er sie bessert.

Siebentens, wenn man ihn zur Schlacht zwingen kann, nachdem er durch einen forcirten oder beschwerlichen Marsch seine Truppen abgemattet hat.

Dieß sind die vortheilhaftesten Gelegenheiten zum Schlagen, und selbst schwächere Armeen müssen sie nützen, wenn sie alles gegen alles wagen müssen; wenn die Beschaffenheit des Landes, oder die Vortheile des Ueberfalls einen Theil der feindlichen Truppen unthätig machen. Noch entscheidender aber werden diese Vortheile alle: wenn der
Feind

Feind in ein flaches und freyes Land weit vorwärts sich gewagt hat, ohne einen guten Posten oder Platz in seinem Rücken zu haben, wo er nach verlohrner Schlacht Sicherheit findet: wenn der Feind eine gefährliche Retraite hinter sich hat, und man im Stande ist, ihn daselbst zwischen zwey Feuer zu fassen: wenn man endlich durch die Schlacht ungleich mehr gewinnt als verliehrt.

Von den

Gelegenheiten zu schlagen.

Zweytes Capitel.

Wie man sich durch Märsche, falsche Bewegungen und Stratagems, eine günstige Gelegenheit zum Schlagen verschaft.

§. 1.

Die Kenntniß des Landes in welchem man Krieg führt, die Kenntniß der feindlichen Macht und der unsern, die Kenntniß des Generals den man gegen sich hat, bietet einem Feldherrn von Genie mehr als ein Mittel an die Hand, eine günstige Gelegenheit zur Schlacht zu verschaffen.

1) Man zwingt den Feind zum Detaschiren; das heißt, man giebt dem Feinde Besorgnisse für seine Festungen, Magazine und Provinzen, so das er gezwungen ist, in Corps sich zu vereinzeln, um überall Tete zu machen. Vielleicht wird dadurch das Lager des Feindes zu schwach, weil er es nun mit wenigern Truppen besetzt: vielleicht sind wir im Stande, durch das Land oder eine geheime Bewegung begünstigt, unsre Detaschements eher an uns zu ziehen als er.

er. Man verbirgt alsbann seine Verstärkung, und fällt
plötzlich über sein Lager und seine Armee, wann er sich
dessen am wenigsten versieht.

Zu einer andern Zeit ists möglich, durch einen Angrif
des Tags oder des Nachts, über alle seine Corps zugleich
herzufallen, alles in Furcht zu setzen, alles unthätig zu
halten, und dann mit überlegner Macht irgendwo durchzubringen. Was für einen Weg man nun auch wählt, so
muß man allezeit suchen dem Feinde die Zeit zu entreissen,
die er braucht seinen Posten haltbar zu machen.

2) Man bezieht diesen oder jenen Posten: der Feind
ist alsdann gezwungen, uns gegen über einen andern zu wählen: dieser Posten, wenn er nicht verschanzt wird, ist schwach,
und giebt dem Feinde keine Vortheile. Unsere Truppen
sind tapfer und gut: wir brechen auf, und führen den Feind
durch eine schnelle und plötzliche Bewegung dahin: er wird
angegriffen und geschlagen, ehe er Zeit hatte sich zu besinnen,
und Verschanzungen aufzuwerfen.

3) Man weiß den Posten den der Feind beziehen muß.
Zwischen diesem Posten und dem unsern den wir beziehen
wollen, giebts Defile's deren Ausgänge in unsrer Gewalt
sind, wenn wir die gehörigen Maasregeln treffen. Wir
brechen auf, besetzen die Defile's, berechnen unsern Marsch,
so daß der Feind zu spät im Lager anlangt, um gute Ver-
theidigungs-Anstalten treffen zu können. Wir überfallen
ihn des Nachts.

4) Der Feind marschirt, entweder weil er will, oder weil
man ihn dazu zwang. Zwischen uns und seinem Marsche
sind Defile's; wir können, wenn wir sie besetzen, unsre Bewegung, die Richtung unsers Marsches verändern, ohne
daß der Feind es gewahr wird. Hier liegt unsere Armee
im Hinterhalt. Der Feind maskirt vielleicht den Ausgang
der Defile's durch ein Corps. Wir attakiren dieß Corps,
hitzig, mit wiederholten Attaken, und mit ganzer Armee.

T   Wird

Wird solches gegen uns bestehn? Wie finden wir alsdann die Armee des Feindes? Ist der Feind auf seiner Hut, so ziehn wir uns zurück, ohne Gefahr und ohne Verlust.

5) Man weiß den Posten des Feinds. Wäre es möglich ihn aus demselben zu belogiren, so hätte er die gefährlichste aller Retraiten für sich. Wie ists nun möglich ihn zum Aufbruch zu zwingen? Durch Posten, fliegende Lager, und Detaschements, die seine Fouragirungen einschränken, seine Convois unsicher machen, seine Magazine und Provinzen bedrohen: man muß diese Posten beziehen, und durch unerwartete, schnelle und plötzliche Bewegungen dem Feinde in denselben zuvorkommen.

6) Verstellte Retraiten, Anstalten die Furcht verrathen, ein vorgegebener Befehl des Hofs, daß man nicht schlagen darf, und andere Strategeme mehr, verführen öfters den Feind; und man muß alles versuchen, wenn man auf den Angrif geht, und an der Spitze einer Armee sich findet, die des Kriegs und der Schlachten gewohnt ist: sonst verliehrt man ihr Zutrauen. Will man aber glücklich in seinem Vorhaben seyn, so muß man dem Feinde nie die Zeit geben seine Vorsichten zu nehmen: man muß sein Lager so nahe an demselben beziehen, als der Entwurf des Feldzugs erlaubt, und so lange die Gelegenheit nicht reif ist, in allen Zwischen-Lägern, und auf allen Märschen, auf seine eigene Sicherheit denken.

7) Wenn man seine Maasregeln dergestalt traf, daß der Feind nun wirklich gezwungen ist seinen Posten zu verlassen, und Gegenden auf dem Rückzuge zu betreten, da man die gewünschten Vortheile über ihn hat: so muß man nun auch wachsam genug seyn, daß der Feind nicht durch eine geheime Retraite, alle unsere Hofnungen vereitelt. Ein erlesnes Corps Cavallerie und Infanterie bleibt in beständiger Bereitschaft, um auf die erste Nachricht vom Aufbruch des Feinds ihm auf dem Fuße zu folgen. Die
leich-

leichten Truppen umgeben das feindliche Lager von allen
Seiten, überall gehn Partheyen aus und Spions. Man
giebt besonders auf die Feuer des Feinds Acht, ob sie
ausgehn, ungewöhnlich stark sind, zur ungewöhnlichen
Stunde viel Leute sich davor zeigen, u. s. f. Bey der ersten
Nachricht vom Aufbruch, folgt dieß Detaschement unverzüg=
lich nach, darauf die ganze Armee, ohne Bagage, ohne schwere
Artillerie.

Gewann der Feind, dieser Vorsichten ungeachtet, bereits
einen Vorsprung, so sitzt ein Theil der Infanterie den Reu=
tern en Croupe auf, damit die Infanterie die Attaken der
Cavallerie unterstützen, und diese öfter und mit Entschlos=
senheit anrücken kann, um den Marsch des Feinds aufzu=
halten, und der Armee, die folgt, Zeit zu gewinnen.

Wenn der Feind Halt macht, und in einem vortheil=
haften Posten sich setzt, so muß man aus der Kenntniß
desselben beurtheilen, ob er auch im Stand ist, sich daselbst
zu behaupten. Je mindre Wahrscheinlichkeit sich hier zeigt,
desto wachsamer muß man seyn, desto weiter müssen die leich=
ten Truppen vordringen, desto sorgfältiger müssen sie be=
sonders die Flanken und den Rücken der feindlichen Position
recognosciren, damit man gewahr werde was im Rücken
der feindlichen Front sich zuträgt.

Die ganze Armee bleibt in beständiger Bereitschaft:
weder Officier noch Soldat darf sich von seiner Fahne
entfernen. Man fouragirt blos im Bezirk des Lagers.
Die Cavallerie bleibt gesattelt, bis man gewiß vermuthen
kann, daß der Feind übernachtet.

Von den
Ordres de Bataille.

Erstes Capitel.

Von der Stellung, den Waffen, dem Feuer der Infanterie, und ihrer Attake.

§. 1.

Ich rechne zwey Fuß oder vier und zwanzig Zoll auf jegli=
chen Mann im Gliede, und eben so viel auf die Entfernung
der Glieder von einander: Ein Bataillon von fünfhundert
Mann, in vier Gliedern, besetzt ein Terrain von zweyhun=
dert und funfzig Fuß in der Front, und sechs Fuß in der
Tiefe. Die Truppen können auf solche Art feuern, das
Bajonet der hintern Glieder wird noch gebraucht, und
man steht weder zu geöfnet noch zu geschlossen.

Die Zahl der Glieder, in welcher man ficht, wird nicht
durch eine einzige allgemeine Regel bestimmt, sondern durch
die Verschiedenheit der Gefechte. Eine Troupe die in vie=
len Gliedern ficht, ist vielleicht weniger bequem zum Feuer,
als eine Troupe in drey oder vier Gliedern: das Feuer der
Artillerie wird auch vielleicht größre Verwüstung unter der=
selben anrichten können. Ist aber die Rede von diesem
Feuer nicht allein, ists möglich zum Choc und zum Bajo=
net zu gelangen, so besteht die Ordre de Bataille in weni=
gen Gliedern, gegen tiefe Schlachtordnungen nicht, und
eine Troupe von acht bis zehn Gliedern wirft allerdings
die feindliche zu vieren über den Haufen. Die Verschie=
benheit also der Gefechte entscheidet die Frage. Denn wollte
man auch sagen, daß man durch die Verdopplung der Glie=
der,

der, die Breite seiner Front vermindert, und folglich Ge=
fahr läuft, sich umflügelt und in der Flanke angegriffen
zu sehn: so giebts nicht nur, wie man in der Folge sieht,
Ressourcen in der Taktik, wodurch man diesem zuvorkömmt,
sondern es giebt auch Fälle, wo das Terrain die Flügel
bedeckt, so daß auch hier Terrain und Gefecht entscheiden.

In was für einer Ordnung man aber auch ficht, die
Zahl der Glieder sey groß oder klein, so ists ein allgemei=
nes Gesetz, die Flanken der Bataillons durch eine Rotte,
den Rücken durch ein Glied Officiers, Unterofficiers und
Gefreyte zu bedecken, die in einiger Entfernung von ein=
ander abstehen, Espontons und Kurzgewehre tragen, laut
den Befehl empfangen, jeden der fliehen will niederzustossen,
und wenn der Fall sich eräugt, auch wirklich ein Beyspiel
stiften.

§. 2.

Die Infanterie der Alten, besonders aber der Römer,
war nicht ganz auf einerley Art, weder zum Angrif noch
zur Vertheidigung bewafnet: Sie hatten Leicht= und Schwer=
bewafnete, Schleuder und Wurfspieß, Pike und Degen;
alles war untereinander vermischt, damit jede Waffe die
andre unterstützte, jede mit ihrer Stärke die Schwäche der
andern bedecken konnte. Es geschieht selten, sagt Polyb,
daß ein Wahlplatz überall gleiches Terrain hat. Sind
nun Rüstung und Waffen verschieden, so weist man jeder
Gattung das Terrain an, das für sie am besten sich schickt:
sind die Waffen überall gleich, so trägt es sich fast bey allen
Gefechten zu, daß hier oder da eine Gattung von Waffen
am unrechten Orte stand. Ist nun der Feind, so wie wir,
nur auf eine einzige Art bewafnet, so sind die Vortheile
gleich: Vermischt er aber seine Waffen, weiset er einer
jeden ihr wahres Terrain an, so vertreibt er die unsern.
Ob also gleich alle Mächte von Europa itzt nur eine ein=

zi=

zige Waffe für die Infanterie zu kennen scheinen, nemlich
die Flinte, so glaube ich doch ohne Wahrsagungs-Geist
prophezeyen zu können, daß man dereinst die Pike wieder
ergreifen wird, um Front und Flanken zu decken, die itzt
in vielen Fällen, ich möchte sagen, wehrlos sind. Man
sagt, die Pike vermindert das Feuer: es giebt aber Mittel
diesem Uebel zu helfen, und das Gute der Pike zu nützen.
Wie wird alsdann die Flinte mit dem Bajonet gegen die
Pike und Flinte zugleich bestehn, besonders wenn man stehenden Fusses ficht, oder beym avanciren kleine Trupps
auserlesner Schützen vor den Piquiers her schickt, dem
Feinde das Feuer abzulocken und seine Officiers niederzuschiessen. Es giebt Nationen, deren erste Attake hitzig
und furchtbar ist; zur zweyten aber kömmt es nicht, wenn
man die erste überstand. Keine beßre Waffe in der Welt
gegen diese Truppen als die Pike. Dieß erkannten schon Fu-
rius und Flaminius, zwey Römische Consuls, die gegen
die Gallier fochten; und stellten ihre Pikenträger in das
erste Glied: Denn die Gallier, sagt Polyb, geben das
Treffen sogleich auf, wenn der erste Angrif nicht durchdringt; und die Gallier wurden auch geschlagen.

Die Flinte der Infanterie ist nicht so vollkommen erfunden, daß sie nicht verschiedne Verbeßrungen litte: doch
sehe ich mich genöthigt, meine Erfindungen über diesen
Punkt noch zu verschweigen, weil ich wünsche, daß Spanien den ersten Gebrauch davon machen soll. Die allgemeine Veränderung aber wäre diese, daß man eine gewisse
Zahl von gezognen Röhren bey der Infanterie einführte,
und diese den besten Schützen übergäbe und sobann in das
erste Glied stellte. Die Kugeln dieser gezognen Gewehre
brauchen nicht größer zu seyn als die andern; doch müßte
man sie in andern Formen giessen, so daß sie ringsherum
mit einem dünnen bleyernen Häutchen überzogen sind: Dieß
Häutchen füllt sobann die Rohrzüge aus, so viel als nöthig,

daß

daß das Pulver nicht zu viel von seiner Kraft verliehrt, und die Ladung geht sodann schneller.

Wenn das Gewehr in gutem Stande seyn soll, so muß der Lauf trocken seyn, wozu man ein wenig Pulver in demselben anzündet, die Pfanne rein, die Batterie mit Oel eingeschmiert, jedoch ohne das Zündloch zu berühren, der Ladestock nicht zu fest, das Bajonet gut aufgepflanzt und der Stein wohl aufgeschraubt. Der Stein darf nicht zu groß seyn, sonst springt er entzwey, auch nicht zu klein, sonst giebt er kein Feuer. Die spanischen Schlösser, die ungemein starke Federn und gehackte Pfannendeckel haben, erfodern röthliche Steine, denn die schwarzen und grauen sind zu weich, die weissen aber zu hart: Französische Schlösser hingegen verlangen dünne, durchsichtige und graue Steine: laufen die Adern krumm, oder wie Erbadern, oder alabasterfarbig, so taugen die Steine nichts. Ist das Schloß stark und die Batterie gehackt, so muß der Stein hinten stark seyn, und auch vorne nicht zu dünn; bey andern Schlössern aber flach: denn sind sie hinten hoch, so schlagen sie zu tief unten an der Batterie, schraubt man sie verkehrt, so springen sie. Das Leder oder Bley, das den Stein im Hahne hält, muß dicht genug seyn, damit der Stein nicht zerspringt, und nicht über die Backen heraus stehn, weil sonst die Funken nicht in die Pfanne springen. Jeder Soldat muß wenigstens zwey en Reserve haben.

Je mehr der Soldat Munition trägt, desto besser ists, damit sie im Gefecht ihm nicht mangle: Denn wollte man daselbst auch neue austheilen, so geschiehts nicht ohne Gefahr, Verwirrung und unglückliche Zufälle. Die deutschen Patrontaschen sind daher vortreflich, weil sie in Fächer abgetheilt sind, und so viele Patronen fassen. Es wäre vielleicht gut, wenn jeder Soldat einige Kugeln besonders hätte, die er nach dem Pulver das in der Patrone ist, in den Lauf würfe: weil diese Kugeln grösser seyn könnten als

T 4   die

die in der Patrone, und folglich weiter tragen. Die Schützen mit dem gezognen Gewehre bedienen sich in der Nähe
eben solcher Patronen, wie die andern. Jeder Infanterist sollte zehn Kartetschen-Patronen führen, fünf mit drey,
und die andern mit noch mehr kleinen Kugeln, die, wenn
sie gleich nicht tödten, doch verwunden, und aus dem Gefechte bringen, damit das Feuer immer mörbrischer werde,
je näher der Feind kömmt.

Man braucht zuweilen Grenaden beym Sturme, so
wie bey der Vertheidigung der Verschänzungen, und auch
noch in einigen andern Fällen, als z. E. wenn man die Cavallerie durch kleine Pelotons von Infanterie verstärkt. Hier
ist die Beschreibung von diesen Grenaden. Eine Handgre-
nade wiegt ungefehr zwey Pfund und hat gegen drey Zoll
im Diameter; die Ladung ist acht bis zehn Loth. Die
Brandröhre ist zwey Zoll und zwey Linien lang, und hat
drittehalb Linien im Durchschnitte. Das Ende was in die
Grenade gepaßt wird, ist nicht viel kleiner als das Zündloch; hernach aber wird sie immer stärker, theils damit man
sie desto besser passe, theils damit sie bey dem Einschlagen
mit dem Hammer nicht entzwey geht. Der Satz ist verschieden, die Brandröhre aber muß so lange brennen, daß
man vom Anzünden bis zum Springen der Grenade fünf
und zwanzig zählen kann: brennte sie kürzer, so springt die
Grenade im Fluge, brennt sie viel länger, so kann der Feind
ausweichen. Merkt man beym Probiren, daß die Brandröhre zu langsam oder schwach brennt, so setzt man dem
Satze mehr Pulver bey: verbrennt sie zu geschwinde, so
müssens Kohlen seyn. Die Ladung geschieht mit kleinen
Schaufeln von Blech, einem messingenen Stopfer, und hölzernen kleinen Hämmern, damit man den Satz dicht schlägt.
Ob die Ladung gut und dicht ist, erkennt man an der Flamme, wenn sie beständig gleich ist, ohne zu sprühen und von
einer Stelle zur andern zu fahren. Ist die Brandröhre in die

Gre-

Grenade eingestoßen, so verschmiert man die Fuge äusserlich mit einer Gattung von Salbe, die aus vier Theilen schwarzem Peche und einem Theile Talk gemacht wird, damit die Röhre desto fester halte, und keine Nässe durchdringe. Oben wird die Röhre mit einem Stückchen Pergament oder dichtem Papiere und Bindfaden verbunden, auch von aussen in Pech getauft. Man hat Brandröhren im Vorrath, die man uneingestoßen mitnimt, weil stets einige abfallen oder das Verband verliehren; und diese werden unten wie oben mit einer Salbe bestrichen, die aus vier Theilen gelbem Wachs und einem Theile Schmeer besteht. An Lunte bekömmt jeder Grenadier ein Stück von zwey Schuh.

§. 3.

Es behaupten einige Schriftsteller, die Infanterie sollte nicht eher Feuer geben, als bis man dem Feinde das Weiße im Auge sieht: ich glaube aber, mit Unrecht, denn die Erfahrung lehrt, daß das Feuer der Infanterie auch weit in der Ferne mörderisch ist: warum sollte man also dem Feuer des Feinds sich blos stellen, ohne selbst ihm zu schaden? Die gezognen Gewehre machen den Anfang, von dreyzehen hundert Fußen an bis zu neunhundert, und schießen nach den Officiers und Artilleristen. Von neunhundert Fuß bis zu siebenhundert, schießt alles mit einzelnen Kugeln, stark gepfropft und ohne Patronen. Von siebenhundert Fuß bis zu dreyhundert, mit Patronen. Von dreyhundert Fußen bis zum Choc, mit Cartetschen, Anfangs mit drey, zuletzt mit sechs und auch wohl noch mehr, kleinen Kugeln. Die Officiers müssen ihre Leute erinnern, daß sie gegen Fußvolk auf halben Mann anschlagen, gegen den Reuter auf die Brust vom Pferde. Der gewöhnlichste Fehler beym Feuer der Infanterie ist, daß sie zu hoch anschlägt: man muß scharf darauf halten, daß sie das Gegentheil thut: denn geht die Kugel über den Mann weg, so ist sie sicher verloh-

ren,

ren; geht sie zu tief, so springt sie vielleicht noch auf und thut dennoch Schaden.

Man muß nie ganz sich verfeuren, sondern dergestalt die Feuer vertheilen, daß allezeit ein beträchtlicher Theil des Bataillons den Schuß im Gewehre hat, besonders wenn man mit dem Bajonet einbrechen will. Vielleicht wäre es gut, jede Compagnie in zwey Theile zu theilen, und sodann Gliederweise erst mit der rechten, sodann mit der linken Hälfte zu feuern. Der Major commandirt die Feuer, deren sodann sechs oder acht an der Zahl sind, so daß die Leute Zeit genug haben wieder zu laden.

§. 4.

Die Infanterie rückt mit ernstem langsamen Schritt gegen den Feind, um Ordnung und Glieder zu halten, und nicht auffer Athem zu kommen. In gewisser Entfernung aber vom Feinde fällt alles in den schnellen doublirten Schritten aus, um ihn mit Ungestüm zu durchbrechen. Der Feind wird dadurch bestürzt, und sein Feuer furchtsam und ungewiß. Alle Tambours schlagen Allarm. Rückt der Feind zu schnell heran, besonders bey Ersteigung der Höhen, so giebt man ihm eine Salve aus Stück und Gewehr, und stürzt von der Höhe auf ihn hinunter. Die Flanken dieser Attake müssen sicher seyn, damit nicht der Feind während derselben die Höhe gewinnt, oder die Truppen davon abschneidet. Die Infanterie muß lernen, auch beym schnellsten Marsche Glieder und Ordnung zu halten, weil es öfters darauf ankömmt, dem Feinde in der Geschwindigkeit zuvor zu kommen, und diesen oder jenen Posten eher zu besetzen als er.

Von den

Ordres de Bataille.

Zweytes Capitel.

Von der Reuterey, ihrer Attake, und der besten
Methode sie durch Infanterie zu verstärken.

§. 1.

Ich rechne auf den Reuter drey Fuß de Front, damit
er weder zu gedrängt noch zu geöfnet stehe: das Regiment ist zu fünfhundert Mann, und theilt sich in fünf Eskadrons, die Eskadron rangirt in zwey Gliedern, jedes zu
funfzig Pferden, und fünf und siebenzig Schritt, oder hundert
und funfzig Fuß de Front. Die Tiefe der Eskadron beträgt
beynahe zwölf Schritt.

Der Dragoner ist nichts anders als ein Infanterist zu
Pferde, und erhält ein Gewehr von gleichem Caliber, mit
wenigstens dreyßig Patronen, davon zwanzig mit Kugeln
sind, zehn mit Kartetschen. Ausserdem hat er eine Pistole,
auf der andern Seite Schanzzeug. Auf die Pistole bekömmt er drey Schuß, und zwey Flintensteine im Vorrath
fürs Gewehr, und einen für die Pistole. Die ganze übrige
Reuterey bekömmt nicht mehr, als sechs Schuß auf den
Carabiner, und vier für jede Pistole, weil die Reuter selten
zu Fuße dienen, und zu Pferde in wenig Fällen feuern dürfen. Man giebt der Cavallerie, so wie den Dragonern, einige gezogene Gewehre.

§. 2.

Es muß ein Grundgesetz bey der Cavallerie seyn, daß
sie niemals feuert, wo sie nur irgends zum Choc gelangen
kann,

kann, sondern daß sie bloß auf den Degen sich verläßt, der zu Pferde ihre einzige Waffe seyn muß. Das Feuer zu Pferde ist unrichtig und taugt nichts, bringt aber die Eskabron, die feuert, selbst in die gröste Unordnung, so daß sie dem Feinde, der mit dem Degen einbricht, nicht widerstehen kann. Man kann also nicht scharf genug darauf halten, daß die Reuter nie in der Eskabron feuern, sondern sich fest einprägen, daß sie die Patronen zu nichts empfangen, als wenn sie zu Fuße dienen, oder in einzelnen Scharmützeln, oder wenn sie von dem Feinde durch Graben, hole Wege oder dergleichen getrennt sind, und es unmöglich wird zum Choc zu gelangen. Alsbann können auch wohl die Eskabrons feuern: Es muß aber wieder gegen Eskabrons seyn, denn das Feuer zu Fuß ist ganz ohne Vergleich stärker als das Feuer zu Pferde. Alle Ataken der Cavallerie müssen im Galopp sich enden, um die Cavallerie, die langsam anrückt, oder gar stehen bleibt, mit einmal über den Haufen zu werfen. Soll sie also in der ersten Linie der Armee aufmarschiren, und nicht eher zum Choc gelangen, als die Infanterie gegen einander feuert, so muß sie rückwärts der Infanterie sich formiren, um vollen Anlauf zu gewinnen.

§. 3.

Man muß nie die Cavallerie, aus Wahl, dem Feuer der feindlichen Artillerie blos stellen: denn sie ist am leichtsten unter allen zu treffen, und die Pferde werden scheu, und Verlust und Unordnung ist grösser als bey der Infanterie. Wenn aber kein Mittel da war, den Batterien des Feinds zu entgehen, weil die Umstände es erfodern, daß die Cavallerie in der ersten Linie der Armee sich formirt, und man dem Feinde in der Anlegung der Batterien kein Gesetz giebt: so muß man die Cavallerie in gehöriger Entfernung von den Batterien formiren, und sodann nicht zögern noch säumen, sondern sofort im Trab vorwärts marschiren, und endlich im Galopp mit dem Säbel in der Hand einbrechen.

Soll

Soll die Cavallerie auf Infanterie attakiren, die noch ge-
schloffen steht, Reihen und Glieder hält, so muß es nach
eben denselben Grundsätzen geschehn, die Attake muß hitzig
seyn, und brusquirt werden, damit man einem Theil seiner
Gefahr entgehe, und der Feind zaghaft werde. Ich würde
aber, in diesem Falle, vor jeder Eskabron zehn Mann von
der auserlesensten Infanterie voranschicken, und diese durch
zwey kleine Pelotons, jedes von acht Mann, unterstützen,
alles unter Commando von allen aggregirten Officiers und
den zuverläffigsten Corporals und Sergeanten in der ganzen
Armee. Diese Trupps müssen suchen den Feind zu durchbrechen, und sodann zur Rechten oder Linken sich wenden,
da die Cavallerie im vollen Gallopp de Front attakirt.
Das Geschäft dieser Pelotons scheint kützlich, ich gestehe
es, aber es scheint mir unmöglich, daß die Cavallerie die
Infanterie durchbricht, wenn sie nicht dergleichen Maaßregeln trift, und die Infanterie noch in der Ordnung steht,
ohne durch vorgängige Gefechte Glieder und Rotten verlohren zu haben.

§. 4.

Wenn die Cavallerie des Feinds der unsern an Güte
überlegen ist, so daß mans nicht wagen kann, sie bey gleichen Vortheilen ihr im Gefecht entgegen zu stellen; und
man gleichwohl gezwungen ist, die Cavallerie in die erste
Linie der Armee zu rangiren: so verstärkt man sie durch Infanterie, und sucht in der Vereinigung der Waffen, die
Ueberlegenheit, die einzeln der Cavallerie fehlte. Man
verstärkt die Cavallerie auf gleiche Art durch die Infanterie,
wenn das Terrain vorwärts des Champ de Bataille so
beschaffen ist, daß die Cavallerie, wenn sie weit vorwärts
rückte, Gefahr liefe, in die Flanke gefaßt und geschlagen
zu werden. Es fragt sich nun, in was für einer Ordnung
die Infanterie fechten soll, die bestimmt ist die Cavallerie
burch

durch ihr Feuer zu beschützen, vereinigt mit ihr zu agiren, und ihre Attake mit dem Degen in der Hand zu erleichtern.

Der Marschall, Graf von Staremberg, stellte, so lang die Front der Linie war, Infanterie und Cavallerie, Regimenter- und Brigadenweise unter einander. Es giebt vielleicht Fälle, wo diese Schlachtordnung gut ist, besonders wenn man auf der Stelle sich vertheidigt, und der Feind den man gegen sich hat, Cavallerie ist. Müßte man hingegen in dieser Ordnung avanciren, so verliehrt die Cavallerie die ganze Stärke ihrer Attake, die Geschwindigkeit, oder es werden überall Lücken, die gefährlich werden können, wenn die Cavallerie hier oder da geschlagen würde. Wollte man die Lücken durch die Regimenter oder Brigaden der Infanterie schließen, die im zweyten Treffen hinter der Cavallerie stehn, so würde dennoch die Cavallerie in dieser Ordnung auf eine Art attakiren, die ihr nichts weniger als vortheilhaft ist, und man würde schwerlich sie an den Feind bringen. Ists endlich Infanterie, die entweder ganz oder zum Theil der Cavallerie entgegen steht, so sind die Fronten jeder Abtheilung zu groß, um von der nebenstehenden Infanterie hinlänglich, gegen das Feuer der feindlichen, gedeckt zu seyn. Ich halte es also in allen Fällen für eine gefährliche Ressource, die Cavallerie in erster Linie durch Infanterie zu verstärken: müßte man aber seine Zuflucht dazu nehmen, so würde ich, statt der Brigaden oder Regimenter Infanterie, nur einzelne Pelotons brauchen von zwanzig bis vierzig Mann, und diese von zwey zu zwey Eskadrons in die Intervallen derselben postiren, damit sie, kurz vor dem Einbrechen der Cavallerie, dem Feinde eine gelegne Salve zuschicken, wenn man ihm so zu sagen schon das Weiße im Auge sieht. Die Cavallerie bricht sodann ein, mit dem Degen in der Hand, um die Unordnung zu nützen, die dieß Feuer unter dem Feinde anrichten muß: Es entstehn keine Lücken in der Ordre de Bataille: Die

Ca-

Cavallerie kann an den Orten fechten, die für sie am bequemsten sind, und die Pelotons von der Infanterie setzen sich während ihres Gefechts, oder schließen an die Reglmenter an, die zu ihrer Unterstützung in der Nähe sich finden. So gewann Heinrich der Vierte die Schlacht zu Coutras, gegen den Herzog von Joyeuse, und schlug eine Cavallerie, die die seinige an Güte und Stärke übertraf.

Von den

Ordres de Bataille.

Drittes Capitel.

Was für Terrain für die Cavallerie taugt, was für Terrain für die Infanterie. Wie man eine gewisse Ueberlegenheit in den Waffen, oder auch Vorurtheile, nützt. Was für Terrains man wählen muß, wenn man stärker ist als der Feind, oder wenn der Feind uns überlegen ist.

§. 1.

Die Ebne gehört der Cavallerie, durchschnittnes Land der Infanterie. Man kann sich nicht weher in seiner Schlachtordnung thun, als wenn man der Cavallerie Terrain anweiset, wo sie nicht im Stande ist zu agiren. Ist also das Terrain auf den Flügeln der Armee nicht bequem für die Cavallerie, so sind auch die Flügel ihr Platz nicht, sondern sie muß im Centro der Schlachtordnung stehen, oder wo sonst das Terrain bequem für sie ist. Alsdann steht auch die Infanterie auf ihrem eignen Terrain, denn alles was der Reuterey schädlich ist, ist vortheilhaft für sie. Wäre

man

man also dem Feinde an Reuterey überlegen, es sey an Güte oder Zahl, so sucht man die Ebne: durchschnittnes Land, Berge, Gebüsche, hole Wege und Gräben, wenn man seine Stärke in der Infanterie hat. Die Chikanen des Terrains müssen sich nirgends finden als zwischen den Armeen, die Gemeinschaft aber der Flügel und Treffen muß frey und ohne Hinderniß seyn, damit jeder Theil der Armee im Stande ist, den andern zu unterstützen.

§. 2.

Wenn ein Theil der feindlichen Armee aus Truppen besteht, die sich vor einer gewissen Nation der unsrigen fürchtet, wenn ein Theil seiner Infanterie furchtsam gegen Cavallerie ist, oder die Cavallerie die Infanterie scheut; wenn man irgends im Stande ist, einen Nutzen aus diesem oder jenem Vorurtheile des Feinds zu ziehn: so muß man es nicht verabsäumen, seine Schlachtordnung hienach zu ordnen. Ist sowohl bey der einen als der andern Armee eine Verschiedenheit in den Waffen, so würde ich der Infanterie die kein Gewehr hat als Flinten, Pike und Flinte zugleich entgegenstellen; die Flinte, der Infanterie die keine andere Waffen hat als Wurfspiesse, Pfeile, Schleudern, Säbel u. s. f. wie z. E. die Infanterie der Barbaren führt; der Infanterie mit Piken, wenn sie im Gebüsche agirt, und nicht Pike und Flinte zugleich zu gebrauchen weiß, stellte ich Infanterie mit Flinten entgegen: Der Cavallerie, überall wo es seyn kann, Infanterie mit Flinten und Piken. Die schwere Cavallerie muß man durch leichte angreifen, die truppweise sie harcellirt und von der schweren unterstützt wird, die sodann ihren Feind gewiß in Unordnung findet, wenn die leichten Trupps nahe genug heran rückten. So ließ, in der Schlacht von Bovines, der Chevalier Guarine in großes Corps flamingischer Ritter, durch hundert und funfzig leichte Pferde attakiren, nicht in der Absicht wie die Geschichtschreiber sagen, daß diese leichten Pferde jene

Rit-

Ritter niederhauen sollten, die Curaß und Lanzen führten, und auf ihre Tapferkeit stolz waren, sondern blos um einige Unordnung unter ihnen zu stiften, damit die Ritter die ihnen folgten, desto sicherer durchdrängen, wie dann auch wirklich geschah. *) Ficht die Infanterie in tiefer Schlachtordnung mit vielen Gliedern hinter einander und mit Intervallen zwischen den Corps, so bedient sie sich eben desselben Stratagems, und schickt kleine Pelotons erlesner Soldaten voraus, die dreyßig bis vierzig Schritt vorwärts sich halten, und das Feuer des Feinds ganz oder zum Theil ablocken, und ihn dadurch in Unordnung bringen, worauf die Regimenter hinter denselben vorbrechen und desto leichter durchbringen.

> *) Anmerkung des Herausgebers. Der Prinz Carl von Lothringen bediente sich eben dieses Stratagems in der Bataille von Czaslau, und warf die Preußische Cavallerie.

§. 3.

Wenn man den Feind überhaupt in der Zahl übertrift, und die Güte der Truppen wenigstens die Wage sich hält, so sucht man Ebnen und Gegenden aus, wo man den Feind de Front und in der Flanke zugleich attakiren kann; wäre es möglich auf beyden Flügeln zugleich, wo nicht, doch mindstens auf einem. Je schwerer es ist die Front des Feinds durchzubrechen, desto rathsamer ists die Flanke zu attakiren. Der Curaß, die Pike, und die Zahl der Glieder sinds, was in den Waffen und der Schlachtordnung, den Angrif der Front schwer und gefährlich macht. Gleich die ersten Gefechte der Deutschen und Spanischen Cavallerie lehrten den Vorzug der starken und hohen deutschen Pferde beym Choc. Aber die Spanier lernten bald das Mittel zu siegen, und nützten die Geschwindigkeit ihrer Pferde, um mit einigen Eskadrons dem Feind die Flanke

U   ab-

abzugewinnen, und sobann Front und Flanke zugleich zu attakiren.

Reicht die Anzahl der Truppen nicht zu, den Feind von beyden Seiten zu umflügeln, so wählt man diejenige von beyden, so zur Schwenkung und dem Angrif in der Flanke die meisten Vortheile darbietet: Die Truppen die bestimmt sind diesen Angrif zu thun, nehmen Posto zwischen den beyden Treffen, damit der Feind beym Aufmarsch die Ueberlegenheit unsrer Truppen nicht merkt, und sobann sich plötzlich überfallen sieht, wenn sie durch eine schnelle Bewegung die Front der Armee verlängern und in seine Flanke sich einschwenken.

§. 4.

Ist der Feind in der Zahl überlegen, so muß man ein Schlachtfeld sich wählen, wo er nicht im Stande ist sich auszubreiten, noch die Flügel der Armee zu umgehn und Flanke oder Rücken zu attakiren. War es unmöglich beide Flügel zu decken, so schützt man wenigstens einen durch die Vortheile des Terrains, z.E. durch einen Morast, das Ufer der See, einen Fluß, steile Höhen, Dörfer oder Städte, und so ferner. Den andern Flügel deckt man durch Verschanzungen oder einen Verhack, wenn man stehenden Fußes sicht, durch den Kern der Truppen, die zahlreichste und beste Reuterey, Spanische Reuter, schwere Artillerie, Steinstücke auf Wagen gestellt, Wagen von der Bagage und so ferner, wenn die Armee und dieser Flügel vorwärts rücken soll. Wäre es möglich die Flanke der Flügel zu decken, wenn man der Truppen nur um ein weniges mehr hätte, und der Feind sowohl als wir hätte die Ordre de Bataille zu vier Mann hoch: so müßte man ohne Bedenken in drey Gliedern sich rangiren, und wenn auch dieß noch nicht zureichte, die Rotten ein wenig öffnen: beydes wird nicht so nachtheilig seyn, als wenn man umflügelt und in der Flanke gefaßt wird. Ist die Front dennoch zu klein, so schwächt man die Reserve

oder

oder das zweyte Treffen, an den Orten wo das Terrain
schützt, und die wenigste Gefahr ist. Das erste Treffen ent=
scheidet fast immer den Sieg, und hier muß man also vor
allem dem Feinde gleich zu seyn suchen.

Den Rücken deckt man wie die Flanken, zuweilen durch
das Terrain, als z.E. durch einen Fluß, See oder Morast:
doch muß, zwischen dem letzten Treffen der Armee und
diesem Rückhalt, Terrain genug seyn, daß, wenn die ersten
Treffen geschlagen werden, sie Platz haben sich wieder zu
setzen. Die Retraite ist zwar allerdings alsdann schwer,
wenn die Niederlage allgemein ward: es giebt aber Fälle
im Kriege, da man auf nichts anders bedacht seyn darf,
als zu schlagen und die Schlacht zu gewinnen, nicht aber
auf den Rückzug.

Ist endlich eine schwache Armee in flacher freyer Ebne,
der Gefahr blos gestellt, von ihrem Feinde umringt zu
werden; de Front, auf den Flanken und im Rücken zugleich
sich attakirt zu sehen: so muß man alle Ressourcen aufru=
fen, die Wagen der Bagage, der Artillerie, Zelter, Equi=
page, Spanische Reuter, Graben, Verschanzungen, Verha=
cke, alles ersinnliche zu nützen, um die Cavallerie des Feinds
zurückzuhalten, die glücklicher weise oft durch kleine Hin=
dernisse zurückgehalten werden kann.

Von den

Ordres de Bataille.

Viertes Capitel.

Von der Stärke und Formirung der Brigaden.
Von der Entfernung der Treffen: von der Formirung der obliquen Schlachtordnung. Wie man die
Ueberlegenheit in der Zahl braucht: wie man
sich gegen die Ueberlegenheit deckt.

§. 1.

Vier Bataillons Infanterie formiren, wenn sie ohne Intervallen stehn, eine Brigade; haben sie Intervallen, so
rechne ich auf jede Brigade drey. Zehn Eskadrons oder
tausend Pferde machen eine Brigade Cavallerie: sie sind
schwächer als die von der Infanterie, damit die Bataillons,
so auf den Flügeln einer solchen Brigade stehen, mit ihrem
Feuer vor dem Centro derselben sich kreuzen können. Jede
Brigade steht unter einem Brigadier oder einem General-
Major, und diese unter den General-Lieutenants, die, nachdem ihrer viel oder wenig sind, viel oder wenig Brigaden
unter ihrem Commando haben. Man beobachtet gemeiniglich eine gewisse Anciennetät in der Rangirung der Brigaden sowohl, als in der Anstellung der Generals, so daß
die ältesten auf den Flügeln, die jüngsten im Centro stehen:
doch muß man es nicht als ein unverbrüchlich Gesetz halten,
sondern die besten Brigaden und Generals an die Orte postiren, wo man das meiste vom Feinde befürchtet, oder
selbst das Gefecht entscheiden will. Ein General, der Cavallerie commandirt, muß unter der Cavallerie gedient ha-

ben,

ben, so auch der General der Infanterie commandirt, unter
der Infanterie. Ein Corps das aus beyden Gattungen
von Waffen besteht, muß Generals von beyden an der
Tete haben. Die General=Lieutenants commandiren nicht
nur in einem einzigen Treffen, sondern ihr Commando er=
streckt sich auf alle Treffen der Armee, damit die Regimen=
ter die sich unterstützen sollen unter einerley Befehle stehn,
und ihre Bewegungen folglich besser concertirt werden.

§. 2.

Man formirt die Armee, nach Beschaffenheit des Ter=
rains und ihrer Stärke, in zwo oder drey Linien und eine
Reserve: Ueberdem verstärkt man zuweilen das erste Tref=
fen, wo es am nöthigsten scheint, durch einzelne Bataillons,
die zwischen der ersten und zweyten Linie sich stellen, um das
erste Treffen desto näher zu unterstützen. Hätten nun die
Treffen besonders im letzten Falle zu wenig Distanz von ein=
ander, so würde das zweyte von jeder Kugel der Infante=
rie getroffen, die durch das erste durchgieng; und folglich ohne
zu fechten, nicht nur vieles leiden, sondern es wird auch
jede Unordnung die unter dem ersten Treffen einreißt, auch
unters zweyte und die folgenden sich verbreiten und allge=
mein werden. Entfernt man hingegen die Treffen zu weit
von einander, so unterstützen sie sich desto langsamer und
schwächer, und das erste wird dadurch muthlos. Man muß
also einen Mittelweg halten, und wenn man das erste Tref=
fen durch einzelne Bataillons verstärkt, die Distanz der Tref=
fen grösser, und wenn man keine solche Bataillons hat, die
Distanzen kleiner nehmen. Ich rechne in dem ersten Falle
neunhundert Fuß, im zweyten vierhundert und funfzig.
Alsdann hat die getrennte Mannschaft des ersten Treffens
Platz, zwischen den einzelnen Bataillons, und dem zweyten
Treffen sich wieder zu formiren, und braucht nicht Inter=
vallen im zweyten zu suchen, um hinter demselben sich zu
setzen; ein gefährliches Manoeuvre wenn der Feind hitzig

ver=

verfolgt. Sollten die Distanzen dennoch zu groß scheinen, so muß man bedenken, wie schnell sie sich verkürzen, wenn die erste Linie flieht, die zweyte vorrückt.

§. 3.

Wenn die Regimenter der Armee nicht alle von gleicher Güte sind, oder man aus Schwäche in der Zahl wünscht, den einen Flügel derselben vom Feinde zu entfernen, und nur mit dem andern sich zu nahen, und das Gefecht zu entscheiden; so stellt man den Kern der Armee, unter dem besten seiner Generale, auf den Flügel, wo man attakiren will. Dieser Flügel avancirt mit starken Schritten gegen den Feind, der andere folgt langsam, oder macht Halt, so daß blos der Kern der Armee ins Gefecht kömmt, und das Gefecht daselbst eher entschieden wird, als der Feind im Stande ist, den andern Flügel da man ihm ausweichen will zu erreichen. Epaminondas gewann auf solche Art die Schlachten von Leuctra und Mantinea. Vegez vergleicht diese Schlachtordnung mit dem Richtscheid eines Maurers, oder einem liegenden >, wo der Kern der Truppen dem Feinde am nächsten, die minder guten sich von ihm entfernen.

Wenn das Manoeuvre durch eine Schwenkung geschieht, so muß man gleich während des ersten Anmarsches gegen den Feind, nach dem Flügel sich hinziehen, wo die Attake geschehen soll, weil man durch die Schwenkung vom Flügel des Feinds abkömmt, und Gefahr läuft in die Flanke angegriffen zu werden. Zieht sich aber der Feind eben so gut als wir, so muß man die Front der Linie, durch die Bataillons verlängern die zwischen den Treffen stehen, und die Bewegung zu einer Zeit unternehmen, da der Feind nicht mehr im Stande ist, sich mit Nachdruck zu widersetzen. Man muß, wie gesagt, den Kern der Armee zur Attake gebrauchen, und das Terrain zum Angrif aussuchen, das für unsre Truppen und ihre Art zu fechten am besten

sich

ſich ſchickt; den Flügel aber den man entfernt, wo möglich
durch Vortheile des Terrains decken, durch hole Wege, Grä⸗
ben, Bäche, Moräſte, Gehölze, Berge, und ſo ferner. Fin⸗
det man aber im Terrain keinen Schuß, ſo bedeckt man ihn
mit Spaniſchen Reutern, mit Artillerie, mit Wagen, Ver⸗
ſchanzungen, aufgeworfnen Gräben, und ſo ferner.

§. 4.

Wenn man dem Feinde in der Zahl überlegen iſt, ſo
ſucht man entweder dieſe Ueberlegenheit auf den Flügeln
zu nützen, und Flanke und Rücken und Front zugleich zu
attakiren; oder man ſucht durch die Ueberlegenheit in der
Zahl, ſeine Front zu durchbrechen: oder man betaſchirt
Truppen als im Hinterhalt, um einzeln mit denſelben zu
agiren, und mit zwo Attaken den Feind anzugreifen, die ſo
lange getrennt ſind, bis der Sieg eine Gemeinſchaft zwi⸗
ſchen denſelben öfnet.

Erlaubt das Terrain, den Feind, der nirgends einen
Schuß für ſeine Flanken fand, zu überflügeln, und Front,
Rücken und Flanken durch zuſammenhängende Linien zu
attakiren: ſo ſtellt man die Truppen die dazu beſtimmt ſind,
zwiſchen die Treffen, um ſie daſelbſt, wäre es möglich, dem
Feinde zu verbergen, und ſodann durch eine plößliche Bewe⸗
gung mit ihnen an die Flügel der Armee ſich zu ſchließen,
und dem Feinde in die Flanke zu fallen. Je beſſer und län⸗
ger dieſe Truppen dem Feinde maskirt werden, je ſchneller
die Bewegung zur Formirung in der Flanke deſſelben ge⸗
ſchieht, deſto wahrſcheinlicher iſt der Erfolg.

Wenn man zur Abſicht hat, die Front der feindlichen
Schlachtordnung zu durchbrechen, ſo muß man, wo mög⸗
lich, die Truppen die dazu beſtimmt worden dergeſtalt ord⸗
nen, daß ſie im Stande ſind, die Schlachtordnung des
Feinds, ohne Nachtheil für die ihrige zu trennen, ohne die
ihrige in Verwirrung zu bringen. Man erreicht dieſe Ab⸗

ſicht

sicht, wenn diese Truppen Corps für sich formiren, die Jn=
tervallen haben, und mit der Linie der Armee nicht zusam=
menhängen, so daß, wenn sie vorwärts agiren, diese un=
verändert verbleibt. Jch würde dahero entweder in die
erste Linie der Armee, brigadenweise, ein doublirtes Ba=
taillon einschalten, das dreyßig Mann de Front hat und in
sechszehn Gliedern sicht, und durch einige Trupps Drago=
ner unterstützt vorbricht, um den Feind mit dem Bajonet
zu attakiren, und den Bataillons in der Linie den Sieg zu
erleichtern; oder ich würde Pelotons von den erlesensten
Truppen vor der Linie der Armee voraus schicken, um den
Feind auf gleiche Art zu durchbrechen. Es müßten aber,
wie gesagt, die erlesensten Truppen seyn, damit sie nicht
fliehen, und die Linie die folgt, in Unordnung bringen. Die
Alten nannten die Schlachtordnung dieser Trupps den Keil,
und sie glich einem abgekürzten Dreyeck: vielleicht schickt
sich dieselbe auch noch für uns, wenn wir die Jnfanterie
mit Piken bewaffnen. Hat der Keil die Linie des Feinds
durchbrochen, so spaltet er sich in zwey Theile, um rechts
und links dem Feinde in die Flanken zu fallen, wenn die
Truppen der Linie zu gleicher Zeit ihn de Front attakiren.
Die verstärkten Bataillons der britten Ordre de Bataille,
die ich in der Folge erläutere, erreichen, wie ich hoffe, diese
Absichten noch besser als die Keile.

Wenn man seine Ueberlegenheit in der Zahl dazu nützt,
Truppen in Hinterhalt zu legen, so ist dieser Hinterhalt
entweder stark genug, um einen wahren entscheidenden An=
grif zu thun, oder er ist blos bestimmt, den Feind in Al=
larm zu setzen, und seine Truppen muthlos zu machen.
Man muß nie verabsäumen, solche Hinterhalte zu brau=
chen, wenn das Land dazu taugt: denn wie schwach die
Mannschaft derselben auch seyn mag, wie wenig sie auch
in der That ausrichten könnte, doch ist die Unordnung
groß, die sie unter dem Feinde anrichtet, und wird öfters

ent=

entſcheidend. Man muß Truppen zu einem ſolchen Hinterhalt nehmen, auf die man ſich verlaſſen kann, und die
an die Art zu fechten gewöhnt ſind, ſo die jetzigen Umſtände
erfordern. Denn zuweilen iſts nöthig, daß ſie en Corps
zuſammen bleiben, als wären ſie die Avantgarde eines beträchtlichen Detaſchements: Zuweilen iſts nöthig, daß ſie
in kleinen Trupps, ja völlig zerſtreut, attakiren, um Furcht
und Unordnung überall zu verbreiten. Der Angrif muß
um ſo hitziger geſchehn, und mit deſto größern Tumult,
je ſchwächer die Maunſchaft iſt, damit der Feind ſich nicht
beſinne, um ein richtiges Urtheil von ſeiner Gefahr zu fällen. Es iſt zuweilen nützlich, dieſe Truppen für Truppen
des Feinds ſelbſt auszügeben, und man überfällt dadurch
vielleicht einen Poſten, oder gewinnt einige Augenblicke
Zeit.

Es giebt zweierley Fälle, da man große Detaſchements
in Hinterhalt legen muß: Einmal, wenn die Ueberlegenheit in der Zahl ſo groß iſt, daß man bey allen den Mitteln die ich vorhin erwähnt, dennoch die Zahl ſeiner Truppen noch nicht erſchöpfte, ſondern ihrer noch viele übrig behält: Anderns, wenn das Terrain fehlt. Man könnte
zwar alsdann ſagen, daß man die Zahl ſeiner Treffen vermehren ſoll: Ich antworte aber, ſind auf ſolchem Terrain
ſchon drey Treffen in Unordnung gebracht, ſo reiſſen ſie das
vierte, wenn ſie in der gewöhnlichen Schlachtordnung ſtehen, ganz allein für ſich fort, ohne Zuthun des Feinds.
Wollte man aber ſolchen Bataillons zu drey Mann hoch
Intervallen in zweyter und dritter Linie geben, damit die
Flüchtlinge der erſten ablaufen könnten: ſo würde der Feind
mit den Flüchtlingen zugleich dieſe Intervallen finden, mehr
als einem Bataillon oder Brigade in die Flanke fallen, und
die ganze Schlachtordnung trennen. Man ſollte alsdann,
wie ich glaube, lieber zwey als vier Treffen formiren, dieſe
zwey Treffen aber, durch Bataillons unterſtützen, die große
Intervallen haben, aber in einer Schlachtordnung fechten,

U 5   wo

wo die Intervallen keine Gefahr bringen. Den Rest aber gebraucht man zum Hinterhalt. Er besteht entweder blos aus Cavallerie, oder aus Cavallerie und Infanterie zugleich, nachdem die Gefechte und die Truppen, die man vor sich finden wird, es erfordern. Denn es giebt allerdings Truppen und Terrains, wo die Cavallerie allein nichts auszurichten vermag. Es giebt Terrains und Truppen, wo sie auch ohne Infanterie das Gefecht entscheidet, und wo vielleicht die schönste Gelegenheit verschwindet, wenn man ihren Marsch durch Infanterie verzögert. Die Truppen des Hinterhalts gewinnen die Flanke oder den Rücken des Feinds, entweder vor der Schlacht, durch einen Marsch in der Nacht, um sodann zur bestimmten Zeit den Angrif zu formiren, den die Armee mit ganzer Macht unterstützt: Oder sie formiren sich beym ersten Aufmarsch hinter den Treffen der Armee, um während des Gefechts, durch Staub, Gebüsche, hole Wege, Anhöhen, hohe Frucht, und so ferner begünstigt, den Feind unvermerkt zu umgehen, und in die Flanke und in den Rücken zu fallen. Je näher man ungesehen an den Feind anrückt, desto entscheidender ist der Ueberfall.

§. 5.

Es ist ein allgemein Gesetz, man sey stark oder schwach, daß man mit äusserster Sorgfalt vermeiden muß, daß der Feind nicht während des Gefechts, die Flanken oder den Rücken, wäre es auch nur mit einer Hand voll Leute, attakirt. Denn nichts macht, wie gesagt, mehr muthlos, als solche Attaken. Die Vorsichten die man dagegen nehmen muß, sind verschieden, nachdem man nehmlich stark oder schwach ist, nachdem man ein starkes oder schwaches Corps vom Feinde zu befürchten hat.

Kann der Feind nur mit wenigen Truppen die Attake unternehmen, so sind einige Schwadronen hinlänglich, die ganz auf den Flügeln zwischen den Treffen sich postiren,

und

und theils Front nach der Armee, theils Front nach den Flanken machen. Einige Eskabrons durch einige Infanterie unterstützt, decken den Rücken. Dieß sind in der ersten Ordre de Bataille die Eskabrons Q z, und in der dritten die Eskabrons A r und Z c; die Eskabrons pp decken den Rücken.

Wenn die Attaken des Feinds ernsthafter sind, und man gezwungen ist, viele Truppen ihm entgegen zu stellen, so schließt man die ganze Distanz der Treffen durch eine Linie Cavallerie, die weiter rückwärts durch eine zwote unterstützt wird, und macht Front mit beiden nach der Flanke der Armee. Die Winkel der Treffen verstärkt man durch Infanterie und Artillerie. Oder man zieht, wenn dieß nicht hinlänglich, die ganze Cavallerie aus dem ersten Treffen der Armee aus, und formirt zwo Linien von der Infanterie, mit einzeln Bataillons zwischen derselben zu ihrer Unterstützung. Die Distanz zwischen den Treffen schließt die Cavallerie in zwo Linien, mit der Front gegen die Flanke der Armee. Die Winkel werden aufs äußerste verstärkt, und der Kern der Infanterie mit vielem Geschütz dahin postirt. Diese Ordre de Bataille scheint mir stärker, als wenn man die Reuterey de Front in erster Linie dem Feinde entgegen stellen wollte: Denn sie ist auf solche Art nicht nur sicher vor der feindlichen Artillerie, sondern auch vermöge ihrer Stellung im Stande, den Feind de Front oder mit einer Schwenkung in der Flanke zu attakiren, wenn er die Schlachtordnung umringt, und bey der Bewegung, hier oder da einige Vortheile über sich giebt. Alsdann attakirt man den Feind mit allen vier Fronten zugleich, die Infanterie zwischen den Treffen dient zur Reserve, um die Flanken der Attaken zu decken, und die Truppen die zu sehr leiden zu unterstützen.

§. 6.

§. 6.

Auf den Flügeln der Armee, und den Orten wo die Attake mit dem grösten Nachdruck geschieht, muß man vor allen Dingen sorgen, daß keine Lücken entstehn, und der Verlust von Verwundeten und Todten, so wie er irgends beträchtlich ist, alsogleich ersetzt wird. Hiezu dienen die Reserven zwischen den Treffen, und diese Reserven werden durch die zwote und dritte Linie der Armee ergänzt. Nimmt man während des ersten Gefechts Truppen aus der ersten Linie, um diesen oder jenen Ort zu verstärken, wo man den meisten Widerstand nöthig findet, oder auch am hitzigsten attakiren will: so werden die übrigen Truppen vielleicht muthlos, weil sie die Ursache nicht wissen, warum man die Linie der Armee schwächt, und folglich vielleicht glauben, man sey anderwärts geschlagen. Also vermeidet man diese Bewegung. Begeht der Feind hingegen den Fehler, sich an Orten zu schwächen, wo man ihn dennoch angreifen kann, so überfällt man den geschwächten Ort, sobald die Truppen, die er davon wegzog, fern genug sind, daß man durch eine hitzige Attake eher die Sache entscheiden kann, als sie wieder zurückkehren können. So bemerkte Cäsar bey Munda, daß Pompejus eine Legion vom rechten Flügel nach dem linken hinzog, wo die Sache für ihn nicht gut stand. Cäsar detaschirte nichts, sondern grif den rechten Flügel an, sobald diese Truppen weit genug entfernt waren, um ihn nicht mehr unterstützen zu können, und gewann hiedurch die Schlacht.

§. 7.

Wenn die Armee des Feinds oder auch nur ein Theil derselben, während Schlacht ohne Ursache weicht, und nach einem durchschnittnen Terrain sich zurückzieht, wo Gräben, hole Wege, Gehölze, und dergleichen, ihm Vortheile zum Hinterhalt darbieten, so muß man nicht anders als mit großer Vorsicht verfolgen. Denn der Feind sucht als

dann

dann vielleicht die Truppen, wenn sie ihn verfolgen, und durch die Chikanen des Terrains in Unordnung gerathen, oder einzeln anlangen, durch einen Hinterhalt, mit entscheidendem Vortheile zu überfallen; oder er sucht die Armee nach einem Terrain zu locken, das für die Beschaffenheit seiner Truppen, und ihre Art zu fechten, besser sich schickt, als für die unsern.

Zieht sich hingegen der Feind, mitten in einem noch unentschiednen Gefechte, nach einer flachen und ofnen Gegend hin, so ists ein Zeichen, daß es ihm entweder an Munition fehlt, oder daß er glaubt, das Glück sey anderwärts ihm nicht günstig. Alsdann muß man seine Bestürzung aufs äusserste nützen, und mit Nachdruck attakiren, damit man die Sache entscheide, ehe er sich davon erholt; oder wenn wirklich am andern Orte die Sache übel für ihn stand, ehe er es wieder auf bessern Fuß setzte. Den Muth der seinen zu vermehren, verbreitet man die Ursache der feindlichen Flucht unter sie alle. In der Schlacht bey Arbela hatte Mazäus, der die Persische Cavallerie vom rechten Flügel führte, den linken der Macedonier unter dem Parmenio getrennt, und verfolgte seinen Vortheil mit Gewalt, als er auf einmal erfuhr, Alexander habe den linken Flügel des Darius geschlagen. Auf diese Nachricht verlosch mit einmal die Hitze vom Gefecht, und er rufte seine Truppen von der Attake ab, und zog sich zurück. Parmenio schloß aus diesem unerwarteten Vorfalle, es müsse der andere Flügel, den Alexander selbst führte, gesiegt haben. Sogleich breitete er es als eine gewisse Nachricht aus, und machte dadurch seinen Leuten so viel Muth, daß sie noch einen letzten Versuch gegen Mazäus wagten; und dieser gelang, so daß seine Retraite zur Flucht ward, und die Truppen Alexanders überall siegten.

Wenn ein Theil der feindlichen Schlachtordnung durchbrochen ward, und sodann im Ernste flieht, so muß man ihn

ihn zwar durch einige Reuterey verfolgen, damit er nicht
wieder sich setzt: die Flüchtlinge dürfen aber nicht das
Hauptaugenmerk machen, sondern die Truppen die noch
Stand halten, damit man das Terrain, das man erfocht,
nicht nur behaupte, sondern den Sieg so viel möglich ver=
breite, und was noch in Ordnung ist, be Front und in den
Flanken zugleich attakire.   Ein Theil der Truppen, die
durchbrangen, behält Front wie der Rest der Armee; der
andre schwenkt in die Flanke des Feinds, rechts oder links,
nachdem man den Feind auf dem rechten oder linken Flügel
durchbrochen, rechts und links zugleich, wenn es im Centro
geschah.   Die Stelle der Truppen, die aus der Linie sich
ausschwenken, ersetzen die Truppen, die zwischen den Tref=
fen der Armee vertheilt sind.   Ist hier der Sieg sodann
völlig entschieden, keine Furcht da, die Entscheidung ver=
ändert zu sehn, und man liefe in andern Theilen Gefahr,
so detaschirt man Truppen um diese zu verstärken.   Nie=
mand zerstreut sich um Gefangne zu machen, als bis der
Feind völlig geschlagen ist.

§. 8.

Wenn der Feind einen Flügel über den Haufen warf,
so muß man alle seine Kräfte anstrengen, um mit dem Cen=
tro und dem noch übrigen Flügel zu siegen, ehe die Nach=
richt vom schlechten Zustande des andern sich verbreitet.
Durchbrach der Feind das Centrum, so muß man ohne
Verzug mit beiden Flügeln zugleich attakiren.

Einige Feldherren des Alterthums öfneten freywillig
das Centrum, wenn sie nicht im Stande sich glaubten, der
feindlichen Gewalt daselbst zu widerstehn.   Wagte sich nun
der Feind in die Oefnung, ohne die gehörigen Vorsichten zu
nehmen, so wandten sich einige Glieder des ersten Treffens
rückwärts, und schlossen ihn zwischen beide Treffen ein, die
übrigen Glieder setzten indeß das erste Gefecht fort.   Wol=
len

len die Feinde, sagt der Kaiser Leo in seinen Maximen des
Kriegs, irgendwo die Schlachtordnung eurer Armee durchbrechen, so öfnet ihnen den Durchgang selbst; und wagen
sie sich herein, so greift sie rückwärts an, wie man Flüch-
tige verfolgt. Die Alten konnten dieß thun, denn sie fochten in sechszehn und noch mehr Gliedern: Es war also allerdings leicht möglich, daß einige Glieder rechtsumkehrt
machen, und die andern ihr Gefecht fortsetzen konnten: unsre Bataillons aber, die leider nicht höher stehn als zu vier
Mann hoch, können es nicht. Versteht der Feind, der
die Linie durchbrang, den Krieg, so wagt er sich nicht zu
tief in die Oefnung hinein, sondern schwenkt sich rechts und
links, um die Truppen die noch Stand halten, de Front
und in der Flanke zugleich zu attakiren. Was sollen diese
Truppen alsdann thun, wenn sie nur vier Mann hoch stehen? Ich schlug daher vor, unter die Brigaden der ersten
Linie verstärkte Bataillons zu vertheilen, die durch die Zahl
ihrer Glieder im Stande sind, Front nach ihren Flanken
zu machen: Hätte man aber diese nicht, so muß man während des Gefechts die Bataillons doubliren, so dem Geschlagnen am nächsten stehn. Eine Troupe Infanterie in
sechszehn Gliedern, deren Front und Flanken durch Officiers
und Unterofficiers mit Kurzgewehren und Spontons gedeckt werden können, zittert weder für Front noch für
Flanke, und ist furchtbar im Angrif.

Die geschlagnen Regimenter der ersten Linie versammeln sich hinter den Truppen, die zwischen den Linien vertheilt waren, um mit ihnen zugleich dem Feinde von neuem
entgegenzurücken. War die Unordnung zu groß, so sammeln sie sich hinter der zweyten Linie der Armee. Die Truppen des zweyten Treffens müssen sobann das Gefecht wieder herstellen. Flüchtlinge, die anders sich zurück ziehen
wollen, als durch die Intervallen die man ihnen anwies,
werden als Feinde behandelt.

Von

Von den

Ordres de Bataille.

Fünftes Capitel.

Vom Gebrauch der Artillerie in der Schlacht.

§. 1.

Es behaupten einige, daß man in der Schlacht keine andre Stücke brauchen sollte, als die sogenannten Regiments
Stücke, die 2. oder 3. oder 4. Pfund auch wohl noch weniger schiessen. Der Nutzen dieser kleinen Stücke ist zwar
unläugbar: Doch glaube ich, ists auch kein geringer Vortheil, den Feind schon in der Ferne mit schweren Stücken
zu begrüssen, wenn die leichten noch nicht antworten können.
Man muß also beyde Gattungen brauchen, und sie mit einander vermischen. Die Haubitzen laden sich geschwind, und
fassen eine grosse Menge Kartetschen, ich halte ihren Gebrauch für gut, besonders gegen Cavallerie.

Wenn man eine Batterie dem Horizont gleich aufführt,
so ist der Schuß von derselben rasirend, und folglich der
mörbrischste und gefährlichste von allen: Trift hingegen eine
solche Batterie auf eine andre, die gleichfalls flach auf dem
Horizont in gleicher Höhe mit derselben steht, so sind die
Vortheile des Terrains gleich, und die Zahl und Güte der
Stücke und der Artilleristen wird es entscheiden. Steht
die Batterie hingegen auf einer Höhe, und hätte in der Tiefe
eine feindliche gegen sich, so sind die Vortheile der höhern
Batterie über die tiefre zwar entscheidend: An und für sich
aber ist das Feuer der Batterie auf der Höhe weit weniger
mörbrisch, als wenn eben diese Batterie auf der Ebne
stün-

stünde. Denn der fallende Schuß ist nicht nur ungewiß, weil er nur einen einzigen Punkt trift, sondern auch selbst wenn er trift, weniger schädlich als der horizontale, der flach über die Ebne wegstreicht: Die Umstände entscheiden also, ob man die Batterien horizontal aufführen soll, oder auf Höhen, und es läßt sich die Frage nicht durch allgemeine Gesetze entscheiden.

Man hat Beyspiele in der Geschichte, daß selbst große Feldherrn ihre Batterien nicht in der Linie des ersten Treffens, oder vorwärts desselben, sondern zwischen den beyden Treffen auf einer vortheilhaften Höhe aufführten, von welcher sie das Feld weit und breit bestrichen, und durch die Batterien von der Tiefe nicht demontirt werden konnten. Es giebt allerdings Fälle, wo diese Disposition der Artillerie nützlich ist; jedoch nur im Anfange der Schlacht, um so zu sagen ungestraft dem Feinde zu schaden, und seine Stücke vor dem Demontiren zu bewahren. Wollte man aber die ganze Schlacht hindurch sie behaupten, so würde man, wenn der Feind am nächsten steht, die Artillerie am nöthigsten ist, und durch ihr Kartetschen=Feuer am furchtbarsten wird, sie nicht zu einem einzigen Schusse gebrauchen können, ohne seine eignen Leute im Treffen nieder zu schießen. Was für einen Platz man folglich der Artillerie im Anfange der Schlacht auch anweisen mag, so ist doch, sobald die Armeen einander sich nähern, kein anderer Platz für sie da, als in der ersten Linie der Armee oder vorwärts derselben.

§. 2.

Die Batterien be Front zu bedecken, damit der Feind nicht nach dem letzten Schusse derselben durch ihre Lücken in das Treffen eindringt, würde ich mich einer Barriere bedienen, die entweder aus einigen Balken besteht, die man mit eisernen Schienen beschlägt, und mit eisernen Spitzen versieht, oder noch besser aus starken Dielen oder Bohlen, ohngefehr

X   drey

drey Fuß breit, und so wie die Balken mit eisernen Schienen und Spitzen versehen. Ich ziehe diese Erfindung den Spanischen Reutern vor, weil diese zu hoch sind, und die Spitzen nur von Holz. Die Balken oder Breter sind etwan sieben Fuß lang, und haben an jedem Ende einen eisernen Ring, damit man sie vermittelst zweyer Pflöcke stark in die Erde befestige. Die Pflöcke aber müssen von eichenem oder anderm starkem Holze seyn, etwan drey Fuß lang, spitz, und oben etwas dicker als der Umfang des Rings darein man sie stößt, damit der Halt des Brets oder Balkens desto fester werde. So weit der Pflock aus der Erde steht, muß man ihn mit Eisen beschlagen, damit er weder beym Einschlagen spalte, noch vom Feinde entzwey gehauen werden kann. Die Schlägel womit man die Pflöcke eintreibt, müssen gleichfalls von hartem Holz seyn, und an beiden Enden mit einem eisernen Ringe eingefaßt werden, damit sie nicht bersten.

Vielleicht wendet man gegen diese Vorsichten ein, daß man durch die Behauptung der Batterien sich des Vortheils beraubt, mit der Armee vorwärts zu rücken und selbst zu attakiren: Aber was hindert uns dann, diese Batterien vorwärts der ersten Linie zu legen, und sodann zur rechten Zeit vorzurücken, und sie mit ganzer Armee zu bedecken, ehe der Feind sie erreichen konnte? Hat man ihm sodann die letzte Salve auf dreyßig Schritt weit gegeben, so ists uns eben so wenig verwehrt, darüber hinaus zu rücken, und jenseits derselben den Feind zu attakiren. Wüßte man den Platz da man schlagen wird, sicher im voraus, so sollte man seine Batterien nicht blos mit Barrieren bedecken, sondern mit einer guten und räumlichen Verschanzung, die Banquet und alles Nöthige hätte, um sie nicht nur mit Artillerie, sondern auch mit Truppen zu besetzen. Das erste Treffen würde alsdann hinter diesen Verschanzungen so lange stehn, bis der Feind durch seine Attaken etwas in Unordnung geräth: würde darauf unser erstes Treffen, wenn es vorrückt,

rückt, zum Weichen gebracht, so halten die Truppen in den
Verschanzungen den Feind zuverläßig so lange zurück, bis
die Truppen, die zwischen den Treffen vertheilt waren, mit
dem zweyten zur Hälfe heraneilen. Nichts ist fähiger,
den Sturm eines Angrifs zu brechen, als wenn man die
Attake be Front und in der Flanke zugleich faßt. Die Verschanzungen aber legt man so stark an, als Zeit und Umstände erlauben: man versieht sie mit Palissaden, mit
Sturmpfählen: man sticht die Erde ab, über die Stücke und
Truppen in die Batterie hineinrückten, oder man macht
eine Zugbrücke über den Graben, und versieht diese mit
Schießlöchern: man macht Bettungen, und feuert über
Bank oder aus Schießscharten, wie es am vortheilhaftesten
scheint.

§. 3.

Die Artillerie formirt sich in verschiedne Brigaden,
die sodann dem Terrain und den Umständen gemäß
dergestalt vertheilt werden müssen, daß sie da, wo man
durchbringen will, dem Feinde den meisten Schaden zufü-
gen, da, wo man sicher seyn will, mit kreuzenden Feuern
ihn faßen. Man richtet die Stücke schief, damit sie desto
mehr treffen: die Cavallerie wird durch noch zahlreichere
Batterien gedeckt als die Infanterie, weil sie selbst nicht
im Stande ist sich durch Feuer zu beschützen: wenn mehrere
Batterien nach einerley Gegend hinfeuern, so führt man
die Stücke, die am weitsten tragen, auf den fernsten Batterien auf, die kleinern Stücke auf den nächsten: will man
eine Linie von Truppen beschützen, so geschiehts durch Batterien von den Flügeln, die vor der Mitte sich kreuzen.
Hängen die Fronten die beschützt werden sollen in der Linie
zusammen, so theilt sich eine jede Batterie in zwey Theile,
um mit dem einen nach der Rechten, mit dem andern nach
der Linken zu agiren, und jede einzelne Front mit kreuzenden Feuern zu decken.

Es

Es muß bey jeder Batterie ein Officier seyn, der das Commando führt und höher im Range ist, als die Officiers oder junge Feuerwerker und Conducteurs, so die Stücke richten. Denn wer commandirt, muß, wenn die Sache einen guten Erfolg haben soll, allezeit höher im Range seyn, als die, so unter ihm stehn. Ich verlange zu jedem Stücke einen Officier, oder einen jungen Feuerwerker, oder wenigstens einen Unterofficier von der Artillerie, der es richtet, und zu laden befiehlt; denn er wird es nicht nur besser richten als ein Gemeiner, sondern auch mit mehrerem Ansehen das Commando führen, und die andern anhalten, ihre Schuldigkeit zu thun, und keine Gefahr zu scheuen. Zur Ladung und Bedienung der 12= und 8ffner gehören sechs Artilleristen.

Der erste öfnet die Patrone und bringt sie in den Lauf.

Der zweyte setzt den Spiegel oder Pfropf vor.

Der dritte und vierte geben die Stöße mit dem Setz-Kolben, und indem dieß geschieht, drückt

Der erste ein Stück Leder, oder dergleichen mit dem Daumen auf das Zündloch, damit das Pulver nicht herausfahre.

Der fünfte läßt die Kugel einlaufen, und bringt den Vorschlag in die Mündung.

Der dritte und vierte geben die Stöße.

Der zweyte schüttet Zündkraut auf.

Der sechste giebt Feuer, wenn der Officier das Stück gerichtet.

Das Stück zum Schuß herzustellen.

Der erste und zweyte rücken die Affetten fort, indem sie die Hebel zwischen die Speichen der vordern Räder stoßen, die Spitze gegen den Boden stemmen, und dergestalt das Stück fortschieben.

Der

Der britte und vierte seßen die Hebel unter die Hinter=
räber, und helfen das Stück auf diese Weise fortrücken.

Der fünfte und sechste seßen die Hebel unter den Schwanz=
riegel der Affette, heben sie etwas in die Höhe, und schie=
ben zugleich vorwärts.

Beym Richten.

Der britte und vierte stoßen ihre Hebel hinter den Rä=
dern zwischen die Affette und das Bodenstück, und heben
das Stück empor: unterdessen rückt der Officier, welcher
das Stück richtet, den Seßkeil entweder weiter vorwärts,
oder zieht ihn zurück, nachdem er das Stück höher oder
niedriger richten will.

Der fünfte und sechste seßen die Hebel unter den Schwanz=
riegel der Affette, und rücken das Stück links oder rechts,
damit es entweder gerade zu, oder schief schieße, wie es
der Officier, der es richtet, verlangt.

Der erste und zweyte halten Patronen, Kugel und Vor=
schlag in Bereitschaft.

Man könnte zwar, wie auch bey Belagerungen ge=
schieht, nur zwey Constabler zu dem Stücke nehmen, so die
Labung mit dem Seßkolben aufseßten, von denen hernach der
eine das Stück richten, der andere Feuer geben könnte, die
übrige Arbeit hingegen durch Soldaten verrichten lassen.
Die Batterie würde aber allerdings weit schlechter bedient,
und wenn ein Constabler bliebe, das Stück allzeit schweigen.

Auffer dieser Mannschaft von der Artillerie, gehören
noch zu jedem Stücke von diesem Caliber zehn Musketiers,
damit sie dasselbe nebst den sechs Artilleristen mit Seilen und
Strängen ziehen, wenn man keine Pferde gebrauchen will
noch kann.

In dieser Mannschaft muß man lauter beherzte starke
Leute aussuchen, die weder die Gefahr scheuen noch unter

der Arbeit erliegen, und auch die Arbeit kennen. Es werden Officiers dazu commandirt, die sie zusammen halten, jedem seinen Posten anweisen, und alles was sie zum Dienste der Canonen bedürfen, unter sie austheilen. Der Posten dieser Mannschaft ist etwas rückwärts der Batterie, und es werden zu derselben drey Husaren oder Dragoner commandirt, damit sie Rapports an die Stabsofficiers und Generals von der Artillerie bringen, und dieser ihre Befehle, sowohl an die Batterie, als noch weiter rückwarts an die Depots der Munition und den Train jeder Batterie, zurücknehmen.

Weiter rückwärts der Batterie halten die Fuhrleute und Pferde zu den Stücken, unter einer Eskorte von sechs Husaren oder Dragonern, damit sie nicht ausreißen. Zu einem Zwölfpfünder rechnet man zehn bis zwölf Pferde und drey Fuhrleute, zu einem Achtpfünder zwey Kerls und acht Pferde. Man hält hier zugleich Geschirr in Bereitschaft, wenn etwas abgeht, oder man mehr Pferde vorspannen will.

Ich rechne auf jedwedes Stück vom erwähnten Caliber sechzig Schuß zum Gebrauch während der Schlacht, und eben so viel zum Vorrath nach derselben. Bey Stücken aber von kleinerm Caliber, oder auch bey Stücken die von hinten zu geladen werden, müßte man wegen des schnellern Richtens und Ladens, mehr als doppelt so viel haben.

Von diesen sechzig Schüßen müssen drey auf der Batterie selbst, die übrigen sieben und funfzig aber auf dem nächsten Magazine j. Pl. l. sich finden, wofern sie anders daselbst vor dem Feuer sicher sind. Von diesen Magazinen bringen die Soldaten, die daselbst stehn, die Patronen nach und nach zur Batterie.

Unter diesen sechzig Schüßen, sind zehn achtpfündige Pulverpatronen für die Zwölfpfünder, für die Achtpfünder aber
eben

eben so viel Pulverpatronen von fünf und einem halben
Pfund, nebst zehen Kugeln und zehen Vorschlägen. Bey
dieser Ladung erreichen, wenn Stück und Pulver gut ist,
die Zwölfpfünder im höchsten Bogenschuß den Feind in der
Entfernung von eilftausend zwey hundert Fuß, die Acht=
pfünder aber von neuntausend und neunhundert, nach den
Erfahrungen des Herrn von St. Remy, und bú Mets,
und verschiedner andrer.

Dreyßig andre Patronen mit Kugeln, und eben so viel
Pulver wie die vorigen, um sie bey niedriger Richtung
des Stücks zu verschießen, bis der Feind dem Zwölfpfün=
der auf tausend, dem Achtpfünder auf neunhundert Schritt
nahe kömmt. Das Pulver wird bey jedem dieser vierzig
Schüße aufgesetzt, die Kugel hingegen bekömmt keinen Vor=
schlag, weil sie bey Bogenschüßen vermittelst ihrer eignen
Schwere, auf dem Pulververschlage liegen bleibt. Diese Bo=
genschüße sind zwar allerdings nicht so gut als die folgenden,
aber doch nicht ohne Nutzen, und tödten viel, und machen
noch weit mehrere muthlos.

Fünf Pulverpatronen vom vorigen Gewichte, eben so
viel calibermäßige Kugeln, und zehn Vorschläge zu Kern=
schüßen, sobald der Feind den Zwölfpfündern auf tausend,
und den Achtpfündern auf neun hundert Schritte naht.

Fünf Patronen mit Pulver und Kugel zugleich. Rückt
der Feind so stark herbey, daß man nicht im Stande ist,
alle zehn Schüße zu thun, so gebraucht man diese fünf letz=
ten Patronen, gleich nach dem ersten und zweyten der vori=
gen fünf Schüße.

Fünf Patronen mit dem vorigen Pulver und drey Ku=
geln, welche letztre zusammen das Calibergewicht ausma=
chen, um sie von sechshundert Fuß an zu gebrauchen. Je
schneller der Feind anrückt, desto zeitiger muß man nach
diesen fünf Schützen greifen, weil sie allemal weit größern
Schaden thun als die vorigen.

Drey

Drey Patronen so die vorige Pulverladung fassen, nebst drey blechernen Büchsen voll vierlöthiger Bleykugeln, die zusammen ein Kugelgewicht betragen, um sie bis zu zweyhundert und funfzig Fuß zu gebrauchen. Man nimt hier Patronen von Blech, und vierlöthige Kugeln, weil sie sonst nicht so weit trieben.

Zwey Patronen endlich mit eben so viel Pulver als zuvor, und einem Beutel zweylöthiger Bleykugeln, anderthalb Caliber schwer gefüllt, um sie von zweyhundert und funfzig Fuß ab zu verschießen. Die zweyte Patrone sollte man nicht eher brauchen als auf dreißig Schritt vom Feinde. Sodann bricht die Linie der Armee vor, und die Officiers und die Mannschaft bey der Artillerie müssen diese Zeit nützen, die Stücke von neuem zu laden, die Affetten-Schwänze auf das Vordergestell zu legen, die Pferde vorzuspannen, oder die Stricke einzuhängen, woran die Artilleristen und Musketiers die Stücke ziehen, um sie entweder vorwärts zu führen oder zu retten. Die Lücken in der Linie die durch das Ausrücken der Batterien entstehn, decken die Truppen, die zwischen den Treffen eingetheilt sind, oder noch besser, Pelotons die besonders hiezu commandirt werden. Ist man so glücklich Stücke vom Feinde zu erobern, so muß man sie entweder gegen den Feind richten und sogleich die Reserve-Pferde von ee Pl. I. jagen lassen, um sie wegzuführen, oder man muß sie, wenn dieß nicht seyn kann, vernageln. Nöthigt hingegen der Ausgang des Gefechts zur Retraite, so muß die Artillerie, wo irgends möglich, langsam sich zurückziehen, um den Feind von neuem zu erwarten, und mit Kartetschen zu begrüßen. Solche Stellen sind in der ersten Ordre de Bataille mit ee. und c. d. e. f. g. h. bezeichnet, im dritten mit x. und o. im zweyten Treffen. Wenn es wirklich unmöglich war, die Stücke zu retten, so müssen die Artillerie-Officiers sie vernageln und die Pferde davon jagen lassen, damit der Feind sie nicht mit diesen Pferden selbst entführt.

§. 4.

§. 4.

Wenn die Batterie, wie es sich gehört, bedient werden soll, so müssen die Officiers, so dieselbe commandiren, nachfolgende Stücke beobachten.

Der Commandeur von der Batterie muß, sobald er den Befehl von seinem General empfängt, ohne Verzug Anstalten treffen, daß alles, was bey der Batterie nöthig, da sey, und überall am rechten Orte vertheilt werde. An dem Orte der Batterie selbst kömmt auf jedes Stück:

Ein völliges Ladezeug, als die Ladeschaufel, der Satzkolben, der Wischer, der Krätzer, die Zündruthe mit der Lunte, die Raumnadel, das Pulverhorn, das Satzmaaß, der Kegel, die Satzkeile, sechs Hebel, die Kappe, ein Wergpfropf in Wachs oder Pech getaust, damit die Ladung nicht herausfällt noch naß wird, und eine Bleyplatte für das Zündloch, die wohl auf die Friesen paßt, bis über die Hinterfriesen reicht, und mit zwey Riemchen auf den Pfropf gebunden wird, damit der Regen nicht schade.

Drey Pulver-Patronen und Kugeln für jedes Stück.

Ein großer Netzbeutel von Bindfaden gestrickt, zu den Vorschlägen. Die Vorschläge sind von frischem Grase, damit sich das Stück nicht zu sehr erhitze, und nicht zu groß, um geschwinder zu laden. Ein Faß oder Schlauch zum Wasser, ein lederner oder hölzerner Eimer, und ein Schaaffell, alles zum Abkühlen des Stücks. Bey Belagerungen legt man die Schaaffelle naß über das Stück, und nimt die Stellkeile weg, damit die Mündung hoch komme, und die Luft desto besser durchstreiche: oder man bringt das Stück in die erwähnte Stellung, verstopft das Zündloch und gießt es voll Wasser, bis es abkühlt: hernach senkt man die Mündung, und läßt das Wasser wieder ablaufen. In der Schlacht kostet dieß alles zu viel Zeit, und man

X 5   kühlt,

kühlt das Stück nach ein paar Schüssen mit dem nassen Wischer aus.

Zwey Bohlen zur Bettung, wenn das Stück einschneiden möchte, unter jedwedes Rad eine. Der Boden wird zuvor etwas abgeglichen, hinten jedoch etwas höher als vorne, damit man das Stück besto leichter zum Schuß herstelle. Soviel Sperrbalken mit eisernen Spitzen als die Breite der Batterie erfodert, auf jeden Sperrbalken zwey Pflöcke um ihn zu befestigen, und zwey Schlägel die Pflöcke in die Erde zu treiben. Hiezu kommen noch Radehauen, Halbspitzhauen, und Halbspitzhämmer, Schaufeln, große Aerte, Faschinenmesser, und Tragkörbe.

Zu dem ersten Magazine j. Pl. I. oder der ersten Reserve hinter dem Stücke, wozu man wo möglich einen vortheilhaften Posten sucht, der einigermaßen gegen das Feuer schützt, gehören:

Ein oder zwey völlige Ladezeuge en Reserve, nachdem die Batterie stark oder schwach ist.

Alle Munition die man in der Affaire zu verfeuern gedenkt, auf ihren bedeckten Karren.

Ein oder zwey Fäßer, und eben so viel Eimer en Reserve.

Die Protzwagen oder Vordergestelle aller Stücke von der Batterie, damit sie gleich bey der Hand sind, wenn man die Stücke mit Seilen fortziehen muß, denn es ist bekannt, daß man die schweren Stücke leichter mit dem Protzwagen fortbringt, als ohne denselben. Der Schwanzriegel von der Affette wird sodann auf die Protzwagenachse gelegt, und der Stellnagel durchgestoßen, welches im Augenblick geschicht.

Zwey Seile auf jedes Stück, wenn es von Menschen gezogen werden soll, und einige en Reserve.

Die-

Diese Seile sind von Hanf gesponnen, und zu Stüs
cken von dem Caliber, wovon wir reden, zehn Linien stark
und zehn Fuß lang.   Man bindet Queerlatten dran, jeds
wede vier Schuh weit von der andern, ohngefehr vier Fuß
lang, und Armsdicke, woran die Soldaten desto stärker
ziehen können.   Will man das Stück rückwärts ziehen, so
kann man die Seile an die Wage vom Protzwagen hängen:
soll aber das Stück avanciren, so hängt man die Seile in
die Affettenhaaken, und sodann lenken ein paar Constabler
den Protzwagen, damit er mit den großen Affetten=Rä=
bern beständig in gerader Linie bleibt.

Eine Rolle Stricke im Vorrath, ein Kummt, ein
Bauchgurt.

Zu der zweyten Reserve & Pl. I. gehört das ganze Ge=
spann der Stücke, mit allem Geschirr und Zubehör, und
noch ein ganzes Gespann zur Reserve, einige Kumter,
Stränge und Rollen von Stricken im Vorrath.

Die Mannschaft die auf jeden dieser Posten gehört, ist
bereits oben erwähnt worden.

Dieß sind die Bedürfnisse einer Batterie während der
Schlacht, und der Posten der einem jeden gehört.   Der
Chef der Batterie muß mit Sorgfalt untersuchen, ob al=
les vorhanden und brauchbar ist.   Man muß alles in ge=
höriger Ordnung auf die Karren aufladen, die bey dem er=
sten Magazine oder Reserve stehn bleiben, damit man ein
jedes schnell bey der Hand habe, und nicht zu lange suchen
müsse.   Man darf weder Eisen noch Flintensteine, noch
was irgends beym Stoßen Feuer giebt, zum Pulver legen.
Wird ein Karren theils mit Patronen, theils mit Stück=
kugeln beladen, so setzt man ein Bret zwischen beide, oder
man legt die Strick=Rollen, die man in Vorrath mitnimmt,
zwischen die Kugeln.   Das Wasser bey den Batterien muß
so gestellt werden, daß das Pulver nicht naß wird.

Alles

Alles was ich für die erste Reserve j. Pl. I. dicht hinter der Batterie bestimmte, läßt man auf zweyspännigen Karren daselbst stehn: Nur muß man sie nicht zu schwer laden, damit man alles bald finden könne. Die Pulver-Wagen sind auf allen Seiten mit Bretern bewahrt, damit weder Regen noch Feuer ankomme. Den Deckel öfnet man ganz auf einmal, vermittelst dreyer Gewinde auf der einen Seite desselben. Diese Pulver-Wagen dürfen nicht zu nahe beysammen stehn, um das Unglück zu mindern, wenn einer derselben in Brand geräth.

Der Chef der Batterie muß dafür sorgen, daß die Pioniers die Wege seiner Batterie, nach ihren Reserven und dem zweyten Treffen, so gut ausbessern, als Zeit und Umstände erlauben, damit man die Stücke ohne Hinderniß aufführen, und wenn es seyn muß, auch wieder zur zweyten Linie zurück führen könne. Man muß vor dem Aufführen, ein wenig Pulver im Stück anzünden, damit es völlig trocken werde, und man sicher wisse, ob das Zündloch gut geräumt ist. Das Stück wird drauf mit einer einzigen Kugel geladen, das Ladezeug aufgebunden, bis das Stück aufgeführt ist, da man sodann das Ladezeug wieder abbindet, und das Stück in der nöthigen Elevation richtet.

Die Officiers so die Stücke richten, müssen jeder einen Quadranten haben, um den Stücken im Anfange des Feuers die gehörige Elevation zu geben. Sie haben ferner einen eisernen Hammer, und zwey Nägel von wohlgehärtetem Stahl, und von unten bis oben gezackt, um Stücke, wenn es seyn muß, zu vernageln. Die Dicke der Nägel richtet sich nach der Oefnung des Zündlochs. Eben diese Officiers theilen die Constabler und Soldaten bey den Stücken ab, und bestimmen das Geschäft eines jeden genau, damit nicht hernach beym Feuer einer den andern hindert.

In & Pl. I. bey der zweyten Reserve der Batterie commandirt wieder ein Officier, von eben dem Range, als die

so

so die Stücke richten, und unter ihren Befehlen stehn die Dragoner und Fuhrleute, die daselbst halten.

Dieser Officier muß dafür sorgen, daß die Fuhrleute nicht entlaufen, und er wird, wenn die Umstände es mit sich bringen, sowohl die Retraite der Stücke besorgen, als auch die feindlichen, wenn man sie erobert, rückwärts zu schaffen. Es müssen hier Nägel von verschiedner Größe in Vorrath seyn, um die feindlichen Stücke, die man verlassen muß, zu vernageln.

Die Fuhrleute haben Messer, um in eben diesem Falle die Stränge abzuschneiden. Jeder dieser Officiers steht unter den Befehlen des Commandeurs seiner Batterie, und hat einen Unterofficier oder jungen Feuerwerker unter sich, der, wenn der Officier getödtet werden sollte, in dessen Stelle trit.

Die Instrumente des Artilleristen oder Const̄ablers sind: Ein spitziges Messer, zwey Raumnadeln, eine Pulverflasche mit ihrem Riemen, eine Zündruthe woran eine Klafter Lunte, und ein lederner Sack. Ihre Flinten müssen sie wohl bey der schweren Artillerie und Bagage zurücklassen.

In der Pulverflasche ist ein Pfund vom feinsten Pulver, damit es sicher Feuer farge und nicht sprühe. Die Flasche selbst ist am Mundloche mit Kupfer oder Messing beschlagen, und hat eine Klappe von gleichem Metall, die sich durch eine Feder öfnet und schließt. Das Mundloch darf durchaus nicht länger offen bleiben, als das Aufstreuen des Zündkrauts erfodert, damit der Wind kein Feuer von der Zündruthe hineinwehe.

Die Zündruthe ist einen Daumen dick und drey Fuß lang, damit die Flamme dem Artilleristen nicht an die Hand kömmt, und er weit genug bey Seite treten kann, damit das Rad oder die Affette ihn beym Rückprall des Stück's nicht treffe. Am obern Ende der Zündruthe formirt sie sich wie zwey

Schlan-

Schlangen nach beyden Seiten, so wie die Hälse am Reichs-
adler stehn: So sind beyde Enden steif, und die Lunte brennt
nicht weiter ab, als man will. Unten hat die Zündruthe
einen Stachel, etwan drey Zoll lang, damit man sie in die
Erde stecke, und nicht zu legen brauche. Brennen zwey
Lunten beym Stücke, so braucht nur das eine Ende zu glühen:
doch muß der zweyte Artillerist alsogleich Feuer geben können,
wenn die erste versagt. Brennet nur eine Zündruthe, so
müssen beyde Enden angesteckt werden: Die Lunte muß
trocken seyn: Man muß sie eher anzünden als man sie brauchen will, und sodann allezeit die Asche abblasen.

Die Raumnadeln füllen das Zündloch nicht ganz, sind
vierzehn bis sechzehn Zoll lang, unten spitz, und oben mit
einem Ringe versehn, da man den Finger einsteckt, um
die Raumnadel aus dem Zündloche zu ziehen. Man reinigt
das Zündloch damit, von allem was zwischen der Oefnung
der Patronen und dem Zündloch sich setzt, so daß die Patrone nicht Feuer fangen kann.

Das spitzige Messer braucht der Artillerist, um die Patrone an dem Orte zu öfnen, wo sie unter dem Zündloch zu
stehen kömmt. Denn, sticht man sie blos mit der Raumnadel durch, so fällt das Loch oft wieder zu, besonders bey
hölzernen und blechernen Patronen.

Die Säcke von Leder sind gut, die Patronen von dem
Magazine hinter der Batterie zu holen, und sodann trocken
zu halten, ohne daß man sie auf die Erde legt.

Von den
Ordres de Bataille der Armeen.
Sechstes Capitel.

Erklärung von drey verschiednen Ordres de Bataille, und einer Tabelle vom Train der Artillerie für
eine Armee von zwanzig tausend
Mann.

a.)

Erste Ordre de Bataille.   Pl. I.

Die Armee besteht aus funfzehn tausend Mann Infanterie, drey tausend Dragonern und zwey tausend Cuirassiers,
jedoch die Officiers ungerechnet. Ich rechne jedes Bataillon
zu fünf hundert Mann in vier Gliedern, und auf jeden
Mann zwey Fuß de Front so wie in der Tiefe. Das Eskadron Dragoner oder Cuirassiers hat hundert Pferde in zwey
Gliedern. Ich rechne drey Fuß aufs Pferd. Das Bataillon besetzt also mit seiner Front ein Terrain von zwey
hundert und funfzig Fuß, das Eskadron von hundert und funfzig. Vier Bataillons Infanterie formiren eine Brigade:
zehn Eskadrons Cavallerie gleichfalls. Der Fuß den ich
zum Maaße angenommen, ist der Französische so genannte kö-
nigliche, der zwölf Zoll enthält, und der Zoll zwölf Linien.
Der beygefügte Maaßstab zeigt nur die Länge der Front
und die Entfernung der Treffen, nicht aber die Tiefe der
Mannschaft.

Ich stelle in jedes Treffen tausend Cuirassiers, tausend
Dragoner, und sechs tausend Mann Infanterie. Zwischen
bei-

beide vertheile ich tausend Dragoner und drey tausend Mann Infanterie, den fünften Theil der Armee. Die Entfernung der Treffen von einander ist zu neun hundert Fuß. Intervallen in der Linie giebts nicht, als für die Batterien der Artillerie. Die Spielleute treten daher hinter die Regimenter.

Ich rechne achtzehn Zwölf= und Achtpfünder, und vertheile sie in sechs Batterien, jede zu drey Canonen. Die Buchstaben bemerken die Stelle jeder Troupe, der Officiers, der Reserve, der Magazine und des Hospitals.

Die punktirten Linien bey den Truppen, die zwischen den Treffen stehn, bedeuten die Schwenkungen, die sie nach Beschaffenheit der Umstände machen können. Die Zahlen weisen den Anfang der Schwenkungen und ihr Ende.

Die punktirten Parallel=Linien, die von einem Treffen zum andern führen, bedeuten den Weg, den man so viel möglich gleich macht, und sodann frey läßt, damit man die Stücke auf die Batterien führe, und wenn es nöthig fällt, auch retirire.

Die ganze Ordre de Bataille betrift übrigens nicht einzelne oder bestimmte Fälle, wo man jederzeit nach Terrain, Feind, Gewehr, und der Zahl Gattung und Güte seiner eignen Truppen sich richten muß, sondern ist nur bestimmt, das Allgemeine der Schlachtordnungen etwas näher festzusetzen, und verschiedne Vorsichten zu zeigen, die bey jeder Anordnung derselben beobachtet werden müssen.

A. Batterie von drey zwölfpfündigen Canonen. Ich rechne die Länge der Batterie zu zwey und vierzig Fuß.

BC. Brigade von zwey Regimentern Dragoner, jedes von fünf Eskadrons, so den linken Flügel des ersten Treffens formiren.

D.

D. Batterie von drey Achtpfündern.

EF. Brigade von zwey tausend Mann Infanterie in vier Bataillons.

G. Batterie von drey Achtpfündern.

HI. Brigade zu Fuß von vier Bataillons.

I. Batterie von drey Achtpfündern.

KL. Brigade von vier Bataillons.

M. Batterie von drey Achtpfündern.

NO. Brigade von zwey Regimentern Cürassiers, jedes von fünf Eskadrons, die den rechten Flügel des ersten Treffens formiren.

P. Batterie von drey Zwölfpfündern.

Q. Zwey Eskadrons Dragoner.

R. S. T. V. X. Y. Bataillons. Jedes hat eine halbe Eskadron Dragoner zur Rechten, und eine halbe Eskadron zur Linken.

Z. Zwey Eskadrons Dragoner, mit der Front gegen die rechte Flanke der Armee. Diese Eskadrons decken die Flanke gegen die kleinen Partheyen des Feinds, oder verlängern, wenn man es nützlich findet, die Linie der Armee, und schwenken sich in die Flanke des Feinds. Die Zahlen 19. bis 24. zeigen die Schwenkungen, die im letzten Falle nothwendig sind.

ab. Zweytes Treffen, so stark als das erste.

c. d. e. f. g. h. Sechs Lücken im zweyten Treffen, jede zu zwey und vierzig Fuß, um die Stücke dahin zu retiriren, wenn die Umstände es erfodern.

j. Erste Reserve, oder Magazin der Batterien, hundert Fuß rückwärts derselben, um sie vor der Gefahr des Feuers zu decken.

Y   &.

&. Zweyte Reserve, oder Magazin der Batterien.

k. Posten des Feldmarschalls und des Generals von der Artillerie, mit ihrer Suite.

l. Posten eines General-Lieutenants, der den linken Flügel beyder Treffen, und die Truppen zwischen denselben commandiret. Unter ihm steht der General-Major, so mit o. bezeichnet ist, die Brigadiers r. von der Cavallerie, und der Brigadier s. von der Infanterie.

m. Posten eines General-Lieutenants, der die ganze Infanterie vom Centro beyder Treffen, und die Truppen zwischen denselben commandirt. Unter ihm stehen sieben Brigadiers von der Infanterie s. und drey General-Majors, wovon der eine mit p. bezeichnet ist, die andern bey E. und L. sich postiren.

n. Posten eines General-Lieutenants, der den ganzen rechten Flügel beyder Treffen, und die Truppen zwischen denselben commandirt. Unter ihm steht der General-Major g. die beyden Brigadiers von der Cavallerie t. und der Brigadier r. von den Dragonern.

Die General-Majors o. p. q. sorgen, daß die Truppen zweyter Linie, sowohl als die zwischen den Treffen, die Manoeuvres executiren, die der General-Lieutenant befiehlt; und herstellen die Truppen des ersten Treffens, wenn sie geschlagen wurden. Die Brigadiers jeder Division stehn sämtlich unter den General-Majors ihrer Abtheilung.

u. Sechs Posten, die der Inspecteur und General-Major von der Artillerie beständig bereiten, um die nöthigen Ordres für die Batterien zu geben.

x. Posten für die Feldprediger und Feldscheerer, die vom großen Hospital detaschirt werden, um das erste Verband aufzulegen.

y.

y. und z. drittes und viertes Magazin für die Batterien, wofern solche nicht rückwärts geschickt werden, oder eine besondere Wagenburg formiren. Den Detail lehrt die Tabelle vom ganzen Train der Artillerie, unter den Numern 4. und 5.

w. Posten des Officiers von der Artillerie, der diese Magazine commandirt.

x. Vier Eskabrons und drey Bataillons zweyter Linie, in einiger Distanz hinter denselben, damit ein ganzes Bataillon zwischen ihnen und der ersten Linie schwenken könne.

Die Lücken im zweyten Treffen sind, damit die Flüchtlinge des ersten ablaufen können, ohne das zweyte in Unordnung zu bringen. Die Truppen hinter den Lücken sind bestimmt, sie zur rechten Zeit zu verschließen.

AA. Linie, auf welcher die erste Linie sich wieder formiren muß, wenn sie geschlagen ward, und nicht im Stande ist, auf der Linie SX. sich wieder zu setzen.

x. Linie zur Formirung der Truppen zwischen den Treffen, wenn sie gleichfalls geschlagen worden, und nicht im Stande sind, unter dem Schutze der zweyten Linie sich zu setzen.

Die punktirten Linien und Zahlen zeigen deutlich die Schwenkungen jeder Troupe zwischen den Treffen, nachdem der Feind zur Rechten oder Linken derselben einbrang. Durchbricht der Feind die nächste Brigade zur Rechten, so schwenkt die Troupe eine Viertelsschwenkung Rechts: Durchbricht er die nächste Brigade zur Linken, so schwenkt die Troupe eine Viertelsschwenkung Links, und attakirt den Feind in die Flanke: Durchbricht der Feind aber die Brigade so gerade vorwärts steht, so rückt die Troupe vor ins erste Treffen, um das Gefecht zu herstellen.

Die Troupen Q. und Z. stehn verdeckt hinter den Regimentern der ersten Linie, damit der Feind ihnen nichts ent-

ge-

gegenstellt was ihre Manoeuvres vereitelt. Ist die Absicht den Feind zu verhindern, daß er nicht die Flanke der Armee gewinnt, und die Flügel in Unordnung bringt, so ist die Troupe Z. in besserer Stellung als die Troupe Q. Will man aber selbst Terrain gewinnen, um den Flügel des Feinds einzuschließen, und selbst in seine Flanke zu fallen, so ist die Troupe Q. besser postirt als Z., weil sie mit Linksum so weit Feld gewinnt als sie will, ohne dem Feinde während der Bewegung die Flanke zu bieten, selbst aber alsdann in die Flanke des Feinds, durch eine einzige Viertelsschwenkung, sich einwirft.

b.)
Zweyte Ordre de Bataille. Pl. II.

ab. Erstes Treffen vom Feinde.

cd. Zweytes Treffen vom Feinde.

ef. Seine Reserve.

gh. Erstes Treffen unsrer Armee.

ij. Zweytes Treffen.

kl. Reserve.

mg. Terrain das die erste Linie auf ihrem linken Flügel verläßt, wo sie am schwächsten ist, um dagegen rechts Terrain zu gewinnen, wo die besten Truppen sich finden.

ni. Terrain das die zweyte Linie auf ihrem linken Flügel verließ, um, so wie die erste, durch eine Schwenkung in die Flanke des Feinds sich zu werfen; die erste durch die Schwenkung hr. die zwote durch jf.

oh. Eine Division der ersten Linie unsrer Armee, die sich in pq. dem Feinde verbirgt, und bis auf eine gewisse Distanz nähert, worauf sie sodann die erste Linie verlängert wie oh.

rj. Ein Theil der zweyten Linie, der vormals in st. stand, und nun in rj. die zweyte Linie verlängert.

uxy.

uxy. Terrain wo es vortheilhaft wäre, wenn Gräben, Ravins, Defile's und dergleichen sich fänden, entweder um ganz den linken Flügel zu decken, wo wir am schwächsten sind, oder wenigstens den Anmarsch des Feinds gegen denselben schwer und langsam zu machen.

oz. Anmarsch der doublirten Troupes oder Bataillons, so die erste Linie des Feindes in æ. durchbrechen sollen. Die Reserve st. rückt, wenn man will, hinter pq., um ihre Schwenkung zu verkürzen, und kl. wird aus gleichen Gründen zwischen die Treffen vertheilt, wie in der ersten Ordre de Bataille geschehn.

Ich setze in dieser obliquen Schlachtordnung die ganze Hofnung des Siegs auf den rechten Flügel, und formire daher in o., statt der gewöhnlichen Bataillons, ein Corps von sechshundert Grenadiers in zwölf Gliedern, jedes Glied zu funfzig Mann en Front, und in drey Divisions, jede zu vier Gliedern vertheilt. Die Tete formirt ein Glied Officiers, Unterofficiers und Sergeanten, mit Kurzgewehren und Spontons. Alle drey Divisions rücken dicht hinter einander auf, um geschlossen zu agiren, und die Linie des Feinds durch den Choc in æ. zu durchbrechen. Gelang es, so schwenkt die erste Division rechts, die andere links, um dem Feind in Flanken und Rücken zu fallen. Die dritte Division behält ihre Front, damit keine Lücke in der Linie sey. Die erste Linie der Armee fällt be Front hitzig über die Truppen her, die das Corps der Grenadiers in der Flanke und im Rücken attakirt; und sucht das Gefecht eher zu entscheiden, als das zweyte Treffen des Feinds anrückt, um unsre Grenadiers im Rücken zu fassen, und ehe der rechte Flügel des Feinds zum Gefecht kommen kann, das zu vermeiden der Entwurf dieser ganzen Schlachtordnung war.

In j. formirt sich ein Corps von gleicher Stärke, wie das Corps in o., um die zweyte Linie des Feinds in der

P 3   Ge-

Gegend von w, zu durchbrechen. Ich postire nichts in h.
weil die Truppen die daselbst stehen, durch die Schwenkung hz. dem rechten Flügel des Feinds, aller Treffen, in
der Flanke stehn. Erlaubt hingegen das Terrain nicht,
daß man den linken Flügel des Feinds umringt, und in
die Flanke faßt, so verstärkt man sich auch in h. durch eine
solche Troupe.

c.)

Dritte Ordre de Bataille. Pl. III.

Jede Brigade erster Linie hat zur Seite ein verstärktes
Bataillon sechszehn Mann hoch), und dreyßig Mann be
Front. Hinter jedem dieser Bataillons schließt eine Troupe
Dragoner von funfzig Pferden. Ich behaupte, ein Bataillon
zu vier Mann hoch ist nicht im Stande, dem Choc dieser
verstärkten Bataillons in sechzehn Gliedern zu widerstehn.
Es werden in der feindlichen Linie so viel Oefnungen werden, als hier doublirte Bataillons sind, und alsbann jagen
die Dragoner durch die Oefnungen durch, und der Feind
wird de Front, in der Flanke und im Rücken zugleich attakirt: die Linie der Armee aber bleibt in völliger Ordnung,
und die verstärkten Bataillons empfangen die zweyte Linie
des Feinds so wie die erste. Wird unsre Cavallerie oder
Dragoner geschlagen, so zieht sich die Infanterie, die ihnen
zur Seite stand, unter dem Schutze dieser verstärkten Bataillons sicher zurück; und selbst ihre Flanke wird zur furchtbaren Front, besonders wenn die Infanterie zum Theil Piken hat. So fochten die Römer mit großen Intervallen,
weil ihre Infanterie zum Theil Piken trug, und tief in
Gliedern stand, so daß jedes Corps und jede Flanke sich
selbst vertheidigte.

Ich halte diese Schlachtordnung für vortreflich, nicht nur
wenn man es nicht wagen darf, die Cavallerie auf den Flügeln
der Armee zu formiren, weil sie zu schwach ist, sondern
über-

überhaupt, wenn der Feind im Stande ist die Flanke der Armee zu gewinnen, wie sehr man sich auch ausdehnt. Alsdann widersteht weder die Infanterie zu vier Mann hoch, noch die Reuterey, man müßte denn ein Bataillon quarré mit dem Ganzen formiren, die unbequemste aller Schlachtordnungen, die so zu sagen keine Bewegung erlaubt. In beiden Fällen ists alsdann gut, die Flügel beider Linien in verstärkte Bataillons zu verwandeln.

Ist man dem Feinde überlegen, so dienen sie besser als die Keile die ich oben erwähnt, besonders wenn man den Feind ausserdem noch überflügelt, oder Truppen in Hinterhalt legt.

Auf engen determinirten Terrains pflegt man die Zahl der Linien zu vermehren. Wird aber die erste geschlagen, so wirft sie auf der Retraite die andern über den Haufen. Auch hier ists also wichtig, die erste Linie durch diese doublirten Bataillons zu verstärken, damit sie so leicht nicht geschlagen wird.

Die zweyte Linie hat der verstärkten Bataillons weniger als die erste, weil der Erfolg der ersten Linie meistens von allem entscheidet, und am Ende alles was die erste Linie verstärkt, auch der zweyten nützlich ist. Wird die Cavallerie geschlagen, so ziehn sich die verstärkten Bataillons zurück, durch das Feuer ihrer Flanken gedeckt, die sich in der Entfernung von tausend Fuß unter einander flankiren. Rücken die verstärkten Bataillons aus dieser oder jener Ursache näher zusammen, so brauchen sie statt der einzelnen Kugeln Kartetschen, die nicht so weit reichen, um sich nicht selbst zu verwunden. Gleichwohl stelle ich die verstärkten Bataillons doch nicht näher beysammen, um das Feuer der Linie nicht zu sehr zu verringern, noch den Muth des Feinds durch die zu große Verkürzung der Front zu beleben. Die verstärkten Bataillons bleiben hinter der Linie, damit der

Feind

Feind sie nicht sehe, und zum Ziel seiner Artillerie mache, oder Truppen ihnen entgegen commandire.

AB. EF. IJ. MN. Alles Brigaden Infanterie jede von vier Bataillons, die zwey vom Centro zu vier Mann hoch, die zwey auf den Flügeln zu sechzehn.

P. Trupps von 50 Dragonern; Q. Trupps von 50 Cuirassiers, hinter den verstärkten Bataillons, um den Feind in der Flanke und im Rücken zu fassen, wenn die verstärkten Bataillons ihn durchbrochen. Jede Troupe wird in fünf Züge getheilt, davon die auf den Flügeln dem Feind theils in die Flanke theils in den Rücken fallen, der vom Centro aber bey den Bataillons verbleibt, um, wie die Umstände es erfodern, zu agiren. Vielleicht scheinen diese kleinen Trupps zu schwach, sie sind aber stark genug gegen Bataillons von vier Mann hoch, wenn diese nicht nur Flanke und Rücken blos sehen, sondern auch de Front so hitzig attakirt werden.

CD. GH. KL. jedes fünf Eskadrons Cavallerie, in jeder Intervalle durch ein kleines Peloton Infanterie von 24 Mann unterstützt, die vierzig Schritt vom Feinde ihre letzte Salve mit Kartetschen geben, damit die Eskadrons die Unordnung nützen, die dieß Feuer unter den feindlichen anrichtet.

O. Sechs Batterien im ersten Treffen, nebst ihren Magazins und Reserven. y. s. u. Die Flügel haben keine Batterien, weil sie durch die Infanterie stark genug sind.

R. T. X. jedes zwey Eskadrons Dragoner; und Z. zwey Eskadrons Cuirassiers.

S. V. Y. jedes ein Bataillon Infanterie, mit einer halben Eskabron auf jedem Flügel.

a. c. Jedes ein Eskabron Dragoner, mit der Front nach der Flanke der Armee.

b.

b. Zwey Eskabrons zur Bedeckung des Feldmarschalls.

d. m. jedes ein verstärktes Bataillon, um die Flanke des zweyten Treffens zu decken.

e. l. jedes 2 Eskabrons Dragoner. h. j. jedes drey Eskabrons.

g. k. jedes drey Bataillons Infanterie. l. zwey Bataillons.

f. Intervallen in zweyter Linie, um die Retraite der ersten zu begünstigen.

n. vier Eskabrons Dragoner und ein Bataillon Infanterie, um die Lücken zweyter Linie zu schliessen.

p. zwey Eskabrons Dragoner zur Reserve.

q. q. Terrain, wo sich die erste Linie wieder forniren soll, wenn sie es nicht zwischen den Treffen, in dem Alignement der Eskabrons b. vermag.

r. Posten des Hospitals vom ersten Verband.

t. Posten des Officiers von der Artillerie, so im ersten Plane mit w. bezeichnet ist.

z. Posten der drey General-Lieutenants, davon die auf den Flügeln zwey, der im Centro drey Brigaden in beiden Treffen, nebst allen Truppen zwischen denselben commandirt.

æ. Posten der drey General-Majors.

ſ. Posten von zwey Brigadiers der Cavallerie.

ɋ. Posten von acht Brigadiers von der Infanterie.

* Posten von drey Brigadiers von den Dragonern.

Bewegungen der Truppen zwischen den Linien.

Wenn der Feind die Brigade AB. wirft, so schwenkt sich die Eskabron a. einmahl rechts 1 — 2, und steht sodann wie 3 — 2. Alsdann rückt sie vor bis 4 — 5, und schwenkt

Y 5   noch-

nochmals rechts 4—6, bis sie in 5—6 dem Feinde in
der rechten Flanke steht.

Die Troupe R. empfängt den Feind be Front, und die
Troupe S. schwenkt links, um dem Feinde in die linke Flanke
zu fallen.

Die verstärkten Bataillons A. B. detaschiren ihre Trupps
Dragoner, und behaupten sich entweder beide auf ihrem
Terrain, oder das Bataillon A. setzt sich hinter B.

Bedroht der Feind die Flügel der Armee, so schwenkt
die Troupe R. links, und marschirt drauf vorwärts bis zur
Linie 27—28, wo sie durch die Eskabron A. unterstützt
wird. Will man den Feind selbst überflügeln, so marschiren diese drey Eskadrons, nachdem sie die Stellung 27—1
angenommen, bis 34—29, um nicht mit den Truppen
vom Flügel sich zu verwirren. Alsdann geschieht eine Viertelsschwenkung rechts 29—30. Die Troupe marschirt
vorwärts bis 31—32, und drauf geschieht die zweyte
Viertelsschwenkung rechts, durch die man sich dem
Feinde in die rechte Flanke einwirft. Die übrigen Manoeuvres und Schwenkungen ergeben sich nun von selbst.

Anmerkungen zum Verständniß der Tabelle eines Trains Artillerie für eine Armee von zwanzig tausend Mann.

Wenn man voraussieht, daß man eine Schlacht liefern wird, und in diesem Falle nicht allein, sondern auch
in vielen andern, vertheilt man das Geschütz in zwey Theile,
und schickt den, so man weder in der Schlacht, noch zur
Retraite, noch zur Verfolgung zu gebrauchen gedenkt, in
die sichersten Festungen zurück, den andern behält man bey
der Armee, und von diesem letztern ist hier die Rede.

Ich theile denselben in fünf Theile:

Der

Der erste besteht aus aller der Mannschaft und Geräthe, die jede der Batterien bedarf, die ich in dem ersten Plane mit den Buchstaben A. D. G. I. M. P. bezeichnet.

Der zweyte, den ich hundert Fuß davon in eben diesem Plane mit dem Buchstaben j. bezeichnet, besteht aus allem, was von Zeit zu Zeit zum Dienste dieser Batterien nöthig ist.

Der dritte unter dem Buchstaben &. aus allen Pferden und Geschirr, die Canonen vorwärts oder rückwärts zu bringen, nachdem die Umstände es erfodern.

Der vierte und fünfte unter den Buchstaben y. und z. aus allem, was man nach dem Verlust oder Gewinnst der Schlacht braucht.

Findet man in der Entfernung von 40. 50. 80 Schritt einen Ravin, eine Höhe, Gebäude, Damm, Mauer oder dergleichen, wo man die Mannschaft, Pferde und Magazine unter j. und &. vor dem Feuer des Feinds verdeckt, so muß man ja nicht verabsäumen, diesen Vortheil zu nützen. Hat man in der Nähe eine Brücke, Schanze, festen Ort oder Wagenburg, so weist man die Posten y. und z. auf dieselbigen an, weil sie nicht in der Schlacht, sondern nach derselben dienen.

Die Tabelle enthält namentlich die Bedürfnisse jedes Postens.

Das Viereck 1. bedeutet die Posten A. D. G. I. M. P.

2. bedeutet j.

3. bedeutet &.

4. bedeutet y.

5. bedeutet z.

Jede Batterie hat drey Stück, und der Batterien sind sechs, ich bringe aber nicht mehr, als eine einzige Batterie in Anschlag. Was ich also von der einen sage, gilt

auch

auch von ben anbern, nur das ausgenommen, was unter
2. vorkömmt: denn dieß gehört für die Armee überhaupt,
und wird folglich nicht vervielfältigt.

Von den Schlachten.

Erstes Capitel.

Von der Recognoscirung des Champ de Bataille, und wie man die Hindernisse des Terrains nützt oder wegräumt. Ob es besser ist anzugreifen, oder sich angreifen zu lassen.

§. I.

Es ist die Sache des commandirenden Generals selbst, und
eines Theils von der Generalität, das Champ de Bataille
beider Armeen, und die Position des Feinds zu recognosciren, damit man bey der Vertheidigung die Vortheile des
Terrains in ihrem ganzen Umfange nütze, beym Angrif
weder in einen Hinterhalt falle, noch den Feind in seiner
Stärke angreife, wenn er Schwäche hat. Die leichten Truppen öfnen den Weg zu diesen Recognoscirungen, und unter
ihrem Schutze recognoscirt der commandirende General den
Feind von einer Höhe, von einem Thurm oder dergleichen.
Doch muß der General nie so weit vorwärts sich wagen, daß
er Gefahr läuft in die Hände der Feinde zu fallen, oder gezwungen werden kann Truppen nachrücken zu lassen, und
das Gefecht früher anzufangen, als er will, und an einem
Orte, der ihm nicht vortheilhaft ist.

Die Recognoscirung betrift nicht nur die Champs de
Bataille der Armeen, sondern auch die Wege die von den-
sel-

selben nach ihren Festungen und Magazinen hinführen;
und auf die Recognoscirung folgt die Verbesserung von allem,
was zu bessern möglich und rathsam, unter den itzigen Umständen, ist. Man nützt die Chikanen des Terrains gegen
den Feind, und sucht sie zu vermehren: die keine Vortheile
gewähren, räumt man weg. So nützt man z. E. Mauren
und Hecken vor der Front der Armee, zieht, wenn sie zu
niedrig sind, auswärts einen Graben, sind sie aber zu hoch,
so errichtet man ein Banquet von Faschinen, Sandsäcken oder
Erde. Hat man einen Damm oder Landwehre vor sich,
und der Graben wäre inwendig, so macht man ihn breiter
und versieht den Damm mit einem Banquet: ist der Graben auswendig, so nimt man die Brustwehre von innen.
Alles was die Gemeinschaft der Truppen von einem Flügel
zum andern unterbricht, oder schwer macht, wird aus dem
Wege geräumt: Man eröfnet sich so breite Communicationen als möglich: Man läßt Brücken in gröster Menge über
die Bäche oder Ravins schlagen, so die Gemeinschaft trennen: Man deckt die Brücken mit starken Redouten: Man
haut alles Gebüsch, Hecken und Bäume nieder, so die Wege
schwer oder enge machen. Was von Hecken und Mauern
den Treffen parallel und zwischen denselben liegt, bleibt
zwar zuweilen stehn, weil man es gegen den Feind als
eine Brustwehre nützt, und bey jedem Schritte neue Gefechte
anfangen kann: doch läßt man auch hier an mehr als einem
Orte Oefnungen machen: Hecken und Mauern hingegen
die von einem Treffen zum andern hinlaufen, und folglich
die Gemeinschaft von einem Flügel zum andern unterbrechen, müssen völlig niederliegen, damit hier alles offen
sey. Liegen in der Linie der Front, oder auch wohl in einiger Entfernung vorwärts, Gebäude oder Häuser, so muß
man sie entweder niederreissen oder besetzen: besetzt man sie, so
schneidet man Schießscharten ein, man umgiebt sie, wenn
es die Zeit erlaubt, mit einem Graben; man minirt sie,
um sie in die Luft zu sprengen, wenn man sie dem Feinde

ab-

abtreten muß. In der Nähe der Reuterey darf kein Posten sich finden, wohinter die feindliche Infanterie Posto
fassen kann, um sie ungestraft unter ihr Gewehrfeuer zu
bringen. So nützt man das Terrain, wenn man den
Feind erwartet: der angreift, untersucht, ob es überall geschehen ist; und lenkt seinen Angrif dahin, wo man die wenigsten Anstalten traf, am wenigsten durch natürliche Vortheile begünstigt ward.

§. 2.

Wenn man die Wahl hat, den Feind zu attakiren,
oder stehenden Fußes seine Attake zu erwarten, jedoch so,
daß, wie das Gefecht auch ablaufen mag, man dennoch nie
von der Vertheidigung zum Angrif übergeht: so behaupte
ich, der Angrif hat den Vorzug vor der Vertheidigung.
Der Grund liegt vorzüglich im Herzen des Menschen, der
den angreifenden Theil fast stets für überlegen hält, es sey
nun in der Zahl oder an Muth. Die Bewegung und der
Marsch bringt das Geblüt in Wallung, und die Wallung
vertreibt die Furcht; man läßt die Verwundeten und Todten zurück, und hält sich für stärker, eben darum weil man
zum Angrif geführt wird. Wählt man also einen Posten,
um den Angrif des Feinds in demselben zu erwarten, so
muß er entweder ganz inattakable seyn, so daß der Feind
ihn nur mit der strafbarsten Verwegenheit angreift: oder
man muß sich die Möglichkeit in demselben bereiten, von
der Vertheidigung zum Angrif überzugehen, nachdem man
alle die Vortheile genützt, so das Terrain gegen den Feind
darbot: alle Vortheile des ruhigen gesetzten Feuers auf der
Stelle, vor dem schwankenden unsicherm Feuer im Avanciren. Dieß sind die Champs de Bataille die man wählen muß, wenn die Armee, die man führt, nicht im großen
Manoeuvre geübt ist, oder zu wenig Disciplin hat; oder
überhaupt die Vertheidigung mehr liebt als den Angrif.
Doch selbst bey dem tapfersten und geübtesten Volke ist
bieß

dieß Champ de Bataille das beste. Denn der Feind sieht seinen Angrif in die Vertheidigung verwandelt, und alle seine Entwürfe verrückt.

Von den Schlachten.

Zweytes Capitel.

Was in dem Kriegsrath überlegt werden muß, der vor der Schlacht hergeht.

§. 1.

Der commandirende General versammelt entweder die Generalität, um Kriegsrath zu halten, oder er hält ihn mit sich allein. In beyden Fällen muß man fest setzen:

Wo man angreifen soll?

Wie man den Feind verfolgt, wenn man den Sieg erfocht?

Ob man seiner eigenen Armee den Rückzug abschneiden soll oder nicht?

Wie man sich zurückziehen wird, wenn man das letzte wählt.

Zu was für Zeit man seine Ordre de Bataille formiren, zu was für Zeit man angreifen muß?

§. 2.

Man muß das Champ de Bataille des Feinds an den Orten attakiren, wo man die meiste Hofnung zum Siege hat, und der Sieg am entscheidendsten wird. Man greift also an, da wo der Feind die wenigsten Vortheile des

Ter=

Terrains über uns hat, wo wir unsre ganze Stärke nützen, wo die Gefechte in die wir uns einlassen für unsre
Truppen sich schicken, und wo wir dem Ungefähr am wenigsten überlassen. Man greift an, da wo die Vortheile,
die wir erfechten, die Schlacht auch wirklich entscheiden;
wo wir im Stande sind, was wir erfochten, auch zu behaupten;
wo wir am wenigsten Gefahr laufen, wenn die Attake mislingt; da endlich, wo wir durch die Wahl der Attake selbst
den großen Entwurf verfolgen, weswegen wir die Schlacht
liefern. Die Zahl, Gattung und Beschaffenheit unsrer
Truppen, so wie der feindlichen, die Art zu fechten, die sie
gewohnt sind, die Stärke und Schwäche des feindlichen
Champ de Bataille, die Absichten weswegen man die Schlacht
liefert, die Sicherheit unsrer Retraite und der feindlichen,
dieß sind die Umstände, die zusammen verglichen die Wahl
der Attaken bestimmen.

§. 3.

Wie soll man den Feind verfolgen, wenn man siegt?
Man muß die Gegenden, wo der Feind sich hinziehn kann,
um den Folgen des Siegs zuvorzukommen, und die Wege
die ihn nach denselben führen, kennen. Man muß leichte Truppen bey der Hand haben, um Gefangne zu machen. Man
muß ein Corps auserlesner Truppen in den Stand setzen,
dem Feinde auf dem Fuße zu folgen, und die leichten Truppen zu unterstützen. Man muß sich mit Wegweisern und
allem versehen was zum schnellen Marsche taugt: man muß
auf den Fall gefaßt seyn, da der Feind sich in Ordnung zurückzieht. Vielleicht ists gut, während der Schlacht oder
auch vor derselben, ein Corps im Rücken des Feinds einzuwerfen, um ihm de Front auf seiner Retraite zu begegnen,
oder seine Lande, Magazine und Plätze eher zu erreichen als
er. Kurz, wer zur Absicht hat, den Feind zu verfolgen,
muß alle Maasregeln treffen, die den Marsch seiner Armee
erleichtern, den Feind muthlos, und seine Retraite blutig
und

und koſtbar machen können. Ein Theil dieſer Maaßregeln hängt von dem Intendanten der Armee ab, und man muß ihm die nöthigen Befehle zur rechten Zeit geben.

§. 4.

Man muß nie ſeiner Armee den Rückzug abſchneiden wollen, es wäre denn, daß man durchaus alles gegen alles wagen muß, oder daß man nur eine einzige Retraite hat, wo ein ſchmales Defile, oder der Mangel von Feſtungen ſichern Poſten und Hülfe, den Rückzug und die Herſtellung der Armee ohnedieß unmöglich macht. Alsdann iſts vielleicht gut, auch dieſen einzigen Rückzug ihr zu benehmen, damit ſie kein ander Heil kenne als den Sieg. Doch muß man die Ehre der Truppen noch ſchonen, und dem Ungefähr zu ſchreiben, was man mit Vorſatze that: vielleicht iſts auch genug, wenn man die Truppen nur beredet, es ſey keine Hofnung zum Rückzug, obgleich der Weg wirklich noch frey iſt.

Die Generale und Brigadiers müſſen den Ort wiſſen, da man ſich hin retiriren will. Der Intendant der Armee muß Maaßregeln treffen, die Armee hier und auf ihrer Retraite verpflegen zu können. Gegen einen unternehmen- den Feind muß man um ſo mehr auf ſeiner Hut ſeyn, da- mit, wenn er von der Vertheidigung zum Angrif übergieng, man nicht einen Poſten zur Retraite ſich erſah, den man alsdann nicht im Stande iſt zu erreichen. Der Entwurf zur Retraite muß dreyfach ſeyn, nachdem der Feind das Centrum oder die Flügel durchbrach; Man muß jeden dieſer Poſten mit ſeinem ganzen Detail kennen, und die Wege die von beyden Flügeln und dem Centro dahin führen: die Wege muß man erweitern, und in vielen Fällen beſetzen.

3 §. 5.

§. 5.

Wann soll man endlich die Ordre de Bataille formiren, zu welcher Stunde des Tags soll man angreifen, ein wesentlicher Umstand der oft von allem entscheidet?

Du mußt der erste seyn, sagt Vegez, der sein Heer in Schlachtordnung stellt, denn alsdann hindert dich nichts die Stellung anzunehmen die du willst. Damit aber der Feind seine Schlachtordnung nach der unsern nicht richte, muß man die Kunst verstehn, sie plötzlich und schnell im Angesicht des Feinds zu verändern, nicht nur ohne Gefahr für uns selbst, sondern daß es ihm sogar Gefahr bringt. Indeß muß die Armee nicht ermüdet werden, sondern rasten und essen: dem Feind aber sucht man die Ruhe zu nehmen, und schickt alle die leichten Truppen gegen ihn aus, die man in der Schlacht nicht gebraucht.

Man greift des Nachts an, wenn man alles gegen alles wagen muß, ungleich schwächer ist als der Feind, und an Orten angreift, wo die Ueberlegenheit in der Zahl von Gewicht ist: wenn der Feind im Feuer der Artillerie und des kleinen Gewehrs uns überlegen ist, und man gezwungen wird, an einem Orte zu schlagen, wo er es nützen kann.

Man greift des Nachts an, wenn das Licht vom Tage uns die entscheidenden Vortheile entreißt, so die Fehler des Postens und der Schlachtordnung des Feinds uns geben: wenn der feindliche General und seine Armee des Siegs gewohnt, und geübter im großen Manoeuvre sind als die unsere: wenn man den Feind überfallen kann, seine Truppen gezwungen sind und ungern dienen. Der Anbruch des Tags ist die vortheilhafteste Zeit, wenn die Nacht die Vortheile des Siegs entreißt, den Rückzug des Feinds begünstigt, und man gleichwohl voraussieht, daß das Gefecht langwierig und blutig seyn wird. Kurz vor dem Einbruch der Nacht zu attakiren, ist gut bey einem Tentatif, wo man nicht zu

viel

viel wagen darf, oder wenn der commandirende General, durch Befehle des Hofs, oder einen einstimmigen Kriegsrath gezwungen wird, wider Willen zu schlagen, und seine Niederlage so zu sagen voraussieht.

Von den Schlachten.

Drittes Capitel.

Von den allgemeinen Anstalten vor der Schlacht; und dem Befehle der vor derselben ausgegeben werden muß.

§. 1.

Es giebt Anstalten, die allen Schlachten gemein sind: Es giebt andere, die nur für einzelne Fälle sich schicken. Ich rede hier blos von den ersten, und diese sind:

1) Die gehörigen Maaßregeln mit dem Intendanten der Armee zu treffen, damit beym Gewinnst die Armee vorwärts rücken könne, ihren Sieg aufs äusserste zu verfolgen, beym Verlust, damit sie nicht aus Mangel von Geld und Lebensmitteln sich völlig zerstreue.

2) Den Generals ihre Posten anzuweisen, wo möglich, nicht nach der Anciennetät sondern nach Talent und Verdienst.

3) Copien von der Schlachtordnung, wo möglich, allen denen zu geben, die solche nöthig haben.

4) Die Gewehre visitiren zu lassen, und in guten Stand zu setzen, und Waffen im Vorrath bey dem Park der Artillerie zu haben, um nach der Schlacht den Verlust zu ersetzen.

Z 2   5)

5) Kriegs-Munition im Ueberfluſſe zu haben, und ſie auf gut beſpannten Karren der Artillerie nachfahren zu laſſen, damit ſie am bequemen Ort und Stelle hinter den Truppen ſtehn, und beſonders da, wo die Attake oder Vertheidigung am hitzigſten ſeyn ſoll.

6) Ganz frey von aller Art unnöthiger Bagage zu ſeyn.

7) Die Vortheile von Wind, Sonne und Staub nicht zu vernachläſſigen, damit man ſie im Rücken habe.

8) Der Armee Muth einzuſprechen, die Unfehlbarkeit des Siegs ihr zu zeigen, Beute und gute Quartiere dem Soldaten, Ehre und Belohnung den Officiers.

9) Die Armee wo möglich vor dem Gefechte raſten und eſſen zu laſſen. Die Soldaten füllen ihre Flaſchen mit Waſſer oder Bier, einige mit Brandwein, und alle mit dem Befehl, nicht eher ſie anzugreifen, als bis es befohlen wird. Iſts möglich, ſo ſorgt man für Waſſer auch während des Treffens, damit die Truppen, wenn ſie von der Attake zurückkommen, ſich erfriſchen können.

10) Arzneyen, Bandagen und Feldſcheer in größter Menge zu haben, um ſeine und des Feinds Verwundete beſorgen zu können.

§. 2.

Die Feldſcheer der zweyten und dritten Linie ſtellen ſich hinter den Truppen aller Treffen, und wo möglich an einem Orte, da man gegen das Canonen-Feuer völlig gedeckt iſt, als z. E. durch eine Anhöhe, oder dergleichen. Hier halten ſie brennendes Feuer in Bereitſchaft, nebſt allem dem Werkzeuge, Bandagen, Charpie, und Medikamenten, die ſie aus dem groſſen Hoſpital empfangen, und bey dem erſten Verbande nothwendig ſind. Man macht ſeine Rechnung nicht nur auf ſich ſelbſt, ſondern auch auf den Feind: wären der Combattanten auf jeder Seite zwanzig tauſend, ſo muß man mindſtens auf fünf tauſend Verwundete rechnen.

nen. Die Feldscheer der Regimenter erster Linie begeben sich ins große Hospital, das man rückwärts der Armee in einer benachbarten Stadt oder Dorfe und in den besten Gebäuden desselben anlegt, und daselbst für Betten und alle mögliche Art von Bequemlichkeit sorgt.

Hinter jedwedem Regimente stehn einige unbewafnete Soldaten oder Bauern, unter der Aufsicht eines Capitaine b'Armes und zweyer Soldaten oder Husaren. Jedes Paar Soldaten oder Bauern hat eine Tragbahre mit einem Kopfbret, und auf demselben wo möglich ein Strohsack und ein Kopfküssen, beyde fest. Die Capitaines b'Armes müssen die Leute anhalten, daß sie wieder zurück kehren, wenn sie die ersten Verwundeten hinter das Treffen zurück brachten. Am Ort wo der erste Verband aufgelegt wird, muß eine große Menge Karren seyn, die man theils bey der Artillerie und dem Fuhrwesen, theils aus den benachbarten Orten zusammenzieht. Jedweder Karren hat, wo möglich, eine Madrazze und Kopfküssen von Stroh, damit man die Verwundeten auf denselben ins Haupt-Spital bringe. Auch diese Karren müssen zurück kehren. Es ist die Pflicht der Officiers und des Generals, als Väter für die Soldaten zu sorgen, überdem aber gewinnt man auch durch diese Sorgfalt viel: Denn ihr Muth nimmt zu, wenn sie sehn, daß sie nicht verlassen sind, und sie hören das Winseln und Geschrey der Sterbenden nicht, und keiner darf aus dem Gefecht schleichen, unter dem Vorwand, Blessirte wegzubringen.

War es nicht möglich solche Anstalten zu treffen, so muß der Intendant der Armee die gesiegt hat dafür sorgen. Denn Generale, die den Krieg auf eine edle Art führen, machen es im voraus unter sich aus, daß ein jeder auch für die Verwundeten des andern in diesem Falle sorgt. Wäre aber dennoch das Gegentheil zu befürchten, so läßt man in jedem Spital vom ersten Verband ein Schreiben an den

Z 3   feind-

feindlichen General zurück, worinn man die Verwundeten
seiner Großmuth empfiehlt. Zwey bis drey eben solcher
Briefe bleiben im großen Spitale: Sobald alsdann die
Nachricht vom Verlust der Schlacht dahin kömmt, müssen
die Chefs vom Spitale ein Friedenszeichen aufstecken lassen,
und in Begleitung der Tambours oder Trompeter die man
ihnen giebt, den feindlichen General aufsuchen, ihm den
Brief übergeben, und um Sauvegarden bitten. Doch
bleibt eins von den Schreiben im Hospitale zurück, damit
man es dem Chef des ersten feindlichen Trupps der anrennt,
einliefern könne.

§. 3.

Man muß den Leuten bey Lebensstrafe verbieten, nicht
über die Vorposten hinauszugehn, den Vorposten nicht
ohne Befehl zu scharmuziren, damit nicht Gefechte wider
Willen entstehn, oder der üble Ausgang eines kleinen
Scharmüzels die ganze Armee muthlos mache. Man muß
bey Lebensstrafe verbieten, nicht aus dem Gliede zu treten,
unter was für Vorwand es auch sey, nicht nach Munition
zu rufen, nicht zu rufen, daß diese oder jene Bewegung
unternommen werden soll.

Die Adjutanten der Generale müssen ernsthafte gesetzte
Männer seyn, die weder das Feuer scheuen, noch die Gefahr ohne Noth suchen, verstehn wie viel daran gelegen ist
einen Befehl pünktlich auszurichten, den Stand des Gefechts beurtheilen können, und kalt Blut genug haben, daß
man das Geschick der Schlacht nicht aus ihren Augen sieht.
Die Officiers die am Tage der Schlacht von den Regimentern zum General commandirt werden, müssen gewählt
und nicht nach der Rolle commandirt seyn.

Alle Officiers, die vom commandirenden General Befehl bringen, haben ihre Losung, die sie dem Officier, zu
dem sie geschickt werden, zugleich mit dem Befehl geben.
Die-

Diese Losung wird so spät als möglich ausgetheilt, und die Officiers halten sie äusserst geheim. Kein Unterofficier darf sie wissen. Einen Befehl, an dem vieles gelegen ist, muß man durch mehr als einen Adjutanten überbringen lassen. Es jagt einer nach dem andern fort, und sie müssen alle den Befehl pünktlich, und ganz mit einerley Worten ausrichten. Ein Adjutant der einen Befehl überbringt, erkundigt sich nach dem Zustande des Regiments, und jagt sodann unverzüglich zurück.

Kurz vor dem Anfang der Schlacht umreitet der General mit heiterm Gesichte die Front der Armee, nennt die Regimenter und Officiers beym Namen, mit einer kurzen Rede die Munterkeit und Hofnung des Siegs anzeigt, und die Truppen durch den Grund zur Tapferkeit aufruft, der unter den jetzigen Umständen am treffendsten ist.

Von den Schlachten.

Viertes Capitel.

Von den Anstalten während der Schlacht.

§. 1.

Der Posten des commandirenden Generals in der Schlacht, ist da, wo er die Manoeuvres der Truppen am besten lenkt, und den Ausgang des Gefechts am besten übersieht: Neigt sich aber irgendwo der Sieg auf die Seite des Feinds, so muß er in eigener Person das Gefecht daselbst herstellen, und die Schlacht durch sein Beyspiel wieder beleben. Alle Generals und Brigadiers müssen den Posten kennen wo der commandirende General sich aufhalten wird, um ihre

Kap-

Rapports dahin zu senden. Erfobern die Umstände baß
er ben ersten Posten verläßt, so muß ein General von der
Suite baselbst zurück bleiben, um in ben bringenbsten Fällen bie nöthigen Orbres selbst zu geben, unb bem comman-
birenben General Nachricht bavon zu überschicken, in anbern
Fällen aber bie Officiers unb Abjutanten an ben comman-
birenben General selbst zu verweisen.

Die Eskorte bes Generals muß stark genug seyn, ihn
gegen ben Ueberfall einer unternehmenben Parthey zu becken,
bie ber Feinb vielleicht blos gegen seine Person ausschickt.
Mit Anfang ber Schlacht besteigt er ein anber Pferb unb
wechselt mit Kleibern. Wirb er verwunbet, so muß er,
so wohl als bie Abjutanten, bas Geheimniß so lange als
möglich bewahren: Die Abjutanten müssen wissen, wer an
seiner Stelle commanbiren wirb. Es wäre gut, wenn nicht
bie Anciennetät hier entschiebe, sonbern Kenntnisse unb Erfahrung. Der General ber im Commanbo folgt, behält bie
ersten Abjutanten unb Losung. Jeber Officier ber Befehle
überbringt, wirb ermahnt, bie Veränberung zu verschweigen.

§. 2.

Alle Befehle während ber Schlacht müssen kurz, beut-
lich unb ohne Zweybeutigkeit seyn, unb mit ben nemlichen
Worten von ben Abjutanten überbracht werben, ober gar
schriftlich. Alle Schwenkungen unb Manoeuvres müssen
in großer Stille unb Orbnung geschehn, große Bewegungen wo möglich vermieben werben, bie ganze Armee bie
Bewegungen im voraus wissen, bie ber Furcht ober Retraite
ähnlich sehn. Verräth ber Feinb seine Schwäche burch
Manoeuvres, so muß man bie Solbaten aufmerksam bar-
auf machen, unb sofort attakiren.

Man zieht bie Schlacht in bie Länge, wenn man stärker
an Infanterie ist als ber Feinb, geübtere Solbaten hat, mit

Ari

frischen geruhten Truppen ermübete angreift, unb wenn Cli=
ma unb lange hartnäckige Gefechte, ber Natur unb bemGenie
bes Feinbes wiberſprechen: Wenn man bem Feinbe im Feuer
überlegen iſt, es ſey nun im Feuer ber Infanterie ober Artil=
lerie, in ber Güte ber Gewehre ober ber Geſchwinbigkeit
ber Labung, ber Güte ober bem größern Vorrath von Pul=
ver: Endlich wenn man während ber Schlacht auf günſtige
Begebenheiten hofft, auf eine Verſtärkung, auf bie An=
kunft ber Truppen bie man in Hinterhalt ſchickte. In allen ben
Fällen muß man ſuchen bie Schlacht in bie Länge zu ziehen,
beym Gegentheil, ſie ſo ſchnell als möglich zu entſcheiben.

Während ber Schlacht muß man aufmerkſam auf alles
ſeyn, was ben Muth ber Truppen vermehrt, um Gerüchte
dieſer Art balb wahr balb falſch zu verbreiten, unb alles
gegentheilige zu verbergen. Verſtärkungen, Hinterhalte,
ber Sieg eines Flügels, ber Tob bes feinblichen Generals,
entſcheiben oft, theils wenn ſie wahr ſinb, theils wenn ſie
nur geglaubt werben. Selbſt bie Flucht eines Theils ber
Armee kann man zu ſeinem Vortheile nutzen. Ein ganzer
Flügel Cavallerie erſten Treffens begab ſich bey Almanza
auf bie Flucht; ber Chevalier b'Asfelb ber bas zweyte Tref=
fen commanbirte, ſagte ſeinen Truppen, bie Flucht bes er=
ſten geſchähe auf Befehl, unb grif zur rechten Zeit bamit
an. Der Sieg lenkte ſich auf ſeine Seite unb bieß ent=
ſchieb von ber Schlacht.

———

3 5   Von

Von den Schlachten.

Fünftes Capitel.

Von dem was nach gewonnener Schlacht zu thun ist.

§. 1.

Ich setze voraus, daß man mit dem Intendanten der Armee alle die Anstalten traf, die man im voraus treffen konnte, um die Armee zu verpflegen, wenn sie vorwärts rückt und ihren Sieg verfolgt. Die erste aller Fragen ist sodann, ob es rathsamer ist an die Armee des Feinds sich zu hängen, oder gegen seine Provinzen, Festungen und Magazine sich zu wenden, oder ob es möglich ist, beydes zugleich zu verbinden. Der Stand der Armee des Feinds, und der unsern, die Beschaffenheit des Lands, und die Maaßregeln die man im voraus nehmen konnte, diese Umstände zusammen genommen, entscheiden die Frage. Man muß aber weder zu viel unternehmen, noch zu wenig, damit man nicht Gelegenheiten versäume, die nicht wieder erscheinen, noch durch zu kühne Unternehmungen den Grund künftiger Niederlagen lege, und die Früchte des Siegs wieder verliehre.

§. 2.

Wenn man an die Armee des Feinds sich hängt, so hat solche entweder noch Fassung und Muth, oder sie ist muthlos, schwach und zerstreut; es war eine Retraite oder eine Flucht.

Hat der Feind den man überwand noch Fassung und Muth, so ist die Nacht nach dem erfochtnen Siege, die

Zeit

Zeit da man das meiste zu befürchten hat, weil der Sieger sorglos und öfters in großer Unordnung ist. Noch größer ist die Gefahr, wenn ein Corps feindlicher Truppen in der Nähe steht, das nichts im Gefechte litt. Alsdann muß man äusserst auf seiner Hut seyn, in völliger Schlachtord= nung auf dem Champ de Bataille stehn, die schärfste Disci= plin halten, Partheyen auf Partheyen ausschicken, so weit vorwärts mit denselben bringen als möglich, beson= ders aber das Corps von dem Feinde nicht aus den Augen lassen, das noch nichts litt, alle Partheyen bedenken, die es ergreifen kann, alle Wege besetzen, die vom Feinde zu uns führen, alle Anstalten treffen, damit man den An= marsch desselben so schnell als möglich erfahre, und er nir= gends durchschleichen könne. Endlich muß man die Trup= pen es wissen lassen, daß der Feind aus Verzweiflung viel= leicht wagen wird, des Nachts anzugreifen, damit sie nicht glauben, daß sie überfallen und verrathen sind, wenn es geschieht.

Wenn der Feind nicht floh, sondern bloß sich zurück= zog, und in der Nähe des Champ de Bataille in einem Po= sten sich setzt, wo man nicht Lust hat, ihn zum zweyten= male anzugreifen, so muß man aus der Lage dieses Po= stens, der Menge der Fourage, und den andern Ressour= cen des Feinds die ihm bleiben, es beurtheilen, ob er in diesem Lager lange sich behaupten kann, oder nicht. Kann ers nicht, so muß man suchen, durch Kundschafter und häu= fige Partheyen die Zeit seines Aufbruchs zu erfahren; Man muß ein erlesnes Corps Truppen commandiren, das in beständiger Bereitschaft steht, den Feind zu verfolgen. Man muß die Cavallerie des Nachts gesattelt, und gepackt lassen, allen unnützen Train und Bagage zurückschicken, be= ständig im Stande seyn, mit ganzer Armee zu folgen, keine große Fouragirungen unternehmen, und allem Geschütz das man mitnimmt, doppelt Gespann geben.

Die

Die Avantgarde der Armee muß beides aus Cavallerie und aus Infanterie bestehn, in was für einem Lande man auch ficht: Die Armee muß ihr auf dem Fuße folgen, damit sie nicht geworfen wird, ehe sie unterstützt ward. Man muß in keine fruchtlose Scharmützel sich einlassen, sondern durch einen lebhaften hitzigen und allgemeinen Angrif die Sache entscheiden, und vor allem sich hüten, daß der Feind die Nacht nicht gewinnt, und unter ihrem Schutze sich und seine Arriergarde rettet. Es müssen also leichte Truppen bey der Avantgarde seyn, die die Augen in der Hand haben, und den Feind von der Seite und im Rücken recognosciren, damit man nicht durch jedes Blendwerk, durch jedes Aufmarschiren, und jeden Trupp der sich hier und da zeigt, verführt werde.

Ward endlich der Feind in der Schlacht völlig durchbrochen und getrennt, ward seine Retraite zur Flucht, ward er gezwungen in getrennten Corps sich zurück zu ziehen, so kann man vieles unternehmen, was gegen die Truppen verwegen seyn würde, die den Muth nicht verlohren. Man verfolgt alsdann den Feind, ohne einen Augenblick zu versäumen, hitzig, mit allen leichten Truppen der Armee, und setzt mit den Dragonern und Grenadiers auf dem Fuße ihnen nach. Der Feind glaubt alsdann überall, die ganze Armee sey hinter ihm her, und es tragen sich dann oft schimpfliche Begebenheiten zu. Man bietet das Land auf, wenn die Einwohner kriegerisch sind, und giebt ihnen Befehl, die Wege zu verderben, die engen Pässe zu besetzen, alle Flöße und Schiffe bey Seite zu schaffen, die Brücken abzuwerfen und zu verbrennen. Man wählt zu Ueberbringern dieser Befehle, Officiers die aus diesen Gegenden sind, und unterstützt sie durch ein starkes Detaschement von Dragonern, um die Einwohner zu ermuntern, und die Defile's eher als der Feind zu erreichen. Die Generale der leichten Truppen haben Befehl, gegen Truppen die Stand halten,

ten, ihre Leute nicht zu verschwenden, sondern an die nächsten Corps Infanterie Nachricht in vollem Jagen zu senden, damit sie desto schneller anrücken, und die feindliche Infanterie zur Uebergabe zwingen. Indeß versucht man, was möglich ist, durch Drohen oder Bestechung von dem feindlichen General zu erhalten.

Hat sich der Feind zu weit vorwärts in Länder gewagt, wo er keine Festungen hinter sich hat, muß er eine lange Retraite durch gewisse Gegenden nehmen, ohne daß er weder zur Rechten noch zur Linken ausweichen kann, so kann man vielleicht die ganze Armee vertilgen, wenn man den Einwohnern dieser Gegend den Befehl giebt, ihre Wohnungen zu verlassen, alles zu verwüsten, das Land unter Wasser zu setzen, und so ferner. Doch muß der General der diesen harten Befehl giebt, sicher, zuverlässig, und ohne Zweifel und Ungewißheit es wissen, daß sein Fürst gerecht, und menschlich, und reich genug ist, diesen Einwohnern allen ihren Schaden gänzlich und ohne Ausnahme zu ersetzen.

Dieß sind die Vorsichten gegen eine geschlagne Armee, und die Mittel sie zu verfolgen, sie sey nun muthlos oder nicht. Es giebt aber Fälle, wo man alle Absichten gegen die geschlagne Armee aufgeben muß, und wie Scipio sagte, dem Feinde der flieht goldne Brücken baut. Diese Fälle sind: Wenn man mit der Verfolgung desselben eine Zeit verschwendet, die man auf eine entscheidendre Art gebrauchen kann: Wenn man den Feind zur Verzweifelung dadurch brächte, der furchtbarsten aller Waffen: wenn der Feind in der Nacht, durch Waldungen, Defile's und Gegenden sich zurückzieht, die zum Hinterhalte bequem sind.

§. 3.

Wer aus Wahl eine Schlacht liefert oder annimt, der muß die nächsten seiner Festungen mit Munition und Lebensmitteln versehn. Der Nutzen dieser Vorsicht ist zwiefach: Denn

Denn, wird die Schlacht verlohren, so leisten diese Festungen desto längern Widerstand: Wird sie gewonnen, so setzen sie uns in den Stand gegen die feindlichen Festungen anzurücken und sie zu belagern. Alsdann aber schickt man Detaschements aus, um plötzlich die Festungen zu berennen, die man belagern will. Kein Augenblick wird verschwendet, damit man, wo möglich, die Bestürzung noch nütze, in welcher die Einwohner, und die Besatzung sich finden, und der Feind die Zeit nicht gewinne, sie mit Geschütz, Truppen oder Proviant zu versehen.

Oefters sieht man sich im Stande, mehr als eine Festung zugleich zu belagern, und alsdann darf man nicht eins nach dem andern thun, was man zugleich und auf einmahl enden kann. Doch muß man den ganzen Plan der Belagerung überdacht haben, wissen, wie man mit Lebensmitteln und Munition sich versieht, und gegen alle Versuche des Feinds zum Entsatze sich deckt. Den Feind aber muß man nicht nach dem allein beurtheilen, wie man ihn itzt findet, sondern nach dem was er seyn wird, wenn er alle die Hülfsmittel aufbot, die ihm noch übrig sind. Man muß wissen, nicht nur was er im Stande ist, gegen die Armeen zu unternehmen, die seine Festungen belagern, sondern auch, ob es ihm möglich ist, über unsre eignen Festungen herzufallen, damit wir nicht aus Stolz Gefahr laufen, mehr hier zu verliehren als wir dort gewannen, oder mit Schande vor seinen Festungen wieder abzuziehen.

Die Truppen, welche die Festungen berennen, müssen sie sogleich auffordern, und selbst in der Meynung stehn, daß die ganze Armee ihnen folgt, damit sie den Feind, und die ganze umliegende Gegend mit dieser Nachricht hintergehen. Dem Gouverneur der Festung muß man nach seinem Genie und der Stärke und Güte seiner Besatzung begegnen. Denn bey schwachen Gouverneurs und schlechten Truppen richten Drohungen vieles aus.

Es

Es trägt sich nach einer gewonnenen Schlacht oft zu, daß man über die Magazine des Feinds herfallen kann, selbst über die, so er auf seinem Rückzuge braucht: alsdann ist diese Unternehmung entscheidend. Die Generale der leichten Truppen müssen unaufhörlich auf solche Coups sinnen, und ist eine so entscheidende Gelegenheit da, so betaschirt man noch vor der Schlacht, alle die leichten Truppen; die man nicht zum Gewinnst derselben braucht, um auf dem Wege zu ihrer Expedition in einer bestimmten Entfernung fernere Befehle zu erwarten, die man ihnen sodann durch Relais mit unterlegten Pferden, und in vollem Jagen zuschickt, sobald die Schlacht entscheidend auf unsere Seite sich lenkt. Auf gleiche Art überfällt man die Festungen und Bagage des Feinds, denn es ist die günstigste Zeit zu den kühnsten Unternehmungen.

§. 4.

Der commandirende General muß nach der Schlacht dafür sorgen, die Tapferkeit der Truppen und der Officiers zu belohnen. Man sorgt für die Begrabung der Todten, und beobachtet alle gottesdienstliche Gebräuche. Man sorgt mit väterlicher Sorgfalt für die Blessirten. Der commandirende General besucht die Spitäler selbst, theilt Geld darinn aus, redet mit den blessirten Officiers und Soldaten, untersucht, und läßt durch die redlichsten und menschlichsten seiner Adjutanten untersuchen, wie die Leute gepflegt werden, und ob nicht Unterschleif vorgeht. Den Gefangnen wird mit Menschenliebe begegnet. Man sorgt für die Weiber und Kinder der gebliebenen Soldaten, und verändert das Lager bald, damit keine Krankheiten einreissen. Man schickt die Siegszeichen, die Relation der Schlacht, und die Liste des Verlusts an den Hof. Man lobt, nicht nach Rang und Geburt, sondern nach Verdienst; und tadelt mit Vorsicht.

§. 5.

§. 5.

Die Beute betreffend, muß längst im Voraus der Befehl bey der Armee bekannt seyn, daß niemand in der Schlacht eigne Beute machen, noch ohne Befehl darnach ausgehn darf. Wenn es sodann erlaubt wird zu plündern, und die Todten auszuziehen, so muß man die ganze Beute versammeln, und nach Ordnung verkaufen und theilen. Die Truppen und Officiers die sich besonders hervorthaten, erhalten einen Vorzug, die Hinterlassenen der Gebliebenen empfangen ihren Theil vierfach: die ihre Schuldigkeit nicht gethan, bekommen nichts, wer aber commandirt war, empfängt seinen Theil. Der Soldat bekömmt eine Portion, der Unterofficier zwey, der Fähnbrich drey, der Lieutenant vier, der Hauptmann sechs, der Major sieben, der Obrist= Lieutenant acht, der Obriste zehn, der Brigadier zwölf, der General = Major sechzehn, der General = Lieutenant zwanzig, der Chef der Unternehmung doppelt so viel als ihm vermöge seines Ranges gehört. Dem commandiren= den General, oder dem Gouverneur der Festung, der die Truppen detaschirt, gehört nach einiger Meynung der sechste, nach andern nur der achte oder zehnte Theil. Ich glaube, das beste ist, wenn er dem Antheil auf kleine Beuten ent= sagt, und bey wichtigen nichts weiter nimt als ein Pferd, oder seltenes Stück von Equipage. Die Officiers die zum Generalstab, und was zum Stabe der Regimenter gehört, empfangen ihren Antheil nach ihrem Range. Munition, Artillerie, Gewehr, auch die Lebensmittel mit denen man die Festungen und zuweilen die Armee selbst versehen muß, gehören dem Fürsten; doch sollte billig die Mannschaft die sie erobert eine Vergeltung erhalten.

§. 6.

Der größte Gewinn des Siegs ist ein ruhmvoller nütz= licher Friede; der günstigste Zeitpunct, ihn zu erhalten, ist allerdings nach dem Gewinnst einer Schlacht: doch muß

man

man nicht übermüthig seyn, und zu harte Bedingungen
vorschlagen, die der Feind entweder ausschlägt, oder wenn
er sie annimt, bey der ersten Gelegenheit wieder bricht.
Während der Unterhandlung muß man nicht schlummern
noch rasten, denn nichts beschleunigt die Unterhandlung im
Cabinet mehr, als Operationen im Felde.

Dankt sodann der Hof die Ausländer ab, so muß man
sorgen, daß es auf eine Art geschehe, mit der sie selbst zu=
frieden sind: will man auch die einheimischen Truppen zu
sehr schwächen, so muß der commandirende General alle
sein Ansehen gebrauchen, um es zu verhindern, und damit
die Gerechtigkeit der Sache für ihn streite, auf Mittel und
Wege sinnen, wie die stehende Armee auch im Frieden dem
Staate nützen kann, und mit dem wenigsten Drucke des=
selben erhalten wird. Besserung der Wege, neue Festun=
gen, Unterhaltung der alten Canäle, Bau von Palästen
und öffentlichen Gebäuden, sind die beständigen Mittel,
Armeen zu beschäftigen und mit mindern Kosten zu erhal=
ten. Die Officiers müssen keinen Undank erfahren; die man
nicht mehr braucht, unter die Regimenter vertheilt wer=
den, nach ihrer Anciennetät einrücken, und mit ganzem Sol=
de dienen; die nicht zu dienen brauchen, haben die Erlaub=
niß mit halbem Solde nach Hause zu gehen, bis sie einrücken.
So würde man den militarischen Geist unter der Nation
erhalten, und selbst im Frieden die Armeen nützen.

A a

Von

Von den Schlachten.

Sechstes Capitel.

Von dem was nach verlohrner Schlacht zu thun ist.

§. 1.

Man muß die Armee retten, und den Entwürfen des Feinds zuvorkommen, dieß ist das traurige Geschäft des Generals der die Schlacht verlohr: Es läßt sich nur wenig davon sagen, und desto schwerer ist es auszuführen.

So wie der Sieg in der Schlacht auf die Seite des Feindes sich neigt, muß der commandirende General, so wie alle Generals, Brigadiers, und Chefs der Regimenter, ihre Sorge darauf wenden, daß die Retraite nicht zur Flucht wird, und dieß allein muß sie beschäftigen. Fähigkeit und Erfahrung lehren den kritischen Zeitpunct kennen, der vor dem Verlust der Schlacht hergeht; und alsdann muß man, wie gesagt, alles aufrufen, was die Flucht und Unordnung verhütet. Das beste von allem ist, noch einen muthigen Angrif mit den Truppen zu thun, die noch nicht in Unordnung sind, um denen die wanken, und die schon zerstreut sind, Zeit zu verschaffen, daß sie sich sammeln, oder weiter rückwärts zu Meistern eines vortheilhaften Postens sich machen, der die künftige Retraite bedeckt.

Wird aber die Retraite zur Flucht, so muß man erfahrne Officiers die bey der Armee gekannt und geliebt sind, in vollem Jagen abschicken, damit sie sich auf die Landstraßen stellen, und die Flüchtlinge sammeln, um sie entweder

zu=

zurück nach dem Treffen zu führen, oder wenigstens nach dem Posten den man zur Retraite bestimmt hat. Findet sich auf diesen Wegen eine Furth, eine Brücke, oder ein enger Paß, hinter welchen man Stand halten kann, ohne Furcht umringt und abgeschnitten zu werden, so machen die Officiers daselbst Halt, um dem Feinde, wenn er verfolgt, hier Schranken zu setzen. Versäumt man es, den Truppen, wenn sie zerstreut sind, diese Officiers nachzuschicken, so wird man sie vielleicht in vielen Monaten nicht wieder sammeln, und die meisten derselben bleiben liegen, und gehn als Ueberläufer zum Feinde.

Ist die Armee an mehr als einem Orte getrennt, und also gezwungen in einzelnen Corps sich zurück zu ziehen, so muß jeder General den Ort seiner Retraite sorgfältig verbergen, und überall vorgeben, sein Corps sey die Avantgarde der ganzen Armee, damit weder die Einwohner des Landes gegen die Flüchtigen etwas unternehmen, noch der feindliche General durch Ueberläufer und Spions Nachricht erhalte, wie stark die Colonne sey, und wie viel Truppen und wohin er sie betaschiren muß, um sie abzuschneiden oder zu schlagen. Oft sieht man sich in so traurigen Fällen gezwungen, dem Nachsetzen der Feinde durch Verheerung des Lands ein Ende zu machen.

§. 2.

Weil der Verlust des Champ de Bataille, den Verlust der Bagage, und fast immer den Verlust der Artillerie nach sich zieht, so ist es selten möglich, in dem Posten, den man zuerst zu seiner Retraite wählte, sich lange zu behaupten: sondern man sucht seine Rettung weiter rückwärts in einem Posten, da man den Absichten des Feinds zuvorkömmt, seine Armee für neuem Angrif sicher stellt, und den Abgang an Geschütz, Munition, Truppen und Gewehr ersetzt.

Die

Die Wahl des Postens, da man Halt macht, um die Truppen zu sammeln, bestimmt, wenn er anders bestimmt werden kann, die Attake des Feinds, die Zeit da die Schlacht entschieden wird, die Gattung und Beschaffenheit unsrer Truppen, und die Gegend da wir uns setzen müssen, um den Entwürfen des Feinds zuvor zu kommen.

Die Wahl des Postens, da wir uns setzen, um unsre Armee zu ergänzen, und die Unternehmungen des Feinds rückgängig zu machen, diese Wahl wird durch die Unternehmungen bestimmt, die dem Feinde am vortheilhaftesten sind, und durch die Ressourcen die wir in dieser oder jener Provinz finden, unsre Armee zu ergänzen, und ihre Vertheidigung in Angrif zu verwandeln. Nicht auf sich allein aber muß man hier denken, sondern auch auf seine Alliirten, die treu verbleiben oder abtrünnig werden, nachdem wir diese oder jene Retraite wählen.

Es giebt Fälle nach einer verlohrnen Schlacht, da man nicht auf eine Retraite, sondern auf einen Ueberfall, auf neue Gefechte denken muß. Doch sind dieses Unternehmungen, die nur mit alten und versuchten Truppen gelingen, die des Kriegs und seines Glücks wie des Unglücks gewohnt sind. Giebt alsdann ein sorgloser Feind durch seine Sorglosigkeit Blöße, ward unsre Armee gleich nach der Schlacht durch Truppen verstärkt, bestanden die Vortheile des Feindes blos im Feuer, mangelt ihm vielleicht Munition, so muß man ihn wo möglich überfallen. Die Nacht ist der günstigste Zeitpunkt.

§. 3.

War Verlust und Niederlage so groß, daß sie dem Feinde den Weg zu großen Unternehmungen öfnet, so muß man alle diese Unternehmungen untersuchen, und sorgfältig gegen einander abwägen, damit man dem Feinde wo möglich in denen zuvorkomme, die am entscheidendsten sind.

Ist

Ist er sobann im Stande die Belagerung einer Festung zu unternehmen, deren Vertheidigung uns wichtig ist, weil wir die Zeit dadurch gewinnen, die wir brauchen, um unsre Armee zu ergänzen, so muß man die Festung mit einer starken Besatzung versehn, und mit allem was zur hartnäckigsten Vertheidigung gehört. Kann man sobann hoffen, daß man diese Festung dereinst entsetzen kann, so muß die Besatzung aus der besten Infanterie der ganzen Armee bestehn: ist aber keine Hofnung zum Entsatze da, aus Commandos, die man von allen Regimentern der Armee aushebt. Das wesentlichste aber von allem ist, hier sowohl als bey den Magazinen dem Feinde zuvorzukommen, daß er sie nicht eher erreiche als wir, und die Schwäche und erste Bestürzung der Einwohner und der Besatzung nütze.

Wenn im Gegentheil die Armee die gesiegt hat, durch ihren Verlust in der Schlacht selbst zu schwach ward, um eine Belagerung unternehmen zu können: Wenn die Belagrung aus andern Ursachen ihr unmöglich wird, als z. E. aus Mangel der schweren Artillerie, oder wegen der Jahrszeit: wenn also der Gewinnst der Schlacht ihr keinen andern Nutzen verschaft, als daß sie die Entwürfe des geschlagnen Feinds vernichtet, Meister vom platten Lande wird, oder sich beßre Winterquartiere erwirbt: so muß die besiegte Armee von der siegreichen Armee sich entfernen, und in einem sichern Posten nahe an großen volkreichen Städten sich setzen, wo sie sich erholen kann, Lebensmittel findet, und was sie an Bagage und Artillerie verlohr, wieder ersetzt.

Man muß suchen den Muth der Truppen wieder aufzuleben, kleine Gefechte anspinnen, von deren Ausgang man gute Hofnung haben kann: in Corps aber dem Feinde nicht eher sich zeigen, als bis die Truppen wieder Muth haben es zu thun.

Vom

Vom Belagern und Blokiren.

Erstes Capitel.

Von den Kenntniſſen die man beſitzen muß, ehe man ſich zur Belagrung einer Feſtung entſchlieſſen kann.

§. 1.

Wenn man den Operationsplan eines Feldzugs entwirft, und feſtſetzen will, ob es möglich iſt dieſe oder jene feindliche Feſtung förmlich zu belagern, oder nur zu blokiren, ſo muß man den ganzen Detail ihrer Werke, des Terrains, der umliegenden Gegend, die Stärke und Güte ihrer Beſatzung, die Stärke und Geſinnung der Einwohner, die Talente und Geſinnung ihres Gouverneurs, und den Vorrath von Artillerie, Munition und Lebensmitteln kennen, womit ſie verſehen iſt. Alsdann kehrt man zu ſich ſelbſt zurück, und prüft und wägt ſeine Stärke, gegen die Stärke des Feinds in der Feſtung wie von auſſen: Man unterſucht den Stand ſeiner Magazine, ſeinen Vorrath an Geld und Geſchütz, und faßt ſodann einen Entſchluß.

§. 2.

Wenn man den Zuſtand der Feſtung, die man zu belagern im Sinne hat, auf die Art wie ich ißt gefodert, kennt, ſo zieht man den Chef der Ingenieurs, den Intendanten, und den General von der Artillerie zu Rathe, um mit ihnen zu beſtimmen, ob der Vorrath an Lebensmitteln und Munition den man bereits hat, oder während der Belagerung oder Blokirung haben kann, bis zum Tage der Uebergabe unfehlbar hinreichen werde.

Die

Die Gefahr iſt groß, und die Weisheit gering, wenn man eine ſolche Unternehmung wagt, ohne vorher dieß alles zu unterſuchen.

Der Officier von den Ingenieurs berechnet die Zahl und die Koſten der Schanzkörbe, Faſchinen und Sandſäcke, die man zu den Schießſcharten in den äuſſerſten Parallelen, und in den Redouten gebraucht, ingleichen die Koſten der Arbeit in den Laufgräben, wie in den Sappen, die Zahl und Koſten des Schanzzeugs.

Der General von der Artillerie berechnet die Zahl und die Koſten, von allem was er zum Dienſte ſeiner Batterien gebraucht, die Zahl der Stücke und ihre Munition, die Faſchinen und Schanzkörbe und Pfähle, die Bohlen und Balken zu den Bettungen und dem Stützen der Minen, die Sandſäcke um die Gallerien der Minen zu füllen, die Koſten des Transports der Munition und Lebensmittel, u. ſ. f. Der Intendant von der Armee, und die Entrepreneurs der Magazine liefern ihr Gutachten ein, ob die Armee, ſo lange die Belagrung währt, mit allem was ſie braucht, verſehen werden kann, und berechnen die Koſten.

§. 3.

Man muß durch Einwohner des Lands erfahren, ob auch wohl in der Zeit, die die Belagrung dauert, ein Mangel von Waſſer entſtehn kann, weil es Länder giebt, wo der Sommer weit und breit alle Bäche vertrocknet. Man gräbt alsdann zuweilen Brunnen, doch iſt dieſe Hülfe nicht ſicher genug, wenn man nicht genau das Land kennt. Zuweilen iſts möglich, ſelbſt der Stadt ihr Waſſer ſtreitig zu machen: Alsdann muß man unterſuchen, ob es möglich iſt, es mit Erfolge zu thun, und man ſchneidet durch einen Theil der Laufgräben ſeinen Feind davon ab. Das blutigſte Gefecht bey der Belagrung von Gelbes im Jahr 1560 fiel bey den Ciſternen auſſerhalb der Stadt vor, die der

Ge-

General der Spanier, Don Alvaro de Sande mit Hitze
wegnahm, und der Bassa Piali mit gleicher Hitze verthei=
digte, weil beide kein ander Wasser hatten als dieses. Die
Festung ergab sich, da es dem Bassa nicht gelang, die Ci=
sterne zu behaupten. Ward man auf eine solche Art Mei=
ster von den Quellen des Feinds, so läßt man an einem Orte
den keine Bombe aus der Festung erreichen kann, geräu=
mige Gruben ausgraben, um die Pferde zu tränken. Ge=
gen die Canonen schützt man sich durch einen Aufwurf, und
leitet auch wohl das Wasser, durch einen Graben, von der
Quelle nach dem Lager, doch so, daß dieser Graben die
Arbeit und Besatzung der Laufgräben nicht hindert.

Wenn der Feind eine Armee im Felde hat, so ist man
gezwungen gleichfalls seine Cavallerie beyzubehalten; Wie
ists nun möglich zu bestehn, wenn die Fourage mangeln soll=
te? Auch hierauf muß man gefaßt seyn. Ists hingegen
möglich die Cavallerie rückwärts zu schicken, so versäumt
mans nicht, und ersieht sich für dieselbe einen Posten wo sie
keinen Mangel findet, und die Convois der Armee bedeckt.
Die Fourage zu schonen, entfernt man allen unnützen Train,
und begnügt sich mit dem Unentbehrlichen.

§. 4.

Die Zufuhr zu der Belagrung zu decken, die vom Lande
und dessen Einwohnern geschieht, die größern Convois der
Armee mit leichter Bedeckung an sich zu ziehen, macht man
sich entweder Meister von den Posten, Schlössern und Städ=
ten, daraus der Feind sie beunruhigen kann, oder man
muß andre Anstalten treffen. Steht der Feind mit einem
Corps in der Nähe, das man mit Gewalt nicht zu vertreiben
vermag, so verschanzt man sich ihm gegenüber, in einem
Posten der nicht nur durch seine Lage stark genug ist, um
unser Corps gegen den Angrif des Feinds zu decken, sondern
auch durch seine Lage unsre Convois und Fouragirungen
sicher

ſicher ſtellt, und wäre es möglich, ſo gar die feindlichen be=
droht. Bietet das Land keine Vortheile dar, iſt man zu
ſchwach ein ſolches Corps zu detaſchiren, ſo giebt man dem
Convoi den die Armee erwartet den Befehl, Halt in dieſer
oder jener Feſtung oder wehrbarem Orte zu machen, und
die Ankunft der großen Eskorte zu erwarten, die man ihm
entgegen ſchicken wird. Mit dieſer Eskorte geht alles ab,
was von der Armee wieder zurück muß. Es wird bey ſchärf=
ſter Strafe verboten, nicht einzeln zu fouragiren oder Lebens=
mittel zu holen. Man begünſtigt den Marſch des Con=
voi, durch allerhand Bewegungen mit der großen Armee.

Hat man hingegen nichts vom Feinde zu befürchten als
kleine Streifereyen, ſo ſtellt man von Diſtanz zu Diſtanz
kleine Poſten von der Infanterie aus, die ſich ſo ſtark als
möglich verſchanzen, und durch Dragoner und Huſaren eine
beſtändig ofne Gemeinſchaft zwiſchen ſich erhalten, um vom
Lager der Armee bis an die Feſtung, da man nun nichts
mehr fürchtet, eine Kette von Poſten zu formiren, beſtändige
Nachricht vom Feinde zu haben, und alles was nach der
Armee will zu bedecken. Man wählt von Natur ſtarke
Poſten, damit ein Theil der Beſatzung ſie verlaſſen und
der Reſt dennoch ſich vertheidigen könne: Defile's und enge
Päſſe werden vor allen beſetzt. Man unterſtützt die am
weitſten von der Armee und den Feſtungen entfernt ſind,
durch Reſerven: Ein jeder empfängt gemeßnen Befehl, wie
er ſich in Anſehung der Convois, der Couriers, der Mar=
ketender und der Reiſenden zu verhalten hat, wie viel er
in jedem Falle zur Eskorte mitgeben darf: Es werden Sig=
nale verabredet, damit die Poſten einander warnen, und
ſich unterſtützen können. Die Straßen müſſen frey und of=
fen ſeyn, alles was zum Hinterhalt taugt, niederliegen.
Durch dieſe Vorſichten deckte der Herzog von Orleans, bey
der Belagerung von Barcellona im Jahr 1708, ſeine Ge=
meinſchafts=Linie mit Batea, gegen alle Streifereyen des
Feinds.

Aa 5

§. 5.

§. 5.

Die Erobrung einer Festung kostet mehr oder weniger Menschen, nachdem sie stark oder schwach, die Besatzung tapfer oder feige ist, nachdem das Terrain und viel andre Dinge mehr die Arbeit der Belagrung beschleunigen oder hindern. Dieß alles muß man mit Sorgfalt überlegen, und die besten Officiers von den Ingenieurs und die erfahrensten Generale zu Rathe ziehen, um zu bestimmen, ob die Armee auch zahlreich genug ist, die verlangte Festung zu erobern; und ob sie, wenn es geschah, auch alsbann noch, ohngeachtet des Verlusts, stark genug ist, den Entwürfen des Feinds sich entgegen zu stellen, die vielleicht Vortheile ihm gewähren, die wichtiger sind als sein Verlust? Man muß aber den Feind nicht nach dem beurtheilen, wie man ihn jetzt findet, sondern wie er am Ende der Belagrung seyn wird, wenn er alle Ressourcen aufrief, die ihm blieben. Doch entscheidet die Stärke in der Zahl nicht allein, sondern auch das Terrain, das bey vielen Festungen den Belagrer begünstigt, so daß, wenn der Platz einmahl berennt ist, der Entsatz so zu sagen unmöglich wird. So warb z. E. Namur jedesmal durch schwächre Armeen eingenommen, als die so den Entsatz versuchten. So habe ich auf der andern Seite von mehr als einem versuchten General gehört, daß Philipp der fünfte nie sich in so gefährlichen Umständen befunden, als er im Jahr 1706 gewesen seyn würde, wenn er Barcellona erobert hätte. Denn so gering der Verlust bey der Belagrung auch seyn mochte, so war doch seine ohnedem schon schwache Armee kaum zahlreich genug, eine so große und kriegrische Stadt zu besetzen. Die Engelländer und Holländer waren Meister zur See, Lord Peterborough war es vom Gebirge, die Miquelets und ganz Catalonien hielten es mit Oesterreich, so daß der König mit seiner ganzen Armee in der eroberten Stadt umringt, und wie gefangen gewesen wäre. Bald brauf sahen sich die Kaiserlichen in gleicher Verlegenheit in Madrit.

Das

Das ganze Land war ihnen gehäßig, und lieferte nichts: Catalonien und Portugal waren zu weit entlegen, und was auf dem Wege war, nahmen die Spaniſchen Unterthanen weg: Bey Salamanca verlohren ſie ein beträchtlich Magazin, bey Quintanal de la Mancha ein Corps Fourageurs, unſre Partheygänger wurden überall von den Einwohnern unterſtützt, die feindlichen verrathen. Endlich wurde Madrit wieder verlaſſen, mit Verluſt von Volk und Zeit, die Philipp der fünfte indeß meiſterhaft nutzte, mit neuen Truppen aus Frankreich ankam, die Schlacht von Almanza gewann, den Verluſt von Saragoſſa erſetzte, und bey Villaviciosa wieder ſiegte.

§. 6.

Die Magazine einer Armee die Belagrungen unternimt, müſſen ſtark beſetzt ſeyn, und das Bedürfniß wenigſtens um ein Viertheil überſteigen. Denn es tragen ſich immer Begebenheiten zu, die man nicht voraus ſah, und wird die Feſtung erobert, ſo muß man ſie ja verſehen. Doch iſts endlich auch damit nicht genug, daß Geld und alles in Bereitſchaft ſey. Auch muß man wiſſen, ob man Handwerksleute und Materialien bey der Hand hat, um alles zur rechten Zeit zu verfertigen. Im Jahr 1710 ließ der König von Spanien Truppen nach Sardinien einſchiffen, ſie kamen aber nicht weiter als bis nach Portolongone, weil ſie von Italien Holz zu Affetten erwarten mußten, das man weder im Vorrath hatte, noch auf der Inſel fand. Dieſer Aufenthalt gab der feindlichen Flotte Zeit, während des Debarquements die Spanier anzugreifen, und das ganze Unternehmen mislang.

Vom

Belagern und Blokiren.

Zweytes Capitel.

Von den nöthigen Kenntnissen der Werke und der umliegenden Gegend einer Festung.

§. 1.

Wenn es so leicht nicht ist, die Gemeinschaft des Feinds mit der Stadt die man belagert zu unterbrechen, wenn er öfters im Stande ist, die Festung mit Lebensmitteln, Munition und frischen Truppen zu versehen, so gelingt die Belagrung schwerlich, oder gar nicht. Festungen die an Strömen liegen, und Brücken über dieselben in ihrer Gewalt haben, Festungen die ringsum mit Bergen und Defile's umgeben sind, haben in diesem Betracht große Vortheile voraus, weil man entweder dem Feinde mehr als einen Weg frey lassen muß, oder Gefahr läuft sich zu weit auszubreiten, und ein Terrain zu besetzen das man nicht zu vertheidigen vermag.

§. 2.

Man muß untersuchen, ob es möglich ist, die Wege nach der Festung in den Stand zu setzen, daß man Stücke von dem Caliber davor aufführen kann, den die Eroberung derselben fordert. Denn die große Zahl ersetzt die Stärke nicht. Es giebt Plätze, und Schlösser, die so hoch liegen, daß man sie vergebens beschießt, entweder weil die Kugel in der großen Entfernung nicht Kraft genug hat, oder weil man das Geschütz nicht hoch genug richten kann,

ohne

ohne den Affetten Schaden zu thun. Ueberdem iſt vielleicht das ganze Werk auf einen Felſen gebaut. Wirft man
ſodann auch die Mauer nieder, ſo ſpringen die Trümmer
ab, und die Breſche hilft nichts, weil ſie nicht gangbar
wird. So giengs den Spaniern vor Cardona. Zuweilen
finden ſich Höhlen und Keller in dieſen Felſen: man muß
darauf achten, ob es möglich iſt, ſie zu Minen zu gebrauchen, denn öfters kann der Feind von der Höhe ab ſie nicht
ſehen. Liegt gegen über ein Fels, ſo könnte man den Platz
von daraus beſchießen, und wenn der Fuß deſſelben nicht
Fels iſt, mit der Zeit eine Breſche legen, die man brauchen kann; alsdann aber liegt vielleicht ein Grund zwiſchen
beiden Felſen, und man kann nur auf Fußſteigen anrücken,
wo man lange unter dem Gewehrfeuer bleibt, und ſich nicht
ſchützen kann, wie bey Alicante und Monzon, die unſre Feinde
aus dieſen Gründen nicht forcirten.

Es giebt Plätze, die zwar gegen das Feld zu eine Front
bieten, die allerdings mit Vortheil beſchoſſen und attakirt
werden kann, gegen die Stadt zu aber iſt dieſe Front ein
Präcipiz: wirft ſodann der Belagerte eine Verſchanzung
gegen die Flanken dieſes Abſchnitts auf, ſo kann der Belagerer, wenn er auch die Breſche erſteigt, nicht wieder
herunter, wie es den Venetianern vor Negroponte geſchah.

Wenn der Platz Flanken hat, die man nicht beſchießen
konnte, entweder weil das Terrain, wo man die Flanken
ſieht, keine Batterien erlaubt, als z. E. Ufer; Moräſte,
wo der Grund tiefer Schlamm oder Triebſand iſt, oder
weil man nur von dem Meer ab ſie ſieht, und man nicht
Meiſter von dem Meer iſt, ſo iſt ein Sturm in dieſen Gegenden ſchwer, wie breit die Breſche auch ſeyn mag. Das
einzige Mittel iſt alsdann, die Facen des Werks hart an
dem Schulterwinkel nieder zu ſchießen, um über dieſelben
hinweg die Flanke zu ſehen. Doch gehören wahrlich viel
Schüſſe dazu, wenn der Feind die Vorſicht nahm, die

Flan-

Flanke zu vertiefen, wie der Graf Daun bey der Verthei=
digung der Citadelle von Turin that.

Dieß sind die Hindernisse, die, wenn man sie nicht
überwinden kann, alle Hofnung der Erobrung nehmen.
Man muß aber alsbann versuchen, ob List, Ueberfall, ge=
heime Verständnisse, oder die Blokirung etwas ausrichtet.
Ich komme auf die Chikanen der Gegend ausserhalb der
Festung.

§. 3.

Man muß keine Belagerung unternehmen, wenn man
nicht zuvor untersucht hat, ob der Feind auch die Tranchéen
commandirt, oder sogar in der Flanke sieht, entweder weil
man gezwungen ist, sie auf einem Terrain zu öfnen, dessen
Front schmal ist, oder weil eine Höhe die der Feind besetzt
der Attake entgegen steht. Dieß begegnete den Spaniern
vor Gibraltar, wo sie in allen ihren Arbeiten dominirt und
in der Flanke gesehn wurden. Doch kann der Belagrer
zuweilen sich retten, wenn er Artillerie und Munition genug
hat, um sie gegen diese ungelegnen hohen Batterien zu richten,
die er sobann auch gegen die Stadt durch eine Brustwehr
bedeckt. Kann aber der Feind die Arbeiten der Belagrung,
mit kleinem Gewehrfeuer, von diesen Bergen ab erreichen,
so sind alle unsre Batterien vergebens, und verjagen die In=
fanterie nicht, wenn sie wie gehörig sich einschnitt.

Doch wenn auch keine Höhen da sind, so die Arbeiten
dominiren, die Front aber der Attaken ist klein, so enfiliren
die Linien der Festung unsre Arbeit, und man ist gezwungen
die Boyaux so oft zu wenden, und in so vielen Zickzacks,
und mit so vielen Vorsichten vorzurücken, daß die Belagrung
so schnell nicht geht. Die Festung ist um so stärker, wenn
sie für die übrigen Fronts weder Angrif noch Eskalade
befürchtet, und folglich alle Kräfte ihrer ganzen Besatzung
gegen diese einzige Front und Attake gebraucht.

Stos=

Stoßen die Flanken der Tranchee an die See, von der die Feinde Meiſter ſind, ſo wirft man am Strande Batterien auf, die aber tief eingeſchnitten werden müſſen, damit ſie horizontal ſchießen, und der Feind ein deſto kleiner Objekt ſieht.

§. 4.

Iſt der Boden, wo man die Laufgräben eröfnen muß, Fels oder Stein, ſo muß man entweder Wollſäcke brauchen, die vieles Geld koſten, und wo der Transport ſchwer iſt, oder man muß Schanzkörbe oder Sandſäcke brauchen und die Erde von ferne holen. Die Belagrung wird alsdann blutig und lang, weil Kugeln und Bomben den ſteinigten Boden ſplittern, und man kaum den zehnten Theil der Arbeit verrichtet, wenn man die Erde auch nur um einige Schritte weit herbey holen muß. Dieß erfuhren die Spanier vor Tortoſa.

Beſteht der Boden aus Triebſand der keinen Halt hat, ſo muß man wieder Wollſäcke nehmen, oder die Erde in Fäßer und Säcke füllen, oder von andern Orten herführen. Alles ſetzt großen Schwierigkeiten aus, und verlängert die Belagrung. Noch größer iſt der Aufenthalt in dieſem Boden, wenn das Holz in der Nähe mangelt, und man es von ferne weder herflößen noch mit Schiffen anführen kann. Denn je leichter der Sand iſt, deſto mehr braucht man Faſchinen und Holz.

Iſt hingegen der Sand feucht und gut, ſo rückt die Arbeit ſchnell fort, und man braucht weniger Holz und Faſchinen: das Uebel aber iſt, daß man überall Waſſer findet, wo man nur ein wenig tief gräbt. Dieß Hinderniß iſt nicht klein, wenn die Höhe des Poſtens den man angreift tiefe Laufgraben fodert. Wir ſahen es vor Barcellona auf dem linken Flügel unſrer Parallele.

Je

Je weiter von der Festung man die Trancheen eröfnen muß, desto langwieriger wird die Belagrung, desto mehr kostet sie Menschen und Geld. Je näher man durch vortheilhafte Höhen, Dämme, hole Wege und dergleichen gedeckt ist, desto größer ist der Vortheil.

Das Clima, die Jahrszeiten, Ueberschwemmungen durch Kunst und Natur, sind oft Hindernisse, die man durch keine Maaßregeln überwindet, und um so nothwendiger ist es, im Voraus sie zu kennen.

Wo Rebellen, kriegrische Truppen und Einwohner fechten, wo eingewurzelter Haß, oder Religions-Feindschaft sich einmischt, wo der Gouverneur geliebt wird, seine Kunst versteht, und bey langer Vertheidigung selbst gewinnt; wo gute Disciplin und Eintracht herrscht, da muß man auf die hartnäckigste Vertheidigung rechnen, und Truppen der Festung entgegen stellen, die des Kriegs und der Gefahren gewohnt sind, oder den Abgang dieser Tugenden durch die Menge ersetzen. Das Gegentheil giebt Hofnung zum glücklichen Erfolg: doch wie groß diese auch seyn mag, so muß man doch vor dem Entschluß überlegen, ob der Gewinnst den Verlust auch überwiegt, und was der Feind im Stande ist, in der Zeit zu unternehmen, die die Belagerung uns kostet.

Es giebt sogar Fälle, wo es besser ist Festung gegen Festung zu stellen, und Schanze gegen Schanze zu erbauen, als Belagerungen zu wagen, deren Ausgang ungewiß ist. So baute Ludwig der dreyzehnte Fort-Louis, Rochelle gegenüber, der Cardinal Andreas von Oesterreich die Andreasschanze gegen die Festung Bommel, und der Graf von der Lippe eine Schanze gegen Rheinbergen: allen diesen Fürsten gelang es, die Festungen die sie nicht erobern konnten, unbrauchbar zu machen.

Vom

Belagern und Blokiren.

Drittes Capitel.

Von Unternehmungen gegen Plätze die an der See liegen.

§. 1.

Ein fester Platz an der See erfodert die langwierigste Belagerung, wenn man nicht im Stand ist, durch seine Flotte ihm alle Unterstützung und Hülfe von der Seeseite zu verbieten. Ostende hielt sich drey Jahr und drey Monat, obgleich die Truppen des Erzherzogs Albrecht und Philipp des dritten in Spanien es mit äusserster Macht attakirten. Es giebt zwar Zeiten im Jahr, wo die Schiffe dem Hafen sich nicht mehr nahen dürfen: aber der Feind kömmt diesem zuvor und versieht die Festung zur rechten Zeit. Neue Werke indeß kann er allerdings nicht mitführen, und ist die Bresche gelegt, so kann freylich der Belagerer stürmen: aber die Bresche wird von stets neuen Truppen vertheidigt, so lange die Flotte des Feinds Gemeinschaft damit hat, und thun sodann die Belagerten das ihre, so wird man vielleicht mehr Menschen verliehren, als der Platz werth ist. Der Marquis von Lebe nahm zwar die Citadelle von Messina, im Angesicht der ganzen Flotte, hinweg, ob sie gleich die Besatzung mit so viel Truppen verstärken konnte, als sie nur wollte. Doch liefert die Geschichte dieser Beyspiele wenig, und vielleicht wäre es auch hier den Spaniern nicht gelungen, wenn die Belagerten nicht zuletzt das Unglück gehabt, ihre Gemeinschaft mit der

See zum Theil zu verliehren. Man muß also dem Feinde zur See überlegen seyn, aber nicht an Kriegsschiffen allein, besonders wenn der Grund am Ufer seicht ist, und die Werke der Stadt oder einzelnen Forts einen großen Strich der Küste bestreichen. Ist man dem Feinde sodann nicht an Kriegsschiffen und Galeeren zugleich überlegen, so geht der Feind mit Gallioten und Galeeren, und allen Fahrzeugen, die wenig Grund brauchen, durch, und versieht des Nachts und bey windstillem Wetter die Festung, so oft er nur will, und mit allem was sie gebraucht.

§. 2.

Wenn man den Platz mit Flotte und Armee zugleich angreift, so ists rathsam, daß die Flotte zuerst vor dem‑ selben erscheint, und vor der Flotte eine Eskadre, die schnel‑ ler anlangen wird, als die Flotte selbst thäte. Denn ist diese Eskadre gehörig mit allem versehen, so schadets ihr nicht, wenn sie vor dem Hafen des Feinds liegt, und die Ankunft der Armee und Flotte erwartet; doch versteht es sich, daß sie alsdann keine Cavallerie führt. Der Vor‑ theil aber ist groß, wenn man den Hafen des Feinds plötz‑ lich und unvermuthet einschließt: denn alsdann entrinnt kein feindliches Schiff aus dem Platze, der Platz erhält keine Verstärkungen von außen, und die Matrosen die man mit ihren Schiffen verschließt, werden in der Festung zu unnützen Mäulern und verzehren den Proviant. So er‑ oberte man in Palermo und Messina verschiedene Sardi‑ nische Schiffe, die man auf diese Art in dem Hafen ver‑ schloß, und vor Cagliari fiel uns dadurch die Munition in die Hand, mit der man von Neapel den Platz versehen wollte, der großen Mangel dran hatte. Ist die Verstär‑ kung zu Lande eher dem Feinde möglich, als zur See, so ists zwar allerdings nöthig, zur rechten Zeit zu Lande gegen ihn zu erscheinen, und den Feind durch die Bewegung zur See nicht selbst zu lehren was er zu thun hat. Könnte

man

man hingegen mit wenig Truppen ihm die Zugänge zur Festung versperren, so ists aus den erwähnten Gründen dennoch nützlich und vielleicht entscheidend, mit Flotte und Landmacht zugleich zu berennen, und die Truppen, die dazu bestimmt sind, auf die Flotte zu nehmen. Dieß war der Vorschlag des Grafen von Montemar, den er mit den Regimentern ausführen wollte, die auf der Eskabre des Don Balthasar von Guevara zehn bis zwölf Tage eher vor Cagliari erschienen, als die andere Flotte des Marquis von Lebe. Die Festung war nur auf acht Tage mit Lebensmitteln versehen, und wenig Kanonen lagen auf Affetten: die Zeit aber die wir dem Feinde gaben, ward genützt, und Don Carreras Gouverneur von der Festung that hernach die Gegenwehr, die, in Betracht der Schwäche beydes der Festung und der Mannschaft, rühmlich genug war.

Vier Fälle begünstigen die Schiffe des Feinds, aus einem versperrten Hafen zu entrinnen. Einmal, wenn diese Schiffe eine weite Küste zu ihrer Zuflucht haben, die man nicht gänzlich sperren konnte, und wo sie sich retten, wenn die Veränderung des Winds es ihnen in der Nacht, da sie entrinnen, unmöglich macht, sich weit genug von der Flotte zu entfernen. So entkamen uns bey Barcellona viele Schiffe, weil die Artillerie des Platzes von dem Bastion du Levant bis nach Monjoui, auf eine Stunde Wegs die ganze Küste bestreicht.

Anderns, wenn die Flotte, weil es ihr an windsichern Häfen fehlt, gezwungen ist, bey jedem Sturm die Anker zu lichten, und in die See zu laufen. Alsdann gehn die versperrten Fahrzeuge unter Seegel, ehe die Kriegsschiffe ihre Station wieder genommen: auch dieß erfuhren wir zu Barcellona.

Drittens, wenn die Flotte später erschien, als die Landmacht; alsdann rettet sich alles, was kann.

Vier-

Viertens, wenn der Feind während der Belagerung eine mächtigere Flotte ausrüstet, und die Bloquirende schlägt, wie zu Gibraltar geschah.

So oft von diesen Mitteln auch nur ein einziges dem Feinde verbleibt, muß man sogleich darauf bedacht seyn, die Schiffe des Feinds zu ruiniren, und sie entweder vom Lande aus mit Stücken oder Mörsern beschießen, oder Bombardier-Galliotten gebrauchen. Als die Deutschen Messina belagerten, war von allen diesen Möglichkeiten keine, und gleichwohl richtete der Admiral Byng am Strand eine Batterie auf, und schoß einige unsrer Schiffe im Hafen zu Grunde, aus Furcht, daß sie ihm die Nacht entkommen möchten; oder auch, wie einige glaubten, um die Schiffe seines eignen Alliirten des Königs von Sardinien zu ruiniren, die als Gefangne drinn lagen, und folglich dem Könige wieder wären zugestellt worden, das die Engländer nicht wollten, weil sie keine andere Flagge auf dem Mittelländischen Meere gern sehen als ihre eigne.

Den Hafen zu sperren, formiren die Kriegsschiffe sich vor demselben in Linie, und werfen die Anker in gleicher Entfernung von einander, zwey Schiffe ausgenommen, die etwas voraus rücken, unter Seegel bleiben und Wache halten, auch wenn es Wind und Wetter zuläßt, alle vier und zwanzig Stunden abgelöset werden. Ich wünschte, dieser Wachschiffe wären drey, damit zwey derselben, soviel Wind und Wasser erlaubt, ohne Unterlaß von der Rechten zur Linken vor dem Hafen hin und wieder führen, und das dritte in der Mitte sich hielte. Auf diese Art ist der Hafen wie es seyn soll verschlossen; und man hat allezeit ein, oder zwey Schiffe über dem Wind des feindlichen Schiffs das in den Hafen einlaufen will. Die Wachschiffe gehn jedem Seegel das sie erblicken entgegen, um zu sehen wem es gehört. Will es mitten durch sie weg, um in den Hafen zu laufen, so giebt man das befohlne Signal, damit

mit sofort einige Schiffe oder Galeeren die Anker lichten, um Jacht darauf zu machen.   Es müssen jedoch nie die Kriegsschiffe alle zugleich ihren Posten verlassen, weil der Feind dieß Manoeuvre durch ein Strategem nützen, uns weglocken, und auf einer andern Seite den Convoi einwerfen würde.   So zeigte sich bey der Belagerung von Barcellona ein feindlicher Convoi, und nahm, als er die Spanische Flotte erblickte, die Flucht, gegen die Insel Majorca zu.   Unsere Flotte verfolgte, verlohr aber die Spur in der Nacht, und indeß näherte sich der Convoi wieder dem Lande, und lief mit einbrechendem Tage hart an der Küste in den Hafen ein.   Doch giengen zwanzig Schiffe verlohren, weil zwey unsrer Officiers, aus Furcht, es möchte dieß geschehn, ihre Schiffe gewendet, und zur rechten Zeit anlangten.

Des Nachts schleicht sich zuweilen ein feindliches Fahrzeug durch die Wachschiffe durch, und stellt sich wenn es Tag wird als Freund, und naht sich dem Admiral-Schiff, nach Seegebrauch.   Auf einmal aber geht es mit vollen Seegeln durch, und es ist um ein paar Canonenschüsse zu thun, so ist es im Hafen, wenn der Wind hilft, ehe noch ein Schiff von der Linie die Anker gelichtet.   Auch dieß trug sich oft bey Barcellona zu, zuweilen des Tags, zuweilen des Nachts.   Das Mittel ist, nicht zu trauen, und daß die Galeere oder Schiff, die dem verdächtigen zunächst über dem Winde liegt, ohne Verzug unter Seegel gehe: streicht sodann das fremde Schiff nicht auf den ersten blinden Schuß die Seegel, so muß man sofort Feuer geben, und es verfolgen.

So oft man den Feind zur See blokirt, wie überlegen man ihm auch ist, so muß man doch darauf bedacht seyn, sich sofort zum Meister aller Häfen in der Nähe zu machen, damit sie der Feind nicht zum Entrepot seines Convoi nimt, und sodann schnell auch den geringsten Sturm

nützt

nützt, um seine Convois in den gesperrten Hafen zu bringen, wenn unsere Flotte sich entfernen muß: theils auch,
damit man selbst eine Zuflucht vor dem Sturm und widrigen Winden hat, damit diese nicht die Flotte zerstreuen,
und zerstreut den feindlichen Eskadren in die Hand liefern.

§. 3.

Wenn der Feind zur See überlegen ist, und man bennoch einen Platz an derselben belagert, so muß man untersuchen, ob es möglich ist zu Lande die Gemeinschaft zwischen
ihm und der See abzuschneiden, wie in mehr als einem
Falle sich zutragen kann. Ist z. E. zwischen den Festungs-
werken der Stadt und der See ein hinreichend Terrain, so
zieht man eine Linie zwischen dem Platze und dem Meere,
mit einer Brustwehr gegen beide, wie der Marquis von
Lede zwischen dem Faro von Messina und der Citadelle
in der Gegend gethan, die man den Garten des Gouverneurs nennte. Das Terrain zwischen den Brustwehren
muß groß genug seyn, daß die Truppen die man zur Vertheidigung braucht, sich nicht selbst hindern. Besteht die Stärke
des Platzes in seiner Citadelle oder der obern Stadt, und
die Werke so die Gemeinschaft mit der See versichern, sind
schwach, so greift man diese Werke mit Entschlossenheit an,
und alsdann ist die Citadelle und die obre Stadt sich selbst
überlassen, wie stark der Feind zur See auch seyn mag. So
schnitten die Spanier, als sie Meister von der Stadt Alicante geworden, das Schloß, so die ganze Stärke des Platzes ausmachte, durch eine Linie von der See ab, und die
Englische Flotte vermochte nichts gegen diese Linie, daß
endlich das Schloß sich ergab. Aus eben dem Grunde griff
der Marquis von Lede zu Cagliari die Vorstadt zuerst an,
die an der See lag, und schnitt nach ihrer Eroberung das
Schloß von der See ab.

Es

Es giebt Städte, deren Werke zwar bis an das Wasser reichen, es gehn aber weiter als sie zwey Erdspitzen in die See, und formiren eine enge Mündung, durch die man paſſiren muß, um in den Hafen zu kommen. Diese Spitzen werden stark durch geschloßne und bedeckte Batterien, oder durch Schlösser mit vieler Artillerie beschützt. In diesem Fall muß man suchen Meister von diesen Schlössern zu werden, neue Schanzen aufwerfen und alles stark mit Artillerie versehen: sonst laufen die feindlichen Schiffe getroſt bey günstigem Winde vorbey, und der Schaden den man ihnen zufügt, ist nicht groß. Das beste sodann ist, an mehr als einem Orte, und wo es am zuträglichsten scheint, Batterien von Mörsern zu errichten, damit man die feindlichen Schiffe wo möglich im Hafen selbst noch zu Grunde richte. Als der Prinz von Darmstadt im Successionskriege vor Cadix rückte, rieth der holländische Admiral, mit der Flotte zwischen den Schlössern Puntal und Matagord vorbeyzulaufen, weil die Batterien derselben nichts mehr schaden konnten, sobald die Flotte vorbey war. Hierauf legte man in der Folge zu Cadix Batterien dieser Art an, die nunmehr den Feind auch, wenn er sich wieder entfernt, verfolgen: doch wäre es vielleicht gut, diese Werke noch durch ein neues Fort an einem gewissen Orte des Hafens zu mehren.

§. 4.

Wenn die Mündung der Häfen eng ist, so hat gemeiniglich eins von den Ufern seichten Grund, und es können nicht mehr als zwey oder drey Schiffe be Front einlaufen: Vor allem geschieht dieß in Häfen, wo ein Fluß ins Meer sich ergießt. Hier ist kein besser Mittel den Hafen zu sperren, als Schiffe die man versenkt: aber an Orten die man mit seinen Batterien bestreicht, damit der Feind sie nicht wieder flott mache; welches, so schwer es auch scheint, dennoch geschehn ist. Ist der Grund des Hafens zu dieser Un-

ter-

ternehmung zu tief, so verschließt man die Mündung mit einer Kette. Die Kette besteht aus den stärksten Balken, fest mit Thauen zusammen gebunden, und an beyden Enden stark gegen die Erde befestigt, damit weder Wellen noch Schiffe etwas dagegen auörichten. Fürchtet man, daß sie in der Mitte nachgiebt, und die Galeeren sodann drüber hinaus fahren, so befestigt man sie in der Mitte auf Pontons. An jedem Ende liegt eine Schanze, die man stark mit Artillerie und Mannschaft besetzt, um den Feind, der gegen die Kette zu Wasser oder zu Lande etwas versucht, in beiden Fällen warm zu empfangen, bis mehr Unterstützung anrückt. Inwendig der Kette liegen bewafnete Schiffe, ohne Anker und Maste, wäre es möglich mit doppelten Wänden, und zwischen den Wänden mit Wolle oder dergleichen versehen, um die Gewalt der Stückkugeln zu schwächen. Im Jahr 1703 befand sich der Herr von Chateau-Renaud mit der spanischen Flotte an der Küste von Vigo. Weil er Ursache hatte die Engländer zu fürchten, zog er seine Schiffe in eine gewisse Bay, Rande genannt, und sperrte die Einfarth mit einer Kette, wie ich eben beschrieb: aber die Vertheidigung auf den Flanken war schlecht, und bestand aus nichts als aus einer ofnen Batterie auf der einen Seite, und einer dominirten Redoute auf der andern. Die Engländer setzten ans Land ausser dem Stückschuß, und fielen die Redoute von hinten zu an, brachen die Kette durch, und nahmen alle Schiffe weg, die der französische Admiral nicht selbst verbrannte.

§. 5.

Es giebt Seeplätze, die an der See-Seite ungemein schwach sind: Ist der Grund sodann tief, daß die Kriegs-schiffe sich nahen können, so schießt man hier Bresche, und führt die Truppen auf Schaluppen zum Sturm, besonders wenn die feindliche Besatzung schwach ist. So eroberten die Engländer Alicante. Vier Schiffe von der Linie reichen

chen zu, eine Bresche in vier und zwanzig Stunden zu legen:
Man kann also auch schwächer zur See seyn als der Feind,
und dennoch die Sache unternehmen, wenn man nur ihm
zuvor kömmt. Gegen diese Gefahr deckt sich der Gouverneur des Platzes, wenn er sein Handwerk versteht, durch
eine oder zwey Reihen starker Pfähle, die man mit der
Ramme wenigstens auf sechs Fuß tief in die Erde einstößt,
wie zu Cagliari im Jahr 1719 geschah. Findet man nun
dieß Hinderniß im Wege, so befestigt man Kloben an dem
Mast einiger Barken, und wirft über jeden Kloben ein Seil.
An das eine Ende des Seils kömmt eine Schlinge, und
diese legt man um den Pfahl, das andre Ende windet man
um die Spille in der Barke auf. Dieß geschieht kurz vor
dem Sturm, damit alles schon niederliegt, wohinter der
Feind die Arbeit beunruhigen konnte; thut mans vorher,
so geschieht es in der Nacht. Man giebt den Schiffen, auf
der Seite wo der Feind sie bestreicht, eine Blendung von
Bohlen, oder besser von Wollsäcken, weil das Holz split-
tert: Damit aber der Widerstand des Pfahls die Barken
nicht zu sehr neigt, so befestigt man sie auf der andern Seite
an schwerbeladne Schiffe, oder man beladt sie selbst so
schwer, als der Grund nur erlaubt. Die Schleife um die
Pfähle zu werfen, schickt man Matrosen in kleinen Nachen
vorwärts, die, wenn sie die Schleife fest gezogen, nun hinter die Barken sich retten. Ist der Feind von der Mauer
vertrieben, so ziehn die Nachen allein die Pfähle mit der
Maschine weg, mit der man die Anker großer Schiffe lichtet.

Die vordersten Barken darinn man die Soldaten zum
Sturme führt, müssen am Boden ein wenig platt seyn,
damit sie der Bresche so sehr als möglich sich nahen. Sie
sind mit einer Blendung versehen, und kurz und breit, damit
die Blendung die ganze Mannschaft decke, und doch nicht zu
hoch sey, wodurch die Barke schwerer zu regieren wird. Ich
wünsche sie breit, damit sie ihrer Kürze ohngeachtet dennoch

Bb 5   fünffunfzig Mann faffen. Die Blendung dient zur Brücke, und man befeftiget fie in diefer Abficht mit Gewerben an das Vordertheil des Schiffs.

Vor der Brefche werfen die Schaluppen den Anker aus, und dienen den Truppen in den folgenden Barken zur Brücke.

Die Anker muß man dergeftalt werfen daß fie das Lanben nicht hindern. Es ift gut wenn die erften Schaluppen vom Vorder= bis zum Hindertheile eine Laufbrücke haben, damit bey der Landung niemand fällt, und alles fchnell gefchieht. Man entfernt fie von einander fo weit als nöthig, daß, wenn der Feind die eine in den Brand fteckt, nicht alles zugleich brenne. So bald die Mannfchaft zum Sturm ausgefetzt ift, gehn die Schaluppen wieder in See: denn nur wenige der Stürmenden würden fich darauf retten, und fie fechten nun um fo entfchloßner.

Vom

Belagern und Blokiren.

Viertes Capitel.

Vom Belagern und Blokiren eines Platzes an einem fchiffreichen See oder Strom.

§. 1.

Wenn man eine Stadt an einem fchiffreichen See belagern will, fo muß man dem Feind an Schiffen überlegen feyn, die nach der Tiefe des Sees ihre Bauart verändern.

Ift der See an irgend einem Orte fo fchmal, daß man mit den Batterien am Ufer die Feftung erreichen kann, fo
schließt

schießt man Bresche und stürmt auf Barken wie oben gezeigt
ward. Ists unmöglich die Batterien auf festem Lande
zu errichten, so sucht man im See einen Ort, der tief ge=
nug ist, eine Batterie von fünf bis sechs Stücken auf Fahr=
zeugen zu tragen. Die Fahrzeuge ladet man nach und nach,
wenn der Grund im See hier umb da zu seicht ist, sie mit
der Batterie und ihrem Ballaste zu tragen. Je mehr die=
ser Batterien sind, desto besser; denn man muß die Sache
schnell entscheiden. Die Gallioten und Feluken decken sie
gegen den Ausfall. Auf den Batterien selbst sind einige
Grenadiers mit Flinten und Grenaden. Die Venetianer
bauen eine Galeere in vier und zwanzig Stunden, aber es liegt
zuvor jedes Stück in Bereitschaft, und alles hat seine Num=
mer: könnte man also die Schiffe in der Gegend des Sees
nicht bauen, so baut man sie rückwärts, und folgt diesem
Beyspiel, um alles schnell zusammen zu setzen. Sind die
schwimmenden Batterien unmöglich, so untersucht man die
Untiefe des Sees, ob es nicht möglich ist, mit versenkten
Schiffen eine unbewegliche Batterie zu errichten, müßte
man auch mehr als ein Schiff übers andre versenken. Man
buchsirt so dann die Schiffe leer bis an Ort und Stelle,
und versenkt sie; und ragen sie alsdann auch nur um ein we=
niges vor, so kann man eben so sicher Batterien darauf legen,
als auf festes Land, doch müssen die Schiffe stark und von
gutem Holze seyn. Das letzte aller Mittel ist endlich, den
See abzuzapfen, und die Bäche abzuleiten; ein schweres
Unternehmen, und das vielleicht bey allem dem fruchtlos
wird, wenn der Grund vom See Schlamm ist. Batterien
im Morast baut man auf Pfähle, durch Sandsäcke, Fa=
schinen und Steine. Alsdann schießt man Bresche, aber
selten werden alle Vertheidigungen ruinirt, weil der Bat=
terien und der Stücke nur wenige sind: der Sturm muß al=
so des Nachts geschehen, doch vorher wenigstens alles das
niederliegen, was den Damm wo man anrückt in der Nähe
bestreicht.

§. 2.

§. 2.

Wenn man eine Stadt belagern will, die am Ufer ei=
nes schiffreichen Flusses liegt, so muß man dem Feinde an
Schiffen überlegen seyn, zum Meister der Schiffahrt sich
machen, und alle Schanzen und Schlösser und haltbare Oer=
ter an beyden Ufern des Flusses wegnehmen, wo der Feind
die Schiffarth beunruhigt oder verbietet.   Je mehr man
Schiffe hat, desto leichter ists, Lebens=Mittel und Munition
und Geschütz und alles was man zur Belagrung braucht,
anzuführen: Man schlägt desto leichter Brücken: Man un=
terhält die Gemeinschaft, auch wenn die Brücken fehlen
oder verderbt wurden.   Die Brückenschanze des Feinds
muß man wegnehmen, und äusserst festen Fuß darinn fas=
sen, oder man muß Truppen in Corps übersetzen, diese
Seite blokiren, stark auf beiden Seiten sich verschanzen, so
viel Brücken zur Gemeinschaft der Quartiere über den Fluß
werfen als irgends nur möglich, und diese Brücken auf alle
ersinnliche Art sicher stellen, weil der Feind sein Absehen
ganz darauf richtet sie zu brechen, und die Stadt entweder
mit Truppen und einem Convoi zu verstärken, oder unsre
Quartiere zu überfallen, da keins das andre zu unterstützen
vermag.

Um die Branders und andre Maschinen des Feinds, so
die Brücke zerstören sollen, zu entfernen, zieht man eine
Kette durch den Strom, wie ich oben beschrieb.   Oberhalb
der Kette fahren hin und wieder einige Schiffe, gut mit
Leuten besetzt, die alles was der Feind gegen die Brücke
anschickt, mit Gabeln, Haaken und Stangen auffangen,
und gegen das Ufer hinstossen, ehe es der Kette sich nähert.
Je weiter diese Schiffe dem Brander entgegen gehn, desto
weniger haben sie zu befürchten, weil er bestimmt ist viel
später zu springen.   Sobald die Schiffe auf ihn treffen,
verjagen sie zuerst die Schaluppen die ihn schleppen, und
ziehn ihn sodann ans Land.   War dieß unmöglich wegen
des

des Ufers oder Stroms, so macht man ihn mit Haaken fest, die man an Seile bindet, wo am andern Ende ein Anker ist, den man ins Wasser wirft, oder am Lande in die Erde schlägt. Die Batterien an den Ufern des Flusses beschützen die Schiffe auf dem Strome, und feuern gegen alles was vom Feinde sich blicken läßt, und auf die Maschinen selbst. Die Bäume die der Feind gegen die Brücke schickt, faßt man, wenn sie Aeste haben, bey diesen Aesten mit langen Haaken; haben sie keine, so stößt man sie mit dreyzackigten Gabeln und Staakhaaken ans Land.

Die Fahrzeuge die zu diesen Absichten ausgeschickt werden, müssen wo möglich Gegenden aussuchen, wo der Fluß breit, und nicht zu tief ist, und gegen das Ufer zu immer seichter wird; denn hier geht der Strom allezeit am wenigsten schnell, und die Breite des Stroms schützt gegen die feindlichen Partheyen am Ufer. Wenn die ersten Fahrzeuge den Brander, oder Baum nicht zurück halten konnten, so geben sie sofort ein Signal mit einigen Sternschwärmern, oder mit Stücken, damit die Schiffe, die näher an der Brücke liegen, auf ihrer Hut sind, und ihr äusserstes thun. Die Zahl der Raketen bestimmt, was eigentlich die Gefahr ist, ob Brander oder Bäume, oder Schiffe, u. s. f. Dürfen die Fahrzeuge wegen ihrer Schwäche nicht weit vorrücken, so muß man an den Ufern Posten ausstellen, die diese Signale geben, und Officiers zu denselben commandiren, die beurtheilen können, was auf dem Wasser schwimmt.

Die Klammern und Bolzen, an den Bohlen und den Balken vom Obern der Brücke, muß man leicht ausziehen und leicht einschlagen können. Es müssen Ingenieurs, Matrosen, und Zimmerleute beständig in Bereitschaft stehen, um in dem Augenblick da die Nachricht von der Maschine des Feinds kömmt, und in der Zeit, daß die Kette sie aufhält, die Brücke aufzubecken, die Thaue los zu machen, die Anker zu lichten, und mit den Schiffen die Ufer

zu

zu gewinnen. So rettet man sich auch gegen große Waßer und Eis, wie ich mit Augen bey Tortosa gesehen. Wenn die Nachbarschaft der See den untern Strom mit gleichen Gefahren bedroht, so muß man auch hier gleiche Vorsichten nehmen.

Damit endlich der Feind nicht mit dem Strom unter dem Waßer Schläuche, Fäßer, und Kisten, mit Lebensmitteln und Munition nach der Stadt bringe, oder Taucher mit Briefen abschicke, so spannt man oberhalb der Stadt von einem Ufer zum andern ein Netz durch den Fluß, das bis auf den Grund reicht; Auf den Korkstücken aber, die das Netz über dem Waßer halten, macht man hier und dort kleine Reifen fest, und an diese Schellen und Geläute, damit dieß ein Signal sey, wenn etwas gegen das Netz ankömmt. Alsdann müßen die Wachschiffe gleich bey der Hand seyn, und bis auf den Grund stoßen, um den Taucher todt oder lebendig zu fangen.

Die äußersten Mittel, einen Platz an schiffbaren Flüßen dem Feinde zu nehmen, wenn er Meister auf dem Flusse bleibt, ist die Ableitung oder die Verdämmung des Flußes, um ihm einen andern Lauf zu geben, oder die Stadt zu überschwemmen. Keine von beiden Unternehmungen ist leicht.

Vom
Belagern und Blokiren.
Fünftes Capitel.

Einige Vorschläge gegen Plätze die ein unerfahr=
ner Commendant vertheidigt, oder wo die Bürger=
schaft mächtig ist. Was für Dienste man von Kund=
schaftern und Vertrauten in der Festung
erhalten kann.

§. 1.

Sind die Bürger der Besatzung überlegen, so muß man
die Bürger theils durch Furcht, theils durch Hofnung ge=
winnen.   Man erbietet sich Stadt und Land zu schonen,
alle Freyheiten und Gerechtsame ungekränkt zu lassen, wenn
die Stadt ohne Verzug sich ergiebt.   Man droht mit
Schwerdt und Flamme und Plündern, wenn die Uebergabe
nicht unmittelbar erfolgt.   Die Officiers, so die Stadt
auffodern, nehmen viele Copien von dieser Declaration
mit, und vertheilen sie, wo möglich selbst, unter die Bür=
ger, damit die Officiers von der Besatzung sie nicht unter=
drücken.   Man zwingt die Landleute die man gefangen be=
kömmt, sie in der Stadt auszustreuen.   Man wirft sie
mit Pfeilen, an Bomben und Kugeln in die Stadt; man
schlägt Waffenstillstand vor, und eröfnet sodann den Inhalt
den Bürgern, die auf den Mauern erscheinen; man läßt sie
durch Vertraute ausstreuen. Die Truppen selbst müssen glau=
ben, es sey mit der Drohung ein Ernst, besonders wenn
viele derselben Verwandte in der Stadt hätten; alsdann
sucht ein jeder die Seinen zu warnen.

Be=

Berennt man mehr als einen Platz zugleich, so müssen die Truppen bey jedem vorgeben, daß sie die Avantgarde der Armee sind, die auf dem Fuße ihnen nachfolge.

Man bruskirt die Belagrung: Man zeigt viel Artillerie, besonders auf Höhen: Man droht mit dem Bombardement, und bombardirt besonders die Magazine, Mühlen, Paläste, und die volkreichsten Gegenden der Stadt, des Nachts, wie des Tags. Man legt die Bresche an den Theil der Stadt, wo für die Bürgerschaft die wichtigsten Gebäude liegen: Man arbeitet verstellt an Minen; Man stellt falsche Gefechte an, als schlüge man eine feindliche Verstärkung, vielleicht gelingt es so gar durch diese List die Stadt selbst zu erobern, wenn die Bürger thöricht genug sind, dem Rest dieser vorgeblichen Verstärkung die Thore zu öfnen: Glaubt der Feind, daß es an Lebens-Mitteln mangelt, daß die Armee aus dieser oder jener Ursache bald aufbrechen muß, so giebt man überall vor, daß man harte Befehle vom Hofe empfangen, durchaus die Sache glücklich zu enden: Man trift Anstalten die diesem gemäß sind, baut Hütten und Häuser, die Generals lassen einen Theil ihrer schweren Bagage kommen u. s. f. So wenig fein diese Listen zum Theil auch sind, so haben sie doch oft guten Erfolg. Ich habe einen Mörser mit Augen gesehen, durch den der Marquis von Saluz mehr als funfzig Orte im Gebirge von Aragon zur Huldigung brachte, und gleichwohl konnte man nicht einen Schuß daraus thun. Der Marquis de Legal eroberte durch verstellte Minen das Schloß Monzon, im Jahr 1707, und doch lagen zwey Compagnien Holländer drinn: Der Herzog von Anjou eroberte auf gleiche Art Motron. Der Marquis von St. Vincent öfnete im Jahr 1717. die Laufgräben vor Castillo Aragon'es, weit näher als einen Flintenschuß von der Stadt, in der Absicht, wenn sie sich vertheidigte, in der Folge die Arbeit rückwärts zu führen; aber die Stadt ergab sich.

§. 2.

§. 2.

Wenn man gleich durch den ersten Anlauf eine Stadt wegnehmen will, die eine geringe Mauer von Stein oder Leimen, jedoch mit Schießscharten hat, und es fehlt den Truppen von aussen an Geschütz, so versieht man sich mit starken Faschinen, um sich beym Anmarsch durch dieselben zu bedecken, und sodann die Schießlöcher selbst zu maskiren. Indeß legt man die Petarde an, oder untergräbt die Mauer, und macht sich von einigen Schießlöchern Meister, um Gewehre durchzustecken, und sie nun selbst gegen den Feind zu nützen. Die Grenadiers werfen unablässig Grenaden gegen die Theile der Mauer, wo man den Feind entfernen will: Andre Trupps feuern gegen die übrigen Theile, nach den Fenstern, Thürmen und Häusern der Stadt. Man versieht dieß alles wo möglich mit Blendungen.

Statt der Canonen nimt man einen Balken, funfzehn Fuß lang, acht bis zehn Zoll dick, vorne mit Eisen beschlagen, und treibt nun vier bis fünf Queerhölzer durch, damit die Soldaten ihn von beiden Seiten fassen, und gegen die Mauer stossen. Man könnte ihn auch wohl, wie die Alten, an einem Gerüste wie ein Hebebock aufhängen, und ein Sturmdach drüber bauen, das Räder an den Pfosten hätte und oben mit frischen Häuten belegt wird.

Hat man Feldstücke bey sich, so schießt man mit Dratkugeln, mit andern Kugeln aber allezeit schief, sonst giebts Löcher, aber keine Bresche.

§. 3.

Wenn man Verständnisse in der Stadt mit entschloßnen Leuten unterhält, so kann man sie auf mehr als eine Art gebrauchen, um die Stadt durch sie so wie durch die Gewalt der Waffen zu zwingen. Man verdirbt durch ihre Hülfe die Brunnen, jedoch ohne sie zu vergiften; man verdirbt die Magazine, wenn die Vertrauten mit Korn

Cc   han-

handeln, oder Verwalter der Magazine sind: man sprengt die Pulvermagazine so wie die andern in die Luft; Man könnte sogar vielleicht durch sie einen Theil der Stadtmauer miniren, wenn die Häuser derselben in der Nähe sind: man besticht Officiers von der Garnison, u. s. f. Sichrer aber als dieß alles sind die Nachrichten, die sie durch Signale, vom Stande der Festung, und den Unternehmungen der Besatzung geben können. Die wichtigsten Vorfälle sind, der Mangel von Lebensmitteln oder Munition, der Ankunft eines Convoi oder einer Verstärkung. Die Minen des Feinds, Ausfälle, Unternehmungen gegen unsre Brücken, Aufruhr und dergleichen. Die Signale müssen deutlich seyn, und dennoch so leicht keinen Argwohn erwecken können: man muß sie gehörig verändern, damit jedes Thor, jedes Bastion deutlich bezeichnet werden kann. Je weniger der Ort oder das Haus, da man sie giebt, von den Wachten des Feinds gesehen wird, je einfacher sie sind, desto sichrer kann man sie fortsetzen. Man stellt z. E. Lichter in gewisse Fenster, oder läßt sie dunkel; am Tage öfnet man sie oder hält sie zu; man legt Wäsche oder Kleider zum Trocknen aufs Dach. Die Zahl, die Gegend, die Verbindung von verschiednen Signalen zugleich, die Zeit und die Tage, da man sie giebt, geben die nöthigen Veränderungen an die Hand. Reden die Signale von Aufruhr, von Leichtigkeit zu stürmen, so muß man auf seiner Hut seyn, damit man nicht verrathen werde.

Vom

Belagern und Blokiren.

Sechstes Capitel.

Vom Vortheil und Nachtheil der Blokirungen.

§. 1.

Die Blokirungen sind fast immer von langer Dauer, und
daher vielen Zufällen ausgesetzt: der Feind gewinnt Zeit,
Lebens = Mittel und Fourage fehlen oft selbst der Armee
die blokirt, Mangel und Krankheit reißt ein. Der Aus=
gang ist ungewiß, wenn der Umfang der Stadt groß ist,
und die Truppen die blokiren sich weit ausbreiten müssen:
Je hartnäckiger der Feind ist, mit desto wenigerm wird er
sich behelfen: Ist Stadt und Besatzung klein, so reicht ein
kleiner Vorrath zu, sie lange zu verpflegen: Ist sie groß,
so sind die Unternehmungen der Besatzung und Einwohner
desto mehr zu befürchten: Die Gärten und Felder, die sie
einschließt, geben vielleicht dem Orte neue Ressourcen. Dieß
ist das Nachtheilige der Blokirungen: das Gute ist, daß
man Geld und Menschen schont, und zuweilen Festungen
damit erobert, die die Gewalt der Waffen nicht bezwungen
hätte. Es giebt also allerdings Fälle, wo die Blokirungen
gut, und selbst einer glücklichen Belagrung vorzuziehen sind:
es giebt Fälle, wo selbst die hartnäckigste Belagrung besser
ist.

Festungen die man gewiß durch den Durst zwingen kann:
Volkreiche Festungen, deren Einwohner gleichwohl nicht un=
ternehmend sind, und die man zu einer Zeit überfällt, wo
sie keinen Vorrath haben: Festungen die nur wenige Zu=

gän=

gånge haben, als z. E. Festungen an Moråsten, auf sehr
steilen Felsen: Festungen, die der Feind in unserm eignen
Lande nach einem unglücklichen Feldzuge verlassen muß; die
überall von unsern Unterthanen umringt sind: Festungen
endlich deren Belagrung zu viel Geld und Blut kostet: dieß
sind die Festungen, die man mit weit größern Vortheilen
blokirt als belagert, wenn die Zeit die man dazu gebraucht
nicht neue Hindernisse erweckt, und das Unternehmen schåd-
lich oder rückgångig macht.

§. 2.

Den Erfolg der Blokirung zu versichern, wåhlt man die
Zeit vor der Ernbte, oder nach einem unfruchtbaren Jahre:
eine Zeit wo Messen, Jahrmärkte oder Feste, viel Fremde
nach der Stadt führten. Die Wachen geben Feuer auf
alles was aus der Stadt will, besonders auf Weiber und
Kinder, jedoch nur blind; selbst auf die Ueberläufer, wenn
man nicht benkt die Garnison dadurch zu schwåchen: Man
steckt die Magazine besonders kleiner Posten in Brand,
weil sie in diesen nie hinlånglich gedeckt sind, wenn die Besaßung stark ist: Hångt die Citadelle oder ein Schloß mit
der Stadt selbst zusammen, so macht man sich Meister von
der Stadt, und sucht beym Sturm, wie selbst durch Capitulation, die Besaßung, und wåre es möglich selbst die Bürger, nach der Citadelle zu verweisen, und sodann verbietet
man alle Gemeinschaft mit Stadt und Land. Man vermindert die Zahl der Zugånge zur Stadt, durch Jnunda-
tionen, durch Verhacke auf alle ersinnliche Art. Man
wåhlt Officiers zu Commandeurs der Posten so die Blokirung formiren, die der Bestechung unfåhig sind, und hat
ein wachsames Auge auf die Schildwachen, Vedetten und
kleinern Posten. Man commandirt vertraute Officiers zu
steten Patrouillen långst der ganzen Kette aller Posten:
Den Einwohnern des Lands wird bey schårffster Strafe verboten, den Plaß mit nichts zu versehen: Wer ergriffen
wird,

wird, es sey Officier oder Landmann, wird aufs schärffte
geftraft.

Vom

Belagern und Blokiren.

Siebentes Capitel.

Wie man den Platz, den man angreifen will,
noch in seiner Schwäche überfällt. Was die Truppen
zu thun haben, die ihn zuerst berennen.

§. 1.

Wenn man die Festungen des Feinds von ihrer Besatzung entblösen will, so muß man die Absicht einer Belagerung verbergen, und Märsche und Bewegungen machen, als
wäre die Schlacht der einzige Zweck den man suchte. Die
Anstalten der Belagerung geschehn in den nächstliegenden
Festungen, unter dem Vorwande sie selbst gegen die Unternehmungen des Feindes zu schützen. Hat man aber, in der
Gegend da Krieg geführt wird, nicht so viel befestigte
Orte, daß sie die großen Zurüstungen unverdächtig machen,
die man zu einer Belagerung unentbehrlich gebraucht, so
muß man seine Magazine an Orten anlegen, die dem Anscheine nach einen andern Platz bedrohen, und alle Anstalten treffen, die diesen Argwohn bekräftigen. Doch muß
man auf Mittel bedacht seyn, die Magazine zur rechten
Zeit und ohne große Kosten zu transportiren. Schiffreiche
Flüsse und Canäle geben hier große Vortheile an die Hand.

Wenn der Feind, in der Ungewißheit worinn er sich
findet, alle seine Festungen gleich sorgfältig versieht, und

wars

wartet bis die Zeit das Geheimniß aufklärt, so fährt man
in der Verstellung fort, und berennt einen Platz, den man
nicht gesonnen ist zu belagern. So rückte Turenne vor
Alexandria, als ob er Willens wäre die Stadt zu belagern;
doch war es in der That nicht, sondern er suchte die Spanischen Garnisonen aus den Festungen zu locken, und schloß
daher seine Quartiere um Alexandria ganz nachläßig zu.
Kaum aber war die Verstärkung drinn, so rückte er vor
Trino, woraus man die Verstärkung genommen, und eroberte es. Versorgt daher der Feind die Festung, die
man im Sinne hat, auf Kosten einer andern, so begnügt
man sich mit dieser.

§. 2.

Wenn man den Krieg mit der Belagrung einer Festung
anfängt, oder wenn auch während des Kriegs die Umstände erlauben, mit einem Detaschement gegen die Festung
zu rücken, die man belagern will, so schickt man dieß Detaschement ab, um den Ort, ehe die Armee anlangt, zu
berennen. Dieß Corps nähert sich mit geheimen Märschen dem Platze, und legt sich in der Nacht in Hinterhalt,
und in einiger Entfernung von der Stadt. Des Morgens
detaschirt es eine kleine Parthey, so die Patrouille des
Feinds attakirt, das Vieh der Besatzung wegtreibt, in
die Dörfer einfällt, und so ferner, um die Garnison zum
Ausfall zu reizen, und wo möglich einen Theil derselben
nieder zu hauen oder gefangen zu nehmen. Doch besser als
dieß, und worauf man sein ganzes Absehen richtet, ist,
Meister von den Aussenwerken zu werden, die der Feind
vor der Front, die man angreifen will, erbaute. Je
mehr man den Feind hintergieng, je plötzlicher man die
Festung überfiel, desto schwächer sind meistens die Aussenwerke besetzt. Das Detaschement muß sich also mit
Schanzzeug, und wohl gar mit Faschinen versehen, um
sich gegen die feindliche Artillerie zu bedecken. Ist das Aus-
sen-

ſenwerk nahe am Platz, ſo ſchießt es der Feind freylich in
kurzem zu Boden, darauf aber muß man nicht achten:
denn die Abſicht der Unternehmung iſt nicht, es zu behaupten, ſondern es dem Feinde zu nehmen, damit man nicht
gezwungen ſey, die Laufgräben von weitem zu öfnen, und
mit der förmlichen Attake dieſes Werks Zeit und Munition zu verſchwenden. Man muß alſo gegen die Ausfälle
auf ſeiner Hut ſeyn, damit der Feind es nicht wieder erobert, und ſodann beſſer beſetzt. Der Angrif geſchieht
einige Stunden vor Tags, damit man, wenn der Morgen
anbricht, ſchon gedeckt ſey.

Man greift mit dem Auſſenwerke zugleich die Magazine
des Feinds auf dem Glacis an, und verbrennt alles was
bey der Eröfnung der Trancheen, und in der Folge der Belagrung nachtheilig ſeyn könnte, und ſodann mehr Zeit und
Blut und Geld koſtet.

Wenn dieſe Unternehmung geſchehn, faßt das Detaſchement Poſto, wie es ſeine fernern Abſichten erfodern,
die Verſtärkungen des Feinds abzuſchneiden, und rings um
die Feſtung alles zu behaupten, was der Armee in der Folge der Belagrung zum Vortheil dient. Man verſichert
ſich der Brunnen und Teiche, aller Thürme und Gebäude, die zu Batterien, Magazinen und Quartieren dienen, oder irgends auf eine andere Art Nutzen
ſchaffen. Man behauptet alle Defile's, hole Wege, Gebäude, Mauern und Zäune, ſo die Eröfnung der Trancheen nahe an der Feſtung begünſtigen, oder in der Folge
die fernern Arbeiten bedecken: man behauptet die Lebensmittel und Fourage der umliegenden Gegend, und bedeckt
die Dörfer gegen die Ausfouragirungen des Feinds: man
verbietet dem Feinde allen Succurs, und ſperrt jeden Fuß-
ſteig und Weg der nach der Feſtung hinführt. Man ſchickt
Partheyen auf Partheyen aus, um zeitige Nachricht von
der Ankunft des Feinds zu erhalten.

Cc 4   §. 3.

§. 3.

Es gehn mit dem Detaschement zur Berennung, der General=Quartiermeister der Armee, und verschiedne Officiers von den Ingenieurs und der Artillerie, um alles zu recognosciren, was die Wahl der Attaken, das Lager der Armee, und die Circumvallations= und Contravallations= Linie bestimmt; wo man die Tranchéen eröfnen, und die ersten Batterien anlegen soll, wo das Hauptquartier, die Lebensmittel, das Hospital hinkommen werden, u. s. f. Die Ingenieurs nehmen die ganze Gegend auf, so viel Zeit und Umstände erlauben, und überreichen dem General=Quartiermeister den Plan, dieser dem commandirenden General. Auf diesen Plan, den mündlichen Detail der Officiers, und die Nachrichten des Generals der das Corps der Berennung commandirt, gründet der General die Marschdisposition der Armee, damit jedes Corps auf dem kürzesten Wege an Ort und Stelle gelange.

Die Ingenieurs schleichen, durch Höhen, Hecken und Gebäude gedeckt, so nahe an den Platz als möglich, und recognosciren ihn vor Tages, oder gegen die Nacht, wenn es nicht zu hell ist. Man verfertigt Ferngläser zu Rom, die die Höhe und Länge der Mauer, die man dadurch sieht, bezeichnen. Kann der Ingenieur nicht so nahe heran als er wünschte, weil ihn feindliche Posten abhalten, oder man gar zu nahe heran muß, so müssen leichte Truppen durch Scharmützel ihm den Weg öfnen, damit er als Husar gekleidet, im Gallop vorbey reitet. Man muß eine Reserve haben, die das Scharmützel vorwärts unterstützen.

Der Chevalier de Ville schlägt vor, den Platz des Nachts zu recognosciren, ehe der Feind Nachricht von der Berennung hätte: Denn nachher werden die Recognoscirungen schwerer, weil die Besatzung in den Aussenwerken sich verstärkt, und Patrouillen auf Patrouillen ausschickt. Man muß, sagt er, Ingenieurs wählen, die schon oft
Plä=

Plätze recognoscirt haben, ein schnelles durchbringendes Aug und ein gut Gedächtniß besitzen, um was sie sehn zu behalten, und entschlossen genug, um bey so großer Gefahr kaltes Bluts zu seyn. Der Ingenieur nimt eine Bedeckung Infanterie, und naht sich zu Fuß dem Platz in möglichster Stille, und so nahe als er glaubt, daß es geschehen kann, ohne daß man ihn entdeckt. Man wählt eine Nacht, zwar ohne Mondschein, jedoch ohne Regen und Nebel. Von dem Orte, wo der Ingenieur Halt macht, geht ein Mann von der Eskorte, oder sein Wegweiser, noch weiter vorwärts, um die Patrouille des Feinds abzuwarten, und wenn diese vorbey ist, den Ingenieur sofort abzuholen, und auf dem versteckteſten Wege bis zur Palissade zu führen. Hier recognoscirt alsdann der Ingenieur, in größter Stille, die Außenwerke und ihren Graben, und alles was bey der Belagrung wichtig wird. Der Ingenieur und seine Eskorte müssen dunkle Kleider haben, nichts weißes noch gelbes tragen, zu Waffen Pistole, Degen und Pike, die oft zum Sondiren und Messen gut ist: Sie dürfen keine Sporen haben, ja nicht einmahl Stiefeln oder Schuhe, sondern müssen barfuß gehn, oder Schuhe von Schnüren wie die kaiserlichen Croaten tragen. Vermuthen sie irgendwo eine Schildwache, so machen sie Halt, bis sie genau ihren Posten wissen, um ihr auszuweichen. Treffen sie auf eine Patrouille die sie zum Stehen zwingt, so geben sie Feuer, und alsdann rückt die Eskorte bis an den Ort, den der Wegweiser des Ingenieurs, oder der Ingenieur selbst mit dem Wegweiser verabredet, der bey der Eskorte verbleibt. Was die Ingenieurs nicht recognosciren können, und die Plane der Festung, die man hat, nicht lehren, muß man von seinen Vertrauten in der Festung, durch doppelte und einfache Spions, durch Ueberläufer und Gefangne erfahren.

Vom

Belagern und Blokiren.

Achtes Capitel.

Wie die Belagrungs=Armee dem ersten Deta=
schement zur Berennung folgt. Von den Verschan=
zungen ihres Lagers. Vom Lager des Hauptquar=
tiers, dem Parc, der Artillerie und den Maga=
zinen für die Munition.

§. 1.

Wenn die Stadt von großem Umfange ist, und der Feind
von außen und von innen mächtig genug um die Truppen
von der Berennung zu verjagen, oder durch einen falschen
Angriff Zeit und Gelegenheit zu gewinnen, und Verstär=
kung in die Stadt einzuwerfen: so muß die Armee mit for=
cirten Märschen nachrücken, und wenn sie selbst vor dem
Angrif sicher ist, die ganze Cavallerie und Dragoner vor=
wärts betaschiren, und durch Infanterie en Croupe ver=
stärken. Aber auch alsdann noch, wenn schon die ganze
Armee angelangt ist, muß man die ersten Tage hindurch
aufs äusserste wachsam seyn, weil der Feind, der nun sei=
ne Zweifel entschieden sieht, das äusserste thut, um die
Festung jetzt noch zu verstärken, ehe die Verstärkung durch
die Arbeiten der Belagrer so viel Hinderniß mehr findet.

So lange die Armee noch ohne Verschanzungen steht,
muß man rings um das Lager eine Kette von Posten und
Schildwachen formiren, die sich einander sehen: man muß
die Pikets bereit und wachsam erhalten, Patrouillen auf

Pa=

Patrouillen, Partheyen auf Partheyen ausschicken, und alle Spions in Bewegung setzen, um die Ankunft des Feinds so schnell als möglich zu erfahren. Alles muß niederliegen, was die Gemeinschaft der Truppen unterbricht, und ihre nöthigen Bewegungen vorwärts und nach den Flanken hindert oder verzögert: man schlägt Brücken über die Bäche, Gräben und hole Wege, mehr als eine über die Flüsse: man wählt die Posten, wo man dem feindlichen Succurs begegnen wird, und ihn mit Vortheil angreift. Man geht ihm entgegen: erwartet man ihn unthätig im Lager, so bringt gewiß ein Theil der Verstärkung durch, wenn man auch den andern zurückweiset.

Finden sich Defile's, die man nicht umgehen kann, wenn man den Platz verläßt, oder in denselben sich einwerfen will, so muß man eilen, sie zu besetzen, sie verschanzen, und hartnäckig vertheidigen. Denn alsdann ist Zufuhr und Fourage, Lager und Laufgräben, so zu sagen auf einmahl beschützt, man entfernt den Feind, und braucht der Truppen zur Vertheidigung wenig. Lagert sich sodann der Feind einem einzigen dieser Defile's gegen über, so bleiben uns die übrigen frey: Vertheilt er sich aber, um jedes derselben zu masklren, so läuft er Gefahr, so überlegen er auch ist, dennoch geschlagen zu werden, weil wir, die wir im innern Kreise stehn, schneller unsre Truppen versammeln können, als er auf dem äussern. Ueberläßt man ihm hingegen die Defile's, so schließt er unsre Armee mit wenig Truppen ein, und der Belagrer wird nun belagert. Je weiter man in diesem Falle den Feind von sich entfernt, desto weniger hat man Gefahr und Fatiguen; je näher er steht, desto mehr muß man sich mit Wachen erschöpfen, desto näher bewacht er jeden unsrer Schritte, desto näher ist er jeden Vortheil zu nützen; und ist die Besatzung stark, so hat man beym Ausfall, wie beym Sturm, den Feind de Front und im Rücken gegen sich.

Ist

Ist der Feind schwach, so daß er um die Festung zu verstärken keine andre Zuflucht hat als List, so vertheilt man sich in so viel Quartiere als das Land und die Zahl der Feinde erfodert, und verschanzt sich in jedem derselben einzeln, damit der Feind nicht das eine oder das andre überfalle, ehe man im Stande ist es zu unterstützen. Man verbirbt die Wege des Feinds, besetzt die Defile's, wirft die Brücken ab, und trift alle andre Anstalten, den Anmarsch des Feinds zu verzögern, ihn zur rechten Zeit zu erfahren, und sich wechselseitig zu unterstützen.

§. 2.

Wenn die Besatzung des Platzes stark und entschlossen genug ist muthige Ausfälle zu wagen, so muß man gegen die Stadt zu sich verschanzen, und diese Verschanzungen werden die Contravallation genannt. Ist man gezwungen die Eröfnung der Laufgraben lange zu verschieben, ists unmöglich die Gemeinschaft des Feinds mit der Stadt abzuschneiden, so sind diese Verschanzungen um so nöthiger. Konnte man sich in detaschirten Lägern oder Quartieren behaupten, so verschanzt man diese durch Forts, die Front und Rücken zugleich decken. Wenn aber der Feind von auffen und innen zugleich mächtig ist, so ist man zuweilen gezwungen, sich gegen beyde durch zusammenhängende Verschanzungen zu decken: Die Verschanzung gegen den Feind von auffen heißt die Circumvallation. Ich habe bereits, in der Lehre von den Lägern, den Nutzen der Verschanzungen gezeigt, nirgends aber sind sie nöthiger als bey einer Belagrung: denn, ist das Terrain dem Belagrer nicht aufs äufserste günstig, wie kann sodann die Armee, wenn sie so weit sich ausbreiten muß, ohne Verschanzung die Verstärkung des Platzes verbieten, wenn der Feind überall droht, nur an einem einzigen Orte angreift; und hier mit aller der Ueberlegenheit fechten kann, die er nur selbst sich zu geben verlangt. Doch erlaubt, wie gesagt, zuweilen das

Ter=

Terrain, und zuweilen die Schwäche des Feinds, daß man die zusammenhängende Verschanzung beydes von auſſen und von innen erſpart, wie der Herzog von Orleans bey der letz=ten Belagrung von Lerida that, weil die Beſaßung ſchwach war, und der Feind kurz vorher die Niederlage bey Al=manza erlitt. Was für eine Parthey man aber auch er=greift, und wollte man auch alles mit zuſammenhängenden Verſchanzungen umgeben, ſo muß man doch nie die Wefe der Bataillon zu ſehr ſchwächen, und lieber ſtatt deſſen enger ſich zuſammenziehen; würde auch dadurch dem Feinde ein Zugang frey. Denn wer zu ſchwach beſetzt, beſetzt nichts; der Feind wird ohngeachtet des Blendwerks die Fe=ſtung dennoch mehr als einmahl verſtärken, und wenn er ſelbſt nicht gar zu ſchwach iſt, die Armee ſogar ſchlagen. Man thut alſo beſſer, wenn man das Lager blos den Atta=ken der Feſtung gegen über verſchanzt, und die andern Sei=ten offen läßt, jedoch Partheyen auf Partheyen ausſchickt, alle Spions in Bewegung ſetzt, ſtarke Corps Cavallerie in Bereitſchaft hat, überall Hinterhalte legt. Der Herzog von Vendome nahm Barcellona weg, und hatte gleichwohl keine andre Maaßregeln getroffen, weil ſeine Armee viel zu ſchwach war, dieſe große Stadt überall einzuſchlieſſen. Indeß koſten dieſe Belagrungen allerdings Menſchen und Zeit, und man muß mehr als einmahl die Sache überden=ken, ehe man ein ſolch Unternehmen beſchließt: iſts aber beſchloſſen, ſo muß man lieber dieſe Parthey wählen, als ſich in Circumvallations=Linien einſchlieſſen, die man we=gen ihres Umfangs nicht zu vertheidigen vermag. Ich ſage nichts von den Deſſeins und den Profilen der Ver=ſchanzungen, weil ich in der Lehre von den Lägern bereits davon geredet habe.

§. 3.

Das Quartier des commandirenden Generals iſt, ehe die Laufgräben eröfnet worden, veränderlich, wie ich in der
Fol=

Folge zeige: Sind sie aber eröfnet, so wird der Posten des=
selben der Ort, wo man die Festung und Laufgräben am
besten übersicht, jedoch ausser dem Canonenschuß. Zum
Hauptquartier gehören die General=Quartier=Meister von
der Armee, und ihre Suite und Adjutanten, der Chef der
Ingenieurs, der General von der Artillerie, und der In=
tendant von der Armee, mit allen Officiers die sie brau=
chen, die Kriegs=Casse, der General=Auditeur und der
Profoß. Gleich am Haupt=Quartier schlagen die Kauf=
leute und Stabs=Marketender die der Armee folgen, ihre
Zelter in der Ordnung auf, die man ihnen befiehlt. Die
Generale, Brigadiers, Obristen und Stabsofficiers,
campiren, oder cantonniren, bey ihren Brigaden oder
Regimentern. Zum Hospitale wählt man eine gesunde
Höhe, nicht zu nahe bey den Zeltern der Armee, und nahe
am Wasser.

Das Quartier vom Commissariat für die Lebensmittel
der Armee wird so gewählt, daß von allen Seiten gute
Wege dahin führen, und keine Brigade durch einen wei=
ten Transport ruinirt wird. Ist die Armee groß, so
sollte man die Lebensmittel in zwey Quartiere vertheilen:
man wählt große Gebäude und Höfe, oder baut statt ihrer
Baraken.

Die Artillerie formirt so viel Parks, als die Armee
Attaken formirt, damit jede Batterie alles was sie braucht
in der Nähe findet. Ist irgend in einer mäßigen Entfer=
nung vom Lager ein Platz, der vorzüglich sicher und gut
gegen den Ueberfall ist, so wählt man ihn besonders für das
Pulver. Die Wege zum Park müssen von Natur oder
durch Arbeit bequem seyn: Jede Gattung von Bedürfniß
hat ihren eignen Platz, um die Verwirrung zu vermeiden.
Stücke, Mörser, die Bettungen, Affetten, Kugeln, Gre=
naden, und Bomben, kurz, alles was jede Batterie ge=
braucht, liegt auf der Seite, die nach der Batterie hin=
sieht:

fieht: man bedeckt alles, was durch die Näffe verbirbt: die Bomben und Grenaden, die bereits gefüllt find, haben wieder befondere Magazine, auf drey-vier hundert Schritte weit von dem Orte da man fie füllte, um alle Gefahr vom Feuer zu vermeiden. Das Pulver wird in drey Magazine vertheilt, die fowohl unter fich als vom Parc der Artille-rie auf dreyhundert Schritte entfernt bleiben, damit man nicht durch einen einzigen Zufall alles verliert.

Rings um die Pulver-Magazine zieht man einen Gra-ben; man verwahrt fie mit einem Dache, um fie gegen Feuer und Regen zu fchützen: man poftirt Schildwachen von auffen, ohne Gewehr; mit Picken oder Degen, damit niemand mit Feuer oder Licht fich naht.

Der Boden des Pulver-Magazins muß trocken feyn, und man belegt ihn mit Bohlen. Die Pulverfäffer ftehn zu zwey bis dreyen über einander, damit man den Raum fpare, und doch auch die untern Fäffer nicht berften, wenn die Laft zu groß würde. Die Wände find von Die-len, die man an Pfähle nagelt, der Boden von Ziegeln, oder gleichfalls von Bretern, mit großer Abdachung, und wird mit Wachsleinwand oder fehr langem Stroh gedeckt.

Auffer diefen drey Magazins hat man noch ein anders als zum Zwifchenpoften, daraus man die Batterien und das kleine Magazin für die Trancheen unmittelbar verfieht, ohne jedesmahl zu den größern Magazinen zu gehn. Dieß Entrepot hat zwey Thore, eins gegen die Magazine das andre gegen den Platz: Es bleibt wieder in der Entfernung von mindeftens drey hundert Schritten, beydes vom Park und den Magazinen.

Weder Pferd noch Wagen, noch Leute mit eifernen Nägeln am Schuhe, dürfen auf funfzig Schritte weit den Magazinen fich nahen, und Pulver und gefüllte Bomben und Grenaden müffen in diefer Weite von den Wägen ab-geladen, und fodann durch Menfchen dahin gebracht werden:

Man

Man muß wissen, daß Eisen an Eisen sowohl Feuer giebt als Eisen an Stein, und folglich sich hüten, daß keine Bombe oder Grenade aus der Hand fällt. So oft Pulver verstreut wird, muß man es mit Sorgfalt wieder abkehren, und den Platz darauf es gefallen war, begiessen. Die Wachten für den Park und die Magazins liefert die Artillerie, oder die Regimenter so zu nächst dabey campiren: Sie müssen weit genug abstehen, und die Gewehre mit der Mündung vom Magazine abkehren. Ein Officier von der Artillerie, ein Controlleur, und zwey Zeugwärter werden commandirt, die Rechnung über die Magazine, den Entrepot und das kleine Magazin in der Tranchee selbst, zu führen, und die Einnahme und Ausgabe zu besorgen. Der Officier von der Artillerie und der Controlleur führen die Schlüssel und die Rechnung über den Empfang und Ausgaben der drey Magazins, die Zeugwärter über den Empfang und die Ausgabe des Entrepot und des kleinen Magazins in den Laufgräben. Nichts wird ohne Quittung empfangen oder ausgegeben: Ein gleiches geschicht bey dem Park der Artillerie.

Es versteht sich von selbst, daß man den Park der Artillerie, und besonders die Pulver-Magazine, weit genug beydes vom Lager und der Festung des Feinds entfernt, daß er sie weder mit Bomben noch Kugeln erreicht. Der Train der Artillerie, an Wagen, Pferden und Menschen, campiret seitwärts vom Park, an einem Orte wo sie am wenigsten hindern. Es wird ein Piket von Wagen und Pferden commandirt, das beständig bereit steht, was man nöthig hat zu transportiren, und wie eine Wache alle vier und zwanzig Stunden abgelöset wird.

Vom

Belagern und Blokiren.

Neuntes Capitel.

Von der Stärke und Schwäche der verschied-
nen Theile einer Fortifikation. Von den Faschinen,
Schanzkörben und so ferner.

§. 1.

Es giebt wenig Festungen, die auf allen Seiten gleich
stark sind, entweder weil die Ingenieurs wirklich fehlten,
oder weil sie am meisten auf die Seite dachten, die ihnen
am schwächsten schien. Man ist zuweilen gezwungen, im
Winter und in größter Eile zu bauen; zuweilen ist der Gouverneur dem Ingenieur entgegen, und verhindert die Ausführung eines guten Entwurfs; vielleicht starb der Ingenieur während des Baus, sein Nachfolger sucht eine Ehre
drinn, nach eignen Ideen zu bauen; zuweilen wird der Bau
aus fremden Ursachen unterbrochen: daher sind die Festungen so oft in ihren verschiednen Theilen sich ungleich. Ich
sage hier nichts, was ich nicht mit eignen Augen gesehen.
Wir lernten bis itzt die Stärke und Schwäche der Festungen in Betracht ihrer Lage, ihrer Magazine und Verthei-
biger kennen; ich komme anitzt auf die umliegende Gegend
und die Werke, und betrachte sie nach der Ordnung, wie
der Belagrer ein jedes nach dem andern angreifen muß.

§. 2.

Man muß nie aus Wahl ein Terrain zur Führung der
Attake wählen, wo man sofort Wasser, oder Felsen, Kie-

Db   sel fel oder Triebfand findet, denn alles dieß hindert die Arbeit sehr. Man muß kein Terrain wählen, wo man in den Laufgräben Gefahr läuft, durch Kunst oder Natur überschwemmt zu werden. Es ist aber ein entscheidender Vortheil, Terrains zu wählen, wo Höhen, Zäune, Gebäude, oder dergleichen die Arbeit begünstigen, und uns in den Stand setzen, die Laufgräben nahe an der Festung zu eröfnen. Man muß keine Front zum Angrif wählen, wo der Feind ausser den Werken die man beschießt, noch viel andre uns entgegen stellt, worauf er zahlreiche Batterien aufführt und unsere Laufgräben und Batterien beschießt. Wir empfanden diesen Schaden bey der Belagrung von Barcellona, wo wir, um die Gegenbatterien des Feinds, die unsre Artillerie eine Zeitlang zum Schweigen gebracht hatten, zu demontiren, zwey Courtinen und drey Bollwerke beschießen mußten, und dennoch enfilirten die Stücke von der Flanke des Bollwerks Sankt Peter, den Eingang unsrer Laufgräben und einige andere Werke.

Man ist dieser Gefahr bey allen breiten geradelinichten Fronten ausgesetzt; doch wird sie noch grösser, wenn ein Theil der Mauer, die man angreift, mit den Mauern zur Seite einen eingehenden Winkel gegen die Festung zu formirt, weil diese Seiten alsdann die Transchee, wenn sie sich dem Platze naht, in die Flanke fassen.

Wenn die Front des Platzes die einem Berge gegen über steht, schwach ist, weil man vielleicht gedachte, es wäre unmöglich Stücke hinaufzuführen, so muß man untersuchen, ob es auch wirklich unmöglich ist, und ob nicht die Mineurs und Pionniers, mit vielen Umschweifungen und Wendungen einen Weg hinauf bahnen können. Den Gipfel des Bergs macht man mit Schlägeln und Eisen eben, oder sprengt ihn, die Tiefen füllt man aus, u. s. f.

Be=

Beschießt man die Festung von der Seite des Bergs, so pflanzt man einige leichte Stücke auf der Höhe, um die Mauer von oben herab zu beschießen oder sie zu enfiliren: ein Umstand während des Sturms, der den Belagerten nicht vortheilhaft ist. Dominirende Batterien dieser Art sind allezeit gefährlich, wenn sie Märkte und Gassen enfiliren, oder die Abschnitte sehn, die der Feind anlegt. Castelnovo, St. Vincent, und Alcantara ergaben sich aus keiner andern Ursache, das letzte mit einer Besatzung von zehn Bataillons.

Wenn der Berg an sich nicht hoch genug ist, so nützt man die Gebäude, die sich vielleicht drauf finden, oder man baut selbst Thürme oder andere Gebäude drauf, stützt die Gewölbe oder Decken gut, und errichtet Batterien darauf. Man deckt die äussern Mauern gegen den Platz mit einem Aufwurf: taugt die Decke oder das Gewölbe nicht, so schüttet man die Erde von beyden Seiten an die Wand, bis sie, so zu sagen, zum Wallgange wird.

§. 3.

Ein Glacis ist schwach, wenn ihm besonders am nächsten gegen die Festung zu, wo es am höchsten ist, die Erde fehlt. Denn alsdann ist die Brustwehre des bedeckten Wegs durch wenig Schüsse ruinirt, und es geschehen diese nicht einmahl gegen das Glacis allein, sondern zugleich mit gegen die Batterien der Belagerten auf den Werken. Sind die Lücken in der Brustwehre des bedeckten Weges groß, so sieht man schon einen Theil der Mauer, und fängt gleich mit den ersten Batterien an, Bresche zu schießen. Der zweyte Vortheil den man beym Glacis finden kann ist, wenn der Feind diesen oder jenen Theil weniger mit Gallerien und Fougassen versah als den andern. Man kauft Zeit, wenn man diesen schwachen Theil fand. Ein Beweis ist die Belagrung von Turin, wo jederman weiß,

wieviel Menschen und Zeit die Franzosen durch die Mi=
nen vor der attakirten Front der Citadelle verlohren, die
der Graf de la Marguerite, und die Commandeurs Castel=
alfieri, und Emser mit so vieler Einsicht und Kunst spie=
len liessen. Sie sprengten einst eine ganze Batterie und
warfen eine Canone rückwärts in den bedeckten Weg.

Felsen, grosse Steine, und Quellen, die man höher
auf dem Glacis findet als der Sappeur sich eingräbt, sind
hier keine kleine Hindernisse.

§. 4.

Ein bedeckter Weg ist schwach, wenn er sich selbst nicht
flankirt, weil die eingehenden Winkel zu stumpf, oder die
Defenslinien zu lang sind. Zuweilen hat der bedeckte Weg
nicht den geringsten Schutz vom Feuer des Platzes, weil man
weder das kleine Gewehr noch das Geschütz tief genug rich=
ten kann, wenn die Mauern entweder zu hoch oder zu dick
sind, die Böschung der Brustwehr und Schießscharten seh=
lerhaft ist, oder der Graben zu schmal, und folglich die
Entfernung des bedeckten Weges von der Mauer zu klein.

Ein bedeckter Weg ist ferner schwach, wenn man von
irgend einer Höhe, ihn mit Geschütz oder kleinem Gewehr,
entweder be Front commandirt, oder gar enfilirt, besonders
wenn der bedeckte Weg keine Traversen hat. Hat er aber
der Traversen viel, so sind sie dem Belagerten selbst ein
Hinderniß, es wäre denn, daß man sie mit Gallerien ver=
sehen, wie die zu Ceuta, so der Brigadier Don Pedro d'Orbu=
gna anlegte. Diese Gallerien haben Schießlöcher von beiden
Seiten, woraus der Rauch sich verzieht, und sind oben mit
Balken Faschinen und Erde bedeckt: das Dach aber ist sehr
abhängig, damit die Bomben und Steine sogleich herab
rollen. Wenn nun die Mohren Sturm laufen, das alle
Jahre gleich nach der Ablösung der Besatzung geschicht, so
wirft sich die Wache von diesem bedeckten Wege in die Gal=

le=

lerien, und faßt den Feind, wenn er über die Palissaden
sprang, in die Flanke; die Festung aber feuert mit kleinem
Gewehr, und Kartätschen aus den Stücken, ohne weder das
Dach noch die Brustwehren der Gallerien zu beschädigen.

Ists möglich, so muß man eine Front attakiren, wo
die Places d'Armes des bedeckten Wegs nicht minirt sind,
besonders wenn man sie nöthig hat, um eine niedrige Flanke,
eine Caponiere, Casematte, u. s. f. von daraus zu beschieffen.

§. 5.

Ein Graben ist schwach, wenn die Contrescarpe kein
Mauerwerk hat, weil es dem Feind sodann desto leichter
ist, sich einen Weg nach demselben zu öfnen. Er ist schwach,
wenn er zu schmal und nicht tief genug ist, weil der Belagrer sodann ohne Sappe und Gallerie hinunter steigt, und
vielleicht um Bresche zu legen nicht einmahl nöthig hat,
neue Batterien auf der Crete des Glacis zu errichten; weil
endlich die Bresche ihn gar bald füllt, ein beträchtlicher Vortheil für den Belagrer, besonders bey nassem Graben, wo
es Zeit und Menschen genug kostet, ihn, wenn er breit ist,
zu füllen.

Die stärkste Vertheidigung des Grabens ist die Flanke,
vorzüglich aber die gesenkte Flanke, die man kaum von der
Crete des Glacis sieht, und gleichwohl zu Grunde richten
muß, weil sie ausserdem dem Minirer, so wie den Stürmenden zu gefährlich ist.

§. 6.

Ist der Hauptwall der Festung überall gleich stark, so
wählt man zur Attake die Front, wo die Aussenwerke am
wenigsten sind, sich am schlechtsten flankiren, am schlechtsten vom Hauptwalle vertheidigt werden, und wo sie am
kleinsten sind. Denn hier findet man keine Abschnitte ge-

gen

gen sich, die von Wichtigkeit wären, und man richtet mit
Bomben und Steinen desto gröfre Verwüstungen an, besonders wenn die Werke keine bombenfreye Gewölbe haben.

Hat die Festung eine Faussebraye, so greift man die
Seite an, wo der Raum zwischen ihr und dem Hauptwalle
am engsten ist; denn alsdann ist er bald gefüllt, und hätte
der Hauptwall eine Mauer, so vertreiben die Trümmer
den Feind von der Faussebraye. Man muß auch untersuchen, ob nicht die Faussebraye durch einen Theil des Glacis
enfilirt wird, den nichts von dem Hauptwalle sieht, als
was bereits unsre Batterien ruinirten.

§. 7.

Je härter der Stein ist, desto schlechter ist die Mauer,
und ein Schuß reißt viel weiter ein als beym weichen Stein,
oder beym Backstein: Besser als beide ist ein Wall von
fetter Erde oder Rasen, wo die Kugel kein gröser Loch
macht, als sie selbst. Eine Mauer die einen Bauch auswärts macht, liegt bey den ersten Schüssen nieder, und mit
ihr eine Menge Erde. Neue Mauern sind schlechter als
alte, weil die Materialien sich noch nicht banden: Noch
schlechter sind sie, wenn sie im Winter gebaut wurden, und
das Clima naß und feucht ist. In Turin bindet der Kalk
am besten, wenn man ihn vermauert, so wie er mit Sande
vermischt worden: In Cadix muß man ihn wohl Jahre
vorher vermischen und ruhen lassen. In kalten Ländern sind
die Mauern gegen Norden am schwächsten, in heissen die
gegen Mittag.

§. 8.

Ein Werk mit Wasser-Gräben muß man zu Grund
schießen, nicht miniren; denn ein nasser Graben ist zu un-
bequem für die Mine, besonders wenn der Feind Gegen-
minen hat. Leere Bollwerke muß man zu Grunde schiessen,

sen, weil man die Bresche geschwinder legt als in den andern, und es dem Feinde schwerer fällt einen Abschnitt vorzuziehen.

Werke, die einen Wallgang haben, muß man hingegen miniren: denn das Gegenminiren wird hier dem Feinde schwerer, weil er mehr Erde auszuschaffen hat, als bey Werken ohne Wallgang. Ist der Wallgang nicht breit, so führt der Belagrer die Mine nicht nur nach beiden Seiten, sondern auch vorwärts nach dem Platz, so ist der Graben mit einemmal gefüllt; vielleicht gelingt es sogar, den Abschnitt zugleich in die Luft mit zu werfen, den man unversehrt gegen sich findet, wenn man blos mit der Artillerie Bresche legt.

Man muß für Werken sich hüten, wo die Mauer nur da ist um den lebendigen Fels zu bekleiden: unterminirt man es, so ist die Bresche nicht besser zu ersteigen als die Mauer selbst, wie wir bey Alicante gesehen: Führt man Bresch-Batterien auf, so schießen sie nichts weiter nieder, als das Stückchen Mauer, und dieß füllt den Graben nicht. Die Vertrauten, die man in der Festung unterhält, müssen besonders darauf sehen, diesen wichtigen Umstand durch die Handwerks-Leute und Einwohner des Lands zu erfahren.

Hat man die Wahl, so muß man nie an Werke sich machen, die der Feind contreminirt hat. Denn es kostet viel Arbeit und Mühe die Contreminen zu finden und zu verderben: gleichwohl muß es doch geschehn, sonst fliegen, wenn es zum Sturme kömmt, die vordersten in die Luft, die übrigen aber können die Bresche nicht mehr besteigen, weil die Mine den Schutt aus einander warf. Man muß also von vorne wieder anfangen zu feuern, damit mehr Schutt in den Graben falle; und ist die Erde fett und feucht, durch Regen oder das Wasser das die Belagerten darauf gossen, so fällt sie so geschwind nicht nach als die Mauer; also muß man bombardiren, und dieß währt lang und ko-

stet

stet viel.   Findet der Feind durch seine Contremine unsre
Gallerien, so macht er, wie wir in der Folge sehn, der
ganzen Sache ein Ende; und wenn dieß auch gleich an sich
keinen Mann kostete, so kostet es doch in der Folge, weil
man die Zeit verlohr.

§. 9.

Wenn unter den Facen der zwey Bastions von der
Front, die man attakirt, die eine höher ist als die andere,
oder wenn diese Ungleichheit selbst bey der Mauer, die man
beschießt, sich zeigte, und man den höhern Theil vom Felde
aus besser entdeckt als den tiefern, so muß man den höhern
beschießen.   Denn man entgeht dadurch der Gefahr und
Arbeit, eine zweyte Batterie unter dem Flintenschuße des
Plaßes zu errichten, weil man genug von der Mauer sieht,
um durch den Ruin sich eine genugsame Bresche zu schaffen,
auf welcher man das andere Werk, von dem man bisher nur
die Flanke beschoß, dominirt: dahingegen ganz das Gegentheil sich zutragen würde, wenn man sich auf der Bresche
eines Bollwerks eingräbt, das niedriger liegt als sein
Nachbar.   Ich setze indeß allerdings bey dieser Erinnerung
voraus, daß man die Bresche nicht an eine Mauer legt,
die ein Präcipiz unter sich hat.

Die Seiten-Mauern der Bresche dürfen, wenn sie mit
Vortheil gelegt wird, nicht zu hoch seyn, weil sonst der Feind
durch seine Batterien auf denselben uns zwingt, tief die
Tranchee einzuschneiden und das Parapet zu erhöhen, da-
mit man nicht dominirt werde.   Denn die Batterien des
Werks das man beschießt, sinds nicht die man hier zu
fürchten hat, weil diese gar bald niederliegen; sondern die
Batterien der zur Seite liegenden Werke.

§. 10.

Es ist ein großer Fehler der Brustwehre, wenn sie von
Stein erbaut ist: denn erstlich ist der Widerstand klein, und
dann

dann thun die Trümmer gewaltigen Schaden. Trifft die Kugel den Theil vom Merlon, der der Schießscharte am nächsten ist, so prallt sie ab, und schadet wieder. Dieß alles ist vermieden, wenn die Brustwehre von Erde ist; Alsdann macht die Kugel ein Loch, und begräbt sich.

Hat die Brustwehre zu viel Schießscharten, so wird sie schwach, weil die Schießscharten an und für sich, und besonders wegen ihrer schiefen Richtung, weniger widerstehn als wenn die ganze Mauer zusammenhängt: sind der Schießscharten wenig, so wird man zuweilen nicht überall hintreffen können, wo man hintreffen soll: Schneidet man sie alsdann schiefer, so werden sie wieder schwach, und man hat auch die Zeit nicht wenn der Feind bereits vor der Festung steht. Feuert man endlich, um dieß alles zu vermeiden, en Barbette (über Bank,) so sind die Stücke um so eher demontirt. Eine Brustwehre von fetter Erde oder Rasen vermeidet auch dieß: Denn man läßt sie ganz, bis die Belagrer ihre Batterien anlegten, und dann schneidet man sie aus, so viel und wie man sie für gut findet. So sind die Brustwehren von Turin. Es findet sich indeß nicht überall Erde dazu, und man beschießt also, wenn man die Wahl hat, einen Theil, dessen Merlons von Stein sind, der viele Schießscharten hat, und wo die Linien und Werke die zur Seite liegen, wenig Schießscharten, oder kein Terreplein haben.

Sind die Brustwehren zu dick, und der bedeckte Weg nahe, so kann man ihn weder mit dem Gewehr noch der Artillerie treffen: Sind sie dagegen zu schwach, so widerstehen sie den Batterien nicht. Die besten sind achtzehn bis fünf und zwanzig Fuß stark.

Wenn man über Bank schießt, stellt man Schanzkörbe oder Fässer voll Erde aufs Parapet; aber die Hülfe, die sie geben, ist schwach. Denn die Erde mit der man sie füllt,

bin-

bindet nicht und fällt heraus, sobald die Tonne oder der Korb entzwey ist; überdem schaden die Splitter.

Ein Wallgang ist gut, wenn die Erde gut ist, und die Zeit hatte sich zu binden. Der beste ist von fetter Erde, oder von Mauerschutt, der wohl gestampft und angefeuchtet worden.

§. 11.

Die Flanken dürfen nicht zu hoch seyn, denn man sieht sie sonst von ferne, und ein fallender Schuß ist bey weitem nicht so sicher und gut als der horizontale. Der Winkel der Flanke mit der Courtine darf nicht zu stumpf seyn, sonst sieht man die Flanke im Felde zu sehr, und man kann sie desto leichter beschiessen, besonders wenn sie weder durch ein Orillon, noch durch ein Aussenwerk gedeckt sind.

Es giebt Festungen, wo die Defenslinie länger ist, als die Schußweite der Flinte, vermuthlich, weil die Ingenieurs die sie bauten, das Maaß nach den damals üblichen Musketons nahmen; Ein itzt beträchtlicher Fehler, weil es oft an solchen Musketons mangelt. In Plätzen, wo man einen Theil der alten Fortifikation beybehielt, und durch Zusätze verbesserte, macht zuweilen die Courtine einen vorspringenden Winkel, der einen beträchtlichen Theil der Flanken unnütz macht.

Dagegen giebts Festungen, wo die Flanke wohl fünffach ist, der Cavalier, die hohe Flanke, die niedrige, die Traverse, die man vom Schulterwinkel des Bastions bis zur Courtine führt, und endlich das Stück Courtine vom Winkel derselben mit der Flanke angerechnet, bis zum Punkte, wo die verlängerte Face die Courtine trift, das man gewöhnlich die zweyte Flanke nennt. Da dem Belagrer nichts furchtbarer ist, als die Flanken, so muß er besonders aufmerksam seyn, alle Schwächen der Festung in diesem Betracht vorzüglich vor den andern zu nützen.

§. 12.

§. 12.

Abschnitte hinter der Bresche werden dem Feinde schwer und unnütz, wenn man die Attake gegen eine Front richtet, hinter welcher beträchtliche Gebäude stehn, oder wo der Wallgang schmal und das Terrain hinten weit niedriger ist, als der Wallgang; doch muß es kein Grund oder Präcipiz seyn, wo man gar nicht herab kann. Man hat alsdann den Vortheil, daß der Abschnitt durch das Logement dominirt wird, das man auf der Höhe der Bresche gemacht, wie es bey Barcellona geschah, wo die Belagerten aus dieser Ursache Bresche und Abschnitt zugleich verlohren.

§. 13.

Es giebt Städte, die durch einen Fluß in zwey Theile getheilt werden, davon jeder durch sich selbst vertheidigt werden kann. Man hat Citadellen, die keine andre Absicht haben, als eine verdächtige Bürgerschaft im Zaume zu halten, oder nach verlohrner Stadt, den Feind zu einer neuen Belagrung zu zwingen. Alsdann attakirt man denjenigen Theil, dessen Eroberung die Eroberung des andern am meisten erleichtert, damit man nicht zwey Belagrungen vornehmen dürfe, wenn es an einer einzigen genug ist.

Dieß war vornehmlich die Ursache, warum der Herzog von Orleans Tortosa auf der stärksten Seite angriff: Denn diese Seite dominirte die Stadt, und man ward durch sie Meister vom Ganzen. Hätte man eine der andern tiefer liegenden Fronten gewählt, so machte der Feind, wie es auch wirklich sein Vornehmen war, einen Abschnitt, in dem engen Zugange der von dem Kloster der Carmeliten nach der Stadt führt, und dieser Abschnitt konnte stärker seyn als die Stadt selbst.

Hat man, wie öfters bey Seestädten geschieht, den Feind von auffen, der die Festung verstärken will, weit mehr als die Vertheidigung des Feinds von innen zu

fürch-

fürchten, so muß man vor allen Dingen den Posten angreifen, dessen Eroberung die Verstärkung des Feinds am
schwersten macht, wenn auch durch diese Wahl die Belagerung zwiefach würde. Viele erfahrne Generals tadelten
aus diesem Grund den Chef der Ingenieurs, der die Belagerung von Barcellona im Jahr 1706 mit dem Schlosse
Montjoui anfieng, obgleich die Eroberung desselben nichts
dazu beytragen konnte, die Eroberung von Barcellona zu
erleichtern, oder die Verstärkungen des Feinds von derselben abzuschneiden. Hätte man hingegen den Anfang mit
der Stadt selbst gemacht, und die Einwohner entwafnet,
so wäre es viel leichter gewesen, das Schloß, das von der
See abliegt, von seiner Verstärkung abzuschneiden. Wenn
auch auf festem Lande die Stadt groß, und minder fest ist
als das Schloß, so ists rathsam die Stadt zuerst anzugreifen: weil es alsdann viel leichter wird, den Verstärkungen des Feinds zu wehren, da die Mauern der Stadt den
größten Theil decken, und man folglich nun nichts mehr
zu bewachen hat als den Theil der Citadelle, der gegen
das freye sieht. Ist überdem die Stadt weg, so wird der
Feind schwerlich in der Citadelle, so viel Bomben = freye
Keller und Gewölbe haben, als er braucht, um alles zu
verbergen was zu einer tapfern Vertheidigung gehört.
Nur das Holz, das die Besatzung der Citadelle von Turin
vor ihren Breschen verbrannte, foderte mehr Raum, als
die ganze Citadelle faßt: weil aber die Gemeinschaft mit
der Stadt offen war, so holte man das Holz von der Stadt
aus den Häusern, die der Belagrer zu Schanden geschossen.

§. 14.

Zwischen der ersten Berennung des Platzes und der Eröfnung der Transcheen verstreicht oft die Zeit von einigen
Wochen, weil man die Ankunft der großen Armee, und
der schweren Artillerie abwarten muß. Man recognoscirt
indeß den Platz, setzt die Front der Attake fest, macht.

Fas

Faschinen, Schanzkörbe und Pfähle, wirft die Circumvallations-Linie auf, und bringt alles in Bereitschaft was zu den ersten Batterien gehört, die bestimmt sind das Feuer des Feinds zum Schweigen zu bringen, so bald die Arbeit der Transcheen auf eine gewisse Weite sich der Festung genaht. Wenn nun der Feind gleich bey der ersten Berennung entdeckte, was für eine Front man attakiren wird, so gewönne er die Zeit seine Abschnitte und Minen entweder ganz oder zum Theil zu vollenden, ehe man noch den ersten Schuß gethan. Man muß also mehr als alles vermeiden, daß der Feind die Attake die man im Sinne hat nicht erräth: Man muß sogar suchen ihn wo möglich zu verführen, daß er seine Gegenanstalten bey einer Front anfängt, die man nicht attakiren will, und Zeit und Faschinen daselbst verschwendet.

Die Ingenieurs müssen in dieser Absicht die Festung nicht auf einer Seite allein, sondern überall, wo sie attakirt werden kann, recognosciren, und da, wo man nichts unternehmen will, gleichwohl öfters erscheinen. Der commandirende General nimmt sein Quartier auf einer andern Seite als die Attake: Man vertheilt die Faschinen und Schanzkörbe unter alle Regimenter der Armee: Man legt Magazine von Schanzzeug an mehr als einem Orte an, u. s. f. Durch solche Stratagems hinterging der Herzog von Berwyck, bey Barcellona, seine eignen Officiers.

§. 15.

Man commandirt Tag vor Tag Truppen von jedem Bataillon, um Faschinen, Schanzkörbe und Pfähle zu schaffen. Das beste ist, diese Commandos so lange in dem Walde zu lassen, bis die Zahl da ist, doch muß man vor dem Ueberfalle sicher seyn. Es darf nicht an Officiers fehlen, damit sie die Arbeit fördern und die Excesse verhüten, worunter vorzüglich das Abhauen der Fruchtbäume

ge-

gehört. Die Arbeiter, wenn sie ins Lager zurück kehren, und die Cavallerie, und Pferde und Wagen vom Train der Artillerie und Commissariat, führen die Faschinen aus dem Walde ins Lager. Man rechnet auf den Mann zu Fuß eine Faschine und drey Pfähle, auf den Reuter zwey Faschinen und sechs Pfähle. Schiffbare Flüsse oder die See geben zuweilen Gelegenheit an die Hand, sie bequemer auf Schiffen zu transportiren. Das Terrain wird dazu vom commandirenden General angewiesen, im Lager lädet man sie in verschiednen Haufen ab, nicht zu weit von den Zeltern, und bewacht sie. Faschinen-Messer und Aerte werden mit Ordnung empfangen und wieder zurück gebracht, und die Faschinen gezählt. Das geschmeidigste Holz ist das beste, und man bindet es mit weidenen Ruthen, oder andern zarten Zweigen. Die gewöhnlichen Faschinen sind fünf bis sechs Schuh lang, eben so viel Zoll dick, und werden dreymahl gebunden: Batterie-Faschinen sind zum Theil neun, zum Theil zwölf Schuh lang, acht bis zehen Zoll dick, und werden viermahl gebunden. Zu den ersten Faschinen kommen drey Pflöcke, anderthalb Zoll dick und drey Fuß lang: Zu den andern vier, die fünf bis sechs Schuh lang, und zwey bis drey Zoll stark sind, beide unten spitz, damit man sie eintreiben könne.

Die Schanzkörbe für die Laufgräben macht man gemeiniglich in dem Wald, die Schanzkörbe für die Batterien im Lager selbst, und unter den Augen eines Officiers von der Artillerie. Die ersten sind gemeiniglich drey Fuß hoch, und unten drey Fuß breit, oben aber enger, damit man einen in den andern stecken kann. Die Schanzkörbe für die Batterien sind acht Fuß hoch, und sechs Fuß breit, unten sowohl als oben, damit sie keine Lücken zwischen sich lassen. Die Lücken zwischen den Schanzkörben der Laufgräben füllet man mit Erde.

Vom

Belagern und Blokiren.

Zehntes Capitel.

Ob es rathsam ist, zwey Fronten zugleich zu
attakiren, und ob man diese Attaken verbinden oder
trennen soll. Von der Tracirung und Eröfnung der
Laufgräben. Wie man sie besetzt und
vertheidigt.

§. 1.

Es ist ein beträchtlicher und oft entscheidender Vortheil,
wenn man zwey Attaken zugleich formirt, besonders wenn
die Garnison zu schwach ist. Denn es fällt dem Belagerten alsdann um so schwerer, die Abschnitte und Contreminen zu vollenden, und stürmt man an zwey Orten zugleich,
so stehn die Vertheidiger jeder Bresche in Furcht, daß der
Feind auf der andern durchbringt, und sie verlassen zuweilen ihren Posten, sogar auf ein falsches Gerücht. Die
Schwierigkeit hingegen ist, Truppen, Artillerie und Munition in so großer Zahl und Menge zu haben, als die Führung von zwo Attaken erfodert, besonders wenn sie getrennt
sind. Verbindet man sie durch eine zusammenhängende
Linie, so braucht man weniger Truppen zur Besatzung.

§. 2.

Wenn man, um die Arbeit der Belagrung zu verkürzen, die Laufgräben unter dem Schusse der Festung eröfnet, so ists, um die Menschen zu schonen, am besten, daß
man

man eine bunkle ſtürmiſche Nacht erwählt. Je länger die
Nächte ſind, deſto vortheilhafter iſts für den Belagrer.
Man betaſchirt zuweilen Arbeiter an einen andern Ort,
jedoch auſſer dem Flintenſchuß der Feſtung, und wäre es
möglich hinter einer Höhe, die ſie gegen die Canonade
ſchützt, um daſelbſt mit Geräuſch zu arbeiten, und die Auf=
merkſamkeit des Feinds zu zerſtreuen, und von der wahren
Attake abzulenken. So eröfnete der Herzog von Orleans
die Tranſcheen vor Tortoſa. Iſt der Boden ſo ſteinicht,
daß der Feind die Arbeiter gewiß hören, und aus der
Breite der Front die wahre Attake von der falſchen unter=
ſcheiden wird, ſo läßt man unter dieſem oder jenem Vor=
wande die Armee ein Feſt feyern, und alle Trompeten,
Pauken und Spiele rühren, und unter der Muſik die Tran=
ſcheen eröfnen, wie der Herzog von Berwyk bey Barcellona
that, um die Canonen ſicher auf die Batterien zu führen.
Man ſieht leicht, wie nothwendig es iſt, ſelbſt in der Ar=
mee den Tag der Eröfnung der Tranſcheen verborgen
zu halten: denn jeder Augenblick, den man hier gewinnt,
erſpart Menſchen.

§. 3.

Die Ingenieurs, ſo bey Tage unbemerkt den Ort re=
cognoſcirten, wo die Tranſchee eröfnet werden ſoll, und
wie man ſie führen muß; damit ſie nirgends enfilirt werde,
traciren ſie bey Einbruch der Nacht mit Schnüren oder Fa=
ſchinen und Stäben, in gröſter Stille, und mit wenig Ge=
hülfen, weil es ſonſt allezeit Geräuſch giebt. Man muß
die Tranſcheen nicht nur gegen die Enfilade der Werke
der Feſtung, ſondern auch gegen die Enfilade aller der Po=
ſten bedecken, die der Feind durch eine Contretranſchee oder
eine Redoute erreichen kann; wie die Catalonier in Bar=
cellona thaten, die eine Redoute vorwärts vom Oſtboll=
werke beſetzten, und uns aus einem Theile unſrer Laufgrä=
ben vertrieben. Die Breite und der Profil der Lauf=
gräs

gräben hängt von den Umständen ab, und kann durch keine allgemeinen Regeln bestimmt werden. Wir stellten in der Belagerung von Tortosa oft halb leere Schanzkörbe hin, weil die Erde mangelte, und das Feuer der Festung nicht stark war: in andern Fällen gelänge dieß nicht.

Die Laufgräben nahen sich der Festung entweder bloß mit Zickzacks und vielen Wendungen, oder man führt Linien den Linien des Platzes parallel, mit Zickzacks die die Gemeinschaft dieser Parallelen unterhalten, und entweder nur von einem Punkte der Parallele zur andern, oder von zwey Punkten zugleich geführt werden, so daß in dem ersten Falle eine, im andern zwey Communicationen sind. Ist die Besatzung zahlreich, so würde ich das letzte wählen: denn bringt der Feind alsdann auch in die vorderste Parallele, so ist er darum doch noch nicht Meister von den Zickzacks, die von da hin nach der hindern führen, weil ihre Oefnung nicht mehr als eine oder zwey Klaftern beträgt, und überdem noch durch eine kleine Redoute gedeckt werden kann.

Die Flanken der Laufgräben zu decken, wirft man Redouten auf, besonders wenn die Garnison stark ist; jedoch von gutem Profil, und wohl besetzt, damit der Feind nicht Meister davon werde, und sodann alles was in der Tranchee ist verjage. De la Fontaine räth an, sie mit einem Graben zu versehen, der neun bis zehn Fuß tief, achtzehn bis zwanzig Fuß von oben, unten neun bis zehn breit und palissadirt ist. Ich würde statt der Palissaden Sturmpfähle wählen, und eine andere Palissade innerhalb der Redoute aufs Bauquet pflanzen. Gehn die Laufgräben über eine Höhe, so muß man sie daselbst gleichfalls mit einer Redoute bedecken, damit der Feind beym Ausfall sie nicht von daraus dominire, und man übrigens die Höhe selbst mit desto größerm Vortheile gegen die feindliche Artillerie nütze.

Ee　　　　　　　Man

Man muß die Redouten gegen die Enfiladen des Feinds becken, und giebt daher den Facen die gegen die Stadt sehen zuweilen mehr Höhe, damit sie den andern, die die Laufgräben bedecken, zum Schutze dienen.

Man wirft die Erde bey den Laufgräben auswärts gegen die Festung, bey den Redouten aber einwärts: die Laufgräben müssen einen Abschuß haben, damit das Wasser ablaufe; und man zieht zu dieser Absicht einen Graben, der das Wasser nach der niedrigsten Gegend leitet. Man muß die vorderſten Redouten und Parallele mit einer großen Zahl von Schießscharten versehen, die man von Schanzkörben oder Sandsäcken formirt, damit die Wache mit Vortheil und Sicherheit gegen den Feind feuere, der sich in der Festung auf gleiche Art deckt.

§. 4.

Wenn der commandirende General mit dem Chef der Ingenieurs, die Zahl der Arbeiter festgesetzt, so hält jedes Regiment so und so viel Mann in Bereitschaft. Die Umstände bestimmen die Zahl. Jede Division von funfzig Arbeitern hat drey Officiers und zwey Unterofficiers zu Commandeurs: ist es nicht ausserordentlich kalt, so läßt man die Röcke zurück. Beides die Arbeiter und die Wache der Tranſcheen begeben sich, zur befohlnen Stunde, zum Magazin der Faschinen das ihnen angewiesen wird, und jeder Soldat nimt eine Faschine und drey Pfähle, um sie abzulegen, wo es befohlen wird. Weil man mehr Faschinen und Pfähle gebraucht als diese Infanterie tragen kann, so wird Cavallerie commandirt, die die Faschinen bis zur erſten Parallele bringt, wo man sie in Empfang nimt, und die bequemsten Stellen anweiset. Man errichtet ferner am Ende der Laufgräben ein Magazin von Schanzzeug, als z. E. Schaufeln, Hacken, Hauen, Grabscheiden, Tragkörben, und dergleichen, damit die Arbeiter, so wie sie ein-

rü-

rücken, Diviſionsweiſe, das Schanzzeug von dem Officier
oder Sergeanten empfangen, die zu dieſem Magazine commandirt ſind. Das Schanzzeug richtet ſich nach der Arbeit und dem Terrain: Leichtes Erdreich erfodert viel Schaufeln, ſteinichtes aber Hacken; muß man die Erde tragen, ſo
braucht man Körbe. Die älteſten Regimenter kommen auf
die Flügel der Parallelen, und in die vorderſten Boyaux
oder Zickzacks. Die Officiers von den Ingenieurs wiſſen
alſo, was für Schanzzeug jede Diviſion, nach Beſchaffenheit
des Terrains da ſie arbeitet, gebraucht.

Der General ſo den Dienſt in der Tranſchee hat, muß
die Arbeit zum öftern beſichtigen, und die Arbeiter durch
Ehrgeiz und kleine Belohnungen ermuntern: Wird die
Arbeit bezahlt, und gienge dennoch ſchlecht von Statten, ſo
muß man das Geld den Truppen abziehen, und die Urſache auf die Quittung, die ſie einreichen, ſchreiben. Zuweilen
trägt ſich gar in dieſem Falle Unterſchleif zu, und die Zahl
der Arbeiter iſt nicht vollſtändig: Man muß alsdann die
Arbeiter beym Hin- oder Hermarſche unvermuthet antreten
laſſen und zählen. Die Ingenieurs müſſen für die Güte
und Richtigkeit der Arbeit haften, und beſonders im Anfange, wenn Irrthümer möglich ſind, nicht davon weichen.

Die Arbeiter machen Anfangs einen engen Graben, der
ſie, wenn ſie auf den Knien liegen, bedeckt, und vertiefen
ihn drauf in dieſer Stellung bis auf etwas mehr als die
Höhe eines Mannes; Sodann erweitert man die Tranſchee
ſelbſt am Tage ohne Gefahr: Man muß aber gleich Anfangs ſich in Acht nehmen, daß man die Erde von der Ban-
quette nicht weggräbt. Bricht der Tag an, ehe man hier
oder da tief genug in die Erde kam, ſo läßt man das Stück
wie es iſt bis auf die folgende Nacht: Iſt aber der Aufwurf ſchon ſo hoch, daß man verdeckt dahinter arbeiten
kann, ſo kehren die Arbeiter mit Anbruch des Tags zurück;

und b

und es kommen entweder neue, oder die Wache von der Transchee nimt das Schanzzeug und setzt die Arbeit in bessern Stand.

§. 5.

Es trägt sich gar oft zu, daß ein Theil der Transchee durch den Feind enfilirt wird, entweder weil die Ingenieurs sich wirklich verirrten, oder weil die Arbeiter die Stäbe und Faschinen verrückten. Alsdann muß man sogleich auf die Verbeßrung des Fehlers denken, und sich entweder durch ein oder mehrere Epaulements schützen, oder diesen ganzen Theil der Arbeit anders führen. Der commandirende General muß selbst untersuchen ob die Transchee enfilirt ist: denn zuweilen glaubt man, es sey, und es ist doch nicht, zuweilen aber läugnen die Ingenieurs den Fehler ab, ob er gleich da ist. Arbeitet man am Tage an der Beßrung des Fehlers, so muß die Wache von diesem Theile der Transchee, rechts und links neben demselben sich postiren, damit sie sicher sind; und gleichwohl beym Ausfall sofort ihren Posten nehmen, da denn die eignen Truppen des Feinds sie vor dem Feuer der Festung bedecken. Wo die Enfilade in den Laufgräben anfängt, werden Schildwachen ausgestellt, die niemand vorbey lassen, der nicht nothwendig vorbey muß, diese aber warnen daß sie schnell und einzeln durchgehn. Es ist gewiß, daß bey Belagrungen mehr als ein Drittheil aus Mangel von Vorsicht das Leben verliehrt.

§. 6.

Ein Theil von der Eskorte der Arbeiter rückt, nachdem man der Festung mehr oder weniger nahe, auf funfzig oder mehr oder weniger Schritte vor den Arbeitern voraus, und fällt nieder aufs Knie oder legt sich platt auf die Erde, damit man sie desto weniger sehe. Der Rest der Eskorte bleibt hinter den Arbeitern stehn, und findet sich
ein

'ein Damm eine Höhe ein Gebäude die sie beschützen, so muß man diesen Vortheil nicht versäumen: Denn diese Eskorte hat nichts anders zur Absicht, als Arbeiter und Arbeit gegen die Ausfälle des Feinds zu beschützen.

Sobald die Belagerten Geräusch hören, schicken sie sofort Patrouillen ins Feld. Stößt nun eine solche Patrouille auf diesen Posten der Eskorte vorwärts der Arbeiter, so darf er nicht weichen, so lange er nicht mit Gewalt dazu gezwungen wird: die Eskorte aber so hinter den Arbeitern zurück blieb, muß durchaus darauf halten, daß diese sich nicht zerstreuen, sonst bringt man die halbe Nacht zu ehe man sie wieder sammelt. Sie trit indeß selbst ins Gewehr, um, wenn der Feind stark ist, bis auf den Posten vorzurücken wo die Eskorte vorwärts der Laufgräben steht. Doch bleibt bey den Schanzgräbern eine Wache, damit sie nicht aus einander laufen.

Ist man dem Feinde bis auf einen Flintenschuß nahe gekommen, so ist man zuweilen gezwungen die Arbeiter durch Pikets zu bedecken, die auf den Feind Feuer geben: Sie sollten aber eine schußfreye Rüstung haben oder sich mit Mantelets decken, und müssen Stundenweise, oder wenigstens nach zwo Stunden abgelöset werden. Ist man hingegen schon so nahe an der Festung, daß man den Feind mit gezognen Röhren von der Parallele ab erreichen kann, so besetzt man die Parallele, wo sie die Arbeit überflügelt, auf beyden Seiten mit Jägern und Schützen, und schickt sodann niemand mehr unbedeckt zum Feuern aus.

§. 7.

Man muß im Anfange der Belagrung suchen, die Reuterey so viel möglich zu nützen, und die Infanterie zu schonen, deren Gefahr und Fatiguen in der Folge groß genug werden. Wenn in einiger Entfernung von der Transchee ein Damm oder Grund oder Höhe sich findet,

wo

wo die Cavallerie gegen die Canonade gedeckt ist, so weiset man ihr dieß Terrain an; wo nicht, so wirft man auf beiden Flügeln der Transcheen, Epaulements auf, hinter welchen auch die Marketender sich schützen. Man bessert alle Chikanen und Ungleichheit des Terrains, so die Cavallerie beym Gefecht hindern würde. Dieß beobachtete der Herzog von Popoli, als er im Jahr 1714 die Capuciner=Schanze vor Barcellona belagerte. Die Hälfte der Wache war Reuterey, weil es ihr an Infanterie fehlte, und die Schanze von der Festung entfernt genug war, um ihren Gebrauch zu erlauben.

§. 8.

Es ist nicht allzeit rathsam, Brigadenweise in den Laufgräben auf die Wache zu ziehen, denn es wird dadurch in dem Lager eine Lücke. Zieht man aber Bataillonsweise auf, so muß man sorgen, daß es nicht lauter neue Bataillons sind, oder die zu schwach an der Zahl, oder durch Verlust furchtsam geworden.

Wenn die Wache in den Laufgräben am Tage ihren Posten bezieht, so hat man zwar den Vortheil, daß beides Officier und Soldat sieht wo er hinkömmt, und besser sich unterrichten kann, was er in der Nacht zu thun hat: im übrigen aber ists weit vortheilhafter bey Nacht in die Laufgräben zu rücken. Denn man verliert weit weniger Menschen, weil das Feuer der Besatzung nie heftiger ist, als wenn sie merkt, daß die Ablösung geschieht. Will man einen Sturm unternehmen, oder einen Ausfall des Feinds warm empfangen, und die Wache von den Laufgräben hiezu verstärken, so erfährt es der Feind, wenn man die alte Wache am Tage zurückläßt: löset man sie aber ab, um sich des Nachts zu verstärken, so geschieht es nicht so ganz ohne Geräusch, daß es der Feind nicht merken sollte, besonders wenn man mit der Arbeit schon

nahe

nahe an der Festung ist. Am gefährlichsten ist es früh ab=
zulösen, weil die Truppen alsdann die Nacht schlafen,
wenn sie den ganzen Tag ermüdet worden.

Die Generale, Obersten und Majors von den Regi=
mentern begeben sich in die Laufgräben am Tage, wenn
auch die Truppen erst in der Nacht folgen, um das Ter=
rain wohl zu recognosciren, und den Stand der Sache zu
sehen. Der Transchee=Major erwartet sie auf dem Posten
des General=Lieutenants, um ihnen die nöthigen Nach=
richten zu geben.

Der General so den Dienst=Detail in der Armee com=
mandirt, giebt den Brigade=Majors bereits den Tag zu=
vor den Befehl, was für ein Bataillon und Regiment das
andre ablöset, und bestimmt den Ort und die Zeit wo die
Wache sich versammelt, und sodann der Ordnung gemäß
rangirt wird, wie sie in den Laufgräben stehn. Bey der
ersten Parallele finden sich für jedes Bataillon zwey Cor=
porals, davon der eine das Bataillon, der andere die
Truppen führt, die von demselben detaschirt worden, damit
beide auf dem kürzesten Wege nach ihrem Posten marschi=
ren. Man hält sich ans Parapet. Geschieht die Ablö=
sung am Tage, so geschieht sie mit klingendem Spiele und
fliegenden Fahnen, und man pflanzt die Fahnen aufs Pa=
rapet der Transchee, an einen Ort wo es stark ist, denn
die feindlichen Canoniers pflegen gern darauf zu feuern.

Die Officiers übergeben sich die Verhaltungs=Befehle
ihrer Posten: der General=Lieutenant empfängt die fer=
nern Befehle vom commandirenden General, und giebt sie
dem Transchee=Major, und dieser an die sämmtlichen Po=
sten, damit die Nachrichten des Transchee=Majors alle
Befehle während der Belagrung zusammen enthalten.

Der General=Lieutenant von der Transchee, der Tran=
schee=Major, die Ingenieurs die in und ausser Dienst tre=
ten, die Commandeurs der Batterien, die Officiers von

den

den Mineurs, der Chef des Ingenieur-Corps, der Chef von
der Artillerie, und der General so den Dienst-Detail der
Armee commandirt, müssen fleißig Rath unter sich halten, um sich wohl zu verstehen, und die Befehle vom
commandirenden General sämmtlich wohl auszurichten,
und ihm die gehörigen Rapports und Vorstellungen zu thun.
Wenn der commandirende General die Transcheen recognoscirt, so geschiehts ohne Suite, blos mit dem General-Lieutenant von der Transchee, den Chefs der Ingenieurs und der
Artillerie, und dem Transchee-Major, damit der Feind
seine Ankunft nicht merke.

Die Truppen in den Laufgräben müssen wissen, wer
von ihnen festen Fuß halten, und wer als Reserve dienen
soll, um die zu sehr bedrohten Posten zu unterstützen. Mit
einbrechender Nacht empfängt die Wache in der Transchee
die Parole, damit sie einander kennen, wenn irgend eine
Patrouille, oder die Officiers die recognoscirten zurückkommen, oder ein Ausfall die Truppen in Unordnung brächte.
So oft ein Soldat zum Feind übergeht, müssen die Officiers dem General von der Transchee Nachricht davon geben,
damit er die Losung verändere. Ein gleiches geschieht nach
einem Ausfall.

§. 9.

Bey der Nacht stellt man doppelte verlohrne Schildwachen zur Rechten und Linken der Transchee aus, damit
der Feind, wenn er bey einer andern Front ausrückt, nicht
plötzlich die Flanke der Transchee überfällt.

Wenn man bey dem Platze die Ausfälle der Front die
man attakirt kennt, und, wofern der Platz einen bedeckten
Weg hat, die Barrieren dieses bedeckten Weges: so läßt
man in der Nacht Schildwachen gegen diese Barrieren oder
Ausfälle anrücken, die sich denselben so viel als nur möglich nahen, ohne daß der Feind sie sieht. Man bedeckt die
Schild-

Schildwachen entweder mit einer schußfreyen Rüstung, oder
mit drey Mantelets, oder wenn der Boden locker ist, so
nehmen sie eine Schaufel mit kurzem Stiel, und graben
sich ein Loch. Mit Anbruch des Tags gehen die Schildwachen wieder ab, und gab man ihnen Mantelets, so
muß man diese durch andere Leute hin und wieder zurück-
bringen. Die Schildwachen dürfen nichts helles tragen,
und müssen treu und beherzt seyn, damit man in allem Betracht sich auf sie verlassen kann. Zwischen diesen äussersten Schildwachen und den Laufgräben werden Zwischen-
Schildwachen gestellt, damit die Nachricht wie ein Lauffeuer zurückgehe. Desertirt eine davon, so müssen es die
andern sofort rückwärts melden, und der General wird sodann ihre Disposition ändern.

§. 10.

In der Transchee selbst stellt jede Compagnie, nachdem
sie stark oder schwach ist und viel oder wenig Terrain besetzt, eine oder zwo Schildwachen aus. Bey Tage können
diese Schildwachen wohl auf hundert, hundert und fünf-
zig Schritt von einander abstehn; des Nachts aber muß
man sie wohl doppelt und dreyfach ausstellen. Auch zieht das
Bataillon in der Nacht seine Fahnen zusammen, und giebt
dabey eine Wache.

Eine Schildwache in der Transchee hat drey Schießscharten durch welche sie sieht, die eine gerade vorwärts
nach der Festung, die andre nach den Seiten, jedoch so,
daß wenn sie vorwärts sieht, sie nicht durch die zur Seiten getroffen wird. Man macht die Schießscharten durch
drey Sandsäcke, davon zwey ungefähr vier Zoll weit
von einander auf der Brustwehr liegen, der dritte aber
quer über die andern kömmt, damit die Schildwachen von
den Augen an bis über den Kopf bedeckt sind. Die Säcke
sind von grauer Leinwand, damit der Feind sie nicht so

ge-

genau ausnehmen kann, um mit seinen Jägern darnach
zu zielen. Man macht die Schießscharten auch durch
Schanzkörbe die oben etwas weiter als unten sind:
beides die Sandsäcke sowohl als Körbe muß man mit gu=
ter Erde oder Sand ohne Steine füllen. An die Fah=
nen würde ich des Tages keine dergleichen Schildwa=
chen stellen, weil die feindlichen Artilleristen, wie gesagt,
gern dahin feuern. Hören die Schildwachen ein Geräusch
nach der Festung zu, so müssen sie es sofort melden, damit
man schärfer Acht gebe und patrouillire, ob es auch ein Aus=
fall sey. Sobald die Schildwache wahrnimt, daß der Feind
Feuer giebt, ruft sie Stück, oder Bombe, oder Steine,
nachdem das eine oder das andere kömmt, damit die Leute
ihre Vorsichten nehmen, und den Bomben und Steinen
ausweichen, und vor den Kugeln sich bücken.

Sieht die Schildwache jemand aus der Tranchee
nach der Festung laufen, so giebt sie Feuer, weil es entwe=
der ein Ueberläufer, oder Kundschafter ist. Schickt man
Officiers oder Patrouillen nach der Festung, so müssen die
Schildwachen avertirt werden. Kommen aus der Festung
einige wenige Leute, so geben sie zwar nicht sofort Feuer;
doch rufen sie Halt, und die Wache trit ins Gewehr, da=
mit der Feind nicht die Laufgräben durch solche Trupps
überrumple.

Ist irgend ein Thurm oder Berg in der Nähe, von dar=
aus man entweder in die Festung, oder in den bedeckten Weg,
oder wenigstens in die Tiefen und Defile's hinein sieht, wor=
aus der Feind zum Ausfall anrücken muß, so postirt man
des Tags Officiers drauf, und giebt ihnen einige Husaren
zur Ordonnanz, damit sie jederzeit zwey zugleich abschicken
können, den einen an den commandirenden General, den
andern gerades Weges an den General=Lieutenant in der
Tranchee. Auf diese Weise erfährt man in Ceuta alles,
was die Mohren des Tags über in ihren Laufgräben und

Lager vornehmen, durch einen Officier, der auf der Höhe
vom Berg Almina mit Ferngläsern den Feind recognoscirt.

§. 11.

Wenn die Garnison der Festung zahlreich ist, und viel
Cavallerie hat, der Lebens-Mittel aber nicht zu viel, so
daß der Verlust von Menschen auf der andern Seite zum
Gewinn wird: Wenn die Gemeinschaft des Platzes mit
der Armee noch offen ist, so daß der Platz gleichsam zum
Poste d'Honneur wird, und jede Brigade es der andern
vorzuthun sucht: Wenn die Garnison verstärkt worden:
Wenn der Gouverneur der Festung ein entschloßner unter-
nehmender Mann ist: Wenn man, um die Arbeit zu verkürzen, die Laufgräben gleich Anfangs nahe an der Festung
eröfnet: Wenn die Belagerten vom Terrain begünstigt,
ungesehn dicht an die Laufgräben anrücken können, und
folglich auch die Retraite leicht ist: Wenn ein Ingenieur
oder andrer Officier von Einsicht zum Feinde übergieng,
und diese oder jene Schwäche der Laufgräben verrathen
könnte: In allen diesen Fällen muß man drauf gefaßt seyn,
daß der Feind mehr als einen Ausfall unternehmen wird,
und weder der Anfang noch das Ende der Belagrung ist
dagegen sicher.

Die bequemste Zeit zum Ausfalle ist, des Sommers
eine Stunde nach dem Mittag, wo die Leute theils vom
Essen, theils von der Hitze und Arbeit verdroßner und schläfrig sind; im Winter kurz vor Anbruch des Tags: Zu allen Zeiten die Stunde, wo die Wachen sich vernachläßigen.
Kälte, Sturm und Regen, alles ist dem Belagerten vortheilhaft, und muß die Belagrer um so mißtrauischer machen. Die Ausfälle des Nachts sind für den Belagrer am
gefährlichsten, weil der Feind fast ohne Verlust gegen die
Laufgräben anrückt: Ist man nun in demselben auf keinen
An-

Angrif gefaßt, so wird der Angrif zum Ueberfall, und die Unordnung bald allgemein. Hier sind die Vorsichten die man zu nehmen hat.

§. 12.

Wenn die Arbeiten der Belagrung noch in ihrem Anfange sind, so schützt nichts besser gegen die Ausfälle des Feinds, als Cavallerie: Denn ob man sie gleich ausser dem Stückschuß entfernt, so ist sie doch zur rechten Zeit bey der Hand, um wenigstens einen Theil der Feinde abzuschneiden, die itzt so weit von der Festung entfernt sind. Finden sich hohe Ravins oder Gebäude in der Nähe der Laufgräben, wo man die Reserve der Truppen vor dem Geschütze des Feinds bedecken kann, so sind die Ausfälle auch im Anfange der Belagrung, auch bey unvollendeten Werken minder gefährlich.

Ist die Cavallerie des Feinds bey diesen Ausfällen furchtbar, und die Ueberlegenheit der unsern nicht ganz entschieden, so deckt man die entblößten Flanken der Arbeiter durch spanische Reuter, und vor allem durch gut postirte Batterien.

Ist die Nacht dunkel, so muß man die Zahl der Schildwachen verdoppeln, und so nahe als möglich an die Festung postiren, damit die Truppen auf die erste Warnung sogleich in der Stille zum Gewehr greifen. Man muß Pechkränze und Leuchtkugeln bey den Batterien im Vorrath haben. Regnet es, so muß man darauf sehen, daß die Leute das Gewehr verdeckt tragen, und die Schlösser gut verwahren. Man muß die Wache der Reuterey verstärken, weil ein Theil der Gewehre dennoch unbrauchbar wird. Sind die Nächte kalt, so muß man drauf sehen, daß die Leute sich regen, Holz, Ueberröcke und Brandwein haben. Wo man die Feuer anzündet, muß die Brustwehre höher seyn, damit man sie, so weit nöthig, von den Laufgräben entfernen

nen kann. Niemand darf in der Transchee schlafen, weder bey Tage noch bey Nacht: Denn wer vom Schlaf durch einen Allarm aufgeweckt wird, ist so gut als halb überfallen. Ueberdem ists der Schlaf, der die Hälfte der Todten und Verwundeten, um Leben und Glieder bringt.

Damit aber die Leute auch wachen können, muß man die Truppen nie länger als vier und zwanzig Stunden in der Transchee lassen, und wenn die Armee stark genug ist, sie vier und zwanzig Stunden vorher, und vier und zwanzig Stunden nachher, von allen Arten von Dienste befreyen. Will man die Wache von den Laufgräben verstärken, so muß es durch frische Truppen geschehn, und nicht durch die alte Wache.

Die Gastereyen in den Laufgräben müssen verboten seyn, damit die Officiers auf ihren Posten verbleiben. Man muß verbieten, daß die Soldaten nicht eigenmächtig die Brustwehre erhöhen, wie sie wohl mit Faschinen thun, die sie queer über legen, wodurch sodann die Brustwehre zu hoch wird, wenn man dahinter feuert. Man muß Wasser in Bereitschaft haben, um das Feuer zu löschen, das der Feind anlegen könnte. Man verändert die Parole, sobald ein Officier desertirt ist, und arbeitet um so eifriger die schwachen Stellen zu verstärken.

Wenn die Laufgräben keine andre Besatzung haben, als die gewöhnliche Wache, so reicht diese kaum zu, die Front mit einem einzigen Gliede zu besetzen, wenn man auch drey Fuß auf den Mann rechnet. Besorgt man also einen Angrif, so muß man, wie oben gezeigt ward, unvermerkt die Truppen verstärken, damit sie zwey bis drey Mann hoch stehen. Alsdann kommen ins erste Glied die Unterofficiers und die vertrauteste Mannschaft, und diese treten aufs Banquet und feuern: Die hintern Glieder laden, und geben dem vordern das geladne Gewehr, damit man nicht Banquet auf Banquet ab springe, wodurch nur Zeitverlust

und

und Verwirrung entsteht. Ueberdem wird das erste Glied
als der Kern der Truppen sicher Stand halten, besser feuern,
und besser das blanke Gewehr brauchen, wenn der Feind
nun auf dem Parapet steht. Es muß aber im ersten Gliede
Mann für Mann, jeder ein Kurzgewehr vor sich am Parapet haben, damit ers schnell ergreifen kann, wenn der
Feind so weit kömmt. Denn allerdings ist das Kurzgewehr in diesem Falle weit furchtbarer, als das Bajonett.
Beym ersten Allarm werden die Wachtfeuer ausgelöscht,
die dem Feinde nützlicher sind, als den Truppen in der
Tranfchee. Das Terrain aber zwischen den äussersten Parallelen und der Festung wird aufs helleste erleuchtet.

Die Truppen in den Laufgräben und Parallelen, die
gerade hinter den attakirten Posten liegen, und folglich
nicht im Stand sind sie zu flankiren, rücken en Bataille,
und in so viel Gliedern als sie gewohnt sind zu fechten, vor,
und treibt der Feind sodann die vordern Truppen zurück, so
fallen sie ihm plötzlich in den Rücken, oder in die Flanke. Der
Anmarsch und Angrif muß hitzig seyn, denn das Feuer des
Feinds aus der Festung hört gegen sie auf, so bald sie den
Feind ausserhalb erreichen.

Cavallerie muß man niemals mit Infanterie verfolgen:
denn wie ists möglich sie mit derselben zu ereilen? und wenn
sie langsam sich zurück zieht, so ists vielleicht nur ein Strategem, um die Infanterie unter das Feuer der Festung zu
locken. Aber Canonen und Cavallerie muß man gegen sie
brauchen, und beständig Flanken und Rücken zu gewinnen
suchen. Wir eröfneten vor Barcellona die Laufgräben des
Nachts, und am folgenden Tage thaten die Belagerten sofort einen Ausfall mit Infanterie und Cavallerie, und hieben beides Arbeiter und Eskorte größtentheils nieder. Die
Truppen die aus dem Lager zur Unterstützung anrückten,
wurden so heftig beschossen, daß man beschloß, die Wache
der Laufgräben mit zehn Bataillons und zehn Compagnien
Gre-

Grenadiers zu verstärken, bis sie erweitert und mit Redouten gedeckt würden. Nachgehends verminderte sich die
Zahl, so wie die Arbeiten an Zahl und Güte sich mehrten,
bis zuletzt nicht mehr Mannschaft aufzog, als Anfangs zur
Wache bestimmt war. Die Haupt-Ursache aber, so die
Vertheidiger von Barcellona von fernern Ausfällen zurück hielt, waren zwey Posten von der Cavallerie, davon
die eine Tag und Nacht hinter einem Gemäuer auf der Linken, die andre auf der Rechten nur des Nachts stand, beide
aber so gut postirt waren, daß die feindliche Cavallerie keinen Ausfall mehr wagen konnte, ohne die augenscheinlichste
Gefahr sich abgeschnitten zu sehn, wie es ihr auch das erstemahl, da sie es versuchte, durch Don Ramon Riart,
Hauptmann von den Dragonern von Grúnau, widerfuhr.

Die Truppen in den Laufgräben dürfen den Feind nicht
zu weit verfolgen, wenn die Besatzung zahlreich ist und der
Ausfall des Nachts geschah; ja selbst am Tage nicht, wenn
der Feind durch Gründe und Defile's sich zurück zieht, die
man in der Ferne nicht übersieht, denn es möchte seine Flucht
alsdann ein Hinterhalt seyn. Ist die Besatzung hingegen
schwach, und die itzige Unordnung groß, so können die
Truppen, wenn sie den Flüchtigen auf dem Fuße folgen, mit
ihnen zugleich einzubringen suchen, das Thor und die Barrieren umhauen, die Fallgatter stützen, die Zugbrücken niederlassen, und sich wo möglich behaupten, bis die übrigen
Regimenter der Transchee, auf die erste Nachricht die man
ihnen durch einen Officier überschickt, anlangen. Der
General-Lieutenant so in den Laufgräben commandirt, sucht
von den Deserteurs und Gefangnen die Losung des Feinds
von diesem Tage zu erfahren, und schickt sie den Truppen
die vorwärts sind, damit man wo möglich List und Gewalt
zusammen verbinde.

Wenn Truppen aus den Laufgräben, die den Feind verfolgt haben, wieder zurück kehren, so muß es nie zerstreut
und

und mit so breiter Front geschehn, damit die Batterien von außen nicht durch die eignen Truppen maskirt werden, und der Feind sie ungehindert beschießt.

Waren die Belagerten hingegen glücklich bey ihrem Ausfall; eroberten sie ein Werk, oder ein Logement: so muß man sie plötzlich angreifen, ohne Zeitverlust, damit sie das Werk indeß nicht zerstöhren. Steckten sie Schanzkörbe oder Faschinen in Brand, so wirft man Erde in Menge drauf, oder deckt frisch abgezogne Häute drüber die man vorher in Wasser getunkt hat. Will auch dieses nicht helfen, so reißt man unterhalb Winds ein Theil der Laufgräben oder der Batterie nieder. Man rettet vor allem das Pulver so in der Nähe steht: Die löschenden Soldaten legen ihre Patronen ab; die ganze Besatzung aber der Laufgräben tritt ins Gewehr, weil der Feind vermuthlich einen neuen Ausfall unternimmt; und es rückt vom Lager sofort eine Verstärkung an.

§. 13.

Man commandirt gleich bey dem ersten Anfange der Belagrung einen Obersten oder Oberst-Lieutenant, der den Dienst eines Transchee-Majors während der ganzen Belagrung verwaltet; Man muß aber einen muntern fähigen Officier dazu wählen. Jede Brigade zu Fuß und zu Pferde giebt ihm einen Unterofficier zur Ordonnanz, und er muß wenigstens drey Adjutanten unter sich haben, die Rechnung und Detail versiehn, und von gutem Willen sind.

Der Transchee-Major erwartet, wie schon oben gesagt, die commandirenden Officiers der Transchee jeden Tag auf dem Posten des General-Lieutenants, und empfängt die Befehle vom commandirenden General.

Wenn der Officier so die Aufsicht über das Magazin bey der ersten Parallele hat, und die Commandeurs der Batterien sehen, daß es an Faschinen, Schanzkörben, Sand-

fässäcken, Pulver, Schaufeln, Hauen, oder dergleichen fehlt, so melden sie es sofort dem Transchee-Major, der es hierauf den General wissen läßt der in der Armee den Dienst-Detail commandirt, damit neuer Vorrath ankomme.

Die Officiers so die Aufsicht über die Magazine haben, stehn unter dem Major von der Transchee: Der Officier von Entrepot übergiebt ihm täglich den Etat seines Magazins, ehe der Major mit den Generals und Officiers die ich oben genannt sich berathschlagt, damit sie zusammen festsetzen, was wieder angeschafft werden muß, wobey man nicht zu genau und richtig rechnen darf, damit ja nichts mangle.

Der Major von der Transchee muß dafür sorgen, daß es in den Laufgräben nicht an Wasser fehlt, daß die Marketender an Orten stehn wo sie niemand hindern und keine Feuers Gefahr ist, und daß sie die Waaren nach den Preisen die er festsetzt verkaufen.

Er muß für die Reinlichkeit der Laufgräben sorgen. Hat es stark geregnet, so schaft man den Schlamm aus den Laufgräben weg. Stiebt es zu sehr, so sprengt man den Boden mit Wasser. Man bindet Besen, um den Unrath wegzukehren. Die unbrauchbar gewordnen Brunnen werden verschüttet, und neue gegraben.

Der Major von der Transchee wird ferner drauf sehen, daß die Transchee ihre gehörige Breite bekömmt, woran die Soldaten, wenn sie einmahl bedeckt sind, nicht ohne Zwang arbeiten. Er läßt die Lücken ausbessern, die der Feind ins Parapet schießt, oder wo die Erde sank. Er wird dafür sorgen, daß die Leute munter bleiben, und das Parapet nirgends erhöht wird.

Er läßt von Zeit zu Zeit durch die Unter-Officiers von der Ordonnanz das Schanzzeug und die Sandsäcke zusammensuchen, die in den Laufgräben stehn bleiben, wenn die

Ff　　　　　Trup-

Truppen die sie besetzten, weiter vorwärts rückten. Was man nicht mehr gebraucht, wird dem Officier vom Magazin an dem Eingange der Laufgräben überliefert. Die dortigen Wachen müssen verhindern, daß nichts von allem diesem ins Lager verschleppt werde, wodurch zuletzt sogar das nöthige mangelt, und grosse Summen aufgehn.

Der Major von der Transchee muß endlich ein Tagebuch halten, worinn er auf das genaueste einträgt, wie weit man jeden Tag und jede Nacht mit der Arbeit gekommen, was für Batterien man errichtet, wie viel Pulver, Faschinen, Schanzkörbe und Pfähle man gebraucht, was für Truppen die Wache gehabt, wie viel Arbeiter man bey jedem Werke angestellt, die Umstände und den Erfolg der Ausfälle, der Minen und Contreminen, die Zahl der Verwundeten und Todten jedes Bataillons. Man vergleicht sodann dieß Journal mit den Journalen des Generals so den Detail vom Dienst commandirt, und mit den Journalen der andern commandirenden Officiers bey der Artillerie, den Ingenieurs, u. s. f. um es in allem zu berichtigen, und es sodann in die Archive des Staats beyzulegen, wo es vom commandirenden General unterzeichnet, zum Maasstaab für künftige Belagrungen dient, um die Kosten derselben zu berechnen, und selbst in der Kunst viele lehrreiche Nachrichten giebt.

Der Posten eines Majors von der Transchee scheint mir so wichtig, daß der Hof die Officiers die ihn mit Ruhme verwaltet, nicht nur jederzeit belohnen, sondern auch stets Officiers dazu aussuchen sollte, die Talent und Neigung zum Commando von Corps und Armeen berufen.

Vom
Belagern und Blokiren.
Eilftes Capitel.
Von den Batterien für die Canonen, Mörſer und Stein = Stücke.

§. 1.

Je mehr man Artillerie vor den Platz bringt, deſto ge=
ſchwinder geht er über, weil die Batterien des Feinds deſto
früher demontirt ſind, die Breſche um ſo eher gelegt wird,
und der Feind folglich weniger Zeit hat ſeine Minen und
Abſchnitte zu vollenden. Man erſpart alſo Zeit und Volk,
aber auch ſogar Munition: denn tauſend Schüſſe die man
aus zehn Stücken zugleich gethan, wirken mehr als funf=
zehn hundert Schüſſe aus fünfen.

Wenn man nur eine einzige Breſche, an die Face eines
Baſtions, legen und die gegenüber liegende Flanke ruiniren
will, ſo iſts zwar möglich es mit zwanzig Vier= und zwanzig=
Pfündern zu thun, davon funfzehn eine Breſche von vierzig
Klaftern legen, die andern fünf die Flanke ruiniren: das
Werk aber geht dennoch ſo langſam von Statten, daß der
Feind gar leicht die Zeit hat, ſeinen Abſchnitt zu vollenden,
der Belagrer aber viel Schwierigkeit finden wird, das
zweyte Baſtion der attakirten Front zu miniren. Ich würde
alſo ſechs und dreyßig Stücke fodern, und alles Vier= und
zwanzig=Pfünder, weil die ſchwächern ſtarke Mauern nicht
geſchwind genug umwerfen, die größern aber unbehülflich
ſind, und viele Affetten brechen.

Ich

Ich vertheile diese sechs und dreyßig Stücke auf folgende Art. Sechzehn schiessen Bresche an der Face, die, wenn ein Theil der Courtine zur zweyten Flanke dient, vom Schulterwinkel ihren Anfang nimt, damit die Kugeln die hier fehl gehn, den Theil von der Courtine treffen, der das zweyte Bollwerk flankirt, wo meine Absicht ist den Mineur anzulegen: Hat aber die attakirte Front diese zweyte Flanke nicht, so würde ich die Bresche in der Mitte der Face legen, damit die Kugeln, die rechts oder links abweichen, dennoch nicht verlohren sind. Die Spitze des Bastions läßt sich zwar allerdings am leichtesten wegschiessen. Es giebt aber Plätze, wo es nicht rathsam wäre, weil, sobald dieser Winkel niederliegt, der Feind, von dem nächsten Bollwerk der nicht attakirten Front, einen Theil des Grabens enfiliret, den man bereinst passiren wird, um die Bresche zu stürmen. Besonders trägt sich dieß zu, wenn dieß Bastion weiter ins Feld vorrückt, als die attakirten, oder wenn der Feind auf der Spitze eine Art von Platteforme dergestalt anlegt, daß der Schuß nun weniger schräg geht als vorhin.

Ich errichte ferner zwey Batterien, jede von sieben Stücken, um beide Flanken der attakirten Front niederzuschiessen, und nicht nur die Brustwehre zu ruiniren, sondern wirklich Bresche zu legen, damit der Feind nicht nur beym Sturme sich hier durch keine Manteletс oder andre bewegliche Brustwehren decken kann, sondern damit es wirklich eine Bresche sey, und der Feind durch sie und die folgende, von der ich eben reden werde, sich gezwungen sehe, einen Abschnitt anzulegen, der die ganze attakirte Front faßt, wozu ihm aber die Zeit fehlt, weil die Bresche in Zeit von fünf bis sechs Tagen gelegt ist, nachdem die Mauer mehr oder weniger gut ist.

Auch ist alsdann der Mineur am zweyten Bastion sicherer, wenn die gegen über liegende Flanke liegt.

So-

Sobald die Belagerten sehn, daß man diese drey Batterien errichtet, so arbeiten sie mit Macht an Abschnitten
in der Mitte ihrer Bastions. Damit nun ihre Arbeit und
Faschinen umsonst sind, und sie einen Theil ihrer Arbeit
wieder einreissen müssen, errichtet man, drey bis vier Tage
nach dem Anfange der ersten Batterien, noch eine vierte
von sechs Stücken, gerade dem Centro der Courtine gegen
über, und so eilfertig als möglich, um daselbst eine Bresche
von neun Klaftern, jedoch zugleich mit den andern, zu legen, damit der Feind, wie gesagt, nicht die Zeit habe,
seinen Abschnitt zu vollenden. Sandsäcke sind hier vortreflich, wenn man sie im voraus füllte und band. Rechnet man achtzig Schuß den Tag auf jedes Stück von den
andern Batterien, so muß man bey dieser letzten hundert
bis hundert und zwanzig rechnen, und da man nur anderthalb Klaftern Bresche von jedem verlangt, so kann diese
Bresche eben so geschwind liegen als die andern.

Wenn das Bastion eine Contregarbe, und die Courtine
ein Ravelin hat, so gebraucht man seine Stücke erst gegen
die Aussenwerke, und dann gegen den Hauptwall, und die
erwähnten sechs und dreyßig Stücke sind dennoch hinreichend,
wenn sie nur an sich gut sind und fleißig abgekühlt werden,
ob sie gleich zwölf bis dreyzehn Tage dienen, und jeden Tag
siebzig bis achtzig Schuß thun. Müßte man sie aber noch
auf der dritten Batterie brauchen, so muß man das Zündloch vorher ausgiessen, sonst brennt es zu sehr aus.

Hat der Feind zur Rechten oder Linken der attakirten
Front eine Batterie, so die Transchee dominirt, oder gar
in der Flanke beschießt, ohne daß weder Epaulement noch
Erhöhung des Parapets schützt: so muß man eine eigne
Batterie gegen dieselbe errichten, und beständig mit einigen
Stücken besetzt halten, damit man stets bereit sey, so oft
der Feind das Parapet wieder in Stand setzt. So muß
man auf gleiche Art alle Rondeele oder Thürme niederschies-

sen,

fen, von denen der Feind das Innre der Laufgräben sieht; weil dieß weit weniger Mühe und Zeit kostet, als wenn man sich tiefer einschneiden muß.

Ist die Flanke eingebogen und mit einem guten Orillon versehn, so werden die erwähnten sieben Stücke schwerlich zureichen, sie zu ruiniren. Ueberhaupt aber ists schwer, allgemein zu bestimmen, wieviel Stücke man nöthig hat: doch kann man für wahr annehmen, daß ein Vier= und zwanzig= Pfünder, wenn er in sechs Tagen fünf hundert Schuß gethan, eine Bresche von anderthalb Klaftern in der Breite legt, und je mehr Stücke man zugleich losfeuert, desto geschwinder liegt die Bresche nieder.

Man muß suchen, den Ort wo man die Bresche legen will, oder minirt, beides so lange als möglich vor dem Feinde verborgen zu halten, damit man ihn, wie gesagt, zu falschen Abschnitten und Gegenanstalten verführt.

§. 2.

Wenn die Festung entweder an sich zu hoch liegt, oder zu hohe Mauern hat, und kein bedeckter Weg oder tiefer Graben sie schützt, so daß der Theil der Mauer den man von ferne sieht, zureicht eine hinlängliche Bresche zu legen: so kann eine und eben dieselbe Batterie zureichen die Brustwehren zu ruiniren und die Bresche zu legen, und man erspart alsdann viel Zeit und Arbeit und Volk. Aber dieser Vortheil findet sich bey neuern Festungen selten.

Ist der Wall der Festung zu hoch, und die Brustwehre zu breit, so kann der Feind den Batterien, die man nahe an der Festung legt, nicht mehr schaden, und alsdann rückt man freylich mit denselben an: Man muß sich aber beides gegen Ausfälle, und die Minen des Feinds bedecken.

Liegen aber die Werke der Festung tief, so muß man, um den Fuß der Mauer zu sehen und Bresche zu legen, die Batterien auf der Crete des bedeckten Weges anlegen, und die Schieß-

schar=

scharten in seine Brustwehre einschneiden: Man muß sogar
zuweilen mit einigen Stücken herab in die Places d'armes
des bedeckten Wegs rücken, wenn der bedeckte Weg breit
und der Graben tief genug ist, daß man die verborgnen
Flanken, das Tenaillon im Graben, die Coffres, Traversen und andre tief liegende Werke nicht sieht, die beides den
Sturm und den Mineur hindern. Alsdann dienen die ersten Batterien zu nichts als die Parapets zu ruiniren; diese
müssen aber allerdings niederliegen, weil sonst die Arbeit
vorwärts unmöglich wird: Man wählt also Posten wo
man diese Absicht schnell erreicht, und nicht zu grosse Gefahr
läuft die Stücke zu verliehren. Ein Sechzehn-Pfünder trägt
beynahe so weit im Kernschusse als der Vier- und zwanzig-
Pfünder, und wird von mehr als drey hundert Klaftern
weit mit einer Ladung von zehn Pfunden eine Brustwehre
ruiniren, der Zwölf-Pfünder mit acht Pfund Pulver auf
mehr als hundert und sechzig Klaftern, und der Achtpfünder mit fünf und einem halben Pfund Ladung auf mehr als
hundert und funfzig. Erhitzen sich die Stücke, so nimt
man weniger Pulver; doch trägt die Kugel fast eben so weit.
Ist man also gezwungen, erst die Brustwehre und dann die
Mauer nieder zu schiessen, weil die Werke zu tief liegen,
und man nirgends als auf dem Glacis den Fuß von der
Mauer sieht: so legt man, wie gesagt, die Batterien gegen
die Brustwehr an den vortheilhaftesten Orten an, und bedient sich bey denselben der Vier- und zwanzig-Pfünder so
wenig als möglich, damit man sie am Ende der Belagrung,
wie eine Reserve, ganz und unversehrt zur Legung der Bresche gebraucht. Konnte man aber Brustwehr und Wall
an irgend einem Orte zugleich entdecken, so würde dieß der
Posten der Batterien seyn, sobald man nicht zuviel dabey
wagt, ob man sie gleich hernach nochmals verlegen muß, um
die Bresche vollkommen zu machen.

Man muß auf jeder Batterie einige Stücke bis zum
Ende der Belagrung in Reserve behalten, um die Brust-

wehren

wehren des Feinds zum zweiten male niederzuschießen, wenn
er sie zum zweyten mahle baut. Weil diese Arbeit allezeit
des Nachts geschieht, so muß man, beym ersten großen
Geräusch das man hört, oder sobald die Kundschafter oder
Ueberläufer Nachricht bringen, ohne Verzug einige große
Feuerballen nach derselben Gegend werfen, und wenn man
den Ort der Arbeit entdeckt, mit Mörsern und Steinen
dahin spielen, und einige Stückschuß darunter thun.

Wenn man des Nachts ein Stück nach dem Orte richten will, wo der Feind eine Arbeit unternimt die uns schädlich ist: so giebt man Acht, unter welchem Grade, und mit
was für Ladung das Stück am Tage diesen Posten getroffen,
und zeichnet hernach mit Kreide zwey Parallelen neben die
Laffetten=Räder auf die Bettung, um des Nachts gleiche
Richtung und Elevation zu behalten.

Wenn Anhöhen sich finden, wo man das Werk das
man angreift, oder die Straßen der Stadt, Marktplätze,
Casernen oder den bedeckten Weg dominirt, oder enfiliren
kann, so muß man hier eine Batterie von so großen Stücken als diese Entfernung fodert errichten. Findet sich aber
keine Höhe, so sucht man einen Posten, wo man diese Gegenden mit dem Ricochet enfiliren kann. Doch sind hierzu
nur Zwölf= und Acht=Pfünder nöthig, und die Vier= und zwan-
zig=Pfünder werden geschont. Man giebt zum Ricochet=Stü-
cke keine stärkre Ladung als es gebraucht, um die Kugel
mit der höchsten Elevation die man dem Stücke geben kann
nach dem Ziele hinzuwerfen. Denn alsdann springt die
Kugel mit vielen Sprüngen auf, und tödtet und verwundet
bey jedem Sprunge alles was sie trift. Will man mit
glühenden Kugeln feuern, so gräbt man gleich bey der Batterie ein großes Loch, macht viel Feuer, und setzt einen eisernen Rost für die Stückkugeln drauf. Sobald die Kugel
recht glüht, faßt sie ein Artillerist mit einer langen Zange,
und trägt sie bis an die Mündung des Stücks, um sie da
in

in einen eisernen Löffel zu legen, woraus sie der zweyte Canonier in das Stück laufen läßt. Der dritte Canonier giebt sofort Feuer, damit die Kugel den Vorschlag nicht durchbrenne. Man braucht die Setzkolbe nicht, sondern richtet das Stück hoch, damit die Kugel von selbst herunterrollt; und giebt ihm keine stärkre Ladung als es zum Elevationsschuß gebraucht, obgleich das Objekt horizontal liegt.

Beym gewöhnlichen Schuß wird das Stück an dem Orte geladen, wo es nach dem Abfeuern zurückfuhr. Pulver und Vorschlag kann man bey glühenden Kugeln zwar allerdings auch daselbst laden; die Kugel aber nicht eher, als wenn das Stück schon vor der Schießscharte steht, und gerichtet ist. Der Vorschlag muß von frischem Grase seyn, man könnte auch wohl zwey auffetzen, oder auch Spiegel von Kork oder grünem Holz auflegen und etwas feine Erde drauf werfen, und alles wohl stampfen.

§. 3.

Wenn die Kugel die Mauer senkrecht trift, so hat sie die meiste Gewalt. Man tracirt also die Batterien der Linie die man beschießen will parallel, in so ferne es geschehn kann ohne daß man dadurch enfilirt wird. Anfangs erreicht man beide Absichten leicht, besonders wenn man der Festung noch nicht nahe ist: kömmt man aber näher, besonders um die Flanken zu ruiniren die man in der Ferne nicht sieht, so ist man öfters gezwungen zufrieden zu seyn, daß man nicht gar zu schief steht, und man deckt sich durch Epaulements. Beschießt man die Brustwehr allein, so ist die äußerste Genauigkeit so nothwendig nicht.

Laufen die Werke die man beschießen will, nicht in einer einzigen geraden Linie, sondern in verschiednen Fronten fort; und man wollte dennoch durch eine einzige Batterie sie zu Grunde richten, weil man entweder an diesem Orte die Mauern am tiefsten sieht, oder weil der Boden sonst über-

Ff 5

all

all Felsen oder Sand ist: so errichtet man diese Batterie in
ein= und ausspringenden Winkeln, damit keine dieser Linien
enfilirt sey, und jede so viel möglich dem Werke das sie
beschießen soll, parallel liege.

Die sechzehn Vier= und zwanzig=Pfünder die ich verlangte
um die Face des Bastions zu beschießen, werden gemeiniglich
in drey Batterien vertheilt, davon die im Centro der Face
parallel läuft, und aus acht Stücken besteht; die vom rech=
ten Flügel sieht ein wenig links, die vom linken ein wenig
rechts, damit diese beiden Batterien zur Seite den Theil der
Mauer völlig zu Grunde richten, den die Batterie de Front
erschütterte. Man bedient sich dieser kreuzenden Batterien
gegen jede gerade Linie die man beschießt.

Der Officier der die Batterie commandiren wird, muß
sie auch bauen, damit der Bau mit aller Sorgfalt und
Richtigkeit geschieht: Das Terrain wird am Tage reco=
gnoscirt, und drauf des Nachts die Batterie durch vier
Schnüre und die gehörigen Pfähle tracirt. Die erste
Schnur bezeichnet den äußern, und die zwote den innern Rand
des Grabens: Drauf bleibt das Terrain zur Berme frey,
und sodann bezeichnet die dritte Schnur die äußre Linie der
Brustwehr, und die vierte die innre. Man verbindet die
erste und zweyte, und die dritte und vierte Linie, durch senkrech=
te Querlinien. Um die Winkel, wie man wünscht, zu er=
halten, bedient man sich zweyer Latten, die den verlangten
Winkel formiren, und befestigt sodann an dieselben die
Schnüre, so die Länge bezeichnen, sowohl als die so man
queerdurch zog, und gewinnt alsdann die gesuchte Richtung.
Die Tracirung geschieht des Nachts, doch werden noch
während der Dämmrung die Linien mit ganz niedrigen
Schanzkörben abgesteckt, damit man sich im Dunkeln nicht
irre. Alles geschieht in möglichster Stille, und man belegt
die Schnur mit Faschinen, damit die Arbeiter die Spur
nicht verliehren.

In=

Innerhalb der Batterie darf man kein Erdreich wegneh=
men, so weit die Bettung der Canonen reichen wird, da=
mit diese nicht zu tief zu stehen kommen, es wäre denn, daß
man es vortheilhaft fände die Batterie zu senken. Man
versäumt keine Vorsicht, um die Arbeiter zu decken, und ar=
beitet mit Ernst. Sobald die Morgendämmrung anbricht,
gehn alle Arbeiter in den Gräben die der Feind enfiliren
kann, und überhaupt von allen den Orten ab, wo sie noch
unbedeckt sind; die bedeckten aber bleiben stehn. Die Ar=
beiter im Innern der Batterie öfnen sich zuweilen in der er=
sten Nacht einen schmalen Graben, worinn sie des Tags
über stehen, und die Batterie=Socke (Genouillere) inwen=
dig verkleiden: Wird die Brustwehre in der Folge höher,
so wirft man Faschinen in die Schießscharten, und die Ar=
beiter setzen ganz ungehindert die Arbeit an der Bettung
und den Magazinen der Batterien fort. Ist endlich alles
an der Brustwehre fertig, so wird der kleine Graben wie=
der gefüllt.

Der Graben von der Front der Batterie ist gemeiniglich
oben zehn Fuß breit, unten aber acht, und sechs bis sieben
Fuß tief. Die Seitengraben sind oben acht Fuß breit, un=
ten sechs, und fünf bis sechs Fuß tief. Fehlt es an Erde,
so vermehrt man die Tiefe oder Breite, oder man führt,
von den nebenliegenden Transcheen ab, einen andern kleinen
Graben bis hinter die Bettung.

Die Berme, oder der Raum zwischen dem Graben und
der Brustwehre der Batterie, ist drey bis vier Fuß breit,
und dient, damit die Arbeiter im Graben, die Erde die sie
nicht weit genug rückwärts werfen können, hier hin werfen,
wo sodann andre Arbeiter stehn und sie aufnehmen. Als=
dann dient sie, die Erde von der Brustwehre, die sich los=
giebt, aufzuhalten; und wenn die Brustwehre wieder gebes=
sert wird, daß die Arbeiter drauf stehn. Wenn irgends
ein Werk von der Festung die Flanke der Batterie faßt, so
deckt

deckt man sie durch ein Epaulement, das wenigstens achtzehn bis zwanzig Fuß dick seyn muß, und wo möglich die
Flanken so weit bedeckt, als der Schuß des Merlon von
vorne reicht, damit folglich zu allem in der Batterie Raum sey.

Man nennt den untern Theil der Batterie, von der
ebnen Erde an bis zu den Schießscharten, die Batteriesocke
(Genouilliere); die Höhe richtet sich nach der Affette des
Stücks, und der Lage der Bettung, ob diese nehmlich der
Erde gleich, oder erhöht, oder gesenkt ist. Der Merlon
ist gemeiniglich sechs bis sieben Fuß höher als die Genouilliere, und zwanzig bis fünf und zwanzig Fuß dick, und
von innen achtzehn Fuß breit, von aussen aber nur zwölf.
Je höher sie sind, desto größer muß die Böschung seyn, damit das Werk nicht einstürze, folglich sind die Merlons
oben etwan gegen anderthalb Schuh weniger stark.

Macht man die Batterie von Schanzkörben oder Fässern, so nimt man von innen Anfangs vier, sodann in
zweyter Reyhe drey, und in der äussersten endlich zwey.
Baut man die Batterien aus Sandsäcken, mit Faschinen
und Pfählen befestigt, wie im sumpfigten Terrain oft nothwendig ist, so beobachtet man das nehmliche Verhältniß.

Bey tief gesenkten Batterien kann man zuweilen selbst
den Boden zur Genouilliere, und vielleicht gar zu einem
Theile des Merlon nehmen. Ist die Erde voll Steine, so
muß man die Wände mit Faschinen verkleiden.

Die Schießscharten sind von innen zwey, und von aussen sieben bis neun Fuß breit, damit man weit um sich sehen könne, und die eignen Kugeln nicht dem Merlon schaden: Machte man die Oefnungen breiter, so träfe sie der
Feind zu leicht. Man muß wohl darauf sehen, daß sie
auf beyden Seiten gleich ausgeschnitten werden, damit nicht
der Merlon auf der einen Seite schwächer sey, als auf der
andern.

Die

Die Bettung besteht aus sechzehn bis achtzehn Bohlen oder Dielen, jede einen Schuh breit, und zwey bis dritte-halb Zoll stark. Die erste Diele, zunächst am Parapet, ist ohngefähr neun und einen halben Fuß lang, die folgenden sind jede um einen halben Schuh länger, so daß die Bet-tung gegen das Ende auf siebzehn bis achtzehn Fuß breit wird, damit man das Stück herum schwänzen könne. Da-mit die vordre Diele nicht weicht, wird oben ein kleiner Balken vorgelegt, der ohngefähr neun Schuh lang ist, und zehn Zoll ins gevierte hat; man nennt ihn die Queer-rippe (Heurtoir). Die letzte Diele befestigt man mit Pflöcken die man fest in die Erde eintreibt. Zuweilen legt man Balken oder so genannte Rippen unter die Pfosten und nagelt sie brauf; alsdann ist jedes Bret gut, wenn es auch kurz ist. Die Bettung muß hinten wenigstens um vier Zoll höher seyn als vorne, damit man das Stück desto leichter wieder zur Scharte bringen kann. Weil zuweilen die Stücke, weiter als es seyn sollte, zurückfahren, so macht man auch hinter der Bettung, auf achtzehn Fuß breit, das Terrain derselben eben und gleich. Man muß den Boden unter den Dielen abgleichen, und die Steine weg-nehmen, sonst spalten die Dielen. Muß man beym Abglei-chen fremde Erde zuführen, so muß man sie anfeuchten und fest stampfen, damit sie nicht nachgebe. Wird bey starkem Regen der Boden weich, so muß man die Dielen aufnehmen, und gute Erde beyschaffen. Auf Morast wirft man zwey bis drey Lagen Faschinen, auf diese starke durch einander geflochtne Aeste, und über diese sodann erst die Erde worauf die Bettung ruht.

§. 4.

Vier und zwanzig Fuß hinter der Bettung öfnet man auf jeder Seite der Batterie eine Grube, daß für jedes Stück ein oder zwey Fäßchen Pulver drinnen stehen können. Zehn, zwölf, bis zwanzig Klaftern hinter diesen kleinen Magazinen,

und

und dem Centro der Batterie gegenüber, gräbt man das
größre Magazin aus, das sechs bis acht Fäßchen Pulver
für jedes Stück faßt. Bestreicht das Feuer vom Plaß
den Weg von den kleinen Magazins nach der Batterie, so
öfnet man sich durch Gräben eine sichre Gemeinschaft, so
auch von dem großen Magazine nach den kleinern: Die leßtern
müssen tief und breit genug seyn, daß man die Pulver=Fäs=
ser in aller Sicherheit fort rollen kann; und man nimt
mit Sorgfalt alle Steine aus, um die Feuersgefahr zu
vermindern. Rings um den Keller giebt man der Erde
einen Abschuß, damit das Wasser von außen nicht einbringe;
Man bedeckt ihn gegen den Regen mit einem Dache. Vor=
wärts von allen den großen, so wie den kleinen, wirft man
ein Epaulement auf, lehnt lange Balken dran, und belegt
diese mit Faschinen, die Faschinen mit Erde, um sicher
gegen die feindlichen Bomben zu seyn. Vielleicht könnte
man auch die Wege, vom großen Magazine nach den kleinen,
mit Bohlen, Faschinen, und Erde bedecken. Es ist bekannt,
daß noch ein andrer Boyau von der Transchee nach dem gro=
ßen Magazine führt. Vor dem großen Magazine steht
eine Schildwache mit Pike oder Degen, und läßt niemand
herzu der nichts drinn zu schaffen hat.

§. 5.

Man führt die Stücke bey Nacht auf die Batterien,
in möglichster Stille, und wo möglich auf den Affetten; wenn
aber die Wege zu schlecht sind, auf ihren Wagen. Oft
schneidet man sich durch die Transcheen durch, um bösen We=
gen oder Umschweifen zu entgehn; der Train aber muß
sodann zeitig genug wieder zurück, auf daß mit Anbruch des
Tags die Lücke wieder geschlossen sey.

Affetten, Räder, Achsen=Nägel, Faschinen, Pflöcke,
Schlägel, Hauen, Aerte, Faschinen=Messer, Nägel, Trag=
körbe, Wassertonnen, Schaffelle, ein ganzes Ladungs Zeug
in Reserve für jedes Stück, ein Hebebock und eine Fuhr=
manns=

manns-Winde, um das Stück, wo es nöthig, wieder auf die Affetten zu heben; dieß alles muß bey jeder Batterie sich finden, und wird auf dem Terrain zwischen den Magazinen vertheilt. Die Kugeln und Vorschläge liegen zwischen den Stücken.

§. 6.

Jede Batterie sollte ihren eignen Commandeur haben, der so lange sie spielt nicht abgelöset wird, damit er Ehre oder Schande von seinem Posten erhält. Unter ihm steht ein Sergeant und ein Corporal zur Ordonnanz, die beide lesen und schreiben können, und gleichfals nicht abgelöset werden.

Sind die Artilleristen, wie es seyn sollte, im Stande ein Stück zu richten, so commandirt man nicht mehr als einen einzigen Officier zu jeglichen vier Stücken, die aber sämmtlich unter dem Commandeur der Batterie stehn, und folglich nicht von gleichem Range seyn sollten. Verstünden aber die Artilleristen ihre Kunst nicht, so muß freylich bey jedem Stücke ein Officier seyn, besonders wenn man die Batterien niedriger Werke zum Schweigen bringen will: Denn Bresche schiessen kann doch vermuthlich ein jeder der Artillerist heißt.

Ich rechne auf jeden Vier- und zwanzig-Pfünder zwey Artilleristen und sechs Soldaten, die jederzeit vier und zwanzig Stunden vor- und vier und zwanzig Stunden nach dem Dienste von allem frey verbleiben müssen: damit aber nicht stets neue Leute auf die Batterie kommen, müssen die Regimenter im voraus zu jedem Stücke achtzehn Mann commandiren, die beständig bey demselben verbleiben, und so lange sie bey den Batterien dienen, Löhnung wie gemeine Artilleristen empfangen. Man muß starke und herzhafte Leute dazu wählen: Giebt es bey den Artillerie-Regimentern Füseliers, so nimt man diese. Die Ricochet- und

enfili-

enfilirenden Batterien, und wo man mit glühenden Kugeln
schießt, spielen nicht so stark als die andern, so die feindlichen
Batterien demontiren oder Bresche schiessen sollen.   Ich
rechne daher nur zwey Canoniers und vier Soldaten auf jedes
Stück, und zwey Ablösungen.   Die Officiers auf den Batterien, den Commandeur ausgenommen, werden alle vier
und zwanzig Stunden abgelöset.

§. 7.

Die Officiers oder Artilleristen so die Stücke richten,
müssen sich bereden nach welchem Theil der Mauer jedes
Stück feuern soll.   Man richtet das Stück entweder vermittelst eines Quadranten, oder durch das bloße Zielen: ich
gebe der ersten Methode den Vorzug, besonders wenn man
aus verdeckten Schießscharten feuert, wie die Folge lehrt.

Die erste Salve die die Batterie giebt, sollte nicht
von allen Stücken zugleich, sondern von jedem einzeln nach
dem andern gegeben werden, damit man jeden Schuß
beobachten, und sich bessern könne.   Man muß aber alsdann lieber zu niedrig als zu hoch richten, weil der aufflie-
gende Staub den Fehler am schnellsten und richtigsten zeigt.
Hat man das Ziel gefunden, so behält man die Richtung:
doch müssen zwey Probeschüsse geschehen, der erste, wenn
das Stück kalt und mit sechzehn Pfunden geladen ist, der
andre, wenn das Stück schon heiß ward, und nur zwölf
Pfund Ladung hat.   Gehn die Schüsse bey einem einzelnen
Stücke immer fehl, so muß man untersuchen, ob Stück,
oder Bettung, oder Artillerist daran Schuld ist, damit
man die nöthige Aendrung treffe.   Die Generals von den
Transcheen, und der commandirende General, müssen oft
die Batterien besuchen, um die Officiers und Gemeinen
durch Lob und Belohnungen zu ermuntern.

Indeß der Officier oder Artillerist das Stück richtet,
lüften zwey Soldaten die Stückkammer mit Hebebäumen,

um die Richtkeile so viel als nöthig unterzuschieben. Zwey andre halten sich fertig, den Lavettenschwanz zu rücken, wie es der Richtende will. Auf jeder Seite des Stücks steht ein Constabler. Der erste zur Rechten schüttet das Zünd= kraut auf. Der zweyte hält sich fertig, auf Befehl Feuer zu geben, und hält die rechte Schulter etwas vor. Die Zündruthe ist lang, damit er sich besser durch den Merlon decken kann, und wenn die Zündlöcher groß werden, nichts von der Flamme leidet.

Hat der Artillerist zur Rechten das Zündkraut aufge= schüttet, so nimt er eine eiserne Stange, oder starken Hebel, um ihn unter die Räder des Stücks zu legen, wenn es zurück gerollt ist; sonst geht es von selbst wieder vorwärts.

Kömmt der Wind von der Seite, so feuert man die Stücke unterhalb Windes zuerst ab, damit der Rauch die andern nicht hindre. Will man auf croisirenden Batterien Feuer geben, so steckt der Commandeur der Batterie vom Centro, wenn er fertig ist, eine kleine Fahne auf, und so= dann die andern gleichfalls. Nimt man die Fahne weg, so geben alle drey Feuer.

Der Artillerist zur Linken hat einen ledernen Sack für dreyßig bis vierzig Pfund Pulver, die er aus dem kleinen Magazine holt. Die Oefnung, wo man das Pulver ein= und ausläßt, ist wie das Mundstück an einem Schrotbeu= tel, aber weit offen; und man läßt das Pulver durch einen Trichter rinnen, und verschließt die Oefnung durch einen höl= zernen Pfropf, der mit einem Schnürchen an dem Sacke hängt.

Der Constabler zur Rechten reicht dem andern die La= deschaufel gerade vor der Mündung des Stücks, und ladet sie voll, und sodann das Pulver ins Stück bis auf den Grund der Seele: Die Ladeschaufel hat ihre Zeichen, wie weit drey und vier und fünf Pfund Pulver gehn, und so ferner, weil sie nur acht Pfund Pulver faßt, und der Vier und Zwanzig - Pfünder stärkre Ladung fodert. Wenn die Ladeschaufel zum zweytenmahle eingebracht wird, legt der andre Artillerist seinen Sack ab, und trit wieder an seine Stelle.

Von den sechs Soldaten steht der eine mit zwey Vorschlägen zur Linken, der andre mit der Kugel zur Rechten, der dritte so nahe am Stücke, das er das Zündloch mit der Hand erreichen könnte. Die andern versetzen die Schießscharten mit Faschinen, oder schieben die Blendung vor, oder schaffen Pulver aus dem großen Magazine in die kleinen, oder füllen Pulver in den Sack, oder machen Vorschläge. Ist aber das Stück geladen, so müssen sie alle sechs bey der Hand seyn, um es wieder vor die Scharte zu bringen.

Sobald der Artillerist zur Rechten die Ladeschaufel zum letztenmahle aus dem Stücke zieht, setzt der Soldat zur Linken den Vorschlag ein, und beide Canoniers stossen ihn mit dem Setzkolben fest auf; drauf kömmt die Kugel vom Soldat zur Rechten, und wieder ein Vorschlag vom Soldat zur Linken, den die Constabler mit dem Setzkolben wieder aufsetzen. Der dritte Soldat hält den Daumen auf das Zündloch, und wird das Stück heiß, ein Leder drauf, oder Gras. Drauf wird das Stück vor die Schießscharte gebracht, wie schon unter dem Artikel von den Schlachten gezeigt ward. Je öfter man mit dem Wischer das Stück auswäscht, desto weniger erhitzt es sich, und desto weniger laufen die Artilleristen Gefahr. Feuert man mit Patronen, so muß es nach jedem Schuß geschehn.

Man rechnet gemeiniglich zehn Schuß auf die Stunde, und läßt nach dreystündigem Feuer das Stück eine Stunde ruhen. Doch kann man hierüber keine gewisse Regeln geben, sondern es kömmt darauf an, wie früh oder wie spät das Stück sich erhitzt. Im Sommer wählt man gemeiniglich die Mittags - Stunden zur längsten Ruhe; in sehr

war-

warmen Tagen, und wenn man das Objekt nicht fehlen kann, ists vielleicht eben so gut, die ganze Nacht durch zu feuern, weil alsdann der Feind um so weniger im Stand ist, das Niedergeschoßne wieder zu beßern.

Wenn die Batterie unter dem Flintenschuß der Festung liegt, so versetzt man die Schießscharten mit zwey halben Blendungen, die inwendig auf einer Art von Leuchterfuße (Chandelier) ruhen, und eine Oefnung für die Mündung des Stücks haben: wird aber das Stück abgefeuert, so öfnet man sie wieder mit zwey Schnüren, damit sie nicht von dem Schuß springen. Hat man keine solche Blendungen, so bindet man soviel Faschinen zusammen, als nöthig, um die Höhe und innre Weite der Schießscharte zu füllen. Man deckt auch das obre der Batterien mit großen Faschinen, besonders wenn die Stücke weiter zurück fahren, als sie sollten, und folglich die Brustwehre beym Laden nicht ganz bedeckt. Die Richtung der Stücke wird bewahrt, wie in der Nacht.

Wenn die Batterie ruht, so ergänzt man die kleinen Magazine aus dem großen, die großen aus dem Park. Man schafft die leeren Fässer zurück, kehrt das verstreute Pulver weg, und netzt den Boden mit Wasser. Man bringt die demontirten Stücke auf Affetten, bessert die Bettungen, die Dächer von den Magazinen, und so ferner.

Den Abgang der Munition in den großen Magazinen zu ersetzen, werden vom Train der Artillerie und des Commissariats, Pferde, Maulesel und Mannschaft commandirt; die kleinen Thiere sind die besten, weil die Brustwehre der Laufgräben sie am besten deckt. Vierzig Schritt vom Magazine wird alles abgeladen, damit kein Hufeisen in der Nähe des Magazins Feuer schlägt. Die Pferde oder Maulesel bleiben jeder fünf und zwanzig Schritt von dem andern, damit, wenn ein Unglück geschieht, es nicht

all

allgemein wird. Ziemlich weit vor dem Convoi geht ein
Officier und läßt alle Feuer auslöschen.

Von den vierzig Schritten ab, wird das Pulver auf
der Achsel oder Tragbahren nach dem Magazine getragen,
wo ein Officier und die Ordonnanzen der Batterie alles in
Empfang nehmen. Weil man den Abgang oft am Tage
ersetzen muß, so wählt man die Stunden, wo die Batte=
rien des Feindes ruhen. Fehlt es dem Commandeur der
Batterien an Arbeitern zu irgend einem Behuf, oder an
den Sachen selbst, so läßt ers dem Major von der Tran=
schee wissen, und dieser sodann weiter dem General, zu
dessen Departement das fehlende gehört. Nichts wird ohne
Schein verabfolgt, sonst sind die Unterschleife unglaublich:
denn ich bin ein Zeuge, daß man einst nach einer Belagrung
vier hundert Centner Pulver, das man als verschossen in
der Rechnung führte, an fremde Schiffer verkaufte.

Anmerkungen über die am Ende des Werks bey= gefügte Tabelle des Herrn von St. Remy, von dem was zum Dienst und zur Errichtung einer Batterie von Vier und zwanzig=Pfündern noth= wendig ist.

§. 8.

Der Herr von St. Remy rechnet für jede Batterie, sie
sey groß oder klein, ein Epaulement von drey Klaftern:
Braucht man nun keins, so gehn die darauf gerechneten
Arbeiter ab, braucht man es größer, so vermehrt man
ihre Zahl nach Verhältniß. Die Merlons haben nicht
mehr als sechzehn Fuß innre Breite.

Die kleinen Faschinen der neunten Colonne braucht man
nur im Nothfall, wenn die andern mangelten, denn die
Arbeit wird mit den großen besser gefördert und dauerhafter.
Die großen Pflöcke gehören zu den großen, die kleinen zu
den

ben kleinen Faschinen. Man rechnet auf jede drey Schuß von der Faschine einen Pflock. Zur Genouilliere kommen Faschine an Faschine: Zwey Faschinen von acht bis neun Fuß bekleiden inwendig die ganze Breite des Merlons: Eine einzige von zwölf Schuhen seine äußre, und zwey seine Wand gegen die Schießscharte. Ein Mann verfertigt, wie St. Remy sagt, auf den Tag zehn bis zwölf große, oder sechzehn bis achtzehn kleine Faschinen mit ihren Pflöcken; die Bänder dürfen durchaus nicht von Stroh seyn.

Muß man die Erde von ferne holen, oder zuweit werfen, so braucht man Körbe, und muß sobann um so mehr Arbeiter haben.

Ist die Artillerie des Feinds furchtbar, so muß man die Erde von der Batterie feucht machen und rammeln, wozu man also Wassertonnen und Rammen gebraucht. Diese Arbeit sowohl als die Verkleibung, der äußern Brustwehre mit Faschinen, kann nur des Nachts geschehen, und ist man unter dem Flintenschusse des Feinds, so deckt man sich durch Blendungen von Balken und Bohlen, oder durch Chandeliers die mit Faschinen ausgefüllt werden. Beides wird außerhalb des Grabens gesetzt, und mit Anbruch des Tags wieder weggerissen.

Die Zeit, da eine Batterie fertig seyn kann, ist durch keine allgemeine Regel zu bestimmen, weil sich oft Schwierigkeiten bey der Errichtung derselben zeigen, die man durch die Zahl der Arbeiter nicht überwinden kann.

Zuweilen ists so entscheidend wichtig, die Bresche geschwind zu legen, daß man nicht einmahl drauf denken darf die Artillerie zu schonen; als z. E. wenn man dadurch den Minen und Abschnitten des Feinds oder seiner Verstärkung zuvor kömmt, wenn Lebens = Mittel oder Fourage zu mangeln anfängt, oder die Armee bald aufbrechen muß, um den Entwürfen des Feinds zuvor zu kommen. In solchen Fällen können des Tags auch wohl hundert und funfzig

Schuß

Schuß aus dem Stücke geschehen, und man feuert Tag und Nacht.

Ich rechne auf sechs bis sieben hundert Schuß einen Karren voll Heu oder Gras zu den Vorschlägen, und zwey Rollen Lunte. Anfangs ladet man den Vier und zwanzig=Pfünder mit sechzehn Pfund feinem Pulver, nach den ersten acht bis zehn Schüssen nimt man ein halb Pfund we=niger, und fährt mit dieser Verminderung fort, bis man endlich bey eilf und zwölf Pfunden stehn bleibt. Doch muß die Kugel stets die Gewalt haben die sie braucht. Denn sechs gute Schuß sind besser als zehn schwache.

Von den Batterien für Mörser.

§. 9.

Bomben die man wie Kugeln gegen Wälle von Erde, oder wo die Bekleidung schon liegt, abfeuert, würden aller=dings trefliche Dienste thun, und weit mehr als Kanonen=Kugeln ausrichten: Die Schwierigkeit aber ist die Brand=röhre zu retten, daß die Erde sie nicht erstickt. Wäre es dann nicht möglich, Mörser mit Spalten zu machen, die entweder oben oder seitwärts vom Anfang der Mündung bis gegen den Pulver=Vorschlag herunter liefen? Alsdann gäbe man der Bombe zwey Brandröhren, oder wenn der Spalten zwey sind, drey, davon die eine zur Mündung, die andern zu den Spalten heraussähen, die letztern aber weiter als gewöhnlich an der Bombe heraus stünden, damit man sie bequem anzünden könnte. Diese Erfindung fodert allerdings mehr Pulver, weil ein Theil aus den Spalten fliegt, und man müßte daher den Kammern eine andre Gestalt geben, vielleicht würden auch die Affetten zu stark dadurch leiden. Könnte man nun diesem allem nicht abhel=fen, so wäre es vielleicht besser zwo Rinnen inwendig in der Seele des Mörsers zu führen, die etwas breiter und tie=fer seyn müßten, als die Bombe an dem Ort ist, wo man die

Brand=

Brandröhren anbringt. Doch müßten die Röhren kurz seyn, theils damit man die Rinnen nicht allzu tief aushölen müßte, theils auch damit sie fester halten. Was man dem Metall von innen nimt, muß man von außen wieder zugeben, damit es nichts von seiner Stärke verliehrt: Unten aber an beiden Rinnen, und in der Gegend wo die Brandröhren liegen werden, kommen die Zündlöcher, um Zündkraut aufzuschütten.

Trift die Bombe alsdann mit der vordern Brandröhre, so kann allerdings die Erde alle drey verlöschen: aber das ist nur ein einziger möglicher Fall, da statt dessen das Gegentheil drey Möglichkeiten hat; und vielleicht könnte man auch dem ersten durch eine vierte Brandröhre abhelfen, die bis an die Kammer des Mörsers reicht, und durch die Ladung selbst entzündet wird. Die Gewalt des Pulvers zu behalten, obgleich die Ladung nicht aufgesetzt wird, müßte man einen Spiegel von Holz nehmen, und ein Loch für die Brandröhre darein schneiden. Allerdings haben diese Vorschläge vielleicht noch Schwierigkeiten genug: Doch käme es auf einen Versuch an. Der Boden solcher Bomben dürfte alsdann nicht schwerer seyn als der Rest, wie bey den gewöhnlichen Bomben geschieht, damit sie allezeit mit der Brandröhre auswärts fallen. Die Batterien wären wie gewöhnlich; doch müßten die Schießscharten etwas ofner seyn, die Mörser selbst aber nicht zu unbehülflich und schwer, und länglicht, damit man sie wie die Haubitzen auf Stückaffetten bringen könnte.

§. 10.

Die Bomben die man nach dem gewöhnlichen Gebrauch im Bogenschuß wirft, thun große Wirkung gegen die Brustwehren, weil die Merlons nicht stark genug sind ihr hinlänglichen Widerstand zu thun: Gegen die Terreplains aber, wo der Widerstand größer ist, richten sie nur wenig aus, und

G g 4   man

machen selten ein größer Loch als die doppelte Breite ihres
Diameters, und etwan anderthalb Fuß tief.

Die großen Mörser die man heut zu Tag bey den Armeen gebraucht, haben zwölf Zoll und sechs oder acht Linien
im Diameter; die Bombe die sie werfen hat eilf Zoll und
acht Linien, oder zwölf Zoll, und wiegt ohngefähr hundert
und breyßig Pfund. Man bestimmt den Caliber des Mörsers durch seine Weite im Lichten, das ist, durch die Weite
seiner Mündung ohne das Metall: Die Bombe hingegen
mißt man von außen, mit dem Eisen, in ihrem größten Umfange, und nimt davon den Diameter als den dritten Theil
der Peripherie. Ich ziehe den größten Theil von allem dem
folgenden Detail aus den Memoires des Herrn von St.
Remy, die ich aufs äußerste hochschätze.

Die Kammer des Mörsers ist entweder Cylindrisch,
das ist, überall von gleicher Weite, oder Conisch unten enger,
als oben, oder Sphärisch rund, oder in der Gestalt einer
Birne und oben enger als unten, oder Parabolisch wie eine
halbe Ovale.

Der Mörser mit der Cylindrischen Kammer treibt, mit
einer Ladung von fünf bis sechs Pfund Pulver, die Bombe,
unter der Elevation von fünf und vierzig Graden, bis auf
sieben hundert Klafter weit.

Die sphärischen Kammern sind sich ungleich: einige fassen
acht Pfund Pulver, werfen die Bombe auf zwölf hundert
Klafter, und der Mörser wiegt zwey tausend Pfund:
Andre halten zwölf Pfund, werfen auf vierzehn hundert
Klafter, und der Mörser wiegt zweytausend und fünf hundert Pfund: noch andre halten gar achtzehn Pfund und
werfen auf achtzehn hundert Klafter: Aber sie wiegen
fünf tausend Pfund, und zerschmettern die Schildzapfen
und Affetten, wenn sie auch von Eisen oder Metalle sind,
so leicht, daß man sie fast nirgends gebrauchen kann, als
auf den Schiffen, weil diese nachgeben, und folglich die
Affet-

Affetten weniger leiden.   Die Birnförmigen Kammern faſſen weniger als die ſphäriſchen, und treiben weiter als die
Cylindriſchen und Coniſchen. Die Paraboliſchen aber vereinigen beide Vortheile.   Denn der gröſte Theil des entzün-
deten Pulvers wirkt in gerader Linie gegen die Bombe, um
ſie aus dem Mörſer zu treiben, und es verliehrt ſich nichts
von ſeiner Gewalt gegen die Wände der Kammer, wie bey
den Sphäriſchen und Birnförmigen Kammern geſchieht,
wo jede Kraft des Pulvers die nach den Seiten geht, ſeine
Kraft vorwärts gegen die Bombe vermindert, und beſto
gewaltſamer auf den Mörſer ſelbſt und die Affette wirkt.

Die kleinen Mörſer von acht Zoll vier Linien werfen
eine achtzolligte Bombe von vierzig Pfund, der ſechszolligte
Mörſer eine zwanzig pfündige; die erſten mit einer Ladung
von ſieben viertel Pfund Pulver, der andre mit fünf viertel.
Die Kammern ſind für itzt meiſt Birnenförmig.   Ich ziehe
die ſechszolligten vor, weil ſie weniger koſten, und die Grenaden nicht zu tief in die Erde einſchlagen, und flach über
derſelben ſpringen.

§. 11.

Weil es bey den Batterien für die Mörſer nicht unumgänglich nothwendig iſt, daß man von daraus den Platz
ſieht, wenn man nur von einer andern Höhe oder vortheil-
haftem Orte die Richtung der Bomben beobachten kann: ſo
legt man die Batterien wo möglich in einem Thale oder
Tiefe an, da ſie der Feſtung nicht ins Geſicht fällt, und
man keinen zu hohen Aufwurf gebraucht. Die Bruſtwehren
werden gebaut wie zu den andern Batterien, jedoch ohne
Schießſcharten.

Die Bettung des Mörſers wird mindeſtens auf zwey Fuß
weit von der Bruſtwehre entfernt, und ihre Breite iſt von
ſechs Fuß: zwiſchen jeglichen zweyen bleibt ein leeres Terrain
von gleicher Breite, wo man die Vorſchläge und die Erde
hinlegt, die man bey der Ladung gebraucht.

Die

Die Bohlen sind bald vier, bald fünf, bald sechs Zoll stark, nach Beschaffenheit des Mörsers, und werden alle in einander gefügt; die Fugen werden einen Zoll breit und bis zur halben Dicke der Bohle eingeschnitten, und wenn man noch dem Mörser nicht traut, alles mit Bolzen oder starken Nägeln befestigt.

Die Länge der Bettung ist neun Fuß, und wird gemeiniglich horizontal gemacht; doch wäre vielleicht hinten eine kleine Erhöhung von zwey bis vier Zoll gut, wenn die Mörser, besonders die Haubitzen, auf Räderaffetten stehn, damit man sie desto leichter wieder zur Batterie bringen könnte.

Funfzehn bis zwanzig Schritt hinter der Bettung sind die kleinen Magazine der Batterie, hundert Pfund Pulver und sechs bis acht Bomben auf zwey Mörser gerechnet.

Funfzig bis sechzig Schritt weiter rückwärts, dem Centro der Batterien gegenüber, gräbt man, vier bis fünf Fuß tief in die Erde, das Magazin für die Bomben aus, zwanzig bis fünf und zwanzig Stück auf den Mörser gerechnet. Noch breyßig Schritt weiter rückwärts, auf beiden Seiten der Batterien, gräbt man die zwey großen Pulver-Magazine. Die Magazine dürfen nicht stärker gefüllt seyn als nöthig. Die Bomben dürfen nicht in Schichten über einander, noch auch zu nahe bey einander liegen. Man füllt sie nicht weit von den Laufgräben oder dem Park der Artillerie, doch sicher vor der Artillerie des Feinds, und niemand darf sich dem Orte auf hundert Schritt weit nahen. Die Vorsichten in den Magazinen sind die nehmlichen, die bereits erwähnt worden.

Zu jedem Mörser gehört ein Pulvermaaß von Blech, mit einem Henkel und den gehörigen Zeichen, die Stärke der Labung zu wissen.

Vier Hebel, zwey eiserne Haaken an Stricken, und ein Stock, um die Haaken in die Henkel der Bombe zu hängen,

gen, und sie auf solche Art zu tragen. Hat die Bombe
keine Henkel, so trägt man sie auf einer Bahre, oder in
einem Korbe. Vorschläge und durchgesiebte Erde. Eine
Spate und eine Schaufel. Ein hölzerner Setzkolben, nicht
völlig so dick als die Kammer weit ist, um den Vorschlag
und die darauf geschüttete Erde zusammenzustossen.

Ein andrer und stärkrer Setzkolben, die Erde, welche
unten in die Seele des Mörsers geschüttet wird, damit
fest zu stossen.

Ein hölzern Messer, einen Schuh lang, um die Erde
an die Bombe zu legen. Feuert man geschwinde, so schlägt
man ein Schaaffell mit auswendig gekehrter Wolle um die
Bombe, worauf sie ganz gut im Mörser liegt, und man
die Zeit mit der Erde spart.

Zwey Setzkeile von hartem Holz. Ein Kratzeisen, an
einem Ende schmaler als am andern, um beides die Kammer und die Seele des Mörsers zu reinigen. Ein Borstwisch. Ein eiserner Löffel. Alle diese Instrumente liegen
an der Brustwehre in Ordnung.

Wassertonnen.

Der Bombardier braucht eine Zündruthe, ein Pulverhorn und zwey Raumnadeln. Der richtende Officier einen
Quadranten.

Die Batterie muß ihren eignen beständigen Commandeur haben; die unter ihm stehenden Officiers werden, so
wie die Mannschaft, alle vier und zwanzig Stunden abgelöset, und haben sodann vier und zwanzig Stunden frey.
Da die Mörser nicht so oft feuern als Stücke, so kann wohl
ein einziger Officier drey derselben zugleich versehen. Zwey
Bombardiers und zwey Soldaten gehören zu jeglichem Mörser, die Hälfte zur Rechten, die Hälfte zur Linken.

Der Bombardier zur Linken schüttet das Zündkraut
auf, ohne es zu reiben: Der Bombardier zur Rechten kra-

het

ßet die Brandröhre ein wenig auf, und schüttet Pulver
drüber. Beide Bombardiers ergreifen drauf ihre Zünd=
ruthen, die bisher zehn bis zwölf Schritt weit hinter der
Wettung standen; sobald der Officier Befehl giebt Feuer
zu geben, zündet der zur Rechten die Brandröhre, und
wenn diese recht brennt, feuert der Linke den Mörser ab.

Einer von den Bombardiers holt nun Pulver, und der
andre reinigt den Mörser mit dem Kratzeisen, Borstwisch
und Löffel: Die Soldaten kehren das verstreute Pulver zu=
sammen, und begiessen die Stelle mit Wasser.

Der Bombardier zur Linken räumt das Zündloch mit
der Nadel, und schüttet Pulver in den Mörser. Der zur
Rechten setzt den Vorschlag von Gras auf, und der andre
giebt drey vier Stösse mit dem kleinen Setzkolben nach.
Sodann füllt der Bombardier zur Rechten die Kammer
wohl mit Sande aus, und der zur Linken giebt mit dem
kleinen Kolben acht bis zehn Stösse.

Der Bombardier zur Rechten schüttet zwo Schaufeln
voll Erde in den Mörser, damit die Bombe drauf ruhe,
und der andre stößt sie mit dem großen Setzkolben.

Die Soldaten bringen indeß Bomben aus dem großen
Keller nach dem kleinen, und eine zum Mörser.

Der Bombardier zur Linken legt sie mit Hülfe der
Soldaten wohl mitten in den Mörser, und der zur Rech=
ten verdämmet sie mit Erde, der zur Linken legt die Erde
mit dem Messer an.

Beide Bombardiers stossen ihre Hebebäume unter die
eisernen Bolzen des vordern Theils von der Affette, und
schieben, die Soldaten thun das nehmliche am untern Theile
der Affette.

Auf die Brustwehre der Batterie wird vor jedwedem
Mörser ein kleiner Stab aufgesteckt, damit der Officier
beym Richten sein Absehen nach eben dem Orte nehme,
wo=

wohin er zuvor richtig geworfen. Wirft man nach einer Bruſtwehre, ſo bekömmt die ganze Batterie eine ſchiefe Stellung gegen dieſelbe, damit, wenn die Bombe auch etwas weiter oder kürzer fällt, der Wurf dennoch nicht verlohren ſey. Die Officiers theilen die Gegenden unter ſich ein.

Soll ſodann die Mündung des Mörſers gegen die rechte Hand gewendet werden, ſo ſetzt ein Soldat den Hebebaum unter den vordern und linken eiſernen Bolzen, der andre unter den hintern Bolzen zur Rechten: Beym Linkörichten das Gegentheil.

Um dem Mörſer ſeine Elevation zu geben, ſtoſſen beide Soldaten ihre Hebebäume unter den Mörſer, und lüften ihn ſo hoch als nöthig, daß der Richtkeil eingeſetzt werden kann. In der Nacht erhält man die Richtung wie bey den Stücken.

Die Würfe zu beobachten, ſtellt man einen Officier auf einen Poſten, wo er den Theil den man bombardiren will ganz überſieht, und ſodann Wurf vor Wurf aufſchreibt wie weit man gefehlt. Dieſer Zeddel wird nach der Batterie geſchickt, wo man ſich mit der Elevation ſo lange ändert, bis alles gut iſt. Bomben die ein Gewölbe oder Gebäude zerſchmettern ſollen, müſſen mit großer Elevation geworfen werden, um die Gewalt des Falls zu vermehren: Zielt man auf Leute, ſo iſt der niedrige Wurf gefährlich. Stehn die Batterien nahe an der Feſtung, ſo ſpielt man ſie auch mit dem Ricochet; Sind alsdann die Bomben durchaus gleichſtark von Eiſen, ſo ſpringen ſie öfter als beym Gegentheile.

Wann die Bomben nicht ſpringen, ſo iſts entweder weil der Satz der Brandröhren nicht taugt, oder weil ſie nicht feſt eingeſetzt ſind. Die man gegen Menſchen braucht, läßt man zuweilen in der Luft ſpringen, wo die Stücke um ſo mehr Schaden thun, weil man ihnen nicht ausweichen kann, wie der Bombe ſelbſt.

Von

Von Batterien für Stein-Mörser.

§. 12.

Der Stein-Mörser hat eine konische Kammer und ohngefehr funfzehn Zoll im Lichten, wiegt tausend Pfund, braucht keine starke Ladung, und trägt auf hundert und funfzig Klafter. Man bedient sich desselben gegen den bedeckten Weg und die Arbeiter des Feinds, vorzüglich auf der Bresche, wo man durch die Bomben die Bresche selbst verderben, und weniger gangbar machen würde. In der Nacht thun sie vorzüglichen Schaden, weil man sie nicht sieht. Deckt sich der Feind durch Blendungen dagegen, so feuert man wechselsweise bald mit Bomben bald mit Steinen. In den Memoires des Herrn von St. Remy ist, auf der drey und siebzigsten Kupferplatte, der Abriß von einem Mörser, den ein Ingenieur in Florenz, mit Nahmen Petri, erfand, und woraus man eine Bombe mit dreyzehn Grenaden zugleich wirft; Zuweilen legt man auch wohl Steine um die Bombe, oder kleine Steine um einen großen: Zuweilen Steine unten, und oben Grenaden. Im letzten Falle schüttet man zwischen die Grenaden so viel Erde, daß sie bis an die Brandröhre reicht, die man mit der Raumnadel aufkrazt, und sodann durch übergestreutes Pulver oder Werk auf einmahl anzündet. Ladet man Bomben oder Grenaden zugleich, so zündet man die Bombe zuerst an.

Die Batterie wird gebaut wie für die andern Mörser, man braucht aber nur ein einzig Magazin. Sollen hundert Schuß geschehen, so kann man einen Centner Pulver auf jeden Böller rechnen. Ihn auf die Batterie zu bringen, ist vielleicht möglich, ohne daß man die Brustwehre der Transchee irgendswo niederreißt.

Drey Soldaten und ein Bombarbier bedienen den Steinböller. Ein Soldat schüttet das Pulver hinein, der zweyte setzt den Vorschlag auf, der Bombarbier hat den Setzkolben.

ben. Sodann ſeßt der Soldat den Spiegel auf, der ets
wan zwey Zoll ſtark, und etwas kleiner iſt als die Weite des
Mörſers, und dazu dient, daß man die Steine feſter zus
ſammen ſtoſſen kann. Braucht man ſtatt des hölzernen
Spiegels, Raſen, ſo reichen die Steine nicht weiter als
ſiebzig Klafter. Zwölf Schritt von dem Mörſer liegen
die Steine, und werden vom zweyten und dritten Solda=
ten geholt. Alles übrige wie beym Mörſer zur Bombe,
nur daß man den Steinmörſer da laden kann, wo man ihn
abfeuert. Er wird allezeit hoch gerichtet, damit die Steine
beym Falle deſto größer Gewicht haben. Die Steine müſ=
ſen hart und rund ſeyn, etwan zwey Fäuſte groß.

Vom

Belagern und Blokiren.

Zwölftes Capitel.

Von der Sappe, den Logements auf dem be=
deckten Wege, und wie man in den Graben
kömmt.

§. 1.

Ein wenig vorwärts der ausſpringenden Winkel des be=
deckten Wegs wird die Sappe bis zur Crete deſſelben in ge=
rader Linie fortgeführt. Führte man ſie Schlangenweiſe,
ſo gienge die Arbeit nicht nur zu langſam, ſondern es wäre
auch unmöglich, gegen die Enfiladen vom bedeckten Wege
ſich zu ſchützen.

Die Sappeurs werfen die Erde rechts und links auf,
und machen die Sappe ſo tief, als die Höhe eines Manns,
und

und für zwey Mann breit. Sie decken sich von vorne mit
Mantelets auf Rädern oder mit Wollsäcken: Ueber sich legen
sie ein Dach von Faschinen oder Bohlen, mit Erde, Blech
oder frischen Ochsenhäuten belegt, um sich gegen die Kunstfeuer des Feinds zu decken.

Zur Rechten und Linken jeglicher Sappe errichtet man,
parallel mit den Linien des bedeckten Wegs, Logements von
Schanzkörben, Woll- oder Sandsäcken, für zehn bis zwölf
Musketiers, die aus großen Musketen mit beständigem
Kartetschen-Feuer gegen den bedeckten Weg, wo er den
Sappeurs am meisten schaden kann, feuern. Ist die Sappe
weit genug vorwärts gekommen, daß man nun über den bedeckten Weg dominiren kann, so verbindet man die verschiednen Sappen durch Linien, oder man wirft doch wenigstens, an der Tete einer jeden, eine Art von Redoute oder
Logement für zwölf oder funfzehn Grenadiers auf, um den
Feind aus dem bedeckten Wege zu vertreiben. Die Arbeiter an diesen Logements und Linien decken sich durch Mantelets, oder durch Faschinen, die ich unten beym Sturme
weitläuftiger beschreibe. Zwey Mann halten zwey Faschinen, die man zusammen band. Der eine kniet, der andre
steht aufrecht, hinter denselben schichten die andern Arbeiter Faschinen in den (Chandeliers) Leuchtern auf. Dieser
Schutz ist besser, als die Mantelets, die, wenn sie zu niedrig sind, nur die ersten bedecken, und wenn sie zu hoch sind,
nicht getragen werden können.

Alle diese Linien, Redouten, oder Logements werden
mit Schießlöchern versehen, die man mit Schanzkörben,
Sand- oder Wollsäcken formirt. Der Sappeur arbeitet
auf den Knien, bis er verdeckt ist; den Anfang der Arbeit
macht man des Nachts, und am Tage setzt man es in voll-
kommnern Stand.

Man muß in diesen vorderssten Sappen Wassertonnen
und Schaufeln haben, um das Feuer das der Feind anlegen

gen kann, zu löſchen: Gabeln, um dieſe Kunſtfeuer weg⸗
zuſtoſſen; Haaken, um die Schanzkörbe, die der Feind
niederreiſſen will, feſt zu halten: Schaufeln, um die Gre⸗
naden des Feinds wieder zurück zu werfen; Dieſe Schau⸗
feln müſſen einen Rand haben, damit die Grenade nicht
herunter rollt, und wenn ſie auf der Schaufel ſpringt, dem
Manne der ſie hält, nicht ſchadet.

Die Arbeit an den Sappen wird bezahlt, und man
nimt Freywillige: Zu zehn Sappeurs kömmt ein Officier,
für jeden Rameau (Sappenaſt) ein Ingenieur, der die Be⸗
ſcheinigung über die Arbeiten ausſtellt. Hat man Urſache
zu fürchten, daß der Feind das Glacis minirt hat, ſo muß
man vor den Sappeurs Minirer voraus ſchicken, damit
ſie die feindlichen Minen und Fougaſſen auffuchen und ver⸗
derben. Weil der Eingang dieſer feindlichen Minen ſo⸗
wohl im bedeckten Wege als im Graben ſeyn kann, ſo ar⸗
beitet von auſſen ein Minirer oben, der andre aber unten,
und dieſer tiefer, wenn es ſeyn kann, als der Graben, und
von der Seite her, damit ſodann durch dieſe Arbeit auch
die künftigen Logements im bedeckten Wege und ſelbſt im
Graben gedeckt ſind.

Weiß man die Lage der feindlichen Minen gewiß, ſo
führt man die Sappe weit davon, und öfnet neben ihr ei⸗
nen Minengang der nach dem feindlichen führt, um dieſen
zu hindern, daß er ſich der Sappe nicht nähert.

Man muß nie aus Wahl die Sappe über Felſen oder
ſteinigt Terrain führen: Iſt man aber gezwungen es zu
thun, ſo führt man ſie mit Wollſäcken, oder Schanzkörben die
man mit Sandſäcken füllt; die kleinen Sandſäcke ſind hie⸗
zu beſſer als die großen.

§. 2.

Will man den bedeckten Weg mit Sturm wegnehmen,
ſo fangen die Sappeurs, ſobald ſie das Glacis erreicht,

Mi⸗

Minen-Gallerien an, und führen sie so weit vorwärts, bis sie am Ende einer jeden eine kleine Fougaffe oder Petarde anbringen können, um die Brustwehre des bedeckten Wegs in die Luft zu sprengen. Sind die Minen alle geladen, so erfolgt ein Signal, mit Bomben, oder Canonen-Schüssen, um sie alle auf einmahl zu sprengen. Man muß hier die Arbeit hitzig treiben, damit der Feind nicht die Zeit hat, durch kurze Einschnitte in den bedeckten Weg diese Fougaffen zu finden, und unbrauchbar zu machen: Je tiefer die Mineurs von auffen sich eingraben, desto mehr Schwierigkeit findet der Feind sie zu verderben.

Die Truppen die bestimmt sind den Angriff auf den bedeckten Weg zu thun, warten die Wirkungen der Minen in gehöriger Entfernung ab, um nicht vom Auswurf derselben getroffen zu werden. Aber sobald sie gesprungen, geschieht auch der Sturm, durch die Oefnungen und Breschen der Minen, um dem Feind keine Zeit zur Erholung zu laffen. Indeß die Avantgarde die Flüchtlinge verfolgt, graben sich die Ingenieurs auf den Places d'armes des bedeckten Wegs ein, um sich daselbst fest zu setzen, verbinden die verschiednen Logements so gut als möglich, und öfnen sich freye Communication nach den Laufgräben, durch Wegräumung der Erde damit die Gallerien angefüllt worden. Man muß den Angrif des Nachts unternehmen, weil die Gefahr am Tage zu groß ist, und alle Arten von Blendungen, die ich oben erwähnt, in größtem Vorrath dabey haben und brauchen.

§. 3.

Wenn der Graben der Festung tief und die Contrescarpe mit Mauer bekleidet ist, so öfnet man sich den Weg in den Graben durch eine Gallerie unter der Erde, die man gleich unten am Fuße des Glacis anfängt, damit sie nicht zu abschüffig werde. Man arbeitet an verschiednen solchen Gallerien zugleich, damit man am Ausgange im Graben

eine

eine Front bieten, und die Ausfälle des Feinds vertreiben
kann. Die Contrescarpe wird gesprengt, wie ich vorhin von
der Brustwehre des bedeckten Weges gesagt: Doch muß
allerdings die Mine, mit dem was sie sprengen soll im
Verhältniß stehn; und wollte man daher eine beträchtliche
Front des bedeckten Wegs mit Brustwehre und Contrescarpe
zugleich sprengen, so muß man mehr als eine Mine haben,
die jedoch zugleich gezündet werden, wie man in der Folge
sieht. Ehe man den Graben passirt, müssen Batterien auf
dem bedeckten Wege angelegt seyn, um die Fausfebraye,
niedrige Flanken, und alle die Werke zu beschiessen, die
unsre Truppen beym Eingang in den Graben treffen, und von
der Höhe des Glacis nicht gesehn werden konnten. Wenn
die geringste Wahrscheinlichkeit da ist, daß der Feind
Minen unter dem bedeckten Wege oder im Graben hat, so
muß man, wäre der Boden auch Stein und überall Wasser,
dennoch darauf bedacht seyn, unter dieselben zu kommen
und sie ausfündig zu machen, weil sonst der Feind das Logement im Graben, und selbst den Mineur am Bastion, ganz
ohne Mühe blos mit einem Kasten voll Bomben, wegspren-
gen kann.

§. 4.

Man glaubt zuweilen, daß es genug ist, wenn man sich
nur auf dem bedeckten Wege eingräbt: ich bin aber der
Meynung, man müsse bey trocknen Gräben auch im Graben
sich logiren; sonst ist der Mineur an dem Hauptwall gegen
die feindlichen Ausfälle nicht geschützt, und der Feind hat
dicht an der Contrescarpe einen sichern Schutz, wo niemand
ihn sieht. Es steht auch überdem nicht allezeit in des Be-
lagerers Gewalt, seine Logements so weit nach den Seiten
auszubreiten, daß er den Graben enfilirt. Denn die nebenliegenden Bastions, die nicht attakirt wurden, enfiliren
zuweilen diese Logements selbst. Glaubt man aber, es ist
dran genug, wenn man sich nur viele Oefnungen in den

Gra-

Graben schaft, so bedenkt man nicht, daß man muthwillig
tapfre Leute aufopfert, die, weil sie ganz frey stehn, vom
Feuer der Festung, wie von einem Hagel getroffen werden
können. Und läßt endlich der Feind, von den nicht attakirten Theilen des Grabens her, einige Mannschaft anrücken,
um den Ausfall be Front gegen den Mineur zu beschützen:
ist es dann wohl möglich, in der Nähe dieser Mannschaft,
die auf beiden Flanken steht, durch die Oefnungen in der
Contrescarpe, stark und schnell genug zu bebouschiren, daß
es dem Feinde unmöglich würde, indeß die Gallerie zu ruiniren, und Bohlen und Faschinen in Brand zu stecken? Ich
glaube nicht; wofern anders der Feind gute Anstalten traf,
und die Truppen, zum Ausfall gegen die Mine, mit schußfreyer Rüstung und allem nöthigem Geräthe versieht, um
beides die Tete der Gallerie an der Contrescarpe, und was
näher an den Wall kömmt, verderben zu können.

Vom
Belagern und Blokiren.
Dreyzehntes Capitel.
Von den Minen.
§. 1.

Man muß nie darauf benken, ein Werk zu miniren, das
die Feinde im voraus contreminirt haben, besonders wenn
der Graben naß ist: Denn alsdann verräth sich der Mineur
gleich beym ersten Schritte. Der Feind kömmt ihm mit
einem Rameau aus seiner Contremine entgegen, und sprengt
ihn durch eine Fougasse oder Petarde in die Luft.

Ja

Ja gesetzt auch der Graben wäre trocken, man könnte so tief und mit so vielen Wendungen unter der Erde weggehen, als man nur wollte, so werden doch die Belagerten eher unsre Minen gewahr, als wir die ihrigen: weil sie schon fertig sind, und weder Schaufel noch Haue gebrauchen, unsre Mineurs aber, die arbeiten müssen, leicht hören, und durch Bohrer oder Trummeln oder Wassergefäße entdecken, auf welcher Seite sie sind. Wer aber unter der Erde zuerst den Feind entdeckt, der hat die Ueberhand, und lauret entweder mit Pistolen auf, um seinen Feind, so wie er in seinen Rameau einbricht, damit auf den Kopf zu schiessen; oder man reißt den Saucisson weg, wenn er schon gelegt war, oder wirft mit einer Petarde die Erde über den Haufen, die beide Mineurs trennt. Ist aber der Belagerer aus seinem Rameau verjagt, so läßt man ihn auch nicht wieder hinein; und vertreibt ihn, wenn er höher ist, durch einen stinkenden Rauch, ist er niedriger, durch siebend Wasser oder eine gefüllte Bombe; ist er zur Seite, so wirft man die ganze Wand durch eine Mine oder Petarde über den Haufen.

Es giebt Festungen, die überall, wo nur Bresche gelegt werden kann, mit Gallerien versehen sind: Zuweilen hat der Feind auch seine Abschnitte im voraus minirt: In beiden Fällen darf der Belagerer den Mineur nicht zur Oefnung einer Bresche gebrauchen wollen, sondern nur um die Minen des Belagerten zu ruiniren, oder ihn zu zwingen, daß er aus Furcht für diesen Minen die seinen zu früh springen läßt, ehe noch der Sturm geschah: damit man die Stürmenden nicht in die Luft gesprengt sehe. Sobald also die Mineurs der Belagrer den Wallgang erreicht, müssen sie sofort Rameaux zu beiden Seiten ausführen, um die feindlichen zu entdecken, und sie dann, wie vorhin gezeigt ward, zu zerstören.

Man

Man führt die Mineurs gewöhnlich gegen die Facen der Bastions und nicht gegen die Courtine, weil der Graben an den Facen am wenigsten breit ist, nicht mehr als eine einzige Flanke diesen Ort sieht, und die Thore zum Ausfalle gemeiniglich in der Courtine sich finden, und folglich die Truppen, die ihn gegen den Mineur unternehmen wollen, hier den weitsten Weg haben. Fehlt es hingegen an Artillerie, die Flanke des Bastions zu beschiessen, oder macht das Terrain, das ihr gegenüber liegt, es unmöglich: so ists auch vielleicht vortheilhaft, die Mine unter dem Winkel der Flanke und Courtine anzubringen, um sodann auch die Abschnitte des beschoßnen Bastions unbrauchbar zu machen. Werke ohne Terreplein (Wallgang) und mit nassen Gräben sind für allen Minen sicher, weil der Feind durch die geringste Oefnung im Innern der Mauer den Mineur findet: Souterrains in den Werken sind beynahe Gegen-Minen, der Belagrer muß sie füllen, und sie lassen ihm wenig Hofnung zum Erfolg.

Gefahr und Zeit zu ersparen geschieht die erste Oefnung für den Mineur, nicht durch den Mineur selbst, sondern durch zwey bis drey Stücke die man auf den bedeckten Weg pflanzt, um am Fusse der Mauer ihm einen Schutz zu verschaffen.

Der einzige Vortheil den der Belagrer unter der Erde über den Belagerten hat, ist die größre Zahl der Mineurs: Man muß also dem Belagerten mit zwey Minen drohen, damit er sich theile und nirgends die Arbeit vollende. Es werden also zwey Batterien aufgeführt, um an zwey Orten zugleich die Mauer für den Mineur zu öfnen, und man trift sodann alle Anstalten als wenn man beide mit Ernste verfolgte, obgleich z. E. die eine nach der Face verstellt, und die nach der Courtine allein wahr ist. Die falsche Attake wird über der Erde, die wahre unter der Erde geführt.

Aus

Anstatt die wahre und die falsche Mine zugleich anzufangen, macht man auch wohl nur mit der ersten den
Anfang, und wenn sie etwan zur Hälfte fertig ist, sprengt
man das Gerücht aus, man habe Wasser gefunden oder
dergleichen, und arbeitet nun an einer neuen, um, wäre
es möglich, den Feind dahin zu lenken, und indeß desto sichrer die beim Anschein nach aufgegebne Mine zu verfol-en.
Alles was zum Laden und Verdämmen der Mine gehört,
muß des Nachts und mit größtem Geheimniß beygeschaft
werden: Man muß Wachen ausstellen, damit die an den
Minen arbeiten nicht ins Lager zurück kehren, und niemand
den Minen sich nahe der nichts in denselben zu thun hat.

Wenn man wenig Artillerie oder Munition, und dagegen Mineurs genug hat, so führt man auch wohl zwey
Minen im Ernst, und eine davon gegen die Face des Bastions das man beschießt: Alsdann erspart man sieben Stücke
die man gegen die Flanke gebraucht, und der Feind ist dennoch gezwungen einen Abschnitt zu machen, der die ganze
attakirte Front umschließt, und folglich mehr Zeit erfodert
als ihm bleibt. Hat man im Gegentheile viele Artillerie,
ists möglich selbst mit den ersten Batterien Bresche zu
legen, so muß man der Minen sich nicht bedienen, weil
man ohne dieselben schneller als mit ihnen die Bresche legen
wird, die den Feind zwingt einen so weitläuftigen Abschnitt
zu machen, dazu ihm die Zeit fehlt, wenn man sie ihm nicht
selbst in die Hand spielt.

§. 2.

Die Mineurs und Soldaten so bey der Mine arbeiten,
von der Contrescarpe an bis zum Fuße der Mine, gegen
das Feuer des Platzes zu decken, baut man eine Gallerie
oder verdeckten Gang, der nach Beschaffenheit des Grabens
bald so, bald anders angelegt wird. Ist der Graben trocken, so kann man die Gallerie sowohl unter als über der

Erde

Erde führen. Ist er naß, so muß man ihn zuvor füllen, oder zapfen, oder mit fliegenden Brücken übersetzen.

Alles was man zum Bau der Gallerie braucht, wird im Geheim nach den kleinen Places b'armes zur Rechten und Linken der Eingänge in den Graben gebracht, und daselbst in großer Ordnung vertheilt. Will man die Gallerie im trocknen Graben, überhalb der Erde führen, so zieht man von der Contrescarpe in gerader Linie gegen das Werk das man ruiniren will, einen Graben vier bis fünf Fuß tief, und eben so breit, damit die Arbeiter in zwey Reihen, beym Ausgraben wie beym Verdämmen ganz ungehindert stehn. Die Erde wird von beiden Seiten ausgeworfen, und alles was man aus der Mine selbst gräbt drüber geschüttet, daß also der Aufwurf auch den größten Mann deckt. Doch ist er der Flanke welche die Gallerie sieht gegenüber, etwas höher als auf der andern Seite, nicht nur wegen der feindlichen Artillerie, sondern auch um dem Dach der Gallerie den gehörigen Abhang zu geben, damit die feindlichen Bomben und Kunstfeuer davon abrollen. Das Dach besteht aus dicken Bohlen, worauf man Rasen legt, und über die Rasen Faschinen, und über die Faschinen wieder Erde oder Rasen, weil der Feind die größten Lasten, die er hat, drauf wirft um es einzubrücken. De Front decken sich die Arbeiter, wie gewöhnlich, durch Wollsäcke oder Mantelets. Man arbeitet des Tags wie des Nachts, und wirft, wenn die Faschinen des Tags bloß werden, des Nachts wieder Erde drauf, weil der Feind sie sonst zu leicht in den Brand stecken würde. Luft verschaft man sich durch Oefnungen die man hier und da, auf der Seite die der Flanke nicht gegenüber liegt, läßt. Vielleicht kann man es durch bloße Flintenläufe ohne Schwanz-Schraube erhalten, davon das eine Ende im freyen bleibt, das andre durch das Dach oder die Seiten-Wand in die Gallerie geht.

Gal=

Gallerien unter der Erde sind weniger mörbrisch, weil der Feind sie später entdeckt, und wenn man tief genug kommen konnte, nichts dagegen ausrichten kann.

§. 3.

Wenn der Graben naß ist, und man in der Nähe ein tiefer Terrain findet, so leitet man das Wasser durch Canäle über oder unter der Erde ab: Bleibt der Boden sodann Schlamm, so wirft man zuerst Faschinen drauf, und dann Hürden oder Flechtwerk, oder Breter auf Pfosten genagelt; Je breiter diese Lagen sind, desto weniger sinken sie. Die Gallerie wird von Schanzkörben oder Tonnen gebaut, die aber theils von grünem Holz seyn, theils stark mit Erde beworfen werden müssen, damit der Feind sie so leicht nicht in Brand steckt. Ists unmöglich den Graben zu zapfen, so füllt man ihn mit Faschinen woran Steine gebunden sind, damit sie zu Grund gehen, oder mit Fässern und Schanzkörben, deren Gebrauch am leichtsten ist, weil man sie rollen kann: ist endlich der Graben gefüllt, so verfertigt man die Gallerie, wie weiter unten gezeigt wird.

Wenn beides, das Ausfüllen des Grabens so wie das Zapfen, unmöglich wird, so verfertigt man eine schwimmende Brücke, und baut auf derselben die Gallerie.

Die schwimmende Brücke besteht aus vielen einzelnen Stücken, davon jedes aus sechs Sparren, neun Fässern, neun Bolzen, drey Haaken und drey eisernen Ringen besteht, in welche die Haaken des folgenden Stücks eingreifen. Die Stärke der Sparren ist vier Zoll im Gevierten. Die drey so nach der Festung sehn, haben zwölf Fuß, und liegen oben; die andern drey so querüber senkrecht kommen, liegen unten, und haben nur neun Fuß; Man befestigt sie mit Nägeln, Klammern oder Bolzen. Einer von den Quersparren kömmt unter die Mitte, die andern zwey, zwey bis drey Schuh vom Ende der längern.

Das

Das Chassis ruht auf neun gut ausgepichten Fässern, die etwann zwanzig Zoll im Durchschnitte haben und zwey bis brittehalb Schuh lang sind. Jedes Faß hat drey bis vier eiserne Reifen, und an diesen Reifen eiserne Ringe, damit man sie nach der Länge mit einem Stricke an beide Sparren fest binden könne. Die drey Fässer unter der Mitte des Chassis werden wohl in ihrer Mitte befestigt, damit sie nicht weichen und auf keiner Seite weiter stehn als auf der andern: die zur Seite aber ragen über die Sparren, um einen halben Schuh weit hinaus, daher auch die Querfparren um einen halben Schuh über die langen vorstehen, damit sie ganz genau auf einander passen. Hier= auf beschießt man das Chassis mit Bretern die neun Fuß lang und einen Zoll dick sind, befestigt ein Chassis an das andre mit den Haaken und Ringen, und versichert den Halt mit Stricken; die Breite des Grabens muß richtig gemessen seyn, damit die Brücke ihr völlig gleich werde.

Das ganze Chassis wiegt ohngefehr eilfhundert Pfund, und wird folglich von Soldaten aus der nahen Werkstatt nach dem Wasser gebracht, und in den Graben gelassen. Man befestigt das erste mit Pfahl und Thau an die Con= trefcarpe, das zweyte hängt man an das erste und so fer= ner. Diese Arbeit geschieht in finstrer Nacht und mit so wenig Geräusch als möglich: Man versieht sich mit Ga= beln und Stangen, um die Maschine, wenn es nöthig ist, fest zu erhalten.

Die Gallerie zu verfertigen, nimt man, auf der Seite der Brücke welche der Flanke gegenüber steht, vier bis fünf Schuhe von ihrer Breite. Von neun zu neun Fuß richtet man zwey Pfosten auf, die diese vier oder fünf Fuß von einander abstehen, sechs Zoll dick und fünf bis sechs Fuß hoch sind: Oben an diese Pfosten zapft man zwey Spar= ren von gleicher Stärke ein, die in der Form eines Esels= rückens zusammen stoßen, um dem Dache den nöthigen Ab=

schuß

schuß zu geben, damit alles abrolle, was der Feind darauf
wirft. Das ganze wird mit Bohlen bedeckt, die selbst
eine Bombe aushalten. Man befestigt alles mit Schrauben und Müttern, um das Einschlagen der Nägel zu vermeiden. Man bedeckt die ganze Gallerie von außen mit
Häuten oder Eisenblech. Alles muß im voraus eingeschnitten und mit Zapfen versehen seyn, damit die Arbeit
auf dem Graben schnell gehe. Nahe an der Mauer wird
die Gallerie auf beiden Seiten gedeckt, um sicher für den
Bomben zu seyn die der Feind von oben an Ketten herab-
lassen kann. Der Rest der Brücke, den die Gallerie nicht
deckt, wird drey bis vier Zoll hoch mit Erde bestreut: Ein
Schiff, und einige Mannschaft auf der Brücke selbst, verwahren die Brücke und Gallerie vor den Kunstfeuern des
Feinds, und versehen sich mit Stangen, Haaken und Mantelets. Erreicht die Gallerie die Mauer nicht ganz, so
verbindet man beide mit starken beschlagnen Bohlen.

Die Cünetten in trocknen Gräben werden abgeleitet,
oder man füllt sie, oder man wirft Brücken drüber, die aber
stark genug seyn müssen, daß sie das Gewicht der Brustwehre ertragen. Doch besser als dies alles, ist, die Gallerie unter der Erde wo möglich unter denselben fortzu-
führen.

§. 4.

Ausfälle, niedrige noch nicht ruinirte Werke, neu erbaute oder gebesserte Brustwehren hinter welchen der Feind
einige Canonen stellt, Bomben, Petarden und Kunstfeuer,
die er, entweder von den nebenliegenden Werken oder von
der Bresche selbst, gegen die Gallerie spielt oder herabläßt,
dies sind die Gefahren die über der Erde die Gallerie des
Mineurs bedrohen, unter der Erde die Contre-Mineurs.

Gegen die Ausfälle im trocknen Graben muß man,
wie schon oben gesagt, nicht nur im bedeckten Wege sondern

im

im Graben selbst sich logiren, alle Logements stark mit In-
fanterie besetzen, und des Tags wie des Nachts ein unab-
lässiges Feuer darinn unterhalten, ausserdem aber noch
Stücke mit Cartetschen geladen, rechts und links nach den
Gräben, die an die attakirte Front stossen, richten: weil der
Feind eher hier zum Ausfall anrücken wird, als durch die
Poternen der attakirten Front, die von den Logements im
Graben so wie im bedeckten Wege gesehen sind, und durch
die Ruinen der Brustwehre zum Theil verschüttet worden.
Die Schiffe des Feinds im nassen Graben muß man, wo
möglich in dem Hafen selbst, mit Bomben oder Stückkugeln
zu Grund schiessen: konnte man sie aber daselbst nicht finden, so muß man sie warm empfangen, die Batterien des
bedeckten Wegs darauf richten, viel Kunstfeuer daselbst
haben, und weil der Feind sich mit Blendungen decken
wird, die Cartetschen-Patronen der Artillerie darnach bestimmen, und die Truppen in den Logements mit Doppel-
haaken und Grenaden versehen.

Die neuen Parapets des Feinds muß man, so wie sie
entstehn, durch gut bediente Batterien wieder zu Grunde
schiessen, gegen das Parapet der Bresche auf dem bedeckten Wege eine eigne Batterie von zwey oder drey Stücken
errichten, mit Drathkugeln feuern, und das Feuer der
Batterien durch das Feuer der besten Schützen verstärken.
Die niedrigen Werke, die versteckten Canonen oder Coffres,
hinter einem Orillon den man nicht stark genug beschoß,
ruinirt man durch eine Batterie die man selbst in dem Graben anlegen muß. Die Kunstfeuer endlich, die der Feind,
selbst wenn die Brustwehre der Bresche schon niederliegt,
dennoch von derselben herabwerfen kann, sucht man mit
langen Haaken und Stangen von der Gallerie wegzureissen;
Man löscht den Brand mit Wasser und Erde, und feuert
vor allem unablässig mit Steinen, Grenaden und Bomben
gegen die Bresche, um die Belagerten davon zu vertreiben.

Den

Den Contre-Mineur der Belagerten zu finden, wenn er dem unfern entgegen arbeitet, muß man, so wie der Mineur vier bis fünf Schuh in den Wallgang sich eingrub, mit einem langen starken Bohrer oben, unten und nach beiden Seiten zugleich, Oefnungen in die Erde machen; und wenn man den Bohrer auszog, das Ohr daran halten und horchen, um den Mineur des Belagerten zu entdecken. Dieß scheint mir das sicherste Mittel, nicht nur den Mineur sondern auch die Seite wo er arbeitet, zu entdecken: Doch muß man, um allen Irrthum zu vermeiden, die erfahrensten Mineurs, von halber Stunde zu halber Stunde, immer von neuem horchen lassen, damit sie das verschiedne Geräusch mit einander vergleichen, und abnehmen können, ob und auf welcher Seite der Feind sich naht oder entfernt.

Wird nun der Officier von den Mineurs gewahr, daß der Feind wirklich arbeitet, und z. E. gegen die rechte Seite anrückt, so führt er sofort gegen die Linke, in größter Stille, einen Rameau breyßig bis vierzig Fuß lang, und dieser gehört zu der Mine die man sprengen will. Gegen die Rechte führt man ganz laut einen andern Rameau dem feindlichen entgegen, und ist auf seiner Hut um die Arbeit des Feinds zur rechten Zeit zu zerstören, ohne den eignen Rameau zur Linken, oder den Theil des rechten den man davon erhalten will, zu verderben. Dieß sind die vorläufigen Anstalten zur Oefnung und Bedeckung der Minen; ich komme nun auf den Bau selbst.

§. 5.

Wenn der Belagerte keine Contreminen führt, so wird der Mineur, so bald er die Mauer der Bekleidung durchbrochen, rechts und links einen Rameau führen, die der Mauer parallel laufen, achtzehn bis zwanzig Schuh lang, und drey bis viertehalb Schuh breit und hoch sind, daß ein Mann auf den Knien bequem arbeiten kann. Ist der Graben trocken, so führt man den Boden des Rameau seiner Ober-

fläche

fläche gleich: Bey naffen Gräben aber fängt man ihn etwas
höher an, und führt ihn sodann aufwärts, damit die Kammer höher liege und das Waffer nicht eindringe.

Die Mauern mit Wallgängen haben gemeiniglich Wie-
derlagen (Contreforts), die, in der Entfernung von funfzehn
oder zwanzig Fuß von einander, in den Wallgang hinein
gehen. Man führt die Rameaux entweder durch diese
Contreforts durch, und legt ans innre Ende derselben eine
Bombe, um fie so wie die andre Mauer in den Graben
zu werfen: oder man führt den Rameau bis über die Contreforts hinaus, um fie zu umgehen, und sodann ain Ende
derselben mit einem rechten Winkel die Mauer zu suchen.
Ich gebe der letzten Methode den Vorzug, weil das Durchbrechen durch die Contreforts viele Zeit wegnimt, und neue
Rameaux angelegt werden müffen, um die Bomben gegen
fie mit der Mine zugleich springen zu laffen: im andern
Falle aber sind die Aeste einer einzigen Pulverwurst hinlänglich, Minen und Bomben zugleich zu zünden, und es
wird auch dem Feinde schwerer, die gekrümmte Mine aus-
fünbig zu machen, als die gerade.

Ist der Wallgang breit, so führt man auch wohl noch
einen dritten Rameau senkrecht vor fich hin, um desto bes-
fer den Graben zu füllen, und sucht, wäre es möglich, mit
diesem Rameau den ersten Abschnitt des Feindes zu erreichen, oder wenigstens seine Minen vor demselben zu verderben. Haben die Feinde ihren Abschnitt sodann noch nicht
contreminirt, so kömmt man ihnen zuvor: Haben fie die
Contreminen schon verdämmt, so sperren fie fich selbst den
Weg, uns entgegen zu gehn: gleichwohl werden fie doch
eilen, ihre Mine zu laden, wenn fie die Bresche schon gelegt sehen: Man muß also suchen, durch Gefangne und Deserteurs den Stand der Sache zu erfahren, und wenn wenig Hofnung eines glücklichen Erfolgs da ist, fich begnügen, biesen Rameau auf funfzehn bis zwanzig Fuß in den

Ter-

Terreplein zu führen, damit man dem Feinde nicht zu eignem Schaden begegne.

Wenn die Mauer kein Terreplein hat, so führt man mitten durch ihren Grund zur Rechten und Linken einen Rameau zehn bis zwölf Fuß lang, zwey und einen halben Fuß breit, und drey hoch. Was in der Mauer geführt wird, braucht keine Unterstützung, die Rameaus aber unter bloßer Erde, stützt man mit kleinen Bretern von hartem Holz und mit Pfosten. Die Breter sind ohngefähr zwey Finger dick, und so breit als der Rameau; die Pfosten von gleicher Höhe, damit man die Breter mit Gewalt gegen die Decke treibe. Die Höhe überall gleich zu erhalten, bedienen sich die Mineurs des Maasstabs: Kömmt man auf Felsen, so machen sie lieber den Gang noch etwas niedriger, und sägen die Pfosten um das Nöthige ab; war er zu hoch, so treibt man Keile unter. Zuweilen ist das Erdreich so sandig und leicht, daß man auch die Seitenwände stützen muß, alsdann treibt man die Breter zwischen die Pfosten so die Decke halten, ein, und kann jedes Holz dazu nützen.

§. 6.

Am Ende des Rameau kömmt die Pulverkammer zwey Schuh tiefer als er. Die Kammern der Rameaux zur Rechten und Linken müssen zwey bis drey Fuß weit in die Dicke der Mauer gehn. Rechnet man auf diese Kammern vier bis sechs hundert Pfund Pulver, und fünf hundert bis tausend Pfund auf die dritte im Wallgang, und sie springen alle drey zugleich: so kann man, wie St. Remy sagt, auf eine Bresche von zehn bis zwölf Klaftern rechnen, die einen gewöhnlichen Graben bis zur Hälfte füllt.

Genauer die Menge des Pulvers zu berechnen, sagt eben dieser Verfasser, muß man einen Cubicfuß Erde ausgraben, sie wiegen, und sodann die Masse, die man sprengen

gen will, berechnen: Ein Cubicfuß grober Sand oder Tuffstein in festem Boden wiegt hundert und vier und zwanzig Pfund, und braucht auf eine Cubicklafter wenigstens eilf Pfund Pulver: Ein Cubicfuß Thon in festem Boden wiegt hundert und fünf und dreyßig Pfund, und erfodert wenigstens funfzehn Pfund: Ein Cubikschuh lockre Erde im magern Sande wiegt fünf und neunzig Pfund, und braucht neun Pfund Pulver: Eine Cubicklafter Mauer erfodert zwanzig Pfund, ist es aber Grundmauer, vierzig. Je stärker die Kammer geladen ist, desto eher kann man von diesem Maaße etwas abbrechen: Vertheilt man aber die Ladung in viele, so muß man eher etwas zusetzen. Die Größe der Kammer zu bestimmen, berechnet man den Raum des Pulvers: Ein Cubicfuß Pulver aber wiegt achtzig Pfund, und das Pfund enthält zwey und zwanzig Zoll neun Linien Cubischen Innhalt. Es giebt Mineurs, die ohne Rücksicht auf alles dieses, der Kammer den achten Theil von ihrer Tiefe unter dem was sie sprengen wollen, geben, und damit glücklich sind.

Findet man an dem Orte, wo die Kammer hinkömmt, Felsen, den man nicht leicht sprengen kann, so macht man sich die Erdadern zu nuße, um mehr als eine Kammer mit achtzig oder hundert Pfund zu füllen; doch muß man, wie schon oben gesagt, die Ladung, die man durch die Berechnung fand, um ein Viertheil verstärken. In Mauern die keinen Wallgang haben, sind hundert und funfzig bis zwey hundert Pfund hinlänglich, sie, wenn sie auch noch so stark sind, zu sprengen.

§. 7.

Man wählt, die Mine zu laden, die dunkelste Stunde der Nacht, und wann die Mörser des Feinds ruhen: Die Arbeit geschieht in möglichster Stille, und die Leute die das Pulver tragen bleiben weit auseinander. Die Kammer wird mit Bretern ausgeschlagen, oder man verfertigt für das Pulver einen besondern und wohl verpichten Kasten
mit

mit einer Oefnung für den Sauciſſon. Iſt aber die Kammer ſehr trocken, und die Mine beſtimmt in kurzem zu ſpielen,
ſo iſts genug unter das Pulver ein Wachs=Tuch zu breiten,
worauf die Pulvertonnen ohne Oberdeckel geſetzt, und aller
Zwiſchen=Raum zwiſchen den Fäſſern mit Pulver gefüllt
wird.

Der Sauciſſon wird von Zwilch zuſammen genäht,
und hat ohngefähr einen Zoll im Durchſchnitt. Er muß
tief in die Pulver=Kammer hinein gehen, und endigt ſich
in der Gallerie vom Graben. Man giebt ihm ſo viel Arme
als der Minenkammern ſind, ſie müſſen aber ſämmtlich
einerley Dicke und Länge haben, und mit einerley Pulver
gefüllt ſeyn, damit alle Minen zu gleicher Zeit ſpringen.
Sind die Kammern in ungleicher Entfernung vom Heerde,
ſo muß man den Sauciſſon von der nächſten, durch Wendungen führen, damit er dem andern an Länge gleich werde.
Die Füllung geſchieht mit einem Trichter, von beiden Enden
zugleich; und die Leinwand wird zuſammen gefaltet, und das
Pulver mit Stäben herunter geſtoſſen. Noch leichter wäre
es, den Sauciſſon von einem Dache oder Thurme zu füllen,
denn ſodann fiele das Pulver von ſelbſt herunter. Man
zündet die Mine mit einer Lunte, die mit dem einen Ende
an eine Zeile verſtreutes Pulver reicht, die zum Sauciſſon
führt, und mit dem andern Ende angezündet wird. Der
Sauciſſon wird mit allen ſeinen Zweigen in eine Rinne von
Bretern gelegt, die etwan zwey oder drey Zoll im Lichten
hat; Das Holz zu dieſen Rinnen iſt ſtark, weil es viel
Erde über ſich tragen muß, und wird ausgepicht, wenn die
Mine eine Zeitlang ſtehen ſollte.

Die Bomben zu zünden, die man gegen die Widerlage
der Mauer legte, öfnet man ihre Brandröhren, und führt
von dem Sauciſſon einige Neben=Arme dahin: Sind der
Bomben mehr, ſo legt man ſie in einen Kaſten mit Pulver
gefüllt. Die Brandröhren der Bomben müſſen von einem

J i   trefli=

treflichen Saße seyn, und so lange brennen, als der längre Theil vom Sauciſſon, der nach den Minen führt, damit alles zugleich springe.

§. 8.

Man bedeckt die Kammer mit einer ſtarken Bohle, die den ganzen Raum nach der Länge und Breite ausfüllen muß; oder auch mit zweyen, die man aber ſtark mit Querleiſten verbindet. Mitten auf das Bret treibt man ein oder zwey Stücke Eichenholz ein, das bis an die Decke der Kammer reicht, und daſelbſt ein anders Bret hält. In den Minen die der Mauer parallel geführt werden, treibt man auſſer dieſem Ständer noch zwey Streben ein, die mit dem einen Ende an den Fuß dieſes Ständers, mit dem andern an die Mauer reichen, die eine Strebe gegen die Stadt, die andre gegen den Graben: Bey der Mine im Terreplein werden die Streben rechts und links vom Wallgang eingetrieben.

Vor die Thüre der Kammer ſetzt man ſtarke Breter, und nagelt von auſſen gegen den Rameau zu, ſtarke Latten vor, einige von der Rechten zur Linken, die andern von unten nach oben. Die Abſicht dieſer Latten iſt, die Streben zu halten, die man theils von den Wänden des Rameau, theils von der Decke, theils von unten hinauf gegen dieſe Thüre ſpreizt. Die letzten werden von neuem durch Ständer gehalten. Alle dieſe Ständer und Streben ſind von Eichen oder Ulmen oder anderm Holze, und werden mit Schlägeln von gleichem Holze eingetrieben.

Weil das Pulver allezeit nach dem Theile wirkt, wo es den geringſten Widerſtand findet, ſo füllt man nicht nur den leeren Raum in der Kammer, und zwiſchen ihr und dieſer Thüre, ſondern auch in dem Rameau ſelbſt, ſo weit nehmlich als nöthig iſt, damit die Mine nicht die Wirkung gegen dieſen Rameau thue. Die ſchnellſte und beſte Art

ſie

sie zu füllen ist mit kleinen Sandsäcken, die man leicht tra=
gen und nach allen Seiten legen kann, so daß es nirgends
Lücken giebt, die Arbeit aber fördert, weil die Sandsäcke
schon im voraus geladen sind.   Je größer oder geringer
nun der Widerstand von dem was man sprengen will, ist,
desto mehr oder weniger Fuß weit muß man den Rameau
füllen: Man fodert aber in demselben die Hälfte mehr
Erde als über der Mine, so daß, wenn der Widerstand von
oben eine Klafter beträgt, man in den Rameau eine und eine
halbe füllt.   Keller, Wasserleitungen, oder andre Höhlun=
gen in der Nähe der Mine, die näher an derselben liegen,
als die Fläche die sie sprengen will, müssen gefüllt werden,
und man muß bey dieser Berechnung auch auf die Güte und
Festigkeit des Bodens denken.

Vom
Belagern und Blokiren.
Vierzehntes Capitel.
Von den Vorsichten gegen die feindlichen Spione. Vom Waffenstillstand und der Uebergabe.

§. 1.

Bey Lebensstrafe darf keine Wache oder Patrouille einen
Ueberläufer durchlassen, sondern muß ihn ohne Verzug ins
Hauptquartier, oder nach dem commandirenden General der
Transchee, liefern, ehe er noch mit irgend jemanden gespro=
chen: Sonst würden alle feindliche Spions in Ueberläufer
sich verwandeln.   Sobald an den Nachrichten die man aus

der Festung erhalten will, vieles liegt, muß der commandirende General die Ueberläufer selbst, und im Geheim ausforschen. Man bewacht sie streng, und schickt sie mit einer Eskorte rückwärts. Ein gleiches wird mit den Gefangnen beobachtet, damit die Gerüchte sich verbreiten die man ausgebreitet wissen will. Die Wachen am Eingänge der Laufgräben, und besonders die nächsten am Feinde, empfangen den schärfsten Befehl, niemand Unbekanntes in die Transcheen zu lassen, wo die Spions des Feinds, wenn sie nahe genug an der Festung wären, auch gewiß Gelegenheit finden würden zu entrinnen. In den vordern Sappen darf kein Recrut zur Wache stehn, der erst während der Belagrung geworben ward.

Alle Spions die man auffängt, werden ohne Gnade im Angesicht der Festung gehenkt. Man muß äusserst mistrauisch seyn, weil es zu wichtig ist, die Gemeinschaft der Festung und der Armee von aussen zu unterbrechen. Die Signale muß man wo möglich durch falsche Signale fruchtlos machen: Man muß sogar auf Tauben und Hunde Acht geben, die vom Felde nach der Stadt gehen, weil man schon eher Briefe durch sie überschickt hat.

§. 2.

Wenn der Feind, statt die Festung zu übergeben, einen Waffenstillstand fodert, der in die Länge zieht, so muß man auf seiner Hut seyn, und nie in denselben willigen, wenn der Gewinnst von Zeit den Feind verstärkt, und unsre Gefahren vermehrt. Soll hingegen die Uebergabe auf den Waffenstillstand folgen, so muß man die Zeit desselben verkürzen, und drauf bestehen, daß während desselben die Arbeiten von beiden Seiten ruhen: Die Vertrauten die man in der Stadt unterhält, müssen Nachricht geben, ob es geschehn. Währt der Stillstand lang, weil der Gouverneur der Festung einen Officier an seinen Hof, oder an den commandirenden General, zu verschicken verlangt, und man hätte

von

von diesem Verschub sonst keinen Nachtheil, so muß man
ihn dennoch nur unter der Bedingung einräumen, daß die
Officiers, die man als Geisseln in die Stadt schickt, zu al=
ler Zeit und Stunde die Erlaubniß haben zu untersuchen,
ob die Belagrer irgend eine nachtheilige Arbeit unterneh=
men, von was für Art sie auch sey.

Damit der Feind nicht durch die Officiers, die er als
Abgeordnete oder Geisseln ins Lager schickt, die Laufgräben
und Batterien recognosciere, so dürfen sie weder auf der
Seite der Attake nach dem Lager kommen, noch in der Folge
weder sie noch ihre Bedienten jemals die Laufgräben betre=
ten. Man muß niemand ihnen entgegen schicken, dem
man nicht völlig vertraut, sorgfältig sie bewachen, daß sie
niemand ein Geschenk geben, weder an Geld noch irgend
etwas, wo ein Brief verborgen seyn kann: ihre Bedien=
ten und selbst ihre Equipage in sichern Häusern verwahren,
übrigens aber mit aller Achtung und Anstand ihnen begeg=
nen. Niemand darf aus der Festung ins Lager, unter dem
Vorwande seine Freunde zu sprechen: Braucht der Gou=
verneur des Platzes nicht gleiche Vorsichten, so nützt man
den Fehler, um die Nachrichten von der Festung einzuzie=
hen, die man braucht. Wenn zwischen den Truppen Strei=
tigkeiten entstehn, so muß man ihnen sofort vorbauen, und
Nachricht davon an den Gouverneur des Platzes schicken,
damit er es nicht vor einen Bruch des Waffenstillstandes
halte, und das Uebel sich verbreite.

Der Dienst in den Tran#scheen muß mit größter Schärfe
geschehn, damit der Feind nicht einen glücklichen Verrath
spiele.

§. 3.

Wenn die Festung eine Zeitlang vertheidigt worden, so
fodert der Belagrer den Belagerten auf, weil ein Gouver=
neur, der auf Ehre hält, nie zuerst Chamade schlägt. Hier

Ji 3

sind

sind die Bedingungen, die der Belagerte gemeiniglich vor-
zuschlagen pflegt, und die man ihm zum Theil zugesteht,
wenn man nicht Ursache hat, auf härtern Bedingungen zu
bestehn, oder gelindere zu gewähren.

Art. 1.   Man soll die Bürgerschaft bey Vermögen,
Freyheit, Rechten und Gottesdienst schützen, ihr Gewehr
ihr lassen, keine neue Imposten auflegen, und wegen des
Vergangnen eine General-Amnestie gewähren.

Die Lehre von den Empörungen zeigte die Fälle, wo
man diese Artikel nicht völlig gewähren kann.

Art. 2.   Man wird der Bürgerschaft eine Frist von
sechs Monathen zugestehn, ihre bewegliche und unbewegli-
chen Güter zu veräussern; und die Freyheit, sich in die Lande
ihres ehmaligen Herrn zu begeben.

Art. 3.   Die Stadt soll nicht geplündert werden, und
ihre Glocken behalten.

In gewissen Fällen muß die Stadt diese Freyheit mit
Geschenken an die Truppen erkaufen.

Art. 4.   Man wird unter keinerley Vorwand Repres-
saillen gegen die Garnison brauchen, als wenn sie, oder die
Truppen ihres Fürsten, in andern Fällen ihr Wort nicht
gehalten.

Man muß suchen, wenn wirklich vom Feinde Treu
und Glauben gebrochen worden, sich itzt die Genugthuung
zu bedingen.

Art. 5.   Die Ueberläufer erhalten Amnestie. Dem
Gouverneur wird ein bedecktes Schiff oder Wagen verstattet,
das man nicht visitiren wird.

Die erste Bedingung muß man wegen der Folgen nur
im Nothfalle verwilligen; die zwote ist leiblicher, weil
man die Verbrecher doch nicht öffentlich begnadigt.

Art.

Art. 6. Man wird der Besatzung zum Abzug zwey ober drey Tage Zeit lassen.

Dieß wird bewilligt, wenn der Verzug keine Gefahr bringt: ausserdem bringt man auf schleunigen Abzug, doch erlaubt man, daß einige Officiers und Soldaten bey ihrer Bagage zurück bleiben.

Verstattet man die verlangte Zeit, so muß man die Thore der attakirten Front und die Bresche sich einräumen lassen, und mit Wachen besetzen, damit keine Excesse in der Stadt geschehn.

Art. 7. Die Besatzung zieht durch die Bresche, mit fliegenden Fahnen, klingendem Spiele, scharfer Ladung und brennender Lunte. Jeder Soldat nimt zehn scharfe Patronen mit, und jeder Grenadier eine Grenade. Die Garnison behält zwey Feldstücke, nebst dazu gehörigen Affetten, Protzwagen, Labezeug und Patronen auf zwanzig Schuß, ingleichen so viel Pferde und Wagen als zum Transport von diesem allen gehört.

Art. 8. Sowohl Officiers als Gemeine behalten Kleider, Equipage, Geld, und alles was ihren Compagnien und Familien gehört.

Flinten, Zelte, Geräthschaften zum Hospital und den Casernen, und alles was von der Zeit der Belagrung an, aus den Magazinen genommen worden, ist davon ausgenommen. —

Art. 9. Sowohl die Besatzung, als der Fürst dem die Stadt vorher gehörte, sind befugt die Schulden von der Bürgerschaft einzufodern, die älter sind als der Tag der Uebergabe.

Dagegen sind sie auch gehalten ihre eigne Schulden zu zahlen, und lassen hiezu Geisseln zurück.

Art. 10. Man wird der Besatzung die nöthigen Lebens-Mittel, Wagen, Schiffe und Pferde um landüb-

lichen

lichen Preis bewilligen, und ihr eine hinlängliche Bedeckung geben. Sobald diese Wagen zurück sind, und alles was die Capitulation mit sich bringt erfüllt worden, wird man die Geisseln der Besatzung mit Pässen versehen und zurück schicken. Die Besatzung versieht sich, so lange sie in der Festung verbleibt, und auch noch auf zwey oder drey Marsch-Tage, aus den Magazinen des Platzes. Die Zahl und Größe der Portionen und Rationen wird bestimmt.

Art. 11. Kranke und Blessirte die der Besatzung nicht folgen können, werden in dem Hospitale des neuen Lands-Herrn verpflegt, und dafür eine gewisse Summe täglich gut gethan. Die Reconvalescirten werden mit Pässen zurück geschickt, und können für landüblichen Preis Wagen erhalten: Doch bleiben Geisseln wegen der zu erwartenden Vergütung zurück.

Der Punkt wegen der Desertion wird hier erörtert.

Art. 12. Im Spitale bleiben auf jede fünf und zwanzig Kranke, ein Officier und Unter-Officier zur Aufsicht zurück.

Art. 13. Alle während der Belagrung gemachte Gefangne werden ausgewechselt.

Generals von grossem Rufe wechselt man nicht aus.

Art. 14. Die Soldaten der Garnison dürfen weder beym Ausmarsch aus der Festung, noch ihren übrigen Märschen, weder zur andern Armee, noch zur Eskorte übergehn.

Man thut wohl, wenn man diesen Artikel nur im Betracht der Eskorte verwilligt, wo wegen ihrer Schwäche das Austreten ohnedem verdrüßliche Streitigkeiten stiften kann.

Art. 15. Die Besatzung soll den nächsten Weg nach einer gewissen Festung oder Gegend an der Gränze nehmen, und täglich entweder eine gewisse Zahl von Meilen zurück legen,

und

und jederzeit um den dritten Tag rasten, oder alle Tage bis an gewisse bestimte Orte rücken.

Weder die Eskorte, noch andre Truppen, noch die Einwohner sind befugt, die itzige Verabredung zu ändern.

Doch muß man eine gute Wahl unter den Orten treffen, die man der Besatzung zu ihrer Retraite, Marsch und Rasten anweiset.

Art. 16.   Wenn in dieser Capitulation über den Verstand dieses oder jenes Artikels Zweifel entstehn, soll die Sache durch Gevollmächtigte von beiden Theilen entschieden werden.

Zu diesen Vorschlägen des Gouverneurs setzt der Belagrer gemeiniglich folgende Bedingungen hinzu.

Die Belagerten sollen alle Munition, Gewehr, Stücke, Mörser, Schilderhäuser, Wachröcke, Pritschen, Thor-Schlüssel, Lebens-Mittel, und alles was zur Zeit der Uebergabe in der Festung sich findet, getreulich ausantworten, ohne das Pulver zu netzen, die Lebens-Mittel zu verderben, die Gewehre zu zerschlagen, oder brennende Lunte an das Pulver in den Magazinen oder Minen anzulegen, oder irgend einen andern Betrug zu spielen.

Wenn die Garnison im Marsche Excesse begeht, werden ihre Geisseln dafür haften.

Zu Verhütung dieser Excesse, und damit auch die Garnison nicht Ursache habe zu klagen, wird ein Officier commandirt, der mit eignen und der Belagerten Truppen voran geht, um beides zu besorgen.

Wenn die Garnison auf ihres eignen Herrn Grund und Boden angelanget ist, wird sie erst nach Verfluß von acht und vierzig Stunden wieder agiren, und bis dahin weder angreifen, und Feindseligkeiten begehn, noch auch angegriffen werden können.

Lie

Liegen in der Festung oder ihrem Gebiethe einige Schlöſſer oder Feldſchanzen von geringer Wichtigkeit, ſo muß man ſuchen dieſe in die Capitulation des Plaßes mit einzuſchlieſſen.

§. 4.

Dieß ſind die Bedingungen, die man der Garniſon zuzuſtehen pflegt, wenn der Plaß wichtiger iſt als ſie. Iſts aber zur Verfolgung unſrer fernern Entwürfe nothwendig, daß man die Garniſon zu Kriegsgefangnen macht, weil der Feind ohne ſie zu ſchwach im Felde oder in ſeinen Feſtungen wird, und es iſt keine Gefahr da, wenn man die Belagerung noch um einige Tage fortſeßt: ſo muß man hartnäckig darauf beſtehn, daß ſie ſich zu Kriegsgefangnen ergiebt, oder wenigſtens auf Monate und Jahre nicht wieder dienet, und wo möglich gar in unſerm eignen Lande verbleibt.

Wenn man hingegen durch längern Verzug andre weſentlichre Vortheile verliehrt, vielleicht Gefahr läuft ſelbſt die Feſtung entſeßt zu ſehen, Mangel oder die üble Jahrs-Zeit kömmt, auf andern Seiten unglückliche Begebenheiten vorfallen, die der Beſaßung, wenn ſie dieſelben erfährt, neuen Muth geben: ſo muß man kein Bedenken tragen, noch vortheilhaftre Bedingungen als die erwähnten ihr zu bewilligen.

§. 5.

Sobald die Capitulation unterzeichnet worden, räumt der Belagerte die Breſche und ein Thor, und ſie wird von dem Belagerer mit einer Wache beſeßt. Kein Officier oder Soldat darf ohne Paſſeport vom commandirenden General in die Stadt: Die Wachen aber der Beſaßung dürfen niemand zurück halten, der ſie aufweiſet.

Ein Intendant für die Vivres, ein Officier von der Artillerie, nebſt verſchiednen Commiſſairs beider Departements,

ments, und der Directeur von den Spitälern nebst dem
Controlleur und einigen Feldschern, übernehmen sofort die
Lebens-Mittel, Artillerie, und Spital, und liefern von
allem das genaueste Verzeichniß. Man bemerkt in demsel=
ben, was gut, abgenützt, oder gar unbrauchbar ist, und
beiderseits Commissairs unterschreiben, damit, wenn beym
Friedensschlusse die Festung vielleicht wiedergegeben werden
muß, der Stand derselben bekannt ist. So wie man jedes
Magazin einzeln übernommen, werden sogleich Wachen da=
vor gestellt.

Die Belagerten müssen getreulich ihre Minen überge=
ben, und alsdann werden die Mineurs der Belagrer sie
sofort ausser Stand setzen zu schaden.

Der künftige Gouverneur und Commendant der Festung
nebst einigen Officiers recognosciren den Platz, und bestim=
men die Posten, wo die neue Garnison, wenn sie einzieht,
ihre Wachen ausstellen muß.

Ein Hauptmann, sechs Subalterns, sechs Sergeanten,
und sechzig Gemeine werden commandirt, Patrouillen in
der Stadt zu halten, und allen Streitigkeiten und Excessen
vorzubauen. Die Hälfte des Commandos bleibt zur Re=
serve, die andre wird in verschiedne Trupps und Patrouillen
vertheilt.

Die Regimenter so am Tage der Capitulation in den
Transcheen standen, besetzen die Festung zuerst. Wenn die
Garnison sodann über die Bresche auszieht, formirt sich
die Armee in zwo Linien, mit dem einen Flügel an die
Bresche gelehnt. Wer alsdann von der Besatzung deser=
tirt, wird durchgelassen; doch darf niemand gezwungen,
noch auch gelockt werden. Am andern Flügel der Linie hält
die Eskorte so die Besatzung transportirt: Sie besteht
gemeiniglich aus Cavallerie, und es werden von beiden
Seiten Commissairs ernennt die auf die Vollziehung der
Capitulation bringen. Die Truppen der Eskorte dürfen

bie

die Defertion nicht begünſtigen, die Garniſon aber eben ſo
wenig den Deſerteurs die entrinnen nachſeßen.

Die Regimenter ſo die künftige Garniſon ausmachen,
ſtehn zu nächſt an der Breſche, um den Plaß ſogleich zu
beſeßen, ſobald der Feind ausgerückt iſt, um noch vor
Einbruch der Nacht, die Wachen, Poſten und Patrouillen
auszuſtellen.

Vom

Belagern und Blokiren.

Funfzehntes Capitel.

Vom Sturme.

§. 1.

Wenn die Belagerten zu hartnäckig auf Bedingungen beſtehn, die man nicht eingehen kann noch darf, ſo bereitet
man ſich zum Sturm: Es muß aber alles reif dazu ſeyn,
damit man nicht Blut und Menſchen verſchwende. Man
muß daher weder den bedeckten Weg, noch irgend ein Werk
des Plaßes ſtürmen, ehe man ſich mit den Laufgräben ihm
ſo ſehr als möglich genäht: die Oefnungen in der Contreſcarpe müſſen, ſobald man feſten Fuß im Graben gefaßt,
erweitert werden: Man muß die Tranſcheen woraus die
Truppen zum Sturme anrücken ſollen, mit Banquets verſehen, damit ſie in Ordnung und mit breiter Front ausrücken können: Man muß nicht eher ſtürmen, als wenn die
Breſche gangbar iſt: Denn Eskaladen gegen die Breſche
ſind zu gefährlich, und gelingen nicht, wenn die Beſaßung
Muth hat.

Weil

Weil die Bresche von ferne und durch Schießscharten oft gangbar scheint, ob sie es gleich in der That noch nicht ist, so muß man sie durch erfahrne und unerschrockne Leute recognosciren, die man hiezu mit schußfreyer Rüstung versieht. Man untersucht, ob der Feind die Bresche mit Fußangeln beworfen, Pulver darauf gestreut, Spanische Reuter, oder Breter mit eisernen Zacken vorgelegt, wie viel man noch von den nebenliegenden Werken des Feinds zu befürchten hat, ob irgend ein Theil der Bresche selbst gegen die nebenliegende Flanke trit, und so ferner.

Wenn diese Recognoscirungen geschehen, und die Rapports mit den Aussagen der Deserteurs und Gefangnen verglichen worden, so wird nun ein Kriegsrath von den vornehmsten Ingenieurs und Generalen versammelt, um fest zu setzen, ob man noch nöthig hat neue Batterien zu errichten, die Wirkung der Minen zu erwarten, und die Bresche gangbarer zu machen, oder ob man sofort im Stande ist zu stürmen. Entschließt man sich zum Sturme, so muß man festsetzen, ob man sich auf dem Fuße oder der Höhe der Bresche logiren wird; ob man zugleich mit dem Werke die Abschnitte stürmen soll; obs rathsam ist während des Sturms zugleich die Eskalade zu versuchen; ob man Gewalt oder Ueberfall brauchen will; ob man in den letzten Abschnitten des Feindes Halt machen, oder mit dem Feinde zugleich in die Stadt eindringen soll? Was für eine Parthey man aber auch wählt, so muß That unverzüglich auf Entschluß folgen: Denn jeder Augenblick den man verschwendet, kostet Blut, weil der Feind ihn gewann, seine Gegenanstalten furchtbarer zu machen.

§. 2.

Alle Anstalten zum Sturme werden mit äusserster Sorgfalt verborgen: Die Verstärkung der Wache in den Transcheen geschieht des Nachts: Man vermeidet ungewöhnlich Geräusch und ungewöhnliche Stille: Es wird nicht erlaubt, daß

daß Volontairs und Neugierige auf den Höhen wo man
den Sturm übersehen kann sich versammeln: Alle Vorsichten gegen Spions werden verdoppelt: Die Batterien und
Musketerie der Transcheen machen nur das gewöhnliche
Feuer.

Die Tete der Colonne zum Sturme machen zwey Sergeanten, jeder mit zwölf Mann: auf diese folgt ein Lieutenant mit fünf und zwanzig, auf diese ein Hauptmann
mit funfzig: Sodann ein Oberst=Lieutenant mit zweyhundert Grenadiers. Dem Oberst=Lieutenant folgen die Pikets der Bataillons die zum Sturme commandirt worden,
unter Anführung eines Brigadiers, und des ältesten Obersten, Oberst=Lieutenants und Oberstwachmeisters, so in
den Transcheen sich findet. Endlich kommen die zum Sturme commandirten Bataillons selbst mit ihren Fahnen, unter
Commando des General=Majors von der Transchee, ihrer
Obersten und übrigen Officiers. Ich rechne die Wachen
als verdoppelt, und ausserdem noch eine Reserve. Die ältre
Wache hat den Rang über der jüngern. Alle Generals und
Stabsofficiers müssen Männer von Einsicht und bewährter
Tapferkeit seyn: sollten die, so die Tour trift, diese Eigenschaft nicht haben, so muß man suchen, sie durch ein auf-
getragnes Commando zur rechten Zeit zu entfernen. Zuweilen nimt man bloße Detaschements zum Sturme, die
von allen Regimentern der Armee commandirt werden, um,
wie man vorgiebt, die Regimenter die es träfe, nicht ganz
zu ruiniren. Ich glaube aber, ganze Bataillons sind zu-
verläßiger im Gefecht, weil sie ihre Fahne vertheidigen,
und die Compagnien von einerley Bataillon treuer sich bey-
stehn, als Detaschements die aus verschiednen Regimentern und Nationen ausgehoben wurden.

Die verschiednen Trupps müssen Distanzen zwischen sich
halten, damit, wenn der erste geworfen wird, die Unordnung
sich nicht unter sie alle verbreitet, und stets Truppen sich
fin-

finden die Front und Ordnung halten. Je weiter man den
Sturm verfolgen will, desto nothwendiger ist diese Bemer-
kung. Die Kaiserlichen pflegen mit Trupps von hundert
Mann zu stürmen: Ich halte diese Detaschements bey einer
irgend breiten Bresche für zu schwach: Denn die Stürmenden, wenn sie durchbringen wollen, müssen in vielen
Gliedern fechten, damit die hintern Glieder die vordern
treiben.

Wenn das Werk, das man stürmt, minirt ist, so
würde ich zwischen dem Trupp, den die Sergeanten führen,
und dem Peloton des Lieutenants drey Schritt Distanz lassen: Zehn Schritt zwischen dem Lieutenant und dem Hauptmann: Funfzehn zwischen dem Hauptmann und dem Oberst-
Lieutenant: Zwanzig zwischen dem Oberst-Lieutenant und
den Pikets, und eben so viel zwischen den Pikets und den
Bataillons. Diese Distanzen dienen zugleich, ein Theil
der Mannschaft gegen die Grenaden, Bomben, Feuer-
töpfe, Sturmbalken und Fässer zu retten, die der Feind
von der Bresche herab wirft.

Die Sergeanten und ihr Commando werden mit Sturmhauben und schußfreyen stählernen Schilden versehen; und
führen zwey Pistolen, die eingehaakt werden können, und
den Säbel in der Hand mit einem Portepee, um ihn fallen zu lassen, wenn sie zur Pistole greifen; ausserdem vier
Grenaden und eine Lunte. Die fünf und zwanzig Grenadiers und ihr Officiers tragen Cuirasse, Sturmhauben, Piken und starke kurze Pistolen mit Kartetschen geladen; Beide
Trupps haben Aerzte. Man versäume diese Vorsichten
nicht, denn sie ersparen das Leben von manchem tapfern
Manne, und der Erfolg hängt oft vom Verhalten der ersten Truppen ab.

Die übrigen Truppen zum Sturme können wie gewöhnlich bewafnet seyn; doch trägt jedermann eine Faschine sechs
bis sieben Fuß hoch, und einen bis einen und einen halben
Fuß

Fuß stark, theils um sich damit gegen das Flintenfeuer zu decken, theils auch zum Gebrauch beym Bau des Logements. Man muß kurze Leitern haben, um die Abschnitte, da wo der Graben wenig Tiefe hat, zu ersteigen. Faschinen in Pech getauft, um die Abschnitte, die man verläßt, in Brand zu stecken; Stricke, sechs bis sieben Klaftern lang, um die Schanzkörbe oder Fässer mit Schlingen zu fassen und umzureissen. Streute der Feind Fußangeln auf die Bresche, so muß man hinter den ersten Grenadiers einen Trupp mit schußfreyer Rüstung und übergehenktem Gewehr folgen lassen, die mit starken Harken die Fußangeln ausreissen. Will man die vordern Trupps durch Feuer aus kleinem Gewehre beschützen, so giebt man dem Commando des Hauptmanns keine Faschinen. Die Officiers und selbst die Generals müssen in Montirung seyn: reiche Kleider helfen hier nichts, sondern schaden zuweilen, wenn man verwundet wird.

Hinter den Truppen folgen die Ingenieurs mit den Arbeitern und Schanzzeug. Man versieht sie mit Hauen, Schaufeln, Hacken, Aexten, Faschinen, Pflöcken, Schlägeln, Schanzkörben, Woll- und Sandsäcken, auch wohl Petarden, eisernen Keilen und Brecheisen, um sich auf der Bresche festzusetzen, und wenn der Erfolg glücklich ist, Thore und Gatter zu sprengen, und so ferner. In den vordersten Laufgräben und Sappen müssen sich Magazine von allen diesen Geräthschaften finden, und Arbeiter, sie, wenn die Ingenieurs es befehlen, an den Ort der Arbeit zu bringen.

Zu dem Commando des Oberst-Lieutenants stößt ein Trupp Artilleristen, mit Officiers und allem Werkzeuge, um die Stücke des Feinds, entweder selbst gegen ihn zu gebrauchen, oder zu vernageln: Ingleichen ein Trupp Mineurs, gleichfalls mit Officiers und ihrem Werkzeuge, um die Minen des Feinds zu ruiniren. Die ersten Gefangnen oder

oder Ueberläufer, die den vordern Trupps in die Hand fallen, werden mit dem Tode bedroht, wenn sie den Ort der
Mine nicht entdecken.

Hinter den Bataillons marschiren endlich zwanzig bis
fünf und zwanzig kleine Trupps von zehn Mann, einem
Officier und Unterofficier, mit Tragbahren, um die schwer
Verwundeten nach dem Spitale vom ersten Verbande zu
bringen. Alle diese Trupps stehen unter einem Officier
von grösserm Range. Wenn die Tragbahren einer Division geladen, geht dieselbe ab, und die Officiers müssen dafür haften, daß sie wieder zurück kommen.

Die Losung zum Sturme giebt man mit Bomben: Doch
müssen die Generale, so den Sturm commandiren, die
Stunde, da er erfolgen soll, wissen, damit sie eine Stunde
vorher die Truppen nach der Ordnung, in der sie fechten
sollen, abtheilen, die Schanzgräber mit Schanzzeug versehen und so ferner. Sobald diese Abtheilung geschehn,
bleibt alles unter dem Gewehr, und niemand darf schlafen.

Die alte Wache von der Transchee stürmt, und wird
durch einen Theil der neuen verstärkt. Dieses Corps commandirt der General-Major von der Transchee; man kann
von ihm erwarten, daß er sein äusserstes thun wird, um
ohne den General-Lieutenant die Sache auszuführen.

Die andre Hälfte der neuen Wache von den Laufgräben
wird wieder in zwey Divisionen getheilt; davon die eine unter
ihrem General-Major sich in die Logements des bedeckten
Wegs und die äusserste Parallele wirft, um mit einem un-
abläßigen Feuer alle Linien und Flanken und die Bresche
selbst so lange zu beschiessen, bis die Truppen vom Sturme
sie besteigen.

Die zweyte Division unter ihrem Brigadier wirft sich
in die Logements vom Graben, und den Theil der Transchee, der den Thoren oder Poternen wo der Feind ausfallen

R k   kann

kann, am nächsten liegt. Je zahlreicher und entschlofner
die Besatzung, je grösser die Unordnung ist, desto wahr=
scheinlicher ist ein Ausfall, und desto furchtbarer auch, weil
die Truppen vom Sturme in Flanke und Rücken gefaßt
sind, wenn er gelingt. Der Herzog von Orleans befahl
dem Officier dieser Posten bey Tortosa, dem Ausfalle des
Feinds mit aufgepflanztem Bajonet zu begegnen, und ihn, es
koste was es koste zurückzutreiben, ehe er den Stürmenden
sich nahte.

Der General= Lieutenant, der Oberste, Oberst= Lieute=
nant, und Major von der neuen Wache der Transchee, tra=
gen Sorge, daß die Truppen vom Sturme, die geworfen
werden, in der zweyten Parallele sich wieder sammeln: Der
General= Lieutenant aber von der alten Wache der Tran=
schee hat seinen Posten in der letzten Parallele, und com=
mandirt daselbst die Bataillons von der Reserve, unter
den Augen des commandirenden Generals, der hier vom
Anfange des Sturms bis zum Ende, wenn die Logements
fertig sind, verbleibt. Rückt auf seinen Befehl der Gene=
ral= Lieutenant vor, so muß der General= Major, der bisher
die Attake commandirte, ihm gehorchen, und gemessnen
Befehl im voraus dazu erhalten, damit kein Streit in
einem so kritischen Zeitpunkt unter ihnen entstehe. Ich
habe bereits oben erwähnt, daß es nicht zuträglich sey,
Wachen die vier und zwanzig Stunden ihren Posten behaup=
tet, zum Sturme zu commandiren: Folgte man diesem
Vorschlage, so würde man die Truppen vom Sturme, eben
so wie vorhin bey der alten und neuen Wache gesagt ward,
vertheilen.

§. 3.

Einige Stunden zuvor, ehe der Sturm angeht, wird
der General= Lieutenant von der neuen Wache der Transchee
die Spitäler vom ersten Verbande besuchen, die gewöhnlich
ausser dem feindlichen Stückschuß angelegt werden. Doch
müs=

müffen in den vorderften Sappen einige Feldfcher fich finden,
um die am fchwerften verwundet find und die Officiers zu
verbinden. Während des Sturms wird der General-Lieutenant gleichfalls durch feine Ordonnanzen dafür forgen, daß
die Tragbahren, wenn fie abgeladen, wieder zurück kehren.
Es werden andre Trupps commandirt, die Verwundeten
aus dem Spitale des erften Verbands nach dem groffen
Hofpitale zu bringen. Die Officiers fo diefe Trupps commandiren, müffen als Väter für diefe Unglücklichen forgen.

Die Feldprediger und Feldfcher der Cavallerie dienen
in dem groffen Hofpitale: Die Feldprediger der Infanterie
verbleiben bey ihren Corps, um Beichte zu hören, und kurz
vor dem Sturme die General-Abfolution zu ertheilen; worauf fie in die Spitäler vom erften Verband, und zu den
Feldfchern in den vordern Tranfcheen fich begeben, einige
ausgenommen, die fromm und entfchloffen genug find, den
Stürmenden mit in die Gefahr zu folgen, wie ich von ver-
fchiednen derfelben, und befonders von dem Pater Mori-
fcabos einem Dominicaner gefehn, den man in folchem Falle
an Orten fand, die felbft der entfchloffenfte Soldat für gefährlich hielt.

§. 4.

Das Magazin von Schanzzeug und Fafchinen an der
Tete der Laufgräben, wird, durch das größre Magazin am
Eingange derfelben beftändig ergänzt, und eigne Trupps
commandirt, um das Schanzzeug vom Eingange der Laufgraben nach der vorderften Parallele, und von diefer nach
der Brefche, oder wo man arbeitet, zu tragen. Der General-Lieutenant von der neuen Wache in der Tranfchee wird
darauf halten, daß dieß alles ohne Verzug gefchieht.

Die Batterien fangen an zu fpielen, fobald die Stürmenden anrücken, und feuern überall ohn Unterlaß fort,

Kk 2 wo

wo keine Gefahr ist, die Truppen vom Sturme zu treffen: Gegen die Bresche selbst aber, bis die Stürmenden den Fuß derselben erreicht. Sodann laden sie von neuem, um, wenn die Stürmenden geworfen würden, ihre Retraite zu beschützen.

Wenn es möglich ist, die Festung auf einer andern Seite zu überfallen, indeß der Sturm an der Bresche geschieht, so muß man seine Maasregeln dergestalt treffen, daß kurz nach demselben diese Attake mit Leitern oder Petarden erfolgt. Ein solcher Angrif, besonders wenn er geheim blieb, ist öfters entscheidend, weil die Belagerten die Vertheidigung der Bresche zu ihrem einzigen Augenmerke machen; und wenn sie es auch nicht thaten, und überall Gegenanstalten trafen, dennoch durch diese doppelten Attaken muthlos gemacht werden. Ist der Angrif auf dieser Seite Ernst, so muß man alle Anstalten dazu mit Sorgfalt verbergen. Die stärksten Seiten der Festung sind sodann oft die bequemsten, weil der Feind sie am meisten vernachläßigt: Es müssen aber die Truppen, die ihn unternehmen, mit allem versehen seyn, was sie zur Ausführung ihres Entwurfs brauchen, und die Partey wissen, die sie zu nehmen haben, wenn es ihnen gelang in die Festung einzubringen. Hat man aber keine andre Absicht bey dieser Attake, als die Aufmerksamkeit des Feinds zu zerstreuen, und die Vertheidiger der Bresche muthlos zu machen, so verräth man seine Anstalten selbst, und sucht bey dem Angrif die Wahrscheinlichkeit zu behaupten, ohne daß man zu viel Menschen verliehrt.

Wenn man die Festung mit zwey Attaken stürmt, so müssen während des Gefechts, Officiers nach beiden in vollem Rennen jagen, um einer jeden zu sagen, die andre Attake sey schon in der Stadt. Alsdann wird eine jede ihr äusserstes thun, um nicht zu sehr übertroffen zu werden. Den Feind muthlos zu machen, ruft alles Victoria.

Wer

Wer zuerst die Bresche besteigt, muß beides Ehre und
Geld zur Belohnung erhalten, und im voraus diese Beloh=
nung wissen, damit jeder nach seiner Art zu denken gereizt
werde. Die Plünbrung ber Stadt wird nicht anders er=
laubt, als wenn es unmöglich ist, ihr vorzubauen; die
Stadt aber muß die Befreyung bavon mit einer beträchtli=
chen Summe erkaufen, die unter ben Truppen vertheilt
wird.

§. 5.

Es ist schwer zu bestimmen, was für eine Zeit am be=
sten zum Sturme sich schickt; benn die Nacht wie ber Tag
hat beides sein Gutes unb Böses. Die Nacht beckt vor
dem Feuer des Feinds, verbirgt bie wahren Attaken wie
bie falschen, und ist überhaupt bem Angreifenben günstig:
Desto leichter aber reißt auch Unorbnung ein, besto schwe=
rer ists, ihr zu helfen; besto leichter ists möglich, in bem
Bau und ber Richtung ber neuen Logements unb Ver=
schanzungen zu fehlen. Der Tag ist günstiger zur Ordnung,
stellt aber bem Feuer bes Feinbs um so mehr blos, und
eben so sehr seinen Minen. Die vortheilhafteste Zeit ist
also sicherlich die, wo der Feinb sich vernachläßigt, es sey
nun bey Tage ober bey Nacht, und man muß suchen, biese
Zeit burch vertraute Spions unb Ueberläufer zu erfahren.
Je mehr Chikanen, Minen unb Abschnitte man gegen sich
findet, besto nothwendiger ists, sie zu wählen.

Wenn man bis zu den Abschnitten vorbrang, so muß
man sie be Front unb in ben Flanken zugleich attakiren.
Die ersten Trupps, unter bem Commanbo ber Sergeanten
unb bes Lieutenants gewinnen die Flanke, ber folgenbe
Hauptmann attakirt die Front. Ists möglich, vor bem
letzten Abschnitte zum Bajonet mit bem Feinbe zu kommen,
und ihm auf ben Fersen zu folgen, entweber weil die Unorb=
nung bes Feinbs groß ist, ober die Gemeinschaft zwischen
ben Abschnitten übel angelegt warb: so ist bieses einer ber

wesentlichsten Vortheile, weil man theils den Minen des Feinds, theils den Gefahren einer neuen Attake, und der Arbeiten entgeht, die man so nahe an dem Feind unternehmen muß, wenn man nicht alles mit einmahl erobert.

Sobald die Belagerten einen Abschnitt verlassen, arbeiten die Ingenieurs sofort an dem Logement; und leidet es die Anlage desselben nicht, daß man es selbst gegen die Festung gebraucht, so muß ein Theil der Arbeiter ihn niederreissen, da der andre das Logement baut, damit es dem Feinde nicht zum zweytenmale diene, wenn er auch das Logement wieder forcirte.

Wenn man gegen die Festung Minen gebraucht, so werden die Truppen zum Sturme in gehöriger Entfernung die Wirkung derselben erwarten, und sobann hitzig angreifen, um die Betäubung des Feinds zu nützen. Hat der Belagerte hingegen Minen, so muß man alle sein Absehen darauf richten sie zu zerstören: wenn sie aber dennoch springt, so müssen die Officiers das äusserste thun, und die folgenden Trupps hitzig nachrücken lassen, weil nun die Gefahr vorbey ist, und der Feind selbst in Unordnung geräth, und oft gezwungen ist, von dem Orte den er vertheidigen will sich etwas zu entfernen.

§. 6.

Wenn die Besatzung zu allen Zeiten auf ihrer Hut ist, keine Vortheile durch ihre Nachlässigkeit über sich giebt, und man gezwungen ist Schritt vor Schritt das Terrain das man gewinnen will zu erfechten, so wird man die Anstalten zum Sturme öffentlich treffen, damit die Besatzung mit allen Kräften auf Bresche und Walle erscheint. Die ganze Artillerie aller Batterien richtet sich mit den Stücken auf die Bresche und Flanken, die Mörser mit Bomben und Steinen gegen die Kehle des Werks das man attakirt: Alsdann wird das Signal zum Sturme mit Raketen gegeben; die ersten Trupps mit schußfreyer Rüstung rücken in dem

Gra-

Graben vor, die Fahnen in den Tranſcheen werden hoch
gehalten und weiter vorwärts gebracht, das Geſchrey vom
Sturm erhoben, und alle Anſtalten getroffen, bis endlich der
Feind auf der Breſche erſcheint. Alsdann ſchickt man ihm,
von allen Batterien, und allen Tranſcheen die ihn treffen,
Feuer aller Art aus Geſchütz und kleinem Gewehre zu,
und wiederholt dieſe Liſt, bis der Feind es nicht mehr wagt,
unbedeckt auf der Breſche ſich zu zeigen, und ſich nach dem
Innern des Bollwerks zurück zieht. Sobann erſt läßt man
ſeine Minen ſpringen, die bey dieſem ofnen Angriff faſt unentbehrlich ſind, und drauf erfolgt das Signal zum Sturm,
durch eine Salve von allen Mörſern mit Steinen und Bomben, die ſämmtlich nach dem Innern des Baſtions und des
Abſchnittes feuern, und ungleiche Brandröhren haben,
damit der Feind mit nichts als mit ihnen beſchäftigt ſey,
wenn die Truppen zum Sturme anrücken, und alle ſeine
Kunſtfeuer und Chikanen der Breſche zu ſpät kommen.

Wenn das Terrain zwiſchen der Breſche und dem Abſchnitte des Feinds ſo eng iſt, daß man nicht im Stande
iſt es mit ſo viel Truppen zu beſetzen, als die Vertheidigung
des Logements braucht das man darauf errichten muß, ſo
iſts entſcheidend wichtig Breſche und Abſchnitt zugleich zu
forciren: Hätte der Feind hingegen keinen Abſchnitt als in
der Kehle des Baſtions, oder in einiger Entfernung von
der Breſche die man an einem andern Theile der Mauer
legte, ſo fehlt das Terrain nicht, das Logement zwiſchen
der Breſche und dem Abſchnitte zu vertheidigen, und alsdann ergreift man die Parthey die man am vortheilhafteſten findet. Doch werden hier, wie in jedem andern Falle,
Truppen zur Verfolgung des Feinds betaſchirt, damit er
nicht zu ſchnell ſich wiederum ſetzen könne: Es müſſen aber
dieſe Truppen die Schranken kennen wie weit ſie verfolgen
dürfen, damit ſie nicht umringt werden, oder die folgenden
Truppen, um ſie zu retten, in Gefahren ſich begeben müſſen,
die man ihnen nicht beſtimmt hatte.

§. 7.

Je tiefer man sich in den Logements eingräbt, desto weniger ist man den Batterien des Feinds in seinen Abschnitten ausgesetzt: Doch muß man auch nicht so tief gehn, daß der Feind uns commandirt, oder man den Abschnitt desselben nicht sieht. Alle Häuser die dem Logement schaden, werden mit Stücken und kleinem Gewehre beschossen: Muß man bey Führung desselben eine Flanke entblössen, so deckt man sich durch ein Epaulement, oder eine Blendung von Faschinen. Die Brustwehre muß so stark seyn, als das feindliche Geschütz erfodert.

Wenn der Abschnitt des Feinds in der Kehle des Vollwerks steht, so führt man das Logement von einem Schulterwinkel zum andern: Rückte man der Spitze des Vollwerks näher, so wäre freylich die Arbeit schneller geschehn, aber das Terrain rückwärts würde fehlen. Hat der Feind nur einen einzigen Abschnitt, der beide Bastions und die Courtine faßt, so kann das Logement der Kehle des attakirten Bastions sich nähern: Man nimt vielleicht sogar ein Stück der Courtine dazu, wenn es Vortheile gegen den Abschnitt darbietet, und ihn entweder zum Theil commandirt, oder in die Flanke faßt, wie zuweilen durch die Ungleichheit des Terrains unvermeidlich für den Belagerten wird. Liegen unter dem Abschnitte Minen, so entfernt man sich mit dem Logement so weit rückwärts, als, nach der Aussage der Ueberläufer und Kundschafter, die weitesten Minen des Feindes reichen. Die Mineurs müssen mit Ernst arbeiten, um sie zu finden und zu verderben.

Wenn in dem Werke das man erobert, nicht so viel Artillerie sich findet, als man braucht, um die Abschnitte des Feinds zu beschiessen, so setzt man die Stücke auf Schlitten, und zieht sie mit einem Hebebock, der zwischen fest eingerammten Pfählen befestigt wird, hinauf. Man holt auf gleiche Art die Affetten nach, zuweilen ist auch der Bo=

den

ben der Bresche fest genug, daß man weniger Umstände
braucht. Oft stellen sich die Belagerten, als wenn sie die
Logements attakiren wollten, blos in der Absicht die Trup=
pen, die sie vertheidigen sollen, unter ein mörbrisches
Feuer zu bringen: Man muß also sofort darauf bedacht
seyn, sich gute Communicationen zu eröfnen, damit die
Truppen, ungesehen vom Feinde, von der Bresche nach den
Logements gehen können, und niemals ohne Bedeckung sich
zeigen, als wenn der Feind kömmt, um sie zu attakiren, da
sie sobann getrost ihm entgegen gehen.

Das schwächste Logement, so am wenigsten Vortheil
bringt, ist unten am Fuße der Bresche, weil man allen
Feuern des Feinds aus den nebenliegenden Flanken, und
allen dem blos steht, was er von der Bresche selbst, an
Bomben, Sturmfässern und andern Kunstfeuern herab
werfen kann: Ueberdem gewinnt der Feind bestomehr Zeit,
seinen Abschnitt zu vollenden, und Minen unter der Bresche
selbst anzulegen, um sie von neuem ungangbar zu machen.
Am Ende aber hilft das ganze Werk nichts, und die Er=
steigung der Bresche wird dadurch nicht weniger schwer als
zubor.

§. 8.

Die Lehre vom Ueberfall zeigte die Anstalten die man
treffen muß, wenn der Feind auch in der Stadt sich ver=
theibigte. Das Unglück aber und die Grausamkeit der
Plünderungen zu vermindern, muß man noch folgende An=
stalten treffen.

An der Queue der Truppen, die zum Sturme comman=
dirt worden, marschiren drey Sauvegarden, jede von funf=
zig Köpfen, unter Officiers von bewährter Redlichkeit und
Treue. Die Officiers empfangen vom commandirenden
General einen schriftlichen Befehl und Wegweiser, die sie
nach dem Orte ihrer Bestimmung führen.

Sobald nun das Schicksal des Platzes entschieden ist, besetzt die erste Sauvegarde die Hauptkirche der Stadt, als die gemeinste Zuflucht der Unglücklichen und Wehrlosen. Als die Spanier Villareal unter dem Graf be las Torres wegnahmen, besetzte er sofort die Kirche, und obgleich ein Aufrührer Feuer aus derselben auf ihn gab, erlaubte er doch nicht, daß jemand ein Leides geschah.

Die zweyte Sauvegarde rückt nach den Gefängnissen, um die Gefangnen von der Armee und die gutgesinnten Bürger in denselben zu beschützen.

Die dritte Sauvegarde gehört dem Hospital.

Die Bürger die in heimlichem Verständniß mit dem Belagrer standen, werden gewarnt in die Hauptkirche zu flüchten, und ein gewisses Zeichen von ihren Häusern zu geben, woran man sie erkennt, und das bey Lebens-Strafe unverletzt bleiben muß.

Feuer anzulegen, Gewaltthätigkeit gegen Weiber und Mägdchen zu üben, Kirchen und Klöster zu plündern, wird alles bey Lebens-Strafe verboten. Man beobachtet, in Ansehung der Beute alle die Gesetze, die schon oben gezeigt worden: die Truppen vom Sturme empfangen sie entweder ganz, oder doch einen größern Antheil als die übrigen Truppen der Belagrung.

Sobald die erste Wuth sich gelegt, werden Patrouillen detaschirt, die stark genug sind, von allen Truppen die zum Sturm commandirt waren zusammen gesetzt werden, und unter Officieren stehn, deren Redlichkeit und Großmuth bekannt ist, damit sie nun dem Elend steuern, den Unterbrückten helfen, und auch die Streitigkeiten der plündernden Truppen unter sich selber stillen.

Vom

Belagern und Blpkiren.

Sechzehntes Capitel.

**Von den Anstalten die man treffen muß, nach-
dem man den Plaß eroberte.**

§. 1.

Wenn man durch die Zahl und Güte seiner Truppen,
die Vortheile des Terrains oder andre Umstände begünstigt, den Feind der nach Eroberung des Plaßes zum Entsaße desselben anrückt, anzugreifen beschloß, so läßt man
im Lager wie in der Stadt, die Feuer der Belagrung dem
Anscheine nach fortseßen, um den Feind näher an sich zu
locken. Niemand darf indeß aus dem Lager der Armee,
als die vertrauten Officiers, die man nach den umliegenden
Gegenden ausschickt, um das Gerücht eines fehlgeschlagnen
Sturms, und daß die Festung sich noch hält, zu verbreiten.
Könnte man die Signale des Feinds um Hülfe erfahren, so
giebt man sie von dem unter ihnen verabredeten Orte.

Wenn hingegen der Feind von aussen nun mächtiger ist,
und den Plaß mit einer neuen Belagrung bedroht, so muß
man alle Kräfte sammeln und alle Hände arbeiten lassen, um
die Breschen und Brustwehren zu bessern, Pallisaden zu
seßen, die Gräben zu reinigen, die eignen Arbeiten ausserhalb der Festung zu zerstören, alle Magazine mit Munition und Lebens-Mitteln zu füllen, und die Artillerie der
Belagrung wie des Plaßes wieder in Stand zu seßen. Die
Armee bleibt indeß in ihren Verschanzungen stehn, bis dieß
alles geschah, und endlich auch diese Verschanzungen und

alle

alle die Forts niedergeriffen werden können, die man zur
Sicherheit der Zufuhr bey der Belagrung erbaute.

Man beffert die Breschen durch Faschinen, die man
mit dem einen Ende gegen den Graben, mit dem andern gegen die Festung wendet, und stark mit Pfählen befestigt.
Jede einzelne Lage wird mit Erde beschüttet, und diese ge-
netzt und fest mit der Ramme gestampft. Während des-
fen sperrt man sie von oben mit spanischen Reutern, und
hinter diesen mit Palissaden und einer Brustwehre von Ra-
fen, die am Fuße mit Sturmpfählen verfehen wird.

Man nimt, wenn es an Faschinen mangelt, die Faschinen der Batterien von der Belagrung zu Hülfe, und
läßt sie von neuem binden und die Pfähle spitzen. Man
sucht sich zum Meister der Schlösser und kleinen Posten zu
machen, die der Feind bisher noch in der Nähe des Platzes behauptet.

§. 2.

In jedem Viertheil der Stadt wird ein Mann von be-
kannter Treue, auf die Absichten und Unternehmungen der
Bürger Achtung geben. Nach dem Zapfenstreich darf kein
Bürger ohne brennende Laterne auf der Straße sich zeigen.
Alle Fremde werden sofort mit Nahmen an den Gouverneur, nicht nur von den Wachen, sondern auch von den Bürgern die sie beherbergen, gemeldet. Werden derselben
zu viel, so muß der Gouverneur desto achtsamer seyn, und
nach Befinden der Umstände einen Theil von ihnen aus der
Stadt schaffen: Zuweilen sind sie gezwungen, ihre Gewehre
an den Thoren zu lassen. Ohne Erlaubniß des Gouverneurs darf kein Bürger weder Gewehr kaufen noch verkaufen. Die Thorwache muß alle Wagen die in die Stadt
kommen, mit Sorgfalt durchsuchen, damit der Feind weder Soldaten noch Gewehre einschleichen lasse. Kommen
viele Wagen zugleich, so muß man nicht alle Thüren und
Thore zugleich öfnen und von ihnen besetzen lassen, weil dieses

ses einen Ueberfall begünstigen könnte. Der Einlaß wird nicht eher geöfnet, als bis es heller Tag ist: Das Thor nicht eher, als bis die Gegend genau recognoscirt worden. Des Tags werden Schildwachen auf die Thürme gestellt, damit der Feind nicht bey Tage den Platz mit List überfalle. Alle Zusammenkünfte der Einwohner, ohne Vorwissen des Gouverneurs, sind verboten: Ihr Briefwechsel wird nach den Umständen mehr oder weniger eingeschränkt. Kein Bürger darf über Wall und Mauern steigen. Der Officier von der Wache wird des Nachts jedesmahl mit Sorgfalt untersuchen, ob der Officier der die Schlüssel hat, die Thore gehörig verschlossen habe. Ein Trompeter wird zum Gouverneur commandirt, um, wenn ers befiehlt, Allarm zu blasen; oder man führt statt dessen ein Stück vor das Quartier desselben auf, um es beym Allarm abzufeuern, und sodann zur Sicherheit des Gouverneurs mit Kartetschen zu laden.

Dieß sind die Anstalten zur Sicherheit, die man schon im Aeneas Taktikus, einem Schriftsteller der vor zwey tausend Jahren lebte, findet, und viele Neuere nützten ihn, ohne ihn zu nennen. De Ville vermehrte diese Vorsichten durch folgende Vorschläge.

Die Einwohner sollen nach den Gesetzen des neuen Landesherrn leben, und keine Art von Gemeinschaft, ohne Vorwissen des Gouverneurs, mit dem Lande des Feinds unterhalten. Bey der Nacht dürfen nicht mehr als zwey Bürger mit einander gehn; Entsteht ein Allarm, so müssen sie in ihren Häusern verbleiben und Lichter in die Fenster stellen. Man muß von Zeit zu Zeit die Häuser visitiren, und jeden Fremden der unter falschem Nahmen sich angab, als einen Kundschafter bestrafen. Man muß in den Spiel= Caffee= und Wirthshäusern treue Personen unterhalten, den Bürgern aber auch Hofnung machen, daß der itzige Zwang aufhören wird.

Zu=

Zuweilen hält man die Bürgerschaft dazu an, die
Stadt mit Laternen zu erleuchten. Hat die Stadt viele
Thore, so werden die, so man nicht braucht, vermauert oder
verdämmt: Die Wasserleitungen werden mit eisernen Git-
tern versehen. Man verweiset die Märkte, so in der
Nähe des Thors gehalten wurden, an andre Plätze.

§. 3.

Ich habe bereits in andern Theilen dieses Werks gezeigt, was für Plätze man schleifen muß, hier ist also blos
von der Art die Rede, wie es geschieht.

Die gewöhnlichste Zuflucht sind Minen. Hatte der Feind
in der Festung Gallerien, so bedient man sich ihrer um die
Arbeit zu verkürzen. Man könnte auch, statt der Minen
mit Pulver, die Minen der Alten brauchen, sich durch die
Mauer bis auf ein Drittheil ihrer Stärke durchhauen, und
so wie man mit der Arbeit vorwärts kömmt, jeden Theil
der Mauer mit Balken stützen, die man sodann mit Pech
überzieht und anzündet, oder auch durch Winden losreißt.

Einen Thurm mit Gewölben zu sprengen, legt man
unter seine Mitte eine Mine, deren Kammer drey Schuh
tief, drey Schuh weit ist, und drey hundert Pfund Pulver
enthält, mit denen man auch die stärksten Gewölbe und Mauern von sechs Klaftern dick zu sprengen im Stand ist. Man
bedeckt das Pulver mit einer starken Bohle, und zwischen
ihr und dem Pulver darf kein leerer Raum seyn. Sodann
setzt man auf die Mitte des Brets einen starken Balken der
bis an den Schlußstein des Gewölbes reicht. Zwischen
diesem Balken und den vier Seiten des Thurms, werden
vier andre Balken mit Macht eingetrieben, die jedoch auf
sieben bis acht Zoll in die Mauer eingehn, und durch Keile
befestigt werden, damit sie durchaus nicht wanken. Noch
vier andre Balken kommen zwischen dem grossen Balken in
der Mitte und dem Anfange des Gewölbes auf jeder Seite.

Hat

Hat der Thurm viele Gewölbe eins über dem andern, so richtet man zwischen jedem einen aufrecht stehenden Balken auf, und sorgt daß sie sämtlich gerade über einander stehn. Alle diese Balken müssen von starkem Holz seyn, und sechs Zoll im Durchschnitte haben. Findet man unweit der Pulverkammer ein unterirdisch Gewölb, so muß man es ausfüllen. Wäre der Boden rings um dieselbe zu locker und sandig, so muß man sie mit einer Mauer umfassen.

Wenn der Thurm kein Gewölbe hat, so führt man, der Erde gleich, drey bis vier Rameaur in der Mitte der Mauer, und fängt die Arbeit von innen zu an. Jeder Rameau ist etwan eine Klafter lang. Am Ende ist die Kammer drey Schuh tiefer als der Boden des Rameau, und wird mit funfzig bis sechzig Pfund Pulver geladen. Bey vier-eckigten Thürmen legt man die Kammern unter die Ecken, bey runden vertheilt man den Umkreis in gleiche Theile. Die Kammern und Rameaur werden gefüllt wie bey den Minen gezeigt ward, doch muß man in der Mitte des Thurms einen starken Pfeiler aufrichten, und Balken da-gegen stämmen, die mit dem andern Ende an die Bohle reichen, die den Eingang des Rameau verschließt, weil sonst die Mine, in Betracht der Kürze des Rameau, gar leicht hier Luft bekommen könnte. Man findet von diesem allem den Detail in den Memoires des Herrn von St. Remy.

Vom

Belagern und Blokiren.

Siebzehntes Capitel.

Wie man den Feind am Entſatze der Feſtung verhindert.

§. 1.

Die nachtheiligſte Art von Entſatz für den Belagrer iſt, wenn er ohne Schwerdtſchlag gezwungen iſt, die Belagrung aufzuheben. Mangel an Gelde, Waſſer, Lebens = Mitteln, Fourage, Munition oder Geſchütz: Die Strenge der Jahrs=Zeit: Krankheiten: Eine Diverſion: Die Unmöglichkeiten das ſchwere Geſchütz vor den Platz zu führen, die Breſche zu vollenden, und die Flanken niederzuſchieſſen: Die Schwierigkeiten in Sand oder Felſen oder zu naſſem Boden die Laufgräben zu öfnen: dieß und noch viel andre Umſtände mehr zwingen zuweilen den Belagrer, ſeinen Entwurf aufzugeben, ohne daß der Feind von auſſen ihn durch Schlachten dazu zwingt.

Die kleinern Verſtärkungen des Feinds von dem Platze zu entfernen, muß man ſich zum Meiſter aller Poſten, Schanzen und Schlöſſer rings um die Feſtung gemacht haben, und alle fliegende Läger des Feinds mit Gewalt rückwärts treiben. Man muß den Platz als mit einer Kette von Poſten umgeben, und den Dienſt der Belagrung dergeſtallt ordnen, daß durch denſelben nirgends eine Lücke entſteht, die ein wachſamer Feind nützen kann.

Den groſſen Entſatz zu entfernen iſt das ſicherſte Mittel, eher den Platz wegzunehmen als er ſich verſammelt.

Ge=

Gebraucht der Feind, bey gröſztem und ungemeinem Fleiß,
allerdings etwas weniger Zeit den Entſatz zu unternehmen,
als die Erobrung der Stadt nach dem gemeinen Laufe fodert, ſo verbreitet man das Gerücht, als wäre man noch
weit von der Erobrung entfernt, und ganz ohne Hofnung,
wenn es nicht gelänge einen groſſen Convoi an ſich zu ziehen,
den man noch ſobald nicht erwarten könne. Hat aber der
Feind viele Zeit nöthig ſeine Truppen zu ſammeln, ſo verbreitet man ein gegenſeitig Gerücht, und es ſey feſtgeſetzt,
daß der Platz, was es auch koſte, zu einer gewiſſen Zeit
übergehn muß, damit der Feind durch dieß Gerücht muthlos werde und alle ſeine Hofnungen aufgebe. Man unterſtützt aber dieß alles durch die hitzigſte Attake gegen die
Feſtung.

§. 2.

Wenn die Armee des Feinds ſich verſammelt, und un-
geblendet durch Liſt, die Feſtung zu entſetzen anrückt, es müßte aber der Feind mit Armee und Artillerie Defile's, Brücken
und Waldungen paſſiren, die man, weil ſie zu entlegen ſind,
nicht zu vertheidigen vermag, ſo ſchickt man Detaſchements
aus, dieſe Wege zu verderben. Eine Zeit von wenig Stunden reicht zu, ſie auf ganze Tage ungangbar zu machen.
Kann man aber ſelbſt gegen dieſe Päſſe anrücken, weil ſie
nicht zu weit von der Feſtung entfernt ſind, und das Terrain daſelbſt begünſtigt, daß man auch mit wenig Truppen
einer gröſſern Macht widerſtehen kann: ſo rückt man gegen
dieſe Poſten an, und läßt in den Laufgräben ſo viel Truppen
zurück, als zur Fortſetzung der Belagrung nothwendig ſind.
Rücken und Flanke aber muß ſicher ſeyn, damit der Feind,
wenn er auch ſo zu ſagen das Unmögliche verſucht, dennoch
keinen Weg zur Feſtung findet, noch die Armee die ihm entgegen ſteht von den Truppen der Belagrung abſchneiden
könne.

Wenn

Wenn der Feind hingegen weder durch List noch durch die Vortheile der Gegend zurück gehalten wird, und entschlossen zum Entsatze anrückt, so muß man nun festsetzen, ob es rathsamer ist ihn in den Verschanzungen zu erwarten, oder ihm entgegen zu rücken. Beide Meinungen haben ihre Beyspiele und ihre Gründe.

Bleibt man in den Verschanzungen stehn, so wird die Besatzung mit dem Feinde zugleich angreifen, Armee und Laufgräben, Front und Rücken werden zugleich bedroht. Man schwächt den Muth der Truppen, die jederzeit glauben der Angrif sey auf Ueberlegenheit und Stärke gegründet. Man kan alles verliehren und wenig gewinnen: Denn bricht der Feind durch, so entsetzt er die Festung, und die Armee des Belagrers wird zu Grunde gerichtet: Schlägt man hingegen den Feind ab, so liegt er darum nicht nieder, weil man sich selbst ausser Stand setzte ihn zu verfolgen, und weder aus den Barrieren noch über die Werke selbst befiliren kann, ohne seine Ordnung zu brechen und selbst ihm neue Waffen in die Hand zu geben. Er wiederholt also seinen Angriff zu einer bequemern Zeit, und wie oft man ihn auch einzeln abschlug, so ist dennoch die Festung entsetzt, wenn es auch nur ein einzigesmahl ihm gelingt: Gleichwohl ist dieß so schwer nicht, weil man seine Kräfte so sehr vertheilt hat, und der Feind folglich überall stärker ist, wo er angreift, und Allarm auf Allarm, wahre und falsche Attaken formirt, ohne daß man im Stande ist, sie im Dunkeln der Nacht von einander zu unterscheiden.

Rückt man nun aus den Verschanzungen aus, so verliehrt man den Vortheil verschanzt zu seyn: und dieser ist doch, wenn man ihn kennt, äuserst beträchtlich, weil man den Feind, so zu sagen, ungesehen trifft, und Brustwehr und Graben zu einer Zeit ihm entgegen stellt, da ihn Feuer aller Art, de Front und in der Flanke zugleich fassen. Ein wohl verschanztes Lager, sagte der Marschall Vauban, wird
nicht.

nicht forcirt, wenn man es gut vertheidigt. Man entſagt
alſo dieſem Vortheile, und ſetzt ſich der Gefahr aus, vielleicht in Gegenden zu ſchlagen, die uns nicht vortheilhaft
ſind, oder durch Contremärſche hintergangen zu werden,
die der Feind, durch Sturm und Nacht begünſtigt, unternimt, um plötzlich unſre Laufgräben zu überfallen, und
Entſatz in die Feſtung zu werfen.

Dieß ſind die Vortheile und die Gefahren, wenn man
ſich in den Verſchanzungen behauptet, oder das Gegentheil
wählt: Die Umſtände müſſen alſo entſcheiden. Man erwartet den Feind in der Verſchanzung, wenn ſeine Ueberlegenheit in Cavallerie beſteht, Sturm und hartnäckige Gefechte am wenigſten für ſeine Truppen ſich ſchicken: Wenn
die Ueberlegenheit unſrer Truppen im Feuer beſteht, ihr
Genie und ihre Diſciplin beſſer zur Vertheidigung als zum
Angriffe ſich ſchicken; und endlich der Feind überall Poſten
findet, wo er mit Hofnung vom Siege widerſtehn kann.

Man rückt aus den Verſchanzungen aus, wenn man
dem Feinde beides an Fußvolk und Reuterey überlegen iſt,
und Terrain vor ſich hat, wo die Ueberlegenheit in der Zahl
entſcheidet: Wenn die Verſchanzungen von Höhen dominirt werden, die man nicht in dieſelben einſchlieſſen konnte,
weil ſonſt ihr Umfang zu groß ward: Wenn endlich die
Verſchanzungen von zu weitem Umfange ſind, wie öfters
auch ohne Schuld des Belagrers ſich zutragen kann, wenn
die Umſtände während der Belagrung ſich ändern, und ehe
der Feind ſeine Macht ſammelte, die Sicherheit des Lagers, der Fourage, des Waſſers, der Zufuhre, vielleicht
ſelbſt der Retraite, es nothwendig machten, den Umfang
der Verſchanzungen ſo weit auszubreiten.

Wenn man den Feind in der Verſchanzung erwartet, ſo
vertheidigt man ſie, wie bey verſchanzten Lägern gezeigt
ward: Geht man ihm aber entgegen, ſo muß man aus
den Verſchanzungen ausrücken, ehe der Feind ſich in der

Nähe

Nähe derselben formirt, und uns während des Defilirens
überfällt. Zur Beschützung des Lagers bewafnet man alles
was Waffen tragen kann, Marketender, Knechte und den
ganzen Troß. Man muß den Posten, da man dem Feinde
begegnen will, mit Bedacht wählen, weder zu nahe, weil
sonst der Feind selbst im Gefecht Gelegenheit finden wird,
den Platz zu verstärken: Noch zu fern, weil er sich alsdann
in einem starken unbezwingbaren Posten verschanzt, und
durch Detaschements seinen Endzweck erreicht.

Die Truppen die in den Laufgräben zurückbleiben, müssen in beständig marschfertigem Stande seyn, und so wie
das Treffen angeht, alsogleich Nachricht vom commandirenden General empfangen, damit sie auf alle Fälle sich gefaßt machen, sich und die Artillerie zu retten, der Armee
die geschlagen wird, entgegen zu gehn, und so lange die
Sache nicht entschieden ward, hitzig die Belagrung zu verfolgen. Die Retraite der Artillerie ist entweder das Lager
der Armee, nach welchem sie sich zurück ziehen will, oder die
nächstgelegnen Festungen: Je schwerer es ist, sie nach einer
Niederlage zu retten, desto sorgfältiger muß man seine
Maasregeln treffen.

Es giebt endlich Fälle, wo man, um sich bey der
Schlacht nicht zu grossen Gefahren auszusetzen, alles an sich
ziehen muß, und Lager und Laufgräben verläßt: Alsdann
muß man drauf bedacht seyn, dergestalt seine Anstalten zu
treffen, daß man, wenn der Ausgang der Schlacht günstig war, die Belagrung sobald als möglich herstellt, und
noch die Bestürzung nützt, welche die Niederlage des Feinds
unter der Besatzung verbreitet. War hingegen der Ausgang der Schlacht uns entgegen, so muß alles gerettet seyn.

Wenn man endlich gezwungen ist die Belagrung aufzuheben, so muß man alle Mittel versuchen, die Schande
der fehlgeschlagnen Unternehmung zu verbergen oder wenigstens zu vermindern. Man versucht was man durch
Un-

Unterhandlungen anrichten kann, um dem Anſchein nach gut=
willig zu thun, was man in der That aus Zwang thut. Man
trift alle erſinnliche Anſtalten, um nichts vom Train der Artil=
lerie zu verliehren, treibt alles Geſpann der ganzen Gegend zu=
ſammen, läſt einen Theil der Cavallerie abſitzen, und vernich=
tet alles was nicht gerettet werden könnte. Die Retraite ge=
ſchieht mit Ordnung und Diſciplin, und wo möglich ohne for=
cirte Märſche: Man ſucht die Truppen des Feinds die zu
hitzig verfolgen für ihre Uebereilung zu ſtrafen: Man läſt
nichts unverſucht, wodurch die Armee das Andenken der fehl=
geſchlagnen Belagrung vertilgen kann.

<hr />

Von der

Vertheidigung und dem Entſatze
der Feſtungen.

Erſtes Capitel.
Von den Vertheidigungs=Anſtalten.

§. I.

Wenn der Feind mehr als eine Feſtung zugleich bedroht,
die man nach den Geſetzen der Kriegskunſt ſämmtlich ver=
theidigen muß, und die Armee, um ihre Beſatzungen zu
verſtärken, ſich zu ſehr ſchwächte: ſo muß ſie in einer Ge=
gend ſich lagern, die ihr entſcheidende Vortheile gegen den
Feind darbietet, wenn er ſie angreifen wollte, und alle
Vortheile zum Märſch und zur Retraite, wenn man dieſe
für nöthig findet. Alsdann erwartet man in dieſem Poſten
den Entſchluß des Feinds, und gegen welche Feſtung er ſich
erklärt, um die Belagrung beides von innen und von auſſen

in die länge zu ziehen, und enblich die Festung zu entsetzen.
Schwächte man statt der Armee die Besatzungen selbst, um
diese oder jene auf Kosten der andern zu verstärken, so wird
der Feind, so ernstlich er auch den Angrif der verstärkten
Festung beschloß, und wäre sie auch schon berennt, dennoch
sein Vorhaben aufgeben, und gegen die entblößten sich wen=
den, wo unsre Hofnung zum Entsaß nunmehr völlig ver=
schwindet, besonders wenn die Zugänge zu derselben schwer
sind. Die Armee also muß man schwächen, um bedrohte Fe=
stungen zu verstärken, und nicht die Festungen selbst; Man
muß aber einen Posten wählen, wo man sicher für den An=
grif ist, und Flanken und Rücken frey hat.

§. 2.

Der erste Schritt einer Armee die Festungen belagert,
ist, sie durch ein starkes Corps zu berennen, und mit Lagern
und Posten dergestalt zu umschliessen, daß weder Verstär=
kung an Truppen, Lebens = Mitteln, Munition und Geld
von aussen sich einwerfen kann, noch die unnützen Mäuler
von innen heraus kommen. Es muß also der Gouverneur
des Platzes bey Zeiten darauf denken, die unnützen Mäu=
ler, und was nicht im Stande ist, sich auf die ganze Zeit
der Belagrung zu versorgen, aus der Festung zu schaffen
und der Fürsorge des Fürsten in andern Gegenden zu em=
pfehlen: Er muß aufs schärfste untersuchen, ob die Fami=
lien die zurück bleiben hinlänglich versehen sind. Sobald
eine Berennung nur möglich wird, stellt man alle Jahr=
Märkte, Processionen, und was sonst viele Fremde in die
Stadt locken kann, ein: Sind die Einwohner feindseelig,
so vermindert man ihre Anzahl, bis die Besatzung das Ueber=
gewicht hat.

Sobald man näher entdeckt, was für eine Festung der
Feind zu belagern im Sinne hat, versieht man sich nun in
derselben mit allem dem Holz, was man beym hartnäckigsten
Widerstand, zu Faschinen, Pfählen und Brande in der Festung
wie

wie vor der Bresche gebraucht, und verbrennt alles übrige
in der Nähe des Platzes, wenn anders der Verlust dem
Feinde in der That schädlicher ist als uns. Alle Gebäude
unter dem Stückschuß, die der Feind gegen die Festung gebrauchen kann, werden niedergerissen. Man sucht ihm das
Wasser zu nehmen, und versichert das Wasser der Festung:
Man vernichtet ringsum allen Vorrath an Fourage und
Lebens-Mitteln, wofern man nicht im Stande war ihn selbst
nach der Festung zu retten, und diese Verwüstung, die so
viel Unglückliche macht, zur Verlängrung der Belagrung
oder zum Entsatz etwas entscheidendes beyträgt.

Wenn der Feind gezwungen ist mit Bagage und Artillerie Defile's und Brücken zu passiren, so wirft man die
Brücken ab, und verdirbt die Wege: Man inundirt die
Gegenden die der Feind zu seinen Lagern, zur Bequemlichkeit seiner Zufuhr, zu seiner Fourage gebraucht. Ist
der Boden in der Gegend wo die Transcheen geöfnet werden
müssen, Felsen, oder Triebsand, oder zu feucht und voll
Quellen, und nur leicht mit Erde bedeckt, so führt man
diese wenige Erde nach der Festung, und nimt dem Feinde
in der umliegenden Gegend, alles was er au Kästen, Fässern, Wolle, Matrazzen und dergleichen, in diesem Falle,
zur Errichtung der Batterien gebrauchen würde, und itzt in
der Festung zur Beßrung der Brustwehren, und zum Baue
der Abschnitte nothwendig wird.

Man untersucht nochmahls den Stand der Magazine
selbst: Keins derselben wird geöfnet ohne Beyseyn eines
Adjutanten vom Gouverneur: Doch darf nicht einmahl ein
Unterbedienter daselbst dienen, auf dessen Treue man sich nicht
völlig verlassen kann. Die Zahl der Menschen, die Zeit
die man durch die Vertheidigung der Festung zu gewinnen
gedenket, bestimmen die Größe der Magazine; doch muß
man auch aufs Ungefähr denken, und was der Feind mit
Bomben verwüsten kann. Die Heerden der Garnison dürfen

fen nicht weiter vom Platz sich entfernen als die äufferste
Sicherheit es erlaubt.

§. 3.

Der Gouverneur muß Talente und Erfahrung haben,
entschlossen, wachsam, gesund seyn, und nicht gehaßt wer=
den. Die Garnison muß größtentheils aus eignen Trup=
pen bestehn, und wo möglich den Platz kennen, oder gar
schon vertheidigt haben.

Wenn die Armee nicht völlig in der Nähe der Festung
campirt, so muß man die Auffenwerke derselben desto stär=
ker besetzen, und um so viel sorgfältiger darüber wachen; Je
weiter sie von der Festung entfernt sind, je leichter es dem
Feinde wird, wenn er sie überfiel, sie zu behaupten, desto wach=
samer muß man seyn. Man schickt des Nachts Patrouillen
auf Patrouillen, in dem bedeckten Wege sowohl als noch jen=
seits derselben, um die Ingenieurs des Feinds, wenn sie reco=
gnosciren, zu vertreiben. Des Tags wirft man Jäger und
gute Schützen dahin, um, wenn die Feinde sich nahen, auf
ihre Partheyen, und besonders auf diejenigen Personen zu
zielen, die still halten, und recognosciren. Wird ein Aus=
fall gegen diese Trupps commandirt, so muß man die Augen
in der Hand haben, weil der Feind gewiß nicht ohne Hin=
terhalt steht.

Wenn die Werke der Festung hie oder da fehlerhaft sind,
oder die umliegende Gegend dem Feinde Vortheile darbietet,
so muß man mit allen Händen daran arbeiten, diese Fehler
zu beßern, Stadt und Land und Besatzung zugleich aufbieten,
und besonders sich mit allen Arten von Handwerkern verse=
hen die man braucht.

Wenn der Feind in einem Grunde bey die Werke der Fe=
stung nicht sehen, bedeckt anrücken kann, so muß man unter=
suchen, ob es kürzer und vortheilhafter ist, diesen Grund
zu füllen, und die schützenden Höhen abzutragen, oder ob
man

man, statt dessen mit Werken vorrücken sollte, die im Stand
sind ihn zu dominiren. Im letzten Falle muß man darauf
sehen, diesem Werke eine sichre bedeckte Gemeinschaft mit
dem Plaße zu verschaffen, und seine Linien durch das Feuer
der Festung zu flankiren.

Liegt in der Nähe vom Stückschuß eine Höhe, von
welcher der Feind den Plaß dominirt, so muß man sehen
ob es möglich ist sie abzutragen, oder die Wände derselben
so steil und unzugänglich zu machen, daß es dem Feinde
unmöglich wird, Stücke auf dieselbe zu pflanzen.

Man muß untersuchen, ob kein Werk der Festung Vortheile darbietet, durch einen Cavalier sich über diese Höhe
oder Grund zu erheben, oder ob man die Thürme die es
thun in den Stand setzen kann Batterien zu tragen. Die
Stücke auf diese Thürme zu bringen, umwindet man die
Delphine mit starken Seilen, und zieht das Stück mit He-
bebscken, die äusserst fest stehen, hinauf nach dem Thurm.
Damit sie aber beym Aufziehen nicht an die Mauer schlagen, stellt man in einiger Entfernung vom Thurme einen
andern Hebebock, und zieht von daraus nach dem Stücke
ein Seil, das man nach und nach, so wie das Stück in die
Höhe steigt, nachläßt.

Wenn ein Theil der Festungswerke, oder auch der
gangbarsten Strassen der Stadt, von der Seite her gesehn
und enfilirt wird, so deckt man sich durch Epaulements,
die stark oder schwach sind, nachdem der Feind mit kleinem
Gewehr, oder mit Stücken schadet. Wenn die Traversen
oder Epaulements des bedeckten Wegs nicht zu beträchtlich
hoch sind, und man für nützlich findet, Abschnitte in demselben anzulegen, so kann eben dasselbe Werk zum Epaulement und zum Abschnitte zugleich dienen, und man giebt
sodann dem Epaulement einige Banquetten, und der obern
Fläche seiner Brustwehr eine kleine Dossirung nach der Seite
des Feindes.

Ll 5   Wenn

Wenn ein Theil der Brustwehre von einer benachbarten Höhe im Rücken gesehn werden kann, so muß man eine zweyte Brustwehre auf dem Terreplein bauen, die hoch genug ist, den ganzen Zwischenraum zwischen beiden zu decken. Doch muß das Terrain zwischen ihnen geräumig genug seyn, daß die Stücke zurückrollen können, oder man muß sie auf Schiff-Affetten setzen, oder wenn auch dieß noch nicht zureicht, die Bettung hinten erhöhen.

§. 4.

Man muß die Thore, die man nicht braucht, alle Oeffnungen der Mauer die den Mineurs dienen können, und besonders die Hausthüren, die nach dem Felde zu gehn, vermauern, alle Wasserleitungen und Abflüsse mit Gittern und Schildwachen versehen, und die Häuser abbrechen die an die Mauern der Festung angehängt sind.

Man muß die Contreminen, Thore, Barrieren, Fallgatter und Zugbrücken genau untersuchen und in den besten Stand setzen, und wo die Contreminen fehlen, durch Brunnen in die Erde herab steigen, und anfangen sie zu führen. Der Belagerte, sagt Montecuculli, dessen Anmerkungen allezeit treffend sind, ist allezeit schwächer über der Erde als der Feind: folglich muß er unter der Erde sein Glück suchen, weil der Belagerer hier nicht mehr Menschen gebrauchen kann, als die Besatzung.

Ist der Grund des trocknen Grabens nicht von Fels, so führt man mitten durch denselben die Cünette, einen schmalen nassen Graben, der, wo man die Minen des Feinds am meisten befürchtet, so tief geführt wird, daß es dem feindlichen Mineur unmöglich wird, seine Gallerie unter der Erde zu führen. Diese Cünette fängt auch einen Theil des Ruins von der Bresche auf.

Auf dem Theile des Werks, den der Feind beschießt, ist die Artillerie fruchtlos, weil sie zu bald bemontirt wird:

Rechts

Rechts und Links aber der Bresche muß man Artillerie haben, die große zu Gegenbatterien, die leichtre, um die
Theile der feindlichen Arbeit, die man in der Flanke sieht
oder dominirt, die Logements auf dem Glacis, bedeckten
Wege und Graben, und die Häuser und Straffen der Vor-
städte zu beschieffen, die man nicht demoliren könnte. Besonders aber muß man die Flanken zu beiden Seiten der
Bresche stark mit Artillerie besetzen, um den Feind, wenn
er stürmt, mit dem heftigsten Cartetschen-Feuer zu empfangen. Bey der letzten Vertheidigung der Citadelle von Turin leisteten hier die Stücke, die man von hinten zu ladet,
wegen der schnellen Bedienung, vortrefliche Dienste.

Wenn man die Posten festgesetzt hat, wo man die
Stücke aufführen will, so arbeitet man an den Bettungen,
und verstärkt die Brustwehre bis zu fünf und zwanzig Fuß.
Die Schießscharten bleiben von auffen geschlossen, bis man
sie gebrauchen muß, damit der Feind in steter Ungewißheit sey, einen Theil seiner Arbeiten oder Batterien in der
Flanke blos gebe, und Zeit, Munition und Arbeit verschwende. Hat man Rasen, so erbaut man davon alle
Merlons. Das Terreplein wird erweitert, so viel der
Dienst der Artillerie es gebraucht. Die Flanken muß man
senken, so weit als es nöthig ist, nicht nur damit sie von
ferne nicht gesehn werden können, sondern damit auch die
Kugeln sie nicht treffen, die längst der Face des Bastions
die Bresche an dem Schulterwinkel rasiren. Sind die
Flanken zu klein, oder die Defenslinien zu lang, so wirft
man vor diesem Theile der Mauer ein neues Werk auf,
und nimt die Erde zu demselben aus seinem eignen Graben. Man versieht sich überdem mit Musketen und Musketons, und giebt ihnen Schlösser wie Flinten, um das
Unbequeme der Lunten zu vermeiden.

Sind die Mauern irgendwo schwach, oder der Wallgang schmal, so verstärkt man sich mit einem neuen Werke
von Erde.

Dem

Dem Glacis muß es nirgends an Erde fehlen, damit der Feind nirgends es wegschießen, und durch die Oefnungen Bresche an die Mauer legen kann, wenn er nicht seine Batterien zuvor auf der Crete des bedeckten Wegs errichtete. An den ausspringenden Winkeln müssen Rameaux und Kammern in Bereitschaft seyn, um Fougassen und Minen springen zu lassen, damit man dem Feinde hier oft zuvorkomme, und seine Batterien in die Luft sprenge.

Wenn die Festung nur auf einer einzigen Front angegriffen werden kann, so erbaut man die Abschnitte im voraus, und besetzt sie mit eisernen Stücken, oder mit metallnen, die nicht im Stande sind, schnell hinter einander zu feuern. Die Erde zu diesen Werken nimt man entweder aus der Cünette, oder aus dem Festungs-Graben selbst, oder auch ausserhalb der Festung, da wo der Verlust von Erde dem Feinde am meisten schadet. Liegt die Festung auf einer Höhe, wo von aussen ein vorspringender Theil die Ruinen der Bresche aufhalten würde, so sticht man diese Erde ab, um sie, wie gesagt, zu verbrauchen.

§. 5.

Wenn es nicht Brunnen und Cisternen in gröster Zahl in der Stadt giebt, so füllt man sie sämtlich mit Wasser, das man von aussen her holt: Man deckt alles gegen die Bomben.

Die Magazine werden vertheilt, damit nicht ein einziger unglücklicher Zufall von allem entscheide. Sind die Gewölber nicht stark genug, so erseßt man den Fehler innwendig durch starke Dielen, die oben an das Gewölbe gelegt, und mit starken eichenen Balken gestüßt werden. Von aussen aber bedeckt man sie mit Mist und Faschinen, und schüttet Erde darauf. Ein stark befestigter Plaß muß, wenn er auch keine Blokade befürchtet, dennoch mit Lebens-Mitteln auf vier Monate versehen seyn, drey Monate zur

Ver=

Vertheidigung, der Rest, damit man nicht aus Mangel gezwungen sey, auf Gnade und Ungnade sich zu ergeben. Das Holz und die Faschinen braucht man zum Theil zu Traversen, zum Theil werden sie in verschiednen Magazinen dicht an die Mauern angelegt, wo sie den meisten Schutz vor den Bomben des Feinds haben. Jede Gattung von Lebens-Mitteln muß an Orten verwahrt werden, wo sie am besten sich halten; Getrayde, Mehl, Hülsenfrüchte und Zwieback am trocknen Orte, Wein und Fleisch am kühlen: Wenn die Mühlen in Gefahr stehn, muß man ihren Abgang durch Hand= oder Roßmühlen ersetzen.

Man versieht sich mit allen Arten von Schanzzeug, mit Hauen, Schaufeln, Tragkörben, Sandsäcken, Schanzkörben, Fässern, Faschinen, Pflöcken, und allem was die Mineurs brauchen: mit Erde und Wollsäcken, wenn der Boden Felsen oder unbrauchbarer Sand ist: mit Faschinen die in Pech getauft werden, den Graben zu erleuchten und Feuer vor der Bresche zu unterhalten: mit Fässern die mit Pulver, oder Bomben und Grenaden gefüllt werden, um sie durch eine Braudröhre zu zünden, und unter die Stürmenden zu werfen.

Man versammelt alle Arten von Handwerkern die man braucht, Schmiede, Büchsenschäfter, Maurer, Steinmetzen, Böttcher, Fuhrleute, Taglöhner und so ferner. Sie werden zwar, wenn es nöthig ist, bewacht, aber auch nach ihrer Arbeit und Gefahr billig belohnt. Die Hospitäler werden mit allem, was sie brauchen, versehen, und so viel möglich gegen das Feuer des Feinds gedeckt.

Von

Von der

Vertheidigung und dem Entsatze
der Festungen.

Zweytes Capitel.

Von verschanzten Lägern in der Nähe des Platz=
zes. Wie man Verstärkungen in den Platz einwirft,
wenn die Armee vom Platze sich entfernen mußte.
Wie man dem Feinde Lebensmittel und Fourage
abschneiden soll.

§. 1.

Wenn in der Nähe des Platzes den der Feind berennen
will, ein Lager sich findet, wo man im Stande ist, theils
durch die Natur, theils durch Kunst seine Armee sicher zu
stellen, und die Lebens=Mittel und Fourage, die man im
voraus gesammelt, an sich zu ziehn: so wird dieser Vortheil
oft entscheidend, wenn man zur rechten Zeit das Lager be=
zieht, und sich fest in demselben verschanzt. Ists sodann
möglich, zwischen dem Lager und der Festung eine sichre
Gemeinschaft zu erhalten, so wird die Festung so lange sich
behaupten, als man es verlangt und diese Gemeinschaft
besteht: Fände man indeß diesen Vortheil auch nicht, so
wird doch, durch die Nähe der Armee, Zufuhr und Fourage
dem Feinde schwer, und jeder Schritt den er gegen die
Festung thut, gefährlich. Ist das Terrain der Armee
übrigens günstig, so wählt man alsdann einen Posten, wo
man die Arbeiten des Feinds dominiren, oder in der Flanke
sehn wird, wenn er seine Attaken gegen den schwächsten
Theil der Festung gerichtet: Oder einen Posten, der die
leich=

leichteſten Wege des Feinds zu ſeinen Magazinen und Feſtungen ſperrt, und ihn zu langſamen verderblichen Umwegen zwingt: Einen Poſten, der ſeine Circumvallation weitläuftiger macht, und unſre Armee, wenn ſie ihre Kräfte geſammelt hat, in den Stand ſetzen wird, den Platz zu. verſtärken.

Wenn der Feind uns in allen dieſen Poſten zuvorkam, oder unſre Kräfte nicht zureichten ſie Anfangs zu beſetzen, nun aber die Zeit erſchien, wo man Unternehmungen wagen, und auf den Entſatz der Feſtung gedenken kann: ſo iſt nun der erſte aller Schritte, ſich zum Meiſter aller der Schlöſſer, Schanzen und haltbaren Poſten zu machen, die man theils auf dem Anmarſche gegen den Feind berührt, theils in der Folge, wenn man ſich ihm gegenüber verſchanzt, Fourage und Zufuhr uns ſchwer machen würden. Je näher man an den Feind rückt, deſto furchtbarer iſt man ihm: Man verſchanzt ſich, man wirft Batterien gegen ihn auf: Man giebt ihm täglich Allarm.

§. 2.

Sobald man ſich der Feſtung ſo weit als möglich genaht, erfolgt nun das Signal an den Gouverneur des Platzes, wodurch man die Nacht und die Gegend beſtimmt, da von der Beſatzung ein Detaſchement ausrücken ſoll, um die Verſtärkung zu empfangen und ihren Anmarſch zu erleichtern. Die Kenntniß des Landes, und der feindlichen Poſition, die Kenntniß ſeiner Wachen und Poſten, der Truppen aus welchen ſie beſtehn, ihrer Loſung, ihrer Schwäche, ihrer Nachläſſigkeit im Dienſte, erleichtern ſolche Unternehmungen ſehr. Man weicht den Poſten des Feinds aus: Man nützt ihre Schwäche und ihre Fehler: Man wählt ſich zum Angrif die Gegend des Lagers die am ſchlechtſten beſetzt iſt. Je weiter die Armee von der Feſtung entfernt iſt, deſto ſorgloſer iſt öfters der Feind, und deſto eher gelingt das Unternehmen, beſonders in den erſten Tagen, wenn

die

die Berennung geſchah, und die Verſchanzungen noch un=
vollendet ſind.

Ehe die Mannſchaft aus dem Lager ausrückt, und mit dem
was ſie an Lebens=Mitteln und Munition in die Feſtung brin=
gen ſoll, verſehen wird, ſtellt man rings um das Lager Schild=
wachen aus, und ſperrt alle Gemeinſchaft zwiſchen demſelben
und dem Feind. Alle Anſtalten werden getroffen, den Marſch
der Truppen zu verbergen: hat man keine Hofnung den Feind
zu überfallen, ſo allarmirt man von allen Seiten das Lager,
um die wahre Attake durch die falſchen zu bedecken.

Unter der Infanterie werden einige Soldaten mit
Hacken, Schaufeln, und Aexten verſehen, um der Cavalle=
rie, die ihnen folgt, einen Weg durch die Verſchanzungen
zu öfnen. Jeder einzelne Trupp hat ſeinen Wegweiſer, der
genau die Gegend der Feſtung kennt. Man muß ein dop=
pelt Loſungs=Wort haben, das eine woran die Truppen
im Dunkeln ſich erkennen, das andre ſo im voraus mit dem
Gouverneur der Feſtung concertirt ward, um von den
Truppen der Feſtung erkannt und in dieſelbe eingelaſſen zu
werden. Dieß letzte muß man ſo lange als möglich verber=
gen, damit es nicht durch einen Deſerteur zum Feinde über=
gehe. Das Pulver wird in ledernen Säcken gefüllt, und
die Infanterie ſo am nächſten iſt, ohne Flinten, blos mit Piken
bewafnet. Man deckt den Rückzug der Mannſchaft, wenn
ſie gezwungen vor der Expedition, oder aus Wahl nach
derſelben zurück kehrt, durch ein Detaſchement, das man
an Poſten in Hinterhalte legt, die beides zum Hinterhalte
und zur Retraite des Corps bequem ſind.

Wenn es der Beſatzung nicht an Truppen, ſondern Mu=
nition oder Lebens=Mitteln fehlt, ſo iſt zuweilen das De=
taſchement das den Platz verſah, gezwungen zurückzukehren:
Vielleicht wünſchte ſogar der Gouverneur, unter ſeiner Be=
deckung die unnützen Mäuler des Platzes zu entfernen. Der
Rückzug dieſes Detaſchements iſt alsdann freylich nicht ohne
Ge=

Gefahr, doch iſts möglich, daß er gelingt, wenn man mehr als einen Weg zur Retraite hat, der Rückzug nicht zu gewiſſen feſtgeſetzten Stunden erfolgen muß, die Garniſon durch einen lebhaften Ausfall nach andern Gegenden ihn unterſtützt, und Truppen vom Lager aus ihm entgegen rücken können. Was aber mehr als alles ihn begünſtigt, iſt, wenn der Feind den Mangel der Feſtung nicht kennt, folglich ſein Abſehen mehr auf den Feind von auſſen und auf Verſtärkungen richtet, die ſich von neuem in den Platz einwerfen wollen, als auf Verſtärkungen, die ſich aus demſelben zurückziehen.

§. 3.

Wenn die Armee des Feinds eine Belagrung unternahm, ob ſie gleich nicht im Stande iſt, die Belagrung fortzuſetzen, und der Armee, mit der wir zum Entſatze anrücken, entgegen zu gehn, ſo lagert man ſich zwiſchen ihm, ſeinen Feſtungen und Magazinen. Iſt er gezwungen ein ſtarkes Corps Cavallerie bey der Belagrung zu behalten, weil er ſonſt nicht vermag, der Armee vom Entſatz zu widerſtehn, ſo verbrennt man alle Fourage der ganzen Gegend, die ihm zu Theil werden könnte: Man inundirt das Land, wo möglich ſelbſt die Tranſcheen: Man bricht Brücken ab, verdirbt Wege, leitet Flüſſe weg, fällt über ſeine Convois, ſeine Magazine, ſeine Fouragirungen, ſeine Poſten: Man läßt nichts unverſucht, was Mangel und Elend unter ſeiner Armee verbreitet.

M m   Von

Von der

Vertheidigung und dem Entſatze
der Feſtungen.

Drittes Capitel.

Vom Entſatze einer See = Stadt, und eines Platzes, der an einem Fluſſe oder See gelegen iſt.

§. 1.

Man entſetzt einen Platz zur See, wenn der Entſatz zu Lande zu vielen Gefahren ausgeſetzt iſt: Hat hingegen der Feind bereits die Gemeinſchaft des Platzes und der See unterbrochen, oder den Hafen mit Batterien, verſenkten Schiffen, oder einer Kette geſperrt, die er mit ſeiner Flotte vertheidigen kann, ſo iſt die Unternehmung zur See ſo leicht nicht. Sind die Schwierigkeiten und Vortheile zu Waſſer und zu Lande gleich, ſo iſts beſſer den Entſatz zu Lande zu wagen: nicht nur weil, bey fehlgeſchlagnem Unternehmen, der Verluſt zu Lande nicht ſo beträchtlich ſeyn kann, wenn der Feind in Linien ſich einſchloß und dadurch die Mittel zum Verfolgen ſich nimt: ſondern weil auch der Entſatz hier entſcheidender wird, und eher den Feind zur Aufhebung der Belagerung zwingt, als ein Entſatz zur See, wo endlich alles dem Ungefähr weit mehr ausgeſetzt iſt, als die Unternehmungen zu Lande.

§. 2.

Wenn die Ueberlegenheit der Flotte oder andre Umſtände den Entſatz zur See rathſam machen, ſo muß man

dar=

darauf bedacht seyn, die Flotte des Feinds zu überfallen, und eher in See laufen als er vermuthet, vor und nach dem Auslaufen acht Tage lang die Häfen sperren, und alle Schiffe, denen man in See begegnet, anhalten, damit keines dem Feinde die Nachricht bringe.

Auf funfzehn bis zwanzig Stunden vom Feinde, legt man die Seegel bey, bis zum Einbruch der Nacht, damit die Schiffe, die ihren Weg verfehlten, wieder zur Flotte stossen. Ist die Nacht da, so geht man wieder unter Seegel, jedoch ohne Fanal, und naht sich dem Feinde, daß man mit Anbruch des Tags ihn überfällt. Man muß vor allen Dingen sich hüten, den Küsten wo man Gefahr laufen könte, nicht zu nahe zu kommen. Man muß den Posten der feindlichen Wachschiffe kennen, um seine Bewegungen darnach zu concertiren.

Wenn man die Truppen, Lebens-Mittel, und Munition für den Platz, auf die Kriegsschiffe gebracht, deren Commandeurs durch Tapferkeit und Erfahrung in der ganzen Flotte am berühmtesten sind, so erhebt sich das Gefecht, und während desselben gewinnen diese Schiffe den Wind über das am weitesten entfernte vom Feind: Gegen die kleinern Schiffe desselben die hart am Ufer sich halten, folgen einige Galeeren und Fregatten um sie zu zerstreuen. Man verstärkt auf diese Art den Platz, wenn auch die feindliche Flotte keine Niederlage erleidet.

Hat man in der Nähe des belagerten Hafens einen andern Hafen in seiner Gewalt, so ists bey aller Ueberlegenheit des Feindes möglich, den Platz blos durch Galeeren, Brigantinen, Gallioten und andere Fahrzeuge die Ruder führen, mit allem was er braucht zu versehen, wenn man nur die Nacht oder windstilles Wetter nützt. Ist man dem Feinde in diesen Fahrzeugen überlegen, so ist sogar der Tag beynahe so gut wie die Nacht, besonders wenn bey Veränderung des Windes die Retraite nach dem Hafen noch

sicher

sicher bleibt. Doch selbst ohne Galeeren ist die Verstärkung
noch möglich, wenn man kleine Schiffe hat, die gute Seegler
sind, und diese sodann nicht überladet: Sie rücken gegen
den Platz vor, so weit sie es können ohne daß die feindlichen
Wachschiffe sie sehn, und gehn unter Seegel so bald ein
guter Wind sich erhebt: Der stärkste ist der beste, weil der
Feind ihnen alsdann weder entgegengehn, noch auf ihrer
kurzen Fahrt gegen den Hafen sie einholen kann: Läuft aber
der Wind um, so müssen sie an kein Laviren denken, son=
dern sofort nach dem nächsten freundschaftlichen Hafen sich
retten, um dort von neuem einen günstigen Wind zu erwar=
ten. Die Ausführung dieses Unternehmens ist noch leich=
ter, wenn die Festung und ihre vorgerückten Schanzen einen
grossen Strich von der Küste bestreichen, und der Grund
daselbst seicht ist: denn alsdann können die grossen Schiffe
des Feinds, wenn sie auch den Transport entdecken, sich ihm
nicht nahen, weil er hart an dem Ufer sich hält, die Galee=
ren aber weiset man mit der Infanterie zurück, mit der man
die seinen besetzt. Wir erfuhren das alles vor Barcellona,
wo fünf und zwanzig Kriegsschiffe, ohne die Galeeren und
Gallioten, den Hafen wie man glaubt versperrten, und doch
gingen ein ganzes halbes Jahr hindurch gar selten vier
Tage vorbey, daß nicht von Majorka eine Verstärkung ein=
lief. Es gelang den Spanischen Schiffen nie, auch nur
ein einziges von diesen Fahrzeugen zu nehmen: denn sie
warteten den günstigen Wind ab, so daß sie nach Schätzung
des Schiffers bey der Nacht durch unsre Wachschiffe und
Flotte durchwischten; und wie geschwind sodann auch die
unsern die Anker gelichtet, so lief doch alles sicher ein, weil
sie genau auf die Schläge der Wachschiffe Acht gaben, und
diesem zu Folge, sich entweder rechts oder links hielten,
und sodann ihren Weg hart an der Küste unter dem Schutze
der Nacht, des seichten Grundes, und der Batterien von
der Stadt und dem Schlosse Montjoui, fortsetzten.

Wenn

Wenn die Flotte des Feinds bey Sturm und heftigem Winde gezwungen iſt, die hohe See zu ſuchen, ſo iſt die Verſtärkung unfehlbar, wenn man glücklich genug iſt, beides zur Rechten und zur Linken Verſtärkungen in ſichern Häfen in Bereitſchaft zu haben; denn alsdann iſt jeder Wind günſtig. Die Spanier haben aus dieſem Grunde drey Vorrathshäuſer für ihre Feſtungen in Afrika, das eine zu Malaga, das zweyte zu Cabir, das dritte zu Tariffa, ſo daß nichts als der heftigſte Sturm die Unterſtützung ihrer Beſatzungen hindert.

§. 3.

Wenn der Hafen des Platzes groß genug iſt, daß ihn die Batterien des Feinds nicht gänzlich beſtreichen, ſo behält man zwey Kriegsſchiffe und zwey Galeeren zu beweglichen Batterien zurück, um dem Feinde, wenn er an der Seite des Hafens ſeine Attaken unternimt, überall in der Flanke und im Rücken zu erſcheinen. Wie viel Blut und Arbeit dieſe Vorſicht dem Feinde koſten kann, erfuhren die Alliirten, bey der Belagrung des Schloſſes Matagorda vor Cabir.

Man nimmt Schiffe, die zum Theil unbrauchbar ſind, und zur See nicht mehr dienen können: die Maſte werden gekappt: die Wände gefuttert, und der Zwiſchenraum mit Wolle oder dergleichen geſtopft: Man trägt das obre Verdeck ab, wenn man ſeiner zum Feuer entbehren kann; der Ueberlauf, die Lucken ausgenommen, wird mit Miſt beſchüttet: Die Lucken aber mit ſtarken Hölzern belegt, die gegen oben zu einen ſcharfen Rücken formiren, um den Rauch aus den Lucken, zu laſſen, und die Bomben abzuweiſen. Die Galeeren, die man nicht futtern kann, weil ſie zu ſchwer würden, agiren gegen den Feind, wo ſie keine Batterien zu fürchten haben. Schießt endlich der Feind durch ſeine Batterien die Schiffe zu Schande, ſo führt man die Stücke auf den Wall, oder verſenkt ſie, das Holz und

Segelwerk wird verbraucht, und die Matrosen arbeiten an den Verschanzungen, wo sie weit besser sind als Soldaten.

§. 4.

Es giebt Fälle, wo der Feind die Convois der Bela= grung zur See an sich zieht. Auf diese muß man alle seine Aufmerksamkeit richten, und, wenn sie von mehr als einem Hafen kommen, auch mehr als eine Eskadre gegen dieselt= ben auslaufen lassen. Sammeln sie sich aber in einem einzi= gen Hafen, so muß man suchen, sie in demselben zu bloki= ren, wie in der Lehre vom Angrif gezeigt ward.

§. 5.

Wenn die Festung, die man verstärken will, an einem schiffbaren See liegt, und der Belagerte mit seinen Bar= ken und Fahrzeugen die Herrschaft auf demselben sich versi= chert, so ists leicht, einen solchen Platz zu verstärken: Ist aber der Belagrer Herr von der Schiffahrt, so ist kein an= der Mittel die Verstärkung einzuwerfen, als ein falscher Allarm, den man auf der Seite giebt, wo man die Hof= nung hat, seine meisten Fahrzeuge hinzulocken; da indeß die Fahrzeuge der Festung die Gelegenheit nützen, um den Transport von der Gegend des Ufers abzuholen, die man ihnen durch die verabredeten Signale bezeichnet.

Wenn die Stadt, die man mit Lebens=Mitteln ver= sehn will, an einem Flusse liegt, so wirft man Fässer oder Schläuche in den Strom, die bey dunkler Nacht die feindt= liche Gegend passiren, und vom Gouverneur der Festung mit Netzen aufgefangen werden. Die Netze aber des Feinds muß man allerdings vorher zerreissen, und grosse Stämme dazu ins Wasser schicken; wenn aber der Feind diese von seiner Brücke abhält, auch die Brücke vorher durch Bran= der, oder auf andre Art zerstören. Alsdann ist die Ar= mee des Feinds in zwey Theile getrennt, und man über= fällt den schwächsten mit ganzer Armee.

Von

Von der

Vertheidigung und dem Entsatze
der Festungen.

Viertes Capitel.
Wie man mit dem Gouverneur der Festung sich verständigt. Von den Signalen.

§. 1.

Wenn das Terrain in der Gegend der Festung, und die andern Umstände vortheilhaft genug sind, daß man dem belagerten Platze, auf den Wurf der Bombe sich nahen kann, so wirft man von daraus zum Versuch einige Bomben, nach einem leeren Platze der Stadt, und legt in eine jede derselben einen Zeddel mit der Nachricht, daß der Gouverneur in Zukunft alle die Bomben untersuchen soll, die man von dieser Gegend ab, in die Festung einwerfen wird: Noch besser ists, wenn man diese Abrede noch vor der Belagrung nahm. Der Gouverneur stellt hierauf vertraute Unterofficiers oder Soldaten zu Schildwachen an Posten aus, wo man den Wurf und die Batterie beobachten kann, und der Briefwechsel steht nun auf gutem Fuß. Man hat Beyspiele, daß Festungen mit Geld und sogar mit Lebensmitteln auf solche Art versehen wurden.

Der weitste Wurf vom besten Mörser ist achtzehn hundert Klaftern; Die Kugel aber vom Vier und zwanzig-Pfünder wird auf zwey tausend zwey hundert und funfzig getrieben: Konnte man also der Festung sich nicht auf den Bombenwurf nahen, so nimt man leichte Kugeln und bohrt Löcher drein, um an dem einen Ende den Brief einzustecken,

Mm 4 am

am andern aber eine Brandröhre zu befestigen, die man
mit einer Stuppine in Brand steckt, ehe das Stück abge=
feuert wird.

§. 2.

Man unterhält ferner Gemeinschaft durch Tauben und
Hunde. Die Tauben nimt man aus einem Schlage in
der Stadt, und bringt sie aufs Land nach dem Gute eines
Vertrauten, wo man die Stadt sieht, damit sie ihren alten
Schlag nicht entwöhnen: Auf gleiche Art nimmt man vom
Lande Tauben nach der Stadt: Man schickt sie einander zu,
wenn die Batterien ruhn, damit das Feuer derselben sie
nicht verscheucht. Die Zeddel werden zusammen gefalzt und
mit der Farbe der Tauben bestrichen, damit man es beym
Fliegen nicht sieht. So wechselte der Prinz von Oranien
Briefe mit den Bürgern von Harlem, in der Belagrung vom
Jahr 1572.

Nimt man Hunde statt der Tauben, so muß man
sie von der getreuen Art wählen, die sich nirgends vom Hause
zurück halten lassen, man jagt sie alsdann mit Schlägen
fort. Den Brief tragen sie unter dem Futter des Halsbands,
das mit dem Hunde gleiche Farbe hat, und die Officiers
an den Wachen müssen sie kennen. Man bediente sich dieses
Mittels bey der letzten Belagrung der Citadelle von
Mayland.

§. 3.

Wenn die Festung an einem Strome liegt, so wirft
man hölzerne gepichte Kugeln mit Briefen ins Wasser, und
der Gouverneur fängt sie mit einem Netze auf, und ant=
wortet auf gleiche Art: oder man bedient sich der Taucher,
die im Dunkeln der Nacht sich ins Wasser werfen, unter
den Brücken des Feinds weggehen, und nirgends empor
kommen, als wenn sie nothwendig Luft schöpfen oder aus=
ruhen müssen. Ist die Reise weit, so versieht man den

Tau=

Taucher mit einem wohlgepichten Schlauch, den er um die Achsel bindet, und mit Bändern um den Hals befestigt. Aus dem Schlauche geht eine Röhre von Holze, ohngefähr wie das Rohr vom Dudelsacke, damit der Taucher für die Zeit, da er über dem Wasser bleibt, ihn aufblasen kann: Will er aber wieder untertauchen, so drückt er den Wind aus, und verstopft das Loch mit einem Pfropfe der genau paßt, damit der Schlauch sich nicht mit Wasser füllt. Ausserdem führt der Taucher ein Messer, um die Netze zu zerschneiden die der Feind gegen ihn ausspannt, die Briefe trägt er um den Leib, doppelt mit Wachstuch verwahrt.

Wenn die Belagrer Deserteurs aufnehmen, oder in den vordern Laufgraben Marketender zulassen, so ists gar leicht einen Brief nach der Festung zu bringen. So warf sich Don Juan Diaz Pimienta, Oberster von einem Regimente das in Namur eingeschlossen war, als Marketender, von den Französischen Laufgräben, in die Stadt.

§. 4.

Die sicherste Correspondenz erhält man durch Signale, die vor der Berennung verabredet worden, und der Gouverneur von einem Thurme der Festung, der General von aussen von einer Höhe, oder gleichfalls von einem Thurme den die Festung sehen kann, giebt. Fackeln, Laternen, Raketen und Bomben sind die Signale für die Nacht: Rauch, Stückschuß, und Bomben die in der Luft zerspringen, für den Tag.

Die Signale müssen deutlich und bestimmt seyn, und nicht von ungefähr auch von fremden Personen gegeben werden können. Man muß die Posten da sie gegeben werden sollen mit starken Wachen besetzen, und die Officiers die drauf Acht geben nicht ablösen, damit sich das Geheimniß nicht unter zu viele verbreite. Die bequemste Stelle ist die Seite der Festung die nicht attakirt wird, damit nicht ihr Feuer

M m 5 ge-

gegen den Feind, und das Feuer von ihm, die Losung verwirren: Die bequemste Zeit ist eine Nacht ohne Mondschein
und Nebel.   Vor jedem Signale geht ein anders zum
Avertissement voraus, worauf der Officier von der entgegengesetzten Wache wieder entworter, daß er bereit ist.   Sind
die Signale gegeben, so erfolgt wieder eins zum Zeichen
daß man sie verstanden oder nicht verstanden.   Das Signal
von der Antwort und das Signal der Frage müssen verschieden seyn.   Laternen und Fackeln müssen eine Zeitlang geho-
ben oder gesenkt werden, damit man sie gewiß sieht. Bomben und Stückschuß können auf keiner Seite zum Signal dienen, wo der Feind attakirt.   Der Satz für die Raketen muß, nach der Zeit des Gebrauchs, bald zum Rauch
bald zum hellen Feuer taugen.   Braucht man sowohl Bomben als Raketen, so muß man jedes nach einer andern Seite
werfen, damit man sie nicht mit einander verwechsele, die
Bomben z. E. nach Osten, die Raketen nach Westen.
Hört man zwar den Knall, man sieht aber kein Feuer, so
ist die Brandröhre der Bombe ausgelöscht: Auf diesen
Fall muß ein Mörser in Bereitschaft stehn: Ein gleiches
wird bey den Schwärmern beobachtet, wenn sie vor dem
Steigen zerspringen.

§. 5.

Man kann mit diesen Signalen jeden Buchstaben des
Alphabets bezeichnen, und dem Freunde alle die Nachrichten
die man wünscht damit geben, doch würde diese Methode
nicht kurz und bequem genug seyn: Ich halte es daher für
besser, die Signale auf die wenigen Fragen und Antworten
einzuschränken, die man sich von Seiten der Armee und
der Festung vorzulegen braucht.   Hier sind diese Fragen,
und Vorschläge zu Signalen.

Fra-

Fragen und Antworten durch Signale.

Signale bey Nachts.

Avertissements=Signal.

Eine Fackel, die man lange in die Höhe hält.

Antwort, daß man bereit sey.

Eine Fackel wie die erste, und drauf noch eine andre, die man aber nicht lange empor hält.

Wie viel Tage kann die Festung sich halten?

Eine Fackel, und nachgehends ein Sternschwärmer.

Antwort: Einen Tag.

Zwey Fackeln, und eine Rakete, alle drey nach einander.

Zwey Tage.

Zwey Fackeln, eine nach der andern, und eine Rakete, die man unterdessen, da die zweyte Fackel brennt, steigen läßt: Sobald die Rakete springt, legt man die Fackel nieder.

Drey Tage.

Eine empor gehaltne Fackel, und eine zu gleicher Zeit steigende Rakete. Sobald die Rakete platzt, wird die Fackel ausgelöscht.

Vier Tage.

Drey Fackeln, und eine drauf folgende Rakete.

Mit diesen Aenbrungen fährt man fort, auf so viel Tage als man zu bezeichnen für gut findet.

Die

Die Festung wird entsetzt werden.

Auf der Seite gegen Morgen.

Künftigen Sonntag.

Zwischen Untergang der Sonne und Mitternacht.

Zwischen Mitternacht und anbrechendem Tage.

Mit dergleichen Veränderungen fährt man fort, alle Himmelsgegenden, alle Tage der Woche und alle Stunden vom Tage zu bezeichnen.

Wenn der Feind genöthigt seyn wird, die Belagrung aufzuheben.

Es ist kein Entsatz zu hoffen, doch muß sich die Besatzung aufs äußerste wehren, wenn sie auch Kriegsgefangue würden.

Der Gouverneur soll sich wehren so gut er kann, doch ohne die Besatzung in Gefahr zu bringen, daß sie sich gefangen geben muß.

Vier Fackeln und vier Raketen, sämtlich eins nach dem andern.

Vier Fackeln, eine nach der andern, nebst einer Rakete nach der ersten, und einer Rakete nach der letzten.

Eine Rakete, eine Fackel, und noch eine Rakete, eins nach dem andern.

Eine Fackel und zwo Raketen, eine nach der andern.

Eine Fackel und drey Raketen hinter einander.

Sechs nach einander folgende Fackeln, und zuletzt eine Rakete.

Sechs Fackeln, eine nach der andern, und nach jedweder eine Rakete.

Sechs Fackeln, eine nach der andern, und nach jedweder eine Rakete.

Ant-

Antwort, daß man das Si=
gnal nicht recht verstanden.

Sechs Fackeln, eine nach der
andern, und nach jedwe=
der der drey ersten eine
Rakete.

Antwort, daß man alles wohl
verstanden.

Sechs Fackeln nach einander,
und sodann sechs Raketen,
gleichfalls nach einander.

Nachricht des Gouverneurs
an den General der Ar=
mee, es fehle ihm in der
Stadt an Lebensmitteln.

Eine Bombe, und nachge=
hends eine Fackel.

An Pulver, an Grenaden,
an Flintensteinen, an Gel=
de, an Lunten, an Volk,
an Conſtablern, an Mi=
neurs, an Ingenieurs, an
Arzneyen, für jedes ein
beſonders Signal.

Die Breſche wird in ſo und
ſo viel Tagen gangbar.
Wie man die Tage anzei=
gen kann, ward bereits
oben gezeigt.

Die Bürgerſchaft will ſich
empören.

Eine Bombe, eine Fackel,
und eine andre Bombe.

Die Beſatzung will Aufſtand
erregen.

Eine Bombe, drey Fackeln,
und noch eine Bombe.

Die Beſatzung wird einen
Ausfall vornehmen, die
Armee ſoll ſich bereit hal=
ten ihn zu unterſtützen.

Eine Bombe, vier Fackeln
und noch eine Bombe.

Drey Bomben und zuletzt eine
Fackel.

Wenn

Wenn die erwähnten Signale nicht verabredet werden, oder aus andern Ursachen nicht erfolgen können, dennoch aber vieles darauf ankömmt, daß die Besaßung die Ankunft des Succurses erfährt, so läßt man die Avantgarde der Armee, mit allen Stücken zugleich und einigemahl hinter einander, gegen die Festung zu feuern, bis man durch ihre Antwort bemerkt, daß sie das Signal verstanden.

Von der

Vertheidigung und dem Entsaße
der Festungen.

Fünftes Capitel.

Vom Entsaß durch Schlachten und Diversionen.

§. 1.

Wenn man beschloß die angegrifne Festung durch eine Schlacht zu entseßen, so muß es entweder gleich im Anfange der Belagrung, und sobald als der Feind den Plaß berennte, geschehn, oder gegen das Ende, wenn er bereits viel Volk vor demselben verlohr. Im ersten Falle hat man den Vortheil, daß seine Verschanzungen noch unvollkommen sind, und die Hindernisse die seine Truppen trennen, ihm noch zum Theil in dem Wege stehen: Im zweyten Fall ist die Zahl seiner Truppen durch Verlust, Krankheit, und Desertion um ein merkliches vermindert, und die Cavallerie oft ganz ausser Stande zu fechten. Man wählt, was im Ganzen genommen das vortheilhafteste ist: wäre es aber das leßte, den Feind erst gegen das Ende der Belagrung zu attakiren, so sucht man sein Vorhaben durch die Gerüchte

zu

zu begünstigen, die man vom Stande der Festung ausbreitet,
damit man entweder Zeit gewinnt, oder den Feind entkräftet
und muthlos antrift.

Es geschieht selten, daß man eine Festung auf ihrer
schwächsten Seite angreift; denn niemand folgt gern den
Fußstapfen des andern, und es ist öfters auch schwer zu entscheiden, was eigentlich von allem das schwächste ist. Man
belagerte im Successionskriege viermahl die Stadt Barcellona, und jedesmahl waren die Attaken verschieden, die
Werke aber eben dieselben, und die Ingenieurs berühmt:
Scheint der Feind eine wirklich schwache Seite zu wählen,
so bezeigt man die größte Freude, weil hier Minen genug
sind ihn zu erwarten, und er Chikanen finden würde auf die
er nicht gedacht hätte. Greift er aber die stärkste Seite an,
so stellt man sich betrübt, und läßt sich zuweilen merken,
die Werke der attakirten Front wären so stark nicht, als
sie scheinen. Hat die Festung mehr Lebens-Mittel als
Volk, ists unmöglich die Anstalten zum Entfatz so schnell
zu vollenden, so trift man diese Anstalten in geheim, und
giebt vor, der Befehl des Hofs, nicht zu schlagen, wäre gemessen; damit der Feind die Belagrung desto langsamer
betreibe. Fehlt es hingegen der Festung an Lebens-Mitteln,
nicht aber an Truppen und Munition, der Entfatz sey alsdann beschlossen oder nicht, so sprengt man aus, der Befehl
zu demselben sey gemessen, doch könne die Festung, wenn
sie hitzig angegriffen würde, eher übergehen, als die Armee
im Stande ist ihn zu unternehmen: Alsdann wird der
Feind hitzig seine Attaken verfolgen, und nicht ohne Verlust.

§. 2.

Wenn endlich die Zeit der Unternehmung heran naht,
und der Feind seine Verschanzungen vollendet, so campirt
die Armee, die ihn angreifen will, so nahe an diesen Linien
als möglich, jedoch ausser dem Stückschuß. Mit Einbruch
der Nacht betaschirt man kleine Partheyen, um den Feind

über-

überall zu allarmiren, und greift nur an einem einzigen Orte
mit entscheidendem Nachdruck an: Oder man vertheilt die
Armee in zwey grosse Corps und in viel kleinre, um zwey
wahre Attaken zugleich zu formiren; doch müssen die grössern Corps nicht so weit von einander getrennt seyn, daß
der Feind, wenn er aus den Linien rückt, das eine oder
das andre in die Flucht schlagen könnte, ehe es unterstützt
ward.

Die Märsche geschehn des Nachts, und mit aller Vorsicht, damit der Feind weder die Bewegung noch die Absicht
erfahre. Die bequemste Zeit zum Angriff ist eine viertel-
oder halbe Stunde vor Tage, damit der Feind die wahren
Attaken von den falschen nicht unterscheiden könne, und das
Feuer der Verschanzungen, in der Ferne wie in der Nähe, weniger furchtbar sey. Ueberdem ist die Nacht dem Angreifenden
allezeit günstig und macht den Angegrifnen muthlos, sie ist
die Stunde des Schwachen; bricht sodann der Tag an, so
nützt man die Vortheile die man des Nachts erfocht.

Man attakirt die Verschanzungen, wo sie am schwächsten sind. Verschanzungen sind schwach, wo der Graben
am wenigsten tief und breit ist, am wenigsten flankirt wird;
wo das Terrain rückwärts der Verschanzungen nicht Tiefe
genug hat, die Truppen in Ordnung hinter denselben zu formiren, wie z. E. geschieht, wenn dicht hinter ihnen Holwege,
Moräste, Gebirge oder Waldungen sich finden. Sie sind
schwach, wenn sie durch Höhen dominirt sind, die der Feind
besetzen kann, wenn Gründe hole Wege oder Höhen die
Truppen, die zum Angrif anrücken, bedecken. Ist man
beym Angrif so glücklich Meister von solchen Höhen zu werden, so genießt man eine Zeitlang die Vortheile des Terrains,
ehe man zur Attake herabrückt: Denn sammelt sich der
Feind alsdann in grosser Zahl, so richtet das Feuer der
Artillerie eine schreckliche Verwüstung unter ihm an: bleibt
er schwach, so ist Zeit zum Angriff.

Die

Die Tete der Attake formiren kleine Pelotons Füsiliers, wo möglich mit schußfreyer Rüstung, und von guten Sergeanten geführt.

Auf diese Trupps folgt ein Detaschement von dreyhundert Mann, mit Faschinen den Graben zu füllen und sofort in denselben zu springen: Hinter diesen dreyhundert Mann, hundert Arbeiter mit Schaufeln Hacken und Faschinen-Messern: Diese Vorsicht ist unentbehrlich, damit, wenn der erste Angrif mißlingt, der zweyte sobann leichter sey. Zwey Bataillons unterstützen die Attake mit Feuer, jedoch nicht gerade hinter den Arbeitern, sondern etwas zur Rechten und zur Linken derselben, damit sie nicht in Unordnung gerathen, wenn die Arbeiter sich zurückziehen. Man versieht diese Bataillons mit Faschinen oder tragbaren Brücken, um, wenn der Feind ihnen gegenüber wankt, sofort überzugehen.

Ausserhalb des Flintenschusses steht ein Corps in Bereitschaft, um die Truppen von der Attake gegen die Ausfälle des Feinds zu bedecken. Der Rest der Truppen bleibt noch weiter entfernt, wenn das Terrain oder eine günstige Höhe nicht den Vortheil darbietet, mehr sich zu nähern. Man commandirt zwey- bis drey- tausend Mann zu jeder Attake, die sich im Angrif ablösen. Die Cavallerie unterstützt.

Dieß sind die Vorschläge des Chevalier de la Valiere. Ich würde die Infanterie in so viel Colonnen als wahre Attaken vertheilen, jede Colonne zu funfzig Mann be Front, und auf der Front, wie auf den Flanken, mit Piken oder spanischen Reutern gedeckt. Zwischen den Brigaden jeder Colonne bleibt keine größre Distanz als nöthig, damit nicht die erste, wenn sie geschlagen wird, auch die zweyte über den Haufen wirft. Vor der Colonne gehn die Detaschements her, deren der Chevalier erwähnt.

Die Entfernung der Colonnen von einander ist der Breite der Front gleich, so die Cavallerie besetzt, die, wenn

die

die Armee in den Linien sich formirt, zwischen denselben aufmarschiren soll. Alsdann ist jede Colonne, in Betracht ihrer Tiefe, und der Stärke ihrer Flanken, und ihrer Waffen, im Stande, für sich allein zu bestehn, obgleich der Angriff der andern mislang.

Der Artikel vom Sturme der Bresche enthält viele Anmerkungen, die hier von neuem gebraucht werden. Sie betreffen die Artilleristen, die man den ersten Detaschements mitgiebt, um die Stücke die man erobert zu vernageln, oder gegen den Feind zu gebrauchen:

Die Ingenieurs und Schanzgräber, die bey ihren Arbeiten Parthey von der Sache selbst nehmen müssen:

Die Mineurs, so die feindlichen Minen aufsuchen, um sie unbrauchbar zu machen:

Die Anstalten für die Verwundeten:

Die deutlichen Verhaltungs-Befehle, die man dem Commandeur jeder Troupe nicht nur für sich selbst geben muß, sondern auch, damit ihn die Manöuvres der übrigen nicht schrecken:

Die Befehle zur Verhütung der Streitigkeiten, zwischen den Commandeurs der Attaken und der Reserven:

Die Befehle an den General, der commandirt ist, die zerstreuten Truppen zu sammeln, neue Arbeiter anrücken zu lassen, den Abgang an Faschinen und Schanzzeug zu ersetzen.

§. 3.

Sobald die feindliche Verschanzung erstiegen ward, muß die Verstärkung des Platzes auch nicht einen Augenblick säumen, auf dem nächsten und kürzesten Wege die Festung zu gewinnen, weil die Gelegenheit dazu vielleicht einzig ist, und, wenn der Feind sich von der ersten Betäubung erholt, auch wieder verschwindet. Der Chef dieses Detaschements muß

muß Talent und Erfahrung beſitzen, Land und Gegend ken=
nen, und die Gefahr nicht ſcheuen. Warb die ganze Fe=
ſtung entſetzt, ſo löſet man die ermüdete Beſatzung ab, und
ſorgt für die Geſundheit des Orts, wie bereits am andern
Orte gezeigt warb. Hält der Feind in der Nähe der Fe=
ſtung Poſten beſetzt, ſo greift man ſie mit Nachdruck an,
damit ſie nicht in der Folge die Feſtung blokiren, wenn die
Armee ſie verlaſſen muß. Iſt eine neue Belagrung zu
fürchten, ſo wird die Feſtung entweder von neuem in Ver=
theidigungs=Stand geſetzt, und mit allen Bedürfniſſen
und Lebensmitteln verſehen, ober, wenn dieß unmöglich
iſt, und der Entwurf des Kriegs es gut heißt, mit allen
ihren Werken geſprengt.

§. 4.

Das letzte Mittel einen belagerten Platz zu entſetzen,
iſt eine Diverſion, die man entweder gegen die Armee des
Feinds, oder ſein Land, oder ſeine Feſtungen unternimt.

Wenn die Armee die den Platz belagert hat, nach der
Eroberung deſſelben ſich zurückziehen muß, und keine andre
Retraite findet, als durch einen einzigen engen Zugang, oder
auch wohl mehr, die aber insgeſammt geſperrt, oder durch
Verderbung der andern auf einen einzigen zurück gebracht
werben können: ſo muß man eilen, ſich zum Meiſter von
dieſen Päſſen zu machen, und mit ihnen vom Schickſal des
Feinds. Man muß ſich ſo ſtark als möglich verſchanzen,
äuſerſt wachſam ſeyn, durch keine Liſt, durch keine Verſtel=
lung, ſelbſt durch Flucht des Feindes, nicht aus ſeinem
Vortheile ſich locken laſſen, und auf alle die Partheyen be=
dacht ſeyn, die dem Feinde die Verzweiflung eingiebt.
Sind der Päſſe viel, ſo muß man ſeine Poſten gut wählen,
und jeden mit wenigen Truppen vertheidigen können, weil
der Feind hier im Innern des Kratſes ſteht, und folglich
ſeine Truppen ſchneller verſammelt, als wir.

Wenn

Wenn man nichts gegen die Armee des Feinds unternehmen kann, so wendet man sich, wo möglich, gegen seine Plätze. Man wählt einen Platz, der unter allen denen die man wählen konnte, die meisten Vortheile giebt, und auch zur rechten Zeit überwältigt werden kann, ehe der Feind zum Meister des belagerten Platzes sich machte, und nun seinen eignen zu entsetzen vermag. Ists endlich unmöglich gegen die Festungen des Feinds zu unternehmen, weil sie zu stark sind, oder man zu wenig auf Belagrungen gefaßt war, so fällt man ins Land des Feindes, wo es ihm am wehsten thut, und uns am nutzbarsten wird: Doch muß der Rückzug wohl überdacht seyn. Die Uebermacht zur See giebt zuweilen Vortheile an die Hand, die Diversion so fern sie auch ist, dennoch zum Schaden des Feinds zu lenken, wenn er hartnäckig auf der Belagrung besteht. Es giebt Plätze die zwar für itzt schwach sind, besonders wenn der Feind sich durch die Entfernung gedeckt glaubte: Eine kleine Zeit aber reicht zu, sie stark und unüberwinblich zu machen. Gegen diese Plätze muß man sich wenden, wenn die Unternehmungen gegen andre, größern Gefahren ausgesetzt sind.

Innhalt

des ganzen Werks.

I. Von den Eigenschaften des commandirenden Generals. S. 3. nach dem Original im ersten Theile.

II. Von der Zurüstung zum Kriege. S. 9. nach dem Original im ersten Theile.

Erstes Capitel. Von der Kenntniß seiner eignen Kräfte und der Kräfte des Feinds. S. 9.

Zweytes Capitel. Vom Verhältniß der Cavallerie gegen die Infanterie in den Armeen. Von den Werbungen. Vom Verhalten gegen die Ausländer. S. 14.

Drittes Capitel. Wie man die Truppen im Frieden in den Waffen üben soll, um sie zum Kriege geschickt zu machen. S. 21.

Viertes Capitel. Man muß beständig marschfertig seyn. S. 27.

III. Von den ersten Schritten eines Generals im Anfange des Kriegs. S. 28. nach dem Original im dritten Theile.

Erstes Capitel. Wie man die Unterthanen beym Kriege zum willigen Beytrage bewegt. Wie man den Bund der Feinde trennt. Wie man sich und der Armee das Ansehn der Ueberlegenheit zu geben

Nn 3 sucht.

sucht. Warum man die Armee, wenn sie der
feindlichen überlegen ist, in Detaschements theilen
soll. Wie man das Genie des feindlichen Generals kennen lernt, sein eignes verbirgt. S. 28.

Zweytes Capitel. Wie man die Infanterie lehrt ihre
wahre Stärke zu kennen. Wie man die Wachsam-
keit und sogar den Muth der Soldaten prüft.
Was man zu thun hat, wenn Officier, oder ganze
Corps feige waren. Von den Belohnungen.
S. 35.

Drittes Capitel. Von der Disciplin, besonders in Ansehung der Desertion. S. 41.

Viertes Capitel. Von der Kenntniß der Officiers, um
jedem das Commando zu geben, das für ihn am
besten sich schickt. Von der Ordnung, in welcher
der commandirende General die Befehle die er ertheilt, aufheben muß. S. 45.

IV. Vom Angrifs-Kriege. S. 48. nach dem Original im
vierten Theile.

Erstes Capitel. Ob es besser ist auf den Angrif zu
gehn, oder sich zu vertheidigen. Der Angrif muß,
wo möglich, ein Ueberfall seyn. Vom Angrif
des Feinds in zerstreuten Quartiren, im flachen
Lande, im Lande das Festungen hat. Was für
Festungen man als Festungen behaupten, oder
schleifen soll. S. 48.

Zweytes Capitel. Wie man beym Angriffe sich gegen
seine eignen Bundsgenossen, gegen den Feind und
die unpartheyischen Fürsten verhalten soll, um den
Haß des Angrifs zu vermindern. Wider die
Plün-

Plünderungen. Vom Kriege gegen barbarische Völker. S. 54.

Drittes Capitel. Vom Verhalten gegen eroberte Provinzen, die man im Frieden zu behaupten gedenkt. S. 60.

Viertes Capitel. Von den entscheidenden Vortheilen einer überlegnen See=Macht. Von der See=Macht Spaniens. S. 64.

Fünftes Capitel. Von den Landungen. S. 78.

V. Vom Vertheidigungs=Kriege. S. 104. nach dem Original im zehnten Theile.

Erstes Capitel. Von der Vertheidigung zur See, gegen einen Feind der zu Wasser ankommen muß. S. 104.

Zweytes Capitel. Von der Anlegung der Magazine zur Vertheidigung. Vom Gebrauch der Festungen. In was für Fällen man die Armee durch die Besatzungen verstärkt: in was für Fällen die Besatzungen durch die Armee. S. 110.

Drittes Capitel. Wie man den Feind durch Mangel von Lebens=Mitteln zurück hält, oder wieder vertreibt. Wie man das Land gegen die Streifereyen der Feinde schützt. S. 116.

Viertes Capitel. Von den Fällen, da man eine Schlacht vermeiden muß, und wie man sie vermeidet. S. 120.

VI. Von den Anstalten gegen die Empörungen. S. 124. nach dem Original im siebenten Theile.

Er=

Erstes Capitel. Von den Mitteln, den Empörungen zuvorzukommen. S. 124.

Zweytes Capitel. Von den Kennzeichen naher Empörungen. Wie man die ersten Spuren verfolgen muß, um sichre Nachrichten zu erhalten. S. 130.

Drittes Capitel. Von den Vorsichten gegen die Einwohner der Städte, da man Mißtrauen hat. S. 133.

Viertes Capitel. Von den Maasregeln nach dem Ausbruch der Empörung, um sie zu stillen. S. 137.

Fünftes Capitel. Vom Aufruhr der Truppen. S. 145.

VII. Von den Ueberfällen. S. 149. nach dem Original im zweyten Theile.

Erstes Capitel. Kenntnisse die man besitzen muß, um einen Posten mit Erfolg zu überfallen. Unter was für Umständen man es unternehmen kann. S. 149.

Zweytes Capitel. Von den Zubereitungen zum Ueberfall. S. 154.

Drittes Capitel. Vom Anmarsch, und einigen Vorsichten, die Ordnung beym Angrif zu erhalten. S. 159.

Viertes Capitel. Vom Angrif. S. 162.

Fünftes Capitel. Vom Ueberfall eines Postens durch List. S. 168.

Sechstes Capitel. Vom Ueberfall durch Verständniß. S. 174.

Sie»

Siebentes Capitel. Vom Ueberfall einer Armee im Lager. S. 178.

Achtes Capitel. Vom Rückzuge, nachdem man den Feind in Posten oder Lägern überfiel. S. 182.

Neuntes Capitel. Vom Ueberfall durch Hinterhalt. Aus was für Truppen ein Hinterhalt besteht. Was für Gegenden dazu am bequemsten sind. Von den Vorsichten um nicht entdeckt zu werden. S. 184.

VIII. Von Passirung der Flüsse. S. 190. nach dem Original im zweiten Theile.

Erstes Capitel. Von den Vorsichten in Ansehung des Stroms. Von der Ordnung und Disciplin bey der Passirung. S. 190.

Zweytes Capitel. Von den Strategems, durch die man den Uebergang über einen Fluß gewinnt, dessen Ufer der Feind besetzt hält. S. 195.

IX. Von Spionen. S. 202. nach dem Original im zweyten Theile.

Erstes Capitel. Was die besten Spionen sind. S. 202.

Zweytes Capitel. Von doppelten Spionen. Von verschiednen Mitteln, auch ohne Spionen Nachricht vom Feinde zu erhalten. Von den Nachrichten der Gefangnen. S. 206.

X. Von den Lägern der Armeen. S. 209. nach dem Original im dritten Theile.

Er

Erstes Capitel. Von der Sicherheit der Läger, gegen den Angrif sowohl, als in Ansehung der Lebens-Mittel, Fourage und Wasser. Von den Feld-wachen und Pikets. S. 209.

Zweytes Capitel. Von verschanzten Lägern. S. 219.

Drittes Capitel. Vom Ausstecken des Lagers, und einige Anmerkungen wegen der Disciplin. S. 225.

Viertes Capitel. Von den Fouragirungen, und wie man sich zur rechten Zeit mit Lebens-Mitteln versehen soll. Von den fliegenden Lägern. S. 228.

Fünftes Capitel. Von den Vorsichten der Truppen in Cantonnirungs- oder Winterquartieren. S. 237.

XI. Von den Märschen. S. 243. nach dem Original im dritten Theile.

Erstes Capitel. Von den Wegweisern, ihrer Anwerbung und ihren Eigenschaften. S. 243.

Zweytes Capitel. Von den Partheyen die vor dem Marsche der Armee ausgehn, um den Feind zu recognosciren. Von der Verbeßrung der Wege. S. 245.

Drittes Capitel. Vom Aufbruch: Vom Rendezvous: Vom Marsch durch Länder da kein Wasser ist: Von den Vorsichten gegen die Desertion: Von den Maraudeurs und Maroden. S. 248.

Viertes Capitel. Von den Märschen in der Nacht: Von geheimen Märschen. S. 252.

Fünftes Capitel. Von den Märschen gegen den Feind, in der Ebne, wie im durchschnittnen Lande. S. 255.

Sechs-

Sechstes Capitel. Vom Marsche der Colonne der schweren Artillerie und Bagage. S. 261.

XII. Von den Retraiten der Armeen. S. 263. nach dem Original im eilften Theile.

Erstes Capitel. Wie man sich durch den Aufbruch der Armee einen Vorsprung über die feindliche verschaft. S. 263.

Zweytes Capitel. Von Retraiten in der Nacht, und den geheimen Retraiten am Tage. S. 267.

Drittes Capitel. Wie man den Vorsprung den man beym Abmarsch gewann, auch während des Marsches erhält und vermehrt. S. 270.

Viertes Capitel. Von der Ordre de Bataille zum Rückzug, in der Ebne wie im durchschnittnen Lande. S. 277.

XIII. Von den Gelegenheiten zu schlagen. S. 281. nach dem Original im dritten Theile.

Erstes Capitel. Von den Fällen da man Schlachten und Gefechte suchen darf. S. 281.

Zweytes Capitel. Wie man sich durch Märsche, falsche Bewegungen und Strategems eine günstige Gelegenheit zum Schlagen verschaft. S. 288.

XIV. Von den Ordres de Bataille. S. 292. nach dem Original im fünften Theile.

Erstes Capitel. Von der Stellung, den Waffen, dem Feuer der Infanterie, und ihrer Attake. S. 292.

Zwey=

Zweytes Capitel. Von der Reuterey, ihrer Attake, und der besten Methode sie durch Infanterie zu verstärken. S. 299.

Drittes Capitel. Was für Terrain für die Cavallerie taugt, was für Terrain für die Infanterie. Wie man eine gewisse Ueberlegenheit in den Waffen, oder auch Vorurtheile nützt. Was für Terrains man wählen muß, wenn man stärker ist als der Feind, oder wenn der Feind uns überlegen ist. S. 303.

Viertes Capitel. Von der Stärke und Formirung der Brigaden. Von der Entfernung der Treffen. Von der Formirung der obliquen Schlachtordnung: Wie man die Ueberlegenheit in der Zahl braucht: Wie man sich gegen die Ueberlegenheit deckt. S. 308.

Fünftes Capitel. Vom Gebrauch der Artillerie in der Schlacht. S. 320.

Sechstes Capitel. Erklärung von drey verschiednen Ordres de Bataille, und einer Tabelle vom Train der Artillerie für eine Armee von zwanzig tausend Mann. S. 335.

XV. Von den Schlachten. S. 348. nach dem Original im sechsten und eilften Theile.

Erstes Capitel. Von der Recognoscirung des Champ de Bataille, und wie man die Hindernisse des Terrains nützt oder wegräumt. Ob es besser ist anzugreifen, oder sich angreifen zu lassen. S. 348.

Zweytes Capitel. Was in dem Kriegs-Rath überlegt werden muß, der vor der Schlacht hergeht. S. 351.

Drit-

Drittes Capitel. Von den allgemeinen Anstalten, und dem Befehle der vor derselben ausgegeben werden muß. S. 355.

Viertes Capitel. Von den Anstalten während der Schlacht. S. 359.

Fünftes Capitel. Von dem was nach gewonnener Schlacht zu thun ist. S. 362.

Sechstes Capitel. Von dem was nach verlohrner Schlacht zu thun ist. S. 370.

XVI. Vom Belagern und Blokiren. S. 374. nach dem Original im achten, neunten, und zehnten Theile.

Erstes Capitel. Von den Kenntnissen die man besitzen muß, ehe man sich zur Belagrung einer Festung entschliessen kann. S. 374.

Zweytes Capitel. Von der nöthigen Kenntniß der Werke, und der umliegenden Gegend einer Festung. S. 380.

Drittes Capitel. Von Unternehmungen gegen Plätze die an der See liegen. S. 385.

Viertes Capitel. Vom Belagern und Blokiren eines Platzes an einem schiffreichen See oder Strom. S. 394.

Fünftes Capitel. Einige Vorschläge gegen Plätze die ein unerfahrner Commendant vertheidigt, oder wo die Bürgerschaft mächtig ist. Was für Dienste man von Kundschaftern und Vertrauten in der Festung erhalten kann. S. 399.

Sechstes Capitel. Vom Vortheil und Nachtheil der Blokirungen. S. 403.

Sie

Siebentes Capitel. Wie man den Platz, den man angreifen will, noch in seiner Schwäche überfällt. Was die Truppen zu thun haben, die ihn zuerst berennen. S. 405.

Achtes Capitel. Wie die Belagrungs-Armee dem ersten Detaschement zur Berennung folgt. Von den Verschanzungen ihres Lagers. Vom Lager des Haupt-Quartiers, dem Parc der Artillerie und den Magazinen für die Munition. S. 410.

Neuntes Capitel. Von der Stärke und Schwäche der verschiednen Theile einer Fortifikation. Von den Faschinen, Schanzkörben u.s.f. S. 417.

Zehntes Capitel. Ob es rathsam ist, zwey Fronten zugleich zu attakiren, und ob man diese Attaken verbinden oder trennen soll. Von der Tracirung und Eröfnung der Laufgräben. Wie man sie besetzt und vertheidigt. S. 431.

Eilftes Capitel. Von den Batterien für die Canonen, Mörser und Stein-Stücke. S. 451.

Zwölftes Capitel. Von der Sappe, den Logements auf dem bedeckten Wege, und wie man in den Graben kömmt. S. 479.

Dreyzehntes Capitel. Von den Minen. S. 484.

Vierzehntes Capitel. Von den Vorsichten gegen die feindlichen Spione. Vom Waffen-Stillstande, und der Uebergabe. S. 499.

Funfzehntes Capitel. Vom Sturme. S. 508.

Sechzehntes Capitel. Von den Anstalten die man treffen muß, nachdem man den Platz eroberte. S. 523.

Sieb-

Siebzehntes Capitel. Wie man den Feind am Entsaße der Festung verhindert.   S. 528.

XVII. Von der Vertheidigung und dem Entsaße der Festungen.   S. 533.

Erstes Capitel.   Von den Vertheidigungs = Anstalten.
S. 533.

Zweytes Capitel.   Von verschanzten Lägern in der Nähe des Plaßes.   Wie man Verstärkungen in den Plaß einwirft, wenn die Armee vom Plaße sich entfernen mußte.   Wie man dem Feinde Lebens-Mittel und Fourage abschneiden soll.   S. 542.

Drittes Capitel.   Vom Entsaße einer See = Stadt, und eines Plaßes der an einem Flusse oder See gelegen ist. S. 546.

Viertes Capitel.   Wie man mit dem Gouverneur der Festung sich verständigt.   Von den Signalen.
S. 551.

Fünftes Capitel.   Vom Entsaße durch Schlachten und Diversionen. S. 558.

Druck-

Druckfehler.

Im Versuch über die Kunst ic.

S. 94. Zeile 7, statt 1672, ließ 1673.
S. 97. Zeile 7, von unten auf, statt besonders zu den besondern, ließ besonders zu den einzelnen.
S. 101. Zeile 8, statt gelehrten Köpfe, ließ Gelehrten.
S. 103. ist noch einzurücken das vortrefliche Werk des Marschall de Camp, Grafen von Guibert: Essai general de Tactique.

Freyer Auszug.

S. 30. Zeile 3, statt erst itzt zuerst, ließ itzt zum ersten.
S. 100. Zeile 4 von unten, statt sogleich aufbrechen, ließ zugleich aufbrechen.
S. 198. letzte Zeile ohne eine, statt Hauptwache, ließ Haupt-Macht.
S. 259. Zeile 21, statt Armee nicht mit, ließ Armee mit.
S. 328. Zeile 24 und 30, statt ee, ließ &.
S. 337. Zeile 6, statt l, ließ J.
S. 338. Zeile 18, statt g. ließ q.
S. 339. Zeile 9, statt denselben, ließ derselben.
S. 340. Zeile 6, von unten auf, statt Schwenkung hr., ließ Schwenkung hz.
S. 345. Zeile 6, statt l, ließ i.
S. 345. Zeile 25, statt q. ließ g.
S. 348. Zeile 2, statt was unter 2, ließ was unter 5.
S. 423. Zeile 7, statt nicht breit, ließ breit.

Erster Abriß.

Das g muß an die Stelle des f gesetzt werden; f aber in die mittlere Lücke.
Das fehlende o kommt zwischen R und S.

Dritter Abriß.

Das fehlende b komt hinter die Troupe so zunächst unter V stehet.
Vor der ersten Linie muß zweymal statt s, das Zeichen s gesetzt werden.